軍事史学会 編
伊藤隆・原剛 監修

元帥畑俊六回顧録

錦正社

昭和 12 年 11 月 1 日　陸軍大将に親任された時

陸軍大将時（昭和 13 年頃）

第二総軍司令部参謀などとともに（昭和 20 年 7 月）
前列右から 3 人目畑俊六総司令官、その左、李鍝公中佐（原爆死）
畑総司令官の右、若松只一総参謀長、その右、真田穣一郎参謀副長

序

平成九（一九九七）年、軍事史学会は伊藤隆前会長主導の下に、学会活動の一環として「史料集編纂委員会」を設置した。その主要な目的は、軍事史研究上極めて重要と思われる旧陸海軍関係の未公刊史料を特定して収集すると共に、それらを順次刊行することで、広く研究者に提供して「研究の資」とし、且つ、学会活動の更なる活性化を図ることにあった。

しかし、編纂に携わる者にとっては、それはまさに「言うは易く、行うは難し」である。時には個性的な読みづらい文字に悩まされながらもオリジナルの一字一句を判読し、同時に原文の誤りを直しつつ、逐一忠実に「起こす」だけではなく、必要箇所には正確を期した脚註を施すなどという、極めて地味で、多大な時間を要する「ストレスフル」な知的作業を意味した。しかも、こうした基本史料集は、単にページ数がかさ張るだけでなく、発行部数の関係から往々にして値が張るのが常である。それでなくともますます不況に直面する出版業界の現状では、殆ど歓迎されない事業と言えよう。

しかしながら、学会誌の発行元である錦正社の全面的な協力を得て、本学会のベテラン編集陣の弛まぬ努力により、いよいよ史料集刊行の準備が開始され、平成十（一九九八）年には、大本営陸軍部戦争指導班『機密戦争日誌』全二巻が、続いて平成十五（二〇〇三）年には、大本営陸軍部作戦部長『宮崎周一中将日誌』が刊行された。そして、今回はその第三弾として、『元帥畑俊六回顧録』が、遂に刊行の運びとなった。

本書は、まず本書の刊行までに辿った複雑多岐な途と内容に関する詳細な解説を読むことによって、伊藤隆氏の

「歴史史料」に対する、厳しく、ひたむきで、真摯な態度に、読者は必ずや深い感銘を受けるであろう。また、本書の刊行により、これまで未発見の「(獄中)回顧録」、「日誌Ⅰ」、「巣鴨日記Ⅰ・Ⅱ」が日の目を見ることで、畑元帥の全生涯をほぼカバーすることが可能となったことを知るであろう。

最後に、本書刊行に当たり、刊行を許可して下さった畑家の方々や関係者一同に対し、軍事史学会を代表して、心から感謝の意を捧げたい。また、今回長期にわたり編集の労をとって下さった伊藤隆・原剛両氏の努力を多とし、厚くお礼申し上げると共に、データ化に協力して下さった方々、並びに、錦正社の中藤政文社長、そして、いつものことながら学会誌の縁の下の力持ち・本間潤一郎氏に、心からお礼の言葉を送りたい。

平成二十一(二〇〇九)年六月

軍事史学会会長　高橋久志

目次

《凡　例》

一、原文のうち、日記はカタカナ、回顧録はひらがなであり、本文も原文どおり日記はカタカナ、回顧録はひらがなとした。
二、原文中、不明の文字はその字数だけ□□とした。
三、原文には句読点が付されていない部分が多いが、適宜句読点を付した。
四、原文には、後・后、又・亦など混用されているが、統一せずに原文どおりそのままとした。
五、外国人名で、同一人を例えば、カンニングハムと記したり、カニングハムと記したりをしているが、原文どおりそのままとした。
六、明確な誤字・脱字は〔　〕で修正・補備した。
七、説明が必要なところは〔　〕内に編者が註記した。
八、日記には、当時の新聞記事を切り抜いて添付した個所があるが、記事は省略し、○○の記事とのみ略記した。
九、軍隊符号

D師団、G近衛、i歩兵または歩兵聯隊、iB歩兵旅団、MG機関銃

『元帥畑俊六回顧録』の刊行に当たって

伊藤　隆

畑俊六元帥自身が巣鴨出獄後に、自ら防衛研修所戦史室に寄贈された日誌の存在を知っていた。私はみすず書房が「続・現代史資料」シリーズを刊行するに当たって相談を受け、その「4陸軍」として、この翻刻を考え（「5海軍」としては加藤寛治日記を翻刻した）、ご遺族である五男の五郎氏と昭和五十四年頃に連絡を取り、諒解を得て、五郎氏にも同行を頼んで逡巡する防衛庁戦史室（当時）と粘り強く交渉し、この年最終的にその承諾をとり、照沼康孝氏（当時東京大学大学院人文科学研究科国史学専攻博士課程の学生であった）をパートナーとして作業を進め、昭和五十九年に『畑俊六日誌』として刊行した。その際ご遺族から、日誌と共に収録した「獄中手記」を提供され、これも収録した。この時に五郎氏の奥様寿子さん、また長男俊八氏にもご協力いただいた。五郎氏のお宅には前述の「獄中手記」の他には、「在独日記」（明治四十五年六月から駐在したドイツでドイツ語で記された）と若干の来簡、書類のみが遺されていた。また恐らく俊六の兄英太郎のものと思われる機密費に関するノートがあった。これを紹介したいと思い、五郎氏の諒解を得て、『みすず』昭和五十九年十二月号に「大正十二〜十五年の陸軍機密費史料について」を書いて紹介した（のち拙著『昭和期の政治［続］』山川出版社、平成四年に収録）。

さて日誌にはナンバーが付されており、ⅡからⅦ（昭和四年十月七日〜昭和二十年三月二十八日）の六冊であった。Ⅰも当然書かれた筈と考えられたが、当時その所在を突き止めることが出来なかった。「獄中手記」は巣鴨プリズン在獄中の昭和二十五年一月八日から書き始め、以後六月十八日に至る「我が父母」「我が兄」「我が妹」「横山家」「原爆を経験す」「戦に負けた原因」などを便せんに鉛筆書きで書き続けたものである。この冒頭に「余が殆んど一生の閲歴は、昭和二十年十二月十二日戦犯容疑者として巣鴨刑務所に収容せられて以来時々記して、余が陸軍大臣となるまで記述し置きたるも、大体の筋道のみに止め、殊に余一身の私事よりは寧ろ重点を公事に置きて、軍国花やかなりし時代を偲ぶよすがともなり、かつは余が子孫が余の一家の歴史且又余の公生涯をうかゞふすべともならむことを目的としたり」と記している。残念ながらその時には「閲歴」は見出すことが出来なかった。「獄中手記」は「曩きに記述したる我家の歴史の続きとして、昭和二十五年一月八日昔の華かなりし陸軍始めの日を紀念として、思ひ出すまゝを記述すること〻したり」というもので、先の「閲歴」を補足するものであったのである。

畑が獄中で、他の多くの「戦犯」者と同様に日記を書いていたことは、既に昭和五十二年日本文化連合会から、小見山登編著で『畑俊六　巣鴨日記――米内内閣崩潰の真因――』として刊行されていたことから知られていた。これは遺族の諒解を得て編者小見山氏が克明に筆写し、『文明事評』に昭和四十八年二月から五十一年七月にかけて連載した、昭和二十三年二月二日―四月十五日（ザラ紙ノートに鉛筆横書）、同六月十五日―十一月三日（便箋鉛筆縦書）、二十六年六月一日―二十九年十月三十一日（二十七年四月三日まで便箋毛筆横書、以下はペンを使用）の獄中日記を纏めたもので、その他巻末に畑が終戦直後に手記した「第二総軍終戦記」と獄中手記「我が父と母のこと」、小見山氏の筆になる「米内内閣崩潰の真因」「巣鴨日記補筆」「巣鴨裁判刑死者氏名録」、それに年譜を付している。

なお、この時点では小見山氏により「巣鴨日記」以後昭和三十七年の畑の死去直前までの日記が『文明事評』に連載中であった。それが、「巣鴨日記」をも含めて、小見山登編著『元帥畑俊六獄中獄外の日誌』前編・後編として日本人道主義協会から刊行されたのは平成四年であった。この日誌の原本も当時ご遺族の所蔵するところではなかった。「閲歴」や「日誌」Ⅰや小見山氏が翻刻した以前の入獄から昭和二十三年一月までの「巣鴨日誌」など、あったことがはっきりしていて、所在不明のものが、いつかどこからか出てくるかも知れないと、かすかな希望を抱いてはいたが、同時に殆どあり得ないことと思っていた。ところが、平成十二年に入って、三月に『畑俊六日誌』を刊行してくれたみすず書房の、その時には社長になっていた加藤敬事氏から電話があり、大宮義弘という人から電話があり、畑日記その他を所持していると言い、何となく出版して欲しいというようなことであったという。早速加藤氏から大宮氏に電話して貰ったら、所持しているのは日誌のⅠと巣鴨日記二冊、自伝（原本も一部あるが、大半はそれらを報知新聞の記者であり戦時中から畑俊六と親交があった佐野増彦氏が、これらを出版するために借用して筆写したもの）だという。

大宮氏は佐野氏の中学の後輩で親交があったため、佐野氏が亡くなられた後、未亡人千枝さんやその甥の佐野正氏からの依頼でこれらを預かっており、出版を希望しているが、将来的には防衛研究所戦史部に持って行ってもいいという話であった。出版は出来るかどうか判らぬが、みすず書房に持って行って欲しいと頼んだ。戦史部の原剛氏に電話したら、佐野正氏からアプローチがあったという。当初みすず書房から出版の可能性がないかと思い、ご遺族の畑寿子さん（五郎氏は亡くなられていた）や畑俊八氏に連絡を取った。皆さん出版には同意なさって、俊八氏は将来畑俊六の史料は戦史部に集めようと言って下さった。五月に入って大宮氏がみすず書房に原本を持ってこられたので、取り敢えずみすず書房でコピーを作って下さることになった。但しみすず書房では出版は難しいということであった。八月にみすず書房からコピーが届いた。九月に入って、原氏と相談して、とにかく原本を戦史部で預かることにしようということになった。翌月に入って佐野氏の所に戻っていた原本を原氏が受け取って戦史部に持ってきたが、所有権の問題できちんとした結論が出ず、取り敢えず原氏が預かるという形になった。その後畑俊八氏から小見山氏が翻刻した「巣鴨日記」の原本も将来戦史部が所蔵している日誌と一緒にするという含みで原氏の所に届けられた。

ところで新たに見つかった畑史料は、先ず第一に『畑俊六日誌』を刊行した時に欠けていた「日誌Ⅰ」（昭和三年一月十日～四年九月二十八日）で、数日の間をおいて収録した「日誌Ⅱ」に続くものである（A5、横線入りノート、横にペン書き）。これで途中若干の中断があるが、二十年三月末までの日誌に繋がり、そこからその年の獄中日誌までの半年余の中断があるものの、亡くなるまでの殆どをカバーする日記が揃ったことになる。

第二のものは、「巣鴨日記Ⅰ」（A5横線入りノート、横に鉛筆書き）、「巣鴨日記Ⅱ」（同前）で昭和二十年十二月十二日～昭和二十三年一月三十日のものである。先の小見山氏の刊行したものへと続くものである。尤も小見山氏のものも昭和二十四年、二十五年とその前後を欠いている。

第三のものは先に畑が書いたと記していた「閲歴」に該当すると思われる巣鴨獄中で書かれた回顧録である（A6とB5の便箋およびB5の原稿用紙に縦に、筆・鉛筆・ペン書き、佐野氏の筆写はB5の河出書房新社の原稿用紙に縦にペン書き、なお「敗戦回顧」〈これは俊八氏が「巣鴨日誌」と共に原氏に届けたもので、佐野氏の筆写。原本はない〉も同様）。生まれから陸軍大臣就任に至るまでの、かなり詳細な回顧である。これが本書の内容的にも分量的にも中心になり、それを表題にした所以である。記述ごとその冒頭に、多くは執筆の月日が記されている。恐らく獄中で手元に材料が余り無かったのではないかと思われる中で、よくも書けたと思える詳細なもので、その記憶力の強さに驚くほかはない。なおこの手記は原本が七冊残っている。それと重複するものもあるが、原本が残っておらず佐野氏の手で筆写のみが残されている部分が少なくない。畑の生い立ちも興味深いものであるが、彼の観察した陸軍部内の状況の描写に匹敵する記録・回想は他に類を見ないものである。判決が出ていない時期であるが、回顧録なので気兼ねすることなく記憶を呼び起こしたものと思われ、事実の確定はしなければならぬが、陸軍内の派閥対立からやや間を置いた立場にあった畑ならではの比較的客観的な記述は今後の陸軍研究（侍従武官長の時期の記述も興味深いものがある）にとって極めて貴重な史料であることを否むことが出来ない。

日記と回顧録とで別表のように畑の全生涯をほぼカバーすることが可能になった。それで、今回佐野氏の所から出てきた畑関係の史料を、軍事史学会が進めている一連の戦前期日本陸海軍基本記録・文書の翻刻事業の一環として、予定されていた順序を変えて、優先的に翻刻作業を進めさせて貰うことにした。作業を開始したのは、平成十五年に入ってからで、回顧録を私が、日誌を原剛氏が分担し、私は鹿島晶子さんの協力を得てデータ化をし、また原氏は菅野直樹氏の協力を得てデータ化を進めた。当初本のページ数のことも考えて「巣鴨日記」は入れることを考えなかったが、中途からやはりこの際入れておくべきだということになり、これを原氏が担当し、福重博氏の協力を得て、データ化を進めた。これらの作業にはかなりの時間を要した。量が多いということもあったが、畑の字がひどく読みにくいものであったということもあった。平成十六年に大体の入力が終わり、以後その校訂を進め、いつものように錦正社にデータを渡すことが出来たのが、平成十八年になり、校正にも時間がかかって、今日漸く刊行に至った。

本史料の刊行のきっかけを作って下さった、佐野正・大宮義弘両氏、刊行をお許し下さった畑家の方々、本史料を一連のシリーズとして刊行を認めて下さった軍事史学会、パートナーとして尽力して下さった原剛氏、データ化に当たって協力して下さった菅野直樹氏、福重博氏、鹿島晶子さん、さらに錦正社の担当者に厚くお礼を申し上げる。

なお今回佐野氏の所から発見された日誌、巣鴨日記〈故俊八氏〈平成十八年二月に亡くなられ本書をお見せすることが出来なかった〉が原剛氏に預けていた小見山氏が翻刻された原本も含めて〉、回顧録等は、私と原剛氏で、俊八氏の長男畑政宏氏に是非従来防衛研究所図書館に所蔵されている日誌等と一緒にするように懇請したが、畑家で保存することを強く主張され、佐野氏の遺族も了承されたので、結局本書刊行の暁には、畑政宏氏が所有されるということになった。

平成二十一年五月一日

畑俊六日記・回顧録一覧（年代順）

※太字は本書収載

明治十二年誕生〜昭和十四年八月陸軍大臣就任	（元帥畑俊六回顧録）
昭和三年一月十日〜十二月二十七日	**（元帥畑俊六回顧録・畑俊六日誌Ⅰ）**
昭和四年一月四日〜九月二十八日	**（元帥畑俊六回顧録・畑俊六日誌Ⅰ）**
昭和四年十月七日〜十二月二十七日	（続・現代史資料4　陸軍　畑俊六日誌）
昭和五年一月四日〜十二月九日	（続・現代史資料4　陸軍　畑俊六日誌）
昭和六年一月六日〜十二月（日付欠）	（続・現代史資料4　陸軍　畑俊六日誌）
昭和七年二月三日〜十二月二十三日	（続・現代史資料4　陸軍　畑俊六日誌）
昭和八年一月十日〜十二月四日	（続・現代史資料4　陸軍　畑俊六日誌）
昭和九年一月五日〜十二月二十六日	（続・現代史資料4　陸軍　畑俊六日誌）
昭和十一年六月十五日〜十二月三十一日	（続・現代史資料4　陸軍　畑俊六日誌）
昭和十二年一月六日〜十二月二十二日	（続・現代史資料4　陸軍　畑俊六日誌）
昭和十三年一月三日〜十二月三十一日	（続・現代史資料4　陸軍　畑俊六日誌）
昭和十四年一月一日〜十二月三十一日	（続・現代史資料4　陸軍　畑俊六日誌）
昭和十五年一月二日〜十二月二十八日	（続・現代史資料4　陸軍　畑俊六日誌）
昭和十六年一月三日〜十二月三十一日	（続・現代史資料4　陸軍　畑俊六日誌）
昭和十七年一月一日〜十二月三十一日	（続・現代史資料4　陸軍　畑俊六日誌）
昭和十八年一月一日〜十二月三十一日	（続・現代史資料4　陸軍　畑俊六日誌）
昭和十九年一月一日〜十二月三十日	（続・現代史資料4　陸軍　畑俊六日誌）
昭和二十年一月一日〜三月二十八日	（続・現代史資料4　陸軍　畑俊六日誌）
第二総軍終戦記	（小見山・巣鴨日記）
敗戦回顧	（元帥畑俊六回顧録）
昭和二十年十二月十二日〜十二月三十一日	（元帥畑俊六回顧録・巣鴨日記Ⅰ）
昭和二十一年一月一日〜十二月三十一日	（元帥畑俊六回顧録・巣鴨日記Ⅰ）

昭和二十二年一月一日～四月三十日　（元帥畑俊六回顧録・巣鴨日記Ⅰ）

昭和二十二年五月一日～十二月三十一日　（元帥畑俊六回顧録・巣鴨日記Ⅱ）

昭和二十三年一月一日～一月三十日　（元帥畑俊六回顧録・巣鴨日記Ⅱ）

昭和二十三年二月二日～十一月三日　（小見山・巣鴨日記）（同・元帥畑俊六獄中獄外の日誌・前編）

昭和二十六年六月一日～十二月三十一日　（小見山・巣鴨日記）（同・元帥畑俊六獄中獄外の日誌・前編）

昭和二十七年一月一日～十二月三十一日　（小見山・巣鴨日記）（同・元帥畑俊六獄中獄外の日誌・前編）

昭和二十八年一月一日～十二月三十一日　（小見山・巣鴨日記）（同・元帥畑俊六獄中獄外の日誌・前編）

昭和二十九年一月一日～十月三十一日　（小見山・巣鴨日記）（同・元帥畑俊六獄中獄外の日誌・前編）

昭和二十九年十一月一日～十二月三十一日　（小見山・元帥畑俊六獄中獄外の日誌・後編）

昭和三十年一月一日～十二月三十一日　（小見山・元帥畑俊六獄中獄外の日誌・後編）

昭和三十一年一月一日～十二月三十一日　（小見山・元帥畑俊六獄中獄外の日誌・後編）

昭和三十二年一月一日～十二月三十一日　（小見山・元帥畑俊六獄中獄外の日誌・後編）

昭和三十三年一月一日～十二月三十一日　（小見山・元帥畑俊六獄中獄外の日誌・後編）

昭和三十四年一月一日～十二月三十一日　（小見山・元帥畑俊六獄中獄外の日誌・後編）

昭和三十五年一月一日～十二月三十一日　（小見山・元帥畑俊六獄中獄外の日誌・後編）

昭和三十六年一月一日～十二月二十九日　（小見山・元帥畑俊六獄中獄外の日誌・後編）

昭和三十七年一月一日～五月八日　（小見山・元帥畑俊六獄中獄外の日誌・後編）

畑俊六年譜

明治十二年七月二十六日	旧会津藩士の巡査畑俊蔵（後に能賢と改名）の次男として東京南品川に生まれる。兄は後の陸軍大将畑英太郎。
明治十八年四月	三田松坂町に転居していたので高輪台町御田尋常小学校に入校。
明治二十二年	父の転勤で四谷尋常小学校に転校。
明治二十四年夏	父が北海道函館警察署警部となる。同年十二月、母兄妹と函館に移り、弥生小学校に転校。
明治二十六年二月十二日	父病死（四十六歳）。
同　年三月	家財を整理し母とともに東京に帰り、四月、東京府立中学（後の府立一中）に入校。
明治二十九年九月一日	陸軍中央幼年学校に三回目の受験で合格入校。半官費生で月三円七十五銭納める。
明治三十二年五月二十九日	中央幼年学校を優等で卒業、野戦砲兵第一聯隊に配属、士官候補生として隊付勤務（第六中隊に配置）。
同　年十二月一日	陸軍士官学校に入校（第三中隊第三区隊）。
明治三十三年十一月二十一日	士官学校卒業し原隊復帰（野砲兵第一聯隊）。第四中隊に配置され見習士官勤務。
明治三十四年六月二十五日	砲兵少尉に任官（俸給一月三十三円五十銭）。第四中隊勤務。
明治三十五年十二月	砲工学校普通科入校。
明治三十六年十一月十八日	砲兵中尉。砲工学校普通科を終え高等科に入る。
明治三十七年二月	日露開戦により砲工学校閉鎖、学生は原隊に帰隊。
同　年四～九月	野戦砲兵第一聯隊第四中隊の小隊長として日露戦争出征（野戦砲兵第一聯隊の属する第一師団は第三軍に編入）。
同　年五月十六日	金州北方に向かい前進中、衣家屯で初めてロシア軍と交戦。
同　年八月二十六日	旅順第一回総攻撃において右胸部負傷、野戦病院に入院。
同　年九月	病院船で還送され広島予備病院に入院。後に渋谷の予備病院に転院。
同　年暮れ	熱海で転地療養。
明治三十八年二月	野戦砲兵第一聯隊補充大隊の大隊副官として復帰。

同　年四月	同大隊中隊長。
同　年六月二十七日	砲兵大尉。同年秋、聯隊に復帰、聯隊付。
同　年九月	日露戦争の功により功五級金鵄勲章・勲六等旭日章受章。
明治三十九年四月	砲工学校再開され高等科に再入校、同年十二月に卒業。
明治四十年十二月十日	陸軍大学校入校。
明治四十三年十一月二十九日	陸軍大学校首席で卒業（二十二期生）、恩賜の軍刀を下賜される。
同　年十二月九日	参謀本部部員（第一部第二課〔作戦課〕兵站班）。
明治四十四年九～十一月	清国軍の大演習参観のため北京に出張。黎元洪の武昌蜂起で演習中止。公使館付武官（青木宣純少将）の援助。
明治四十五年三月	軍事研究のためドイツ駐在（陸軍省軍務局付）。ウラジオストックからシベリア鉄道で赴任。ステッチン、ウイスバーデンで語学研修。
大正二年十月一日	ハノーバー野戦砲兵第十聯隊隊付勤務。
大正三年七月十日	砲兵少佐。
同　年八月	第一次世界大戦のためドイツを去りロンドンに向かう。
同　年八月二十三日	スウェーデン駐在（参謀本部付）。
大正五年三月	帰朝命令。シベリア鉄道で帰朝。
同　年五月十二日	参謀本部部員（第四部第九課〔外国戦史課〕）。後に第一部第二課〔作戦課〕に転ず。
大正六年四月	長崎県士族池辺氏の次女チヨと結婚。
同　年十月	台湾出張。
大正七年七月	砲兵中佐。同年八月兼軍令部参謀。
同　年八月三十日	長男俊八誕生。
同　年十二月	講和会議全権委員に随行して欧州出張。
大正八年七月	マルセーユ発、地中海経由で帰国。
同　年十二月二十五日	参謀本部第一部第二課作戦班長。
大正九年	次男俊男誕生。
同　年九月七日	対独平和条約締結・大正四年乃至九年戦役の功により勲三等旭日中綬章受章。

大正十年一月一日	母イワ病没（七十歳）。
同　年五～六月	サガレン視察旅行。
同　年七月二十日	砲兵大佐・野戦砲兵第十六聯隊長（市川）。
大正十一年	次男俊男早世。
同　年八月十五日	野戦砲兵学校教導聯隊長兼同校教官（四街道）。
同　年九月八日	三男六三郎誕生。
大正十二年八月六日	参謀本部第二課長（作戦課長）兼軍令部参謀。
同　年九月	北海道参謀旅行演習中釧路にて関東大震災に遭遇、演習中止して帰京。
大正十三年二～五月	対支作戦研究のため揚子江偵察旅行。
同　年	四男俊吉誕生。
大正十四年一月二日	満洲視察。張作霖、楊宇霆、張学良など訪問。
同　年三月	四男俊吉急性肺炎にて死亡。
大正十五年三月二日	陸軍少将・野戦重砲兵第四旅団長（世田谷三宿）。
昭和二年四月十日	五男五郎誕生。
同　年七月二十六日	参謀本部第四部長（編纂部長）。
昭和三年五月十一～二十五日	済南事件視察のため山東出張。
同　年八月十日	参謀本部第一部長（作戦部長）。
昭和五年七月三十一日	兄英太郎（関東軍司令官）急逝（五十八歳）。
昭和六年八月一日	陸軍中将・砲兵監。
昭和八年八月一日	第十四師団長（満洲に赴任、司令部はチチハル）。
昭和九年三月一日	満洲国皇帝即位式に参列。
同　年五月	満洲警備を終え宇都宮に帰還、三十一日軍状奏上。
昭和十年三月十一日	昭和六年乃至九年事変の功により勲一等旭日大綬章受章。
同　年十二月二日	航空本部長。
昭和十一年八月一日	台湾軍司令官、二十日着任（台北）。
昭和十二年八月二日	軍事参議官、十四日台北発、十七日東京着。

同　年八月二十六日	教育総監兼軍事参議官。
同　年十一月一日	陸軍大将。
昭和十三年二月十四日	中支那派遣軍司令官、十八日羽田発、上海着、十九日着任。
同　年四～六月	徐州作戦。
同　年六～十月	武漢攻略作戦。
昭和十三年十二月十五日	軍事参議官、三十一日南京発、翌年一月六日東京着。
昭和十四年五月二十五日	侍従武官長。
同　年八月三十日	陸軍大臣（阿部内閣）兼対満事務局総裁。
昭和十五年一月十六日	陸軍大臣留任（米内内閣）。
同　年七月十六日	陸軍大臣辞任、後継陸軍大臣推薦せず米内内閣倒れる。
同　年七月二十二日	軍事参議官。
昭和十六年三月一日	支那派遣軍総司令官。
昭和十七年三月二十一日	支那事変の功により功一級金鵄勲章受章。
昭和十九年六月二日	元帥。
同　年十一月二十二日	教育総監。
昭和二十年四月六日	第二総軍総司令官（司令部は広島）。
同　年八月六日	原爆投下に遭うも無事、司令部庁舎焼失し、双葉山斜面に構築中の地下壕に移る。宇品の船舶輸送司令官佐伯文郎中将の指揮で市民の救護・給養、治安維持、爆撃後の清掃整理など実施。
同　年八月十三日	元帥会議の招集。十四日参内、御下問に敵を撃攘し得る確信はなしと奉答。
同　年八月十五日	終戦。午後広島に帰任。
同　年十月十五日	第二総軍総司令官免。十一月予備役。
同　年十二月十二日	戦犯として巣鴨収容所に収容。
同　年十二月二十三日	回顧録を書き始める。二十二年暮頃までの二年間で陸軍大臣就任までを書く。
昭和二十一年五月三日	東京裁判開廷。
昭和二十三年十一月十二日	終身刑宣告。
昭和二十七年十月二十日	印度のパル判事と面談。

昭和二十九年四月六日	慶応病院に入院。九月二十七日退院。
同　年十月三十日	仮釈放。
昭和三十年十月十二〜十八日	一五年振りに父祖の地会津を訪ねる。
同　年十二月二十九日	葉山御用邸で陛下に拝謁。
昭和三十三年四月七日	減刑処分を受け完全釈放。
同　年七月二十一日	偕行社会長。
昭和三十七年五月十日	福島県棚倉町で忠霊塔除幕式に参列中倒れ、逝去。
同　年五月十五日	青山斎場で偕行社葬。天皇・皇后両陛下より祭粢料・御供物が贈られ、約二千名の参列。
昭和三十八年五月九日	埼玉県入間郡毛呂町の武蔵野霊園に葬られる。

（原　剛）

元帥畑俊六回顧録

畑俊六回顧録

一　家系

（二〇、一二、二三記）

我畑家の遠祖は南朝の忠臣贈正四位畑六郎左衛門時能公なり。畑時能公は武蔵児玉党の一人なりし由なれば勿論源家なること明かなり（居城は埼玉県児玉郡金久保、現在金久保村〔上里町金久保〕生〔陽〕雲寺に首塚あり）。

時能公は新田義貞に従ひて越前に陣没せしより其子孫四方に離散し、現今畑姓を唱ふるもの全国にあり。九州、小倉、京都（香南　畑延三郎氏一家）、越前、加賀、信濃、関東、岩代等にして我家は東北に離散せし后裔ならむと察せらる。

何時頃より畑家が会津に入りしやは詳かならざれども、父が存命中天正年間に畑五郎左ヱ門といふ人あり、この人が畑家の会津の遠祖ならむといふことを聞きしことあり。兎に角民間に隠れ帰農せしことは明かにして、祖父は畑能栄といふ人なりき。

(1)　父

余が父は畑俊蔵（后年函館時代能賢と改名せり、幼時は栄太郎とか称せりと聞き及びたる如く記憶す。）といふ人にして、嘉永元年会津に生れ幼より貧困、早く父母に訣れ叔母の藤田こふといふ人に養育せられ、位置高き侍（西川家、其の子は西川勝太郎とて白虎隊の一人なり）家に奉公したることありと聞き及び、父は常に「おれは百姓に毛の生えたる位の身分なり」と云ひて居たりき。

戊辰の役には朱雀隊か玄武隊か何れかの一員として壮年隊として出陣し、白河の役後何事か上官の誤解を受け既に斬に処せられむとせし処を同じ陣中にありし母の兄大石源太郎の弁護に依り救命せられたりとのことなりき（当時白虎（幼年）青龍、朱雀、玄武（青壮年）の四隊なりき）。

其後如何なる閲歴を経て南部斗南藩に行きたるやは詳かならず。南部三本木の藩の事務所の様なる所にて仕事をなしありたる際母と結婚したるものなり。

当時廃藩置県（明治四年）となり諸藩の士族は禄に離れ途方に迷ひ、特に斗南藩（会津藩二十三万石より斗南二万石に黜せられたるものなり。藩公松平容保は今の青森県田名部町に居たり）の如きは土地不毛にして稼穡実らず士分一同頗困難を極めたれば、父も御多分に洩れず巡査を志願して母と兄とを残して東京に出でたりき。

父が母と兄とを東京に呼び寄せたる年代は記憶なきも、兄英太郎が三本木に生れたるは明治五年（母よりは六年と聞き居たるが当時戸籍法頗る不完全なれば何れが真なるを知らず）にして、母が兄を伴ひて陸路南部より上京したる時兄は三、四才なりし模様なれば明治八、九年の頃なりしか。

父は西南戦争に川路大警視の率ゆる特別旅団（抜刀隊）に従軍各地に転戦、凱旋の上若松に叔母の藤田こう女を訪ひ、論功行賞の金子にて千石町に約百坪の土地を買与へたるが今残りある土地なり

父が従軍の時長崎にて求めたる一刀（この刀は畑家本家にあるべし）は敵を斬りたる為刃コボレしあり。当時会津、桑名藩等戊辰の際賊名を負ひたる者は復仇の念に燃え勇敢なりし如くとは父の述懐なりき。或は父が西南戦争凱旋後母が上京したるものとも思はる。母は父が出征中南部に居りたる様なれば十年か十一年に上京したる方が真実なるやも知れず（父は西南戦争にて勲八等白色桐葉章を賜はり後年漸く勲七等青色桐葉章に上れり。如何に遅きを知るべし）。

父は其後ズット警視庁に奉職したるが元来父は正直一徹の士にして上官に阿諛するが如き最不向なる所謂廉直にして働きなき人なりしかば職務は最忠実なるに昇進遅く、巡査、警部補、警部と十年一日の如く勤務し主として大森鮫洲にありし水上警察署及高輪警察署に勤務しあり。従て余等が住宅は品川、御殿山、三田、松坂町方面にありて余等兄弟は三田、高輪方面に極めて深き因縁を有するものなり。

明治二十二年と記憶す。父は高輪署より新宿署に転勤を命ぜられ、余等も亦父に従ひて芝三田松坂町三十六番地より四谷区右京町に移転せり（其後新宿大横町に移転す）。

二十三年頃なりしか実直硬骨の父は突然罷免せられ一家は生計の途を失ひ、我小供心にも此末如何なるやと心痛しありたる位なれば父母の心痛は如何ばかりなりしや推測に難からず。百方就職に奔走し父の親友同郷の加藤寛六郎が福井県庁の相当の職にあるを頼りて福井に赴きしを思はしからざりと悄然として帰京せしを今も記憶す。

其内北海道庁警部の職にありつき単身赴任せしは二十四年の夏頃なりしならむか。父は北海道庁警部として函館警察署の次席警部となり一家漸く愁眉を開きたりき（署長は鳥

居某と称せり)。

父も北辺寒冷の地単身の生活も苦難多きことなりしなるべし。我等東京に残りし家族も父の迹を追ひて函館に移住すること、なり、二十四年も将に暮れむとする十二月、母に伴はれ兄と余と四才なる妹と共に当時漸く青森迄開通せる日本鉄道会社線に依りて雪の東北の地を物珍らしく多くの時間を費し、青森より青函連絡船青龍丸にて吹雪の中を白皚々の函館に上陸したるなりき。途中の母の毅然たる態度、函館に上陸して父に迎へられ警察署の官舎に落付《ママ》きたる時の嬉しさ、今も尚記憶に新なり。

元来畑家は早世の系統たりし如く祖父も早世したる由なるが大酒の系統にて父も大酒家なりし。母は随分これには困らせられたる模様なりき。父は元来病気などあまりなさゞる人なりしが大酒に禍せられたるか、多年の苦難なる警察官生活より健康を害せしか、函館に赴任せしより兎角健康を害しあり、常に函館病院長深瀬某の診断を受けありたるが遂に明治二十六年二月十二日午后一時過四十六才を一期として逝き給ひぬ。病名は糖尿病とか聞及びし。当時、柱にかけありし時計は実に今日尚存する古色蒼然たる時計なるなり。


父には一弟一妹あり。一妹はあまり聞きたることなかりき。一弟は浅野農夫（初め栄之進といへり）といひ父と前後して北海道に移り胆振国白老郡敷生村にて農に隠れぬ。我家が近年迄本籍が北海道胆振国白老郡士族なりしことはこの関係にして、当時北海道に在籍のものは兵役関係なきものと聞及びしが、父の遠慮も亦こゝにありしか。この浅野といふ叔父は父が没時急報に接して来函せしも遂に臨終に間に合はず声を挙げて号泣せし素撲《ママ》の姿を今尚アリ〳〵と記憶に存す。此叔父も其後遠からずして世を去り給ひき。

この浅野の後は今も尚敷生村にあるべし。浅野家の後継は英夫といひ海軍の下士官として横須賀にあり近年迄往来せしが其後見えぬ様になりぬ。退役後横浜船渠に奉職しありと聞及びぬ。

父も大酒の為に早世したり。祖父なる人も大酒家なりしとか、兄も亦酒の為に英邁の資を可惜五十九才にて終りぬ。畑家は大酒の系統なるものと見ゆ。余も亦児等も酒は好きな方なり、慎むべきことなり。

(2) 母

（二〇、一二、二六記）

母はいわといひ会津藩士大石兵助の長女なり。嘉永五年会津若松に生る。大石家の家柄は畑家よりは稍々高き様なりしが仝じく微禄にして、祖父は戊辰会津落城之際は喜多方代官所の帳付なりと聞及べば、恐らく今の郡役所の収入役位の処なりしなるべし。祖母はつぎといひ同じく会津藩士横山直助の妹なり。直助の子が今の横山勇中将の父横山（新治）陸軍歩兵大佐なり（大佐は日露戦役に第十師団に属し三塊石山の夜襲に負傷し其後歩兵第五十一聯隊長時代に病没せり）。

祖父に二男二女あり。母の兄は源太郎といひ豪放快濶の偉丈夫なりし如く、戊辰の戦後挙藩皆謹慎しあるに尚大刀を横へ志士の間を往来しありしかば官軍の睨む処となり逮捕せられむとせしを漸く身を以て逃れ、越後長岡に奔り林といふ医家の婿養子となりたるが其後杳として消息を断ちたり。

二男は母の弟にして岩三郎といひ即ち大石純一、常松兄弟の父なる人なり。維新後斗南より海兵を志願して上京し、後海軍属として横須賀にあり、余も屢々父母に伴はれて横須賀に行きたるを記憶す（当時は田浦丸といふ小汽船が東京芝浦と横須賀間と往来しありたり）。其後明治二十二、三年頃今の呉鎮守府創立に伴ひ、呉に移転、大分羽振も可なる模様なりしも多治見十郎なる人と東亜商会といふ海軍御用めいたる商社を作り、余り放埓《ママ》なる為失敗し晩年は頗うら淋しく没したりき。

母の弟〔妹〕はわきといふ性質頗温順なる人なりしが兎角配偶に恵まれず、小倉といふ人とも離縁し余等が函館に移住する際共に函館に赴き、彼の地にて大谷潔といふ人と結婚せしが晩年は精神に異常を来し長男大谷保命の許にて淋しく逝きたり。

母は頗る気丈なるシッカリしたる人にして祖母が病身なると且家も貧しかりしかば、十才前後より炊事に携はり弟妹の世話を一人にてなし居たる模様なり。幼より家事に追はれ且当時は女に学問は無用なりとて母は無学なりしが六十才近くなりてより手習を初《ママ》められたり。

会津落城の際は入城に遅れ祖父のある喜多方に逃れたるが、これが却て生存したる原因なりし。奇といふべし。母が気丈なる一例として兄源太郎が官軍の詮索厳しく漸く越後長岡に落行きたる直後に、官軍の者がドヤ〳〵と家宅捜索に来り源太郎を拘引せんとせしを其時は漸く脱出せし後なれば母は当時十五、六才の小娘ながら平然として官軍に応対し、官軍も其豪胆に舌を捲きたりとのことなり。

戊辰役後一家と共に斗南藩集団輸送に加はり新潟より海路斗南に上陸（当時此輸送団は家老山川浩氏に率られ外国船に搭乗したるものと見へ母は死する迄こんな大きな立派なる船は他になしと確信し居たり）三本木に定住したるものなり。

元来斗南といふ今の青森県下北、上北郡地方は今も牧場多く地味瘠せ従て帰農せし会津藩士等（会津藩の者を帰農士と称せりとぞ）は偏に辛酸を嘗めたる如く、母も気丈の性質より耕作、薪取り等一家の生計を一人にて引受け近隣の賞め者なりしといふ。

兄を伴ひて上京したる後は巡査の薄給中より余等を教育し父を助け随分苦心もし身体も使ひたる模様なり。母は余等を教育するに頗厳格にして或時兄が天保銭一個を何れよりか貰ひ来りしを深く其出処を追窮し、其返答が曖昧なるや兄を縁側より庭へ抛出したることありとか。然れども父には頗従順にして余は嘗て夫婦喧嘩を記憶せず。唯父が東京にて警部を免職せられし時、其前後処置に就て意見の衝突ありしもの、如く大いに相争ひ、夫婦分れをなして呉の大石家に帰るとか帰らぬとかにて悶着せしを如何なり行くかと小供心にも心配せしことを記憶す。

母は頗用心深き人にして頗倹約、時には吝嗇なる如く見えたるも決して然らず、なすべき処には決して義理をかゝず。畢竟幼より貧困に育ちたる修養の致す処なるべし。南部斗南時代より既に多少の貯蓄も有し、其後上京したる後も警察官の薄給（当時警部の月給は三十円位なりしならむか）より多少の貯へを捻出しありたる如く、北海道の移住の往復、父の死後の始末等何等他人の世話とならず、東京へ帰りたる後も小ながらも門戸を張り余を中学に通はせ余等兄妹を飢餓せしめざりし恩徳、余が今日ある全く母の御蔭にして母の遺徳は余が子孫決して忘却すべからざるものなり。

函館にて父に訣れし時は親戚知己とてなく全く孤立無援なりしを母の毅然たる決心は直に上京に定め不必要なる家財を売払ひ（函館に行く時帰る時相当家財の整理をなしたる如く、父が薄給の内より買求めたる書画、書籍等も売払ひたるもの少なからず）、三月函館を出発したり。

一昨年歳暮いそ〳〵として父に会ひたさに函館に来りたる時に引かへ、悄然父の遺骨を負ひ函館湾頭を去りたる時の感覚今にして当時を追懐すれば暗涙潜然たるものあり。其後屢々公用を帯びて函館を過ぐる時常に当時を追憶し、特に船中より望み得べき父を火葬したる辺を見ては一入感慨無量を覚へたるなりき。

兄は函館在住中陸軍士官候補生を出願したるが偶々父の死に遭ひ断念せんとせしを母に激励せられ上京の途中青森にて受験の間、余等は七戸なる大石岩助（祖父の弟分）の宅に寄寓し兄を迎へて共に七戸を出発せしは桜花爛熳の四月の末なりしと記憶す。此時母の激励なかりせば兄も後年陸軍の高位に昇り英邁の名をなす能はざりしなるべし。

明治二十六年春余等は上京後親しかりし人々をたよりたるに何れもが案に相違して冷かに余等母子は一時大に困却したる折柄、大石の叔父の上官にして当時退役となり芝三田綱町一番地（慶応の裏側なり）に宏壮なる邸宅を構居たる伴正利といふ海軍少佐の厚意にて其表長屋の一軒を貸与へられたる時は実に盲亀の浮木に遭ひたる心地せられたりき。其後兄が少尉に任官する迄余が陸軍幼年学校に入る迄母の苦心は実に惨憺たるものなりしなるべし。収入とては何等なく一に多少の貯へに依るの外なく、節約に節約を重ね食物の如きも栄養は十分とは申し難く、中学時代余が鳥目となりたるか如き其一証左ならむか。

其後母は常に兄に従ひて居を移し兄が近衛歩兵第二聯隊附たりし関係より三田より麹町区飯田町、三番町と転じ兄が陸軍大学校に入りし時より牛込余丁町に移り余丁町より四谷永住町に移りたるなり。

母が気丈夫は未だ涙を見たることなかりき。父が突然死没して異郷に三児を擁して行末如何になすべきやとの関頭に涙一滴見せざりしは「これからどうするかと思へば涙など出る暇なし」とは其後の母の述懐なりき。

日露戦争には余等兄弟は相次で出征し娚は越後三條の実家に帰り、母は妹と二人切りにて余丁町に不在を守り居たりき。余丁町の家は庭広く裏は市ヶ谷監獄にて淋しき処なるによく留守を守り、特に余が旅順にて負傷したる通報ありたる時など平然として応対したりとのことなり。

其後母は頗健康なりしが最鐘愛せし妹が大正四年十二月二十四日死没せしより急に落胆の為著しく健康を害し、五年には神経痛にて不眠症に苦しみたりしが、漸く癒えたるも到底往昔の元気なく、特に幼少より健康に任かせ身体を酷使せし為か没時一、二年前より肺結核を病みたりしか、尤も生来時々胃癪に苦しみ又多年セキ（喘息性）を病みたる為か一、二回喀血したるが、恐らくはセキの宿痾の致せし処なるべし。大正十年一月元旦朝六時頃、余等兄弟夫妻、孫等に囲まれて七十才を一期とし多難なりし一生を終り給ひぬ。

母は四十才にして寡婦となり、其一生は実に多難なりき。乍去この一生を勝気を以て押通し余等兄弟をして多少なりとも世に知らるゝ位置に昇るを得せしめ、畑家の名を郷党の間に伝へたる其高恩、全く畑家の子孫に至る迄未来永劫に忘るべからず。母は頗神信心家にして一日、十五日などは奉仕をかゝしたることなかりき。殊に豊川稲荷など信仰深かりき。夫、子供達の昇進入学等幸福の為には屢々所謂お百度をふみ居られたる模様なりき。但晩年特に妹を失ひてよりは信仰に変化を来し給へる如し。

因に畑家の人々が短命なりしに引かへ大石一家は皆長命にして母の七十才を始めとし大石の祖父母、叔父共に七十才前後まで生存せるが、大石一家が亦皆酒豪なりしも奇といふべし。

(3)　兄

（二〇、一二、二八）

兄英太郎陸軍大将が経歴は世人の知る如く、又余の家族も記憶に存する処なるべし。

兄は幼少より短躯ながら剛毅不屈の人なりき。小学校は初め品川小学校に入りたるが粒の悪しき為自ら進んで芝三田台町の御田小学校に転じ、爾来卒業迄品川より三田台町まで一里以上の道を、特に当時は高輪通は片側は海岸にて風雨、雪の日など頗難渋を極めたるにも係らず遂に押通したるにても其一般〔斑〕を知らるべし（御田小学校は良家特に海軍士官の子弟多し）。竹下海軍大将、安保海軍大将、既に故人となりたる加藤寛治海軍大将など皆当時の学友なりし。二、三年前物故せし石川島造船所長なりし松村菊勇海軍中将などは兄の一、二年后輩なりしが最親密に往来せしことを記憶す。兄は小学校を卒へて麻布区鳥居坂町にありし東洋英和学校に入りたり。該校は加奈陀のミツシヨンスクールにして教授には凡て英語を用ひ従て英語の力は中々上達したる模様なりき。特に兄は教師の某英人に可愛がられ居たり。当時官学中学校は後年余が入学したる東京府立尋常中学校の外なく一般に中学校は卑下せられて却て入学容易とせられ、一般は特種の学校に趨り東洋英和学校の如き中々人材輩出したり。

元来兄は何を以て立たんとせしか大石の叔父の勧告もあり初め小学校の環境に支配せられ海軍に進まんとしたるが如く、確か一回兵学校を受験せしが身体検査にて不合格し、一回位学科にて落第せしにあらざるか、其辺は今確と記臆せず。

其内一家の北海道移転に伴ひ函館に行き唯ブラ〳〵しおるも如何とのことに函館にて横山の親戚なる秋尾八四郎といふ人の校長たりし東川小学校の教員として手伝居たり（秋尾家は横山勇中将の祖母の実家なり）。

函館在住中士官候補生を出願し（当時兄と同時に受験せし人は全北海道にて僅に三人なりき。如何に規模小なりしかを知るべし）たるが父の死等により準備の暇なく当然断念せんとせしを、母の激励により受験すること丶なり青森にて受験したるが勿論不合格と諦らめ出京後誰の周旋なるやは記臆になきも三井銀行本店に採用せられ毎日三田綱町より通勤し居たりき。其内士官候補生に採用せられたるに今更ながら驚き、二十六年士官候補生（第七期）として近衛歩兵第二聯隊に入隊、例の負けず嫌ひの気象は孜々として努力したる如く、卒業の時は歩兵科首席として銀時計の恩賜の光栄に浴したりき（当時三井銀行に其侭ありしなれば兄の識量とし て或は財界の巨頭となりしやも知るべからず。何れが是なりしか非なりしか人間の運命誠に知るべからざるものあり）。

少尉任官の時チブスに罹り、当時余は幼年生徒として見舞に行き感染せしか余も亦チブスにか丶り東京衛戍病院に入院したることあり。其後は軍人としての一生を進み陸軍大学校は受験二回目にて入学、卒業の時には三番にて恩賜の光栄を得たり（首席は後年教育総監にて厄に遭ひたる渡辺錠太郎大将なり）。大学校在学中は豪放なる呑み仲間十人ありて十人組と称し、余丁町の家などにも時々集会を催ほし置酒高会、母と妹など其都度困却し居たり。其十人とは南次郎大将、福原佳哉中将（今尚生存、甲府にありと）、上原平太郎中将の三将軍は尚存命し、小泉六一中将、波多野義彦中将、大内〔義一〕少将、高洲中佐は死没し、小野寺大尉、小山〔雄四郎〕大尉は日露戦役にて戦死したり。此等十人組の中心は当時の教官たりし鈴木荘六少佐なりき。

兄は日露戦争前年鈴木荘六少佐の媒酌にて少佐同郷の岩崎

又造の女スエ子と結婚、日露戦役には大尉近衛歩兵第二聯隊中隊長として出征、広島にて第一軍の兵站参謀となり、出征前生還を期せざる為、当時中尉たりし余と紀念撮影をなしたりき。

其後兄は種々参謀本部の職を経て英国大使舘武官補佐官となり、次で印度駐劄武官となり、余が独逸駐在員として出発するに入代り帰朝し、爾後主として陸軍省側に勤務したるなりき。大尉時代日露戦役後樺太境界画定委員として二年引続き樺太に赴き大に手腕を振ひたるが、委員長大島健一大佐（後の中将）に其才能を認められたるものと見ゆ。

軍事課員、歩兵第五十六聯隊長、軍事課長、航空局次長、軍務局長、次官、第一師団長、関東軍司令官等の要職を経、大に政治的手腕を振ひ昭和五年五月三十一日病を以て任地旅順に没す。享年五十九才なりき。

余等が結婚したる時は歩兵第五十六聯隊長として久留米にありき。前年母の病が重かりし時休暇を得て上京見舞ひたれば、今更に余が結婚式の為上京するは団体長として当然遠慮すべかりしなるべく上京せざりき。母の没したる時は航空局次長（長官は次官たる山梨半造大将。）なりし。

余等兄弟は年若くして父に訣れ、従て余は兄を父とも頼み、兄も余を扶導愛護至らざるなく幼時は常時兄に負はれて遊び、遊び盛りの兄にも迷惑をかけたるなるべし。学校友達が兄を誘ひ出しに来れば常に余が兄の背中にてニコ〳〵しあるに、友達連は弟を又おんぶか置て来給へといふも、兄は一向受けつけず、或時余を負ひたる侭転び余を放さざりし為石にて唇に負傷し、晩年迄其迹を止めしはこれが為なりと母にも聞かされたりき。母と共に兄の高恩、決して忘却すまじきものなり。余が今日迄陸軍の要職にありたる、常に兄の同僚、先輩を通ずる推薦進言に依ること頗多く、今にして深く其高恩を感ずる次第なり。

余等兄弟は幼少の時より相争ひたることは絶対になく、従て兄弟喧嘩をなしたることなし。唯互に結婚したる後は、或は時に、特に他家より入りたる妻との間に感情の疎隔なきにあらざるも、余等兄弟は此の如きことなかりしと信じあり。乍去母が死する時余等に対する遺言は兄弟仲睦まじくすべしとの一言しにて、母は別に感ずる処ありしなるべく、この一言は亦余の言はむとする処にして、児等の深く恪守すべき処なりとす。

(4)　妹

余には三妹あり。長はトキと云ひ余より五才位幼なりしも誕生前に死去し、次は一、二年経て生れたるもこれ亦生後間もなく死去し、従て名は捨松といひたる如く記憶するも確とせず。三番目の妹は明治二十二年芝区三田松坂町に生れ確かアグリと名つけたりと記憶するも其後タネと改名せり。これは女子が二人も早世したる為生き永らへんとする一種の迷信より妙な名前ばかりつけたるものなり。タネ子は生来甚虚弱にして、殊に函館にて幼時肺炎を病みたる為著しく発育を妨げられ、母も常に之を憂ひ居たりき。東京にて小学校は確か麹町区飯田町小学校に入り後牛込の余丁町小学校に転じ、女学校は四谷愛住町の成女学校といふ私立学校に入学卒業したるものなり。

卒業後は身体虚弱のため別に結婚も急がず、日露戦役に我等二人共出征の間は母と二人限り親子水不入にて余丁町の家を守りありたり。母は末子なると身体虚弱なる為一入タネ子を愛したるもタネ子も亦母には色々我儘を言ひたる模様なりき。身体虚弱なる為兎角縁遠く漸く余が在欧間縁あって当時の工兵大尉牛島実常に嫁したるも、牛島大尉は独身間婦人関係などありて是等は結婚后明かとなりタネ子も種々心を痛め母も亦財政上の援助などなしたる模様なるが、其後妊娠し身体虚弱の為大正四年十二月二十四日死肝の為死去したるは誠に気の毒の至りにして、未だ其顔をも見知らぬ内父に訣れ母の手一つに育てられ漸く結婚したるに一年余りにて死去したるは薄命と申すべく、余も亦滞欧中にして其死目にも会へぬ始末なりき。牛島氏は元来福岡の人なるも両親は北海道に移住し其後工兵監、第二十師団長等の要職を歴て昭和十五年台湾軍司令官を以て現役を退けり。性来温順実直の人なるが婦人関係ありしは惜むべし。

(5)　我家の宗教

畑家の宗旨は時宗（禅宗の一派にして本山は藤沢の遊行寺なり）と聞けり。余の長妹の死したる時、当時北品川にある善福寺が時宗たる縁故よりこゝに埋葬したるか。会津若松にある菩提寺は戊辰の兵燹にかゝり、明治三十四年余等兄妹にて母を伴ひ会津若松を訪ひたる時（母は戊辰出国後初めての帰国なれば事々物々懐古の種ならざるはなかりし如く悵然の色頗深きものありき）尋ねたるも遂に見当らず又寺名も記臆せず。其後六日町〔空白〕寺に畑本家にて先祖代々の墓を建立せり（此寺は日蓮宗なり。岩崎家の関係より嫂が日蓮宗を撰びたるものか）。

父が函館にて没せし時神式にて埋葬せし以来畑家は神式となり、惟神之道に入りしことは頗快き次第にして今や我家は惟神会員なり。今後飽迄我国教たる惟神の道にて進むべきものなり。崇神敬祖は我家の家憲たるべし。

品川の善福寺は我家の関係にて横山、大石家の墓所となりたるも我家は今や何等の関係なし。

(6)　我家の家紋

亀甲に根笹〔図あり〕。代紋は知らず。

根笹を見ても源家の流れなること争ふべからず。

以上我畑家の系統を明にせり。余の代にて分家したるも父母共に微禄ながら会津藩士にして南朝の忠臣畑時能公の後裔たり。我等の血には一脈忠誠の流るゝを覚ゆ。父母共に正順何等刑罰に触れたることなく、仮令家は貧なりしも一銭不義理の借財等もなく、真に俯仰天地に愧ぢず。この点は余が父母に対し深く感謝する次第なり。

二　余が経歴

（二一、一、二）

(1)　幼児時代

余は明治十二年七月二十六日未明東京南品川に呱呱の声を挙げたるなりき。当時父は南品川なる水上警察署に奉職中なりしと見え南品川に寓居しありたるもの、如くなるも、其何れの辺なりしやは父母にも問はず今分明ならず。

当時海軍にありし大石の叔父が公用を帯びて明日伊豆の天城山（当時は海軍にては艦材を天城山より採取したるものなりと）に出張すとて父を訪問し両酒豪相会したることなれば忽ち酒席となり、母も酒買やらに奔走し痛飲淋漓暁に及び漸く寝に就きたる処に俄に産気づき、父も叔父も叩き起され面喰ひたると。産の速かなりし為日頃診察を受けありし産婆も間に合はず、叔父が漸く近所の老産婆を迎へ来りたるが此産婆老齢にして能く眼が見えず胞衣もいゝ加減に切りたる為、余が一生出臍の醜を見たるは実にこれに原因するなりと母の存命中の笑ひ話なりき（余の名は父より聞きしに父の名の俊と時能公の六郎左衛門の六を取りたるなりと）。

余は生来大丈《ママ》にして病気などなさゞりし如く、平々凡々の幼児なりしと思はる。母が二児を抱へ固より下婢など使ふ身分にもあらず炊事洗濯一人にてなしありたる為、一日余を家に残し置き井戸に水汲みに行きたる後に、余は台所にいざり出で水の一杯なりし手桶に真逆様に落ち、母がボチヤンと音するに驚き顧れば余は足二本を上にして手桶に陥りあるに驚き引上げたるに大分水を呑みたる如く、もう少し知らざりしならば或は生命を失ふに至るやも計り難しとの母の直話なりき。

其後父母の愛と兄の愛とに撫育せられて健に生長し此時代のことは今別に記憶に存せず。唯小学校入学前一時品川御殿山に住居したることありしが、当時の御殿山は今の如く上等なる住宅地にあらず。益田孝、西郷家等の広大なる畑地にして桜樹多く、花時は小屋掛など出来中々雑閙したるは昔を顧みて誠に感無量なるものあり。

今の大崎、五反田のあたり唯一面の田畑山林にして、今はドブ川となれる目黒川悠々として其間を流れ、水田の唯中を工事漸くなりし山手線が一條走れるを記憶す。従て御殿山辺など屢々狐の鳴声を聞き幼心にも物淋しきを感じたることを記憶す。大崎田圃には屢々父に伴はれて蝗採りに行き、又今の目黒駅の下目黒川辺りは両岸竹藪深く、父と共に魚釣りに赴きたりき。当時大崎の居木橋といふは南瓜の名所なりしが今は其橋の所在を知る由もなし。

余が幼児時代には世間は封建思想漸くすたれて西洋文明の流れ駸々として入り、一にも二にも西洋かぶれし、彼の鹿鳴舘時代を現出して陸軍も亦西南戦争の後とて互に派閥を立て政治に容喙したる時代にして、明治天皇は深く此傾向を御軫念あらせられ彼の明治十五年一月四日の勅諭となりたる時代なれば、幼児時代より四書五経等を習ふ風俗もすたれ従て余の如きも経書の教育を受けず、漸く小学時代別に師に就きて大学、論語など少し読み習ひたるも直に止めたるが今にして思へば余が漢学の力なきは畢竟之が為にして誠に惜しきことしたりと後悔しある次第なり。

(2)　小学校時代

明治十八年春、七才にして芝区三田松坂町より高輪台町御田小学校に入学したり。当時は満六才より小学校に入る制度にして、当時御田小学校は華頂宮邸の隣にあり、入口は洋風の当時としてはハイカラの部類なりしなるべし。学校よりは品海及品川の一角を望み、環境は静かにして良位置にありき。当時体操場の狭隘なりしかば、往来を隔てゝ向側の当時茶畑と称したりき体操場に後年移転したり。

当時は小学校は初等科高等科に別れたりし如く記憶す。先づ初等科六級に入りたるものにして教科書は国定なりしものと見ゆるも恐らく西洋の翻訳物なりしなるべし。読方は黄表紙木版和紙の古風なるものにして、開巻第一課五大洲の人種を挙げ、漢字交り文にして何等予備教育をも受けあらざる児童には頗六ケ敷、唯棒暗記の外なく、今にして考ふれば頗以て乱暴なるものと評せざるを得ず。従て上級生には随分高尚なる事を教へ、兄などが頗六ケ敷ことを習ひありたることを記憶す。

余が入学当時の校長は小野義倫とて長身瘦躯の人なりき。長く御田小学校々長となり令名を謳はれたるも後年肺を病みて没せられたりと聞けり。

先生にては今尚高齢にて存命せらるゝ佐野久、長島銀三郎先生などを記憶す。故八木少将の長兄なる八木金一郎氏など少壮卒業直後の青年教師なりき。佐野先生には先年鷲尾、伊藤、長崎等の小学校時代の旧知相会して一席謝恩会を催したることありき。余は三田小学校は高等一年か二年の時四谷に去り、且小学校時代のことゝて生徒の出入烈しく、当時の生徒にも殆んど記憶なきも、鷲尾春雄、長崎一虎、伊藤重郎、沼部淑郎などいふ人は後年再会したるも其他士官候補生の同期生たる安田郷輔中将も同窓なり（既に没せり）。潮田恵次、間瀬某、安岡某等も記憶にあるも爾来杳として消息を聞かず、如何にせしものにや。女生徒は当時男女同学にして後に財部海軍大将の夫人となりし山本権兵衛伯の長女など慥か同学なりし（山本伯は当時少佐にして芝白金に住みたりし）。

明治二十二年二月十一日の憲法発布式は実に未曾有の盛典にして国を挙げて祝意を表し、御田小学校にても高等科以上のものは他の芝区の小学校と共に日比谷に集合鹵簿を拝し余も当日雪上りの泥濘を袴のもも立ちを取り草鞋ばきにて出かけたるを記憶す（当時小学校にては洋服など着るものなし）。

当時の風習にて体育にはあまり注意せられず、春秋二季の運動会、遠足位にして、三田より遠足としては池上、洗足、目黒不動位なり。固より電車などなく当時としては随分遠きものなりと思ひ居たりき。誠に隔世の感あり。

（二一、一、四）

明治二十二年父が新宿署に転勤と共に余等も父に従ひて四谷区に移り余は四谷小学校（天王寺横町にあり、後四谷第一小学校となる）に転校せり。この時は確か高等二年なりしか（当時は尋常四年高等四年制なり）。唯毎日器械的に通学せし外別に大なる印象残らず。当時今日の四谷通りが俗謡にも「四谷街道の馬屎の中であやめ咲くとはしほらしや」と称したる位道路悪しくして、雨天の時など泥濘甚だしく、店舗にして今残りあるもの三長の油屋、江川の印舗位なるべし。津の守には水道の瀧あり、時に水浴に行きたるものなり。現今の大久保辺は一面のツヽジ園にして、花時茶見世など開き大に雑鬧したるものなり。又余等の隣家に種子田某といふ陸軍騎兵中尉住みて毎朝乗馬にて通勤する威風近隣を見下したることを記憶するのみなり。

四谷小学校の校長は慥か加藤某といふ好々爺なりし如く記憶す。受持の先生は其後校長となりし風当朔郎といふ人なりしことは今にも忘れず。学友も大部其後音信不通なるも余が特に親しかりしは四谷坂町に住居せし中村伝治、伊達氏一の両氏にして、この二人は相隣し中村氏の父は四谷区役所の書記なりし如く、伊達氏の父は稀に顔を見るのみなりしが気品高き紳士にして母なる人は仏語に長したるものと見え、兄も暫く就て仏語を学びたりき。元帥副官たりし後藤少佐は当時の旧友にして幼年学校以来の同級生なる後藤敏雄氏の息なり。

余等三人は殆んど毎日の様に往来し、当時小学雑誌として発行せられありし小〔少〕国民といふ雑誌を態々徒歩神田迄買求めに赴きたるものなり（当時今の市谷谷町は田にして津の守坂下のドブは水清く滔々として流れ、余等は水浴をなしたるものなり）。

中村氏は其後中学も共にし東京帝大の建築工学士として横河工務所にあり、三越も氏の設計監督に依るとか。其後も中学の同窓会にて常に邂逅しありき。伊達氏は商船学校を卒へ日本郵船欧洲航路の船長として令名を馳せ、其後本社に帰りたりと聞きしが今は音信なし。

明治二十四年函館に移住するや余は弥生小学校に転じたりき。学校は北海道特有のコケラぶきの頗見すぼらしき校舎なるも、函館港内を一眸に収め遥かに駒ケ嶽の峻峰を眺め雄大なる景観なりき。当時余と同時に入学せし一児童あり。三浦某とて石巻より移住し来りたるものなり。校長は長谷川某といひ長身痩形の人なりき。受持教師は佐藤某といふ年若き先生にして高等上級の悪タレ共には少からず困らせられたる模様なりき。

生徒は開港新開地のことゝて商家の子弟多く今尚交通しあるは山﨑菊次郎、遠藤吉四郎、浜坂二郎位の処なり。遠藤氏は相当財産家の子息なりし如く、氏は今尚健在にして五稜廓《ママ》にて絵ハガキなど売りて余生を送りあり。余が出征中にも種々珍しき食物など送り呉れ常に好志を謝しある次第なり。

余が昭和十三年新春大将教育総監として北海道に視察の為赴きたる際、弥生小学校々友会の代表数名は態々駅に出迎へられ請はるゝ侭に弥生小学校を訪ひ生徒に一場の訓話を為したりき。当時の弥生小学校は新式校舎にして昔日の偲だになし。函館の一年有半の学校生活は凡て新奇にして、冬の雪スベリ、春の旧四月八日の函館山の山開き、薇採り、夏の大森浜の海水浴、湯川あたりの茸、山葡萄採りなど東京にては夢想だにせざりし処、一年半は全く夢の如く経過したりき。小学校卒業直前に父の死に遭ひ精神上一大打撃を受けたるが、小学校だけは卒業すべしとの母の命に心ならずも通学を続け三月小学全科を終へ優等として作文の書か何かを授けられたりき。

これを以て余の小学校時代を終りたるなり。余は幼時より平凡の一児に過ぎず。健康なりしも膂力なく気も弱くして温順なる性質なりき。従て他人と大なる喧嘩もしたることなく又餓鬼大将たりしこともなく、従て学校の操行点は常に上位にありき。

学業の成績は上位の方なりき。嘗て御田小学校にて全科満点平均満点として大に評判となりたることあり。又屢々賞状賞品等も受けたることありき。

学科は絵画、習字等を得意とし算術はあまり長ずる処にあらず、寧ろ暗誦に長じ応用の方は得意とする処にあらず。

余が幼時の性質は所謂三ツ児の魂百迄にして六十八才の今日まで毫末も変化なく、毅然たる積極性なきは天稟にして加ふるに早く父に訣れ偏に母の辛酸を想ひ従て気弱くなりたるは争ふべからず。人の性質は天稟なるも又環境に支配せらるること多し。この環境を克服して積極敢為の気風を養ふには非常の努力と父母の教育指導を要す。家庭教育の必要なる事以て知るべし。

余が数学に不得手なるは其後陸軍に出身したる后も之に苦しみ、特に砲工学校にて高等数学を授けらるゝに及びては暗記を主としたり。漸く二席を以て卒業したるは寧ろ奇とすべし。唯余は父母の感化と薫陶を受け正直愚朴なるは聊か以て人に誇るの唯一点なるか。

（二一、一、六）

(3) 中学時代

余が陸軍に出身を希望したる動機は別に深き意味あるにあらず。唯何となく陸軍軍人が好きなりしと横山が陸軍将校たりし関係より母とも相談の上勧誘せられたるには因ると雖、最大の原因は高等の学府に進む為には家計が之を許さゞりし処に存す。

従て函館より出京するや先以て陸軍に出身すべく当時市谷薬王寺前にありし陸軍の予備校にして多くの合格者を出し、又志願者も頗多数にして入学に烈しき競争を見たりし成城学校を受験したるに物の見事に学科試験に落第したれば、唯ブラ〳〵しあるも致方なく、又万一将来陸軍以外に出身する為にもと東京府立尋常中学校の補欠試験を受けたるに苦もなく合格したり。当時相当の受験者もありたるに容易に入学したるは聊か以て意外としたる処なりき。

当時明治二十六年には東京府立中学校は右一校のみ。私立としては城北中学あり。この后身が今の第四中学校にあらざるか。校舎は築地の今の東京劇場のある処なり。当時の築地は明地《ママ》多く今の郵便局及其界隈の料亭など絃歌涌く処は中学の運動場たりしなり。本願寺は当時より存し僧房など相当ありし如く記憶す。前面の河は水も清く遊船など数多く繋がれたるものなりき。

当時の校舎は古くして頗御粗末なるものにて、其後府立一中となりて盛名を天下に馳せ、今の堂々たる校舎に比して誠に隔世の感なくんばあらず。校長は勝浦鞆雄といふ人にして生徒は河童〳〵と綽名したりき。眼玉の大きく頭髪を長くして被ひかぶさる如くしたるよりかく名〔づ〕けたるものなるべし。懐旧の一助ともなりぬべし。教師も今尚大部分記憶するも、体操教師として在郷曹長たりし浜尾某、児玉某の元気のよさ、数学教師にて中学の生抜ともいふべき今井ポインチヤンの如き特に印象に残る処なり。母が家計裕かならざりし内より殊に余を中学に通はせ、入学当初新調の制服、帽子、靴迄調達し給はりしことは仮令当時物価が廉かりしとは云へ如何ばかり苦心せられたることなりしか。今日尚当時を偲びて更に母の高恩を偲ぶのみなり。

余が陸軍幼年学校に入学する迄即ち一年の入学より四年迄余はズット三田綱町より通学し通したり。当時は勿論電車などなく四季を通じ晴雨徒歩に依る外なく、当時は今日の如く服装等も八ヶ間敷からず、新靴破れては下駄バキとなり制服などもボロ〳〵の手合多く、学用品を風呂敷包となして頭に負い辺幅を飾らざるを一種のほこりとなし、余程良家の子弟にあらざれば小薩張りしたる服装をなす者もなく其辺貧家の子弟としては甚以て楽なりき。

三田方面の余の道連としては余より尚遠く白金三光町より通学する利根政喜といふ人なりき。この人は在郷海軍大尉（大分県人）の息にして、父は既に亡く会津出身の提督たる角田〔秀松〕中将の妹なる人を継母として、其後陸軍に出身し余の次の十三期となりしが早く世を去りき。

通学路程の大なれば遅刻など毎々にして、又利根氏と共に学校の帰途屢々芝、芝園橋のほとりなる焼芋屋に立より竈の前にて二人にて二銭の芋に満腹し焼芋屋の亭主と大に懇意となりたる奇談もあるなり。其焼芋屋は其後如何なりしことやら。

明くれば明治二十七年日清戦争起り、国民の敵愾心は頗昂り中学生たりし余等も相次ぐ捷報に血の湧くを覚えたりき。当時日清戦争実記といふ博文館発行の絵入戦争雑誌流行を極め余等も亦「四百余州を挙《コゾ》る」の有名なる軍歌を高唱したるものなりき。二十八年戦利艦鎮遠は無数の弾痕のまゝ横須賀軍港に曳かれ一般の観覧に供したりき。余も亦一日出かけたるが汽車雑鬧を極め汽車が逗子の先きの勾配を上り得ざりし奇談もあり。

余が中学にて親しかりし友は寧ろ麻布方面に多く、山﨑甚八郎（予備少将として陸軍を退き今武州金沢に隠居しあり）、加島秀夫（陸軍歩兵中佐の息にして后近衛砲兵聯隊附となり日露戦役に負傷し間もなく世を去りたり）の両名とは最繁く往来し、山﨑は同じく幼年学校に進み今も当時も文通す。

余が中学に入りし時代は近年の如く武道スポーツなどあまり流行せず寧ろ文芸の方に進み、余等も亦文学雑誌めいたるものなど初めたりしが、余は当時太平記の中の美文の條など写し取り暗記したるものにして、今にして思へば苦笑の外なきもこの嗜好が役立ちしか幼年学校に入りたる后も作文にては屢々表彰せられたることなりき。

余は初めの素志に基き中学二年の時、即明治二十七年幼年学校を受験したるに美事に学科試験に落第したり（麻布の歩兵第一聯隊営にて受験せり）。中学校にては成績も大して不良ならず常に二、三番の処にあり、最大に落ても十一番位なりしに、幼年学校の不合格なりしには数学特に幾何と英語の不得手なりしに依りしなるべく、明治二十八年即中学三年の時再び幼年学校を受験せしに又々落第し、志気頗沮喪して特に母の落胆に対しては誠に申訳なく感じたる処なりき。

母は何に思ひ付きしかさる処にありし巫女《ミコ》に依頼して亡父の口寄せをなしたりしに、直に父か出て先づ母の其后の労苦を謝し、余が二度迄も幼年学校を落第したるは兄弟二人とも軍人たることを欲せず止め居たるなりき、夫程迄に希望するならばもう今後は止めざるべしと語りたる由なるが不思議にも翌二十九年第三回の受験には百五十人中三番の優秀なる成績を以て合格したるは父の予言が讖をなしたりしか。奇しき因縁といふべし。

二一、一、一〇

当時の中学時代にも勿論修学旅行は行はれたりき。乍去日光か函根位にて到底今日の如き遠距離にもあらず。又其範囲も頗限定せられ概ね家庭裕福なる子弟に限られ、余等の如きものには勿論参加之機会もなく、又別段羨ましと感じたることなく全く無関心なりき。暑中休暇又は冬休みなどにしても今日の如き海水浴或はスキー等はなく、特にスキーの如きは後年の流行にして、余の如き資力なきものは常に家庭に暮し、唯一夏山崎と共に横須賀より逗子迄徒歩旅行をなして三浦三崎にて昼食をなし十銭の昼飯を喰ひ逗子の養神亭の庭先にて無料海水浴をなし、又一夏は利根と共に千葉迄歩き当時漸く開通したる総武線にて佐倉迄（佐倉迄しかなし）汽車を利用し再び徒歩にて夜遅く成田に一泊し翌日帰京したる位の記憶しか存せず。又当時と雖中学に勿論游泳部ありたるも、多く大川筋に設けられ三田より炎天下通ふも苦しく遂に中学時代には水泳を錬習するの機会も少く、従て後年陸軍に入り游泳を習ひたるも遂に上達の域に達せざりしはこゝに原因するものにして游泳の如きは幼少年時代に機会だにあらば錬習すべきものなるを常に痛感しある次第なり。

築地中学時代前後四年を通じて生徒の出入もかなり多く学友は一々記憶にも存せず。中学同窓生の名簿あるも現在尚交通もなし、時々面接の機会ある人々は元司法大臣塩野季彦氏、侍従長藤田〔尚徳〕海軍大将、医学博士佐久間兼信氏、中村工学士（前述）、文学博士石倉氏、三橋氏、丸茂氏、田口〔文太〕薬剤中将、梅上氏（西本願寺）等にして既に鬼籍に入りたるものも少なからず。三田小学校よりは田中秀吉とて海軍兵曹の息来りたるも中学時代既に夭折したるは誠に気の毒の至りなりき。

余等同級の前後にて今尚記憶に存する人々は伍堂卓雄氏、加藤〔隆義〕海軍大将〔旧姓船越〕、小山内薫氏、猪狩〔亮介〕陸軍中将等にして阿部〔信行〕陸軍大将も中学の先輩なり。されば阿部内閣当時阿部首相の外余及伍堂氏が一中出身の故を以て当時の西村校長発起となり上野精養軒に盛大なる祝宴を設けられたるには聊か痛み入りたることなりき。

三　陸軍出身

(1) 陸軍幼年学校時代

余が陸軍に出身したる因縁は前述の如く母の指導と横山大佐の慫慂の賜にして、多年の志望達成せられ意気揚々として当時市谷台の今の陸軍省の位置にありし陸軍中央幼年学校の門を潜りたるは実に明治二十九年九月一日なり。

当時我陸軍は日清戦争後の拡張〔近衛一、野戦六師団より近衛一師団、野戦十二師団となり、外に野砲兵旅団三個、キ〔騎〕兵旅団二個等増設せらる〕に伴ひ従来陸軍幼年学校一校なりしを改めて陸軍中央幼年学校となし、生徒数を二十九年より百名を百五十名となし、更に東京、仙台、名古屋、大阪、広嶋、熊本に地方幼年学校を新設し〔第一卒業生は士官候補生第十五期なり〕、陸軍中央幼年学校は第三中隊を増設し余は第三中隊に編入せられ、区隊番号は確と記憶せざるも第六区隊なりしか。語学は当時は独仏二国に限られ余は独語を志願したる為独語区隊に編入せられたるものなり。中隊長は伊藤大尉（今尚健在なり）、区隊長は当時の中屋則哲中尉なりしと記憶す。

当時市谷台には陸軍士官学校と陸軍幼年学校と並び立ち、敷地は旧尾州侯の別墅として土地百療、内に琵琶湖に象り八景迄設けたる池あり。老樹亭々として昼尚暗く比叡山と称する築山さへありき。校舎は幼年学校創立以来の旧式なるものなりしが明治三十年頃隣地の野戦砲兵第一聯隊跡に新設移転し、これが後年迄残り大東亜戦争には其本部は防衛総司令部となりたるものなり。

幼年学校前後三年の将校生徒生活は変転多く一々記憶を茲に書付くる時は数限りなき処なるも、前後三年を通じて一言に尽くることは世相現在の如く複雑ならず訓育する者も鍛錬せらるゝ者も簡単にして明朗豁達なりき。現代にありては組織化するに従ひて形式的となり表面的となり遂に将校生徒に一種畸形的の硬直性を帯ぶるに至りたることが陸軍今日の結果となりたることを否定すべからず。勿論生徒が入学迄の世間の道徳標準の低下にも影響せられあること云ふ迄もなき処なるも、直接教育訓陶の任に当る将校、特に中区隊長が一種偏狭の型を作り、これが生徒を指導したるは生徒を硬直化したる原因にして、余等が幼年学校時代には朝々の勅諭捧読もなく区隊長の訓話も甚稀にして上級生の鉄拳、鍛錬と同級生の相互制裁と舎長（上級の取締生徒）の指導が主なる精神鍛錬にして、之のみにて別に不都合の者も出来ず軍人精神も今日と決して変りはなく寧ろ優るとも劣るべしとも覚えず。要するに近年陸軍の全般の教育が精神を忽にして徒に形式のみに堕したるは今次敗戦の結果〔原因〕にして、又今日の精神教育が徒らに日本神国鼓吹にのみ傾きたるも其方法を誤りたるにあらざるか。実條我等が幼年学校、士官学校時代には別に日本の国体に就ては深く教へられず、かくあるものなりと確信しありたれば別に教育の必要もなかりしなるべし（別に懐疑せず、色々なことを聞かされ却て懐疑、研究的となる）。

（二一、一、一三）

余等が幼年学校時代の教育は今日の如く組織的ならず、三年間漸を追ひて普通学と陸軍固有の体操、剣術及歩兵教練を教へられたるに過ぎず。

精神教育としては前にも述べたる如く区隊長の訓話も時々にして主として叱言に過ぎず。中隊長及校長の訓話の如きは数ふるに足らざる位にして、倫理としては当時の相当名高き漢学者たりし宇田三平（宇田尚氏の父なり）といふ老人より、この人が退隠してよりは浜野某といふ広島訛丸出しの人より靖献遺言の講義を聞くのみなりき（校長は初め谷田文衛大佐（後中将となる）、次に伊崎良凞大佐なりき。）当時日常之試験に何点以上かの優等点を幾つかを採れば外出が他生徒より早く許され、之に反し劣等点の者は外出を停止せらるゝの制度なりき。

其他数学、物理、化学、歴史（日本、東洋、世界）、地理、動植物、鉱物、作文、図画、語学等、最近の幼年学校、予科士官学校の課程に比すれば程度低く、殊に自然科学方面に於て然り。これ亦余等が将校出身后に科学智識の貧弱なりし一大原因なるべし。教程は幼年学校にて編纂せし小型和紙和綴の物にして頗る時代的の物なりき。語学は独仏二国語に限られたるも毎日あり。本気に勉強せば大に上達すべきなれど碌に本気にならぬ為所謂慢性独語病となりて後年大に後悔したるも及ばぬ処なりき。

術科としては全く歩兵教育にして区隊長は全部歩兵に限られ、時々歩兵操典、射撃教範、野外要務令（当時は陣中要務令とは云はず）の摘講を受け、其他は各個教練より中隊教練迄なりき（入学当時村田単発銃なりしを入校后仏国式に摸したる村田連発銃を支給せられ得々として喜びたるを記憶す）。

体操、剣術は相当に鍛錬せられ特に高等体操は上手中々多く、余が最親密なりし友にして日露戦争に第七師団に属し東鶏冠山か松樹山かに突撃し、体操が上手なりし為先頭に胸墻に攀上りて名誉の戦死を遂げたる古谷荘一中尉（父は有名なる陸軍軍楽長にして作曲家なりき）の軽捷短躯の高等体操は同期生の驚異にして中尉の面目今尚眼前に彷彿す。是に引かへ余は器械体操は最不得手にして体操時間は苦となり楽しからず。或時何の間違か最上手なる連中よりなる班に編入せられ到底是等の人に伍するを得ず元の劣等班に願下げて復帰したる滑稽事もありき。其以后陸軍士官学校卒業迄常に体操が下手なる為学科の折角の成績を傷けたる次第なり。

当時の剣術は銃剣術と片手の洋式軍刀術にして、今日の如き双手剣術は体操教範に規定しあらず。当時は近年の如く剣道などしか爪らしき流行もなく撃剣といふ名称の下に頗る軽く扱はれ、従て生徒にして段所有者など思ひも寄らず。又後年正科となりし柔道も余の時代にはなく、剣術の時間は唯器械的に動くのみ。従て大なる熱心者もなかりき。

馬術は僅か一週に三回位ありたる様記憶す。騎兵下士官を助教とし調教頗不完全なる馬なりしも興味深く、馬術は皆勇躍して出席したるものなり。特に雨天にて馬場使用不能の場合は外乗として町を乗る時は皆イヤにすまし込み、今にして追懐すれば微苦笑の外なし。

当時を想ふに明治三十年頃には今の牛込諏訪森辺は一面の畑地にして諏訪神社の森のみ畑中に孤立し、高田の馬場より落合の台あたり迄水田を隔てゝ一望し得べく、良好の野外演習地にして、現在の長崎町あたりには終日演習には遠距離に過ぎ、一泊にて演習に赴きたることを想へば実に隔世の感なくんばあらず。

日曜日には検査等にて外出は相当遅くなりたれども必ず市谷より三田迄往復徒歩にて帰宅し、母と妹の無事なる様子を見るを楽しみ、家が麹町方面に移るに及びても必ず帰宅を欠かしたることはなかりき。

幼年学校時代夏季休暇は相当長く殆んど一ケ月近く、家郷の地方にある者は皆競ふて帰省するも、余等東京にある者は家に帰り家計固より裕かならざれば旅行、海水浴などいふこともなく唯陋屋にブラ〳〵したるに過ぎず。明治三十年の夏は余等の三年生にして桑野龍一といふ人（この人は其後何処かの師団の中佐参謀として死没せり）が卒業して仙台の歩兵聯隊に赴任したるに招かれ仙台に遊び、其人の下宿に一、二泊し松島など見物して帰京したるを記憶す。

幼年学校にては毎年夏期先づ休暇の后約二週間許り游泳演習を行ひ、九月一日帰校するを慣習としたりき。三十年の游泳演習は鎌倉材木座の光明寺に宿泊、毎日午前午后一回宛游泳しては其外は時々図画として風景などのスケツチあるのみにて御寺の本堂に終日ゴロ〳〵しあるのみなれば、年少気鋭の連中にて随分悪戯をなし、閑に任せて有名なる鎌倉饅頭を頬張り餡を阿弥陀様の顔に塗りて住職に叱られ、裏山より赤蛙を取ってはツケ焼として喰ひ、蛙の嫌ひなりし栗原勇に食はせて夜中に発熱せしめたるなど、実に当年の思出は綿々として尽きぬものあり。

明治三十一年の游泳演習は片瀬の小学校に宿泊し腰越の海岸にて游泳し、閑あれば江島に出かけたるなど思出多き次第にして当時の小学校は今如何なりしか知る由もなし。

実に幼年学校の期間は年少気鋭呑気にして朗かなる一語に尽き、唯今にしても尚忘れ難きは上級生よりの鍛錬にして、午后一時間に近き大休憩の時間には必ず上級生より引パリ出され駈歩か遊戯（棒奪ひの如き殺伐なるものなり）をさせられたるは中々苦しかりしことにして、又余には其経験なきもズベラとか何とか名目を附して横面を張らる、が恐しく、上級生特に一年生時代の三年生は区隊長よりも恐ろしかりき（二年生となりてより三年生に対する考へは相当の反抗心も出で夫程ならず）。而て舎長は同級生三年生と受持たる余等を庇護する立場よりして中々苦心したる模様なるも（余の前任師団長たりし松木〔直亮〕大将は余等の舎長なりき）、余も亦其後古荘〔幹郎〕大将、山田大将等の第十四期生の舎長の経験あるも夫程迄とは感ぜざりき。

（二一、一、五）

余等が幼年学校時代の中隊長区隊長は術科の時のみ教育に当るも、学科教育には全く没交渉にして殊に中隊長の如きは稀に顔を見るのみ、従て区隊長の感化は頗稀薄にして精神方面の教育の如きは殆んど〔以下原文なし、筆写のみ〕顧みられざりしといふも敢て過言にはあらざるに、当時の幼年生徒は然らば軍人精神に於て劣りたりといへばさにあらず。生徒が一般に世相に反映して純真単純明朗闊達たりし為、形式に捉はれず物事を万事単純に考へたるに帰因すべしと愚考す。近年に至り五、一五事件、二、二六事件等に将校生徒が関係しありたる如き、生徒一般が世相を反映して懐疑的となり、加ふるに直接訓育に任ずべき区隊長があまりに生徒の指導に立入り過ぎ一種の型を以て生徒を導き、又区隊長に往々偏狭にして視野狭き将校ありし為之が直に生徒の教育指導に反映して彼の大事を惹起したるものと思はる。要するに青年時代、特に幼年学校時代より余りに形式に捉はれ精神方面にのみ趨る時は時に外形のみを云々するに至ることなしとせず。余が前後二回教育総監たりし時も、この形式に堕することを戒め、特に総監部職員の退嬰、学校教育方針の因習陥〔踏〕襲を打破せんと試みたるも、多年こびりつきたる因習は中々一掃すること難く目的を達成せざりき。凡て教育は世相の一部なれば陸軍のみ堅き甲羅に立籠らんとするも難く、却て変なる結果となりたることを痛感せざるべからず。

余が幼年学校時代は生徒を官費、半官費、自費の三種とし、官費は陸軍将校の孤児、自費は資産家の子弟とし、残余は半官費生徒にして余の如き固より之に属したるものなり。而して半官費といふも月に三円七十五銭にして今日にては云ふに足らざる少額なるも当時としては相当の金額にして、余は横山家の好意により三年間遂に横山家より支出を受け、而も卒業後未だ全額を返済しあらざるやに記憶す。横山家の好意は忘る能はざるものなり。

此の如く幼年学校時代は春風駘蕩、最愉快なる時代なりき。従て既に五十年も前のことなれども記憶に存するもの少からず。唯こゝに見落すべからざることは、幼年学校出身者に余等の同期生より優秀者を出したること少き点なり。中途よりの落伍者多く陸軍大学の入学も少なく后年師団長となりたるものは余と杉原〔美代太郎〕中将、秦〔真次〕中将、蒲〔穆〕中将、香椎〔浩平〕中将位にして、大将となりたる者は余のみ。杉山〔元〕、小磯〔国昭〕、二宮〔治重〕等は何れも直に陸軍士官学校に入りたる人々なり。其原因那辺にあるか。

かくて三年の課程を終へ明治三十二年五月と記憶す卒業の光栄を荷ひたるなり。卒業前兵科決定の一大事あり、兄が歩兵なりしより余は砲兵を希望したり。これには別に深き理由もなく余は体操が下手なること、徒歩が嫌ひなることに当時兄の同期生にして野戦砲兵第一聯隊附なる深谷銀三郎中尉の感化もありて余は第一希望として野戦砲兵第一聯隊を申出たり。当時単純なる生徒としては野砲兵と騎兵の希望多く、特に野砲兵就中近衛砲兵の如きは衆人羨望の的なりしか。近衛砲兵は首席にて卒業したる渡辺良三之を希望し居る為遠慮し在東京の野砲一を希望したる次第にして、二番にて卒業せし杉原美代太郎は初より熱烈なる近衛工兵の希望者なりき。

而して余の希望が達せられ野砲一に配属せられたる時の喜悦は実に天にも昇る心地せられ一生の間最愉快を感じたる次第なるが、後年砲兵が進級遅く遂に同期の歩兵より少佐進級の一年遅れたるなど勿論当年思ひも及ばざ《ママ》ず、唯無性に嬉しかりしことは今尚記憶に新なる処なり。

卒業の時は首席渡辺良三（中将となり隠退す）、次席杉原美代太郎にして余が第三席を汚したるは実に望外の名誉といふべく、日取は忘れたるも卒業式当日は陛下の御臨幸はなかりし如く閑院宮殿下御命代にて台臨せられたる如く記憶す。優等生課題は渡辺が何か歴史の事を講演し杉原が何か物理のことを講演し何かリトマス液にて変色する処なりしと記憶するも明かならず。余は口述せず杉原の講演を実験したる真のワキ役なりき。当日は優等生三名に旧式望遠鏡を賜はりたるもこの御賜品は後年誰に貸与へしか記憶せざるも遂に紛失したるは返す〳〵も申訳なき次第なり。

卒業式当日は帰宅を許され早速家に飛び帰りて母兄とも光栄を分ち無上の歓喜に浴したる次第なりき。母も大に喜び呉れ早速恩賜品と卒業証書を神棚に上げ亡父の霊に奉告したるは申す迄もなきことなり。

憶か当時東京世田ヶ谷にありし野戦砲兵第一聯隊に入隊したるは六月一日にあらざりしかと記憶す。余と共に該隊に配属せられたるは登坂高次郎といふ仙台出身の退役主計の息なりしが、任官と同時に野砲二に代り日露戦争に戦病死したり。呑気なおしゃれの青年なりき。

⑵　士官候補生隊附時代

当時の野戦砲兵第一聯隊は市ヶ谷より移転して駒沢に新築せられ、同時新築せられたる近衛野戦砲兵聯隊と隣りて兵営の状態は現在の侭なり。

当時の渋谷道玄坂より世田ヶ谷三宿あたり迄の有様は今日到底想像も許さず。道玄坂下には汽車の踏切あり、道玄坂は両側に一並びのしかも処々空地ある商家めいたる家並の街に過ず。宮益坂など物淋しき急なる坂にして、真に道路悪しく、ましてや聯隊に往復する今の世田ヶ谷通り西郷邸のほとりなどは樹木鬱蒼として雨天の時など外出の時の苦労は一方ならず、屡々当時砲兵の用ひたる半長靴など泥濘に取られ跣歩にて帰営したること一再ならず。当時の大坂は今尚旧道の一部を存する東寄りの急坂にして此方面の発達は実に驚異と申すの外なし。

余と登坂が所謂幼年学校出として隊に赴任せし時は既に前年の十二月入隊せし士官候補生あり。岩田恒房、岩崎亨太郎〔享太〕、鈴木四郎、渡辺〔部〕達、塚本岡次郎の面々にして、岩田は少将まで進みて最後迄交通ありしが昭和十一年死没し、鈴木は其後九州の聯隊へ転任后死没し、岩崎は大佐まで進みしが今は退役して市川辺に隠れ、渡部は少佐あたりまで消息を聞きしが其後杳として知る由もなく、塚本は大尉位にして軍職を退き北海道のさる演習場主管となりしと聞きしかその後これ亦杳として消息を知らず。要するに士官候補生の聯隊同期生は今は殆んど消息を絶ちたる有様なり。

余が隊附たる時の聯隊長は熊谷正躬といふ三河あたり出身の武骨一遍《ママ》、頗やかましき中佐にして、士官候補生としては頗恐しき人なりき。之に引かへ大隊長は佐藤忠義といふ白耳義婦人を夫人とせる洋行帰りの白面の上品なる紳士なりき。士官候補生は全部第六中隊に配属せられたるが中隊長は重竹弥三彦といふ熊本県出身の頑健なる老練の典型的武人にして、今にして考ふれば実に立派なる将校にてありしなり。中隊附は誰なりしか今は忘れたるも佐藤清勝中尉（後中将となる）と林三郎少尉（この人は早世せり）の両名は記臆す。

幼年学校の三年生活を終りて初めて隊附となりたる余等は全く趣を異にする軍隊生活に最初は勝手も分らず、又当時は動もすれば士官候補生出身者と幼年学校出身者との間兎角円滑を欠きたり。第九期、即荒木〔貞夫〕、真崎〔甚三郎〕両大将の期は日清戦争后の急拡張に基き大量徴募をなし、従て素質良好ならざるものあり。幼年学校出身者、特に幼年学校生徒などは実に下らぬ年少気鋭の優越感より之等の人々を徴発駄馬に模して駄馬又はD君などと嘲笑したるが、今にして見れば殆んど笑ふに堪へたる心情なるが、この感情が近年迄残存して幼年学校にあらざる上級将官にさへ動もすれば白眼を以て幼年学校出身者を見る傾向ありしは争ふべからざる処なりき。

事情右の如く余等聯隊の同期生も既に前年十二月入隊して聯隊の事情に慣れ、岩田、鈴木などといふ連中は所謂成城学校出身者にて相当のスレカラシなれば、元来鼻端弱き余と登坂の事なれば努めて喧嘩衝突を避けたる為交際円満なりしも余等にも中々苦心の存したりし次第なり。

当時の野戦砲兵第一聯隊は野砲二大隊（一大隊は三中隊）山砲一大隊の混成編成にして、備砲は七珊野山砲なり。伊国式の鋼銅作りにして鋼製にあらず。頗旧式の物たり。

今回の降伏敗戦が彼我技術の優劣によることが一大原因なるも、顧みて日本陸軍の技術が常に欧米の水準に遅れ、特に日清戦争后急激なる軍備拡張が常に量の拡大にのみ追はれ質の改良拡張を図らず、質の劣勢は日本固有の美点たる精神方面にのみ依頼して之を補はんとしたる処に最大の欠陥を有し、幸ひ日露戦争に勝利を占めたる為其方針を変更するに至らず徒に量の拡張にのみ趨り、遂に質、特に兵器方面の劣等を以て今次の惨敗を喫したることこそ実に口惜しき限りなりけれ。

砲兵の装備の核心たる火砲が前述の如き哀れなる有様なるに之を輓曳する馬も亦頗貧弱なる代物なりき。当時は砲手、駆者は分業にして、砲兵は身幹長大にして屈強の壮丁を採りたれば皆躰躯堂々として実に立派なる兵隊たり。特に最熟練を要する後馬駆者の如き三年兵のパリ〳〵にして兵隊仲間に中々幅を利かしたるものなり。其代り中々悪いことをする奴等も多く、駆者の中に償勤兵の比較的多かりしこと其一例なり。余が隊附後六月上旬の聯隊紀念祭〔野戦砲兵第一聯隊は全国砲兵中東京鎮台として以来創立最古く明治大帝の御臨幸、大正天皇皇太子時代の行啓等数々の光栄ある歴史を有す。六月は創立紀念祭にして十二月には行幸紀念祭あり。而も此光栄ある余の出身聯隊今やなし、噫！）の日、中隊の古兵等は祝酒に酔ひて騒ぎ出し遂に平素最演習等に厳格なる影山二等軍曹（今の伍長にして名は寅衛、福島県人、教導団最后の出身者）の居室を襲撃したるが、影山は厳然として居室の前に立ちはだかり入るなら入って見よ一歩も入れぬといふ態度は平素の温和なる人格とは全く別人にて、遂に古兵等も退散したりたり。其影山の行動の立派さは今尚眼前に髣ふつたり。矢張り教導団出身の下士官は立派にして、余が其以後下士候補者出身の下士官に比較するに其気魄素養を異にす。軍隊の直接根幹たる下士官養成は矢張特別の教育機関を必要とすることを常に痛感したり。

余等士官候補生は主として野砲を教育せられたるも時々山砲をも教育せられ、当時の山砲は七珊山砲にして砲身重量百吉〔キロ〕にも満たざる軽きものなりしも、駄載演習には膂力弱き士官候補生には中々骨折り仕事にして演習後協力不十分なりとて口論したること屢々なりき。

当時は将校団の観念頗強く聯隊長も亦熱心に士官候補生を指導し将校団員も亦先輩の観念を以て指導したれば余等も先輩将校特に中少尉に懐き和気靄々たるものありき。これ将校団員が皆士官学校出身たりしと（当時は下士官出身にて唯一人須藤といふ中尉ありしのみ。この人は中々優秀なる将校なりき）隊長の在職も長くその指導適切なりしに起因するも〔の〕なり。

余が聯隊長時代前後には将校団員に色々なる出身者あり（下士官上り、志願兵出も時にはあり）、特に准尉出身の下士官出には固より実に立派にして陸士出身など到底及ばざる人物あれども多くは物質観念比較的強く、この輩が純真なる陸軍士官学校出に種々の物質的指導をなし将校団が漸く純真ならざりしと、隊長も亦在職期間短かく従て腰を据へて将校団の指導に任ずるものなく、余の如きも聯隊長在職僅か一年このそしりを免れざるは実に慚愧の至りならざるべからず。

特に支那事変続て今次戦争に於ては将校団の組織全く崩壊して有名無実となり、互の制裁、扶助協同もなく更に隊長の能力も低下し陸士出身将校寥々たり。幹部候補生出身の速成将校にては到底将校団を組織する能はず。降伏終戦と同時にさしもの陸軍が種々なる汚名を被り、又実際醜き散際もありて一朝にして崩壊せしは、この将校団あたりの有名無実が一大原因をなしたることを熟々感ずる次第なり。

余が聯隊隊附中射撃演習は八月頃なりと記憶す。茨城県若海にて実施したり。右射撃場は石岡東方にして鉾田の西方に当り現在の鉾田飛行場は現場を知らざるも其一部にはあらざるか。七糎野砲の射場としては狭少といふ程にはあらざりき。最大三仟は射撃し得たるにあらざるか。

聯隊の宿営地は附近の民家を利用したるも驚くべき寒村なりき。

生来初めての火砲射撃なれば士官候補生としては相当緊張したるも、中隊長重竹大尉は射撃指揮頗老練優秀にして士官候補生たる余等にも如何にも立派なる中隊長たることを感得したり。射撃演習の往復は全部徒歩にして、士官候補生は交代にて砲車長（分隊長）となる外、重き背嚢を荷ひ当時佩用せし重き砲兵刀を腰にし中々困難なる行軍にして、士官候補生全部に一頭の乗馬を配当せられたるが、順番にて乗馬することなれば中々其配当順番は問題となりたることを記憶す。

射撃演習も無事終了し引続き十一月第一師団（師団長は川村景〔明〕中将なりしならむ）秋季演習に参加したり。当年の秋季演習は相模平地の東方原町田地区にて聯隊対抗演習を終りたる后横浜に集合、続て当時としては初めての計画たりし上陸演習に参加したり。但し上陸演習といふも我国最初の試みなれば二隻の汽船を使用したるが、搭載には大なる混雑を生じ、漸く深夜材料火砲の搭載を終り翌朝舘山港に到着直に揚陸を開始したるが、試験的の演習なれば勿論敵前上陸にもあらず、揚陸材料といひ揚陸動作といひ頗幼稚なるものにして、今にして考ふれば全く児戯に等しきものあるも当時としては画期的のものにして、各級指揮官も之が為幾多の経験を得たることと思惟す。

上陸后は房総半島西側地区を演習しつつ北進し、何処にて秋季演習を終了したりしや今は記憶せず。

当時日露戦役後の軍備拡張に伴ひ野戦砲兵旅団二個を新設せられ（野戦砲兵第一旅団は近衛、第十三、第十四、第十五よりなる）、野戦砲兵第一聯隊と野戦砲兵第十六、十七、十八聯隊を以て野戦砲兵第二旅団を編成し、初代旅団長は大迫尚道少将（後に大将となる）にして、旅団司令部は千葉県市川町（鴻の台（国府台とも鴻ノ台とも書かれる））に新築となり、野戦砲兵第一聯隊は旧陸軍教導団の歩兵々営を充てられ、従て野戦砲兵第一聯隊は秋季演習出張中世田ヶ谷より鴻の台に移り、秋季演習終了后は世田ヶ谷に帰ることなく直に鴻の台の新兵営に移りたるなり。

余が其後聯隊長となりし野戦砲兵第十六聯隊は同時旧教導団の砲兵営迹に新築せられ、右聯隊の新設に伴ひ野戦砲兵第一聯隊将校より多くの人々が第十六聯隊に配当せられたりき。第十六聯隊長は兵頭〔雅誉〕大佐なりき。

市川町は横山大佐が中尉として教導団附たりし時より屢々母に伴はれ訪ねたれば其当時の粛條たる部落たりし有様も記憶に存し、今日の市川市の発展に比すれば誠に想像だも及ばざる処にして、横山家を尋ねたりし時代には両国より人力車にて江戸川を渡船にて渡り一日がかりにて行きたるものなり。聯隊が市川に移りたる時代には本所錦糸堀より総武鉄道開通しありたるも、国道の鉄橋もなく依然江戸川は渡船にして現在の市街地たる処は唯一面の水田にして根本は人家数十戸の片田舎に過ぎず、町並は今の停車場あたりまでしかあらず。誠に粛條閑静なる田舎村に過ぎざりしなり。

余と市川は頗因縁深き次第なるが明治時代より町の発展を追懐すれば誠に感慨深きものあり。

右述べたる如く余が士官候補生として隊附時代は年代も古く能く記憶にも存せざるも、砲兵たりし満足もあり前途の希望に燃えて明治三十二年十二月一日陸軍士官学校に入校したり。

(3)　陸軍士官学校時代

一度陸軍中央幼年学校にて三年の学窓より全国聯隊に分散したる同期生はここに再会を喜びたる次第にして、余等は第三中隊に配属せられ慥か第三区隊に編入せられたりと記臆す。校長は高木作蔵少将、生徒隊長は藤本太郎大佐なりし。高木少将は病身にして頗温厚の人、藤本大佐は体躯堂々の頗気取りやなりき。中隊長は日露戦役にて第三十三聯隊長として勇名を馳せ李官堡にて名誉の戦死を遂げたる吉岡友愛大尉にして、区隊長は桜井源之助中尉たりし（第11期砲兵にして後大学に入り優秀の将校たりしが素行の欠点にて暫く休職となり、復職の上は余の列序の下となり、後年野戦砲兵学校にて余が教導聯隊長たりし時同じく教官として高射砲練習隊長たりしが、少将にて現役を退き目下四街道に隠退しあり）。余の同期第十二期生徒は何に致せ七百に上る多数にして之を四中隊に分ち、南大将の如きも第四中隊の区隊長たりし。

後年師団長となりたる松浦寛威大尉は第四中隊長たりしが余の戦術教官は山畑釜次郎といふ瓢逸の大尉にして、能力は中々高かりし模様なりしが、生徒には頗よきに引かへ上官を物の数とも思はざりし不屈の気質が累をなせしか早く現役を退き其後消息を聞かず。兵器学教官は土方久佑砲兵大尉といひ土方伯爵の一族にして白面温厚の貴公子にして頗当時のハイカラなりしが大佐にて死没したりき。築城地形の教官は佐藤工兵大尉にして余が隊附中の大隊長の甥なりしも奇縁なりといふべし。

士官学校に於ける起居は大体幼年学校と同様なりしも生徒数の多きと又幼年学校の如く素質大体同一なるに比して素質必ずしも同一ならず。区隊長も亦幼年学校時代の区隊長に比して年も若く元気よければ中々厳格にして、ここにも亦幼年学校出身者と然らざるものとの対立も存したりしなり。

士官学校の空気は幼年学校の如く明朗ならず。要するに出身を異にしあると卒業序列が直に将来に関係あるを以て生徒一同例外の呑気者を除きては頗真面目にして万事競争的なりき。当時の区隊は各兵科混合にして同区隊の生徒にては今印象に残るものなきも、砲兵にては野砲第五聯隊より来れる湯浅幹吾といふ頗鼾声の高き要図の拙き男を記憶す。中尉位にて現役を去り、工兵の白井恵といふ男は頗温順なりしも戦術教官山畑大尉より此二人が常に冷やかされて居りたる事は忘るべからざる処なり。

士官学校にては春季に埼玉県大里郡の赤浜に測板測図し、秋季に高崎、前橋附近に現地戦術を実施したり。現地戦術の前に迅速測図を実施せり。現地戦術は固より馬などなければ始終徒歩にて現地偵察をなし、山畑大尉の飄逸皮肉なる講評に常に興味を有したりしことは今尚記憶に新ら〔た〕なる処なり。夏期に三週間ばかり休暇もありたるが（慥か当時宅は大久保余丁町に在りたるやに記憶す）、夏期休暇には親しき古谷荘一と共に幼年生徒たりし小松原道太郎（後にノモンハン事件の時ハイラル師団長となる）、岡本（早世す）の二名を伴ひ富士登山を企て、徒歩にて乙女峠の旧道を超へ御殿場に一泊し、炎天下の徒歩に一杯のビールを楽しみ、翌朝登山八合目にて更に一泊、翌朝頂上を極め御来迎を拝し折柄の晴天に神洲第一の眺望を喜び、帰途は吉田口に下山、其夜は大月の半ば漸く落成したる旅舘に宿りて、夜半障子襖なき部屋とて蛙公の侵入を盗賊と間違ひて古谷と二人にて息を凝らして対抗法を講じたりき。それより当時難工事を継続中なりし八王子以西の中央線の路盤のトンネル又トンネルの中を徒歩にて八王子に出で、途中何処なりしか昼食の際二銭の茶代に御礼の百遍も云はれて恐縮し、八王子より汽車にて夜遅く帰宅したることは、古谷の面影と共に永く忘る能はざる処にして、この時の富士登山が余が一生一代の紀念となりたることは誠に奇しき因縁といふべし。

当時の士官学校は術科よりは寧ろ教育の重点が学科に存したりしが如し。在学一年の間相当学科を注入せられ初級士官としては一通りの素養を与へられたるものと信ず。幼年学校出身者にあらざるものは在隊一年基礎教育は概成せられ下級幹部としての素質は一通り出来上りあれば、士官学校の術科教育は演習場の関係もあり復習程度を出でず。今日の如く実兵指揮、実射は固より射撃予習さへなく全く初級士官たるに必要なる一般基礎軍事学を眼目としたるは恰に一隻眼にして、従て区隊長の如きも幼年学校と同じくあまり生徒の身上、精神指導等に立入らず、皆陸軍大学の受験に多忙なりしが如く寧ろ放任したる観ありしも、さりとて五、一五事件の如きことは夢想だにせず一途に卒業に向ひ邁進しありしことは世間が単純にして生徒が之等に頭なり関心を向くるの必要なく、生徒も亦今日の如く複雑ならず、懐疑的にして区隊長に精神上の問題に関し質問をなすが如き者もなく、到底今日の頭脳を以て判断し得ざるも将校生徒としては却て此の如く指導するを有利と思惟す。

士官学校生徒幼年学校生徒を通じ将校生徒は各出身県毎に日曜外出の時の休けい所（下宿と称す）を有し、東京に実家なきものは此処に立籠りて先つ鱈腹（菓子は市谷八幡前の桔梗家が大流行にして之が為産をなしたりとか）、鯨飲をなし雑談に楽しき一日を暮らすを例としたり。此下宿が即先輩が後輩を指導する機会を作るものにして、山口、石川、鹿児島の如き大県は出身先輩将校も熱心に指導し、資金も裕にして設備等も十分なるも、福島県の如き将校生徒の少き県は貧弱なるものなりき。尤も余は日曜には止むを得ざる外は帰宅し従て此方には出席不勉強なりき。余が幼年学校入学時代には東北六県（福島、宮城、山形、秋田、岩手、青森）にて漸く一下宿を有するに過ぎず、士官学校に来りて漸く一戸を構へたり。如何に東北の振はざりしかを知るべし。此下宿組織は幾多の美点長所を有するも又時には一種の陰謀処ともなりしことは後年の出来事に徴するも明かなり。

余は東京に生れ東京に生長したれば郷里会津若松に関する観念薄く、加ふるに郷里には何等の縁故もなければ陸軍出身後に於ても同県といふことには始んど無関心にして、寧ろ同県とか同郷とかいふことを強調することには一種の反感さへ有したりき。尚家が東京にありたる関係上休日には必ず帰宅し母や兄妹に接するを無上の楽しみとしたれば、特に集会等ある場合の外は始んど下宿に顔出しせず従て同郷者よりは或種の批難さへ受けたることあり。元来福島県といふ処は小藩分立し中に会津は二十三万石の大藩として超然自尊の風あり。将校会の如きも古くより稚松会といふ会あり。会津出身の陸海軍将校のみを以て組織しありて他の福島県出身将校は後年初めて福島県将校会を組織したる程なれば、稚松会と福島県将校会は今日迄尚会合せず一種の対立気分さへあるを免れず。其後勉めて合同を試みたるも遂に成立せず終戦に至りたるが、余は柴大将の後を襲ひて稚松会の会長に推薦せられあり。会は数万の基金を有し其処置は今後なさざるべからざる一事なり。

福島県将校会の方は最熱心なりし稚松会の両角三郎中将が余が支那出征中会長となり何か其間に経緯ありし模様なるも承知せず。

元来余は郷党色なく唯両親が会津に生れたる関係上会津人として漸く高級を占むるに及び世間より認められたるも同郷とか同県とかいふことには興味を有せず。又あまり之を強調することには同意を表し難し。一種の島国根性とも割拠主義とも封建主義とも称すべく決して日本の大をなす所以にあらず。

明治時代の藩閥も畢竟これに胚胎し延ひて今次の敗戦となりたるものなり。将来は此の如き思想は一掃すべきものなりと信ず。又此の如き思想は根絶するに至るべし。

一年に亘る士官学校の生活は唯器械的に多忙に何等精神上の余裕もなく、唯々少しにても卒業序列をよからしめんとの競争心より有耶無耶の裡に暮し、皆同期生なれば幼年学校時代の如き上級生の制裁もなく偶々食堂に於ける味噌汁の取り方が多かりしとか他愛もなき些細事にて喧嘩口論となりたる位に過ぎず、誠に平々凡々として其日を送りたるなり。区隊長も亦前述の如く放任主義なれば生徒も亦頗精神的には低調なりしが、後年の五、一五、二、二六事件の如き重大異変が将校なり青年将校によりて決行せられた動機は如何なる時機に温醸されたるか余には全く不可解にして、必ずや直接之を煽動鼓吹したる人あるべく、特に高級将校は顧みて自ら深く責任を感ぜざるべからざるなり。然るに其人々は怡として恥ぢず弁解是努め、剰へ之を他に転嫁せんとするが如き言動あるは誠に唾棄すべきことなりといふべし。

かくて士官候補生第十二期生は在校一年、其間偶々北清事変、所謂義和団事件にして、聯合〔軍〕は太沽より北京に侵入し、我国は第五師団（師団長山口素臣）を基幹とせる部隊を派遣し、野戦砲兵第十六聯隊よりも大隊長山川少佐の指揮する野砲一大隊（七珊野砲）を派遣せり之等ありて世の中も一時騒がしかりしも何等の影響を受くることなく、十一月下旬を以て芽出度卒業し各々散り散りバラ〳〵に原隊に復帰したり。余の属する野戦砲兵科生徒は首席渡辺良三にして余は次席となりたるも、術科の拙なるはこゝにも現はれて恩賜の光栄に浴する能はざりき。

優等生は歩兵が清野孝蔵、木沢暢、騎兵が梅崎進〔延〕太郎（後師団長となる）、重砲兵が中根寿郎、工兵が杉原〔美代太郎〕、輜重兵が横須賀辰蔵（後に輜重兵監となる）にして輜重兵を除き（幼年学校卒業者は輜重兵に配属せられず）何れも幼年学校出身者たりしも後年振はず、木沢の如きは晩節頗悲惨なりしも奇とすべし。

かくて余等は意気揚々として鴻の台の原隊に帰隊し、十二月一日を以て見習士官となり、生来初めての軍刀を腰にし、余と岩崎亨太郎〔享太〕は第四中隊附となりたり。余が士官学校在学中聯隊長熊谷中佐は現職を去り隣聯隊長の兵頭大佐聯隊長に補せられたり。大佐は宇和島藩士にして誠に温良、余等は前任熊谷中佐を鬼と綽名したるに反し仏の兵頭といひたるにても推知し得べく、後年中将となり東京砲兵工廠提理にて現役を去られたるが温容尚髣髴たるを覚ゆ。第十六聯隊長の後任は即ち成田正峰中佐（後に中将）にして川村元帥の女婿として鹿児島出身の羽振りを見せたるものなり。

(4)　見習士官時代

余等が配属せられたる第四中隊は中隊長を田村沖之甫といひ、有名なる田村怡与造、田村守衛とは兄弟にして山梨県出身なり。当時陸軍大学校を卒業帰隊したる隊中ピカ一の中隊長なりしも頗神経質なるに剛腹にして他の中隊長との折合も悪く、しかも軍隊の弊風を強制的に矯正せんとの理想を懐きありし如くなりしも、中々一中隊長位の努力にては多年連隊の宿弊は一掃するに由なく、他中隊との悶着は絶間なく、殊に下士官出身にして中々剛毅なりし第二中隊長須藤大尉とは常に衝突の絶間なかりき。然れども余等見習士官には頗親切にして、大尉が週番の時など深更迄操典、教範の講義をせられ、如何に之が為余等が利益を得たるかは今日迄尚感謝しある処なり。田村大尉に関し一の面白き逸話あり。

余等が士官学校在学中日清戦役、北清事変に偉勲を樹てたる七糎鋼銅製砲は三一式野山砲に制式変更せられ、多年砲兵界の饒望たりし鋼製半後坐式（軔履式）となり、余等砲兵の喜びは実に例ふるに物なかりき。余等が卒業帰隊したる時は既に各中隊に一、二門宛支給せられ寵児として実に大事にせられたるなり。田村大尉も此例に洩れず大尉自身余が眼の黒い間は此の如きよい大砲は出来ないと明言し、従て大砲の手入保存は日頃八釜しき人が一層八釜しく、砲腔手入の為の洗桿の使用の如き砲口に触るる時は之が為砲腔綫を磨滅するの憂ありとて、若し此の如き者が中隊長の眼に触るゝ時は処罰せられたるなり。此の如き大尉の予言は其後数年にして三八式野砲となり見事覆へされたるが、大学出身の錚々たる而も砲兵将校にして此の如き言をなすを見ても如何に由来日本軍高級将校の技術智識の低劣なるやを推知し得べく、余の今迄辿り来しり経歴に徴しても実に慙愧に堪へざる処なりとす。

田村大尉は三十四年余等が少尉任官前栄転せられ聯隊は八釜し屋去りたりとてホツとなしたる次第なるが後任として第四中隊長となりし人は浅岡信三郎大尉とて野戦砲兵射撃学校より来り其経歴よりして砲兵将校として立派なる人なりき。風彩もよく中々人を外ら〔さ〕ざる底の人にして、特に今にも記臆しあるは射撃号令の実に美声にして透徹せることとなりき。中隊はこの明朗なる中隊長を迎へ急に明るくなりたる心地したり。大尉は其後少将にて現役を退き近年迄郷里岐阜に健在せられたるが其後如何せられたるや。田村大尉は其後累進せられ余が巴里講和会議より帰朝後参謀本部々員として第四部に勤務したる時第四部長（少将）として再び教を受けたることは誠に奇縁といふべく、少将は其後中将に進まれたるも狷介剛腹が累をなしたるか晩年は精神異常を伝へられ淋しく世を去られたるは誠に惜しき極みといふべし。

鴻台兵営の冬の景色は又一入の淋しさなり。悠久江戸川の流れ、東西練兵場の森の眺め、余が幼時母に伴はれて横山家を訪ひたる時と何ら変りもなく、当時鴻台一角の眺望より将校集会所よりは宮城の正午の号砲の白煙を見て時計を規正し又途中何等目をさへぎるものなく吉原不夜城の煌々たる電燈を望見したる如き、今は想像だも及ばざる処にして、当時市川には勿論電燈なく聯隊の照明は久美油と称する安全油を使用したるランプなりき。

確か二月なりしか晴天なりしも朝来風寒く手も凍るばかりなりし、が此日彼の名高き青森歩兵第五聯隊の雪中行軍の椿事起りたりしは後より思合はしたる処なりき。

かくて余が少尉に任官したる三十四年七月（二十五日と記臆す）迄は今何等記臆に存すべき事もなく、唯訓練に研究に、特に十二月に入隊したる初年兵の助教として一心不乱に努力したるのみなり。休日には即ち当時錦糸堀迄しかなき総武鉄道を利用して上京し牛込の家を訪ふを年中の課業〔と〕したり。

当時の中隊附先任将校は山本光照少尉（第十一期）なりしか。山本少尉が初年兵主任として余は其助教たりし。

旅団長は大迫少将にして教育訓練に頗る熱意を有せられしばゝ錬兵場にも臨場せられ余等若輩の意見をも徴せらるることさへありたれば余等は大に敬慕承服したるものなり。少将は教育、特に砲の操法に部分教育の必要を高唱せられたれば余等も亦翕然として此方向に集中し種々の創意工夫をなしたるが、今にして追想すれば寧ろいささか行過ぎにして形式に堕したる点なきにしもあらざるも、教育形式の一種として砲兵教育に一進歩を画したるは少将の功績にして、旅団長の熱心にして一定見を有せられたることは余が後年野戦重砲兵第一旅団長としての在職間の一年半を追懐して大に忸怩たるものあるを覚ゆ。

当時第四中隊には士官候補生配属せられあり。士官候補生第十四期生にしてその顔触は今日記臆確実ならざれども、島田七内、岩瀬知吉、吉田一彦の三名は記臆す。幼年学校出身者は説田繁次といふ人なりき。士官候補生の軍事学教官は山本少尉なり。岩瀬は矮小の無〔醜〕男なるが千葉県出身の中々議論家にして面白き青年なりしが肺を病みて早世し、其他の人には後年何れも大なる発展なくて現役を退きたり。

由来野戦砲兵第一聯隊は我国最古の砲兵隊として赫々たる歴史を有するに不拘何故か人材輩出せず。古き処にては大迫尚道大将、鈴木孝雄大将（靖国神社宮司）等あるも、其後聞えたる人なく余の先輩として第十一期生の勝野正魚中将の如き技術方面として誠に優れたる人なりしも兎角他との折合悪く砲工学校教官としての外大なる発展なくして現役を去りたるは誠に惜しむべく、余の後進としては中岡弥高中将、小須田勝造中将、内山英太郎中将、橋本秀信中将、佐藤顕亮〔賢了〕中将などが頭角を現はしたるに過ぎず。余が最深交ありし八木録郎少将は第十六期の同聯隊出身なり。而して其原因としては固より不明なるも、将校団が一種の偏狭固陋なる風を有し渾然一体ならざりしに帰因するか。之を以ても将校団の伝統が如何に後進の誘掖に影響するやを推知し得べし。

(5)　少尉任官より日露戦役参加迄

陸軍出身多年の願望成りて陸軍砲兵少尉任官の光栄を荷ひたるは明治三十四年七月にして、実に日露戦役勃発の二年前なり。任官の歓喜に満ちたる当時は戦争など夢想だもせず。況んや四十年後の今日日本帝国が無條件降服の到底筆紙に尽し難き屈辱を受け、さしもの光栄ありし陸軍が一朝にして崩壊湮滅去りたるが如き顧みて真に一場の白夢にして、囹圄鉄窓の下過去を追憶すれば今日尚未だ夢の如き心地せられ、我身が真に我身にあらざる心地せらる。余は任官と共に第四中隊に残り、岩崎は第一中隊に転じ、登坂は第二聯隊に、塚本は第十六聯隊に去れり。

当時の軍服は上衣は肋骨仏国式、砲兵は空色黄の太き線を短袴に有し黒羅紗なり。軍帽は黄の太き鉢巻に尉官は一本、佐官は二本、将官は三本の黒線をつけ（近衛師団は帽は赤色なり。将官は白き短袴、赤裏の外套なりき）中々瀟洒意気〔粋〕なる服装にして、就中新任の少尉などは服装に浮身をやつしたるものなり。夏服は肋骨の代りに釦式の白色なりき。服装手当、馬装手当（馬具は自弁なりき）として数百円の金を支給せられ、余が軍服を仕立くれたるは太田屋とて軍服専門の老舗にして其番頭に小島といふ人のよき老人ありて何かと世話し呉れ、余の兄の時代よりこの小島の世話となり後年まで太田屋系統の人々の外依頼せず。十一屋の土屋も亦太田屋の丁稚より叩き上げたる人なるも奇縁なり。新任少尉は全部将校集会所に営内居住なし只管教育訓練に専念したり。身の廻りの世話、被服兵器等の手入は従卒（後の当番）を煩はし、余の当番は大塚某といふ長身白面の頗る真面目なる兵なりき。

当時家は大久保余丁町にあり、兄は陸軍大学校在学中にして真に平和なる家庭なりき。

余の任官に母の喜び如何ばかりなりしやは云ふ迄もなく、余等兄弟もここに芽出度将校となりたるを機として、母も戊辰当時郷国を去ってより一度も会津を訪ひたることなく、余等兄弟妹も未だ父母出生の山河に接したることなければ、余の任官直後定例休暇を取り母と兄妹三人計四人会津若松を訪ねたりき。

母もこの時は生来初めて二等を気張り、喜悦満面にて若松に至る汽車沿道の風光を眺め居たる温容今尚忘る能はざる処なり。若松には固より親せきとてもなければ名は忘れたるも旅館に入り、若松郊外には東山温泉の歓楽郷あれども母は幼時祖父や叔父が流連したる当時を想ひて若い者には有害なりとて余等は聊か不平なりしも東山温泉を避けて市内に宿りて旧蹟を尋ね、飯盛山にては白虎隊自刃の直後母が山に登りたる時は尚遺跡狼藉たりし有様など物語り、一草一木皆懐旧の種ならざるはなかりし模様にして、母を奉じて若松を訪ひたるは誠によきことなりしと当時兄とも共に喜びたる次第なりき。後年余が第十四師団長として宇都宮にありし時一夏家族を挙げて父祖郷国の風物に接せしめたると共に余に取りては実に思出深き事なり。其後母は遂に再び故郷を訪ふの機会なくして此の世を去られたりき。

余が任官当時は実に日露戦役の直前にして日本帝国の国際的地位は相応に複雑多岐なりし筈なりしも世の中は今日の如く錯雑ならず。況んや新少尉の如きは世の中特に政情の如きは全く無頓着にして唯明けても暮れても教育訓練に没頭し他を顧るの遑さへなく、営内居住の身軽さ朝起きて直に中隊に赴き夕刻遅く帰室して営内居住の同期生と会食して時には晩酌にメートルを上げるを以て無上の快としたり。従って新聞も碌に読まず何等かの趣味に没頭するの余暇もなく、唯我等の脳裏には何れ早晩露国と衝突するは免れざる処なれば三国干渉、遼東還付の屈辱を忘れず臥薪嘗胆を教育の方針としたることは明瞭なりしも、さりとて教育訓練一々露国を仮想敵国とする程の深刻さもなく至って呑気なりしものなりしなり。

当時陸軍大学校学生として聯隊に隊附中なりし人々に特に南大将（当時中尉）、高洲中尉とを記憶す。頗る呑気なる連中にして根本あたりに下宿しありたる模様なるも、夜遅く迄将校集会所に残りて余等新少尉を相手として打興じ帰途には当番に磨かせたる長靴の汚れるを惜みて草履バキに長靴を手に提げ集会所側の裏門よりコッソリ帰宿する等の茶目振りを発揮したり。大将とは兄との関係もあり後年陸軍大学校にて親しく教を受け、参謀本部にても一方ならぬ指導に預り、遂に今祖国敗るゝの日同じく戦争犯罪容疑者として同じく鉄窓の下に檻禁の屈辱を受く。人生の奇縁誠に測り難きものあり。

（二一、二、一）

余が任官当時の少尉の俸給は一ヶ月三十三円五十銭なりしと記憶す。乗馬将校は上長官以上は自馬二頭を有し之が繋畜料として相当の額を給せられ、特に今日より見て奇異とも感ずべきことは馬丁を有したることにして、紺の法被股引勇ましく主人の先駆をする景気のよさ誠に勇ましき限りなりき。

当年の自馬制度は軍人の嗜みとして良馬を飼育することを誇りとし、借金をしても良馬を求め従って愛馬心を向上したり。当時の砲兵将校には中々馬術の上手多かりしも、一面には伯楽的根性を出して馬を売買する弊風も生じたるため自馬制度を廃したるものなるも、此制度改正に伴ひ愛馬心低下したるは争ふべからざる処なり。

余は任官後営内居住なりしかば此少尉の俸給にて事足り、煙草は余が独逸駐在員時代喫み覚えたるを初めとしたれば俸給の大部分は母に提供して母の多年の辛労に酬ゐんとしたるも、母は之をしも我等の為に貯へたるは何処迄も我等に慈悲深きことか誠に感激に堪へざる処なり。

旅団長大迫少将は独逸留学の影響か青年将校の指導に特に留意せられ、我等青年将校を自宅に招き又将校集会所の会食の際の如きは青年将校の中心となりて高歌放吟し遂には椅子を馬として分列をなし、経理委員の愚痴の種となりたる愉快なる話さへあるなり。

任官の年三十四年は射撃演習は下志津原にて実施したるも秋季演習は何処にて実施したるかは今は記憶せず。当時は砲兵斥候流行時代にて、砲兵斥候の役目は常に新任少尉の一手引受けなりき。

日露戦役前は各兵種の教育訓練に関する著作頗る多く、特に歩兵教練に関する著作は簇出し、砲兵に関しても砲兵斥候等に関する翻訳物など（多くは仏国書なり）多く、直接軍隊教育に従事する者に有益なる参考書なりき。

当時も勿論偕行社記事はありたるもあまり興味なく沈滞せる気分に引かへ却て軍事新報（発行人高橋静虎）の如きが青年将校に愛読せられ相当の論戦もあり、当時の近衛歩兵第一聯隊の中尉たりし今日の荒木大将が荒木天任なる雅号の下に毎号を飾り、又野砲一附たりし佐藤清勝中尉の文才など中々活気ありたれど、日露戦役後此風潮は一時に凋落して振はざるに至りしことは誠に惜むべきことなりし。従て軍事新報も何時とはなしに廃刊となれり。

余も中学及後幼年学校時代の嗜好尚存し、多忙なる隊務の余暇には好みて文学物を読み今尚当時新潮とか馬場孤蝶の著書などを愛読したることを記臆す。

幼年学校、士官学校にて常に渡辺の下位にありしことが何となく残念に感ぜられ砲工学校に於ては何とかして名誉を恢復せんものをと、今より思へば実に笑ふべきことなるも一種の希望を有し、従て酒は相当飲みたるも煙草ものまず宴会の外は女遊びもせず中々道徳堅固の方なりき。

あくれば明治三十五年、隊附将校としての余の生活は益々多忙を加へ、一方砲工学校の準備も多少心懸くる様になり、同時に初年兵教官として之に没頭し他を顧るの遑さへなく、中隊には新に士官学校を卒業帰隊したる仁礼三次といふ鹿児島県出身の見習士官を迎へたり。幼年学校出身の第十三期生には中岡弥高（後の中将）、福地徳太郎あり。

中隊には砲工学校より帰隊せる林三郎中尉あり。中隊長浅岡大尉は他に栄転し野砲兵第三聯隊より水谷喜三郎大尉新に中隊長として来りたりしが、此人は桑名藩士にして頗る豪放快豁の人なりしが上に対し中々強かりしものと見え昇進遅れ大隊長岩倉粂雄少佐（野砲三にて水谷大尉と一処なりしと）と同期生にて衆人の前にて平気で岩倉と呼すてにする如き当時には中々といふ風の人多かりしも、余等には頗る親切にして屢々家にも招かれ斗酒辞せず談論風発の快味は今にして尚記臆に新なる処なり。

此年下志津原に於て実施したる射撃演習の或射撃に老練なる水谷大尉に林中尉と余と仁礼少尉の三人が小隊長として頗見事なる戦闘射撃をなし聯隊長より大に賞せられたることは今尚忘れず。三一式野砲も当時既に上下の手に入り中隊長も老練揃ひにして国軍砲兵の花の時代とも称すべく、当時漸くやかましくなりたる露国との関係にも我等は何の不安を感ぜず必勝の観念を確保したるなりき。

唯砲兵は材料の関係上暴露か半遮蔽陣地を占領するを主とし遮蔽陣地は照準具の不備より（頗る簡単なる方向のみ）好んで採用するを得ず、日露戦役開戦後露軍砲兵の遮蔽陣地より手痛き打撃を受けたるは又止むを得ざる処にして、日露戦役当時より軍事技術に於ては既に敵に一籌を輸したるにこゝに注目することなく技術の根本的改善を見ざりしは、陸軍の技術制度を抜本的に改正せざりしと、陸軍当局の技術に関する認識及決断の至らざりしに帰因するものにして、余の如きも又慥かに其責任の一部を負はざるべからざるものなり。

（二一、二、三記）

当時の下志津射場は今日の如く開豁しあらず。大日山は大樹簇生して一森林をなし、小深の辺は小松林にて砲兵斥候が常に登らされたる処なりき。又射程も材料の関係よりして小深より南北に荻台附近より北方に今の野重四の裏より北方に大分利用せられ、従て当時は恐らく日本一の良射場なりしならむ。其後火砲の射程延伸したると又民権やかましくなり損害賠償が問題となりたる為遂には荻台附近より北方の一方向に限定せらるゝに至れり。

下志津原は我国軍砲兵発祥の地なり。苟も砲兵将校として下志津原六方野射場の各地点地物に附せられたる名称や四街道の片田舎を記憶せざるものあらざるべし。

此我等砲兵出身の将校に忘るべからざる射場も敗戦の今日徒らに田畑に開こんせられて昔の名残りを止むるに過ぎざるべし。我等は先輩砲兵将校に対して誠申訳無き次第なり。

明治三十五年の第一師団秋季演習は北部埼玉県より古河辺にかけ施行せられ、日日の演習夜夜の宿舎、努力の裡又楽しき夕食あり。久喜のあたりにて蜂群の襲撃を受けて聯隊が実敵以上の損害を被り、又古河の宿舎にては美しき姉妹の歓待に仁礼あたりの喜悦満面談など何れも楽しき隊附勤務の思出なり。

三十五年の秋頃よりは日露の関係漸く切迫し来り余等隊附将校にも何となく緊張を覚ゆるに至り、一年半の隊附勤務を終りて、三十五年十二月余等は陸軍砲工学校に派遣せられたるなり。

当時の校長は上原勇作少将、後の上原元帥なり。砲工学校の学生といへば遊蕩児の集合の如く世より見られたるも我等の期は此の如き風潮もなく皆真面目に勉強したり。余は余丁町より通学したるが学校も近きこととて頗る便利なりき。

陸軍士官学校にては一般初級士官に必要なる学科を教へられ特に砲工兵将校の素養はつけられず。隊附中は勿論特別の教育もなく砲工兵将校としての素地は砲工学校に於て初めて附与せらるゝことなれば凡てが物珍らしく又相当に骨が折れ、特に砲内外弾道学、数学、理化学等には努力を要したる処にして、高等数学は砲工学校にて初めて教へられたることなれば余の如き元来数学の不得手なるものには一方ならざる苦労なりき。

夏期休暇前大阪砲兵工廠見学あり。炎暑の候なりし。偶々大阪に第何回かの内国勧業博覧会あり、余等は天神橋ほとりの安宿に入れられ昼は見学をほど〳〵にすませ、夕刻より博覧会見物に出かけ特に当時呼物たりし米美人のダンスに現を抜かしたる如きことあり。

帰途は岩崎等と共に生来初めての伊勢参宮をなして内外宮荘厳神秘の気にうたれたるなりき。

夏休暇は勝野、岩田等と共に北條海岸に海水浴としゃれこみ、これ又生来初めての夏期休暇気分を味ひたるなり。

余等が夏期休暇を終りたる頃より世情は愈々騒然となり露国陸軍大臣クロパトキンは我国視察に来り各方面を十分に観察して帰るなど風雲愈々急迫を告げ、我等学生間にも何となく落付《ママ》かざる気分漲るに至りたりき。

余等が第十二期は三十六年七月中尉に進みたるが中尉の俸給は幾許なりしか記憶せず。されど家より通学する身には俸給を母に提出したるも尚若干の余裕を有し、固より当時物価も安かりしも毎土曜日には神楽坂あたりを慢歩して当時毘沙門の横丁にありし青湯楼といふ洋食屋、時には求友亭、吉熊などの料亭に大いにメートルを上ぐる丈の余裕を存したるなり。こゝに面白き一挿話あり。余が砲工学校在学中多くの友達がアッコーデオンに興ずるが羨ましく、当時神楽坂随一の洋品店浅岡より其番頭の勧誘に従ひ買求めんとしたるも、母は学業の妨害となるべきことを恐れて中々許されず、漸く妹の口添により驍望の一個を買求めたるも中々上達せず遂に放棄したることあり。この辺に迄母の細かき心遣の及びたること今更ながら感激の外なき次第なり。

明治三十六年十一月余は普通科を終へて高等科に進みたりしが遂に渡辺を凌ぐを得ず。首席恩賜の光栄は渡辺の得る処となり、余よりも寧ろ母が如何に口惜しかりしか、誠に申訳なきこと感じたる次第なりき。

高等科学生に残りたりしは十数名と記憶するが日露の風雲愈々急に今ははや学生も緊張して真面目に勉強するものもなく、明くれば明治三十七年二月我艦隊の旅順奇襲と共に対露宣戦の詔勅喚発《ママ》せられ近衛、第二、第十二師団等の動員下令と共に砲工学校学生の之等師団に属するものは相次で帰隊し残りたる学生も愈々何事も手につかず退校帰隊の日を待ちありしが、二月何日なりしか日は記憶せざるも愈々全校学生解散帰隊の命令に接し大呼歓声を挙げ、折柄作業中なりし築城製図を小刀を以て寸断して生還を期せざるの決意を明かにして勇躍帰隊したり（当時校長は上原元帥去り福原〔信蔵〕といふ人なりき）。既に今日あるを予期しありたれば軍装品なども既に準備しあり。これより先き兄は三十六年鈴木荘六少佐（後の大将）の媒酌により又造の二女すえ子と結婚したるが近衛師団動員と共に余に先だちて既に出征し嫂は三條の実家に帰り居たり。

こゝに余が秘中の秘として、此の時まで余は童貞なりしが、愈々出征と定まりたるや既に遊蕩を覚えたる悪友共が死して賽の河原に行かぬ様にと余を誘惑して、遂に一夜古谷、平野の如き幼年学校以来の悪親友が余を新宿妓楼に誘ひたるが、不快なる初めての経験に匆々逃げ帰り印象極めて悪しかりし為、遂に戦役途中負傷して帰り退院迄この方の感覚なかりしことは誰にも語るべからざる余の秘事なり。

（二二、二、一〇）

かくて余は市川の原隊に帰り、平木桂次郎中尉、仁礼少尉と三人にて鴻台のさゝやかなる一軒屋を借りうけ日夜猛訓練に努力したるが、日時はいまは記憶せざるも愈々第一師団に動員下令となり、動員計画に基き各自其任務に就き、余は第一師団弾薬大隊編成委員として直ちに編成地八幡に移りとある民家に事務所を開設したり。当時の弾薬大隊は歩兵弾薬二縦列、砲兵弾薬三縦列といふ如き尨大なるものにて、従て被服装具等も莫大なる数量に上り、連日応召し来る兵員に一々之等を分配する混雑は一方ならず。払暁より深更まで之に没頭して夜遅く鴻台の寝居に帰りたるも毫も疲労もなくそれより大に快飲し帰宿早き時は更に汽車にて船橋の佐渡屋あたりに出かけたる元気さには今にても微笑を禁ずる能はざる処にして、当時の制度にて官馬を貸与せられあるものは動員と同時に買上げとなり、当時の大枚二百円を給せられたれば相当の豪遊も出来たるものなり。

動員下令と共に余は第四中隊の先任小隊長となり、小隊長は余の外仁礼少尉と砲工学校より帰隊せる第十四期の吉田彦一少尉にして、中隊長は会津出身にして第五期生の下條士津会大尉なり。大隊長は町田英太郎少佐なりき。水谷大尉は少佐に進み第一大隊を統率せり。

独身たる余は母と妹の外何ら後顧の憂なく、母は例の気丈の質とて激励せられたれば余が生還を期せざる当時の出征の気持は坦々として何等の蟠りもなく頗明朗なるものなりき。当時の戦時服は黒羅紗にて五ヶの銀色ボタンの外袖に階級を示せる頗る瀟洒たるものにして、装備としては偕行社より月賦購入してしばらく苦しみたるギヨルツの八倍眼鏡を唯一のたよりとし、軍刀は父が西南戦争の時佩用したるものを腰にし、拳銃は二十六年式を借用したるものにして、今の如く防毒面も鉄帽もなく頗簡単なるものなり。

(6)　日露戦役参加

日露戦役勃発当時と今回の大東亜戦争勃発前後とを比較するに、支那事変勃発の当時は暫く措き大に其趣きを異にすると感ぜざるを得ず。日露戦役前は彼の三国干渉遼東半島還附により遺恨十年の感は深く国民の間に浸透して志気も大に昂揚し、又国民一般も今回は英米崇拝米式順致等既に戦はざるに一籌を輸したると異なり露国の強大は知りながら心中に之を畏敬するの念なく、別に宣伝等のことなかりしも国内は能く一致結束し、純真無垢唯討露の一念に燃えたるなり。

之を今回に比較するに、支那事変既に五年国内相当に疲労し之を駆て強敵米英に向はしめむとするには一方ならざる努力を必要としたる上日露戦役当時に比すれば国内事情の複雑到底比すべくもあらず。道徳の標準も低下しあれば開戦当初より国内に相当の厭戦反戦気分あり。又戦争の規模としても日露戦役の如く単なる武力戦にあらず国家の総力を挙げての総力戦なればこれが準備並に機構改正に長年月と官民を挙げての絶大の準備努力を要するに、支那事変の如き末だ総国力を挙げ切らざる戦争と同一機構を以てこの大戦争を乗切らんと試み、しかも開戦当初の若干の成功に眩惑せられてこの戦争機構の改良進歩を怠りし処に失敗の一大原因あり。

加ふるに日露戦役当時の如き大政治家なく戦争当局者は徒に緒戦の勝利に酔ふて増長慢となり長老先輩の言を聞かんとせず、戦争打切り媾和の好機を掴むことを得ずして遂に敗戦の悲運を見るに至りしは返す〳〵も遺憾千万なり。

尚日露戦役当時に比して本戦争の特異とすべきは、満洲事変以来簇生せる所謂右翼団体が確たる信條を有することなく、大部分のものは徒に強がりを主張し時には政府当局を強脅迫し、偶々テロ行為をなすの暴挙に出て、政府当局、政治家、財閥も生命の危険を恐れて此の如き強迫に断乎として反抗するの勇気なく、中には之を利用して売名の具となさんとするものさへ生じたるは政治に強大信念性を失ひたる所以にして、如何に国内の政治を暗くしたるや測り知るべからず。これ本戦争の日露戦役に比して特異とする一点なり。

満洲事変を契機として此等右翼団体を作るの機運を醸成したる軍部の中堅と称する徒らにおれが〳〵の自惚強き中央部の将校、又これを煽動利用したる上級将校は今尚健在なるも、省みて忸怩たらざるを得ざるべし。而して此等人物を利用したる官僚、財閥、或は少くとも断乎として所信に邁進せざりし人々も当然責任を負はざるべからず。余の如きも亦其一人として滔々たる時勢に押されて屈したる罪は誠に慙愧に堪へざる処なりとす。

聯隊は動員完結後逐次出発して江戸川を渡船し行軍にて品川に至り汽車搭載の後、余の列車は夜半に出発したるが、行軍間又品川にても別に地方側の大なる歓送もなく粛々としてこれが出征といふ別に緊張したる気分もなく何となく演習に出かける心地せられ、余には勿論一人の見送りなく孤影単身の出征なりき。

（二一、二、一二）

余等の列車は第二大隊本部と第四中隊の段列にして第四中隊より将校は余のみ。輸送指揮官は町田少佐なり。町田といふ人は頗呑気なる人にて短躯の大酒家なりし。汽車が沿道給養停車場に停車するや少佐は常に振舞酒に酔ひて前後不覚に眠込み歓迎送の応対は常に余の専任なりしが、途中停車駅の歓迎送は別に御祭騒ぎとてはなかりしも誠意こもり、特に浜松、大阪などの歓待振は今尚記憶に新ら〔た〕なる処なり。かくて途中二昼夜近くを費して漸く広島駅着、聯隊は直ちに市の北方郊外三篠村（今の三篠町）に宿営し、第四中隊本部はびんた豆腐と称する飲食店に割当られたるが、此家は豆腐の名物とて広島あたりの人は皆知り居るも昨年広島に赴任したる時聞き合せたるも今はなき由なり。出征時の第一師団長は伏見宮貞愛親王殿下、参謀長は星野金吾大佐（後の中将）、参謀は伊豆凡夫少佐及和田亀治大尉（後の中将）を記憶す。歩兵第一旅団長松村務本少将、同第二旅団長中村覚少将にして、当時の歩兵聯隊は第一、第三（東京）、第二（佐倉）、第十五（高崎）にして、壮丁は東京、埼玉、千葉、群馬、栃木、茨城、山梨、長野、即関東八州の精鋭をすぐり意気軒昂たるものなりき。

（二一、二、一四）

かくて広島滞在は約一ヶ月、練兵場は距離も遠し各部隊にて混雑しあれば、砲兵は主として運動を訓練し太田川の堤防などを漫歩しありき。

あすも知れぬといふ心理状態も作用せるか在広一ヶ月間の風紀は厳粛といふを得ずダン〳〵花柳病患者も出て中隊長としては其予防法に一方ならぬ苦心を払ひたるものにして、某中隊の如きは花柳病にかかりたるものには胸に特種のマークを附し一見して分る様にしたるがこれには皆閉口してそれより減じたる一笑話もあり。乗船出発後よりダン〳〵発生したることあり。戦乱と花柳病とは附物ともいふべし。広島市内には第二軍司令部（司令官奥元帥（大将））、参謀長落合（豊三郎）中（少）将）の外第一師団司令部其他高等司令部等ありて幕僚高級将校も相当に放蕩をなし、前回の近衛第二師団当時の如きことはなかりし由なるも、それにても広島の郵便局は為替引出にて長蛇の陣をなし遊郭は日夜連続の繁昌にして余も一回巡察にやられ赤面して帰りたることありき。三篠村宿営地は広島市内とは交通を遮断せられ従て広島市内に遊び行くこと出来ざれば、聯隊の若い者どもは汽車を利用して厳島に出かけ現をぬかし居たりき。余は其時はまだそれ程に面白いものとも思はざれば中隊の若い者の勤務を引受け遊びに出しやることさへ屢々なりき。

愈々出発乗船の命令を受けたるは日は忘れたれど四月中旬なりしと記憶す。太田川の堤防の桜も既に散りかしりて堤防には既に若草の萌出づる頃なりき。明朝四時宿営地出発宇品に至り、乗船の命令を受けたるは夕刻なりしが、此時も中隊の仁礼、吉田は愈々出発も近日なるべしとて午后より厳島に出かけ出発命令を受けたる時は不在なりしも伝達呼戻す方法もなくかれこれ気を揉みありたるに夜半過汗みどろになりて帰り来りぬ。この日偶々第五師団の動員下令あり汽車の普通交通止まり厳島より鉄路を徒歩帰広したるなり。これも亦出征時の一笑話ともいふべし。

中隊は午前四時宿営地出発、行軍にて宇品に至り直に乗船を開始したり。当時の広島宇品辺は今日とは全く趣きを異にし太田川に沿ふ堤防上に道路ありしが今日は全く一連の市街となりぬ。

昨年広島に赴任したる後彼此歩き廻りたるも当年の面影を偲ぶよすがもなかりき。

宇品の揚搭用の岸壁は今日の如く既に完成しあり。内地の乗船特に今日の如く飛行機もなき時代なれば頗るノンビリとして白昼の下堂々と実施したるなれど、それにしても初めての大規模の外征にして、余等にとりては初めての経験なれば相当の混雑も阻誤〔齟齬〕もありたるなり。余は故〔古〕参小隊長として馬匹の搭載に任じありしが、余等の輸送船に師団司令部の乗馬を搭載することとなりしが、師団長殿下の御乗馬の洋馬の逞しきを馬絡のかけ方の不完全と馬の狂奔するより艙口より艙底に落し腰をぬかさしたる出来事あり。聯隊長を経て御詫びを申上げたることありき。

余の中隊の輸送船は日本郵船の新造船として六千余噸の伊予丸といふ立派なる船にして、日露戦役当時はかくの如き船には尚外人船長なり。伊予丸も亦此例に洩れず船長、一等運転士は外人なりき。

同船には歩兵第二旅団司令部、歩兵第二聯隊の外砲兵としては第四中隊にしてサロンは中々賑かなりき。事務長は生意気なる横川某、豪傑肌にて余等の仲間なりし野尻といふ三等運転士は尚余が記憶に存す。

（二一、二、一五）

愈々宇品出帆の日は晴天にして一同皆甲板に出て故山に最後の訣れを惜むの心情は皆申合さねど一様なりき。余も亦遥か東方の天を望んで母妹の健在を祈りたるなり。

運送船は搭載終れば各個に出港して大同江口に集合すべき命令を受けたり。開戦劈頭の旅順港奇襲功を奏し露の東洋艦隊は浦潮に閉居して時々ロシヤ、グロンボイ、リユーリツクの如き快速巡洋艦をして出撃せしむる程度なれば、陸軍輸送船は別に海軍の護衛なく大同江口に集合するを得たれど、余等の出港前金洲丸が露艦の攻撃を受け撃沈せられたる例もあれば相当に警戒を要したるなり。

我等の伊予丸は瀬戸内海の風景を賞しながら静かなる航海を続けたるが、玄海灘はシケ気味にて六千屯の大船も動揺相当烈しく、元来船に頗る弱き余なるも偶々日直勤務に服し緊張しありたる為か舷〔眩〕暈に弱りつつも当番兵を督励して馬の処置等をなしありたるも、日直を交代して帰室するや一度に気緩みて嘔吐したるは船よひが如何に気分の持方一つなるやの例証ともなりぬべし。

朝鮮多島海にては偶々濃霧となり外人船長は航海の危険を恐れて停船吹笛したるが金州丸事件もあり監督海軍将校は運行を命じたるも船長は頑として聞かざりし一挿話あり。かくて大同江口に到着して見れば余等より後に出発せし邦人船長の運送船は疾くに泊地に集合して今頃まで何をしていたかと云はむ斗りの有様にして、邦人船長が朝鮮沿岸の航海に慣れある為なるべし。

第一師団船団が大同江口に仮泊しありたるはかれこれ半月

を超へたるならむか。其間一回鎮南浦に上陸したるも穢きにあきれて匆々に船ににげ帰り其他は一日なすことなく船上の体操等に日をくらし、夜は歩砲将校一同サロンに集合して駄弁猥談に、時には兵員の素人芸に打興じ居たりき。此集会の中心として常に活躍しありたるは歩兵第二聯隊の園田、吉井、堀家（余の同期）等なり。余等が揚陸を開始したるは軍の揚陸開始以来既に数日を経たる後なるが、上陸地が非常なる遠浅なると風波に禍せられ陸軍の設備が屢々破壊せられたる為上陸地を変更して効程《ママ》予定より遅れ、敵が既に我等の揚陸に対応する処置をなしたりとか種々の風説に聊か不安を感じつつも、何故か敵の水上よりする防碍もなく若干の遅延にて無事上陸したる時は胸なで下したる次第なりき。此揚陸の際又々師団長殿下の副馬を本船より艀に下す際動揺にて海中に没入せしめ漸く引上げたることあり。よく〳〵師団長の馬には苦しめられたる事なりき。

（二一、二、一七）

上陸後の宿営地は金州半島のことなれば頗貧弱にして村落は点々たる寒村に過ぎず。上陸直後のこととて補給続かず漸く上陸に際し携行したる糧秣により地方より徴発したる豚等を利用したるに過ぎず。この豚とても規制の如く屠殺器もなければ当時の砲兵刀の鈍刀にて撲殺することなれば、豚の悲鳴に後には誰も食ふものもなく徒に部落の支那人を利したることなりき。

遼東半島にも春既に深く李花今を盛りとさき揃ひ野には麦も既に生長し雲雀の囀るなど全く平和なる光景なりき。上陸後二、三日にして第一師団は左、第三師団は右縦隊となりて上陸地を進発したり。

忘れもせじ五月十六日、第一師団は金州北方を目標として西進中、衣家屯といふ地点にて初めて敵と遭遇したり。当時第一大隊は前衛砲兵として余は第二大隊より連絡斥候として第一大隊本部と同行せしが、とある高地端にて生来初めて敵火の洗礼を受けたるなり。さりながら敵の兵力は斥候に毛が生えたる位の微弱のものにて直に退却したるが、初陣の余には敵の小銃弾のシュッ〳〵といふ音に思はず首をすくめて初めて気がつき苦笑したるなりき。

此陣地に対し第一師団、第三、第四師団（第三、第四師団は兵力若干欠除《ママ》しあり）、野砲兵第一旅団の精鋭をすぐり、海軍は渤海湾より敵陣地に側射を加へたるが完全に一日をこゝに阻止せられ死傷六十余を生じ軍としては少なからぬ苦戦なりしなり。

聯隊は敵の弾丸もあまり被らず損害もなく頗のんびりとしたりが、敵の第一線陣地が中々攻略出来ざる為、午后に至り近距離に陣地変換をなしたりしが敵前を横に行進したるなど随分乱暴至極の次第なれど敵の砲兵が微弱にして早く陣地を撤したる為何等の損害を被ることなく陣地を変換し得たり。敵の海軍は大連湾に侵入し来り旅団砲兵は側斜射を受け少なからず悩まされたる由後にて聞きたり。

聯隊は新陣地より折角歩兵の攻撃を支援したるも堅固にして中々抜けず、歩兵の死傷続出する模様にして此時初めて敵陣地よりカツタ〳〵といふ異様の発射音を聞きたるが、これが当時露軍の使用したる機関銃にしてこれが為我軍は少なからず損害を受けたるなり。

攻撃は中々進捗せず、夕方に至りては砲兵と弾薬漸く欠乏し来り、このまゝすればどうなることやらと全般の状況に通ぜざる一中尉としての心配も催したるが、夜に入り敵は退却したる為漸く安堵の胸おろし敵陣地前の二、三の集団家屋に宿営したるが、二十六日夜は昼をも欺く月夜にして戦場荒涼、特に余等の宿営地は歩兵の占領したる処と覚へ多数戦友の死体が累累たるにはいかに余等の敵愾心を起さしめたることか。当夜の光景は今尚まざ〳〵と忘る能はざる処なり。

翌々日余の中隊は追撃隊に加はり南方に向ひ進発せり。二十七日閑を見て敵陣地の見物に出かけたるが、陣地は頗簡単にして敵の死体もあまり見受けず、唯散乱しある露兵の装具、被服等が我軍のものに比し頗程度よく、兵隊など上等の長靴、鍋式飯盒などを失敬し来りたるものすらありき。

敵は南山の前進陣地より一挙旅順要塞の第一防禦線に後退したる為我等はこれに尾して第一師団は干大山より後革鎮堡西方の線に進出、陣地を占領して専心旅順要塞の攻略準備にとりかかりたるなり。

聯隊は陣地に一部を止めて守備せしめ主力は後方宿営地に下り居たるが、旅順半島の村落の貧寒はまた程度烈しく、汚き民家を占領してなすことなく碁に興ずるもあり昼寝をむさぼるものあり。余は碁将棋に興味を有せざる為昼寝かスケッチに其日を送りたるが、此時碁を覚えたりしならむと老後感じたることなりき。六月と記憶す。師団長伏見宮内地に帰還せられ、松村少将中将に進級して第一師団長となり余は聯隊長より命ぜられて当時のダルニー後の大連まで殿下を見送りに行き、帰途大連を初めて見物するの機会を得たるが此時は既に歩兵が占領しあり。帰途お土産として赤い酒を一本持帰りたるがこれはチエリーブランデーなりしこと後にて思ひ合されたり。又ダルニーにては生来シヤンパンを知らぬ兵隊がサイダー位に思ひて矢鱈に呑み酔ひ倒れたる珍談もありし由なり。

旅順滞陣中は別にこれといふ記憶も残らざるも、旅順要塞司令官ステツセル中将が時々白馬に跨りて第一線陣地の視察に来り、敵を敵とも思はざる暴露振りに憤激して三一野砲の最大射程に架尾まで掘りて急襲射撃をなすも遺憾ながら到達せず、却て彼の速射野砲（露軍は砲身後坐式速射野砲を有し旅順方面に一、二中隊ありと当時聞きしがこの一、二中隊に始終苦しめられたり）に報復せられ又露軍砲兵が我射弾の到着せざることを熟知しありて砲車の側にて我に暴露して相撲を取りある如き傍若無人の振舞に憤激したることなど、又彼我陣地中間の村落にある牛を奪取する為彼我斥候の衝突が全線夜間射撃を誘発したるなど戦陣間の一挿話なるべし。こゝにも亦彼我技術の優劣ありしこと明かなり。

かくて我第一線（右第一師団、左第十一師団）は永々の滞陣の後旅順攻略の為前進を開始したるが（此準備は主として攻城材料の輸送なり）忘れもせじ明治三十七年七月二十六日我野戦砲兵第二旅団が営城子にて敵の一、二中隊の速射砲兵の為に手痛き目に合はされたるが、此時旅団（当時旅団は野戦砲兵第十六聯隊が伝染病の為未到着の外、第一聯隊、第十七聯隊、第十八聯隊は旅団長大迫少将の統一指揮下に戦場に到着しありたり）は無警戒にゾロ〳〵行軍中営城子南方にて敵の急襲射を受け慌てて陣地に進入せしが、固より目標を確認もせざることなれば砲兵三聯隊の射撃を以てするも敵の射撃は毫も衰へず、第一線は全く屏息せしめられるや、敵は小面憎くも後方村落内にある我段列を射撃し死傷少なからず。旅団長大迫少将は焦慮のあまり前方に陣地を推進せんとして陣地前のとある小高き丘阜に所要の連絡者を率ひ前進し余も聯隊より連絡者として旅団司令部と同処にありたるが、馬をとばして旅団長以下その丘阜にとりつくや忽ち敵より荚叉続々有効射を浴せかけられ進退谷《きわ》まり馬も手放すやらの醜態に、遂に敵が悠々として退却する迄身動きも出来ざりしことは今も記憶に新ら〔た〕なる処にして、敵は完全に遮蔽して射撃しあるに我は暴露し又当時我砲兵は全く通信器材を有せざりしことなれば観測者を出すことも出来ず、彼我材料の優劣にてとんだ目に合はされたる次第にして、よくも我材料が露軍に劣りながら勝利を得たるものと思はれ、この勝利思想が我軍事技術の全面に影響して兵器装備の充実を軽んじ質より量に趨るの誤をなさしめ、延て今回の敗戦の憂目となりたるものなりき。

（二一、二、二四）

第一師団は営城子南方、第十一師団は剣山附近の敵陣地を敵の大なる抵抗を受くることなく奪取して逐次旅順要塞の本防禦線に接近したるが、金州半島の貧寒なるに加へて追送十分ならず、加ふるに日中は気候炎熱に引かへ夜分は冷えるに下痢、脚気患者ダン〳〵発生したり。黄金山附近の海岸砲台よりは大口径砲を、又旅順港内に逃瀛（エイ）せる海軍よりは大口径艦砲を時々陸正面に発射するに、海岸砲台よりするものは初速遅くゴロ〳〵と音をたてゝ飛来する為兵隊は馬鹿にしてやれ水師営行きヤレ何行きと気にも留めざるが、艦砲のものは射方向が一定しあるも初速大なる為逃げ隠れも出来ず損害を生ずること少なからざりき。又満洲の夏は時々猛烈なる驟雨来り平常水なき川原が忽ち大河となり荷物を流し時には人馬も押流さるゝことあり。貧弱なる天幕は忽倒壊して夜半濡鼠のまゝ支柱を押へたること度々なりき。しかし今日の如く飛行機の空爆なければ敵の反対斜面にあれば敵弾に対し絶対安全なれば滞陣間は天幕生活も頗呑気なりしなり。

常に敵陣地より探照燈の照射を受けつゝ我等はジリ〳〵前進せしが弾薬の欠乏には常に悩まされ一日弾薬一門三発に制限せられたることさへありたり。この弾薬もしかも鋼製榴弾にあらずして銑製にして粗製なり。信管もまた精密ならず時々腔発して中隊にても一門砲身裂けて使用するを得ず、聯隊にては数門に達したるが、兵器の劣悪補給の不備には常に悩まされたる処なりき。

戦場の一挿話として日頃ボンヤリして僚輩より嘲笑せられありたる確か曽根崎とか云ひし弾薬車の一砲手が某日戦闘中偶々弾薬車に敵弾命中し弾薬がポン〳〵炸裂して四辺に飛び危険にして近よれざるに、曽根崎は悠然として水を汲み来りて遂に之を消し止めたるなり。無神経と云ふか大勇といふかそれより曽根崎は大いに男を上げたることありき。

かくして我第三軍（南山攻略後第二軍は北進して乃木大将の統率する第三軍、旅順攻略に方り第一師団は第三軍の戦闘序列に入れり）は当時準備未だ完成せざるも種々の原因事情あり。我等末輩は勿論知る由もなく愈々明治三十七年八月二十一日旅順総攻撃を開始したるなり。后備歩兵第一旅団第一師団の右に新に戦線に入り、第九師団、第十一師団と第一師団の中間に入り一斉に攻撃を開始したるが、我が準備不十分なるに原因して攻撃中々進捗せず。第一師団にては歩兵第十五聯隊鉢巻山にて殆んど全滅の打撃を受け今にても尚忘れざることとなるが、風雨の夜余等の宿営地を聯隊全滅なりと呼びつつ后退し来〔り〕たる悲痛の光景が如何に余等の志気に影響したるや、蓋し想像に絶するものあるなり。八月二十一日の第一回総攻撃も失敗に帰したりしが第一師団は尚歩兵第十五聯隊を第一聯隊と交代せしめて鉢巻山の攻撃を続行せしが、我中隊は歩兵第一聯隊の攻撃を支援すべき命令を受け小東溝南方のとある鞍部に陣地を占領したるが陣地狭少の為余の小隊のみ陣地を占領し、榴霰弾（榴弾なき為）を以て歩兵第一聯隊の突撃を援助したり。八月二十六日午前十一時頃なりしか余は専心歩兵の突撃援助射撃を指揮し相当の命中弾を生じありたる時、其当時は未だ後日程有名とならず唯我陣地の右前方にありて時々砲兵にて側射をなす為小面憎く形が尻の様なる為我等仲間にてはケツ山と称しありたる二〇三高地よりする頗精密なる射弾を第一砲車に受け砲車はてん覆せられ砲手は殆んど死傷し、砲車長は名も忘れじ竹内喜代雄といふ軍曹なりしが鼓膜を破られてポカンとしあり。一番砲手の長谷川といふ怜悧なる上等兵は無慙なる戦死をなし、其他二、三砲手は仆れ惨憺たる光景は四十年后の今日尚眼底に残るもあり。余もまた右肩を鞭にて強打せられたる如きショックを感じたりしが気付きて見れば右胸部より出血しあるにさては負傷と感じ中隊長に其旨報告徒歩にて陣地後方の斜面下に下り軍医の手当を受けたるが、其内精神朦朧と快くなり身は独り茫々たる広野原をトボ〳〵と歩むなるが遥か行手には絵に見る龍宮の如き美しき旗など翻る構へあり、余は之に向ひ歩むに後ろより頻りに呼返へさるゝに気付けば失神を取り戻したりと余の周囲の人は互に語りゐたりき。

其後更に一回失神したるも前の如き快き感じもなく直に正気づきたるが、これがたとへ一時なりとも冥途に行きたる感じなりしか。果して然りとせば死とは甚以て快き、又幽界が実に清浄なる次第にして実に余は此時死に損ひたるなり。

此時と、又此度敗戦前広島にて原子爆弾の攻撃を受けたる時と、敗戦となりて此光栄ある大陸軍が一朝にして瓦解し、余は元帥の身分として此陸軍と運命を共にすべきなるが、四囲の事情より此際生存して御国の前途の為屈辱を忍んで我慢するを可なりと考へ生き長らへたるが、身は八月十五日に一旦死したるも同様なればこれにて三回生き長らへたることとなりたる次第にして之が果して余の為に是なりしか非なりしか一にこれを今後に徴するの外なし。

余の負傷は右鎖骨下に砲弾子の盲管創にして内部に多量の出血あり。到底小隊長の職に止まること能はざれば後送さるること丶なり、地名は忘れたるも第一師団第四野戦病院に入院したり。途中は深谷と云う出征の為傭入れたる余の馬丁に附添はれ支那人苦力のかつぐ担架にのせられて弾丸のくる中を後退したるが、此第四野戦病院も開設間もなきに満員なりと断はられ、更に後方の野戦病院に入院した。途中支那人苦力が弾丸のくるに恐れ足並揃へて急ぐ為に担架の上の余は其度毎にほうり上げられ傷口より空気入り苦痛なる為、マンマン的といふも好々といいつつ少しも速度をゆるめず頗る苦しみたることなりき。

この深谷といふ馬丁は名古屋生れの御人好の好々爺なりしが少しく愚かにして、特に女房が中々やり手なる為其後凡て思はしからず、遂には僧侶となりて代官山に住ひたる当時御堂を建立するなりとて二、三回金の無心に来訪したることありしが如何なりしか。

余が負傷したる此日、中隊長下條大尉も砲弾破片の為頭部を強打されて失神し為に後送せられ、数日にして小隊長仁礼、吉田両少尉も脚気の為戦線を去り、中隊は将校全滅して意気大に沮喪したりと後にて聞きたりき。その後平木大尉中隊の指揮をとりしが、これまた脚気にて後退し、余の前の期たる中沢中尉大隊副官より転じて中隊長となりしが、一日陣地にて昼食中敵の全弾腹部に命中し飯盒も〔ろ〕共飛散するといふ壮烈なる戦死を遂げたりといふ。

余の入院したる野戦病院は病院といふも汚き支那家屋にして土間にアンペラ一枚敷きて寝せられ、夜はカンテラ一つうす暗く実に陰惨なるものなりき。それにても将校病室にて余と共に歩兵第二聯隊の同期生の郷田〔兼安〕中尉（後に中将）なども臥し居たりき。歩兵第十五聯隊の河西といふ中隊長は頸部に数発の機関銃弾を受け如何にも苦しそうなりしが、従卒に遺言として家には何もいふことなし聯隊長によろしくと実に立派なる語を残して遂に其夜壮烈なる戦死を遂げられたる、其場の光景は今尚忘る能はざる処なり。野戦病院にも敵砲弾落下し手術中の患者が戦死するといふ始末に無理にも後送せしめられ、八月下旬の赫々たる炎天の日長砦子迄担送せられ、同所までこの時ダルニーより汽車開通しおりたれば勿論無蓋貨車なるも患者列車に移されダルニーに後送せられたりき。満載の患者は手当不十分なる為患部より既〔に〕蛆虫わき臭気堪へ難く、直射日光堪え難き為樹の枝を折って貰って顔を掩ふといふみじめなる有様に、漸く修理なりたる鉄道なれば動揺甚しく一日がかりの苦痛の後漸くダルニーの露人家屋に入れられたる時は実に金殿玉楼の心地せられホッとしたる次第なりき。

旅順第一回総攻撃は我損害頗る多く前方固よりダルニーあたりの後方病院に至るまで満員の状況なれば患者の後送を急ぎ、余の如き担送に堪ゆる患者は内地に後送せらるゝこととなり、日は忘れたるも八月下旬ダルニー病院を出て担架にて病院船ロヒラ丸に送り込まれたり。埠頭にて久し振りにて病院看護婦を見、珍らしげに担架より態々身体を起して貰ひ見たる珍談もあるなり。

余の負傷の榴霰弾々子は背部に止まり手にて触れ得る程度にして仰臥にも痛さを感ずる有様なりしが、病院船医長たる少佐は余に弾丸を摘出し度旨申出たるを以て随意なるべきことを答へたれば、船中にて容易に局部麻酔にて摘出したり。弾子を見せられたるが大さよりすれば十二糎口径の大砲らしく鉛製の物なりしが医長の請により与へたりき。

海上は概平穏にして大に休養をなし宇品着直に広島予備病院に入院したり。船中にて看護婦の世話になるも珍らしく、これを呼ぶに人めい〳〵にして、姓名を知らざればモシ〳〵と呼ぶものありチョット〳〵といふ人あり、頗滑稽なる場面を演じたるなり。

広島予備病院にてたしか第二軍の九月一日の遼陽攻略の捷報を聞きたりと記臆す。

広島予備病院もあとよりあとよりの后送患者に長居出来ず、余の傷も其後経過順調なれば広島入院数日にして東京に後送せられ、列車白衣にて広島出発の夜は大阪に一泊、何とかいふ名は忘れたるも大きなる北の料亭にて夜を明かしたりき。此頃は第八師団が動員完結、大阪乗船待機中とて当夜も階上にては出征将校連が大いにメートルを上げあるに下には余等傷余の連中が悄然たるに、階上の宴席に侍る美妓連余等に同情せるか時々階下に降り来りては食物をたべさしたりするに、階上の豪傑連は何処に行きたるかと怒りあるに余等は思はず微笑を催したる次第なりき。

かくて東京着、余等は渋谷なる日本赤十字社病院の陸軍予備病院に入れられたるが、橋本綱常博士を院長とする赤十字社病院全部、医員、看護婦に至るまで其侭陸軍病院となりたるものなれば診療その他万事行届き大に感謝したるなりき。後には中隊長下條大尉、中隊の仁礼、吉田、同聯隊の中岡中尉、岩瀬少尉まで一緒になり、中少尉は数名一室に入り毎日診療の外なすこともなく青年血気の連中に年若き看護婦なれば中々賑かにして、歩行に堪ゆるものは勝手に外出し中には外泊するものさへあり、赤坂あたりの美妓連の見舞と称して遊びに来るものあり、頗風紀を紊したるものなり。

余は傷の方は殆んど癒えたるも内出血の為右肺部の予后捗々しからず、勿論外出を禁止せられあれば唯他人の外出外泊を羨望するのみ。同室には近衛歩兵第二聯隊の同期生津森中尉あり、又中学以来の同窓たる加島は近衛砲兵聯隊附として様子嶺の戦闘に負傷し同病院に後送せられありたるが、両人共自由に外出し赤坂あたりに遊びゐたるが両人共其後早く世を去れり。

かくて余は明治三十七年の暮近く熱海に転地療養することとなり、当時の唯一の交通機関なる小田原よりの人車鉄道にて山、谷を上下数十回漸く熱海に到着、余は海岸の隠居玉屋といふに配宿せられ、同宿には吉見砲兵中尉（第十四期）あり、こゝにも又毎日入浴散歩の外なすことなく暮らすに此頃は旅順は数回の強襲に成功せず損害愈々多く戦局漸く悲観せられ、北方にては遼陽戦后敵を追撃するの戦力足らず沙河の線に戦線漸く膠着して人員の損傷愈々多ければ、当局は内地患者の戦線復帰を希望し当然熱海にブラ〳〵しある連中の再起を促すこと頻りなれば、余等も気が気ならず唯ヤキモキするのみにて勤務に就くこともならず、熱海にて明治三十八年の新春を迎へ、一月元旦の旅順開城に愁眉を開き一意療養に専念する間漸く補充隊復帰を許され、三十八年の二月頃なりしか思出多き市川なる野戦砲兵第一聯隊補充隊に復帰し大隊副官の職務に服したるなり。

想へば日露戦役は余には頗薄運なりき。在陣僅か三ヶ月余にして不幸敵弾に傷つき内地に後送せられたるなり。其後も経過捗々しからず兵馬倥偬の裡を半歳の長日月を病余に送り、今又漸く補充隊の隠居役に就く頗る武運に恵まれざりしといふべし。

其間母と妹とは如何に余の負傷に就き心配したることとなりしか。初め余は軽傷、後に重傷の通知なりしとか、母は自若として取乱したる態もなかりし由なり。たしか母は余が入院中大石の叔父を代理として見舞に遣はし自らは来らざりし如く記憶す。気丈の性質を現はして余温〔蘊〕なしというべし。

（二一、三、四）

補充大隊に帰りてよりは雑務頗多忙なる大隊副官に任命せられ、出征当時の大隊長にして病気の為後送せられ補充大隊長となりたる例の町田英太郎少佐のヤンチヤ爺の御子守もさせられ、其内奉天会戦に於ける我軍の赫々たる戦勝、特に我聯隊の武勲などきかされ徒に羨望の裡に多忙なる其日〳〵を送りありしが、町田少佐はふとしたることより病死し間宮春四郎といふ温厚なる中佐後任として着任せられ、余は大隊副官より六月と記憶す大尉に進級して第二中隊長に転じたるなり。第一中隊長は前田といふ余の一期前の仝じく病気後送組なり。当時の補充中隊は教育の外野戦補充員の出入烈しく殆んど毎日の様に人員の入営原隊復帰あり、中隊長として精確なる人員を掴むことさへ中々困難なりしなり。当時は砲兵輸卒なる制度ありて中隊の行李は固より弾薬大隊の弾薬縦列の輸卒は砲兵輸卒を以て充てたれば、人員は莫大なる数に上りこれが教育補充は補充隊の一苦労にして、固より短期教育なれば其教育も頗御粗末にして、執銃本分なれば小銃の操法を教ゆるに教官が砲兵にして其方の心得なき手合なれば捧げ銃を教ゆるに平然として銃身を前にしてすましこみある如き滑稽なる場面も少なからざりしなり。

其他烈しき人員の出入に伴ひ一々之に功績現認書を調整せざるべからず。これはたとへ器械的にもせよ一方ならざる努力なりき。

其外下志津原の野営、茨城県下に於ける盛夏の候の行軍演習等も又思出の種なり。中隊には坂西利八郎中将の令弟にして余等が少尉時代聯隊の武器主管として好々爺振りを発揮し余等青年将校より尊敬せられ、芽出度停年まで勤務し退職のとき少佐に進級したる坂西良一氏を父とする坂西平八といふ誠に呑気なる見習士官（後少将となる）ありていかに中隊の空気を明朗ならしめしか。

余が将校として中隊長の経験は実にこの補充中隊長としての一年に満たざる期間にして、而も変則なる戦時補充隊の中隊長たりしに過ぎず。従て軍隊として最重要なる中隊長職務の経験はいふに足らざるなり。

かくて三十八年秋季に至り日露戦役も我軍の赫々たる戦捷を以て芽出度終熄を告げ、野戦隊も武勲を負ふて市川の兵舎に凱旋したるなり。唯出征当時の幹部の顔振れは殆んど一変し、余が同期生として凱旋したるは岩田一名のみなりしと記憶す。聯隊長兵頭大佐は勿論再び聯隊を率ひて凱旋せられたるなり。

聯隊出征の時は江戸川は渡船なりしが、聯隊が出征中立派なる木橋完成し聯隊凱旋の時は歩武堂々として此橋を渡りたるなり。

余等の補充大隊も聯隊復帰の日を以て復員解散し、かねて此日の為に準備しありたる醵金を以て補充大隊長以下将校一同下谷伊予紋にて盛大、底ぬけの大宴会を催し、有志者は更に人力車に芸者と合乗して遊郭に繰り込みたる無軌道振を発揮したるが、戦勝に酔ひたる全都とて別に問題とする人もなく、今なればそれこそ大変なことなるが当時如何に一般がコセ〳〵することなく余裕綽々たりしかの一証左とも見るを得べし。

日露戦役の勝利は精神方面其他の方面にて種種の原因あるべし。さわれ国民一般が官憲に世話にならずともよく自らの行くべき道、採るべき法を了解しありたることが勝利の一因たりしは否むべからず。これを本次戦争に官憲が一々箸の上げ下しまで世話をやきすぎ実に干渉に過ぐるの嫌ありとまで見られ、又思想団体が同じ様なる御題目をやかましく騒ぎ立て国民はどうしてよきやら御先真暗となり、加ふるに戦争の真相は知らしめられず敗戦の日に至りて初めて悪夢より醒めたる如くなりしは、国民の無自覚無反省もさることながら指導者の犯せる一つの過誤なりといふべく、いかに本次戦争が出発に於て既に至らざりし証拠なるべし。

ポーツマウス條約の国民の不満は彼の有名なる東京焼打事件となり、当時余は補充隊にあり此時内地に帰還し隣聯隊補充隊にありし岩崎と共に同夜（十月と記憶す）東京に天勝の奇術を見物に出かけたるが、両国橋より中に入ること能はず、東京は所々火災なるに恐をなし引返し、両人にて千葉に至り其夜は千葉に一泊したるが、夜半千葉も亦裁判所の焼打ありホウ〳〵に市川に逃げ帰りたるが、如何に国民が憤慨したるや今より想像の外にあるなり。

兄は広島にて第一軍兵站副官に転じ、鴨緑江会戦前后第一軍兵站参謀に転じ、更に新に川村景明大将の率ゆる鴨緑軍が編成せらるゝに及び鴨緑江軍兵站参謀に転じたりしが、余が補充隊に帰ると間もなく大本営陸軍参謀に転じて無事内地に凱旋したり。当時南大将、渡辺錠太郎大将等も同じく大本営陸軍参謀たりし。兄も余も大尉とは聊か兄にも済まざる心地せられたりき。

野戦隊の凱旋後余は聯隊附の閑職となり別になすこともなくブラ〳〵しありしが砲工学校が再開せられ、三十八年の暮なりしか三十九年に入りてなりしか確と記憶せざるも再砲工学校へ入学を命ぜられ高等科学生の課程を続けたるなり。幸ひ解散当時に比し別に陣没者もなく戦勝后の学生としては頗真面目にして一同大に勉強したるが、卒業に際しては又々渡辺が首席を占め恩賜の光栄に浴したるなり。

卒業に際し一挿話あり。教官武田三郎大佐は優秀者を員外学生として技術方面に進出せしめんとして勧誘是努めたるも、渡辺を初め余、松田芳次郎（厚東中将の弟にして余と共に大学に入りたるが如何なる間違ひか卒業せしめられず、少佐か中佐の時チブスを病み早く世を去れり）皆陸軍大学志願なりとて断りたれば大いに武田大佐の御機嫌を損じたることあり。幸ひ三人共翌年大学校に入学するを得たるも若し失敗せば武田大佐に笑はれたりしならんに。余等三人が辞退したる為川口育三郎が員外学生として後帝大に入りたるが、余が此時武田大佐の勧誘に従ひ技術方面に進みたらんには全く異りたる経歴を辿り、今日の如き屈辱をも受けざ〔り〕しならんに、実に人の運命といふものは分らぬものかな。

砲工学校を終りて余等高等科卒業学生は普通科卒業学生と共に東京附近のものと然らざるものと全部二回に分れて野戦砲兵射撃学校乙種学生に分遣せられたり。慥か四十年の春なりしか。余等乙種学生は三ヶ月許り射撃学校にて射撃其他本科専門の事を教へられたるが、なまじ高等科学生出といふことが鼻にかかりて教官を馬鹿にしいろいろの珍団〔談〕奇談を残したるが、下志津原頭の春色の悠々さ実に愉快なる時代なりき。

この時はいかなる間違なりしか修業の際は余が首席を占め初めて渡辺を抜いたるなりき。あくれば明治四十年聯隊は復員后の整理に忙はしく、たしか此年には奥元帥を特命検閲使とする特命検閲も行はれたりし。

日露戦役後には今の如く中央部の職員も多からざりしに、戦後の整理は着々行はれ学校はドン〳〵再開せられ速に戦後体制確立せられたる如く感ぜられたり。これ一つには本次戦争前後の如く徒らに議論、形式のみ多く、即ち万事が権限縄張りを主張する官僚政治が尚其弊害を暴露せざりしによるなるべし。

(7)　陸軍大学校時代

砲工学校卒業の際武田大佐に広言したる手前もあり是非陸軍大学入学を思ひ立ち、聯隊長兵頭大佐の許可を得四十年度の学生候補者に加へられたるが、さて市川にては適当なる指導者もなく全く独善的勉強に過ぎず、要点を把握する能はざりしに案外呑気にして陽春の候と記憶す、第一師団司令部にて行はれたる初審試験も七月頃の発表によれば案外の良成績にて合格し、直に再審試験の準備にとりかかりたるが口頭試験たる再試験にては一層適当なる指導者なく時々木村戒自少佐の指導を受けたるに止まり、準備不十分にして其年十二月大学校にて行はれたる再審試験に臨みたるが不勉強の天罰は覿面、戦術の高地の攻勢防禦の問題にて散々味噌をつけ、主任教官たりし鈴木荘六大佐の掩護にて漸く落第者に近き処にて合格したることは後に鈴木大佐より聞かされたる処なりしが、幸にも一回にて学生候補者試験を通過し武田大佐に対する面目も立ちしは、全く父が在天の霊の加護によるものにして、同時に受験したる渡辺厚東（後の松田）も合格したり。

四十年十二月再審試験終了后帰隊することなく直に陸軍大学校学生の発表となり数日にして授業は開始せられ、こゝに余は陸軍軍人として新なる生面に入りたるなり。

入校当時の校長は井口省吾中将（後の大将）、幹事は初め河合操大佐（後の大将）、后に山梨半造大佐（後の大将）なり。

余と共に入学したるものは第十期より第十六期（唯一人にして土屋騎兵中尉なり）に亘る六十名にして小磯、二宮も仝じく又々同期生となりたる次第なり。

兄は日露戦役後大島健一大佐を委員長とせし日露講和條約に基く樺太境界画定委員の一員として二夏連続樺太に出張不在なりしが、其活躍振りが大島委員長に認められたることは兄が其後の経歴に多大の影響ありしことは明にして、成富道正氏の如きは当時南樺太敷香の警察署長として此委員に加はり兄と親交を結ぶに至りたるものなり。

兄は前後二年に亘る国境画定を終り北緯五十度の線に見事なる標石を設立せしが此標石も今は空しき思出とのみ化し了んぬ。大島中将は九十の高齢を以て尚健在なるが定めし今昔の感に打たれあることと信ず。

又四十年なりしか明かに記憶せざるも日露戦役の論功行賞発表せられ、何等武勲もなく在陣僅か四ヶ月にして不覚にも受傷後送せられたる身が功五級金鵄勲章と勲六等旭日単光章を授与せられたることは誠に身に余る光栄にして天恩の無窮なるに感泣したる次第なりき。兄も同じく功五級と勲五等双光旭日章を賜りたる如く記憶す。

陸軍大学校三年の生活は唯器械的に努力したる一語に尽

くべし。第一学年の戦術教官は内野辰次郎中佐（後に中将）、和田亀治少佐（後に中将）にして、和田少佐の精力的なると声の大を以て学生を威圧したることは今も忘るゝ能はず。四十一年の春季野外現地戦術は甲州塩山附近にて地形測量と戦術の初歩なりし。第一学年の夏期の隊附勤務は近衛歩兵第二聯隊に松田〔芳次郎〕大尉等と共にしたる如く記憶す。隊附勤務に関し隊の撰定は学生の希望によるものにして余は兄の出身聯隊を撰定したるなり。

当時の聯隊長は後の大将大庭二郎大佐にして独逸帰りに加へて長閥の寵児として勢威隆々たるものあり。密集教練など独逸式に縦横の整頓矢釜しく矯正し、又聯隊に私物的に喇叭鼓手隊を編成し演習行軍の際などヂヤンヂカドンドコやらかすなど随分横暴を極めたるなり。さりながら学生にはよく、よくといふよりも寧ろ関せず焉といふ方至当なるべし。

余が配属せられたるは第十一中隊なりと記憶するが、中隊長は山田有一といふ同期生にして中隊には朝香宮殿下見習士官として勤務せられありたりき。第一学年秋の現地戦術は三重県下にて行はれ久居を振り出しに神戸附近に亘り、天高く馬肥ゆる秋の日に馬を野外に走らせ夕刻帰宿すれば天下の未来の将軍連と置酒高論するなど実に愉快を極めたるなり。解散は山田にて行はれ有名なるお紺の間ありといふ油屋に財布の底をはたきて伊勢音頭を見物し帰りの旅費を主計より前借するなどいふ脱線振りなりき。

四十一年の暮第二学年に進みたるが余が日露戦役にて受けたる胸部の傷は内部にて凝まりて寒さの時など兎角風邪を引き易く、加ふるに秋の現地戦術の不養生など累をなして気管支炎となり、四十一年の冬は学校を休業して若干日間温暖なる小田原在の早川口に転地療養したるが程なく全治して学校に出たることありき。

第二学年の戦術教官は磯林中佐、東〔正彦〕中佐、村井中佐などを記憶するが、第一学年時代には原則戦術の手ほどきとて教官が恐ろしかりしが第二学年ともなれば一廉の自信も自負も出で教官に中々まけて居らず、教官も亦第二学年担任の人は新任か経験の少きいはゞ二流教官とて中々応答等にも面白き場面ありき。

第二学年の春の現地戦術は東京に近く、船橋、千葉附近に於て行はれたり。現地戦術は日頃校内作業に鍛はるゝ憂さばらしもあり一日の野外作業終りて帰宿すれば会食にメートルを上ぐるが唯一の楽みにして、某大尉が宿酔の為全く敵の方向を誤り、敵を背にして配備をなすなどの珍談さへ生ずるなり。

第二学年の隊附勤務は山本定房砲兵大尉等と共に稲垣三郎中佐（後に中将）の長たる騎兵第一聯隊に於て行ひ、騎兵と共に馬を駆けるなど中々の苦痛なりしがどうにか無事勤務も終り、秋の現地戦術は八王子寺《ママ》附近に於て愉快に行はれ、現地戦術後東京湾要塞見学とて大津の大津舘に宿りて連夜暴れ廻りて忘れ難き印象を残したるなり。

兄はこれより先英国大使舘附武官補佐官として渡英し大使舘附武官東〔乙彦〕大佐（後に中将）を補佐することとなり、嫂は英一、賢二の二児を伴ひて三條の実家に帰り、余等母子のみ余丁町に住居したり。兄は其後印度駐在武官に転じ余が後に独逸駐在員として渡欧したる後入れ違ひに帰朝し陸軍省軍事課員となれり。

余が第二学年より第三学年に進む際、余の先輩として最親交ありし山本大尉外、八部、増田、それに学生長たりし倉島大尉など突然退校を命ぜられ学生の間に一大恐慌を来したることあり。当時の幹事は山梨半造大佐（後の大将、朝鮮総督）にして英断をなす人なれば其原因は明かならざれど、山本大尉の如きは頭もよく品よき人なるが一寸豪放磊落の風に見ゆるが教官の誤解を受け累をなしたるか。退校せしめられたる人々は何れも立派なる人なるに余等は聊か意外の感に打たれたるなり。

四十二年の暮、余等は愈々陸軍大学校最後の学年たる第三学年に進み一廉の戦術家、戦略家となりたるが、戦術教官は今の南大将（当時中佐）たりし。春の現地戦術は地方は思ひ出だし得ざるも秋の参謀旅行の予行演習なれば余等も大いに緊張したるなり。

夏の隊附勤務は盛岡の工兵第八大隊にて行ひたり。井上繁大尉（早世す）、飯田〔恒次郎〕輜重兵大尉（後中将）等と共に駅前陸奥舘に下宿し頗呑気なる一時なりき。隊長は杉山といふ中佐にて中々の喧し屋なりしが学生には何もいはず。余の配属せられたる第二中隊長は高村林蔵といふ余の一期前の頗呑気なる呑助にて余等は毎日何もなすことなく、或いは岩手山に登山を試み、花巻の架橋演習にては鉛といふ温泉に遊び北上川に爆薬を以て鮭を捕へたるなど実に呑気なる隊附勤務なりしか。此年明治四十三年の秋には東京に大洪水あり深川、本所など一面の海となりたる程なるが、盛岡にても北上川及其支流氾濫し工兵隊出勤して協力するなどのことあり。愉快なる隊附勤務を終りて帰京したるが放埒の結果長靴の修理も出来ず口を開いたるものを其侭穿いて帰京したる如きことあり。総じて盛岡は人情厚く物価も廉く居心地の頗よき処にして、盛岡三ヶ月ばかりの隊附勤務は余の一生に頗思出多き時期なりき。

隊附勤務を終りて間もなく余等の卒業試験ともいふべき参謀旅行に出発したり。統裁官は南中佐にして補助官には大平砲兵少佐などを記憶す。秋晴の日、大阪府下男山八幡宮の下なる八幡を振出しに、枚方、堺、大浜、郡山等各地に転戦し、始終馬脚にのみにて乗物は一切なく、疲労も大なるも又愉快なることも少なからず。今迄の現地戦術と異り昼間は野外を馳駆し夜は作業に夜を徹することあり。余は最後の郡山にて奈良東西の線に拠れる敵を攻撃する軍司令官の役割をなしたるが頗以て思はしからず聊か悲観しありたる処、実に意外にも来るべき卒業式に御前講演をなすべき内命を受け、学生一同は奈良県下に於て引続き行はるべき大演習に参加する予定なりしも余は準備の為直に帰京したり。実に意外とも僥倖とも称すべきか、これも偏に父在天の霊の加護と日頃より神信なりし母の御蔭と、又一には南大将の庇護推挽の致す処と申す外なく、此厚恩には必ず酬ひざるべからざ〔る〕を誓ひたる次第なりき。

余の御前講演は朝久野勘十郎中佐（後中将、余の前の第十四師団長たりし）の指導に依り日露戦役奉天会戦に於ける右翼鴨緑江軍に於ける馬群山の戦闘経過なりし。

卒業式には明治天皇御不例にて行幸なく閑院宮殿下御名代にて御差遣、村岡長太郎中佐の統裁する戦術の後余の講演あり。

幸に滞りなく済ませ続て余を首席として第二西尾寿造（今の大将）、第三二宮治重、第四、第五、第六は武田額三（大佐にて死亡）、友森繁治郎（死亡）、角田政之助（聯隊長の後現役を去れり）の六名は軍刀一振りを下賜せられ、ここに兄弟共に恩賜の光栄に浴したるは聊かなりとも家名を挙げたる次第なるべし。之に引かへ松田と伊藤真鋒の両名は卒業に際し修業といふことにて所謂天保銭と称する卒業徽章を授与せられず。大学始まりてより前後に例なきことにして、此両氏とも実に人格高く余は殊に親しくなしありしに、其原因が那辺に存したりやは今も尚不可解にして全く気の毒に堪へざる処なり。伊藤氏の如きは其後立派なる隊長ともなり少将にて現役を去れり。

日露戦役の負傷未だ全く癒えず健康には自信なく同僚は皆作業など徹夜してなすに、余は健康を恐れて一回も徹夜したることなくそこ〳〵にしたること多かりしに、首席の卒業などとは意外にも意外なりしが、これも全く母のかげながらの神信心と先輩の庇護によるものにして今にても尚感謝の念に堪へざる処なり。卒業当時の校長は浄法寺五郎中将なりしと記憶す。我国陸軍大学校の教育は開設当時の国軍の要求もあり、又其後の伝統もありいろ〳〵の補助学あるも要するに教育の重点は一に戦術戦略に集注〔中〕せられ、明けても暮れても敵状判断、状況判断、配備、攻撃の方向等所謂観念戦術にして、其間何等の事務的教育なく後年幹部実役演習等を行ふに至りたるも同じく重点は前述の事項に置かれたるなり。

兵器が今日の如く進歩せざりし時代に於ては参謀将校の教育はこれにても可なりしなるべし。然れども火器の進歩今日の如く、又航空機の発達現今の如くなるに於ては統帥も亦学理的系統的組織的なるを必要とすべく、状況判断は往時の機動力を尚びたる時代にては極めて必要とするも、現在の如（我のみ）機動力を発揮し得ざる時代（特に器械力に依る場合多き）に於ては戦闘は予め計画し得べき陣地の攻防となる場合多く、此の如き陣地の攻防に於ては所謂総合戦力の発揮が統帥の一大要点にして、これには精密周到なる計算に基く計画を必要とするなり。然るに陸軍大学校の教育は之を軽視し寧ろ時には之を蔑視したる傾向なきにあらず。状況戦術に教育せられたる幕僚は計算計画的の統帥に疎く、特に今次戦争に於て戦闘計画、通信計画、補給計画の如きは特定の幕僚の外は全く手の着け様もなき次第にして、米軍作戦計画の全く科学、学理的なるに比すれば実に霄壌の差あるなり。

其他動員計画、補給計画、通信計画の如き余等は殆んど教へられず。其他参謀服務の如き講義は聞きながらも頭は常に宿題に課せられたる戦術の構想に走るか居眠りに終り何等得る処なく、後に参謀本部に入りて実務に携はるに至り初めよりやり直しを要するに至りたるなり。

要するに我陸軍大学校がメッケルにより基礎づけられたる自然の結果なりとはいへ、全く独逸式にして戦略戦術の教育に偏し過ぎ学理的科学的ならざりしは之を否定し得ざる処にして、従て速戦即決を統帥の眼目としたる為、今次大戦の如く地域の関係上戦略戦術を振り廻はす余地もなく全く兵器と弾薬と航空機の学理的指揮に遂にジリ〳〵押し倒されたるに至りたるものなり。陸軍大学校の教育が今次の惨敗を招きたる譏は免るゝ能はざるなり。

(8) 参謀本部に入る

卒業の翌日余は直に参謀本部々員に補せられたるが、余が大学校在学中母隊野砲第一聯隊は再び世田ヶ谷の兵営に移りありたれば早速挨拶に行きたり。聯隊長兵頭大佐は此時既に少将に進級して砲兵工廠提理に栄転せられ高瀬大佐聯隊長たりしが、余が十年余籍を置き先輩の指導により今日を致したる母隊に袂を別ちたるは実に感慨無量なりしと共に、幸に大学校を卒へて母隊の名を辱かしめざりしことに感謝の念また一入なりき。

参謀本部々員としてこの時を振り出しに其後中将に進むまで、時に一、二年の出入ありしが参謀本部にありて所謂軍令方面に勤務するの素地を作りたるなり。余は第一部に配属せられ第二課に勤務を命ぜられたるが、当時の第一部長は松石安治大佐といひ筑後柳川藩出身にして令名嘖々たる人なりし。着任の挨拶の時の訓諭は第一部に勤務する以上は一に機密を厳守すべしとの一言のみなりしが、この訓諭は深く余の心肝に銘じて余が参謀本部在職中は始終この訓諭を指針とし余が後年第二課長続て第一部長となるに及びても新しく着任する人に対する注意は亦此一言なりし。松石大佐は間もなく少将に進み実に明朗豁達余等の心服せる将校なりしが、其後満洲に視察に赴きたる際炭酸中毒にかゝり帰来病床に臥し精神錯乱の状となり遂に淋しく此世を去られたるが、決して精神錯乱などすべき人にあらず。其時随行したる余の同期の谷川清治が山口県の寵児たりし関係よりあらぬもなき噂を立てられたるが、兎に角松石少将の死は今に至るまで疑問とする処にして同少将の死は実に我陸軍の為一大損失たりしたり。

明治初年以来さすが横暴を極めたる陸軍の長閥も明治の末期即ち余が陸軍大学校入学前後より漸く凋落の兆を見せ、殊に陸軍大学校教官は長閥を排斥し長州出身者は大学校に入れぬなど一時評判を立てられたる程にして、幹事に河合操大佐（後の大将、参謀総長）、中堅教官に南、和田中佐など大分出身の錚々たる人士揃ひなればかゝる噂を立てられたるべし。第二課長は高柳保太郎中佐（後に中将、露西亜通なり、石川県出身）、第二課は作戦班と兵站班に分れ作戦班の班長は福原佳哉少佐（後に中将、今尚中風なれど健在なりと聞く）、班に余の前々の卒業にて首席たりし長野幾麿、谷川清治（後に米国大使舘附武官として任地に客死す）部員の外余と同時に卒業したる清水喜重大尉（後に第十二師団長となる）勤務将校たり。勤務将校の制度はそれまでの参謀本部出任を此時改めたるものなり。作戦〔兵站〕班は上原平太郎少佐班長、余の同期外山豊造（余より一年前卒業）と余の二名部員たり。当時の参謀総長は奥元帥にして次長は明石元二郎少将なりしか。総務部長は大島健一、第二部長は宇都宮太郎、第三部長は大沢界雄、済々たる多士なりき。

当時の参謀本部は后年に比して仕事の量は少きには相違なかりしも仕事は一向差支なくよく人の和を得て着々進捗しつつありしなり。殊に余が初めて参謀本部に入りし当時は日露戦役後の軍備拡張に没頭しありし時にして、余等は渺たる一大尉なりしもよく上官の旨を奉じ其意を体し例の二十五師団案の推敲に精力を傾倒したるなりき。課長高柳中佐は頭脳明晰なる人にして懇切に後進を誘導し上下渾然一体となりて担任業務に邁進したり。

満洲事変前後より抬頭したる下剋上の気風の如き当時余等は考へたることもなく、一に上司の指導により執務したる誠意は我陸軍の伝統にして、この美風を保持したらむには下剋上の風を以て国を誤ることもなかりしなるべく、大正の初期より初《ママ》まりたる政界政党の腐敗、日本外交家に到底負担し切れざる国際関係の重大複雑化、財界の腐敗等が遂に陸軍の一部をして起たしめたるに至りたるが、満洲事変を契機として抬頭したる陸軍の勢力に図に乗り過ぎて緊粛の機を誤り遂に此の如き惨敗を喫するに至りたるは、余等にも其罪決して軽しとせざるも返す〴〵も惜しき至りなりとす。

余は兵站班に勤務したるも当時の国軍の兵站業務は日露戦役の経験を基調とする支那車輌利用の一法を主眼とし、全く学究的の体をなさず。業務としては兄が戦後の経験によりて立案し、大本営参謀として残し置きたる作業を基礎とし、全く満洲に於ける支那馬車の調査、これを以て編成する縦列の数、運用に没頭したるのみ。

今より考ふれば誠に幼稚極まるものにして、余等は大学校に於ける兵站は参謀服務として細野〔辰雄〕少佐より兵站機関の配置、縦列の運用等を教へられたるに過ぎず。肝心の教官が分らぬことなれば余等学生には勿論分る筈なく、兵站に関する観念は全く与へられずして卒業し、又戦術研究に於ても兵站には殆んど触れざりしなり。

其後兵站の研究が漸く具体的となりしは外山、山中〔三郎〕、笠原〔盾雄〕など第二課兵站班に勤務したる人々の苦心の賜にして、長足の進歩を遂げたるも尚兵站を通信と同様特種扱として努めて之に触れざりし報はてき面、支那事変にては補給は鉄道も利用せられ又大いに現地に依存するを得たるも、南方作戦にては大部追送に依らざるべからざるに、補給計画は杜撰ならざりしか、其確保は大丈夫なりしか、船舶等の運用、補充等の根本計算を誤り遂に補給の断絶の為にこの惨敗を招きたりと云はれても蓋し弁解の辞はあらざるべし。

余等が参謀本部に入りたる時は対露作戦計画一点張りにて満洲軍は吉林、長春の線（主力長春）に集中し先づ哈爾賓を目標とするものにして、ハルピン長春間の鉄道改修計画、補給計画に全点を集注（中）したり。

当時対支作戦計画、対米作戦計画などはまだ立案しあらざりしやに記憶す。要するに露国の報復を恐れ国軍の作戦計画は対露の一点に集中せられたるなり。

乍去当時参謀本部業務の中心は例の二十五師団案なり。日露戦役後軍備拡張に関する山縣元帥の封事上奏に初《ママ》まり、我国は戦後平時是非共二十五師団を必要とする案を立て、余が参謀本部に入りたる時は恰も此二十五師団を必要とする案文の作製に没頭したる時にして、従て兵站班も作戦班に協力してこの作業に努力したり。

山縣元帥の封事より元帥府への御諮詢、元帥府の奉答、西園寺首相への御下附、首相の奉答等一連の重大なる国防方針（開国進取）、用兵綱領の策定は我陸軍の画期的事業にして、勿論海軍の兵力等も策定したるも当然主眼は陸軍にて、こゝに二十五師団案は確定の国策となり、後余が欧洲不在中西園寺内閣の上原陸軍大臣の帷幄上奏、辞職、西園寺内閣の総辞職となりたるものにして、これら一連の事業は余の不在中行はれたることと記憶す。

其後余の第二課部員在職間国防方針、用兵綱領の改訂を見、この時は例の海軍の八、六艦隊を主眼としたるものなるが、陸軍はこの時は戦時五十師団を目標としたるやに記憶す。

これら一連の関係書類は恐らく此度の敗戦に焼却せられたるならんも国運駸々として向上の一途を辿りたる当時を回想して誠に今昔の感に堪へず。今この敗戦に直面して只茫然として一場の夢の如き感のみ。

かくて明治四十四年の参謀本部に於ける一年は作戦部の枢要職務に従事せる若年の余に取りて誠に多忙にして且教訓多き年なりき。昼間役所に於ける事務が一日中に終らざるときは時々課長初《ママ》め一同退庁後赤坂の三河屋に至りて仕事を続け、仕事終れば課長以下とメートルを揚げ各々隠芸も出て誠に和気あい〳〵たるものなりし。

其当時の余等の時も同様なるも、陸軍大学校学生は大部分独身なれば従て呑気なる手合多く、卒業后にダン〳〵結婚するものありたりしも余は一人の妹を縁附ける迄は結婚せじと心にも決め、又何れ遠からず外国に派遣せらるゝことも予知せられたれば時には縁談もありたれど何れも妹を口実にとして断はり、極めて呑気なる生活を送り、母隊の後輩にして其後ズット親交を続けたる八木録郎氏や小野寺長治郎（後主計中将、経理局長）とよく遊び歩き、八木氏が生粋の江戸ツ児にしていろ〳〵なる方面の事情に詳しきを案内として度々当時相当に名高かりし築地木挽町の萬安などにも出かけたる位の余裕もあり。又物価も安かりしなり。

四十四年の夏休暇をとりて北海道に遊び父を喪ひたる函館を訪ひて当年の悲しかりし思出に耽り、札幌に当時逓信官吏たりし大石常松を尋ねて北国情調〔緒〕を味ひたりき。

四十四年の秋清国が近年直隷軍の優良化を図り我国も亦一方ならず之を援助したる為、清国陸軍当局はこゝに陸軍大演習を計画し参観方我に案内ありたれば現地の公使館附武官青木宣純少将の外参謀本部より余が其撰に方りて北京に出張することとなれり。

清国は日清戦役に於て我国に敗れたるも戦後両国の交誼は却て親密を加へ、多くの留学生なども送り、我等が少尉時代の母隊にも二名の清国留学生あり、又砲工学校にても唐在礼といふ学生ありき。唐在礼は其後行方を知るに努めたるも遂に分明せざりし。

日露戦役に於ても陰に陽に我方の有利なる如く行動し従て戦後に於ては両国の修好は極めて良好なりしが、これは清国側に李鴻章、袁世凱の如き知日具眼の士あり、又我国にても能く支那を諒解せる人士の多かりしに起因するものにして、其後漸く徒らに支那に対する優越感のみ増長し、又支那に於ては革命となり、対支観が自然二派に分れ其間に統一せる一定の方針なく遂に彼をして抗日排日に転ぜしめ、満洲事変は益々其対日感情を悪化せしめ遂に今次の支那事変を惹起し勢の赴く処この大戦争となり未曾有の惨敗を喫したるなり。今にして想へばこの間我方にも反省すべき数多の原因あるも要は信義を以て終始することなく其間権謀を弄し術略を用ひ遂に支那をして我誠実を疑はしめたることと一大原因と申すべきなり。

支那出張を命ぜられたる余は単身大阪商船北清航路の大智

丸なりしか大信丸なりしか何れかは記憶せざるも一千余噸の小汽船に頗愉快なる航海を続け、山東角にて風波に遭ひたるも大事もなく白河を遡りて天津に到着、初めての支那とて事々物々物珍らしく上陸、常磐舘に投宿したり。当時の支那〔清国〕駐屯軍司令官は阿部〔貞次郎〕少将にして相当花柳方面にも名を馳せたる人なり。一、二泊後北京に到着したるは十月十六日か十七日なりと記憶するが到着の前夜武昌に於て彼の黎元洪の革命勃発したるなりき。

当時黎元洪は一旅団長たりしなり。当時の公使は伊集院彦吉なりと記憶す。今の松岡洋右の如き二等書記官のホヤ〳〵なりき。公使舘武官は青木少将、補佐官は斎藤恒少佐（十期生、後の中将）、北京歩兵隊長は菊池武夫少佐なりし。革命勃発の為清国側は大演習処の騒ぎにあらず。初めての大演習として大いに世に示さんとしたる軍隊は直に革命軍討伐に振り向けられ、新装備の清国軍隊は引続き汽車輸送にて武漢方面に送られたり。

余は其侭居残り公使舘附武官を援助すべき参謀本部よりの電命に接し武官室の一室を居室とし主として電報の起案、翻訳をなし、余暇には北京市内に出かけ一般状況を視察したるが、何に致せ革命党《コウシンタン》といふ語は天下の人心を擾駭せしめ、北京の市内は避難するもの相次ぐといふ有様にして、流言蜚語巷に満ち今にも北京市内に革命起るが如く噂せられ、長春亭の如き料亭にても避難の風呂敷を側に置きて酒を呑むといふ有様なるが、我等は面白半分にて談論風発、飛んでもなき意見を中央に具申して叱かられたる如き珍談もあり。其内革命の烽火は愈々熾んとなり、山砲兵第九聯隊長たりし支那通坂西利八郎大佐は聯隊長を更迭せられて北京に来り、永野修身なども当時は少佐にして海軍武官の補佐官として新に来り、海軍武官は森義太郎とかいふ道楽者の少将なりし。其他亀井陸良、鷲沢与四二（共に新聞記者）などいふ豪傑の面々常に武官室に集まり甲論乙駁真に元気溌剌たる光景にして、秋の北京は真に天高く、当時は四囲の城壁は支那人の上ることを禁じありしかば快適の散歩場として極めて愉快なる時日なりしか。青木少将が世に伝ふる如き磊々落々の好々爺にして余等の如き青年将校を愛し心置きなく愉快に勤務したるなりき。

其内参謀本部より、漢口に至り寺西秀武大佐の指揮を受くべき電命に接したりしが続々南下中なる討伐軍隊の輸送の為京漢鉄道は一般の交通を禁止しありたるも漸く切符を手に入れ、朝日新聞社の名は忘れたるも青年記者を通訳とし、当時支那は未だ幣制統一せられあらず各省各別の紙幣を有したれば唯一の共通通貨なるメキシコ銀貨（大洋と称する一ダラーのもの）の重き金の若干を二人して分担し漢口行きの汽車に乗込みたるも運行杜絶、勝々して、漸く彰徳迄辿り着きたるにそれより先は運行せずとのことに途方にくれ、余も支那旅行の経験もなく通訳先生も若年にて名案もなく一度は徒歩旅行とも決心したるも前途頗遼遠なれば四苦八苦の後北京に引返して水路によることとし引返したり。出発の際例のメキシコ銀貨を旅館に忘れ気付きて取かへし亭主が知らぬといふを何がしか与へて漸く取かへしたる失策もありき。途中往路と同様の困難を経て漸く北京に帰り天津に出で、同処より海路上海に渡り長江を遡りて漢口に至ることに計画を変更し実行せんとする処に参謀本部より行くに及ばぬ電報に接し中止したるは誠に申訳なくも腑甲斐なきこととして、今にても慙愧に堪えざる次第なり。漢口行は中止したるも武漢の革命は火の手愈々高く、清国朝野は震駭し袁世凱及当時の陸軍大臣蔭昌など大に周章狼狽の模様なりしも、余等支那事情に通ぜざるものは裏面の状況も知らず相変らず豪傑の面々、よるとさわると時局談にて議論の花を咲かせ居たりき。

当年の豪傑連多くは死没し今世にあるは坂西利八郎、菊池武夫、斎藤恒中将、松岡洋右位のものにて、菊池中将、松岡の両名は同じく巣鴨の囹圄に呻吟しあるも奇縁なり。当時より大学校卒業者の内特定のものは露、独、仏、英等へ軍事研究の為駐在員として派遣せらるゝ條規ありて、年度内一定の経費にて順番に従ひ渡欧することとなり、余も亦幸に其撰に預り、しかも四十四年度内に出発せざるべからざるとのことに帰京すべき電命に接し、実に思出多き余としては一生忘るべからざる北京の二ヶ月近き生活を終りて割愛北京を去れり。其後青木少将は間もなく世を去られ遂に再会の機会を得ざりしことは遺憾至極なる。坂西中将とは屢々会談の機会あり好誼を継続しあり。

北京の秋は天下一と称せらる実に快き秋晴なるが、余が北京出発の日は慥か十一月中旬なりしと記憶するが、昨日迄の秋晴に引かへ朔風一度吹て一夜にして万物悉く凍結し満目荒涼到底昨の爽快を想像すべくもあらず。冬の準備とては勿論なさざりしかば寒さに慄へて北京出発、鉄路直に奉天に向へり。途中の風物凡てこれ新らしく汽車は頗乗心地よくて、奉天にて安奉線に乗換へ釜山に到着する迄の途中の行動は今は忘れたるが、釜山に到着したる時全く内地風の小春日和の光景は長途の旅の疲労も忘れ、偶々同地の守備隊長たりし幼年学校以来の親友草刈栄と鮮魚を肴として杯を挙げたる愉快さは忘れ難き処なり。

それより一路東京に帰りそれ〳〵上司に報告したるが、漢口に行き得ざりしことに関しては別に御叱りもなく却て恐縮したる次第なり。此時は第一部長松石少将は遂に起たず、由比光衛少将（後に大将、青島守備軍司令官）後任たりしと記憶す。

(9)　在欧時代、第一次世界大戦

北京より帰来間もなく軍事研究の為独国駐在を命ぜられたり。元来余が幼年学校に於て独語を撰定したるは別に深き意味あるにあらず。当時の幼年学校は外国語学は独仏二国語に限られたるも毎日日課としてあり大いに力を用ひられたるなり。

余は何のことなしに独語を撰定し、爾来独語の関係よりして独国駐在を命ぜられたるに止まるなり。当時先進軍事国として先づ独仏に、次に英露に指を屈したるなるが露は日露戦役の関係もあり兎角我国に警戒し従て隊附等も許可せざりしも、我国としては関係最深き国なれば語学の関係を超越して駐在員を派遣したり。当時米国は軍事的に見て我国は殆んど一顧だもせざりし処にして其後日米の関係複雑となりしことを予見せざれば深く注意せざりしことは返す〳〵も遺憾にして、早く米国に注意し国情其他に深き関心を有したらむには本次戦争の如き不覚は取らざりしなるべし。其後幼年学校にても時世の要求に従ひ露支英語を課することゝなれり。

余が独国駐在を命ぜられたる時、余の大学校の一期前卒業者の内古荘幹郎、筒井〔正雄〕、林（桂）其《ママ》、真崎大将、阿部大将などは既に渡欧しあり、第一部にありし谷川なども英国駐在を命ぜられありたり。

独国駐在を命ぜらるゝと共に参謀本部々員を免ぜられ軍務局長の隷下に入れり。当時の軍務局長は菅野尚一といひ後大将となれる長閥の中心人物なり。〔ここまで原文なし〕

前にも述べたる如く年度内の予定経費あることなれば明治四十五年三月の終り兎に角公式に出発することゝなり、同僚其他より送られて新橋停車場を出発し、固より化粧立ちのことなれば八木と鵠沼に下車し同処にある名は忘れたるも海水浴旅館に二、三泊してスツカリ羽根を延ばし一旦帰京の上、四月上旬愈々新橋停車場より渡欧の途に上りたるがこの時妹とは永の別れとなりしことは神ならぬ身の知る由もなかりしなり。命令にて往路は西比利経由、帰路は海路と指定せらるゝこと、なりたれば万国寝台会社（当時はトーマス、クック社にて取扱ひありたり）にて伯林迄のクーポン切符を買求め、敦賀にて熊谷旅館に一泊、翌日当時敦賀浦塩間の連絡汽船たりし露国義勇艦隊の汽船に乗込みたり。同伴者としては予と同期生にして語学研究の為渡独する香椎浩平大尉（後の中将、二、二六事件当時の東京警備司令官）にして、参謀本部より欧洲に送るべき暗号書を頼まれたれば露国船のことゝて之を肌身につけビク〳〵ものたりしなり。海軍より露国駐在員として赴く枝原百合一大尉（後の中将）の外吉川といふ造兵大尉も同行したり。

浦塩上陸の時はまだ雪深く、始《ママ》めて踏む西比利の地に万事物珍らしく、やがて万国寝台会社の二等車に香椎と余と海軍の技術大尉の三人にて一室を占め前後二週間の長途の汽車旅行を乗り出したり。

（二一、三、二四）

前後十一日の長途の汽車旅行にてもあり陸軍大学校を卒業して漸く一年あまりを経たるに過ぎざる若きへツポコ参謀官なれば通過の駅々も当時別に何等の感興を惹かず、唯露支国境の小さきトンネル（西比利鉄道唯一のトンネルならむ、ウラル山脈にもなし）、昂々渓西方の松花江の氷にとざされたる大流、バイカル湖辺の雪の景色、二日も三日もひた駛りに駛るに尽きぬ西比利の白樺とツンドラの広原のみ記憶に存するも、其後第十四師団長として北満警備の大任を負ひ、哈爾賓、昂々渓、海拉爾、満洲里など何れも馴染深き処となりたれど、欧行当時の印象は少しも残らざりしなり。汽車中は唯一日食つては寝るばかり。西比利鉄道は当時石炭の代りに薪を用ひ、風呂の設備はありたれど遂に試むる機会もなく、食堂のボーイ長が美髯の堂々たるソコラあたりの首相としても恥しからぬ風采、西比利の寒駅に停車する毎に汽車を珍らしげに眺め入る跣足の農婦、小供、汽車の出発を報ずる駅の鐘の音、停車時にプラツトホームを闊歩する列車専門らしき売春婦など余等に初めての欧行とて頗物珍らしき事柄なりき。汽車中の憲兵の警戒は相当に厳重にして大河の鉄橋にては一々窓のブラインドを下さす程なるも露兵の無邪気さは愛すべきもの少なからず。さりながら暗号の処置には苦み、浦汐にて上陸検査の際香椎と二人にて手分けして一冊づゝ腹につけ、検査官の前にて腹を出したり引込めたりしたる苦心など中々のものなりき。汽車中の無聊を慰むるものに布哇が米国に併合せらるゝ前駐布公使たりしアルウインとか何とかいゝし米人の日本人を母とするオールドミスが単身巴里に赴くありて、日本語は我々以上に巧みなれば時々我々の室に遊びに来るにいゝからかひ相手なりしが、其後余が帰朝後浜離宮の観桜会に召されたる時偶然同処にて邂逅せり。其後いかになりしや、尚生存するとしても既にいゝ御婆さんとなりしなるべし。欧亜を画するウラル山脈は峨々なる山岳重畳と予想したるに案に相違して、大波状地の連続とも称すべく、トンネル一つなき山にて、さすがに欧亜国境上に何か標柱がありたりと記憶すれど案外の感にて、愈々欧羅巴に入りモスコーにて下車、金なにがしとかいふ朝鮮人のガイドに案内せられて雪どけの中をクレルム《ママ》リン、博物館等を見物しモスコーに一泊したり。当時モスコーには総領事館ありたり。翌日再び汽車にてペテルスブルグに到着、駐在員たりし荒木大将（当時大尉）、黒沢〔準〕大尉（後に少将、余が第二課長時代の第一部長たりし人にして識見の高き将校なりしが第一部長在任間病没せり）の出迎を受け、ここにて行を共にせし枝原海軍大尉と袂を分ち、露都見物やら夜のレストランなど露都特有の光景を見学して、たしか二、三泊の後一路伯林に向ひたり。当時の大使館附武官は中島正武少将（後の中将）たりしならむ。日露戦捷後なりしも露都に於ける日本人の数は頗少なく一向振はざる様に見受けたりき。

（二一、三、二六）

露都を出発して汽車はひたすら西行するも亜細亜ロシアと違ひ西露特に欧洲の中心に近きことゝて文化の程度は稍々高き様なるも農村は頗貧弱なり。独逸国境駅之アイドクーネン Eidkuhnen にて汽車を乗換へたり（露国鉄道は軌隔五呎一寸、独は準軌なり）。独逸側駅に入れば流石に一安心の気持も出で香椎と二人にて駅のスタンドにて早速独逸ビールに舌鼓みを打ち、伯林行の独逸列車に入れば清潔にして心地よくそれに独逸語も少しは理解出来るに列車ボーイに若干のチップを与ふれば寝台も一室専用の処に案内し呉れ、あそこは何処、こゝは何川などなにくれと説明するやら親切にて露国内の汽車とは雲泥の差なり。汽車は一夜二日にて伯林のフリードリッヒ停車場 Friedrich Bahnhof に到着、武官側誰彼の出迎を受け、こゝに長かりし西伯利の旅行も終り、モッツ街 Motz str の松下旅館に旅装を解けり。明治四十四年四月下旬なりしと記憶す。空は曇りてまだ大分寒かりき。松下といふ男は元阿部大将（当時少佐）隷下の在郷曹長にして独人を妻とし伯林に旅舘の傍ら和食堂を経営し、日本人にて伯林に来るものは大抵こゝの御厄介となり、又牛肉の鋤焼を喰へる為頗繁昌して成功したる模様なるも、大戦の際日本に引あげ銀座裏にてカフエーなど経営したりなどして、余も帰朝後一度訪ねたることありしも糟糠の独婦人を捨て、日本婦人と結婚し、件の独婦人は深く之を恨みありしが其後松下は世を去りぬと聞きぬ。独婦人は如何したりけむ。

松下に投宿中照明の瓦斯の消燈不十分にして夜半香椎と共に悪臭に眼覚め命拾ひをなしたる赤毛布振りを発揮したるが、香椎は医師の来診を求むるやら大騒ぎを演じ、爾来瓦斯照明に頗神経過敏となりたる出来事などありて伯林に滞在数日の後語学研究の為余は独りステッチン Stettin に赴くことゝなりたり。

当時の大使舘附武官は余が見習士官時代の中隊長たりし田村沖之甫少将たりしも奇縁といふべく、補佐官は林弥三吉少佐（後の中将）なりき。大使はたしか井上勝之助侯爵（井上馨の養嗣子にして井上三郎の養父なり）、海軍武官は佐野大佐なりしと記臆す。重光葵などは領事官補のかけ出しなりき。当時伯林は各方面の名士、学者、並に研究員等の集合地にして松下は毎晩これら人々の会合所とて気焔当るべからず。牛鍋のにほひ紛々として独逸人特に老夫婦などよくのぞきに来るを見受けたりき。

ステッチンにては予め下宿を新聞広告にて求め置きたれば多数の申込みあり。古荘の案内にて一々見てあるきピエリッツエル街（Pölitzer str）の閑静なる町角のジムセン Siemßen といふ素人下宿に撰定してこゝに落付《ママ》くことゝなりたるが、年老いたる兄妹の宿主にして東プロイセン生れの素朴なる兄妹にて、二人とも独身にしかも兄の方は稍々頭が悪しく常に妹にしかられ居たりき。ステッチンはオーデル河口の人口十万ばかりの都会にして第二軍団司令部あり、有名なる造船所あり落ちつきたる都会なり。余はステッチン唯一の日本人として早速宿主の紹介にて Vulcan König とかいゝたる御面相のまづき嬢につきて独逸語の練習にとりかゝりたりき。

（二一、三、二九）

何にしろステッチン唯一人の日本人なれば日本語を話す機会もなく、特に余の寓居は所謂パンジヨンとて下宿なれば下宿しあるものもあり又食事のみ摂りに来るものあり。従てしゃべる機会も多く独逸語もメキ〱上達したるも、如何にも物淋しければ田村大使館附武官が伯林へ出京することにやかましく、田村少将が旅行等にて伯林不在をねらひステッチン伯林間は急行二時間の旅程なれば伯林に行き久振りにて日本語を語り、松下の日本食を鱈腹喰ってステッチンの下宿に帰れば、宿の婆さんより「日本語を話して来たな、まるで独語のアクセントが崩れてしまった」とひやかされたる程日本語会話が独逸語練習に妨害となることを知りたるなりき。ステッチン駐在中重大なる出来事は明治天皇の崩御なり。御発病より日々新聞社の前に発表ありたるが崩御の翌日七月三十一日晴天の暑き日なりき、何気なく行きつけの床屋に出かけたるに床屋のおやぢ、日本のKaiserがなくなられたることを知っておるかとの話に初めて崩御を知り謹みて哀悼の意を表したるなりき。渡欧前たしか当時は拝謁を賜はり、后賢所の参拝ありたる如く記憶す。其時の拝謁が最後の天顔なりしか、遊子三千里外異境の空に崩御の悲報に接す。感慨千万無量なり。

兄は余と入れ代りに印度駐剳武官より陸軍省軍事課々員に転じ、間もなく訪露訪独の途に上りたる桂太郎公爵の随員として伯林に来るべき通信あり。年久しき再会を待望したるも明治天皇御不例の為露都より引返したり。随員中には後藤新平伯などもあり、独露訪問には重大なる外交上の目的ありたるものゝ如し。

北独逸のステッチンは六月頃が最暑さ烈しく、邦人友達もなきまゝに日曜といへば海岸遊覧の汽船あるにザースニッツ、スウヰーネミユンデなどバルチック海沿岸の海水浴場を見物し、又ステッチン郊外のブウフ、ハイデといふ大森林を散歩して其日を送り孤独を慰めありたるが、其内に和蘭人の技術家Van den Block並にオームケOhmkeといふ独軍の輜重兵少尉と知り合ひ、特に此和蘭人は日本語の一つや二つは語るによき遊び相手となりて其結果にや別に神経衰弱にもかゝらざりき。寓居が専門下宿屋なるに宿の女主人老嬢いかにも慾ふかくあまりにも勘定高くて不快を感じたれば幸ひKonig Albert str.に閑静なる素人下宿ありたればそこに代りたるは八月頃なりしか。主人はFrau Lorenzといふ匈牙利生れの四十をこへたる婆さんにして豚の如く肥え前身は詳かならざるも粋な方面にあらざりしか。特に奇異なるは夫婦分れをなし夫は同じ建物の下の階に居住しありとのことなり。

当時は日露戦役の負傷も未た全く恢復せず、特に気候寒冷に向ひ北独の冷寒には自信なければ冬期には南独の暖かき地方に駐在したき旨田村少将に申出たるに、少将も快く承諾せられステッチン駐在半歳の後ライン河畔ウヰースバーデン Wiesbaden に移転したり。

ウヰスバーデンはタウヌス Taunus といふ低き山つゞきの南側にある世界に名高き温泉場にして気候も暖かく頗贅沢なる温泉浴場あり。

こゝにては Frau Urban といふ老後家さんの家に下宿し、当時古荘大尉は Maintz にある歩兵聯隊に隊附しありたるを以て常に往来し、加ふるに駐独既に相当の日もたち表裏の事情も分り来りたれば常に温泉療養をなすと共に呑気に暮らし、ここの駐在間、ラインワイン、モーゼルワインの鑑賞を覚へ、夏のライン下りも試み一かどの独逸通となりしが、こゝには Von Dufais といふ退役中将とも田村少将の紹介にて近附きとなり、二、三回その瀟洒たる別荘風の住宅にも招かれたるが、中将は乃木大将の訪独の際其接待委員ともなり子息は皆軍人となり典型的の独逸軍人にして上品なる独逸将官の家庭に接するの機会を得たりき。

翌大正二年の夏はウヰースバーデンにてすごし、愈々十月一日より在ハンノーバー野砲兵第十聯隊（シヤルンホルスト聯隊）に隊附すること、なれり。ウヰスバーデン駐在中古荘と共に南独を視察し、ストラスブルヒ、スツットガルト、ウルム、ハイデルベルヒ等も訪ね、スイスのバーゼル迄出り。又大正二年の夏仏国見学に赴きたるが、恰も其時欧洲視察の為来られたる筑紫、南、和田、曽田、佐久間（歩兵学校教官にして射撃の権威）の人々と同行してメッツ、ヨルト、ザールブリッツユンなど普仏戦争の古戦場を視察して当年を偲び、それより巴里に入り巴里を隈なく見物し其有名なる裏面も一応のぞき、カンドシヤロンにては永持大尉の案内にて砲兵射撃演習を見学し世界に名を馳せたる七十五耗野砲の威力も認め大に得る処あり。帰途にはセダンの古戦場も見て帰独したり。

当時の仏国大使舘附武官は渡辺満太郎砲兵大佐にして補佐官は永井来少佐（後の第九師団長）なりしを記憶す。独国が参謀官系統なるに仏国は技術系統多く永持源次大尉、小林順一郎大尉など後に錚々たる技術並砲兵射撃の権威となれり。

（二一、四、一）

愈々独国駐在の主眼たる隊附勤務は十月一日より在ハンノーバー野戦砲兵第十聯隊（シヤルンホルスト聯隊）にて実

施すべき命を受け、予め書面を以て申告し置き十月一日を以て着隊したり。聯隊長は Von Conta といふ老大佐にして聯隊は野砲二大隊、騎砲一大隊よりなり、余は第六中隊配属といふこと丶なり、中隊長は Von Olshainsen といふ大学校卒業の大尉なり。大隊長はフォン、ボーリユー、マルコンネイといふ男爵 Freihern にして善良の老少佐なり。聯隊は其後リエージにて勇名を馳せたる Von Eurrich 大将の隷下の第十軍団に属し騎砲大隊は将校は大部分貴族なり。兵営はハンノーバーの中心に近き市内にあり。

寓居は Bonifacius platz にある Frau Wellhausen といふ寡婦の閑静なる地階に定め着隊、それ軍団長以下師団長等に申告をすませ隊附勤務の第一歩を踏み出したるが、これより翌大正三年（一九一四年）第一次世界大戦、続て日独開戦となるまで十ヶ月余りの日月は余にとりては軍事上の見地よりすれば大した収穫なく砲兵に関しても日本軍は決して独軍に優るとも劣らざるの自信を強め、又独軍の素質訓練に就ても大なる期待を有せず。此の如き軍隊にて能く彼の快勝を得たるものなり。これに破れたる英仏軍は余程劣等なる軍隊なりとの感を深くしたるが、結局に於て英仏等聯合軍側が勝利を占めたるは畢竟政局を担任する英のロイドジョージ、仏のクレマンソー等の指導宜しきを得たるに帰因すべく又これは直に今次大戦に適用し得べく、要するに政局の指導者其人を得ざりしに帰因すべし、惜しみても又惜しきことなり。

（二一、四、四）

其後年末までは別に記すべきことなきも日独両国の隊附勤務も彼我交換的にして余と共に隊附となりたるは寺内がステツチンに、林桂がフランクフルト、アン、デア、オーデル Frankfurt an der Oder に、筒井がミユンスター Münster に、総計四名なりしと記憶するが、独逸陸軍にても我等には往年の如く開放的ならず相当警戒的にして聯隊日常の課業にても我より進んで申出ざれば何等連絡せず、演習、講話等にても隊附中少尉より承知する有様にて特に聯隊副官のフホン、ヘンニンゲス Von Heninges といふ中尉は意地悪き男にて聯隊にても評判よろしからざりし者なりしかば、一層当方より進んで申出づるの必要あり。当方よりこふいふ演習、ああいふ講話がある由なりと申出すればあ丶忘れ居たりなど白ぱくれ、其後聯隊命令など一々呉れるようになりしも中々配慮を要したるなり。

さりながら一般将校特に中少尉は中々親切にて時々ハン

ノーバーにて有名なるパレードダンス、ムーランルージュなどのダンスホールにて安価なる独逸シヤンパンでも振舞へば取るに足らざる智識ながらペラ〳〵しやべり立て、其間に参考となりたることも少なからず。当時の手当は記憶なきも月に独貨五、六百マークに過ぎざりしが、下宿代六〇マークを支払ひ食費其他を支出するも尚相当の余裕あり。彼等に一週間一回か二回の振舞をなすの余力ありたれば独逸将校より羨望せられたりき。実際中少尉は月々の俸給は前借りにてマイナスとなり、彼等はプロシヤの将校は俸給を貰はざるが矜持なりなど飛んでもなき処に威張り、彼等は実に呑気至極にて大抵毎日朝は二日酔にて演習に出て来り、午后は午睡、夜は将校集会所にて会食するを日課とし、すこし金があれば町に呑みに出かけるといふ呑気振りなり。将校集会所にて食事するは独身将校に限り、聯隊にては名を忘れたるも温厚なる大尉にして食事の傍ら先輩将校として中々指導もなし又食事中は公務のことは一切談話せず誤って公務に触るれば直に罰金をとられ、又公務上の話をなす時は断りてなすなど将校団の所謂躾は中々我等の学ぶべきものありしなり。

余が中隊附将校はフホン、ウエルナー Von Werner といふ年若き少尉にして少し足らざる男なりしも余に親しみ常に大尉殿、大尉殿と尊敬しありたりき。中隊長は大学校出にて流石に見識高く何故大学校出身にて中隊長をなすかと不審に思はれたるが彼は嘗て某軍団参謀なりしが何か失策ありしと聞き及びぬ。独軍にては一度参謀として失策あり隊附となれば再び浮び上れぬ由、大戦にて如何なりしか。古参中尉ともなれば散々呑気なりし生活にも飽き真面目となり、又大学校受験準備に忙しく、大体中隊長級は年もとり在職長きを以て経験も深く我軍の中隊長よりは概して能力高きものと当時判断したり。古参中尉も概ね我国のものよりは程度高きものと思はれたり。たしか第五中隊長たりしフホイエルスターク Feuerstak といふ大尉の如きは却て北清か青島に勤務したりとか東洋に関する智識も深く、特に驚かされたるは日露戦史に通じあることにして、余も屢々深刻なる質問を受け困却したることありき。

中少尉、特に直接演習に関係深き少尉の素質右の如き有様なれば、兵、特に初年兵の教育は全く中隊長と曹長の如き故参下士官の専任にして実に独逸軍の中堅は中隊長以上の隊長と老練なる故参下士官なりしなり。

元来ハンノーバー地方は彼の有名なるハノーバーラーナー

と称する優良馬の産地にして、従て聯隊の馬も頗優秀にて特に騎砲兵大隊の如きは実に見事なるものなりき。初年兵が入隊の翌日より直に馬術を開始し障碍飛越などをドン〳〵やるなど到底我国野砲隊などの想像も及ばざる処、将校も頗馬術に熱心にして余が隊附当時は立派なる覆馬場にて毎週四回位の将校全員（欠席者なき）の馬術あり。集会所に於ける会食の時の将校の話題も亦馬に関するもの多し。ハンノーバーには有名なる乗馬学校 Reitschule あり。余の隊附前吉岡豊輔大尉学生たり（後の中将）。大尉が調教したる青毛の馬は実に逸物にして余は隊附間之を乗用としたるも調教完全にして独逸将校にも賞賛せられ、其後独軍の動員に際し彼等の望みに任せ売却したり。

隊附後間もなくたしか十一月頃なりしか、衛戍地の催しにてフベルツス狩 Hubertus jagd と称する野外騎乗あり。元来は狐を追ふものなるも狐の代りに豚を使用し之を追ひ廻す野外騎乗なり。大障碍もあることなれば余にも自信なく強て出席を希望せざりしに無理やりに引パリ出されたるが、独軍砲兵将校にても下手はあり、余は此下手組と後からつきつゝ騎乗したるに余が前記の乗馬は大いに駿足を発揮し若干の者は落馬すらしたるに余は馬の御蔭にて大障碍も事なく飛越し大に面目を施こしたることありしも、偏に吉岡大尉調教の賜物なりしと後に吉岡大尉に感謝したることあり。吉岡大尉も素より我陸軍よりすぐられたる乗手なるも乗馬学校にては頗優秀なりしと独軍将校より聞きたるなりき。

独軍の初年兵は十月一日入隊なり。我国の如く物々しく騒がず、一般教育特に軍事的教育の発達せる為か主任者も別に大なる考慮を払ひあらず極めて平凡無事に着々教育を進めつゝあるには一驚を喫したる処にして羨ましき限りなりき。従て初年兵教育に関しては何等得る処なかりき。歳晩に近づくに従ひ所謂宴会季節に入り、あちこち地位資産あるものは夜会を催ほし定まって舞踏会を開き、中少尉特に無妻者は夢中なりし。又実際この機会に配偶者を見付くることなれば彼等が真剣なるも無理からぬ次第なるべし。この季節となれば将校団にても特に教師を聘してダンスのレツスンあるは到底我国などにては思ひの及ばざる処なり。余も二三回招かれたることありしが有妻の故参《ママ》将校特に将軍連ともなれば若い者のダンスなどには眼もくれずビールの大杯を傾け、シガーの紫煙を揚げて大いにメートルを上げある処、見る目も実に心地よき次第なりき。

どこかの宴会にて当時現役を退きハンノーバーに住居したるフホン、ヒンデンブルヒ将軍とも面会したるもブキラボーの無愛想なる老爺の感じのみにて、後に有名となりしなどは夢にも考へざりし次第なりき。

大正二年1913年のクリスマスはハンノーバーの寓居にて迎へ、聯隊は年末年始の休暇にて別に用事もなければ久し振りにて伯林《ベルリン》に出で同僚と共に大正三年の新年を迎へたりき。これより先き田村少将は帰朝し河村正彦少将代りて大使舘附武官となり輔佐官も古荘大尉新任せられたり。河村少将（後に中将）は兄と同聯隊の先輩にして長州出身の人なり。後に我等夫妻の媒酌はこの人を依頼したるなり。又ハンノーバーには渡辺良三駐在員として来り語学研究中にして常に往来しあり。ハンノーバーは独逸語の系統正しきと称せられ余の知れる処にては津野一輔、大竹澤治といふ人々も駐在したることあり。時々独逸将校よりこれらの人々の噂を聞きたることあり。

伯林の大晦日は有名なるものにして、この晩だけは無礼講御免なり。大晦日の晩は眠らず夜を徹し元日は眠る伯林風俗は我国のそれと似通いたりといふべし。夜十二時を待って一斉に Prosit Neujahr（新年御芽〔出〕とう）をなし、それまで料理屋に頑張りて杯を挙げそれより払暁まで市街をゾロ〳〵あるき廻り、人の冠れるシルクハットを杖や拳でたゝきつぶし（従て大抵シルクハットは紙製なり）、窓より空包の拳銃を発射し婦人に悪戯をなす等狂態の限りをなすなり。従て良家の子女は街に出でず。余等も亦此連中と共に市街を練りあるき頗愉快を極めたりき。

（二一、四、一四）

翌大正三年1914年には夏に世界大戦突発したるも神ならぬ身の知る由もなく、五月と記憶す、聯隊はマグデブルグ Magdeburg の近郊なるアルテングラボー Altengrabow に射撃演習に赴きたり。射撃場はさして広くもあらねど起伏あり地形の変化に富み、廠舎も日本のものなどより設備よく、聯隊長宿舎の如きは立派なる独立家屋なり。余等外国将校にも一室を与へられシヤワーの施設などありて我国の演習廠舎などとは比較にならぬ程立派なり。

射撃演習は我国のものと大差なく一日の内午前だけ射撃にて午后は休息なれば頗呑気にて、我国の如く射撃審査もなく又中少尉の指揮する射撃もなく何等学ぶべきものなきも唯標的設置の施設のみは我国のものより金もかけ進歩しあり、従て動目標射撃は回数中々多し。射撃演習間日曜はかゝすことなく休み、有妻将校はハンノーバーまで帰るものも少なからず。この辺は我国とは全く趣を異にし奇妙に感じたりき。無妻独身連は近処に遊びに出かけ、一、二回若い将校連と鮎を食ひに赴きたるが貇〔貌〕は我国の鮎と同様なるも大きく独特の香気もなく又味も何等賞すべきものなし。独逸にてはフホツシエと称しあり。

射撃演習より帰ると間もなく初夏、聯隊はミユンスターMünsterに野営に赴けり。途中は行軍なりしが朝早く出発敷石道を時々速歩を追ひて午前早く宿営地に到着し午后は村の有力者や娘さん連中に取りまかれて遊びくらし、我国なれば一日か二日かで行く処を何日もかゝりて行くことなれば全く遊山散歩と称すべし。ミユンスターの野営地は歩兵二、三聯隊、騎兵聯隊、砲兵一聯隊位を容れ得べき大野営地にしてこゝにては主として諸兵連合演習を実施し軍団長エンミヒ大将なども臨場したり。こゝもまた我国の如く勉強もせず演習は全く気楽にして、夜に入れば下士官以下の為には映画などあり全く縁日気分にて、将校は全部野営地に設けある大集会所に集まり音楽入りにて晩餐をとり、勿論酒類は何んでもあり宛然たる一大カフエーなり。たしか軍団長が臨席したる一夜と記憶す。此時同一野営地にありし歩兵、騎兵、砲兵聯隊の将校悉く集まり呑む程に食ふ程に漸くメートル上り、果ては大ホールを片づけて何事をなすかと思へば一杯機嫌の若い将校は乗馬にてホール内にのりつけ輪乗をなし机を障碍物になぞらへて飛越をなすなど、一寸我等の想像以外の酔興なるに、将官級の将校連もヤンヤとばかりはやし立て其明朗さ豁達さ加減まことに伝統ながら傍の見る目も愉快なりき。

演習は頗低調にして特に記すべきものなきも、射撃演習といひ野営演習といひかゝる状況なれば将校以下一般に出張を楽しみになしある様は寧ろ羨しき程なり。演習の講評も全く研究的にして何等興味もなき中少尉連は外周に腰を下して煙草を呑みチヨコレートを食ひ講評など全く馬耳東風なり。この点前年仏国カンドシヤロンにて参加したる仏軍の講評が全く我国のものと同一にして頗真面目なるに比較して全然対蹠的の現象にして、其国陸軍の伝統とはいへ興味深く感じたりき。

かく射撃演習引続き野営演習と多忙に暮してやがて夏季休暇となり、将校は思ひ思ひに休暇をとりあれば、余も亦休暇をとりスカンヂナビヤ旅行を思ひ立ち、単身ステツチンより汽船にてクリスチヤニヤ（後のオスロー）を見物しストックホルムを訪ね伯林に帰る途中、１９１４年七月十六日セルビヤのサラヱボにて一青年の放ちたる拳銃弾に墺国皇太子が斃れたるより第一次世界大戦が勃発したるなりき。

（二一、四、一五）

大正三年の夏頃に於ける欧洲国際状況は隊附勤務の多忙なると聯隊の将校も亦問題とせざりし為別に深く注意もせざりしが、サラエボ事件にて朝野は愕然として驚きたるなり。実際聯隊将校は平常の如く夏季休暇を実施しカイゼルも夏季の恒例としてスピッツベルゲンに避暑しありたるなり。余は北欧旅行の帰途伯林に大使館武官を訪ひ連絡したるがこれが第一次欧洲大戦に拡大し更に我国が独国に対し宣戦するが如きは予想だもせず。乍去世の中何となく騒がしければ急ぎハンノーバーに帰任したるに、流石に将校連も休暇先より呼戻され何となく緊張の空気とはなりぬ。

余は七月少佐に進級したり。独国のそれに比し早しとて年令既に四十四、五才なる聯隊附老大尉は驚き居たり。元来普魯士将校団にては団員の誕生日には祝宴を開くが慣例なり。余は七月二十六日が誕生日なれば恒例により又進級祝をかね一杯飲ますること丶なり、二十六日は未だ団員揃はねばたしか八月一日か二日頃と記憶するが集会所にて祝宴を催したるに団員の外有妻将校の若干も来会し非常の盛会となり、独露の外交関係愈々切迫したる折なれば、某大隊長の如きは嘗ての日露戦役の日本将校を我将校団に迎ふるは光栄なりなどテーブルの上に起ち上りて一場の演説をなし、果ては余を胴上げしワイングラスを板の間に叩きつくるなど大に愉快を尽し、余も亦数日後に日独開戦となりしが如きは夢にも知る由なければ大に気を好くしたるなど後になりて聊か楪《くすぐっ》たき心地せられぬ。

聯隊は八月六日頃なりと記憶す。愈々動員下命となりたるが我国の如く驚きもせず頗静穏にして、動員完結日数の少き割に着々進捗せしが、さすがにハンノーバー市中は応召員の到着等にて物騒しかりき。将校連の中にも心懸け悪きがありて拳銃を持たぬもの、甚しきは砲兵将校にて眼鏡を持たぬ者さへあり、余より眼鏡を立かへ譲渡したるものあり、いづこも同じなりと微笑せられぬ。

動員下令と共に余は隊附勤務を取止め聯隊長其他には渡欧の時準備したる刀、美術品等を紀念として贈りたりき。聯隊の第三大隊たる騎砲兵は動員一日か二日にて完結し直にいづくにか出発したり。

余と同時に羅馬尼軍のボテツ Botz といふ少佐同聯隊に隊

附したるが美しき妻君を携へ頗不勉強にて禄に聯隊に顔出しもせず、従て青年将校連とも顔なじみなく其噂の種となりしが、上級将校には却てこれが御気に合ひたるやも知れざるなり。其後如何なりしか。

（第六冊　二二、四、一六）

余が独軍に於ける隊附勤務は一年の予定の処大戦勃発の為僅々十ヶ月に満たざる短日月なりしも、其目的は十分に達成したり。隊附の総決算として世界に誇る独軍の軍事上のことは何等学ぶ処なかり〔し〕も独軍の真髄は十分に観取し得たりと信ず。独軍は流石建軍の歴史も古く又数回の浮沈もあれど、封建的思想と相俟ちて能く其伝統を守り其伝統は弊害もあれど又美点も少なからず。将校と下士官以下の区別画然として、下士官以下は将校は貴ぶべきもの服従すべきものとの観念は教育にもあらず強制する軍紀にもあらずかくあるべきと思込みて別に苦痛にもあらず。其点我軍の軍紀厳正なるが時に面従腹背の気風なきにしもあらざるとは大に趣きを異にし、特に下士官の素質良好にして経験に富み将校をうやまひ黙々として職務に忠実なる、傍の見る目も羨ましき程にして、独軍の精華は実にこの下士官に存したりしなり（古参下士官は営内に妻子と同居す）。

将校は中少尉は実に呑気にして明朗豁達大に暢々しあり。我軍の中少尉とは異なる点あり。我軍の中少尉は少しく勉強に過ぎあまり型にはまりあり。これ幼年学校、士官学校の教育の致す処か。独軍の士官候補生、見習士官を見るに一廉の紳士なり。幼年学校、士官学校にてこの紳士教育に相当力を用ひあるものと見え、又将校団の先輩も指導大に努めある様なり。総じて我国の将校はこれを今次大戦に見るも紳士としての行動進退に慊らざるものあるを痛感す。これ敗戦後物質的非行の多かりし原因なるべし。尤も独軍将校は第一次大戦前には貴族、地主、将校の子弟多く、所謂ユンカーの輩なり。これ自然彼等が紳士的動作を保持し得たる一因か。又独軍にては軍医が中々地位高く、これは大学学生出身の多き為か、全く将校団の一員として本科将校と同等の待遇を得ありき。之に反して経理官は佐官以上は文官たり。尉官は即ち軍吏として将校団に入らず獣医官と同じく殆んど将校団に歯《よわい》せられざりしなり。次に第一次大戦に於て独軍の精強なりし原因は中隊長以上の指揮官が能力高かりしに存すべし。又予備役将校も時々聯隊将校団に出入し現役将校と交歓しあり。其能力も高き様に見受けられたり。

又独軍将校の服装が華美の裡一種の威厳を有せしこと、これまた世の尊敬を得たる一因なるべし。余も亦郷に入りては郷に従ひ独の軍服商に作らしめたる頗ハイカラの軍服をまとひ、ラツクの長靴を穿ちたる様、今より想へば寧ろ微苦笑を催ほすものあり。さはれ独軍にても戦時服の制定は疾に準備しありたるなり。

英軍、日露戦役後の露軍は知らず、仏軍の真価は勿論一回の射撃演習にては知る由もなけれど真面目なること我軍によく似たれば、独仏開戦ともなれば勿論仏軍の勝利に帰すべしと想像したるに、一度開戦となりたるに英仏露軍は連戦連敗なるに頗意外の感に打たれ、かくの如き独軍に敗る丶とはよく〳〵聯合軍が弱きなりと感じたることありしが、聯合軍は兵の素質悪しきあらず、唯陸軍全体としての組織や態勢、独軍のそれに及ばざりしなり。又所謂聯合作戦の弱点ありしなるが、これを今次の大東亜戦争に比較するに、我精鋭を以てするに此の如き惨敗を招きたるもの、戦争態勢が不準備不十分にして軍の能力を十分に発揮するを得ず、又第一次大戦の如く同一戦地に於て聯合軍を形成したりしに反し支那、南方と戦場を全く異にし各戦場にては敵側に聯合作戦の弱点を形成せざりしに原因すべし。

（二一、四、二二）

我隊附せる野砲兵第十聯隊は動員完結四、五日にして直に出発せる模様にして、那辺へ行きしか不明なりしが其後新聞にて第十軍団は白耳義リエージ要塞攻略に勇名を馳せたることを読み初めて其使用方面を承知したる次第なるが、リエージ要塞攻撃は独軍は四十二珊榴弾砲を使用し相当苦戦なりし模様なれば、余が知れる将校連も相当の死傷を生ぜしなるべし。

動員下令と同時に隊附勤務を離れたる余は別になすこともなく、又市中をブラ〳〵することも却て眼につけば毎日下宿に引籠りてありしが、伯林武官側とは全く連絡とれず形勢全く不明なれば寧ろ伯林に出でんと決心し、数日后に日独国交断絶など丶は夢にも思はざれば再び帰ることを予想して荷物は其侭とし手廻りとして小さき鞄一つを携行して伯林に出でたり。渡辺は其侭ハンノーバーに残り居たりき。伯林に出て見れば武官にも本国より何等指示なきも、形勢何となく不穏にして日本が聯合側に加担するのデマさへ伝はり、独人の内には我等日本人に対し敵意を示すものも出て警戒を要する形勢ともなりたれば、余等は松下に滞留して寄々今後の行動に関し話合ひ居たるが、万一の場合を顧慮して銀行預金を引下げて英貨磅《ポンド》に引かへの為毎日ゾロ〳〵銀行に押しかけたり。銀行は何故日本人が預金を引下げるや疑問に思ひ居たる模様なるが別に支払を停止することもなかりしが、何日なりしか記憶なきも漸くたしか伊国より入りたる電報なりしか、日本は近く独国に対し最後通牒を発するに付駐在武官は急遽倫敦に引上げ英国大使館附武官稲垣〔三郎〕少将の指揮を受くべき命令に接し大騒ぎとなり、其夜直に出発、和蘭に向け出発したり。

当時まだ駐在地に残留しある人々少なからず。西尾寿造（後の大将）、梅津、渡辺、永田鉄山の手合も急遽伯林に出で余等より一日後、後れて伯林を出発したりと記憶す。

脱出の為には固より着のみ着のまゝなり。ハンノーバー出発時の鞄一つを携へパスポートも武官にあらざる身分を秘したる新らしきものを所持し、同行者も固より多きことなれば汽車中の混雑云はむ方なく、夜間伯林を出発、翌日和蘭国境駅に到着、独逸側より和蘭に入るなるがこゝに監視しある老憲兵がいまだ日本人抑留の訓令を承知しあらざるものと見えスラ〳〵と国境を通過して和蘭側停車場に入りたる時はホット安心の胸なでおろしたる次第なりき。

余等の通過の若干後より凡て抑留せられ、幸ひ軍人にては俘虜となりたるものなかりしが、常人にて脱出後れて拘禁の憂目に遇ひたる人々も相当ありたる模様にて、チヨの兄池辺栄太郎の如きも高田商会のジユツセルドルフ Düseldorf 駐在員たりしが通知遅れて拘禁せられ後に釈放せられたるも遂に病を獲たるなりき。

大使館附武官河村少将と補佐官古荘大尉は其後外交官として取扱はれ和蘭に移駐したり。

余等和蘭に入りたる後は公然闊歩し、ハーグ Haag にて一泊ハーグを見物しフリッシンゲン Vlissingen より英吉利海峡を渡り倫敦に無事到着したり。倫敦に入りて見れば流石英国とて悠々あまり緊張の色も見へず、戦争初期とて空襲もなく何となく呑気なりし。唯武官室は二宮、角田等の駐在員連も総がゝりにて多忙を極めありしも、余等独逸脱出組は一定の仕事もなく英国連より避難民と呼ばれながら余は輔佐官たりし谷川少佐の Hamstead〔Hampstead〕下宿にもぐり込み、倫敦市中、後にはウィンゾル Windsor 迄も見物し廻り唯一回英国参謀本部に呼び出されピゴット中佐（後の日本大使館附武官、少将にして有名なる日本通なり）より独軍の一般状況、動員経過等を問はれありのまゝに答へたるが心中何となく不快の念に堪へざりしは駐在三年に近き独逸びいきの致せし処なるべし。

倫敦滞在半ヶ月余九月中旬なりしと記憶す。余と林桂は参謀本部附となり、余はストツクホルム、林はコツペンハーゲンに駐在して諜報勤務に任ずべき命を受けたり。其他の人々は帰朝の命を受けたるが当時瑞典は親独的傾向深く殊に同国公使内田定槌が小心翼々の人なれば日本武官の瑞典駐在は之を避け形勢緩和まで諾威に駐在せられたき意見なりし為諾威に駐在すること、なり、倫敦にて服装等所要の準備を整へ単身ハル Hall より汽船にて諾威ベルゲン Belgen に渡りたるが、船中北海は相当荒れて船暈を感じ、特に余と同室たりし露国青年は外人に珍らしく船に弱く大に悩み居たりき。

ベルゲンに到着して見て驚き入りたるは姓名は忘れたるも大なる親日兄妹ありて、この兄妹の一方ならぬ世話となり無事クリスチヤニヤに到着、取あへず王宮通りのグランドホテルに投宿したり。この兄妹は其後ストツクホルムに移りたる後も文通したりき。

諾威にては余は唯一の日本人なり。瑞典公使が諾威、丁抹を兼任しあれば諾威には外交機関もなくカツテンコ、バング Cattengo Bang といふパルプ商人が日本総領事の職務を取扱ひ居たるが、この人は人のよき紳士にして諾威語も解せざる余に何かと親切に世話をなしくれ、同人の世話にて間もなくホテルを引払ひ山手のパンシヨンに引移り、新聞など閲読して何物か戦争に関する記事を求め、またベーリツツ・スクールに通ひて諾威語を学習したり。

スカンヂナビヤの風物は欧洲本土と様かはり、フヨルドの絶景、白樺の林、山間の寒村など皆物珍らしく、時は既に秋なり。遊子異境にあるの感深かりしも、未だ家郷にのこせし妻子なき身の頗呑気にして一意任務に邁進したるなりき。

（二一、四、二六）

中立国には英独国の新聞は無制限に流入せられたれば別に諜者を使用するにも勝手不案内なれば、日々二、三の新聞を閲読するを以て日課となし、独国新聞には戦死者の所属隊号を掲載しありたればこれを拾ひ上げて各方面に使用せらる、部隊号より其兵力を判断して、其要旨を時々参謀本部宛電報したりき。

内田公使の紹介にて諾威駐劄英国公使（名は忘れたり）と近付きとなり屢々英国公使館に出入し、時には情報など交換したりき。諾威国王クリスチヤン何世かの妃は英国ジョージ五世の妹なれば勿論親英国なり。英国公使及総領事バング氏が何かの機会に余のことを話したるものにや、或日突然王宮より国王に謁見を賜はるとの通知に、服装は独逸に遺留して其準備なきことを以て御断りしたるに、それには及ばずとのことに、それなればとて王宮に伺候したるに、背広服の式部官ともいふべき人の案内にて王の書斎に通されたるが、背広服の王は丈高き温厚丁寧なる人にて固より込み入りたる話はなかりしも頗打解けて約三十分斗り四方山の話をなし退出したるが、国王に謁見とは流石に中立の小国なれども又戦時中の一の話の種ともいふべし。

大正四年の正月は北欧の諾威にて頗物淋しく迎へたるが、流石はスポーツ、特にスキー、スケートの本場とて軍用にスキーを使用する開祖とも称すべき某大佐とも知合ひとなり、軍隊スキーの教範など貰ひ受け又余暇にはスケート競技の見物などし、特にスケートはあまり面白そうなるにスケートを買求め人のあまり来らざる朝の内竊かにスケート場に出かけ小供達の援助にて練習を初《ママ》めたるが到底物にならずして止めたることあり。

クリスチヤニヤの北の山のホルメン、コルンには年々一回欧洲撰手のスキーの競技あり。ジヤンプのレコードを争ふなるが余等には頗物珍らしく又壮快に感じられ、一般見物も亦ポートワインの壜を喇叭呑みしながら拍手喝采するなど北欧にあらねば見られぬ情景なり。雪の国とて漸く歩くばかりの小供が皆スキーの練習をなし、余のパンシヨンなど休日には下宿人総出にて終日スキーを遊び数十吉《（キロ）》を滑走して、夕刻帰るや夕食に其日の話をなすなど全く我等の休日遠足と同様なり。

（二一、五、二八）

北欧スカン〔ジ〕ナビヤの一冬は余にとりて忘れられぬところなり。北欧といへども暖流の関係にや気候割合に暖かく、それに東京の如きからつ風なければ東京より凌ぎ易く感ぜられたり。唯北辺の地とて冬は三時頃より暗くなり朝は九時頃にあらざれば夜があけず、夜の長きには一方ならず苦しめられたり。冬中は毎日雪を踏んで散歩に出かけ健康も頗良好なりき。加之全国にて唯一の日本人なれど諾威人は淳朴にして悪気なく、又瑞典人の如く我は仏将の后裔、又グスタフ、アドルフの流れをくむ嘗ての強国たりしなど、いふ衿持もなく頗親しみ易き民族なれば、ダン〳〵知己も出来、楽しき其日を送りたりき。このクリスチヤニヤの下宿にて大正四年の淋しき新年を迎へたりき。

日取は忘れたれど此機会に那威〔一般的には諾威と書く〕の更に北方を視察せんものをと唯一人クリスチヤニヤより汽車にて更に北方のトロンイヱムに向ひ、途中諾威特有のフヨルドの絶景を心行くまでに賞し、独逸の特設巡洋艦たる大汽船のフヨルドに遁入して氷雪に閉されたるなどを眺めトロンイヱムに一泊、更に汽車東行して瑞典に入りストツクホルムに日本公使館と連絡してクリスチヤニヤに帰りたりしが、北国特有の白樺、落葉松の大森林、人煙頗稀薄なる田舎など風景風俗を異にする北国の旅には大に得る処ありき。かくて半年許り諾威にありしが、大正四年の三月ともなりぬれば瑞典一般の人心も漸く独逸を離れ瑞典駐在も差支なかるべしとのことに、住みなれしクリスチヤニヤを去りてストツクホルムに移駐したるは大正四年の四月頃なりしと記憶す。

（二一、六、二）

当時の在瑞典日本公使は内田定槌といふ頗融通の利かざるも正直なる外交官に似合はざる風采の上らざる人なりき。公使館は町名を忘れたるもストツクホルム東部の静かなる町のとある家屋の二階全部を借り、公使館員とては公使夫人と河合といふ二等書記官と川角といふ書記生のみなりき。公使夫人は公使と反対に頗勝気の人にして全く亭主を尻に敷き外の見る目も気の毒なる位なりしも我等には能く色々世話になりたるものなり。河合は其後波蘭の公使となり任地に病に斃れたりき。

余は公使館の近辺にてブラヘー街のアールボルグといふ老寡婦の家の二室を借り、相かはらず新聞など読みアールボルグ寡婦の紹介にてとある大学生を頼み瑞典新聞を翻訳して貰ひては独逸新聞の記事と綜合して時々公使館を通じて参謀本部に電報し居たりしが、クリスチヤニヤとは事かはり、日本人も居ることなれば愉快に其日を送り特に、渡辺良三少佐一旦帰朝したる上再び瑞典駐在員として来りたれば愈々生活も愉快となり、今日は何処明日は何処と遊び暮し、それに西欧に来往する人々の皆ストツクホルムを通過するに其世話案内等にて忙はしく日の経つをも忘れ居たりき。

河合書記官と同道してゴツテンブルグより小汽船に乗り瑞典に点在する大小の湖水、これらを連綴するカナルの旅行に一週間を頗愉快なる汽船旅行をなし、其間有名なるトロルヘツタンの発電ダムなどを見物し又はコツペンハーゲンをこれも河合と同道して訪ね、林少佐に面会して市中を弥次りあるき、ハムレットの墓なるものを訪ひて其古城と共にインチキを疑ひ、或は夏は公使夫妻とストックホルムの東方汽車一時間行程のサルチヨーバーデンの海水浴場に海水浴を試み、ウプサラの有名なる大学を見物するなど随分諸方を飛びまわり、特に北国の特徴とて冬と全く反対に夏は日頗長く六月二十二日の夏至頃には殆んど日がくれず街道にて新聞を読み得る位、暗くなれば既に漸く夜あけとなり、夜遅くレストランなどにて気焔をあげあれば帰宅時には既に太陽が昇るといふ奇現象に、家に帰りてカーテンを引きて臥床に入るといふ有様に少なからず面くらひたることなどありき。

ストックホルム滞在中試みにハンノーバーのウエルハウゼン寡婦に手紙を出し独逸に残し置きたる品々を取りよせんと試みたるに寡婦より返書あり。矢張りボニフアチウス、プラッツに住みある如く一人の呑気なる倅ありしが今は飛行家として出征中なる旨返信あり。間もなく独逸に残したる勲章だけは送り返し来たりぬ。軍人を尊重する気風も見えて床しく感じたりき。

大正四年もいつしか暮れてスカンジナビヤに二回の冬を迎へたるが公使と共にスキーを初め町はづれの野外にて試るに中々上達せず、往復の町中にては町の傾斜せる為顛倒して路行く人々に笑はるゝを恐れスキーを担ぎて歩くなどの滑稽さへありたるなり。

大正三年のクリスマスはクリスチヤニヤにて独り淋しく暮らしたるに、四年のクリスマスはストックホルムにてアールボルグ夫人の心尽しにて快く暮らし、それに忘れもせじクリスマスの晩はストックホルムは大雪にて雪を衝いて渡辺の下宿を訪ね下宿の主婦及び其子供などはしゃぎ廻りたりき。それに大正四年の正月は公使舘の御蔭にて久振りに純日本風のお馳走を受けたるはいかに楽しかりしぞ。故郷に心ひかるゝ妻子なき身の頗呑気にて愉快に其日を送りたりしが、大正五年の一月の末か二月の初めなりしか突然参謀本部より帰朝の命令を受けたり。在外既に五年、日本には母上あり、年久しく面会せざる兄上あり、今帰朝の命を受け久振にて故国の土を踏まむとする喜と、又一には年久しく流浪したる欧羅巴の地に対する一種の愛着と錯綜して何とも云へぬ心地なりしが、其時には唯一人の妹が大正四年十二月に産死したることは神ならぬ身の夢にも知らず。兄が当時の参謀本部第二部長福田雅太郎少将に懇請して余を帰朝せしめたることゝは後にて知りぬ。

（二一、六、九）

余が帰朝前、開戦前独逸に駐在員として来りたる間もなく一旦帰朝したる永田鉄山大尉（後の中将、軍務局長）瑞典駐在員としてストックホルムに来りたれば、余の下宿を同氏に譲り、余は英一兄弟への玩具、妹への土産など買と丶のへ時日はハツキリ記憶せざれど大正五年の一月の末か二月の上旬なりしか、厳寒の瑞典を出発して単身西比利経由帰朝の途に就きたり。ストツ〔ク〕ホルムを出発したる汽車は一路ひたすらに北上してバルト海の北端、瑞典と芬蘭との国境駅ハパランダを通過したるは天曇りて粉雪ふりしきる日なりき。同地は北緯七十度以上なるべし。山河凍りて唯一面の銀世界なるも割合に寒からず、毛皮すらまとわぬ我に大した寒さも感ぜざりしは北欧の寒気になれたると、年若き為もありしなるべし。こ丶にて芬蘭の汽車にのりかへ、これより又一路唯白皚々の裡をひたすら露都に急ぐなり。芬蘭は唯松と白樺と湖沼の裡に過ぎ首都ヘルシングホルスも遠望したるのみ。露芬国境にては税関吏の誠意ある待遇に事なく過ぎ、ストックホルム出発后何日間の汽車旅行なるか忘れたるも無事露都に着きたり。当時は露国内にても独逸語の使用を禁じ独逸的名称を変更したる時にて、セントピーターズブルヒのブルヒは独逸名なりとて露都はペトログラードと改称せられたる時なり。着後名前は忘れたるも第一流の豪壮なるホテルに投宿したるに、この第一流ホテルにすら夜になればゾロ〳〵南京虫に襲撃せられ、デンキスタンドを寝台の下に入れて就寝したる滑稽事もあるなり。

露都にて旅券のビザを受くる必要あり数日間の滞在を必要としたれば、この間を利用して露都のこ丶かしこを尋ね、又露語を解せざるにもか丶〔わ〕らず単身キエフ見物に出かけ汽車中にて車掌の眼をぬすみて独語にて悪気なき露人と会話し、キエフに一泊して結構帰都したるなど、これも多年欧洲にありて図々しくなりたる為なるべしなど微笑せられぬ。

（二一、七、四）

当時露軍には数人の従軍日本武官ありしが余が露都滞在中は偶々坂部十寸穂中佐（后に第三師団長、在職間死亡す）第一線より帰来しありて常に往復したりき。

かくて露都滞在二週間近く漸く旅券のビザも出来したれば偶々開戦以来和蘭にありて公使館附武官の職を執りありし古荘幹郎少佐今回陸軍大学校教官に転じ帰朝すること丶な

りし為同氏と同行し、雪の露都を後に再び西比利鉄道の旅に上りたりき。往路の万国寝台会社の贅沢なる設備は開戦と共に影を没し頑丈なる露国々有鉄道の急行列車なるも時間は戦時中とて精確ならず、加ふるに露国軍人の旅客多きは戦時中とて当然の現象なるべし。それにこゝにも亦南京虫に苦しめられたり。

露国は戦争に入りてより禁酒を断行したるが、寒国とてウオッカの如き強烈なる酒に慣れたる露人には耐へ難き苦痛なるべし。兵卒などフケトリ香水の如きアルコール分多きものは勿論のこと、中には石油さへ飲むものもありと聞きぬ。されば酒なき列車の食堂は火が消えたる如く露国将校など気焔上らず元気なき顔したるが、隣室にある将校連は毎晩何事かヒソ〳〵話し合ひたる模様なりき。列車がイルクーツクに到着停車一時間とあるに、件の将校連は到着直に一同打連れて出かけたるがやがて発車近くドヤ〳〵と元気よく帰り来りしに何事ならむと興味を以て見居たるに、列車の発車間もなく隣室は急に陽気となり談論風発平素の青菜に塩のへコタレもどこへやら大騒ぎなるに、聞けばイルクーツクにて工業用罐入アルコールを手に入れ食堂より炭酸水を求めて大宴会を開きたるなりと。この将校の内には軍医もありたる由、よくもメチルの中毒者を出さゞりしこと、感心したるなりき。尚列車が満洲に入り禁酒にあらざることゝて、列車食堂のボーイまで一時にため飲みをなしたるが、其夕食の時ボーイ先生へゞれけとなり、古荘少佐はスープを頭よりブツかけられられたる珍談あり。或人が露国敗戦の原因が禁酒にありと論じたるなど慥かに一議論と見るべく、后年米国が禁酒令を布きたるに犯罪続出に苦しみ直に之を解禁したるなど、兎角酒を禁ずるは自然に反するものなりとは強ち上戸の僻論とのみ称するを得ざるべし。

（二一、七、一九）

余が駐在員として受けたる訓令には帰路は印度洋を経由すべき由明記せられあるも、大戦となり独潜水艦が北海、地中海は固より印度洋まで出没し、八阪丸の例もあり海路危険なれば帰路は又しても退屈なる西比利を経由すること、なり、四年前一度通過したる処何等の奇もなく流石大国とて別に戦時らしき異りたる光景なきも、贅沢なる万国寝台会社の車は影を没し頑丈なる露国式の車ながら清潔にして食堂の設備も亦よろしく、東行の軍人も頗多く、寝てくらしながら二週間余りにてハルビンに到着、ここにて東支南線に乗換への為下車、直に名古屋ホテルと称する日本式宿屋に入り古荘と二人にてスッカリ日本に帰りたる気持となり、特に蕎麦の物珍らしきに牛飲馬食の罰はテキメン、夜半に古荘が呑過ぎの為小間物屋を開店する〔へどを吐く〕などの珍景などありき。当時ハルビンの駐在武官は石坂善次郎中佐なりしが、黒沢準少佐など同じくハルビン駐在なりしと記憶す。

勿論此時迄妹が旧臘死去したるなど夢にも知らず、翌日建川〔美次〕少佐が任務は忘れたるも西行するを聞きハルビン駅に見送りたる時、建川より始《ママ》めて妹の病死を聞き一大衝撃を受け、其夜は徹宵眠る能はず一夜を悲嘆の涙にくらしたりき。

想へば妹は薄運の人なりき。四才にして異境父に訣れ、父の顔も記憶せざりしなるべし。幼より兎角壮健ならず従て婚期も遅れ、漸く晩婚ながら牛島氏に嫁したりしに牛島の独身中の素行の為一方ならず苦心もし、この金銭上の苦心も母や兄の力により漸く解決したるに婚嫁一年に満たずして産死す。産死も矢張身体の壮健ならざりしに原因するか。されば母も妹は特に鍾愛したるなり。

（二一、七、二一）

当時のハルビンは北満に於ける露国唯一の策源地とて中々殷賑を極め在留邦人も多く、大戦前は露国も我国に相当警戒したるが欧洲大戦にては聯合軍とて味方となり、加ふるに我国は相当の兵器、弾薬等を譲渡したれば〔海岸要塞にありし二十八珊榴弾砲もかなり露国に売渡し、弾丸なども調整したれば、我国より露国に売却したる軍需品の価格は数億に上りたりしに、一朝革命にて凡てフイとなり我陸軍省兵器局などもこれが整理に爾後長く苦しめられ、この穴が我陸軍々備に影響したること蓋し尠少にあらざるべし〕これが関係者もハルビンに集まり、又東支鉄道南線もこの時までは露国並に五呎八吋の広軌なりしに此機会に南満鉄道並に四呎八吋の準軌に改築し、従て長春にては乗換せざりしやに記憶するも定かならず。露側の駅は寛城子、我側は長春駅なりし。

かくてハルビン滞在一両日にて同地発一路南に下り大連到着、大阪商船の船にて大連発神戸まで直行したり。何にせよ五年振りの帰朝なれば、これが妹の死別なくんばいかばかり楽しかりしならんに哀愁の情に満ちては旅情を慰むるものもなく、神戸にて兄と牛島氏の出迎を受け又大石常松も同行したりと記憶す。余は牛島氏とは此時まで面接の機会もなく不識の人なりしに此時初めて対面したるなり。直に上陸、汽車にて東京に入りたるが、欧行の際は出発は新橋駅なりしが在欧五年この間今の東京駅の新築成り東京駅に入りたるなり。

この時兄は陸軍省軍務局軍事課高級課員なりしが、たしか新宿の番衆町に居を構へたりしと記憶す。兄は印度より帰朝、母妹と共に四谷永住町二番地の陋屋に居住せし模様なるが、余の帰朝と共に別に一戸を構へたりと記憶す。其後たしか其年の三月の移動《ママ》に兄は大佐に進級して久留米なる歩兵第五十六聯隊長に転任したり。

四谷永住町の宅はチヨも記憶しあるべし。同番地の井上荘輔といふ砲工学校の図画の老教官の持家にして厩付なるも、老朽甚だしく見すぼらしき家なりしが其後如何なりけむ。余にとりてはチヨを迎へ母を喪ひ思出深き家なり。このあたり昨年の空襲にて一面の焼野原となりたれば、たとへ其後ありたるも一炬の灰燼と化したるならむ。

⑽　再び参謀本部に入る

帰朝後余は再び参謀本部に入り、参謀本部々員として第四部に勤務することゝなれり。当時の第四部長は往年余が野砲第一聯隊に見習士官時代に中隊長なりし田村沖之甫少将なるも奇縁なり。余は欧洲戦史課なりしが課長はたしか斎藤常三郎中〔大〕佐なりしか。日本戦史課は奥村拓治中佐なりしと記憶す。

（二一、七、二八）

当時余の勤務しありし戦史課（第九課）は欧洲駐在員たりし人々にて成り、各々の経験を基礎として欧洲戦争を研究し其成果を欧洲戦争叢書として偕行社より陸軍部内に頒布したり。余も亦自らの一手にて欧洲開戦より独軍のマルヌ反転迄の大作戦の経過並に論評等を記述し叢書第一巻として発表し、其他一、二巻を記述したることを記憶す。

其後田村少将は余が後年其迹を襲ぎたりし野戦重砲兵第四旅団長に転じ西川虎次郎少将后任となりしが、田村少将は其後旅団長在職中稍々精神に異常を来し淋しき生涯を終られたりと聞く。

西川少将は兄が近衛歩兵第二聯隊の先輩なり。其後関東軍参謀長を経て第十三師団長として西比利に出動せられしが、晩年は福岡市に隠退し近年世を去られたりき。

大正五年の暮なりしか大正六年なりしか確実なる記憶なき

も、余は余として参謀本部に最馴染深き第一部第二課に転じたり。余が帰朝当時の参謀総長は奥元帥なりしが其後長谷川〔好道〕元帥と交〔更〕迭、参謀次長は菊池慎之助中将なりしならむ。第一部長は松石少将の病気退職后由比光衛少将、次で尾野実信少将（後に大将）となり宇垣一成少将其後を継ぎ、余が第四部より第一部に転じたりし時は宇垣少将なりしか尾野少将なりしか確と記憶せず。第二課長は鈴木荘六大佐の後に金谷範三大佐となり、余が第二課に転じたりし時は鈴木荘六大佐なりしなるべし。要するに宇垣大将といひ鈴木大将といひ金谷大将といひ、何れも余が推輓に預りたる恩顧の先輩なり。

大正五年の特別大演習は九州久留米地方に行はれ兄も聯隊長とし参加したるが第四部戦史課は学究の身とて余は参加せざりき。

大正六年ともなれば欧洲大戦も将に酣にして、幾多の経験をも学び得て我陸軍の為採て以て範とすべきもの少なからず。特に編制に於て我陸軍の戦略単位たる師団が二旅団四聯隊編成は鈍重に過ぎ、この時は独も仏も英も既に三聯隊師団に改編したれば我軍にても三聯隊師団を有利とする論起り、さればとて師団を単位とすれば単位多きに過ぐるを以て二師団の軍団編成を可とする議論漸く参謀本部内に盛んとなり、第一部にても研究に着手したり。

（二一、八、四）

欧洲大戦勃発と共に我国は厳正中立を守るべきか、或は当時厳存したる日英同盟を尊重して聯合側に立つべきか相当に苦心したる模様なりしが、時の大隈内閣には親英なる加藤高明が外相たり。遂に聯合側に立つに至りたる趣なり。それには英国側より切なる懇望もあり色々利を以て誘惑せられたる模様にして、支那を自由にし得るとか山東を我に与ふるとか有利なる條件ありたる様なり。

我国は青島攻略を引受け第十八師団を基幹とする部隊を以て栄城湾に上陸、大正三年十一月三日遂に青島を攻略したり。この攻略に方りても英は一、二大隊の兵力を我に割込ませて我独力攻略の名誉を擅にせしめず、青島攻略后太平洋方面海域の防備は我に一任し、遂には印度洋、後には地中海にも及び濠洲及新西蘭より兵力を欧洲戦場に送る掩護は全く我海軍の一手に引受けたる処なるなり。此の如く第一次欧洲戦争に於ける我国の功績は決して小とせざるに戦后の結果は如何。

巴里平和会議の結果山東は支那に還付せしめられ戦利の獲

物としては蕞爾たる南洋孤島群の委任統治に過ぎず。華盛頓会議に於て英国は前後二回に亘る多年の日英同盟を弊履の如く捨て去り了んぬ。蓋し印度に対する頭痛の種として締結したる日英同盟は大戦に於て露国の瓦解したる為最早其必要を認めざりし為なり。此の如く狡兎死して良狗煮られ、如何に馬鹿正直の日本と雖少なからず其自尊心を傷けられたる結果が又今次第二次世界大戦の遠因ともなりたるなり。

さわれ当時の青島独逸軍は総督ワルデック隷下の漸く一聯隊にも足らざる微弱なる兵力なれば神尾光臣中将（後の大将）の率ゆる我兵力の前には固より鎧袖一触なり。それにてもよく抵抗したるは流石は独逸軍なりと称すべし。当時我軍には一、二機のモ式偵察機あり。固より高射砲とてもなければこのフラ〳〵なる偵察機が勇敢不敵にも青島市街上を飛び廻りたる様今日よりすれば寧ろ滑稽なりとも称すべし（当時の偵察将校には余が親しかりし会津出身の福井重記大佐あり。又弘中暁などありし）。青島戦当時の陸軍大臣は岡市之助中将、次官は大島健一中将、参謀総長は長谷川大将なりしならむと記憶す。青島は攻略後青島守備軍を置かれ初代軍司令官は神尾大将、次に由比大将となり、大正九年か十年なりしか愈々支那側に還付したる時は大島健一中将なりしなるべし。

母は妹を喪ひしよりスッカリ健康を害し大正五年には頸筋に猛烈なる神経痛を病み、疼痛の為には不眠症となり女中相手の余一人の看護にては一方ならず心細くも又苦心もしたり。看護婦など勿論母は承諾すべくもあらず、退庁后は時には夜遅くまで患部を摩擦するなど子として一廉の孝養を尽したる積りなり。当時さる老婆のうるさき程の勧誘により一時天理教の教理を許したるなどの滑稽さへあるなり。母は寿命未だ尽きざりしか一時は相当悪化し、年も年なれば万一の場合も憂へて兄の上京を請ひ兄も隊長として頗多忙なる身にも拘らず休暇を得て上京したるは五年の秋頃なりしと記憶するも、母の病も漸く快方に赴き六年の春頃には快癒したるが頸部の神経痛は一種の硬直となりて残り死するまで頭は一方に曲り居たりき。

余は妹が縁遠き為妹の嫁ぐまで妻を迎へざる決心なりしが、其内欧洲駐在員となり次で欧洲大戦勃発して北欧に流浪し漸く帰朝したる時は既に三十八才の老輩となりたりしも別に独身主義にもあらず。母も心配しあれば適当なる配偶者あれば迎へむものと折々心がけありたるも、兄も東京にあらず母は病後なれば中々話の範囲も狭く、それに余が既に三十八才の老武者として二十才前後の小娘とふさわしからず撰定に苦しみたりしが不図したる機縁により塩田清一の媒酌にてチヨを迎へたるなり。

（二一、八、一二）

塩田清一は元来余が幼な友達にもあらず、不図したる機縁により親友となりたるものにて、彼の父は四谷に顔を知られたる医家なりき（元来佐倉の人なりと聞けり）。清一も亦父の職をつぎ医師となり四谷大番町に小児科を開業し居りたり。余が欧洲より帰朝し参謀本部に入りたる時、余の一期先輩にて同じく会津人たる日下操といふ歩兵少佐ありしが、この日下家が塩田の病家にて近しくなしありたるが、一日日下の招待にて四谷荒木横丁の伊勢虎といふ料亭に会合したる時塩田も亦同席しありしが、席上談論風発に大に塩田と懇意となり、其後足繁く塩田と往来する内塩田の父が柳谷及池辺一家に多年出入しある関係上、柳谷老夫人の姪に当るチヨとの縁談となり、急転直下母も兄も同意なれば談も急にまとまり、大正六年四月桜花爛漫の候赤坂八百勘といふ料亭にて式を挙げ、母も病後の身を式に列りたるが、兄は聯隊長といふ多忙の身にて前年母の病気見舞の為一度賜暇上京したればこの度は遠慮して上京せざりき。当時八百勘にはお富といふ年老いたる女中あり、陸軍部内にて有名なりしがこの老婢が万事の世話をなしくれたりき。正式の媒酌は当時塩田の夫人が肺を病みて健康勝れず従て列席する能はざる為、余が在独中の大使舘附武官たりし河村正彦中将夫婦に依頼したり。中将は当時陸軍歩兵学校長たりしが夫人は余の同期の親友たる松田芳次郎の令姉なり。塩田夫人は東京帝国大学教授田中義成文学博士の女なるが其後間もなく世を去り、塩田は加藤咄堂氏の女を迎へたり。日下少佐は其後少将となりたるが中耳炎を病み聾となり今は郷里若松に隠退しありと聞く。

大正六年に至りては欧洲大戦も同盟側、聯合側数次の攻勢も戦勢を発展せしむるを得ず戦線膠着して全く持久戦の形となり、露国にては革命勃発して帝政の没落となり露国は先づ共同戦線より落伍して国内はレーニン一派過激派の抬頭を見、国内は至る処過激派蜂起し我国とても隣邦の危機とて直接其影響を免れず、支那は袁世凱が輿論を無視して大総統より続て皇帝を称し之を支持援助する坂西利八郎中将の指導に依り欧洲大戦に参戦し、これを機会に我国より借款を得たるも直接兵力を欧洲戦場に送るには至らず、多数の苦力を欧洲戦場に送りてお茶を濁したるのみなりしが、我国も亦逸早く青島を攻略して参戦の義務を果し唯海軍の一部が参加したるに止まり、東洋より英仏等が一切引上げたる不在に乗じて著しく我商権を拡張し、其結果世は好景気となり、人心有頂天となり欧洲に抬頭したる過激思想、自由主義が漸く民心に影響し、今次惨敗の一原因が此時既に萌したるは実に嘆きても余りあることとなり。

参謀本部は当時長谷川元帥の後を襲いて上原大将参謀総長となり次長は菊池中将の後を田中義一中将之を受け、薩長の代表的人物を以て統帥部の二大地位を占めたるなり。

欧洲大戦の経験に鑑み我国の編成に検討を加へんとする議ありたることは前述の如くなるが、時の第一部長宇垣少将は田中次長の命を受けて自ら筆を採り国防整備案を作り、これが資料作成の為第一部は挙て之に没頭し中々多忙を極めたるものなり。この国防整備案は我国に於て国軍を軍団編成に改編せんとするものにして其内容は今忘れ果てたるも相当革進的のものにして各方面にて研究せられたるが其後軍団編成は我国の作戦計画には必ずしも適当ならず、其内田中次長陸軍大臣となり、宇垣少将も亦田中次長去ると共に陸軍大学校長として参謀本部を去り、次長には上原系の福田中将来るに及び国防整備案はいつとはなしに筐底に没し去るに至りぬ。尚宇垣少将は露国の崩壊に伴ひ聯合側より直接日本陸軍を欧洲戦場に送るべき要請あり。この場合を研究して若干師団を欧露に出すべき案を樹てたるが、これは実行不能として消滅したり。

（二一、八、二五）

此頃は長の陸軍が最後の横暴活躍を極めたる時代なりき。田中義一中将が原内閣の陸軍大臣となるや次官には自分の同期生山梨半造中将を据え、軍務局長には菅野尚一少将（後の大将）、高級副官には松木直亮大佐、軍事課長には津野一輔大佐（後近衛師団長となり病没）、軍事課高級課員には児玉友雄中佐等長閥の歴々を据え我世の春を誇りありしが、これに対抗して参謀本部は上原系を以て固め、次長には上原大将反対を押し切りて福田雅太郎中将を以てし、総務部長には武藤信義少将を以てし隠然陸軍省の長閥に対抗したり（福田中将は長崎県、武藤少将、後の元帥は佐賀県出身なり）。田中陸軍大臣在任間如何なる考よりせしか恐らく懐柔の為ならむか特に上原を元帥に奏請したり。上原大将は日露戦役に己れの岳父野津元帥の軍司令官たりし第四軍に参謀長たりし外何等攻城野戦の勲功なきに元帥たるべきは適当ならざるべき趣にて反対の意見を陸相に述べたるに、田中陸相は之を聴かずして遂に上原大将を元帥に推薦したるなりと後年大島健一中将より聞きぬ。この間の事情が果して累をなし陸軍内に一種の派閥を生み、後年の皇道派、統制派などいふ対立を生じ、遂に二、二六事件の如き結果となり、延て敗戦の屈辱を受くる原因をなしたるは明かにして彼等の罪は頗大なりといはざるべからず。而して武藤元帥と同郷の縁よりして真崎など延いては荒木大将など何れも上原系に属するものなり。

欧洲大戦は露国の崩壊、ブレスクリトウスク條約に基く独露の単独講和により露国は戦線より脱落したるが、聯合側は頽勢挽回に必死となり一兵でも多く聯合側に利用せんとあせり、露国側に俘虜となれる多数チエコ、スロバキヤ（墺軍として）兵の利用を思ひ付き、仏国主唱となり米国を語らひ右俘虜を西比利を通過（当時右俘虜の大部はシベリヤにあり）して海路欧洲戦場に送らむ為、チエコ、スロバキヤ兵の救援の為西比利に出兵する議を起し、我国にも参加を求め来れり。

我国にては当時寺内内閣なりしが政府にても大分考へたる模様なるも米国の勧誘もあり遂に出兵に決したるは大正七年なりしと記臆す。先づ第十二師団を浦潮に派遣し次で浦潮派遣軍を編成して陸軍大将大谷喜久蔵を軍司令官（参謀長は陸軍中将稲垣三郎）とし之を浦潮に派遣したり。この時にも亦長閥の横暴を示す一挿話あり。第十二師団長は会津出身の柴五郎中将にして此人が当然出動すべきを直前に師団長を交〔更〕迭して柴中将は東京警備司令官に移し第十二師団長には長州出身の大井成元中将を充て、大井中将は西比利出兵の功労により後大将に進み特に男爵を授けられたり。これより先き露国の崩壊により西比利は過激派の跳梁となり、セメノフ、カルミコフなどいふコサック出身の帝政派軍人各処に割拠しありしがこれらの人々は第十二師団と協力して過激派を圧迫しハヾロフスクまで進撃し、又当時満洲守備にありし第七師団の一部は北満より黒河を経てゼーヤ河谷に進入し、又第五師団（師団長鈴木荘六）は後貝加爾州に進出、其先頭部隊たる歩兵第十一聯隊（聯隊長本庄繁）はイルクーツクに於て集団となりて西比利を東進中なりしチエツコ軍と握手して之を収容したり（後チエツコ軍は海路欧洲に輸送せられヴエルサイユ條約によりチエコスロバキヤ国となれり）。後第十二師団は第十三師団（師団長西川虎次郎）と交代し、第五師団は内地に帰還し第七師団の部隊は満洲に引上げ浦潮には第十三師団部隊と米軍と合同警備しありしが日米両軍の間に色々の問題も起り、我国初め聯合国が支持しありしデニキンのオムスク政府も援助不徹底なりし為過激派に倒され、一方チエコ軍の収容も目的を達成したれば米国も西比利より手を引くことゝなり我国独力西比利に止まることも理由なければ西比利出兵も数億の国帑を消費したるに止まりて何等の得る処もなく大正八年全面的に西比利より撤兵し遂に龍頭蛇尾に終れり。政略出兵の末路常に此の如し。

西比利出兵には余は参謀本部第一部第二課の作戦班長として専らこの事に当りたるが、当時は西比利の大梯尺の地図もなく東亜輿地図によりて作戦命令を起草したる滑稽もあるなり。西比利出兵は此の如く目的も頗曖昧たるものなれば政略的のこと多く、陸軍省当局と聯絡会議とも称すべき委員会を編成して絶えず会合したるも一向要領を得ず頗不愉快なる出兵なりき。当時の陸軍省軍事課長は津野一輔大佐、参謀本部第二課長は金谷範三大佐なりしと記憶す。右委員会は軍事課長之を主宰したり。

参謀本部当然の責任として戦時起り得べき作戦計画を立案し露国の崩壊に伴ひ対露作戦計画は一時中止し、対支、対米作戦計画を立案しありたり。対米作戦計画は何時頃より立案せしか記憶なきもこの頃には大体の骨格は出来上り居たりと記憶す。従て台湾の防備が問題となり高雄要塞の計画立案の為大正六年余は現地偵察の為台湾出張を命ぜられ初めて台湾の土地を踏みたり。当時の軍司令官は柴五郎氏、総督は明石元二郎氏なりしと記憶す。十月三十日有名なる関東地方大暴風雨のその夜、余は高雄に在りて恰も三五明月の夜高雄港内に台湾人民の支那式の観月宴の音楽に旅情を慰めたるは今尚記憶に新ら〔た〕なる処なり。

（二一、九、二）

此頃まで余は大演習に参加したることなかりき。日露戦役后明治四十年初めて関東地方に於て稍々大規模なる特別大演習ありたるも余は当時野砲兵第一聯隊附として大学校受験前なれば準備のため特に留営を命ぜられ参加せず。陸軍大学校第三学年学生は参謀旅行終了后そのまゝ特別大演習に参加する慣例なりしが、明治四十三年余が大学校卒業の年は近畿地方にて挙行せられたるに余は卒業御前講演準備の為参加せずして帰京し、其後欧洲派遣となり、帰朝後大正六年湖東地方に行はれたる特別大演習に初めて統監部職員として参加し生来始《ママ》めての大演習を経験したるが、今日之を追懐すれば誠に愉快なりし数日にして懐かしき限りなり。当時参謀本部にては初め庶務課の一部にて二、三の部員により大演習の計画、実施行はれたるが年々行務も増加し特に宮廷、地方関係等も愈々煩雑となりたる為、此頃には第一部第二課に特に演習班なる一班を設け年々行はる、師団対抗演習及特別大演習に関する一切の業務を担任すること、なり、初代の班長は服部真彦騎兵中佐なりき。後には演習班は更に拡張せられて演習課となり後年余が第一部長たりし機会に之を第四部に移譲したり。

特別大演習は大元帥陛下の御統監なれば諸事拘束を受け放胆溌剌たる指揮も出来ざれば、思ふ侭なる統率をなし指揮官及部隊を訓練する為師団対抗演習の制度を設けたるものにして、其第一回は大正六年信州川中島を中心とし閑院宮殿下を統監とする第十三、第十四師団の対抗演習なりしと記臆す。余は戦場審判官として参加、川中島附近にて大雨の裡を馳駆し十月下旬の降雪に北信黒姫山麓茅屋に一夜をあかしたるなど今尚記臆に新なる処なり。今や唯一場の楽しかりし夢とはなりぬ。

（二一、九、八）

日露戦役の勲功により余は功五級に叙せられ勲六等単光旭日章を賜はりしが、駐独隊附中定期叙勲により勲五等瑞宝章に陞叙せられ、次で帰朝後大正三、四年の勲功により勲四等に叙し旭日小綬章と金若干を賜はりたり。何等の勲功もなく欧洲三界をうろつき廻りたるのみなるに此光栄に浴す。天恩誠に優渥なりといふべし。

大正七年ともなれば欧洲大戦も愈々末期となり、独軍最后の努力も遂に破れ、流石に武名を輝かしたる独軍は先づ銃後より崩壊し、初めてキール軍港に於ける海軍の反乱となりスパー会議にてカイゼルの退位を決議しカイゼルは初め反対して退位を肯ぜざりしがヒンデンブルグの勧告に従ひ和蘭に逃れ、遂に十一月十一日の休戦條約の締結となり独逸も善戦善闘したるも戦争に破れ了りぬ。これを今次我国の敗戦に比するに我国も亦戦闘に勝ちて戦争に敗れたるものなり。独国が休戦條約をなし得たるに我は無條件降伏なり。独国が敗れたりと雖尚十万の兵力を保持し得たるに我は全然武装を解除せられ、我は戦争犯罪人として責任者を聯合側に引渡したるに独は何等戦争犯罪人を出さず。参謀総長ヒンデンブルグ元帥の如きは何等問責せられずハンノーバーの自家に引退するに凱旋将軍の如き歓迎を受け次で大統領に撰ばれたり。我は如何、武運の拙き同日の比にあらず。唯独が国体を変革したるに我は依然皇室を戴くを得たるはせめてもの仕合なりといふべし。

⑾　巴里講和会議

十一月十一日休戦條約の締結と共に急に巴里に講和会議を開く為我国よりも全権を出すこと、なり、西園寺公主席全権に、牧野伸顕、伊集院彦吉、落合〔謙太郎〕、松井〔慶四郎〕、珍田〔捨巳〕氏等全権となり、陸軍よりは奈良武次中将（当時軍務局長たり）、海軍よりは竹下勇中将随員となり、陸軍より当時の駐英大使舘附武官田中国重少将、駐仏大使舘附武官永井来大佐、ベルン公使舘附武官佐藤安之助大佐、仏国駐在員西原貫一巴里にて之に加はり、内地よりは二宮治重中佐、藤岡万蔵少佐、それに余も亦之に加へられ、海軍よりは野村吉三郎大佐、山本信次郎大佐内地より派遣せられ、巴里にて駐仏海軍武官松村菊勇大佐、加藤隆義中佐、中村良三大佐之に加はり一行は堂々として大正七年十二月八日か九日なりしか横浜より天洋丸にて米国経由巴里に向ひたりき。西園寺首席全権は遅れて海路巴里に向ひ翌年四月頃巴里に到着したり。

外務省側の陣容は松岡洋右、有田八郎、重光葵、吉田茂など其後有名となりたる人もありき。経済関係の随員としては三井の福井菊三郎、日本棉花の喜多又一郎、日本銀行の深井英五など錚々たる面々なり。近衛文麿公などまだ三十に満たざる白面の貴公子として西園寺公の秘書名義にて一行に加はりたり。

余が一行に加はりたるは参謀本部側より特に独逸関係として撰ばれたるものにして、この年八月余は中佐に進級し兄は仝じく八月陸軍省軍事課長に栄転して帰京したれば、余の撰抜にも裏面にて運動したる力大に与りたるものといふべく、当時の余の得意さ加減、今日獄裏当時を追想すれば誠に夢の如し。

この年八月俊八を挙げ母も大に喜び一家春の如くなりし。

（二一、九、二二）

此の年大正七年の特別大演習は前年来参謀本部陸軍省等にて研究しありたる軍団編制を実地に運用して試験研究するの意味にて大規模のものとし、六、七師団の大兵力を以て師団は三聯隊の臨時編成とし関東平野を筑波山東方より栃木県栃木市に亘り東西に使用するの構想なりしが、目的は予期に反して大なる効果を収めず。当時大本営は栃木市に開設せられ余も亦統監部職員として栃木市にありしが、演習の終る頃突然講和会議出張を命ぜられ匆惶帰京して出発準備を整へたりき。

当時の陸軍大臣は田中義一大将、参謀総長は上原大将、次長は福田中将なりしが、第一部長は宇垣少将、第二課長は金谷範三大佐なりしと記憶す。この年の特別大演習には大正天皇陛下も大本営にて親しく御統監ありたり。

急遽出発準備を整へ一行天洋丸に乗組み牧野伸顕子を筆頭として横浜を出帆したるは大正七年十二月九日頃なりしと記憶す。この日は晴朗なる天候なりしが夜半急に風波荒れて稍々船暈に苦しみたりしが其後は海上いと穏かにして、布哇にては上陸盛なる歓迎を受け引続き航海、桑港にて一泊直に準備せられたる特別列車にて接待員附の丁重なる待遇を受け数日を駛り続け途中は唯ソートレーキ、ロッキー山脈などが記憶に残るのみ。米大陸横断旅行を終りて紐育に到着したるは大正七年も尽きんとする大晦日にして、たしか大正八年の新年は紐育のウオドルフ、アストリヤホテルに迎へたりと記憶す。其間一日華盛頓を尋ね初めて見たる米国の風物は欧洲と其趣を異にし凡て物珍らしきもののみなり。当時は米国にて全じく聯合側戦勝の一国の全権として丁重なる待遇を受けたるに図らざりき三十年后の今日は当時の与国を敵に廻して全面降伏の惨敗を喫し、当年得意の士今や囹圄の裡其裁きを受けんとは、噫。

かくて一行ゾロ〳〵として半分は米国人間の見物となりつゝクエーナード会社のカーマニヤといふ巨船に乗組み英国に向へり。船は天洋丸より少し大なる位なれど流石英国の建造なれば頑丈にして、天洋丸が初めて日本三菱にて建造したる一万屯級大船なれど何となく華洒にして風波の高き日など其辺ミリ〳〵と音して気味悪しきに英船はビクトモせぬ頑丈さには内心聊か敬服したるなり。当時戦後間もなく水雷などの浮遊するあり、船はパラペーン（水雷切断機）を附け看視者あるなど戦後の感じ一入なりき。

船は大西洋の冬の荒天も幸に静穏にしてリバプール着、直に汽車にて倫敦に乗込み、たしかサボイ、ホテルと記憶する豪華なるホテルに一、二夜をあかし先を急げば直に出発、ドーバーを渡りてブーローニユより巴里に向ひこゝに長途の旅行を終りて巴里プラスヴアンドームのホテル、ブリストルに旅装を解きたり。

このブリストルといふホテルは旧式の英国流にて英のエドワード七世など巴里に来りし時は常にこゝに宿りたる

由。日本全権はこのホテルを占領し英米等の全権は各々一流のホテルを占め居たり。我等が到着したる時は既に欧羅巴にありし人々が事務を開始し居たるが我等は何をなすべきやの見当つかず。英米仏等の全権は既に早くより緊密なる連絡をとりて着々準備を進め、我等全権が極東よりはる〴〵到着したる時には既に大体の御膳立も出来、日本全権は唯員に備はるのみ。主席全権西園寺公の如きは有名なる御花さんを伴ひて海路ゆらり〳〵と巴里に到着したる時は既に講和條約も出来上り、唯調印のみに来りたる有様なり。されば我国は凡て除け物にされ徒に蔭にて憤慨するのみ。こゝにても我国力の情けなさを眼のあたりに見、特に人種的偏見も加はり人種差別撤廃が提議直に一蹴せられ、却て支那が一流の遣方にて山東問題等にて着々利益を占めたるなど是非もなき次第なりき。

されば日本全権は至極閑散にして特に陸軍随員などは用事もなく、二宮中佐が病気にて休務の日多く陸軍に関する報告等は余が主として之に当り、奈良中将の報告は奈特報として中央に送りたるも陸軍は小委員会に若干関係しあるのみ。余も西原大尉を通訳として二、三回俘虜委員会に加はり、俘虜の交換輸送などの会議に出席したることあるも閑散なれば田中少将、佐藤大佐の如き頭株の不平を聴く外用もなく徒らに手当が裕かなる為そこゝの見物、名物喰ひ等に其日をくらし奈良中将と共に仏国陸軍の案内にてランス、シヤンパーニユ等の戦場を見学し、ランスにてはシヤンパン製造を見てシヤンパンの御馳走に預り、又有名なるラルーゾーの兵器工場を視察し、大正八年の夏には単身瑞西を観光してベルヌ、ジユネーブよりユングフラウには電車にて登りインターラーケン湖畔の静けきホテルに一夜をあかすなど飽く迄瑞西の山水を賞したるなり。当時ベルヌには余の同期生なる瀬川〔章友〕少佐駐在しありて其案内を受けたりき。

かくて大正八年七月ベルサイユにて対独講和條約の調印となりしが席に制限を受け予等下っ端はこれに与るを得ず。僅かに二宮中佐がくじ引にて撰に方り列席したるのみ。二宮中佐は病後なれば條約書を携行する一行に加はりて米国経由先に帰朝し、余等は再び牧野全権を筆頭とし奈良中将、西原大尉などゝ共に七月下旬巴里を引払ひマルセーユより郵船横浜丸にて帰朝の途に就き、欧羅巴より加はりたる人々は各々其任地に帰り行けり。

この海路は実に愉快なる旅行なりき。横浜丸は六千余屯の古船なれど日本船なれば何の気兼もなく、紺碧の夏の地中海も過ぎポートサイド、スエズカナル等凡て目新らしく、紅海は盛夏のことゝて暑熱甚しく紅海を出でゝアデンに来りたる時は印度洋の涼風頬に吹て其爽快は今尚忘るゝ能はざる処なり。

印度洋の航海中屢々日章旗を掲げたる日本船に遭遇したるが、当時は欧洲戦後の好景気時代とて日本船の独壇場なりき。

船はコロンボに寄港、こゝにては自動車を駆て何とかいふ仏蹟を尋ね、シンガポールにては三井の社長宅に宿りて日本食の御馳走になり、三十年后こゝが日英戦争の一大戦場となりたることなど夢にも思はず。香港に立より上海にては折柄該地にコレラ流行の為上陸せず駐在武官佐藤三郎少佐（後中将）の船への来訪を受けたるが、これが余が上海を見たる初めにして後に中支那派遣軍司令官、支那派遣軍総司令官として因縁深き地となりたるなど当時夢にも思はざる処なりき。

（二一、一〇、六）

(12) 参謀本部

かくて船は六連の翠巒に迎へられ瀬戸内海のいつにかわらぬ風景に我国が世界のいづこよりも美なる山水を有することに熟々思ひ至りて神戸に上陸、こゝに一人前の取扱をも受けざりしも兎にも角にも大使命を終りて一路直に上京、一年に近き不在を我家に帰着したり。余が在欧不在中宇垣少将は参謀本部第一部長より陸軍大学校長に転じ、余等講和会議随員も大部分陸軍大学校兵学教官となり、余も亦其撰に預りたれば、帰来直に職務もなく宇垣少将が陸軍大学校教育制度の改革を企図せられたるに会し之が問題を貰ひ研究などして其日を送り居たり。大学校に其後専科学生制度を設けたるは当時研究の結果なるなり。其年大正八年の特別大演習は加古川より伊丹平地の間に於て行はれ、余は河村正彦中将と共に東軍（軍司令官柴大将）司令部審判官として之に参加したり。その当時は欧洲大戦後の我国の最好景気時代にして、特に坂神《ママ》地方のことなれば地方の歓迎凄さまじく特に最後の集合地たる大阪市の如きは金にあかして歓迎しながら、後に至りて悪口をいふなどいかにも大阪人気質を暴露して面白き次第なるが、とにかく贅の限りを尽し当時余等は金森旅館に割当られ、其後大阪にてはこゝに宿泊するを常とする縁となりぬ。この年の大演習は大正天皇は御不例にて大演習には御臨幸なかりき。

余はこの時生来初めて教官特に陸軍大学校兵学教官生活を経験したる次第なるが、余が講和会議より帰朝したる時は既に校内作業を終りたれば戦術教官の苦しみは知らず。其の年の尾濃平地にて行はれたる参謀旅行には予備教官として毎日なすこともなく秋晴の野外をブラ〳〵し、帰れば置酒高談の極めて愉快なる生活を終り、大演習を終りて帰れば陸軍大学校再審試験官としては戦術を受持ちたるが、終了后直に又三度目の勤務として参謀本部々員となり第二課の作戦班長たる要職を汚すことゝなれり。当時の第一部長は金谷範三少将、第二課長は兄と同期にして越後村上の逸材大竹澤治大佐なりしと記憶す。大竹澤治大佐は其後第一部長となり同じく強酒の為兄に先立ちて逝去せられたり。参謀本部第二課作戦班長に転じてよりは偶々西比利出兵の枢機に預り、統帥と政略の区別頗不分明なる不愉快なる経験を嘗めたり。特に不快なる出来事は有名なる尼港の虐殺事件なり。

尼港は北氷漁業の根拠地として多数の日本人居住しあり領事館も設置せられありしが、西比利の混乱に伴ひ同地にも過激派（首領トリヤーピチン）の跳梁せる由聞えたれば、居留民保護の為歩兵第二聯隊より余の同期生にして福島県人たる石川正雅の率ゆる歩兵一大隊を黒龍江《ママ》を尼港に派遣したるはたしか大正七年なりしと記憶す。大正七年の冬結氷の為交通杜絶の間無線により頻りに尼港の不穏の報告ありたるも救援の途なく徒らに焦慮するのみなりしが、遂に八年五月二十四日守備隊は固より居留民老幼婦女に至るまで虐殺せられ、朝野震駭したれば直に救援の為一部の部隊を急派することゝなり、第七師団より多門二郎中佐の救〔率〕ゆる歩兵約一大隊を急派し、該支隊はデカストリーに上陸してマリンスクにて哈府より下航したる部隊と合し幾多の艱難を経て漸く尼港に入りたる時は尼港は全く灰燼に帰しあり。一人の生存者もなく唯焼残りたる監獄の壁に空しく無念の血痕を止むるのみなりしは実に惨鼻の極なりき。多門支隊の尼港に入りたる時は過激派は全部逃走したる後なれば支隊は跡片付やら黒龍江口の砲台破壊などをなし、やがて冬ともなれば又々交通杜絶して石川大隊の轍を履むの虞ありたれば止むを得ず結氷前に撤退して、翌大正九年五月解氷期と共に再び派兵し此度は兵力も増加せられ津野一輔少将を支隊長とし主力は北樺太アレキサンドロウスクに各一部を尼港、デカストリ、マリンスクに配置して事件の解決まで右要地を保障占領することゝしたり。

この尼港事件は議会の問題ともなり時の田中陸軍大臣はこれが為に辞職したり。

こゝに我陸軍の統帥綱領起稿の経緯を一言述べざるべからず。統帥綱領は余が欧洲出張不在中参謀本部第二課にて起案の上第一回の発布を見たるが、尚推敲の余地少なからざりしを以て大正六年宇垣少将第一部長、金谷大佐第二課長時代に之が改訂を思ひ立ち六年の歳晩この改訂案を携へて委員は千葉稲毛の海気舘に楯籠り審議したり。金谷大佐を長とし陸軍大学校より阿部信行中佐、岩越恒一、古荘幹郎、林桂、参謀本部より服部真彦と余が出て、幹事雑務として梅津美治郎大尉（後の大将）、下村定中尉（後の大将）あり。終日議論を闘はし時に夜半に及ぶことあり、審議終りて会食といふ勉強振りにて正月休み終了までに全部の審査を終りて脱稿したり。この審議は実に愉快なる追想にして後に海気舘の前を過ぐる毎に当年を想はざることなかりき。

（二二、一二、七）

西比利出兵の目的たるチエコ、スロバキヤ軍の西比利経由撤退も我軍初め聯合軍（聯合軍といふも米軍は僅かなる一部に過ぎず、大部は日本軍にして、極東軍事裁判にては当時日米《ママ》の交渉は日本軍七千といふことなるに日米は極東露領占領の野心より七万を出したりと誣ゆるが、当時日本はバイカル以東極東占領などゝいふ如き野心は毫も有せざりしなり）の援護により順調に進捗し浦汐より海路欧羅巴に輸送せられたるが、米国は初め我国の出兵を勧誘し置きながら突如撤兵を声明しドシ〳〵撤兵し、我幣原駐米大使の抗議も物かは我侭に振舞ひ加ふるに浦汐にて我歩哨の守則を破りて我歩哨の為射殺せられし米の泥酔せるラングレー大尉といふ如き事件など起り、当時第十一師団長以下革職せられたるが我国も亦米に気兼して最后の第十三師団をも亦撤兵して西比利出兵は遂に龍頭蛇尾に終り、数億の国帑を浪費して何等得る処なかりしはかへす〴〵も惜しきことゝいふべし。

母は元来非常に壮健なるたちにて祖母より受けたるか若き頃より喘息の気味にて常に烈しき咳嗽に苦しみたるも冬の最中にても水浴をなすが如き随分乱暴なることをなし我等も之を止めたること屢々なりしが、近年健康漸く衰へ殊に妹を喪ひてよりは著しく健康を害し、大正五年一度難病にかゝり恢復はしたるも爾来健康特に悪しく、大正九年頃より塩田氏の父の診断を受けありしが漸く病勢募り遂に大正十年元旦早朝七十才の声を聞くと共に其一生を終られたりき。年来の咳嗽が累をなしてか死なれし時は肺を害せられたりとのことなり。不幸中の幸ともいふべきは兄夫妻、我等夫妻、孫など皆枕辺に集まり誠に苦労多き七十年の臨終を見守り得たることなり。思へば我等兄弟は幼くして父に訣れ爾来母の一方ならぬ苦心の裡にとにもかくにも一廉の身となり、母の死去の時には兄は少将として又余は中佐として共に中央の要職にあり、先祖の名を辱かしめざることを得たるは全く母の努力の賜物にして、この鴻恩は我等の忘る能はざる処、加ふるに烈しかりし母の気性は没後も亦祖霊として事毎に我等を被護せらる。あゝ此鴻大なる御恩は畑家として末永く心肝に銘ずべきなり。

かくて母の葬儀は一月四日青山斎場にていと盛大にとり行はれ、我等も子として幾分の恩に酬ひたる如き心地せられ、其後遺骨は此時までいまだ埋葬せず母が朝夕の心づくしのまつりに家に安置したる父の遺骨と妹の遺骨と共に青山墓地に鎮めまつりしが今の青山の墓地なり。

大正九年の特別大演習は金谷少将の郷里なる大分県豊後地方にて行はれ、此年大演習に先立ち熊本、久留米地方にて行はれたる福田参謀次長統裁の将官演習旅行に余は高級補助官として参加し続て大演習に統監部職員として中津なる大本営に勤務したるが、此引続く演習中に俊男生れ、余が不在なる為兄より名を附けて貰ひたるが、俊男は余が市川の聯隊長奉職中僅か三才にて大正十一年早世したりき。

（一二、一二、八）

北樺太派遣隊は大正九年の冬は現地にて越したり。厳寒の地にて越冬は如何あらむ。我軍にてはこれまで経験もなければ万一又々尼港の残虐の如きことありてはと大正八年の冬は北海道に引揚げたるが、九年の冬は相当経験も積み加ふるに兵力も増加せられて約混成一旅団となり、確かサガレン派遣軍と称せられたりと記憶するが児島惣次郎中将新に軍司令官となりその時までの隊長津野一輔少将は下て参謀長となり、陣容も整ひたれば尼港派遣隊も亜港に引揚げこの地にて越冬したり。この時には内地より相当の人々も出かけ、それに浦塩を我撤兵の為引揚げたる娘子軍も亦北樺太に押かけ亜港は相当の賑ひを呈したりき。

右越冬の状況、解氷后の処置等を視察する為参謀本部より余、海軍々令部より加藤隆義海軍中佐（后の大将）派遣せらるゝことゝなり、両人は大正十年五月小樽にて落合ひ、番号は忘れたるが平戸を旗艦とし大谷幸四郎少将の率ゆる水雷戦隊の平戸に便乗して確か十五日と記臆す、亜港に向ひたり。五月十五日といふに山々にはまだ鹿の子まだらの雪残り朔風肌を刺して中々寒かりき。大谷少将は後に海軍大学校長となり、海上にて鍛えたる元気なる提督にて部下の訓練など中々厳重なる模様なりし。

二日許りを経て亜港に到着したるが桟橋等尚堅氷に閉され小樽よりは一層寒冷なり。亜港は元来全然港の形をなさず唯桟橋あるのみ。浪高き日など上陸は出来ざるが幸ひ平穏なりしに直に上陸、軍司令部に司令官以下を訪ひ偕行社に投宿したり。当時の参謀には中山蕃、山内某の如き露西亜通あり。軍政部として兄と同期生の高須俊次大佐あり。司令官以下皆々旧知の人々なれば快く一月近くを費し、其間三国丸に便乗して尼港を視察し邦人が恨みを呑んで逝きし残虐の迹を弔ひ、亜港より奥地のデルベンスコエルに北村大佐の聯隊本部を訪ね、ズーエ炭鉱を視察し、又亜港対岸デカストリに渡りてこゝの一軒屋なる郵便局に当時軍の高級参謀たりし多門二郎大佐と一週間を送り、其間二人して千古斧鉞を加へざる落葉松の密林中を我軍が開鑿したる道路を騎馬にてキジ湖畔の守備隊を訪ひて一夜を明かし、途中昼食に焚火したる火がツンドラに燃え移りて一週間許りは消えず大山火事となりたるが二人は口を箝して語らざりし失敗談などあり。奥村、斎藤の両氏は当時三菱の出張員として亜港にあり其時よりの知己なり。

余が亜港到着の夜なりき。偕行社にてドンチヤンの大騒ぎをなすに何者の痴漢かと内心憤慨したるに、翌早朝偕行社の給仕婢の一部が馬車にて奥地に入るなりと泣きの涙にて分れを惜むなり。給仕婢は偕行社の改編と共に解傭せられ、心がけよきものは相当の貯蓄も出来て近く内地に引上ぐるに借財抜け難きものは更に奥地に入るなりとて昨夜は彼等の為送別の宴会なりしなり。満洲、西比利、さてはサガレン、これら娘子軍の運命は如何なるらむ、遂に路傍に棄てられ天涯孤客の悲運を嘆くもの蓋し少なからざるべし。今次敗戦の為これらの手合は一応清算せられて内地に引上ぐる筈なるも尚多数の者は更に国旗の掩護なき悲惨なる運命に泣くなるべし。

かくて一ヶ月に近き視察を終り六月十日頃帰京したり。其後北樺太は大正十四年カラハン、芳沢協定により蘇聯に返却すること〻なり、若干の油田利権を保有して軍は撤退したり。撤退当時の司令官は井上一次中将、参謀長は佐藤栄樹大佐なりしが、この頃は軍司令官は帰京参内の為特に儀杖兵を賜ふなど誠に御丁重なる御取扱なりき。

北樺太の油田は我北樺太出兵の時直に開鑿に着手しこれか事業は日本石油、宝田石油等の合資なる北辰会をして当らしめ、オハ、チヤイオ、ヌイオ等の油田を経営したるも、従業員は冬は北海道か南樺太に引上げ、又東海岸なれば原油の輸送に苦心し中々の難事業なりしも石油資源のこと〻て政府も北辰会を激励し軍よりは一部の警備兵を配属したり。カラハン芳沢協定の時此利権丈は継承し、其後政府は北樺太石油会社とする国営会社を作りたるが事業中々困難の模様なりき。しかしこれらの利権のみならず南樺太さへも今次敗戦にて吹飛びたるは誠に遺憾千万なりといふの外なし。

（二一、一二、二五）

⒀　聯隊長時代

特に恩深き母を喪ひたること〻て事毎に追慕の情に堪へず悲しき日を送りたりしが其年大正十年八月の異動にて余は大佐に進み千葉県市川町なる野砲兵第十六聯隊長に補せられたり。当時東京にある近衛野砲兵聯隊も亦聯隊長の地位空位となる筈にて陸軍省砲兵課長たりし岸本綾夫大佐など尽力しくれたるが、此時偶々余よりズット先輩たる人が同じく聯隊長に出る順番に当りたればこの人に譲り、余は東京に近き処とて市川に行くこと〻なりたるなり。当時野砲兵第十六聯隊は第十五聯隊と共に野砲兵第二旅団に属し旅団司令部は市川にあり。旅団長は兄と同期生にして独逸仕込のハイカラとて当時謳はれたる兼松習吉少将なり。中々意気溌剌たる人なりしが時の砲兵監鈴木孝雄中将（後大将靖国神社宮司となる）と合はず早く現役を去りたるは惜しむべし。

余の前任者は姫田余〔与〕吉といふ六〔五〕期生の美髯の一寸かわりたる人にて、敬神の念深く聯隊内に伊勢神宮を祭りたる神社を設け聯隊の全員をして参拝せしめたるが、当時はまだか〻ることをなす隊長も稀にして時の問題となり旅団長も第一師団長（西川虎次郎中将）も一寸困り居りたる模様なるが、其後は神社を設くるが普通にして設けざるものは却て異端視せられたることに比しては誠に隔世の感なしとせず。変れば変るものなり。其後姫田大佐は何れかの神官となりたりと聞く。

余は日露戦役当時補充中隊長たりし以来、本職中隊長、大隊長の経験もなく全く隊附の経歴もなければ聊か連隊長として自信もなかりしが、必ず聯隊長を二年歴任せざれば将官進級を許さゞりし当時内規なればどうにかなるべしと考へ就任したり。

市川に移住し聯隊長に就任したるは大正十年の八月なりし。当時東京に住宅ある人々が東京近傍隊附勤務たるに東京より通勤する人も少なからざりしに、当時既に軍務局長たりし兄もこれに反対しありたり。又隊長として現地に居住せざることは統率上面白からざる次第なれば余も勿論これに従ひ、常に腸胃弱く病気勝ちなりし俊八を塩田氏に託し俊男を伴ひ市川町小学校裏の児井中佐の所有せる小矩屋に移転したり。何にせよ初めて東京を離れての移住なれば相当の騒ぎなりしことは今にして想へば失笑を禁ぜざる処なり。聯隊は余が出身聯隊たる野砲兵第一聯隊と姉妹聯隊なれば万事に馴染深く、一年間の聯隊長生活は余が軍人生活として最愉快なる時代なりき。又四十二、三才の生気最溌剌たる年頃なれば実に快心忘るべからざる処にして、加ふるに時の師団長西川中将、旅団長兼松少将、師団参謀長吉井〔幸太〕大佐等も皆年来の知己なれば陰に陽に余を援助せられ何等隊附勤務の経験なき余が幸に大過なく御奉公をなし得たるは全くこれ等先輩の援助なりと今に至るまで感謝に堪えざる次第なり。先任聯隊附中佐は伊越開智とて余より二年も先輩の十期生にして、幼年学校時代の中隊は異なりたるも所謂三年生なり。第一大隊長は杉生巌とて十三期、第二大隊長は沢野とて余より一年前の十一期生、聯隊附久保田鉄蔵少佐も仝じく十一期、他の二名の聯隊附は河野〔祐寿〕、高橋〔昂市〕とて十四期、聯隊副官は佐波とて十六期の老大尉にして何れも隊附勤務の経験深き人なり。特に故《ママ》参先任の人々は頗真摯に余を援助し呉れ、余も亦何等遠慮なく聯隊長としての職務を実行し得たり。

隊附勤務の経験なき余とて余の最苦しみたるは砲兵本科専門の事項なり。砲兵用法のことは相当の自信なきにしもあらざりしも技術方面のことは全く真暗にして事毎に旅団長、伊越中佐あたりの援助をからざるを得ず。此点最閉口したる処なり。

就任間もなく年度射撃演習を富士板妻廠舎にて実施したるが廠舎に朝な夕な富士の霊嶽を望み終日原に出で丶射撃を

なす愉快は今にして忘る能はざる処なり。当時三島には古谷清大佐野戦重砲兵第二聯隊長たりし。休日には三島に出かけて（以下原本なし。筆写本のみ）共にメートルを挙げたることとなり。

一日大雷雨あり板妻廠舎に落雷し若干の傷者を出し遂に一名の死亡者を出したることは天災とはいいながら隊長として頗恐縮したる処なりき。この年は聯隊は師団秋季演習に参加せず。

大正十一年の正月は隊長として頗愉快なる歳を迎へ、当時余は中々酒も強き頃なりしかば聯隊将校を相手とし隣聯隊の連中も押かけ来り、中には取組合ひの喧嘩する連中も出て置酒豪飯頗愉快なる正月を迎へたりき（ここまで原本なし、筆写本のみ）。

（一二、一、五）

隊附勤務には経験なき身ながら誠意を以て部下を指導し聯隊附中佐伊越中佐に細部を委任し中佐もまた能く余を輔佐しくれ、中隊長もまた六中隊とも相当の経験ある人なれば隊務も渋滞なく円滑に行はれたるは余の自信したる処にして、今に至るまで時々出入しある石川保司大尉は後に聯隊副官となりたる人にして、家は日本橋のわさび問屋なるが其後聯隊の解散と共に現役を退き父の業を継ぎ後年往来をつゞけたり。

其年四月余は隊長として初めて師団長西川中将の随時検閲を受けたるが相当の成績を以て終了し、其他聯隊長として行ふ諸検閲も滞りなく済ませ、聯隊の現地戦術も茨城県石岡附近にて行ひたるがこゝに面白き一挿話あり。余は砲兵専門のことは十分に通暁しあらざれば勢ひ現地戦術も一般戦術の方面に流れ易く、隊附将校現地戦術の目的に副はざることは明かなるが、偶々旅団長兼松少将も視察の為来り、一日講評として戦術の権威たる聯隊長のことなれば一般戦術に傾くは尤もなるも尚一層砲兵専門の事項も研究の要ありと遠慮勝ちに述べられたるは誠に至当の言にして余としても大いに恥ぢ入りたることとなりき。当時の旅団副官は野砲兵第一聯隊出身にして旧知なる中島又三大尉なりしかば万事に聯隊の為援助を与へられたることは深く感激したる所なるが、大尉は其後航空に転科して大佐まで進み退職後川上嘉市の日本楽器会社のプロペラ部長としてありしが今如何にあらむ。其後消息を通じたることなし。

当時我陸軍にては夜間戦闘に教育の重点を置きたる頃なりしかば教練にも検閲にも夜間の動作多く、千葉県は至る処道路悪しきに有名なる処なれば、ある時たしか旅団長の行ひたる聯隊教練の検閲の時なりしが、聯隊は船橋北方鎌ヶ谷附近にて道路泥濘の為砲車の車軸を没し為に聯隊は立往生をなし検閲に差支を起したる如き、聯隊が下志津原にて連日の降雨の為夜間演習中止をなしたるに広々たる原野にて目標もなく、当時尚民間にては原には狐がいるなど噂したる時なれば、兵卒の若干が四街道に出てんとて全く南北の方位を誤りドシ〳〵北方に向ひたる如き笑話さへあり。この年は春より夏にかけて雨頗多く、何月頃なりしやは記臆なきも第一師団陣地攻防演習を下志津原にて行ひたる際、掩蓋構築の際雨の為土ゆるみ兵卒一名崩土の為圧死したる如き出来事あり。隊長としてはいろ〳〵愉快なることあるも又一面には事故の発生を懸念せざるを得ず。加ふるに聯隊の徴募区は第一師管内全部なるも、東京、千葉、埼玉等のもの多く日曜外出の時など遅刻、其他の事故相当多かりしも幸ひに大なる事故なかりしは隊長として仕合せなりき。当時は西比利亜出兵の後年既に久しく軍隊としては最整備せられ爛熟したる時代なるべし。従て法規法則の矢かましき時代なれば隊長としては最此方面に配慮せざるを得ず。従て人知れぬ苦心も存したるなり。

前聯隊長の奉祀したる聯隊内神社は余が就任の際旅団長よりも内話あり、師団参謀長吉井大佐の如きは取毀しを勧告したるが余はこれに反対し聯隊の命令を以て参拝は強要せざるも依然存置し、参拝は兵卒の随意となすべきことゝしたるに兵卒の内には参拝するもの少なからず月々相当の賽銭あり。これは酒保の基金にくり入れたり。

当時我国には目的不明なる西比利出兵に有耶無耶の間徒に国幣を浪費して空しく撤兵したる陸軍に対する不評あり。世は大正八九年頃の好景気の反動として経済界は萎微し軍縮論も相当あり。行政整理の声大なりしかば政府も之に動かされ、時の内閣は加藤内閣にして陸軍大臣は山梨半造大将なりしならむ。陸軍も行政整理の止むを得ざるに至り、目ぼしきものとては野砲兵第一、第二、第三旅団を廃止し、第十三より第十八までの聯隊を廃止することゝなれり。陸軍地方幼年学校の内東京外若干を残して之を廃止し、東京、大坂の軍楽隊を戸山学校に併合して之を廃止し其外細々しきものを廃止したるは此時なり。但し此時野戦重砲兵第二、第四旅団を旧旅団の代りに設け、野砲兵第十三聯隊を野戦重砲兵第八聯隊に、余が隊長たりし第十六聯隊を野戦重砲兵第七聯隊とし、共に十加装備とし、横須賀にありし要塞砲兵より野戦重砲兵第一聯隊を作りて旧第十七聯隊兵舎あとに、由良あたりにありし要塞重砲兵より野戦重砲兵第四聯隊を編成してこれを四街道の新兵舎に移したり。

（二二、二、一）

誰しも隊長として其統率したる隊が整理の為消失解散することはこの上もなき恨事なり。余が折角聯隊長として最愉快に又最心血を濺いで統帥したる聯隊が一朝跡方もなく消滅することは武人として誠に忍び難き処なるが、当時兄が軍務局長たりし其庇護にて幸ひ野砲兵第十六聯隊は滅ぶるも其侭自動車加農聯隊として唯看板をかへたるのみにて、将校以下の大部分は其侭野戦重砲兵第七聯隊として残り、一家離散の憂き目を免れたるは不幸中の幸なりと申すべし。整理要領発表せられて着々準備に移り、砲兵精神教育の核心としてこれと運命を偕にすべしと朝夕教へたりし三八式野砲砲車が返納の為着々手入せられ耐久脂油が塗られ封印せられ受領委員の手に返納せられたる当時の心情は誠に苦しきものなりき。さわれ此の如き心情はこれを今次敗戦により八十年の光栄ある大陸軍が一朝にして霧散消失したる心事に比すれば物の数には入らざるべし。

右の如き聯隊の改変は大正十一年七月なり。改変と共に聯隊長たりし余は野戦重砲兵第七聯隊を初代聯隊長子爵立見豊丸大佐に申継ぎ、野戦重砲兵第七聯隊は四中隊聯隊にて将校の過剰を来したれば、過員は全国にばら播かれ中には要塞重砲兵に走るもあり。余自らは新に拡張編成せられたる野戦砲兵学校教導聯隊長に転補せられたり。蓋し聯隊長は二年やるべしとの内規に従ひ尚一年の年期を残したればなり。

野戦重砲兵第七聯隊は加農聯隊などゝいへば如何にも威力ある如く聞ゆれども、支給されたる材料は旧式の三八式十加に過ぎず、それさへ定数に満たず、装備が漸く既定の如く充実したるはずっと後年のことなり。此の如く日本陸軍の軍備は常に乏しき状態を続けいつになつても充実せず。此の如き有様にて其後支那事変、続て大東亜戦争に入り遂に惨敗を喫したるものにて、今にして侵略戦争呼ばはりをせらるゝは誠に当らざる処にして、軍備を此の如き状態に置きたるは余等にも固より責あるも亦政情殊に国家財政の欠乏に原因し特に関東大震災の影響を受けたる処蓋し少なからざるなり。寧ろ何故もつと軍備を鞏固にして戦勝を獲得せざりしやの責任を問はるゝを至当とすべし。

余の転補に伴ひ千葉に移転することゝなりしが九月上旬

偶々チヨは六三郎出産の為榊病院に入院し俊八は麹町区富士見町なる瀧三郎氏方へ預け、余独り市川より毎日家の戸締りをして四街道に通ひ、三度〳〵弁当飯を食ひたること数日なりき。

当時の野戦砲兵学校長は兄が大学校の飲み友達なる波多野義彦中将にして、たとへ教導聯隊といふ特殊の聯隊ながら隊長には相違なく、隊長としては聯隊の所在地たる四街道に居住するを常則とするも四街道はいかにも辺僻にして当時俊八が病弱にして常に医者の御世話になりありし関係より、波多野中将はあまりよい顔はせざりしも強て許可を得て千葉市に住ふこと丶なり、停車場より程遠からぬ鵜沢といふ製材家の構内にて門のみ徒に大なる新築の家を借り受けこ丶に移住すること丶なり、余一人にて九月中旬移転したり。

陸軍野戦砲兵学校はこの年八月陸軍野戦砲兵射撃学校を改編したるものにして、野戦重砲兵はそれ迄横須賀なる陸軍重砲兵射撃学校の管轄なりしを砲兵全般の編制改正に伴ひ重砲兵学校より引離して同校にありし十五榴教導隊を大隊として四街道なる野戦砲兵学校に移転し、こ丶に従来の野戦砲兵射撃学校の教導大隊を拡張して野砲一大隊三中隊、山砲一大隊二中隊、十五榴一大隊二中隊の聯隊編成となりたるなり。

十五榴は我陸軍にては発達の歴史要塞砲兵よりす。従て教導隊は重砲兵射撃学校にありしがこの度の改編にて多少の反対もあり、特に隊長以下年久しく横須賀にありしことなれば今こ丶に四街道に来ることはいはゞ見ず知らずの他家に嫁入するが如き心地にて来りたるに、何等従来の因襲に捉はれず虚心恬懐に受入れたる為大に意を安んじたりと後にて聞きぬ。

第一大隊長は其後砲兵監、師団長、陸軍士官学校長等を歴任したる山室宗武少佐、第二大隊長は木本益雄少佐、第三大隊長は湯浅栄次郎少佐、聯隊附中佐は改編迄教導大隊長たりし林業中佐、共に実施学校にて児飼より叩き上げたる其道の権威なり。余の如きかけ出しの砲兵の及ぶ処にあらざるも皆よく力を合せて余を援け呉れたり。当時の聯隊副官は後年常に往来せる山田一世大尉なりし。

（二二、二、二）

教導聯隊は学校の研究の駒となり、又学生教育の稽古台となるものなれば教育の方面にては聯隊職員非常なる努力を尽し其熟練の程度に於て実に全国第一とも称すべく、下士官は大部分固定なるも兵は全国聯隊より派遣せらるゝものなり。かく教練射撃方面に於ては全国の模範とも称すべきものなるも固有の将校団下士団と云ふものもなく、いはゞ全国の寄せ集めなれば内務の方面に於てはあまり香しからず。余の如き野砲兵第十六聯隊にて聯隊を思ふ様に引ぱり来りたるものゝ眼には頗慊らざるものあり。従て内務に関する罰人も比較的多く、中隊長以下も亦内務方面にあまり大なる関心を持たざるは是非もなき次第なり。

教導聯隊は名は聯隊なるも経理、衛生は学校長の管掌する処にして聯隊長は名のみ、聯隊長以下聯隊附将校の大部分は学校教官か研究部員を兼ね従て頗多忙なれば内務が自然御留守になるは致方なき次第なり。さはれ教導聯隊には砲兵の優秀なる将校を集めたれば中尉連は何れも後年大東亜戦争にて中少将幕僚として盛名を馳せたる人々なりき。

聯隊長なる余は教官を兼任し甲種学生主管教官として別に大した仕事もなく、教育部長たる松村純少将（第十一期）と教官側たる小林順一郎大佐（第十三期）、河村中佐などの喧嘩の仲裁役位の処なりき。といふは仏国帰朝後無試射無観測射撃即計算射撃の必要を高唱したる小林大佐と之に附随する河村中佐等教官一派と、何等経歴といひ識見といひ別に採るべきものなく特に重砲出身たる教育部長松村少将とは事毎に争ひ、甚だしきは学生の現地戦術の際駅のプラツトホームにて松村と河村と口論するなどの珍談あり。両人とも何れも少しく常軌を逸し、河村は後年少しく気がふれて少将にて現役を退き、松村も何処かの要塞司令官にて不遇に死したることとなるが、此等の喧嘩には大抵余が仲裁役となりたるなり。

小林砲兵大佐の我砲兵の進歩発達に貢献したることは蓋し大なるものあり。所謂時に常軌を逸することあるも終始真摯熱烈なる態度にて所論を持して屈せざる態度には余も敬意を払ひ居たりき。我砲兵が従来の独逸式の観測射撃を排して計算射撃を採り入れたるは全く小林大佐努力の賜なり。氏の功績は大なりと云はざるを得ず。さりながら狷介不屈の性が災をなし、且つ健康も可ならざるを以て大佐にて現役を退き、其後革新運動に投じ瑞穂倶楽部を主宰し全じく敗戦と共に巣鴨に囚はれの身となりたり。

余が大正十二年八月再び参謀本部課長となりて参謀本部に帰るまで一年間の下志津原頭の職務は聯隊の演習、行軍、あるひは甲種学生の各地の現地戦術等別に特記すべきことにはあらざれど、此間に各地の見聞を広め砲兵専門一通りのことも覚えたり。特に今にも忘れざるは下志津原頭の冬の寒さなり。冬の夜間演習の寒さなど又格別なりき。下志津原は我砲兵の為実に忘るべからざる思ひ出なり。年代はしかと記臆せざれども初めて野戦砲兵射撃学校（初めは砲兵射的学校と称したる由）、が下志津原に設けられたる時、射場としては下志津原の東端の長さ二千米、巾若干の小銃射場の如きものを設け、標的としては樽の中に砲弾を打込みたるものにして、今宿あたりよりF点と称して今にも残る学校北門外の堆土に打込みたるものなりと先輩より聞きぬ。勿論当時は例の滑腔の四斤野砲なりしなるべし。因にこの四斤野砲といふは大山元帥の発明にかかり、大山元帥の名を採り弥助砲と称したる由。明治十年西南戦争の時この四斤野砲は勿論先込なるも賊軍を悩ましたるものなりとか。

学校の創設当時四街道は固より名もなき片田舎なれば職員は佐倉、大和田等に寄寓し通勤に一方ならぬ辛酸を嘗めたるものなりと。

其後我陸軍の軍備拡張に伴ひこの射場も逐次拡張せられ下志津原となり六方野に拡がり、後には三角原を併せ日本一の射場となりたり。余が中尉時代即ち日露戦争前には大日山は尚鬱蒼たる森林にして小深台のほとりは一面の小松林なりき。其後大日山は打続く射撃目標に丸坊主となり、相つぐ拡張に小深台も原野となり後に至り処々松の植林を試みたれど砲煙と馬蹄に生長するに至らず。宇那谷といふ特殊部落は村民が頑強に買収に応ぜざる為射場に突出して一方ならぬ妨碍なりしがこれも近年遂に時世に抗するを得ず買収せられ、下志津原も我軍砲兵の発達に伴ひ拡張せられたるが、こゝ迄に至るには先輩故人の一方ならぬ苦心努力ありたるなり。この日本陸軍の発達進歩と共に拡張に次ぐに拡張せられたる下志津原も今次敗戦に於ては一朝にして無用の長物となり、開墾の計画あり一部は着手せられたりと聞き及びしが、元来土地の瘠せたる処なれば開墾も容易ならざるべし。砲兵先輩の心血を濺ぎたるこの一大原野も今は昔の語り草となれり。誠にはかなき運命なりといふべし。

こゝに我等の先輩にして島川文八郎といふ人を追想す。この人は桑名藩士にして砲兵として技術者として我砲兵技術界に忘るべからざる人なり。身幹魁偉磊落不羈有名の酒豪にして技術家らしからぬ人なるが、頭脳緻密、しかも統率にも長じ、日露戦役には野戦砲兵第三聯隊長として武名を轟かしたり。日露戦役の末期一日下志津原にてとある試験射撃ありたるが射撃中当番卒に原を流るゝどぶ川の水を飯盒に汲み来らしめ、何をなすかと見ればこの水をガブ〳〵呑み初《ママ》めたり。恐らく前夜の宿酔の水なるべし。御本人一向平気にて当番に向ひ「御前達はこんな水を呑んではいけない、俺だけだ」と哄笑したるには満場のもの思はず失笑したる次第なるが、大酒が累をなし中風にて世を逝りたりと聞けり。当時四街道には旅舘とてなく後の栗山廠舎のありたる処に太田屋といふ極めて粗末なる宿屋あり。技術本部の前身たる技術審査部の連中は常にこゝを旅舘とし島川大佐もこゝに宿泊しありたるなり。

余の陸軍出身を通じ下志津原には縁故最深し。聯隊にありし時は常にこの原を馳駆し、後砲兵旅団長、砲兵監、教育総監となりてよりは職務上常にこの原になじみたりき。獄窓暮夜静かに既往を顧る時油然として下志津原頭の当年を想ふ。将来この原も如何になり行くならんか。開墾せられて我国の食糧界に貢献するは果して何の日ぞ。砲兵先輩の地下の霊定めて苦笑を禁ぜざるべし。

（二一、二、一三）

余が教導連隊長たりし時高射砲練習隊といふ教導隊ありて教導聯隊とは独立して校長に直属し一中隊なりしと記憶するが、これが我国高射砲隊の抑の濫觴なり。砲種は七糎野戦高射砲にして自動車牽引なりしが、観測具などは未だ頗幼稚のものにして、其後我国高射砲は異常の発達を遂げたるも当時は全軍に唯この学校の高射砲隊ありしのみにて、こゝに要員学生を召集教育し、これが全国高射砲隊の基幹人員となりしなり。後に至り昭和の十年代に至りて高射砲学校と分離したるなり。其時の高射砲練習隊長は櫻井源之助大佐にして、大佐は第八期生として実に士官学校時代の余の区隊長たりし人にして、其後陸軍大学に入りたるも素行上の問題にて退校せしめられ一時は停職となりしが固より才能ある人なれば爾来砲兵専門界に入りて余と同じ学校に勤務することゝなりたるなり。しかるに余が先任なれば昔の区隊長として聊か遠慮ある次第なれど大佐は階級を明かにし余に敬意を表しありたるは余も少なからず感服したる次第なりき。其後少将にて退役し住み馴れたる処とて四街道に隠棲しありたるが今如何にしたるならむ。

毎日千葉より学校に通勤したるが千葉の一年の生活は頗呑気なりき。気候も東京より温和にして空気もよく、千葉に移転后間もなくチヨも六三郎を伴ひて移住し俊八も塩田より帰宅し、余は閑を得れば市谷仲之町なる軍務局長官舎に兄を訪ひ一年は夢の間に過ぎぬ。教導聯隊長一年は固より聯隊長としては最重要なる内務、経理等のうるさき業務なく殆んど経験と称する程のこともなかりしが、其道の権威者揃ひにて門前小僧式に砲兵専門のことは相当の見聞を拡め、特に十五榴に関することは生来初めての見聞とて得る処頗多かりき。この一年の教導聯隊長の経歴が其後砲兵監となりて全軍砲兵の指導教育に任ずる様になりて少なからず裨益する処ありたるなり。

⒁　参謀本部課長時代

其年即ち大正十二年の八月の異動にて余は又々参謀本部に帰り、第二課長として前任坂部十寸穂大佐の後を襲ひ作戦課長の要職に就くこと丶なりぬ。第一部長は余と同時に大竹沢治少将の後任として就任したる黒沢準少将なりし。黒沢少将（第十期）は仙台の人にして露西亜通なり。西比利出兵時代ハルビン等に活躍したり。重厚の人なりしが第一部長時代に早世したり。当時の参謀総長は上原元帥、次長は武藤信義中将（後の元帥）なりしと記憶す。

東京転任に伴ひ小磯が八月異動にて三重県久居の歩兵第五十一聯隊長に転任したるを幸ひ、彼が自宅なりしを其まゝ之を借受けること丶し穏田の頗古けれども宏大なる家に移住したり。

この頃まで即ち日露戦役前後より参謀本部の年度作戦計画は対露一点張りとし、攻勢を以て指導の方針となせしが、国際関係も漸く変転し国土を防衛する守勢作戦計画も亦研究立案する必要ありとし、八月第一部長黒沢少将を統裁官として参謀本部の職員を以て北海道に参謀旅行を行ひたり（日清戦争までは我参謀本部には守勢作戦計画のみなりしと聞けり）。

余は転任匆々にして固より此計画には参加しあらざるも研究の為同行すること丶なり、東京移転後取るものも取りあへず地理実査の為八月十日過ぎ東京を出発殆んど一ヶ月に亘り、稚内、網走、根室等北海道の果まで歩きまわりしが今尚記憶に新なるは八月十五日東京は炎暑の候なりといふに網走にては沖暗きオコック海を眺めて宿屋のドテラに火鉢を擁し居たることとなり。

かくて演習員は八月下旬一同釧路に集合、演習開始間もなく彼の九月一日の関東の大震災に遭遇したり。

当日は釧路にては唯微震の程度にして別に気を止めざりしに、其夜特に御差遣になりたる西侍従武官の許へ鉄道側より入りたる報知にて初めて東京に大震ありたることを知りたるが、詳細なる状況は一向分明せず焦慮しある内に漸く誇大無稽の報道頻々として来り、東京、横浜は海中に没し碓氷峠の下まで浪がよせ、陛下の御行方不明などゝいふ、今にして考ふれば誠に振ったるデマなるも新聞社のものが市中をかけまわりて自動車の上に生卵を呑み〳〵メガホンにて大声に叫ぶことなれば演習員一同心配せざるを得ず。演習も一向気乗りせず演習を中止して帰京すべしとの意見さへ出たるが、公報なき限り中止帰京するは適当ならずとして公報を待つことゝしたるが、演習員の間にはドウセ東京の家族は全滅したるなるべしとて半ば自暴自棄となり、料理屋に趨りて憂を忘れむとする手合さへあり。何にせよ東京との間に全く通信の方法なく遂に公報帰京の命令もなかりしかば独断帰京するに決し一同釧路を出発したるは確か九月三日か四日頃と記憶す。一同思ひを在京家族の安否に馳せ見舞の為上京する物すごき乗客にもまれながら北海道内、函青連絡船と漸く東京に近〔づ〕くに従ひ、東京より避難し来る連中に聞くに東京は儼存しあり、若干の倒潰出火はあるも大したことなしといふ報道に漸く胸をなでおろし、東京の食糧対策の為食糧携帯にあらざれば入京許可相成り難しとのことに仙台、宇都宮師団司令部より乾パン、鑵詰などを貰ひながら東京に近〔づ〕くに、東京より避難する人々の惨憺たる有様に一驚を吃したるが、いかに当時の混雑とはいへ、之を今次大戦の終戦前后に於ける交通線上の混乱に比すればものゝ数ならず。特に当時は東京の附近のみなるに今回は全国的なり。平和時の震災は天変なるも、この度は国の亡びんとする天譴なれば人々の胸中全く異なりたるものあり。当時の建設希望的なるに今次は亡国絶望的なり。当年と今度とを比較して誠に感慨無量なるものあるなり。

（二二、二、一七）

我等の乗れる列車は日暮里にとゞめられ、こゝより漸く工面してトラックに便乗し夜に入りて漸く穏田の家に帰り着きたるが家も大破なく家族一同無事なるに安堵の胸をなで下したるが、この日はたしか九月六日なりしと記憶に残るなり。

東京市中の惨害は予想外に甚だしく、日暮里よりの帰途、神田あたりはたゞ一面の廃墟にして勿論燈火さへなく末世の感を深くしたり。さりながら火災地域は所謂下町にして山手方面は儼存せり。流言蜚語飛び例の疑心暗鬼より生じたる鮮人暴動の声に脅かされ、陸軍は直に戒厳司令部を設置し軍事参議官たりし福田雅太郎大将を戒厳司令官とし参謀長は参謀本部総務部長たりし阿部信行少将之に当り、大部は参謀本部の職員を司令部員とし陸地測量部を司令部としたり。戒厳司令部の性質上参謀長には当然第一部長之に当るべきなれど不在中なりし為かゝる処置に出でたるものにして、従て第二課長たりし余はなすこともなく、帰京の翌日より電車の交通なき為トラックにより出勤しブラ〳〵して玄米の昼食にありつき帰宅するのみなりき。

当年の震災は関東地方のみにして他は何等被害なければ各地方よりの物資の供給、輸送の為芝浦其他市内の要点に兵站司令部ともいふべき機関を設け輸送配給に任じたれば、市民の配給も速に実施せられ大なる混乱もなかりしなり。特に六郷川、馬入川、荒川の鉄道橋破壊ししばらくの間鉄道の交通杜絶したれば主として海上輸送により、従て海軍も各地と品川湾との間の輸送に至大なる役割を演じたるなり。尚この震災の時には米国の大なる同情を博し一方ならぬ物資の贈与を受けたり。二十年后の今日之と戦ふとは誠に奇しき因縁なりと申すべし。

大正の震災はたしかに我国歴史上の一大事なりき。東京の大半を焼き、死者十万に近しと称せらるゝもこれを今度の東京の戦災に比すれば物の数ならず。さわれ当年は民族向上発展の意気強く数年にして復興したれど、今度は数年に亘る戦争の後のことにて、特に全国に亘り、又朝鮮、満洲、台湾、樺太等も悉く召し上げられ、日本国民は疲労困憊の極に達し且つ甚しく意気地なくなりたれば東京が復興するは果して何の日なるべき、想ふだに前途惨憺の感なき能はざるなり。

東京復興に関し嘗ての伯爵後藤新平氏を想ふ。当時氏は東京市長たりしか或は特に設けられたる復興局長官たりしか今確実に記臆せざるも、氏の立案したる東京復興計画は実に偉大なるものなりき。今一々之を記臆せず。又当時は防空といふことはあまり考慮せられざりしも宏大無辺のものにして、東京復興に関する軍部の意見を纏める為陸軍省参謀本部にて一委員会を編成したり。余も亦其一人として後藤案を取扱ひたるがいかにも後藤式の大風呂敷にしてあまり相手にするものもなく、第一経費の点より葬り去られズツト小規模のものとなりたり。当時少なくも後藤案の大部を採用しありたらむには今次の戦災にて幾分にてもこれを緩和するを得たりしなるべしとも思はれざるにあらず。大異変の復興案は其時の気持にて宏大なるものなるを常とするも漸く気分も平静にかへり、特に金勘定の為最初の意気込どこへやら、中途半パなるものが出来上るを常とす。今次の戦災復興の如き特に愈々貧乏国となりはて、全国民は其日を送ることすら容易ならざれば都市復興の如きは到底手廻りかね、こゝ少くも十数年は従来の如き大東京を見ること能はざるべし。舗装立派なる幾多の環状線、放射線道路は悉く大正震災の賜物なり。

（二二、二、二二）

関東大震災は関東地方に限定せられたることなれど何に致せ帝国の首都が潰滅したることなれば、打撃は甚大にして損害は当時何百億に達すと称せられ、欧洲大戦の影響により好転したる我国の経済も大戦終熄と共に没落の気運にや、向ひありたる処この大震災の為一大打撃を受け、この時より我国経済界も一大変革を来したりといふ。

何にはともあれ陸軍としても被服（当時被服廠は本所にあり凡て灰燼に帰せり）、兵器、其他装備等所謂戦用品の大量を失ひ、国家としても甚大なる損害を被りたることなれば復旧の為陸軍としては政府に要求することも中々困難なり。一方欧洲大戦の経験よりして飛行機、戦車、高射砲、化学戦資材等を有せざる陸軍は最早近代のものにあらず。然るに当時我陸軍は全く此等の新装備を有せず時代遅れの陸軍なれば、此等新装備の必要を痛感しありたる矢先此大震災に遭ひ到底此等新装備の為所要の経費を政府に要求するを得ず。加之多量の戦用品を失ひたることなれば此等所要の経費を捻出するには陸軍自体にて賄ふの外なきを以て震災直後より参謀本部、陸軍省は直に研究に着手したり。当時は陸軍大臣は田中大将、次官は宇垣大〔中〕将、軍務局長は兄、軍事課長は杉山にして、参謀本部側は総長上原大将、次長武藤中将、総務部長阿部少将、第一部長黒沢少将、第一課長古荘なりしと記憶す。而して秘密を維持する為極めて小範囲の人の間にて取運びたり。

所要の経費捻出の為あらゆるものをあさりたれど到底所要の経費を得難く、明治以来膨張拡張し来りたる光栄ある陸軍を縮小するは誠に忍び難き処なれども致方なく、遂に四師団を廃止して所要の経費《ママ》するの止むを得ざるに至れり。この我身を食ふ蛸式整理は震災直後研究に着手し秘密裡に研究に研究を重ね、四師団減の方針を確立したるは既に十二年の終りなりと記臆す。

これより慎重に研究に研究を重ね、こと重大なれば諸方の意見も徴し愈々着手したるは大正十四年度よりなり。

世間にては宇垣大将がこの軍縮の張本人なる如くもてはやし、大将の政界進出が屢々実現せんとして遂に失敗したる主要なる原因なる如く思惟するも決して然らず。大正十四年軍備整理実行の時はいかにも大将が陸軍大臣の時なりしも既に十二年より着手し最初の切出しは寧ろ参謀本部の余等作戦関係にありしなり。大将の一人ぎめなる如く世間にていふは大将の為気の毒にして、四師団減はなる程戦略単位は四ヶを減じたるも飛行隊、戦車、高射砲車隊《ママ》等を或は拡張し或は新設し、まだ〳〵頗不十分なるも所謂欧洲大戦型の軍備の形態を整へたる所謂軍備整理にして、称讃せらるゝとて批難せらるべきものにあらずと今日尚確信しあり。大将が兎角評判あしきは大将が元来田中系に属し上原系、即薩派と称せらるゝ武藤、荒木、真崎一派より嫉視せられありたると、兎角進退公正を欠き元来田中大将より引立てられたるに後に田中大将に背きて民政党に趨り又政変毎に暗躍してあらぬ噂を立てられたるは、所謂乾児に碌なもの、居らざるに原因することも少なからざるも、これ等が遂に首相を贏〔か〕ち得ざりし原因すべし《ママ》。

大正十二年度の大演習は伊勢地方にて行はるゝ予定なりしが震災の為中止したり。こゝに面白しといふよりは寧ろ不思議ともいふべきは伊勢地方即神域ある地方にて大演習を行ふことゝなれば不思議にも中止となることなり。この年も地方に対する関係より是非伊勢地方にて大演習を行ふことを熱望したる三重県知事の運動功を奏し三重地方にて行ふことゝなり準備万端整ひたるに突然の大震災にて遂に中止となり、其後大正十五年再び伊勢地方にて行ふことゝなりたるに大正天皇の御不例にて又々中止せられたるは誠に不思議なることゝいふべし。

我国共産党の抬頭は初め無政府主義より初まりて後共産党に転移したりと思はるゝが、明治の末期例の幸徳秋水一派の大逆事件あり。初めは寧ろ無政府主義とも称すべきものなりしも後此極左主義が漸次抬頭して大震災前後ともなれば政府の弾圧にも拘らず共産主義者漸次活躍し来りて、大震災の混乱の際東京憲兵隊の甘粕〔正彦〕大尉が共産主義者大杉栄、伊藤野枝を絞殺したる事件など起り、甘粕大尉は法に附せられ免官となり（当時の憲兵司令官は小泉六一少将なりし）、戒厳司令官福田大将が共産主義者より狙撃せられたるなどの事件ありたり。尚戒厳司令部も震災後の秩序速に恢復したる為年内に廃止せられたる如く記憶す。

（二二、二、二三）

あくれば大正十三年、清浦内閣成立の際上原元帥は所謂薩派と目さゝる《ママ》福田雅太郎大将を陸軍大臣に推薦せんと組閣本部に申入れたる処、田中大将は原内閣時代よりの慣例により新大臣は旧大臣が推薦するものなりと横車を推し遂に後任として次官たりし宇垣大将を大臣としたることあり。新大臣を旧大臣が推薦することは此時より初まりたるや否やは知らざれど其後これが慣例となり後任は三長官にて決定の上大命拝受者に総辞職したる内閣の陸軍大臣より推薦すること、なりたるなり。昭和十二年度広田内閣総辞職して宇垣大将に大命降下したる時陸軍が宇垣大将の組閣を妨害して寺内大将が陸相を推薦せざりし為宇垣大将は憤激して香月〔清司〕其他二、三を直接交渉して陸相に任命せんとしたる時、誰も尻ごみして応ぜざりし為遂に流産したることありたるもこれが為ならんか。

上原元師を中心として福田、武藤、荒木、真崎、柳川、秦などを取まきとする所謂薩派と田中大将を中心とする山梨、宇垣、津野、児玉などを取まきとする長派とがやゝもすれば反目して、多年雌伏したる薩派が上原大将の元帥任命を機会として抬頭し来りたるは注目すべきことにして、世間よりは軍閥と称せられこれら主要者がだん〳〵と若い者に筋を引きて、遂に敗戦の今日、責任を軍閥にかぶせられたるに至りたるはこの辺に胚胎するものなり。田中大将が政敵たる上原大将を懐柔する為大臣在職中上原大将を元帥に奏請したるが却て逆効果を生じ、後年陸軍部内に派閥抗争を生じたるは誠に悲しむべきことなりき。上原大将の如き戦績とては日露戦役に於ける第四軍（軍司令官は野津道貫元帥にして上原大将の岳父なり）参謀長たるに過ぎざりしなり。因に宇垣大将が陸軍大臣中南次郎大将より鈴木荘六大将を元帥に奏請ありたき意見を申し出たるに、宇垣大将は別に理由を説明することなくして唯ウン〳〵と云ひ居りたる由、これには両人共同期生たる関係より私情もありたるならんと巣鴨獄中にて南大将より聞きぬ。

大正十一年には華府会議が特筆すべき事件なり。華府会議には加藤友三郎大将主席全権となり、陸軍よりは当時の参謀本部第二部長田中国重少将を出し建川も随員たりし如く記憶す。此会議にて我海軍は米英の十に対する七の比率を押し付けられ、第一次欧洲大戦前より二回に亘り改訂せられ欧洲大戦も全く此同盟の誼により参戦したる日英同盟も破棄せられ、日独戦役により我国の領有せんとしたる山東も胡惟謹〔顧維鈞〕、王正廷等支那全権の活躍により還付せしめられ散々の体たらくにて終りたるが、今次大戦も既にこゝらに胚胎したるものといふべし。日英同盟破棄も英国あたりには相当異論もありたる様なるも、第一次世界大戦にて米国の為破滅より救はれたる英国は全く万事米国の驥尾に附し爾来遂に今次世界大戦まで持続したるものなり。事実陸軍としても事主として海軍に関したれば熱も割合少なく、又我外交の軟弱が遂にこの屈辱に終りたるは誠に遺憾千万にして尚この会議にて太平洋防備制限が決せられ、米国は布哇、アリユーシヤンが含まれざるに我は千島、台湾、南西諸島が含有せらるゝことゝなりたるが、軍備整理に伴ひ台湾に飛行一聯隊を新設することゝなりたるに海軍々令部にては此防備制限條約を楯にとりてこれに反対し、当時軍令部第一班にありし小柳少佐（後に蘇聯大使館附武官となりスパイに苦しめられ自殺した）など最うるさく申込み来る一人なりしが、陸軍としてはこの申出を受付けず、逐次これを上級者に移し参謀本部と軍令部との間にては遂に話まとまらず政治問題となりて、后には宇垣陸軍大臣と財部海軍大臣との話合ひとなり海軍大臣はうるさく陸軍大臣に迫りたるが宇垣大将は強硬に之を拒絶し遂に屏東に設置することゝなりたる経緯あり。

海陸軍との不融和が今次敗戦の一大原因なりしことは争ふべからざることとなるが、薩の海軍長の陸軍より胚胎して兎かく陸海軍主脳《ママ》部間に融和一致を欠き真相をかくしあひ、万事陸海軍対等を欲し予算を分捕せんとする慣習を生じたるものが遂に今日の破滅を来したるものにして、一朝一夕に発現したるものにあらず。由来する処既に久し。

（二二、三、二）

上原元帥が参謀総長を辞したるは確か大正十三年なりしと記憶す。元帥は後任に又もや福田大将を擬したるに田中大将、宇垣大将等はこれに反対して田中大将の同期生として親交ありたる河合操大将を推薦し之が勝を制して河合大将参謀総長となりしが后年陸軍内に派閥抗争を惹起し、遂に二、二六事件の如き未曽有の不祥事を引おこしたるは既にこの辺に胚胎したるものなり。当時の教育総監は大庭次〔二〕郎大将にして長州出身として固より田中大将とよければ上原元帥一派は寧ろ不遇の位置にありしが、後に至り荒木大将が陸軍大臣となるに及びて今迄寧ろ不遇の位置にありし真崎、柳川、秦、小畑等の一派は反動的に抬頭してこゝに宇垣、河合を中心とする金谷、南、林等の所謂統制派と世間にて称するもの、一派と抗争の形となり、実際は中心の人々の間にては左程にてもなきものを周囲、特に自ら乾児と称する連中がワイ〳〵騒ぎ立て、遂に林大将が陸軍大臣たりし時の軍務局長たりし永田鉄山少将を相沢といふ頑固一徹の中佐が局長室に殺害するが如き椿事を出来し、これが昭和十年なりしが翌年には二、二六事件を惹起して天下の耳目を聳動せしめたるなり。皇道派の中心ともいふべき荒木大将は誠に純真の人なるも真崎大将が中々の策謀家なり。これに余の同期生なるも秦真次などあまり思慮深からぬ常識の発達せざる人が御先棒をかつぎたる為世の誤解も受け、又随分我侭なる遣方もありたる為、青年将校並に之を煽動する連中が遂に下克上の風習を馴致し軍閥といふ世の批評を受くるに至りたるなり。

支那に対する作戦計画が参謀本部第一部にて立案せられたる時機は今確かに記憶せざるも大正末期なりしと記憶す。其当時支那には北方に袁世凱を大総統とする所謂北洋軍閥あり、南方には今の国民政府の発端たる南方国民党あり。其他〔以下原本なし、筆写本のみ〕各地方には所謂軍閥と称する将軍連あり。対支作戦といふも果して何を相手とするやは頗明瞭を欠くも何か計画なかるべからずとするいはゞ一種の学究的準備を必要とする見地より立案したるものにして、全く大綱を定めたるものにて主として北支に主力を用ふることとなり、中支特に南支などには極めて小兵力を使用する計画なりしなり。

而して明治四十四年武漢に革命軍蜂起し続て支那全土の大動乱となりしより、主として居留民保護の見地より漢口に一部隊を駐屯せしむることとなり、初代司令官は尾野実信少将なりしと記憶す。歩兵数大隊を中支那派遣隊として漢口に派遣せしが上海より上流六百浬の奥地にある派遣隊なれば一朝有事の日如何に之を行動せしむべきや、作戦計画にては増援隊の到着まで該地を固守すべき任務を与へあるも随分無理なる注文にして、其後歴代の司令官は常に文句を参謀本部に申越したるが参謀本部は常に之を握潰しありたり。

此の如く対支作戦計画は頗杜撰にして、漢口六百浬の上流にある中支那派遣隊を救出する為にも勿論陸上作戦を行ふことを得ず。一に長江を利用して要点々々に一部兵力を上陸せしめ補給は全く長江に依るの外なき状況なる此等利用すべき上陸点は支那駐在武官のいい加減の報告か或は頗御粗末なる文献の外資料なく、加ふるに呉淞、江陰、南京、田家鎮等には支那の砲台あり。これら地点は今次事変にて何れも戦闘ありたり。其内容は分明ならず。一方中支派遣隊よりは開戦数ヶ月后にあらざれば救援隊到着せざるの状況なれば、中央は我等を見殺しにするかと不絶訴へ来りたればこの所謂長江溯江作戦は具体的にするの必要あり。これまで一部の偵察旅行報告あるも全般的のものにあらざればここに一応連絡ある偵察旅行をなすの必要を認め、大正十三年余を旅行団長とし参謀本部よりは船舶関係の第三部より沖直道中〔大〕佐、要塞課の深山亀三郎少佐〔大尉〕、陸軍省より福原信〔豊〕三中佐〔大尉〕、海軍々令部より稲垣生起少佐を出して長江偵察旅行をなすこととなれり。

前後三ヶ月に近く上海より漢口まで遣支艦隊の砲艦保津に便乗し一々要点には碇泊して視察及写真撮影をなし昼間のみ航行、南京にては上陸して紫金山まで登り南京の防備を視察し漢口にて上陸保津を辞し、帰航は当時司令官たりし野村吉三郎少将の座乗したる砲艦安宅に便乗し、南京に上陸してここより陸路江陰を偵察し上海に出て帰路は〔ここまで原本なし、筆写本のみ〕上海より鉄道により南京を経て済南にて膠済鉄道に乗換へ青島に出て、海路門司に上陸したり。この視察とても大体駆足なれば大したことはあらざりしも夫々専門家を同行したればある程度の標準を得、特に砲台の兵備は恐るゝに足らざる目安を得、今回の支那事変に於ける上陸点なども本旅行の判決に依りたるもの多く、当時支那事変など予測もせず、また余が中支那派遣軍司令官として漢口攻略に任じ所謂溯江作戦を指揮し又再び支那派遣軍総司令官として南京に位置したるなど当時夢想だもせざりし処なるが、人の運命といふものは誠に奇しき次第なりといふべし。

当時上海には岡村寧次大将たしか中佐として駐在しあり色々偵察旅行上の便宜を得たるが、南京は市区改正前とて今は当時と面目を一新し、今次の南京駐屯にては当時の面影をしのぶよすがもなかりき。唯当時宿泊したる旅館宝来館（最唯一の日本旅館なりき）は館主の鈴木某といふ老人なりしが、この人は大久保あたりの植木屋にて張之洞総督の御抱え植木屋となりて渡支しそのまゝ支那にとゞまり南京に日本旅館を経営し、排日の真中によくもちこたへて支那事変に及びたるが、余が今次南京にありしころにはこの老人も既に他界しその息子の代となり相当の老舗ともなり古き支那関係の人々を御得意とせしが今回の敗戦にてはいかがなりしならむ、恐らく多年築き上げたる財産も抛擲して命から〴〵内地に引上げたるならむ。

当時南京には斎燮元将軍督軍として羽振をきかし、抗日漸く盛んなる時なれば余等の偵察もこそ〳〵と人目につかざる如く実施したり。将軍は国民政府の抬頭と共に北支に隠れありたるが、今次支那事変に際し表面に立ち華北政務委員会の陸軍大臣ともいふべき治安部長となり南京にも来り余も一回面会したり。新聞によれば敗戦後叛逆罪として死刑の宣告を受けたりとぞ聞えし。

当時同行したる沖〔直道〕少将、稲垣〔生起〕少将は既にはやくこの世を去り、深山少佐は飛行機事故にて殉職したり。残るは余と福原少将なるが福原少将は余が中支那派遣軍司令官時代軍の兵器部長として再び南京に寝食を共にしたるも奇縁といふべし。帰途江陰要塞を偵察したるが公然となすを得ざる為旅券も農学士の一行として農業視察と称し、尚銃猟をなすと称して一挺の猟銃を肩にしたるが江陰に宿泊したり。一夜要塞司令部関係将校の臨検を受けいゝ加減にいゝくるめたる逸話もありき。

この旅行はたしか大正十三年の紀元節に東京を出発したる如く記憶す。結婚以来チヨの生地なる長崎を訪ひたることなく且チヨも長崎を離れてより久しく出生の地を訪ひたることなければ、この時の旅行を好機会に俊八、六三郎を伴ひ同行したりき。余もまた初めての長崎訪問に多年の希望を満たすことを得、長崎より上海丸にて上海に渡航したるが往時茫々誠に夢の如し。当時漢口には支那事変勃発当時北支那駐屯軍司令官として病死したる田代皖一郎中佐が駐在武官たりき。

（二一、三、二一）

此行帰途青島を通過したるが、同地は我軍が攻略後之を守備したる当時（青島守備軍と称したり）たしか大正八年と記憶するが、金谷少将が第一部長として満洲戦史旅行を統裁したる時余は高級補助官として満洲の研究を終り青島に移りたる際数日滞在したり。独逸占領の後を受けたることゝて市内頗清潔、独逸の市街を髣髴せしめたるに、今度は大正十一、十二年華府会議にて支那に還付したる直後とて未だ幾許も経過せざるに、支那の管理に帰してよりは市内頗不潔となり往年の瀟洒たる迹方もなく一驚を喫したる次第なりき。

こゝに満洲戦史旅行に就き一言せんに、日露戦役後年久しく当年のことも漸く忘却せられんとする有様なれば、当時に於ける我軍統帥の迹を偲び旁々以て有事の日を期して大陸の地形を現地に則して大兵団の統帥を研鑽する目的にて参謀官其他要職にある人を以て専習員とし満洲に於ける参謀旅行を実施すること丶なり、金谷少将が第一部長時代より開始したるものにて、此時はたしか第二回なりしかと記臆す。而して何故戦史旅行と称したるかと云へば外地に於ける参謀旅行なれば世間の聞えを憚かり戦史旅行と称したるにて、実質は全く参謀旅行なりしなり。其後陸軍大学校学生、後には陸軍士官学校生徒までも満洲旅行を行ふ様になりしも、これは全く日露戦役を経験せざりしものに日露戦役を知らしめ、且は大陸の地形に親炙せしめん為に行はれたるものなり。この戦史旅行は余が第一部長となりし時も尚継続実施したり。此戦史旅行にて青島に赴きたる当時、南大将は少将にて支那駐屯軍司令官として天津にありしが、わざ〱青島まで出張し来られたり。

尚此長江偵察旅行の帰途門司にて初めてチヨの兄〔池辺〕松雄氏とも対面し、又門司より神戸まで海路瀬戸内海を家族と共に春の海の楽しき旅行をなしたるも忘れ難き思出なり。この年俊吉生る。

この頃満洲にては馬賊上りの張作霖漸く勢威を振ひ東北保安総司令として満洲諸将を統率しありしが、中原に覇を争はんとする野望を抱き北支に出兵して大正十三年所謂直隷派と称する呉佩孚等と対抗して之を圧倒したるが、其時奉天軍の総司令たる郭松齢は急に叛旗を翻へし矛を倒にして奉天に向はんとするの形勢となりしかば、張作霖は周章なす処を知らず子息張学良を総司令として満洲に残りありたる兵力を糾合して之に当らしめしが形勢頗不利にして錦州も攻略せられ溝幇子を経て新民屯に迫るの状勢となりたれば、張作霖は関東軍に援助を求め来りたるが関東軍としてはこと支那の内乱にして我が干渉すべき限りにもあらざれど、満洲が戦乱の巷となることは我として偲び難き処なるを以て、当時の軍司令官白川義則大将は南満鉄道保護の必要より郭松齢軍隊は南満線を超過する能はず、強て通過せんとするならば武力を以て之を阻止すべき旨の強硬なる声明をなしたる為、張作霖も急に力を得遂に郭軍を反撃して之を潰走せしめ郭松齢夫妻は捕へられて極刑に処せられ、事態は平静に帰したることは郭松齢事件として世の今尚記臆に新ら〔た〕なる処なり。当時張作霖の軍事顧問は菊池武夫少将にして、少将は其後中将として現役を退き貴族院男爵議員として右翼張りの論客となりしが今戦犯として巣鴨にあり。又余と同郷なる日下操少将は当時仝じく軍事顧問として奉天にありしと記臆す。

張作霖は我関東軍の為敗亡を免れたることなればいたく之に感銘し感謝至らざるなく、中央より誰か現地を視察せられ度旨の希望ありたれば参謀本部より余が撰ばれて赴くことゝなり、大正十四年正月二日正月の宿酔未だ醒めざるに匆忙東京を出発し、奉天に至りて張作霖を訪ひ楊宇霆より戦況報告を受け、それより特別列車にて戦迹を視察し、錦州にては停車場に司令部を設けありし張学良を訪問し至る処非常なる歓待を受けたりしが、当時張学良は未だ二十才そこ〳〵の青二才にてありき。

この郭松齢事件は張作霖に至大の感銘を与へたる如く其後我と張作霖との関係は円満なりしが、昭和三年張作霖の爆死事件以来彼我の関係は急に悪化し張学良は之を以て父の仇となし、これより形勢は急転直下して遂に満洲事変となりたるものなるが、此の如き成行となるべき宿命なりしといへば致方もなき次第なり。

この年三月俊吉を急性肺炎にて木沢病院に喪ひしが、漸く誕生になるかならざるかの赤子なりしも、可憐なる遺骸を抱いて病院より帰宅したる当時の心境は今尚まざ〳〵と忘れ難し。

この年蘇聯代表ヨッフエと我代表芳澤謙吉氏との北京会商により保障占領しありし我サガレン派遣軍は撤退することゝなり、軍司令官井上〔一次〕中将は帰京闕下に軍状を奏上し、又西比利に派遣しありし浦汐派遣軍もニコリスク、浦汐附近に漸く細々ながら余喘を保ちありし第十三師団を最后尾として撤退し、西比利出兵も龍頭蛇尾線香花火の如くはかなく消え失せたることは誠に惜しき限りなりき。このサガレン出兵に因みて余は若干の賜金〔但しこれは陸軍省よりなりき〕を受け、尚西比利出兵に関し銀盃一個を下賜せられたるは誠に心苦しき次第なるが、この事件に対する恩賞は頗重く軍司令官大谷大将、第十二師団長大井中将は授爵の恩典に浴し、其他かず〳〵の恩賞を受けたるもの多かりき。

大正十三年の特別大演習は北陸地方に行はれ、東軍司令官は田中〔義一〕大将、西軍司令官は町田〔経宇〕大将にして余は審判官として之に参加したり。当時田中大将は軍事参議官として陸軍大臣を辞したる後なりしが、既に当時政界乗出しを企図しありたる際とて富山市に於ける軍司令部には政客の出入繁く、大将は大演習のことなどは念頭になかりしと聞きぬ。其時の軍参謀長は後に二、二六事件にて非業に仆れたる渡辺錠太郎少将なりし。又陸軍大臣は宇垣大将なりき。

⒂　旅団長時代

（二、三、二三）

大正十五年三月余は陸軍少将に進み野戦重砲兵第四旅団長に補せられたり。この野戦重砲兵第四旅団といふは大正十一年の軍備縮少の時野戦砲兵第一旅団を改編したるものにして、近衛野砲兵聯隊と野戦重砲兵第四聯隊（十五榴聯隊にして四街道にあり）、野戦重砲兵第八聯隊（元の野砲兵第十三聯隊を改編したるものにして十加聯隊なり世田ヶ谷にあり）の三聯隊よりなり、旅団司令部は旧野砲兵第一旅団司令部庁舎にして世田谷三宿にあり。余の前任は原口初太郎少将（第八期生）にして余の如き新参者がこの光輝ある旅団長となりたることは異数の抜擢とも称すべく、近衛聯隊長は余の一期前の入江仁六郎大佐、野重八は松田常太郎大佐にして余と同時に参謀本部第三課長（要塞課）たりし。共に陸大出身なり。野重四は井上達三大佐にして余より一期前の砲兵将校として経歴上有数の人なり。此の如き御歴々の人が聯隊長たる旅団に長たりしことは余として名誉なると共に亦中々の苦心も存したるなり。野戦重砲兵第四旅団は近衛師団長に属し、当時の師団長は巴里講和会議以来の知己たる田中国重中将たり。後台湾軍司令官に栄転せられたる後は津野一輔中将となり、年来の知己なれば旅団長として大にやり易き次第なりしは、今にして尚感謝の念に堪へざる処なり。尚師団参謀長は余が同兵科同期の猪狩亮介砲兵大佐たりし為、万事に好都合なりし。

余は生来何故か住宅に縁薄し。誠に心地よしと思ひて住ひたる家なきも奇縁なりと申すべし。穏田の小磯が所持したる家は庭内広く家も大なれど古く且位置上頗用心あしく、警戒の為某といふ巡査夫婦を用心棒として同居せしめたるに、皮肉にも先生非番の夜盗賊入りたるに一向知らず、其後この盗賊は捕へられたるが、若し誰か目覚めたらば居直る決心なりしと白状したる由。シャープペンシルと、滑稽なるは余が何かの会合の幹事に当り会費を蒐めたる分を失敬せられたるに止まり、大なる被害なかりしも幸福といふべく、我家にて盗難に遭ひたる経験はこの位に止まるが、これも亦常に貧乏しある自然の結果か。

穏田の家は右の如きケチつきたる為急に移転を思ひ立ち、同じ穏田の参道より少し入りたる馬場某の持家に移りたるが、家賃高く加ふるに将官に昇進したる機会に若干体面を飾るといふ積りにて同じ砲兵将校なる青山幸吉子爵の家にて青山七丁目（今の青葉）都電の車庫裏の立派なる家に移りこゝにて五郎も生れたるが、如何にせん家賃高く到底長く持こたへ得ざりし為、後に渋谷八幡通の瀟洒なる和洋折衷宅を見つけこゝに移りたるが、こゝもまた小倉造兵廠技師たりし家主が東京転勤となりたる為おひ立てられ、渋谷若木にて川島義之中将の住ひありし家が空きたる為こゝに移り、こゝより満洲に赴き其後は官舎住ひ多く、唯台湾より東京に帰任したる時家にまごつきたるが現在の家に落着き、もはや十年となるも其間余は在外不在多く、加ふるに今度の拘禁となりぬ。一軒の家に尻の落着く時さへなく移転また移転にて余等仲間にても其方にては敢て人後に落ちざるつまらぬ名声を博したりき。従て五郎の如き小学校を代ゆること七、八回なるべし。大切の時に学校を換ゆることは最避くべき処なるもこれも致し方なく、誠に五郎の為には気の毒千万なりしと常に思ひある次第なり。

穏田の野村実（早稲田）、七丁目時代の田中八郎（東京帝大）両君など一時家に寄寓し俊八の復習などに大に御世話になりたる人々なるが各々成功しあるは慶すべし。又佐世保の田中某は野村、田中八郎氏など、常に家に出入しありたるが、この人は早く佐世保に退き父のあとを襲ぎて海軍御用商人として手広く営業しありと聞きしが今度の敗戦にて如何なりしか。

八幡通りの家に居住しある間我家の為特筆すべきは〔池辺〕龍一兄の紹介にて明道会に入会したることにして、昭和三年なりしと記憶す。明道会（惟神会の前身）に入会したるは我家にとりては一大転機にして爾来常に神徳を享け我等の為に信仰上の確乎たる拠り処を得たるは我等の向後永く永くゆめ忘るべからざる処なり。

（二二、三、二九）

余が野戦重砲兵旅団長たりし頃は大正の末期昭和の初期にして我陸軍としては最爛熟したる時なるべし。さはれ国軍全般の装備としては不絶不足勝なる経費の為世界強固を凌駕することは愚か追つくことさへも六ヶ敷、之を砲兵に見ても野戦重砲聯隊は新設せられたるも火砲は日露戦役前の時代物たる三八式十加（克式なり）に過ぎず、牽引車は米国あたりの農耕用トラクターを代用し火砲、牽引車はかく旧式なるに数さへ不足にて聯隊の定数に充たず、又十五榴といへば大正三、四年頃緒方勝一中将の設計による（事実は仏国のリマイヨー式のみ）四年式十五榴にして、砲車は砲身車と砲架車に分解せられ射撃の際は之を統合せざるべからず。これがまた頗力作を必要とし砲手の労苦は側の見る眼も気の毒なる位なるに射程は一万に満たず。野砲はこれまた日露戦役前の遺物なる独の克式にして三八野砲なり。全く情なき状況なりしに漸く今次支那事変に入りてより十五榴は一部牽引式の九六式十五榴（射程は漸く一万米を超ゆ）、十加は九六式十加に改正せられ、野砲も亦日露戦役にて我射程が露式野砲に及ばざりし苦き経験より射程を主としたる九〇式野砲を採用したるも重量過大となり、東亜の道路悪しき戦場に適せざる為余が参謀本部にありし頃より技術審議会あたりにて軽量野砲を主張し漸く之が認められ設計に着手したるも中々進捗せず、漸く支那事変后となりて九五式野砲（射程約一万米）を制定したるも其兵力は僅少にしていふに足らず、十五榴の如き漸く支那駐屯軍に一聯隊を有したるに止まり、十加も漸く二聯隊位を装備したるに止まり、其他は凡て在来の旧式材料にて支那事変、続て太平洋戦争に突入したる有様なるのみならず、逐次兵力の増加を必要とする為には三八式十二榴、甚しきは九珊鋼砲の如き日清戦争時代の古物をも引ぱり出さゞるを得ざる憐れなる状況たりしなり。支那事変勃発后には所謂臨時軍事費として軍部の主張は相当に通る時代となりたれば此臨時軍事費に便乗して国軍の整備を図るには絶好の機会なりしも、砲兵材料よりは他に著しく不足なる航空機、又は戦車、高射砲等を一通りとり揃えざるべからず。これには莫大の経費を必要とし特に飛行機には部隊の拡張充実と共に多大の経費を要すれば、陸軍としてはこれに重点を指向し時としては他を犠牲とすることさへありたれば他の方面よりは航空横暴の批難さへありたるも、とに角航空は陸軍の寵児として大切にせられ従て冗費も少なからざりしなれど、航空が列国に比して発足頗遅れたるに此の大戦中にとに角敵側とほゞ同水準に達したることは航空に重点を注ぎたる結果なりといふべし。経費は臨時軍事費として一々多大の拘束を受けざるも何に致せ貧乏国の悲しさ、それに海軍が常に陸軍と同等の額を要求して予算分捕に常に対立し経費は思ふに任せず、遂に権衡を失せる装備にて今次大戦に突入し、物力豊富にして技術標準も亦高き米英の戦力に忽ち叩き伏せられこの敗戦を見たる次第なるが、一方此の如きビツコの装備を以て凡て均整とれたる米英軍に対し開戦したるは当時の状勢誠に止むを得ざりしとはいへ又無謀の譏を免れざるべし。

余が聯隊長時代には教育令の規定に従ひ旅団長の行ふ聯隊教練の検閲ありたるが、其後砲兵用法に鑑み聯隊を統一指揮するの必要も余りなく又旅団長として検閲の必要もあまり大ならざれば旅団長の行ふ聯隊教練の規定を廃したれば、旅団長としては各聯隊の検閲又は廉ある教育、教練を視察するに止まり、殊に野戦重砲兵第四旅団の如き近衛野砲兵聯隊は近衛師団固有の砲兵なり、他の二聯隊は各々砲種を異にすれば統一指揮の機会も少なく、従て旅団長としては師団長の随時検閲の立会などの外大なる用務とてもなく、全く監督指導機関としてはいはゞ閑役なれば頗呑気にして後に起りたる陸軍部内派閥の争ひなど未だ当時は胚胎せず、此の如き忌むべき方面に旅団長として頭をつかふ必要もなく、純真なる軍隊指揮官とし練成に全力を傾注したれば頗る幸福なる境遇といふべかりしなり。当時の旅団副官は四街道時代学校の副官たりし児玉清少佐（後に少将となり現役を退けり）、川角忠〔藤〕二大尉にして共に忠実に服務を行ひありき。児玉は後転出して武雄少佐副官となる。少佐は其後元山の要塞司令官として余が昭和五年戦史旅行統裁官として朝鮮に旅行したる時色々世話になりたるが早く世を去りたりし。

其頃の陸軍大臣は白川義則大将にして兄も当時は既に軍務局長より陸軍次官に栄転しありたりと記憶す。大正十五年の近衛師団の秋季演習は千葉県下にて行はれ、旅団対抗は師団長津野中将の英断にて余も近衛歩兵第二旅団を指揮するの機会を得、頗貴重にして且愉快なる経験を得たりき。当時の近歩第二旅団長は誰なりしか今記憶に存せず。近歩第一旅団長は余が教導聯隊長時代歩兵学校教導聯隊長たりし森連少将（第十一期）にして、余が対抗したる時は其部下旅団を指揮し居たり。余の指揮せる南軍は茂原附近に集合し成東附近に集結せる北軍に対抗して最后大網附近の陣地攻防にて終了したるが、砲兵将校として諸兵連合の部隊を指揮したるは生れて初めてのことなれば頗愉快にして、従来近衛、第一師団の如き砲兵旅団ある処にては砲兵旅団長に諸兵連合の部隊を指揮せしむることなく又それが当然なれど、津野中将の英断にて特に余をしてこの貴重なる経験をせしめられたるは今に至るも心に銘する処なり。

（二二、三、三〇）

当時の近衛師団は部隊長に錚々たる人多かりき。古荘はたしか近歩一〔二〕、清水喜重大佐（後に第十二師団長）は近歩三、近歩四は小林〔道生〕大佐聯隊長たり。この頃は近衛師団は其伝統を遺憾なく発揮して真に禁闕守衛の重責たる声価を発揚し、騎兵第一旅団、余の野戦重砲兵第四旅団、其他鉄道聯隊等所謂外様部隊も此光栄に便乗したるものなり。騎兵第一旅団長は余が旅団長就任当時は支那通なる宮内英熊少将なりしが其後精神錯乱して職を退き余の同期たる柳川平助其累を襲ぎ、津野中将も余が参謀本部転任後病の為現職中に斃れたり。由来菅野尚一、津野一輔、松木直亮、児玉友雄などゝいふ面々は所謂長閥の寵児として随分専横の振舞も多く、菅野が田中大将大臣の下に軍務局長、津野が軍事課長、松木が高級副官、児玉が軍務局課員として一面のブレントラストを以て陸軍の要職を占めたりし頃は、教育総監に大庭二郎、歩兵学校長に河村正彦等あり。陸軍の要部を壟断して山縣元帥の傘下に我世の春を唱ひ長州にあらざれば人にあらずといふ如き専断、特に人事上の我侭多く長州にあらざる人々の強き反感を買ひたれば、比較的長州人少き参謀本部、特に上原元帥を親玉とする薩派が参謀本部を根拠としてこれに対抗したるは寧ろ自然といふべく、同時に陸軍大学校が参謀本部側として長閥の跋扈を悪み教官に長州人を排斥し実際余が陸大にありし頃など教官に一人の長州人なく、これが急先鋒は南大将あたりにして一時大学校は長州出身の候補者には採用試験も頗つらく当り、甚しきは落第せしむるなどのあらぬ世評の立ちし程なりしが、津野中将の死去前後より長閥は急に逼息〔塞〕して爾来急転直下、こゝに却て林銑十郎、阿部信行の如き所謂石川閥、南次郎、金谷範三、河合操、梅津美治郎の如き所謂大分閥の抬頭を見るに至りたるが、陸軍を派閥の巣窟の如く見なされ延て軍閥の汚名をきせらるに至りたるは往年の薩長の争覇、長州出身者の陸軍の蟠居、山縣元帥が長閥の巨頭にして且又陸軍の最長老たりしあたりに起因し、上原元帥が之に対抗して山縣元帥の位置に取つて代らんとし、これに附随して福田、武藤等の抜擢、武藤が佐賀出身たりし関係よりこれに追随して同じく佐賀出身の真崎、柳川の面々が抬頭し、純真なるも酷評すれば唯口舌の士に過ぎざる荒木大将を利用して一派をなし長閥を倒したるが、荒木大将が陸軍大臣、真崎大将が閑院宮殿下を参謀総長として其下に次長たりし時より続て教育総監として我世の春を謳ひたるが、間もなく石川、大分等の聯合よりなる世の所謂統制派と称せらるゝ一派の抬頭となり、相沢事件、二、二六事件等我国未曽有の汚点を仕出かしたるが、其間に陸軍要部にあるものは何れかに属するものと世間に見られ、余はこの旋風時代に満洲事変勃発直前参謀本部を追はれ、砲兵監、続て第十四師団長として満洲に又内地帰還後も宇都宮にあり、この旋風の中心たる中央部にあらず、又関係もなく、又これら所謂派閥の御歴々よりは物の数とも見られざりしかば其当時の真相は深く知らず、又知らんとも努めざりしかばどこまでが真実かはこゝに詳述の限りにはあらざるも、とにかく何等かの流派ありてこの中心人物をとりまく所謂中央部の少壮将校（県出身の因縁関係多し）ありて中心人物は遂にロポ《ママ》ットとなり、こゝに下剋上の悪風を馴致したることは争ふべからざる事実なるべし。少壮将校（主として佐官級）の専横も悪けれどロポットとなりたる人も悪く、畢竟中心人物払底してロポットたらざるべからざるに至りたるに原因すべく、余の如き何等腹心とも乾児ともいふべきものなきも後年陸軍大臣となりても下情に通ぜざる為遂にロポットとなり、国家百年の計を誤りたるは何としても申訳なき次第なり。

余等兄弟の如き維新の際朝敵たりし会津の出身にして何等藩閥の後援もなく従て派閥なき身の将官の栄職を辱ふし、余の如き位人身を極むるに至りたるは、兄は元来不偏不党寧ろ頑固の方なるに陸軍に重用せられたるに至りたるは、中佐時代桂大将の訪欧の随員に撰抜せられ桂公爵が長閥の中心人物たりしに其知る処となり、従て田中大将に用ひられ其一派とも称すべき山梨、宇垣あたりに信頼を博したるに因るものにして、宇垣大将は大将が近歩二の中隊長たりし時兄は其許に小隊長たり、其時よりの関係よりして宇垣大将は余程兄を信頼しありたる様なり。又同じく英国駐在員たりし関係より菅野大将あたりとも能く、元来の才能敏腕と相待て重きをなしたるものなれば、所謂反対派より見れば長閥とも見られしなるべし。余の如きに至っては生来の無能に職務の関係よりして旋風時代に中央になく影に隠れて見立たぬ内に人の驥尾に附して押し上げられたるに過ぎず、いはゞ何れの派閥にも属せざる無色が却て僥倖となりたるものといふべし。

（一二、四、二〇）

余が旅団長在職中大正天皇の崩御に遭ひたり。天皇は余と同じ年なる明治十二年の御降誕なるが、中山二位局を生母とせられたる明治天皇唯一の皇子におはしましたれど御性来虚弱に渡らせられ、御病気の為今上陛下が摂政となられたるは今は確かに記憶せられざれど大正十二年関東大震災の時は既に摂政にておはしき。大演習をお親ら御統監なされたるは大正七年関東地方に行はれたるが最后にして、其後は常に摂政宮か御代行なされたりき。公式の拝謁の時は格別、咫尺に拝したるは巴里講和会議出発の時と帰朝の時随員一同と御陪食の光栄に浴したる時なるが、食卓に於ては別に御言葉もなかりしが酒は明治天皇の御血統か相当に召し上られ又煙草もお吸ひになり、食卓にては周囲のものに葉巻を手づから賜はるを拝見したり。今上陛下は大正天皇の御健康を親しく御覧になりたる結果か又周囲の者が御幼少の時より御注意申上げしか詳かならざれど、酒と煙草は少しも召させ給はず、御陪食や御招伴など其後度々頂戴するの光栄に浴したれど、御食卓にては種々御話しありお賑かなる方なるが、煙草は一切食卓にてはお用ひなく別席にて頂戴するを例としたり。

大正十五年大正天皇の御病勢は亢進し国民一般深く御心配申上げ居りたるが、予てより葉山御用邸にて御臥床中の処、遂に今尚忘れもせられず十二月二十五日夜ラヂオにて崩御を放送せられ、摂政宮直に御践祚、年号を昭和と定められたり。この昭和と定めらるゝに就ては新聞記者が猛運動をなし初め朝日紙の如きは別の年号を号外にて発表し実際と異なりたる為担当記者は馘首せられたりと聞きぬ。

この年の大演習は何処なりしか忘れたれど大正天皇御不予の為摂政も行啓なく閑院宮御代行なりしと記憶す。川越地方にて和田中将の第一師団と田中〔国重〕中将の近衛師団が師団対抗演習を行ひたるはこの年なりしと記憶す。聖上崩御の為世は諒闇に入り宮城の殯宮にては在京勅任官交代にて御通夜をなし、余も亦師団よりの通報により屢々御通夜を申上げたり。極めて質素なるも神々しさ云はん方なかりしことは今も尚忘れ得ぬ処なり。御大葬は二月頃なりしが日は定かに記憶せざるも何に致せ頗寒き夜なりき。旅団は徒歩編制にて御通路に当る赤坂区に整列、奉送申上げたり。翌昭和二年四月十日青山七丁目の邸にて桜花爛熳の候五郎生る。

(16)　参謀本部部長時代

昭和二年八月定期異動にて余は陸軍大学校幹事に転じたる

多門二郎少将の後を襲ひて参謀本部第四部長に転じたり。当時の参謀総長は鈴木荘六大将、次長は南中将、第一部長は荒木少将、第二部長松井少将、第三部長は広瀬寿助少将（後第十師団長にて現役を退き、満洲電信電話会社総裁となる）、総務部長岡村〔本〕連一郎少将（後次長より近衛師団長となりたるも荒木真崎一派より白眼視せられ近衛師団長にて現役を退き間もなく逝去す）にして何れかいへば何等特色なき面々なるが、この時既に後年陸軍部内の波瀾の危機を包蔵したることは後より思ひ合はさるゝ処なりき。

余が第四部長に就任したる時は欧洲戦史課長児玉友雄大佐、日本戦史課長清水喜重大佐にして、先年余が部員たりし時と業務の上にては大なる変化なく、唯西比利戦史を取扱ひたる位に止まり、又清水大佐が仮名文字論の頗熱心なる唱導者にして、遂に参謀本部も大佐の熱心に動かされ仮名字命令と在来の仮名交り文の速度のタイプによる記録、伝達等の速度の比較研究をなしたるが、諸方面にて余り気乗りせず、且仮名交り文が倥偬卒急の際一瞥して其意を把握し得るに仮名字のみにては一々拾い読せざるべからず。これらの結論にていつとはなしに有耶無耶に葬り去られたりき。

（二二、五、一一）

此年昭和二年の特別大演習は地方は何処なりしか忘れたるも第四部長は留守番を命ぜられたり。これまで特別大演習の計画は第一部の演習課（第四課）にて担任しあり、其以前は第一部第二課の演習班にて担任しありしが其仕事が尨大となるに及び一課となりたるものにして、年々儀礼的となり何等の新味もなく何等統帥の演練とならず、時としては御野立所に牽制せられ却て部隊の折角の訓練を破壊するの弊害さへ生じ、それに戦史的研究の結果をも加味するの必要もありたれば、余が第四部長時代当時の南次長より参謀本部の編制改正に関する意見を徴せられたる際あまり第四部が閑職なれば大演習事項を第四部に移管方意見を述べたるに採用せられ、翌三年八月余が第四部長より第一部長に転じたる際大演習事項は第一部より第四部に移され、当時南次長より異存はあるまじと念を押され先年第四部長として主張したる手前もあれば反対も出来ざりし滑稽事さへありたり。

昭和二年頃より日支の関係は悪化し、広東より発生し蘇人ボローヂンなどの顧問を入れ所謂容共政策を採用したる国民党は漢口に進出したるもこゝにて端なく国民党内の分裂作用起り、蔣介石は逸早く南京に脱出してこゝに漢口国民政府に反旗を翻して対立することゝなり、同年三月二十四日には有名なる南京事件起り南京我総領事館は支那兵の暴行を受け当時の駐在武官たりし根本博（たしか少佐か中佐なりしならむ）は重傷を負ひ英米の軍艦は南京獅子山砲台と交戦するなど事態容易ならざるに、我警備の駆逐艦は若干の陸戦隊を領事館護衛の為上陸せしめたるに全く無抵抗なりし出来事あり。当時は若槻第一次民《ママ》政党内閣にして外相は幣原なりしが軟弱外交の声騒然として起りこれが為此内閣も程なく倒れ、田中義一男政友会総裁として次期内閣の主《ママ》班となれり。此時英米側より共同出兵を慫慂せられたるも我国は之を拒絶したりと巣鴨にて広田〔弘毅〕氏より聞きぬ。此年四月三日には漢口にて我水兵が支那暴民より暴行を受けたる事件あり。国民政府にては我抗議に対し右二事件とも共に共産党の仕業なりと弁明したり。

五月頃ともなれば北支にて張作霖、蔣介石、馮玉祥の対立劇化し戦乱は山東にも及ぶ形勢ともなりたれば、我国は居留民保護の為満洲より余の同期生なる郷田兼安少将の指揮する第十師団の歩兵第三十三旅団人員約二千を五月二十八日青島に派遣したり。七月ともなれば郷田旅団は更に済南に進み、大連の一旅団を青島へ派遣したるも国内にては政友会内閣に対する在野民政党の攻撃鋭く、又幸ひ北支の戦乱も大したことなく終熄したれば我軍は九月八日撤退したり。これ即ち所謂山東第一回出兵と称するものなり。

かくて漢口国民政府と南京国民政府は南京の主《ママ》領蔣介石の下野を条件として合一したれば、蔣介石は下野して昭和二年十月十三日秘かに東京に来り田中総理と会見、共産党と分離し蘇と断絶したる后の国民革命の成功、支那の統一を日本が承認する代りに支那は満洲に於ける日本の特殊地位と権益を認むるといふ密約が成立したりと伝へらるも、其後四年ならずして満洲事変勃発し次で支那事変となり、支那側はこの密約を全く棚に上げ、支那事変中昭和十五年余が大臣時代宋子良との和平交渉其後の重慶和平工作にて常に満洲問題が解決の癌となり、彼はこれが承認を拒んで譲らず、太平洋戦争勃発前日米和平交渉にても満洲の承認問題が引かゝり遂に此大戦争となり、敗戦の屈辱となりたるものなるが、満洲は実に日露戦争の原因となり、支那事変、太平洋戦争の導火線となり、我国は遂に満洲問題の為に敗戦のドン底に落込みたるものなり。思へば罪業深き満洲かな。孫逸仙が我国に亡命中何百万円とかにて満洲を売却すべき約束さへなしたりと聞きぬ。而して今如何、蘇聯はマンマと満洲を重工業其他我国が注ぎ込みたる何十億の資産と共に其手に収めたり。馬鹿を見たるは我国なり。これも宿命なりといへばそれ迄なるも返へす〴〵も千秋の恨事なり。

昭和二年六月田中内閣当時所謂東方会議なるもの外務省にて行はれ五回の会合の后七月七日対支政策の綱領を中外に声明発表したり。此会議の目的は対支政策の統一、対支不干渉主義の支持、満蒙特に東三省の治安に就き要求を明かにするにありて穏健なるものなりしが、この事は支那側に逆用せられ当時世間に喧伝せられ又今次の裁判にて検事側の提出したる所謂田中メモランダムといふものは全く王正廷の捏造なりといふ。

（二二、五、二五）

昭和二年の山東出兵后北方張作霖と南方蒋介石との抗争は依然止まず、北方張作霖に加担しありたる上海附近の孫伝芳、山東の張宗昌等は蒋に逐次撃破せられ、南京政府は蒋介石再び全権を収めてこゝに北伐軍を起し其先頭は既に山東省に入らむとするの形勢を示したれば再び居留民保護が問題となり政友会内閣は在野当時民政党の退嬰政策を攻撃したる手前もあれば再び山東出兵に決したりき。この山東出兵に決する迄は田中首相の例の不得要領が累をなし中々決心つかず、当時陸軍大臣は白川大将、次官は兄、参謀本部側は総長鈴木荘六、次長南次郎、第一部長荒木貞夫なりしが部長会議にて例の議論好きの荒木第一部長が廟議荏苒決せざることを激越なる口調にて攻撃し南次長ももてあましたること屢々にして、当時余は全く関係なき第四部長として唯面白く側面より聞きありしが、漸く廟議出兵に決し昭和三年四月不取敢天津にありし駐屯歩兵隊を小泉（恭次）中佐指揮に属して済南に派遣し次で内地より福田彦助中将の第六師団（応急動員）を派遣したり。師団は四月二十三日門司出発、二十五日青島に上陸し、先頭旅団たる余の同期生斎藤瀏少将の率ゆる旅団は四月二十六日済南に到着し直に警備に就きたるが、小泉部隊の済南到着前済南商埠地にある我居留民の一部は南軍か暴民か分明せざるも掠奪せられ若干のものは虐殺せられたる出来事あり。斎藤旅団は済南に到着したる頃より南軍は張宗昌の北軍を追撃して続々済南に進入し来りたるも南軍と旅団との間に協定成立して斎藤旅団は市街内の障碍物を取除きたるに、其動機は今忘れたるも端なく彼我戦端を開き戦闘漸次拡大し遂に済南城の攻撃となり、満洲にありし外山少将の指揮する旅団の一聯隊（歩兵第十五聯隊）も又増加せられて戦闘に参加し、五月初旬には真面目の戦闘となり九日には第三師団（師団長安満欽一中将）も本動員せられたるが、此師団が青島に上陸したる頃には蔣介石も事件拡大防止に努め漸く事件は落着したり。

総務部長岡本少将は余が此事件に何等参与せず全く傍観の態度にあるを気の毒がり現地視察に余を出張せしめらるゝこと、なり、陸軍省兵務課長香月清司大佐、広東武官として勤務后当時参謀本部附たりし磯谷廉介大佐を同行し青島を経て済南に到着したるは衝突も既に平静に帰したる五月中旬なりき。五月中旬といふに済南は既に酷暑にして堪え難き程なりしが戦跡を調査し各部隊長より戦闘経過等を聴取したり。其当時の師団司令部、又余が宿舎に充てられたる家屋などは其後支那勤務中屢々済南に赴きたるに遂に思ひ出す能はざりき。

第六師団は旅団長は斎藤と他の一人は同じく余の同期生にして幼年学校以来の同中隊同窓たる岩倉正雄なりしが、旅団長と師団長との間円滑を欠き、一日余が師団長を訪ひたる時偶々斎藤が第一線より報告に帰来したる処師団長が昼食中なりとて待たせたる為斎藤は怒り出し、折角第一線より報告に帰りたるに食事に待たせるとは何事ぞと大声に怒なり出したる光景さへあり。又岩倉も師団長と屢々争ひあるを目撃したり。斎藤は其後二、二六事件に関係して免官となりしが有名なる歌人なり。

済南事件は表面落着したるも支那側は日本が済南に態々出兵して北伐統一の邪魔をなしたりとて深く之を含み前年第一回の山東出兵はそれ程にてもなかりしが第二回のものは兵力も大なれば日本侵略の野心なりと支那側は宣伝し五月十八日には米国も警告的要求を発するなど事態は漸く重大化し、初めは田中首相は出兵の結果米国と一戦を交ゆるも辞する処にあらずなど大言壮語したるも米の抗議にあひ忽ち閉口したりなど伝へられ、これより日支の関係は悪化の方面一途に辿りたりき。

（二二、六、一）

済南は暑き処なり。この出張の時など五月中旬なりといふに気温は九十度〔摂氏三十二度〕を越へ、加ふるに北支特有の黄沙にて不快いふべからず。其後支那に出征中屢々済南に宿泊したれど、夏の日など太原より来るに太原は爽涼の気人に迫るに飛行機にて済南に到着すれば飛行機が漸々高度を落すに気温は逐次上りて着陸の際は百度に近く、しかも蒸熱なるに不快いはん方なきは屢々経験したる処なり。この時もから〴〵に青島に逃げ出したるが、青島は稍々湿気高けれど涼しく蘇生の思ありき。第三師団は主力は済南に進出し第六師団は交代内地に帰還したるが其後平静にして事なく第三師団も間もなく引上げたるが、五月十日中国側は山東出兵を国際聯盟に提訴するなど支那側の外交着々功を奏して日本の立場は愈々英米を離れ、こゝに今回の大戦争の素因を作りたるものなり。

余の青島出張は大した任務もなくいはゞ単なる見物旅行なりき。

この年八月異動にて余は荒木少〔中〕将の跡を襲いて第一部長の栄職に就きたり。固より此の如き重要なる職務に就くの柄にもあらざるが鈴木参謀総長、南次長等余が年来の恩顧を被むれる人なり。又余としても大尉として参謀本部に入りてより時には若干の不在もありたれど殆んど半生を第一部に暮らしたれば、これらの縁故にてこの栄職を汚したるものなるべしと信ず。

ここに特記すべきは参謀本部第一部長室にある薄汚き屏風あり。頗る拙き竹を画きたる二枚屏風にして日露戦争大本営の時よりありと聞きしが、これに代々の第一部長の落書あり。松川〔敏胤〕、松石、田中、宇垣、大竹、金谷などの面々各々一句あり、詩にもならざる悪文句なれど気焔万丈当るべからず。荒木少将の分は例の能筆もて山東出兵廟議決せざるを憤慨したる激越の文句なり。余も又別に書くこともなけれど偶々在職中山東撤兵となりたればこのことを記したるが其後如何したるならむ。この屏風は恰も日本陸軍興廃の歴史を物語るものゝ如く、日露戦争当時には気焔虹の如くなるに其後漸く下り坂となり、荒木、余の時代には山東出兵、撤兵など区々たる小事の外書くこともなかりしなり。

この屏風は有名となり其後第三部長室にもこれに真似て落書屏風を備へたるも到底第一部長室の物とは比較にもならず、実際参謀本部の本体は第一部にあり、作戦あっての参謀本部ならずや、従て第一部が参謀本部の中枢なるは理の当然なるに、兎角第一部の独善が他部特に第二部あたりの嫉視攻撃の目標となり第一部は又伝来の矜持を保たんとて人知れぬ苦心も亦たゞならざりしなり。特に第二部あたりに口矢釜ましき部長、課長ある時には、第一部としても伝統の牙城を守るには一通りならざる苦心なりき。第一部の伝統としては作戦計画の樹立と軍機の保持なりき。作戦計画も国軍の小なる時代又対外諜報勤務の不備なりし時代には第一部にて擅に作り擅に御裁可を経て之を他に押付けて何等文句も不可もなかりしが、作戦計画が逐次拡大せられ諜報勤務の拡張に伴ひ第一部作戦計画独善の声が部内に起り、遂に之に抗する能はずして作戦計画の策定前に先づ第二部にて情勢判断を策定し想定敵国の兵力、集中等を判断してこれに依りて作戦計画策定の基礎としたり。それまでは第二部より材料を提供せしめて第一部にて策定したるもこれにては不備なりとて第二部よりの抗議により第二部にて作製すること丶なりたるも亦第一部の譲歩なりき。この第二部策定の情勢判断が往々我兵力の使用法に亘り、これは第一部の権限なりなど屢々争論を起したりき。昭和六年八月余が第一部長より転出して建川美次少将〔第二部長〕が余の後任となり、就任の訓示に第一部の遣り方が気に喰はぬ余は第二部流にやると広言し第一部員を驚かしたりと其後武藤章中将より聞きぬ。

又機密保持は第一部の堅き伝統なりき。作戦計画を担当する部としては当然なるも余が陸軍大学校を卒業直ちに、部員として第一部に入り当時の部長松石少将に申告したるに、部長の訓示としては唯機密保持の一事なりき。これは余の脳裏に深く印象づけられたれば其後余が第一部長たるに及びても新ら〔た〕に来る人々には一々此機密保持を誡めたり。作戦計画も当時はたとへ部長と雖ども他部のものには示さず、況んや部員おや。ここに於て計画を知らざれば他の計画も立案不可能なりと文句出でたるは当然なれど之を押切り又作戦計画関係書類はたとへ草稿の端きれと雖必ず参謀将校か執筆するは勿論、之を焼却するも之を勤務将校に任すことなく必ず部員将校監督の許に行ひたり。されば作戦計画の正本はタイプにて叩くが如きは思ひもよらず、必ず部員が蒟蒻版にて書き自ら印刷したり。清水中将の如き能筆家はよけれど余の如き悪筆は後世までの恥なれば浄書は人に依頼するを例としたり。

年度作戦計画は御裁可前要求あれば陸軍大臣に一応説明したることあり。余が第一部長時代偶々宇垣大将陸相たり。嘗て第一部長として其間の消息を知りあれば殊に要求ありて説明に赴きたることを記憶するも説明に止まり、固より意見を容る丶余地なきものなり。

余が第一部長として最後に参謀本部を去りたる後は如何なりしか知らず。恐らく機密保持は厳守せられたること丶信じあるも兎角近年機密保持が弛緩し、今回の裁判にても意外なる機密書類が蘇聯側に取られ法廷につきつけられ証人も被告も一驚を喫したる次第にして、これも機密保持弛緩の一端とも見るべく、唯参謀本部作製の作戦計画が竊取せられたる模様なきは聊か以て往年の伝統を想ひ快心に堪えざる処なりとす。

こゝに参謀本部即帝国陸軍の作戦計画につき一言すべし。日清戦争の時は全軍僅かに七師団の兵力にして（近衛師団は他師団に比し兵力小なりし）作戦計画と称すべきものもなく、唯単に国内を防衛する防衛計画のみなりと聞きぬ。又日露戦争にても大本営には作戦計画と称すべき儼然たるものなく、開戦避くべからざるに及び当座の作戦計画を立案し、后作戦の進捗に従ひ其都度作戦計画を策定したる由にして、年度作戦計画の如きものは存せざりしと聞及びたり。日露戦争は我軍の大捷に終りたれど露国の復讐再戦に備ふる必要大となりたる為こゝに陸軍としては儼然たる作戦計画策定の必要を認め、こゝに年度作戦計画の策定となり、余が明治四十三年参謀本部に入りたる時は対露作戦計画は既に年度計画が策定せられ、参謀本部は全力を挙げて対露作戦計画の完成に努力しありたる時代なりき。当時の方針としてはハルビンを一般の目標として国軍主力を長春附近、一部を吉林及其北方に集結し、集中間関東軍をして第二松花江陶頼照附近及山河屯附近を占領して主力軍の集中を掩護せしめ、其間主力軍は大連経由海上輸送及朝鮮鉄道、南満鉄道を利用して集中し動員百何十日を経て集中を終りハルビンに向ひ前進する構想にして、当時特に苦心を要したるは兵站補給にあり。后方補給線としては唯一條の満鉄あるのみ。長春以北は勿論南満鉄道と雖も軍隊輸送に手一杯なれば軍需品の輸送は一に怪しげなる支那馬車に依らざるべからず。従て支那馬車の徴集及び之が利用が兵站計画の主眼にして支那馬車の調査、道路偵察が軍事諜報の最大眼目にして、自動車の利用など夢にも思はざる時代なりしかば其苦心は今日より見れば到底想像だも及ばざる処なり。従て今次大戦にて苦杯を喫したる通信の如きは第三部の管掌なりしも全く閑却せられ不備といふべきか無頓着といふべきか、この無関心が因襲となり遂に今次大戦にも波及して通信の不備となり、特に通信にて発達せる米軍と比較すべくもあらず、作戦連絡の敏活を欠き遂に敗戦の一大原因をなしたるものなり。

当時諜報の対称《ママ》としては何としても露国にして、其極東に使用し得べき兵力、集中速度が最大の着眼たりしなり。勿論其極東に使用し得べき兵力は我より著しく優勢なれど、何にしろ唯一條の西比利鉄道に依るものなれば我はたとへ全兵力に於ては劣勢たりとも集中速度を以て逐次到着する彼の兵力を優勢を以て叩くの利益を有したるなり。従て西比利鉄道の輸送力が対露作戦の鍵たりしを以てこゝに諜報の努力を集中したりしなり。露国側と雖も固よりこれに着眼し日露戦争中バイカル湖の氷上に軌道を設け、戦後は狂気の如く西比利鉄道の改善に努め其結果西比利鉄道は複線となり、米国より多額の鉄道材料を購入し第一次欧洲大戦前には西比利鉄道の面目は一新し、それだけ我対露作戦も六ヶ敷なり如何にして之を撃破すべきやは我等の頭痛の種なりしが、端なく第一次欧洲大戦となりて我国と露国とは聯合国となり作戦計画も実施の機会なくなりしは仕合せなれど、今度は却て昭和二十年八月彼より宣戦布告せられ関東軍も一たまりもなく潰滅し去りたる現実を見ては誠に今昔の感に堪えざる次第なり。

（二二、六、二二）

明治の末年余が参謀本部第一部に入りたる頃は全力を挙げて対露作戦計画に傾倒したる頃にして当時は支那特に米国に対して作戦するなど思ひもよらず、従て対支、対米作戦計画などは固より考へたることもなかりしが、其後日米間の関係兎角円滑を欠き、それに海軍は国防の対称《ママ》を当時より米海軍に置きたれば自然海軍側より引づられて大正五、六年頃より対米作戦計画を立案することゝなれり。当時の攻撃目標は固より比島にして、これに彼が通信の中枢たるガム島を攻略するを計画の眼目としたり。当時の比島の兵力は米軍及比島土人隊を加へて一師団強に過ぎず、比島に使用すべき兵力は二師団、グアム島に混成一聯隊を以て標準としたり。かくの如く兵力に於ては問題なけれど如何せむ兵要地誌の資料少なく地図さへ手に入れ難く、作戦資料の整備には一方ならぬ苦心を払ひ苟も機会だにあらば資料蒐集に努め、当時の下村定大尉（後の大将）は海軍が何かの公用にてマニラに入る機会を利用して海軍将校となりすまして若干内地旅行をなし、又当時第三課（要塞課）にありし前田正実大尉（后に中将として比島攻略軍の参謀長となる）を身分を秘して中村精七郎の中村汽船会社の店員としてマニラに駐在せしむる等一方ならぬ苦心をしたりしなり。

この比島作戦は全く海軍の要求に基くものにして海軍の望む処は米の東洋艦隊の根拠地たるマニラ湾を奪ひ米の本国

艦隊の東洋海面に来航する迄にマニラを利用せしめざる様にせんとするものなれば作戦は相当急がざるべからざる要求もあり、作戦はそう容易ならざるに何に致せ資料少なく細部に於て研究不十分なり。何となく隔靴掻痒の感あり。対露計画の整備に比して頗遜色ありと覚えたるが其後此計画は如何なりしか。此度の大東亜戦争に於ても其作戦指導の様子より見れば当年の構想そのまゝにして何等変哲もなかりし様なれば、其後大なる改善も努力もなされざりしにあらざるや。同じくリンガエン湾に上陸し兵力も大差なく殆んど彼が予期したりし如くに行はれ、幸ひに予定より若干遅れたるも大体希望の通り進捗したるも彼の不意を衝きたる為成功したるものなるべく、又あまりマニラ攻略を急ぎたる為全般作戦指導に骨幹なかりし如く思はる。開戦当時彼の東洋艦隊もマニラより脱出し真珠湾にありし米の太平洋艦隊にも先づ一大打撃を加へたれば、我としてはそう作戦を急ぐに及ばず一歩一歩堅実に進捗せしめたる方が却て有利ならざりしか。

今回の作戦指導がとかく政略本位に堕したる跡少なからず。政戦両略の統合は勿論必要なるも、戦争といふ武力行使を先きとしたる以上は先づ戦略を以て本筋とし、政略はこれが効果を十二分に利用すべき見地に立たざるべからず。然るに政略、特に占領の効果、換言すれば宣伝価値の利用に急にして本節を忘れたるに起因すべし。畢竟大政治家なく政治家は軍部に慴伏し、しかも陸軍省、参謀本部あたりの所謂少壮中堅処が政治の本領を解せざるに生カジリの政治、特に宣伝に急にして戦略の本領を忘れ、加ふるに緒戦の光栄に酔ひ唯無暗〔闇〕に手を拡げて宣伝効果のみをねらひ、無計画に陸海軍競争にて手を拡げ過ぎて隙だらけとなり、さりとて其隙を塞ぐだけの手を有せず、米の反攻に遭ひ、一度隙を衝かれてよりは到る処穴だらけにて応接に遑なく、穴だらけの大網なれば収拾つかず、其内サイパン、硫黄島、沖縄等順次手許に飛び込まれ、一方救はねばならぬ蘭領東印度、マレー、ビルマ、近くは比島あり。あれもこれもと焦心する裡、遂に敗戦となりたるものにして、形勢非なりと判断したる時逐次戦線を整理するを必要としたるにあらざるか。この戦線整理も到底思ふ様には行かざりしならむも敗戦の程度をもう少し何とか形をつけることが出来しならむと今にして誠に残念に思はるゝ次第なり。

比島作戦計画に就て思ひ出さるゝは超重爆撃機のことなり。マニラ湾口コレキドール島の防備は其当時より比較的詳細に我方に知られ四十珊隠顕砲架大口径加農の所在も明瞭にして湾口の防備頗堅固なるに、海軍側は米本国艦隊の東洋来航前マニラ湾を攻略するの必要あり、さりとて湾口の強行突破は中々難事なり、ここに於てか爆撃が最有効なるに当時の航空兵力を以てしてはこの堅固なる要塞の空中よりする破壊も到底覚束なく、こゝに於てか参謀本部は台湾よりマニラ湾口を爆撃して台湾に帰来し、しかも相当量の即ち要塞を破壊し得るだけの爆弾即一屯爆弾を搭載し得る超重爆機の製作を陸軍省に要求したり。当時の航空技術にては何に致せドルニーワールの如き頗不完全なる重爆撃機しかなき時代なれば、陸軍省特に航空技術方面にては大恐惶を来し衆知をあつめて研究すること、なり漸く設計成りたるも、何に致せ頗大型となり又極秘でする関係より当時爆撃機の製作に最経験あり又最優れたる技術を有する名古屋の三菱に製作を命じ、三菱は又極秘の命令なり且従来の工場にては翼の製作も出来ざれば特別にこの大型爆撃機を製作すべき工場を新設し漸く出来上りたる片翼を組立の為各務原に運搬するに名古屋附近の狭き道路を通過するが大仕事にして、秘密保持の為払暁人通り少なき時機に牛車にて運搬するなど大騒ぎをなし漸く一機だけ余が第一部長を去りたる後竣工したるが、試験飛行は中々成功せず、機体のみ尨大なるに発動機これに伴はず、其後はたゞ其尨大なる機体を三形〔方〕原格納庫に横〔た〕ふるのみ。後年余が航空本部長として飛行第七聯隊検閲の際其格納庫に徒に尨大なる機体を横〔た〕ふる所謂超重爆機を視たるが、発動機の発達製作遅々たる為飛ぶ能はず、其時ユモ重油発動機にて試験すべしなど聞きたるが其後如何なりしか知らず。恐らく遂に飛ばず屑材料ともなりたるならむ。其後飛行機技術の発達実に目ざましく、二十年ならずしてB29の如き優秀なる超重爆機現出し遂にこれが為に我国敗戦の一大原因となりたる事実に比し、誠に御伽話の如き感なきを得ざる次第なり。

当時対米作戦計画さへ右の如き状況なれば対英作戦の如きは思ひもよらず、其片鱗さへ現はさゞりき。

対支計画に於ては北支に主作戦を行ひ、当時満洲も未だ我勢力範囲にあらざれば、約十師団の兵力を渤海湾内深く秦皇島附近に揚陸し北京を目標とする頗御粗末なる計画にして、殊に長江筋の如きは一、二師団を鰻上りに逐次長江沿岸に足溜りを獲得しつゝはる〴〵漢口まで遡るものにして、いはゞ実行も出来ざる計画倒れのものに過ぎざりしなり。

中支に於ては南京を第一目標としたるも列国利害の錯綜したる上海附近に上陸するなどは思ひもよらず、上海を避け今回支那事変にて昭和十二年十一月柳川第二〔十〕軍が上陸したる杭州湾北岸乍浦鎮は当時より南京に対する上陸点として予定したる処なり。この対支対米作戦計画も余が第一部在任当時のものと今次の支那事変引続き大東亜戦争にて実行したるものと大なる変更なきは、或は其後の研究不十分なりしか或は作戦の生起を予測せざりしものか、これに反して対露作戦計画は其後満洲事変より満洲国の独立となり状況一変したる為計画も亦逐次改善せられ、同時に関東軍の兵力もノモンハン事件等に刺激せられて拡充せられ、余が第一部在任中に比すれば著しく進歩したる様なり。

（二二、六、三〇）

対露作戦計画は陸軍として最力を尽したる処なりしが端なくも第一次欧洲大戦にて我国と露国とは同盟国となり我よりは軍需品を供給したるなど運命は誠に奇なりと申すべし。然るところ帝政露国の崩壊、引続き起りたるケレンスキー共和制の没落、過激派の抬頭と露国の運命は誠に目まぐるしき変転を遂げ、極東シベリヤも亦欧露の影響を受け過激派の跋扈を見るに至りたるも彼より我に攻勢を採るが如きことは先以て心配なければ、第一次欧洲大戦の末期即大正六、七年頃には参謀本部も対露作戦計画策定を一時休止し、其代り海軍に引づられて漸く対米作戦計画に注意と努力を向くるに至りしなり。

其後露国も愈々過激派即レーニンの時代となり漸次統一せられて安定し、極東にて各地方に割拠しありし帝政派即白系露人も逐次過激派に打倒せられオムスクのデニキン其他コルチヤコフ、中央亜細亜のウランゲル、極東のカルムイコフ、セメノフ等悉く没落して西比利も亦赤色過激派の統一下に赴く形勢となり、西比利出兵も米国が手を引くと同時に我国も亦止むを得ず撤兵となり大正九年と記憶す、カラハン、芳澤の北京会談となり我国はレーニン赤色政府を承認したる形となり、彼の西比利も亦漸く秩序を恢復したれば参謀本部も大正の末期より再び対露作戦計画を策定したるも彼も欧露の立直しに全力を注ぎたる時なれば西比利には全く退嬰策を採り、我としては大なる懸念なきこととなれば計画の如きもあまり顧慮を払はざりしなり。

昭和の時代となれば我満洲に於ける勢力も逐次北方に拡大し、北満も先以て我勢力範囲と見て差支なき状態となりたれば対露作戦計画に於ても改訂を加ふるを至当と認め、従来の吉林、長春の線の集中を一挙に進めても差支なかるべく、寧ろ主力を西方に、一部をハルビン附近に集中し西面して極東露領に進出するを適当と認むるに至り、こゝに於てか大興安嶺の通過が問題となるに、同山脈の通路は全く偵察もせられず勿論記録もなく、其当時北部大興安嶺には焔々たる大活火山ありなど伝へられ、今より見れば全く滑稽至極の話なれど当時はこれが信ぜられたるほど何事も知られざりしなり。

従て第一部としては大興安嶺の地形偵察を必要と認め該山脈の偵察計画を樹て年次を逐ふて実行することゝなり、昭和六年度の計画実施に方りたるが即有名なる中村震太郎大尉なり。中村大尉は東支鉄道南方地区大興安嶺通過道路の偵察を命ぜられ、余が訓令を受け東京を出発したるは昭和六年解氷期即四月頃なりしか。中村大尉は当時第二課兵站班にあり越後の人にして誠に朴訥の好青年士官なりしが何故か此偵察旅行には頗以て気乗りせず、出発の時など悲痛の面持なりしは所謂虫の知らせと申すべきか。当時満洲は張学良政権の時代にして日本との関係の最険悪なりし時なりしかば勿論身分を秘し農学士の農業研究といふ査証を所持し、昂々渓にて旅行を準備し昂々渓舘主の何杉とかいひし在郷騎兵曹長〔井杉延太郎〕を同伴者とし殆んど旅行の目的を達せんとしたる一歩前にて支那軍隊に捕へられ遂に二人とも銃殺せられたるは誠に気の毒千万なりし次第なりき。満洲関東軍は勿論参謀本部にても中村大尉が杳として消息を絶ちたるに騒し〔ぎ〕出し調査班等を出したる結果漸く銃殺せられたることが明瞭となり、張学良に抗議したるが現地隊長の独断なりと遁辞を設け中々解決せず、其内満洲事変の勃発となりたるがこの中村大尉事件なども慥かに満洲事変の一原因なりといふべく、中村大尉は其後特旨を以て少佐に進みたるが一人の遺児をめぐりて大尉の両親と妻君の父（少将なるが名は忘れたり）との間に面倒なるいきさつあり。当時一応は納まりたるが其後再び問題となりしと聞きしかいかゞしたるならむ。

其後大興安嶺の状況も逐次明瞭となり、第二課長たりし鈴木重康大佐も昭和六年春満洲を旅行して作戦計画の基準を得愈々計画改変の段取となりたるところ満洲事変となり、余も亦第一部を去りたれば其後のことは知らざれど今度東京裁判にてソ側に捕虜となりたる参謀本部第一部長たりし富永恭次、其他参謀本部第二課関係者たりし関東軍幕僚連の供述書を聞くに、対露作戦計画は西方にて守勢に立ち主力は沿海州方面に攻勢を採り北方はブラゴエスチエンスク方面に進出して西比利鉄道を遮断する作戦方針となりたる如く、先づ沿海州を攻略して彼が我内地に対する爆撃根拠地を失効せしむることを目的としたるは蓋し至当の考案なりと申すべし。

思へば我国と露国とは誠に日清戦争以来の悪因縁にして所謂頗好ましからぬ隣国といふべし。しかも其国民性たるや隠忍にして辛棒《ママ》強く且諜報に巧なり。今回の東京裁判にてもいづこにて手に入れたるか驚くべき機密書類をドシ〳〵証拠として挙げ来たり当方をギユウといはする始末にして、モスクワ我大使館附武官あたりが間諜の手にて盗み取られたる節なきやを疑はれ、又我満洲に於ける諸施設、関東軍の諸計画を以て悉く対ソ侵略の準備なりと因縁づけるなど其やり口のづるさ、巧妙さ誠に驚くの外なかりしなり。

（二二、七、七）

こゝに我陸軍航空の発達歴史を説くも亦一興なるべし。我国の航空は気球より発足し明治の末期なるべし、陸軍には気球研究委員を所沢に設け主として仏国の指導を受け徳永〔好敏〕少佐の如き仏国帰りを核心として初め自由気球より次で誘導気球に移りたるも、主として観測用としパルジワルのソーセージ型誘導気球を採用し、大体基礎確立したるを以て初めて気球隊を所沢に創設したるも、後に之を聯隊に拡張して千葉郊外に新設したるなり。所沢に於ける尨大なる格納庫は当時の遺物にして後年もてあましたるものなり。又我陸軍にても独のツエペリンに刺激せられ行動気球に一度は指を染めたるも戦用に適せざることを判決しあまり深入せざりき。ツエペリンといへば余が第一部長時代独のツエペリンが一種の示威、広告をも兼ね独より世界一周の途次我国にも立より霞浦海軍飛行隊の大格納庫に収容して米国に渡る準備中余も一回視察に行きたるが、独技師は大層勿体ぶり中々説明も十分ならず。研究の目的の為いやがるものを無理に日本の将校を便乗せしめたきことを申入れ漸く其承諾を得、参謀本部第一部第二課の航空班にありし柴田といふ少佐部員を便乗せしむることゝなり、本人は固より我等も果して太平洋を飛び切るかの疑念あり。本人の如きは固より決死の覚悟にて便乗したるが事なく太平洋を横断し後の物語りとなりたるが、今日の飛行機発達の跡を思ふときは誠に隔世の感なき能はざるなり。

我航空の発達は先づ大正の初代と見るべし。大正三年青島役にて偵察の為モリス、ファルマン飛行機を実用に供したるが嚆矢なりと記憶す。我同郷の福井大尉、又弘中大尉〔少佐〕等が偵察将校として活躍したるはこの時なり。モ式の如き旧式よりも寧ろ玩具とも称すべきものをとにかく戦用に供するに至りたるは今尚健在にして終戦時航空士官学校長たりし徳川好敏中将の決死の研究の賜とせざるを得ず。徳川大尉なりしか中尉なりしか明治の末年代々木にて試験飛行をなし我等も亦見学に行きたるが、滑走のみにて中々離陸せず漸く地上数米を離れたる時に一同が拍手喝采したる当時を偲べば誠にうその様なる話なり。徳川大尉と併びて当時技術審査部にありし日野〔熊蔵〕といふ大尉は主として技術方面なるもこの人も亦我航空界にては忘るべからざる人なり。又操縦者として岡楢之助、阪本某〔阪元守吉〕の二人も元老と称すべし。この両人は余が独国駐在中独に来り、しきりに研究しありたるが、押しも押されもせぬ第一者となり其後坂本〔阪元〕大尉は所沢にて殉職し其紀念碑さへ所沢駅前に建てられたるが、岡の方は其後飛行界を退き中島飛行機会社の顧問格として世の中より存在を忘れられたるが今いづこにあるならむ。昨今の飛行機の現状を見て恐らく今昔の感に打たれあるならむと想はる。

我陸軍にて自動車に関心を有するに至りたるは同じく大正の初代なり。飛行機に先立ち自動車の発達顕著なれば輸送機関として之が研究に着目し、運輸交通といふ意味より参謀本部第三部に自動車班を設け福井重次を班長としたるは余が欧洲出張不在中なりしと記憶す。其後航空の発達と共に参謀本部にてもこれが研究指導の必要を認め、作戦に密接なる関係ありとして第三部より第一部第二課に移し名も航空班と改め福井が其まゝ班長として第一部に婿入りたるは余が欧洲より帰朝後第一部に入りたる時にして、余の作戦班と併び立ちたりき。此の航空班は主として作戦の見地よりしたるが技術方面にては前よりありし軍用気球研究委員にて担当し委員長として工兵監が方りたるやに記憶す。さはれこの中心は井上幾太郎工兵大佐〔後の大将〕にして、其後航空本部の編成せらるゝや井上大将は初代航空本部長となりしが我国航空界の先覚者として建設者として井上大将の功績は決して忘るべからざる処なり。民間航空の方は大正九年頃航空局設けられ局長は次官の兼任とし兄が初代局長に任ぜられたるが、当時軍用航空としてさへ頗微々たるものなれば、まして民間航空などゝいふものはいふに足らず大した仕事もなさゞりし様なりしが、其後間もなく航空局は廃されて民間航空は逓信省の所管となり、陸軍に関係あるものは陸軍省軍務局に設けられたる航空課の所管となりたるが航空課の仕事の限界明瞭ならず。この頃には参謀本部に航空班あり、作戦関係事項を取扱ひ又既に航空本部は設立せられて訓練及補給並研究を管掌しありたれば航空課は無用の長物化し間もなく廃止せられたり。

此の如く我国の陸軍航空は気球に発祥し第一次欧洲大戦に刺激せられ大正の初期より範を仏国に採り、モリスフアルマン式より発達し、サルムソン式偵察機を採用したるは昭和に入りてなり。

軍用航空の発達は仏国が何としても先進国なり。第一次欧洲大戦にて断然頭角を抽きたるは仏国にして、独、英、米等は謂ふに足らず。米国の如き今や世界第一と称せらるゝも第一次欧洲大戦にては飛行機らしき飛行機なく仏国戦場に派遣せられたる米軍は飛行機は固よりのこと野砲さへ仏国の76ミリ砲を其まゝ使用し、而も訓練十分ならず独軍の攻撃点は常に米軍正面を撰みて指向せられたるなり。此の如き第一次欧洲大戦に於ける米軍の能力が我陸軍をして米陸軍を軽視せしめ、且我作戦計画の重点が対ソにありし為米軍の研究調査を等閑視し第一次欧洲大戦後米軍が進歩発達したるを知らず、米国はいはゞ海軍に一任したるに、海軍は海軍にて徒に大艦巨砲主義に拘泥し訓練は凡てを超越すべしと考へ電波兵器の如き研究は全く度外視し、さて開戦となれば彼の進歩せる電波兵器と優勢なる空中勢力に大艦巨砲も何等御用に立たず、武蔵、大和の如き六万屯の大艦にて虎の子の様に大事にし秘密にし我等さへ其存在を知らざりしものが忽ちに爆撃に遭ひて海底の藻屑と消へ、流石の大海軍も実に惨憺たる最后に終りしは全く米国軍と之を支持する尨大なる工業技術力に対する認識を欠きたるものにして、今更愚痴なれど実に千載の恨事といふべし。

世界軍用飛行機の発達が偵察用に発祥したるは蓋し自然の数なるべし。我国も亦御多分に洩れずモ式といひサ式（乙式）といひ何れも偵察用にして航空第一、第二大隊が我国航空隊の嚆矢として各務原に設けられたるも亦偵察隊なり。戦闘機はずっと遅れて名称は忘れたるもやはり仏国のものを買入れたるに初まる。此の如く戦闘機は偵察機に比して著しく遅れたるも其操縦が戦法が我国民性に適し且当局も之を奨励したるため其進歩発達著しく、戦闘隊は我陸軍航空の花形として登場し俊秀なる操縦者もまた戦闘機に趨り殉職者も多けれど戦闘隊は我陸軍航空の花形なりしなり。さはれとかく単機戦闘に陥り集団戦闘には訓練十分ならざりしなり。

此の如き我陸軍航空の発達が先づ技術に重点を置きたれば訓練といひ用法といひ特に作戦上の運用に至りては世界一般が然りしなれど我国にては何等準拠すべき作戦要綱は固より操典教範もなく、其都度仏国あたりより招聘したる教官指導者の思ひ〳〵の侭なりしが、我航空の用法に一定の方向を与へたる人には仏国より招聘したるフォール大佐を挙げざるを得ず。大佐は実に熱心に専習員を指導し、とにもかくにも陸軍航空兵力の用法に関し基準を与へたり。我陸軍大学校創設の恩人ともいふべきメッケル少佐に匹敵すべき人にして、大佐の功を頌する為所沢飛行学校内に大佐の胸像ありたるが、終戦直前余が所沢に赴きたる節礎石のみにて胸像を見受けざりしはいかゞしたるならむ。

航空作戦綱要が制定せられたるは余が陸軍大臣時代にして、特に陛下親臨軍事参議官会議を開かれ閑院宮参謀総長議長席につかれ当時航空総監なりし東條中将もこの日だけ特に軍事参議官として出席原案を説明したり。

爆撃機が其性能上発達最遅れたるは列国の通勢なり。我国にても爆撃機が最遅れファルマンとかゴードロンとかの輸入機ありたるも何れもズー体のみ徒に大にして用に立たず、独のドルニーワールの発動機が上にある水上機に車輪をつけて陸上機とし性能がよいとて喜びたるは昭和二、三年頃余が第一部長となりたる当時なりと記憶す。

（二二、七、一三）

陸上部隊が軍政事項は陸軍省、教育訓練事項は教育総監部とハッキリ画立せられあるに、航空のみは発達の歴史が前にも述べたる如く先づ器材が制定せられ之に次で操縦法が教育せられて、しかも器材は日進月歩どころか日々進歩して止まざる形勢なれば、教育即操縦法は器材により法式を異にし補給即ち軍政事項と操縦即訓練事項と所管を異にする時は到底両者の連繋は緊密なるを得ず。自然両者は所管を分離するを得ずといふが航空本部側の言分にして、教育総監部側は教育訓練は総監部にて統一するが我建軍の本旨なりと、両者互に主張し合ひたるも、余は教育総監にてもあり又航空本部長にてもあり、両者側の言分をよく聞きたるも各々理屈あり、航空本部内にも教育訓練を掌る部（第一部）ありしが遂に補給と教育とを分離し教育訓練を管掌する航空総監部を創立し初代の総監に東條英機中将を任命したるは昭和十三年秋の頃なり。尤も当時板垣が陸相とし東條が次官として、一方参謀本部側には多田〔駿〕が次長として石原などが之を取巻き東條と多田がいがみ合ひ、板垣が困却の果喧嘩両成敗として、多田を満洲の東正面軍司令官（第三軍）に追ひやり東條は創立せられたる航空総監に任ぜられていはゞ栄転の形となりたれば、多田はいたく板垣の遣口に憤慨し板垣に公私共に絶交とまで申入れたるも其後いつしか解けたるものなりと板垣より聞きぬ。従て東條を祭り込む位置として航空総監を設けたる嫌なきにしもあらず。其後支那事変より大東亜戦争と戦局愈々拡大するにつれ陸軍航空は益々拡張せられ航空士官学校も埼玉県豊岡町に新設せられて陸軍士官学校より分離し生徒数も陸軍士官学校に劣らぬ多数となり、卒業式にも陛下の御臨幸を仰ぐ等全く陸軍士官学校と同一待遇を受くるに至りたりき。因に教育総監は軍事参議官を兼ぬるが例なれど航空総監には其事なし。

我国にて気球より続て飛行機と研究発達したる陸軍が先手なり。海軍が飛行機に手をつけ出したるは年代はしかと記臆せざれど余程後なり。一時余が参謀本部課長時代海軍にても索敵及射弾観測の為艦上に気球を繋留することを奨励したることあり。其後飛行機に着手し陸軍より伝習を受けたるも、海軍は機関科もあり機械の類技術方面にては陸軍より奥行深きと一生懸命に研究したる為忽ち先生株なる陸軍を凌駕し一時陸軍の旧式を嘲笑したることありしが、近年殊に大東亜戦争前より陸軍にても馬力をかけたる為海軍に追つき或は物によりては海軍に優りたるものも少なからざりしなるべし。しかし支那事変勃発当時は陸軍にては碌な爆撃機なく海軍の遠距離爆撃機即当時我等の中攻機と称する中型爆撃機独り盛名を擅にし台湾を基地とし上海戦当時は内地より所謂渡洋し、上海を攻略したる后は上海を基地として広東、南京、南昌、杭州等中国側飛行根拠地の攻撃には全く海軍に御願ひするより外なく陸軍は全く海軍の功名を羨望する外なかりしなり。これも畢竟前にも述べたる如く陸軍飛行が戦闘隊に重きを置き又爆撃は器材殊に爆弾投下機の不備なりしに帰因し手を染める人もなく、又ソ聯に対しては遠距離行動の必要もなかりしに原因すべし。実際余が航空本部長時代爆撃機の通として大坪とかいふ砲兵上りの大尉か少佐の、砲兵としてはあまり名もなかりし人が技術方面にも爆撃戦闘方面にも巾を聞かし居りたるにても万事を推測し得べく、爆弾投下機はどこの国にても極秘に附しあれば我にて考へ出さゞるべからず。こゝらにも進歩に遅れたる点あるべく、今次戦争にて偶々米軍爆弾投下機を鹵獲したるもあまり精巧にして誰にも手がつけられざりし情けなきことありしと聞及びぬ。爆撃機の世界中最進歩しありたる米軍と最遅れたりし我軍との太刀打にては到底勝目もなく独りB29の横行を恣にせしめ国土を挙げて灰燼に帰し遂に今日の惨敗を見るに至りたるもの、我国は飛行機にて米国に敗れたるなり。飛行機と電波兵器にて我国は無條件降伏の憂目に遭ひたるなり、窮極する処技術にて破れたるなり。今何おか云はんや。〔以下原本なし、筆写本のみ〕

前述の如く我海軍の航空は陸軍を先生として発達したるものなるも先生を凌駕し海軍独得の技術を以て発達したれば陸軍に追随するを好まず。又陸軍は技術に於ては到底海軍に及ばずとの先天的優越感あれば陸軍と海軍とは航空技術に於ては全く独自の存在として其まゝ発達したれば陸海軍共通のもの少なからず。就中器材の規格等に於ては両軍の模合とする方素材其他に於て頗経済なるに中々既に発達したる経過に捉はれて実現せず。屢々陸軍より規格の共通等を提議したるも常に海軍の容る処とならず、遂に敗戦の日まで陸海軍独自の技術にて押通し従て原料其他に於ていかに無駄多かりしは戦争遂行の為にも影響する処頗る大なりしなり。

大東亜戦争となりてよりは陸海軍需器材の融通ありたりと聞けど技術に至りては陸海軍互に秘し合ひて譲らず、技術の共通の如きは遂に実現するに至らざりしはかへすぐ〵も遺憾なりといはざるべからず。両者にも相当の理由はあるべきも何とかならざりしものかと痛感せざるを得ず。従て陸軍海軍各々其縄張の工場を有し、同じ中島の中にても陸軍と海軍とは全く其工場を別にし両者の交通を禁ずる等局外より見れば寧ろ滑稽に類すること少なからず。尤も海軍と陸軍とは其価格を異にし海軍の方が高価なるを通常とすれば勢ひ海軍が御得となるは止むを得ざる処なるべし。

この価格について一挿話あり。余が陸軍大臣時代大阪にて某毛織会社を視察したることありしが、この会社にては陸海軍の毛布を製造しありき。海軍の方は純毛の白毛布なるに陸軍の方は茶褐の半棉品なり。一事が万事にして海軍は陸軍とあまり大差なき予算をせしめあるに世帯に於て到底陸軍の如く尨大ならず。又予算の編制が陸軍の如く款とか項とか目とかいふ細部に拘束せられず至て融通の利くものなれば毛布の如きはしくれにも此影響を見るを得る次第なりと感心したることありき。此の如く技術に於て発達の立場を異にし法に於ても陸海軍独得の立場を有したれば、陸海軍より独立する所謂空軍を創設する問題は屢々話題に上りたるも常に特に海軍側の反対に遇ひて実現せず。この空軍独立問題は英仏等に於ても実現する迄には幾多の論争障害あり、漸く成立したるものにして米軍の如きは遂に今日まで成立せず。独の如きはナチ政権にて再軍備の際ゲーリングの主唱により容易に実顕したるものにして、尤も独としては強力なる海軍を有せず海軍の発言権が強力ならざりし為空軍成立も容易なりしなるべし。我国の如く統帥権独立し陸海軍おの〳〵天皇に直隷する国柄に於ては其実現は特別頗困難なる実情なるも、前に述べたる如く海軍航空は特別なる発達をなし、空軍ともなれば陸軍に優先を占めらる、といふ僻見あり遂に実現するに至らざりし次第なるが、又一方には統帥権が独立すればこそ実現は容易なりともいゝ得るなり。

大東亜戦争となり作戦も一定の型にはまりたれば陸海軍各々其作戦に必要なる即協力飛行隊は固より必要なるも遠距離偵察爆撃の如き同一目的を有するものは陸海軍合同とするが兵力の経済なるに遂にこの挙に出でず敗戦の間際となり陸海軍各々残存兵力もいと少なくなりたるに尚各孤塁を守りて譲らず、遂にあへなく潰滅し去りたるはかへす〴〵も無念といはざるを得ず。

三笠宮が支那派遣軍参謀として御在職中二、三回上京せられたれば、余は其時せめて陸海軍の爆撃隊だけでも集成使用するを可とすべきを上聞に達せられ度ことを御願したることありき。本土上陸防禦の敗戦直前の段階に於て内地の陸海軍航空隊が協同動作めきたることを協定したる模様なるも指揮系統に於て依然折合はざりしを聞きぬ。因に陸海軍の特攻隊の如きも全く独立し、海軍の如き器材もなきに人員のみ徒に抱き込み、敗戦直前には器材なき特攻隊が至る処にゴロ〳〵し特攻隊が沿岸防備の土工作業に従事し畑を耕作するが如き滑稽なる場面もあり、降伏の時此の如き特攻隊が内地のみにても数万ありたりと聞き及びぬ。この悲惨極まりなき敗戦には誠に種々の原因あるべし。されど余は明治より胚胎したる陸海軍の対立、縄張り争ひ、陸海軍発達の歴史よりする海軍が陸軍にまけじとする意識、抗争観念が実に最大の原因なりしと断言するを憚らざるなり。この観念といふか意識といふか始終一貫したる思想が因をなして作戦構想の不一致、隠し立て、予算の分捕となり戦争準備に無用の経費を浪費したるなり。日清、日露戦争にては幸に戦争が短期に終了したるため此対立が表面化せざりしなれど、今次大戦の如く長期に亘り最初順調なりし時は醜き争も表面に現はれざりしも漸く左前となるに及びて多年の抗争が暴露せられ遂に収拾すべからざるに至りしものなり。

さきに陸海軍航空の不統一を述べたるが独り陸海軍に止まらず同じ陸軍内にても技術方面に於ては必ず統一せられありたりといふべからず。航空はその創設当時より時代の寵児として優遇せられ経費なども頗るたつぷりと支給せられありたりき。従て技術、製造の面に於ても在来の兵器等の方面よりズツと高価にして、余が陸軍大臣当時同じネジ一本にても単価が航空方面と兵器方面と著しく差異あり、航空方面のものが常に高価なるに一驚を喫し之が修正を命じたることありしも、航空機の方は其性質上良質ならざるべからずとの理由を強て附して中々実現困難なるの模様なりしが、全く陸軍部内にても此の如き有様なれば、ましてや海軍と陸軍との間の規格の斉一などは思ひも寄らぬ処なりしなるべく、こゝらにも貴重なる国帑を浪費したること蓋し鮮少にあらざりしなるべし。

余が飛行機の最初の経験は1914年独国ハンノーバーにて砲兵隊附の時なりき。当時聯隊の若き少尉連と呑みあるく内に近付きとなりたる在ハンノーバー飛行隊附の若きボーリユーとかいふ男爵か伯爵の少尉が一遍隊に遊びにこいとのことに、聯隊のフホン、ウエルナーといふ若い少尉と一日連れ立ちてハンノーバー郊外の飛行隊に赴きたり。第一次欧洲大戦勃発前は勿論仏軍は独軍に比して飛行隊方面に於て数段の進歩を示し、独軍も仏軍に刺激せられて鋭意飛行隊の創設拡張に努めたるが当時全軍にて数大隊に過ぎず。勿論全部偵察隊にして器材もタウベとかアルベトロスとかいふ。タウベの如きプロペラの后方にある推進機にして頗幼稚なるものなりしなり。さて隊に赴きたる処飛行機に乗らぬかと進《ママ》められ、当時独軍将校は陸軍大臣の許可あるにあらざれば飛行機搭乗は許されず、ウエルナーはしきりに希望したるも聞き入れられず余も日本陸軍にても大臣の許可を要すと辞退したるに、外国ではよろしからむといふうちに当番は既に余の拍車を取り上衣を脱せしめて飛行服を着ろといふに、余も観念してボーリユーの操縦する飛行機に搭乗し高度五、六百にてハンノーバーの上空を二、三回まわりて着陸したるが、この飛行機は観測者の座席は操縦席の前方にあり、着陸后ボーリユーよりハウプトマン、後ろより見れば座席の手すりをシッカリ握りありたりとひやかされて聊か赤面したることありしが、これ余が抑々臍の緒切つてはじめての飛行なりし。其後参謀本部第二課長時代航空班長春田〔隆四郎〕少佐と同行して各務原飛行隊視察の際各務原より明野飛行学校まで乙式偵察機に同乗したる時が第二回なりき。この時離陸間もなく着陸したるが知らぬが仏、何事かと思ひ居りしに後にて発動機の不調にて不時着したりとのことなりき。調整の後明野に飛行したるが、其後ドルニー爆撃機には当時の総務部長阿部少将（後の大将）と同乗して天晴飛行家ぶりを発揮したるが、このドルニー機にては後に椿事ありて数多の優秀なる中堅飛行将校を喪ひたることありき。

余が第一部長時代即ち鈴木大将の参謀総長の時なり。総長は大演習の地理実査の為出張に際し立川より浜松まで飛行機を利用することとなりたるが、実は参謀総長も時には飛行機に乗って斯界の為奨励せられたしとの余等の意見に従はれたるものにして、第二課長小川恒一郎大佐、演習課長藤岡万蔵大佐、航空班長阿部菊一中佐、要塞課深山中〔少〕佐など中堅処が随行して二機のドルニー機に分乗し、総長の搭乗せるものは無事浜松に着陸したるも随行機は離陸后急に失速状態となりて立川飛行場内に墜落し搭乗員は殉職したる不幸の出来事ありき。この時阿部は総長機に搭乗する予定の処何かの都合にて随行機に急に乗ることとなりこの災厄に遭遇したることは誠に一時のチヤンスにて、其時天命といふものは実に測り知るべからざるものなりとの感を深くしたることなりき。

其後屢々飛行機搭乗の機会あり、満洲にて師団長在職中兵団長会議の際チ、ハル新京間、ハルピン新京間などは常に飛行機を利用したるが、当時の飛行機はスーパー機にて五、六人分の座席にすぎずフラ〳〵の飛行機に過ぎざりき。其後航空本部長となり航空の本職なりしに拘はらず、検閲等には随員多数なる為却て飛行機を利用するを得ず、多くの場合汽車を利用するが如き矛盾あり。陸軍大臣となりて満洲視察の際はＡＴ機にて東京より満洲を往復したるが長距離飛行の抑々の初めてにて、其後支那に勤務するに及び往復及び支那各地の巡視には常にＭｅ飛行機により、飛行距離は数万吉にも及ぶべし。実際支那の如き広大なる地域にては飛行機による外なく、又飛行機が最安全なりしなり。第一回中支那派遣軍司令官時代には別に護衛機の必要もなかりしなれど、第二回支那派遣軍総司令官時代には重慶側に米義勇空軍の参加あり敵戦闘機もチヨイ〳〵現出するに至りたれば、漢口、広東視察の際は其附近だけ友軍戦闘機に護衛せらるゝこととなり、特に昭和十九年湘桂作戦には全く米支空軍に制空せられたれば昼間は屏息するの外なく、地上作戦が進捗するに第一線を視察するを得ず、漸く十一月十日頃に至り夜明前に衡陽飛行場に到着する如く、しかも軍偵機に小さくかがまりて搭乗したるなど全く惨めなる有様なりしも、かく支那在勤中飛行旅行は天候の異変は固より敵機等に遭遇したることもなく無事なりしも幸運と称すべきか。

余の隷下にありたる中薗〔盛孝〕飛行第三師団長の如き、広東着陸直前敵機に遭遇して撃墜せられ戦死を遂げたる不幸なる出来事などもあり。阿南中将の後を襲ぎて南方総軍総参謀長より第十一軍司令官に転じたる塚田中将〔死後大将に進む〕の如き南京の余の許に軍司令官会同に来り帰任の途飛行機は濃霧の為大別山に衝突し殉職したるが、しばらく行衛〔方〕不明にて第十一軍にては軍司令官の失踪なれば百方手をつくし遂に兵力を以て戦闘をなしつつ大別山の捜索をなし、漸く遺骸を発見したることなどありて、余が総司令官在職中高級指揮官の空中殉職はこの二事件を挙げ得べし。さりながら飛行中何時いかなる状況にて不時着せぬものと限らず、特に敵地の上を飛ぶときは万一の場合敵手に落つる前に自決する為飛行旅行中は常に拳銃を帯び居たり。

話は横道に外れたれど余が第一部長時代重なる出来事の一つとして昭和五年の倫敦海軍軍縮会議を挙げざるを得ず。当時の海軍々令部総長は加藤寛治大将、次長はたしか末次信正中将〔後の大将〕なりき。陸軍は参謀総長鈴木荘六大将、次長南中将にして、海軍の第一部長〔第一班長〕はしかと記憶になきも後には及川古志郎少将〔后の大将〕なりしか。陸軍大臣は宇垣大将なり。

若槻礼次郎男を首席全権とし当時の海軍大臣財部彪大将も全権たり。海軍大臣の不在中種々議論もありたるも結局浜口〔雄幸〕首相が海軍大臣事務取扱となりたり。この会議は海軍問題にして陸軍としては別に大なる関係なきも沿岸防備に関係あれば、参謀本部より要塞課の木村兵太郎中佐を随員に加へたり。

会議は昭和五年一月二十二日開会、同年四月二十二日協定成立したるものにして、其当時の経過並に事情は余が手記せるものあり、ここには詳かに記述せず。たゞ世間には加藤軍令部総長が始終強硬なる反対論者なりしが如く伝ふるも事実はさにあらず、加藤大将は表面強硬なりし様なれど裏面は案外軟弱にして政府案に屈服するを余儀なくせられ、世論が囂《かまびす》しきに表面硬化せざるを得ざりしが真相にして、伊東巳代治を中心とする枢密院の反対にあひ頗困難の立場にあり、遂に枢密院の軟化の為救はれたるが真相なり。其当時鈴木参謀総長が加藤軍令部総長より聞きたることを余に語られ余は之を手記し置きたり。当時上原元帥は陸軍の大御所を以て自任し上総一宮の別荘にありたるも、鈴木参謀総長に倫敦会議の経過を承知したき希望を述べられたれば余が総長の使者として時々一宮に赴きたる関係上比較的細部を聞かされたる次第にして、上原元帥の真意は当時知る由もなかりしが、こと陸軍には大なる関係なく、従て元帥の意見といふものも別になかりしなれど、元帥の心中には陸軍の立場と申すべきか我国防の見地ともいふべきか、これらの基礎よりは寧ろ同じく都城出身の財部が海軍全権なれば彼等一流の同郷臭の強きに帰因して寧ろ財部に同情して之を庇護し、従て余が使に行きたる時にもたゞフン〳〵と聞きおるのみにて別に大なる反対もなかりき。

この倫敦会議の時といひ又今度の大東亜戦争勃発の前後といひ海軍は常に世論に迎合して其立場の有利なるべきことのみを希ひ、倫敦会議の時は内心軟弱なれど世論が強硬なるに驚きて表面空威張りを見せ、今回の戦争にても海軍は米軍と戦て勝つべき自信なきに世論が対米強硬なる為其所信を枉げつつも遂に開戦に屈従したる如き、常に世に迎合して遂に国家百年の大計を誤りたるは誠にかへすぐ〳〵も遺憾千万なりと申すべし。

倫敦会議は世にも知られたる如く英米五に対する三に屈従するを余儀なくせられ、一等国と自負する我国の自尊心を著しく傷けられたれば朝野の激昂甚だしく、民政党たる濱口内閣に反対して在野党たる政友会の煽動もあり、物情騒然として政府を攻撃し、草刈〔英治〕とかいふ海軍少佐の憤慨自殺あり、遂に濱口首相の暗殺となり、若槻、財部等の全権は恩賞に預りたるも東京の物騒を恐れ途中下車してコツソリ入京したる如き滑稽なることもあり、世の中は実に陰惨を極めたりき。

海軍はこの世の不評をとりかへす為あらゆる宣伝を行ひ、聯合艦隊にては猛訓練を行ひ日曜もなき月々火水木金土など流行語あるまで訓練をなすと称し、倫敦会議の比率決定を逆用して予算を分捕り倫敦会議の不評を取り返したるも、此の猛訓練も技術の前にあへなく潰え去つてさしもの大海軍も南柯の夢と消へたりしは誠無惨至極と申すべし。

余が第一部長在職中山東出兵のことあり。済南出兵も支那側の猛烈なる宣伝攻撃に遭ひ、支那政府は五月十日国際聯盟に提訴し五月十八日米国より警告的要求に遭ひ、田中首相も初めの勢どこえ《ママ》やら、初め出兵の時は武藤大将あたりは昭和二年東方会議の時対支方針の確立はよけれど米国あたりの横鎗が出たらどうするかと質問したるに、田中大将は例の如く豪傑然と米国と一戦辞せずと豪語したる為武藤大将はそれならばよろしからむと会議中一語も発せざりしと伝へられ、真偽何れは知らざれど山東出兵は政友会在野中の標榜もあり、森恪あたりの策謀により兎に角政権を握りたれば朝に立ちては対支強硬を看板とせざるを得ず、山東出兵も其一端と見るべく初めは大いに勢を見せたれど米国の横鎗により忽ち潰え、昭和四年か五年か今しかと記臆せざれどコソ〳〵と山東より撤兵することあり。恰も余の前任たる荒木大将の第一部長の時勢よく出兵したるに余が後任として第一部長となるに及びコソ〳〵と撤兵したるものにして、撤兵技術としては容易なることとなるが飛んだ貧乏くじを抽きたるものといふべし。

昭和三年六月四日、奉天に於て張作霖爆死事件あり、当時天下を震駭したるものにして、当時の関東軍司令官村岡長太郎中将（六期生にして余が陸大当時兵学校教官たり。其後も教へも受けたりしが、高知県の人なりしと記臆するが立派な武人な〔り〕き）は待命となり、参謀長斎藤恒少将は東京湾要塞司令官に左遷せられ、高級参謀たりし河本〔大作〕大佐（十五期にして余とも親交ありき）は事件直接の関係者として予備となりたり。

張作霖は前年より中原の鹿を争ふ為満洲より北京に出しやばり自ら大元帥を称し、前年には北京ソ大使館を手入して共産党関係の書類を押収しソの抗議など相手にもせざる程にして一時飛ぶ鳥を落す勢なりしが、蔣介石の率ゆる北伐軍には一敗地に塗れ北京も漸く危くなり日本よりの勧告により、流石頑固一徹の張爺も日本の援助なければ何事も出来ずと感じたるか一夜々陰にコソ〳〵と北京を引上げ奉天に帰る途中、殆んど奉天駅構内にて満鉄線と京奉線との交叉点を張の専用列車が通過する際ガードに装置せられたる爆薬破裂して張の客車を破壊し、張は負傷後間もなく死亡し、同乗しありたる呉俊陞も負傷し軍事顧問儀峨誠也少佐も微傷を負ひたるの椿事あり。此の爆薬は明かに河本大佐の命により何とか云ひし工兵大尉が装着したる我軍用黄色薬にして、何故に河本大佐が張作霖を殺害せんとしたるか其間の消息は今日に至るまで承知せず、又承知せんともせざるが、田中首相が蔣介石の国民政府と妥協したる為これに終始抵抗して頑張り通したる張作霖は自然邪魔となる存在たりしこと、又張作霖は我国とは特別の関係あれど中々我思ふ一筋縄には行かず我対満政策の障碍たりしこと、張作霖の息張学良は一片ハイカラのドラ息子なれば、これを我薬籠中のものとなすことが対満政策上有利なるべしとの見地より実行せられたるものと推測せられ、河本が直に田中首相と通じたる謀略か或ひは河本の一存か、軍司令官参謀長は知らぬが仏なりし如く、余としても当時の事情は忘却したり。とにかく青天の霹靂として天下の問題となり曩に野に下りたる民政党は得たり賢しと田中内閣を攻撃し関東軍首脳部の軍法会議処罰を要求したるが、河本の処分のみにて兎に角いいくるめたるが、これにて政友会内閣は満身創痍を負ひ遂に翌四年総辞職するに至りたるものなり。松井大将に云はれ〔せ〕ばこれは全く河本大佐と当時奉天特務機関長たりし秦真次二人限りの陰謀にして、当時偶々京都にありし田中首相はこの報告に赫怒し関東軍首脳部を全部厳重に処分すべきことを主張したりとのことなり。松井大将の実弟にして当時張作霖顧問たりし松井七夫少将とか、余が同郷の先輩なる同じく顧問たる町野武馬大佐などは張作霖の腹心たる楊宇霆（後に張学良に謀殺せらる）、或は徐樹錚などに瞞着せられあるなり。又息子の張学良の世となす方がよからむといふごとき眼先きの現象に捉はれて此際張作霖を除かんとしたるものなり。南方国民政府との関係を調整したる后保境安民を名として満洲に引込ましめたる作霖との関係はゆつくり処置する〔を〕可とする当時の方針を河本あたりに破壊せられたるは誠に遺憾事なりと松井大将は述懐しあるも、弟の関係もあり聊か手前味噌の臭気なきにしもあらざれど、兎に角予期に反して学良は父作霖の不倶戴天の仇として関東軍を敵視し我国との関係は愈々悪化し遂に満洲事変となつたるは実に宿命なりといふべし。

当時の陸軍大臣は宇垣、鈴木〔荘六〕等と同期（第一期）たる白川義則大将にして次官は慥か兄なりしか、或ひは此時は既に第一師団長に転出したる後なるやも知れず、然らば阿部信行なり。何に致せ陸軍当局は事実をひたかくしにかくし議会にて大なる問題となりたるも遂に河本等を行政処分したるに止まりたるが、若い者はどんな事をしても大したものにあらずといふ下剋上の気分を萌したるはこの時に初《ママ》まり、特に関東軍にこの気分甚だしく此度敗戦の端を発したる満洲事変までに拡大したるものなり。

兄は昭和三年夏和田亀治中将の後を襲いで第一師団長となり全国優秀大師団長としていと満足気に見受けたるが、在職中習志野騎兵隊検閲中落馬したりとかにて肩をいため種々手当をつくしたるが中々治癒せざる様なりしが、翌四年南大将は朝鮮軍司令官に、兄は関東軍司令官として轡を列べて外地軍司令官に出て旅順に赴任したり。関東軍は前年張作霖の爆死以来兎角張学良との折合悪しく、愈々其関係は尖鋭化して職務は多大の困難を予想せられたるが特に選ばれて赴任したる模様なりき。関東軍の幕僚には河本大佐の後に板垣征四郎大佐（後の大将）情報主任〔高級参謀〕となり、作戦主任には石原莞爾中佐之に当り、漸く下剋上の風盛となり特に石原の如き謀略家に躍らさるゝ板垣あり。兄も此等謀略家の統率には一方ならぬ苦心を要したるべし。張作霖爆死事件にて左遷されたる斎藤少将の後任として参謀長となりし三宅光治中将は第十三期生にして、大学校は余と同期なるが人づきはよきも別に主義も方針もなき人なれば石原一派の全くのロボットなりき。

昭和三年の特別大演習は盛岡地方にて行はれ、翌四年は愈々鈴木参謀総長も五年に停年満限に達することなれば其最后を飾る意味にて同年の特別大演習は水戸地方にて二、四師団の比較的大規模なるものとし、余は林銑十郎中将の近衛師団に専属審判官として勤務し、兄も亦陪観の為上京したるが別れる際来年は満洲に戦史旅行なれば其際は旅順にて面会せんとて兄もいたく喜び居たるが、翌年五月約の如く旅順を訪ひたる時は兄は既に入院中にて遂に再び起たず、旅順にて兄に永別せんとは当時夢想だもせざる処なりき。

第一部の年中行事たる満洲戦史旅行は余が第一部長たりし時も依然実行し、昭和四年には朝鮮より満洲に入りハルピン、チ、ハルを経旅順にて解散し、昭和五年には北朝鮮より一度間島に入り満洲に転じハルピンにて解散したるが、此年秩父宮陸大学生として満洲見学に来られたる前後より兄は甚しく健康を害し、余等一行が満洲に入りたる時は病勢愈々募りて旅順陸軍病院に入院したりとの報に接し、ハルピンにて解散単身旅順に急ぎたる途中にては当時遼陽に在りたる第十六師団長松井兵三郎中将、参謀長たりし多田駿大佐より危篤を伝へられ、心急ぐまゝに旅順に到着し直に病院に見舞ひたる処、兄は見る影もなく衰弱し折角来て呉れたに今度は弱つて仕舞つたと元気なく万一を気遣ひたるに、これより病勢愈々昂進し病院長藤懸大佐（后に余が第十四師団長たりし時軍医少将として師団軍医部長たりしも奇縁といふべし）初め大連満鉄病院長其他の人々の看護やら、旅順重砲兵大隊下士卒の献身的輸血も其効なく遂に五月三十一日未明五十九才を一期として帰幽せられたり。

病名はあまりよく説明もせられざりしも動脈硬化症なりと聞きぬ。年来の大酒に旅順赴任以来運動さへ不十分なるに若い者を相手に頻りにウイスキーを夜更けまで引かけたるも確かに原因たりしなるべく、周囲のものは一度血圧測定を勧めたるに頑として拒けながら、窃にアニマザの如き動脈硬化症予防剤を用ひ居たる様なり。

兄が関東軍司令官就任の頃より張学良の軍に対する反抗は愈々甚だしく、表面は儀礼を尽せるも軍を父の仇なりと放言しありたる如く、満鉄総裁仙石貢と共に張学良に茶に招待せられ仙石総裁も兄もこれより身体をこわし当時一杯盛られたる如きデマさへ飛べり。大石巨巌の如きは更に進みたる流言をさへ信じあるが、病源はいづこにありしか今日まで分明ならず。致命傷は腸の出血にありたるものと見えたり。

折角兄に面晤し軍司令官ぶりを拝見せんと楽み来りたるに意外にも死別となり、十日あまり看護を続け臨終を見届けたるがせめてもの心遣りなりき。葬儀は六月五日頃なりしが頗盛大に行はれ、陸軍大将に進み瑞一に叙せられ殆んど全軍の師団長以上より花輪等の寄贈あり。当時砲工学校学生たりし英一も飛行機にて葬儀に間に合ひ、賢二は北大在学中なりしが後れて旅順に来りたる如く記臆す。葬儀の日折柄の快晴に葬列に扈従して偶々白玉山を仰ぎたるに忠霊塔クッキリと一碧の青空にそゝり立つ其光景は今尚忘れ難き処なり。当時金谷大将参謀総長たり。兄とも別懇の間柄なりしかば余にも特に休暇を与へられ、看護、葬儀で一ヶ月にも近き便宜を与へられたるは誠に多とすべく、余は英一と同行葬儀后間もなく海路帰京したり。

五十九才といへば決して老令にあらず。朝野は一同其死期の速かりしを悼みたるが、今となりては兄は誠に幸福と申すべく惜まれて潔く散りたるが、年より云へばまだ〳〵今尚存命の年なり。さわれこの祖国の悲運を見ることなく死亡したるは今となりては誠に仕合せなり。親しき間柄にして同じ様なる経歴をたどりたる南大将が今巣鴨に敗残の老躰を曝らしあるに比べては誠に幸運至極なりといふべし。兄の後任には台湾軍司令官たりし菱刈隆大将（第五期生）転補せられ、菱刈大将は所謂薩閥として別に才能優れたる人にもあらざるが要領よき老爺にして翌六年八月まで一年間関東軍司令官の職にあり。在職間何事も起らざりき。さわれ満洲に於ける張学良の関係は日々に悪化し種々なる不祥事件相次で起り、学良は事毎に我施策に妨害を加へ榊原農場事件の小より万宝山の鮮農圧迫引続き虐殺事件（これが報復として其後間もなく平壌にて中国人が朝鮮人に虐殺されたる事件あり）あり。多年の懸案たりし満鉄並行線問題も張側は我抗議に拘はらず着々実行に移し、東北軍の増強に努め奉天兵工廠の拡張、戦車、飛行機等の整備に熱中し満洲事変の勃発前は其兵力は二十万にも達したるべし。これに反して我軍は第十六師団に交代したる第二師団（師団長多門二郎）、独立守備隊六大隊（初めは四大隊なりしが后に至り二大隊を増加したり、司令官は森連中将なりしと記憶す）にして其兵力は総計一万を一寸越へたる位に過ぎず。張学良は蔣介石と妥協（稍表面的にして日本に対するイヤガラセの感頗大なりき）して蔣の国民政府より東北保安総司令に任ぜられ、我との約束に反して青天白日旗を用ひ（それまでは五色旗なりし）我に対し隠然たる敵国の観を呈し、東北に国民党支部を設け彼我の関係益々先鋭したる処に、昭和六年に入りてよりは中村大尉虐殺事件あり何れ一騒動持上らずしては止むまじき形勢なりき。

かゝる満洲の情勢は直ちに国内に反映し、曩に張作霖爆死事件の責を負ひて退陣し民政党の濱口内閣に政権を譲りて野に下りたる政友会は之を種に政府を攻撃し、国論囂々として中にはそんなに満洲問題が面倒ならば寧ろ満洲を放棄するを可とする議論を吐くものさへ生ずるに至りたり。

折角軍籍を抛て政界に躍り出て一時我世の春を謳ひたる田中義一大将も晩年頗る面白からず。政友会よりは出て行けがしの取扱を受けたりしが、昭和四年なりしか五年なりしか狭心症にて淋しく此世を逝りしが、当時は自殺さへなど噂せられたる程なりき。軍人にして政治に志したる人の末路はかくあるべきものか。

こゝに昭和三年の御即位式の盛観を記せざるを得ず。当時は田中内閣の時にして大将得意の絶頂なりき。又明治、大正を通じて我国の最盛なる時代なりしと称すべし。即位の御大典は京都にて行はれ前後数週間を要したりと記憶す。当時参謀本部よりは総長次長の外総務、第一、第二、第三部長は参列の光栄に浴し、参謀本部関係者は伏見に宿り、余と第二部長松井石根少将、第三部長広瀬寿助少将は伏見稲荷前の玉屋といふ老舗の宿屋を割当てられ、全部の式典に列する訳にあらず一部参列するのみなるが、其間前記宿屋にごろ〳〵して閑あれば京都に出て叡山其他の名所を尋ね名物料理を試み誠に呑気なる生活にして、顧みれば余の一生を通じ最多幸なる数日なりしと称すべし。全国津々浦々に至るまで慶祝の気分に満ちたる最多幸なる我国の一時期にして今後此の如き光景は再び来らざるべく、我国の前途を顧みて誠に暗澹たる心地せらる。

当時兄は第一師団長として参列し木屋町あたりの待合に、陸軍大臣は白川義則大将、次官は阿部信行大将にして市内の近太旅館に宿泊しありたり。御即位の本儀の際は余は参列の番にあらざりしかば松井大〔少〕将と共にケーブルカーにて叡山に上り、四明ヶ嶽の頂上にて快晴の午時に万歳を三唱したりしことを記憶す。昭和三年今上陛下御即位式の盛典は真に我国隆盛の絶頂なりき。其後二十年ならずして急転降伏の屈辱に遇ふ、誠に一場の悪夢と称すべし。当時誰が今日を予想すべき。大にしては一国の天命、小にしては個人の運命、如何ともすべからざりしなるべし。

田中内閣の時今の総理大臣官邸、御大典に間に合ふ様工事を急ぎありしが落成し余等も其披露の宴に招かれたるが、爾来この官邸は兎角けちが多く、間もなく田中内閣は没落し犬養首相はこゝに殺され岡田首相は漸く反軍の兇弾を免れ遂に今次の大戦にて其大部分を焼失す。この首相官邸は猫騒動にて有名なる元鍋島邸のありし処なり。首相官邸は其以前は議事堂の西にて往来に面し其後農林大臣の官邸たり、次で議会記者クラブたりし木造の建物なりき。世は御大典の盛儀に慶祝の気分に浸りある時、日支外交は漸く悪化し米国の悪意ある干渉も漸く露骨となり、内には政友民政両党の政争愈々烈しく昭和四年政友会の田中内閣総辞職して濱口民政党内閣これに代り、五年には倫敦軍縮会議にて我は五五三の比率を推しつけられたりとて世の憤激を買ひ、同年濱口首相は狙撃せられ一時幣原外相が首相を兼摂しありしが次で若槻首〔相〕となりしも、対支外交が兎角穏便事勿れ主義なりし為政友会あたりの煽動もきゝたるならむ幣原軟弱外交攻撃の声漸く大となり、これより先井上〔準之助〕蔵相、団琢磨暗殺事件あり世の中は物騒至極なるに、政党は眼中国家なく徒らに醜き党利党略より徒に政権を争ひ心あるものをして眉をひそめしたるが、濱口内閣の陸相たりし宇垣大将は時は忘れたれど東京在郷将官までも戸山学校大食堂に集めて二時間余りも長広〔口〕舌を振ひ、我国の現状より政党の堕落を攻撃して多大の感動を聴者に与へたるが其真意は果して那辺にありしか分明せざるも、其後の大将の行動より見れば内閣を倒して政権を握らんとする野心を多分に包蔵しありたるにあらざるか。其後間もなく例の三月事件などの未発には終りたれど議会に対するクーデターめきたる陰謀あり。宇垣大将も一枚加はりありたるは明白なり。

此の如く政党の堕落は事実なり。政党は各々後楯に大財閥を有し、三井は政友、三菱は民政なることは天下隠れもなき事実なりしなり。民《ママ》政党総裁加藤高明、並に幣原は三菱の女婿なり。政友会の利者森恪は上海三井支店の出身なり。満鉄総裁たりし山本条太郎も三井の出身なり。此等財閥は各々其支持する政党が天下を取る時は予ての献納金に物を云はせて利権をせしめ他の人々の介入を許さず、天下の公憤なれど如何ともし難く、一例として一地方の鉄道、道路の如き些細のことに至るまで一に党利党略により専横を極め、地方の知事は固より警察署長の末輩に至るまで内閣の交迭《ママ》する毎に交代せしめ其弊害は実に言語に絶するものあり。明治初年以来藩閥の横暴に苦しめられ、大正末期より満洲事変前までは実に腐敗せる政党に苦しめられたるなり。政党の弊害此の如きに至りてはいつかは此党弊も打倒せらるべきは蓋し天の命数なりと謂ふべし。これに代りて出たるものが即ち簡単幼稚なる軍部を利用したる官僚群にして、此軍部官僚の勾結したる政権が遂に今度の悲惨なる運命を招来したるものに過ぎず。これもまたかくあるべかりし国の運命なりしなるべし。

昭和五年頃よりの我国の政情此の如きに於ては深く世故の裏面に通ぜざる青年将校輩が時事を慷慨するは蓋し自然の理なるべし。参謀本部第二部が特に此気運の発生地にして当時露班長たりし橋本欣五郎あたりを中心としてこゝに桜会と称する一種の会合を起し、部内の他部、陸軍省、教育総監部あたりの佐官、大尉級に呼びかけ会員も二、三〔十〕名に達したるべし。第一部にては河辺虎四郎（当時大尉か少佐）が加はりありたることは分明なりしも其他は承知せず。陸軍省にては軍事課の坂田某〔義朗〕などが牛耳りありしなるべし。

此会合は国内革新を目的としたり。此桜会は中佐以下を以て成り会員は橋本の言によれば百五十名位にして時々偕行社に集合しありたりと。当時第二部長には兎角此種謀略めきたることの好きなる建川美次少将たり。

次長岡本中将はこれより先き近衛師団長に転出し其後任に総務部長たりし二宮治重次長となり総務部長には梅津美治郎補せられたるが、二宮は余と同期生たるに今は次長として余は其統制を受けざるべからざる立場にあり、余としては内心大いに不平なりしが金谷参謀総長は一日余を招き慰藉せられたることあり。

幼年学校出身にあらざる連中が幼年学校出身者に対し一種の反感を有しありたるは事実なり。当時の参謀本部は次長第二部長の如き権要の地位にあるものは幼年学校出身にあらず。陸軍省は杉山次官たり、軍務局長は小磯にして共に幼年学校出身にあらず。彼等は兄を中心人物と認め兄も亦此等の人々を一々余に相談して起用したるは事実なり。杉山、小磯あたりを陸軍省の要職に起用したるは一に兄の方寸なりき。彼等は其駐在員たりし関係よりして自然英国派とも称すべし。

此直に士官候補生たりし一派と幼年学校出身たる一派は別に抗争といふ訳にはあらざれど、士官候補生第九期生頃より何となく対立し、第九期生にては荒木、真崎、阿部は何れも幼年学校出身にあらず、幼年学校出身者は第九期にては松井、本庄なり。因に金谷、南は幼年学校出身なり。第十期にては川島、植田の両大将、第十一期にては寺内、然り。余の同期にては杉山、小磯、第十四期にては西尾、何れも幼年学校出身者にあらず。総じて第十五期生以上には幼年学校出身者振はず、これも畢竟幼年学校出身者が早より陸軍生活に入り加ふるに幼年学校の教育方法があまり型なり伝統に囚はれて人間に融通性なきに原因するか、或は士官学校あたりにて幼年学校出身者に抑へられたるものが后年陸軍の要職に就き往年の一種の感情に制せられて幼年学校出身者に対する風当り強かりし故か、其原因は知らざれど幼年校出身者が振はざりしは事実なり。

ここに昭和六年三月に起りたる三月事件といふものに一言すべし。当時余は全然関係なかりし為承知する処なかりしに、今度の東京裁判にて全部とはいはざるも一部が摘発せられこれにより初めて承知したる処にして、事の起りは橋本欣五郎が中心となり大川周明あたりと結び一部兵力を以て議会に対し示威行軍をなし、建川の肝煎にて橋本が歩兵学校より入手したる演習用爆包を以て議会を脅迫し、こゝにクーデターを行ひ宇垣大将を首班とする内閣を成立せしめんとするものにして、小磯あたりも此謀議にあづかり其背后には宇垣大将ありたりしが、聡明なる宇垣大将は此の如き杜撰なる直接行動に賛成する筈なく事成らずと見るや小磯に中止を命じ、特に当時第一師団長たりし真崎は宇垣派の反対派とも称すべきものなれば兵力行使に反対したる為此クーデターも成立せず関係者は解散したるが、橋本あたりは単に謹慎処分を受けたるに止まり、賞罰を明にせざりし為事は誠に夢の如き児戯に類することとなるも、此跡始末が不十分なりし為何をしても大した処罰を受けず上の奴など眼中になしといふ気運を醸成し、后年に至り益々下剋上の悪むべき傾向と悲むべき結果を見るに至りたるは実にこの三月事件あたりが其最大なる原因をなす次第にして、上級者も又一枚加はりありたればここに思ひ切たる処置をなし得ざりしなり。此度の悲惨なる敗戦も実にこの一些事に胚胎したるものとも称すべし。昭和六年の戦史旅行は方面をかへ、国際情勢も漸く変化し今迄は専ら対ソ作戦を国防の主眼としたるが此際国土防衛も全く着手せられあらず、この方面にても亦関心を払ふ必要起りたるより台湾島の防衛作戦を研究することゝし、参謀本部々員を以て専習員とし賀陽宮殿下も部員として当時第一部勤務にてあられたれば統裁部附とし、同年六月渡台し東海岸は固より澎湖島に及び仔細に研究したり。当時の台湾軍司令官は渡辺錠太郎大将たりしが此演習中宇垣陸軍大臣辞職し南大将陸軍大臣となりたり。若槻民政党内閣この年たりしと記臆す。台湾にて霧社事件と称し生蕃が内地人を虐殺し之が討伐に台湾守備隊の一部を使用したることあり。此参謀旅行は事件直后とて一行霧社を訪ひ現地を視察したり。

余は台湾にはよく〳〵縁深きものといふべし。大正六年の高雄要塞予定地視察を切かけに此参謀旅行、次で兵監として、又航空本部長として再度の渡台、遂に軍司令官として勤務するに至り、澎湖島の如き前后三、四回渡りたるが、今やこの縁故深き南海の高砂島も没収せられ徒らに往時を偲ぶのみなり。

この頃満洲の事情悪化したれば陸軍としても対策を講ずるの必要を認め、其対策は今は忘れたるも対策と云ふよりも寧ろ情勢判断ともいふべきものにして、勿論兵力の如きは大義名分なければ使用する限りにあらず、就中其方にては厳重なる第一部のことなれば兵力使用の如きは議に上りたることなく、さりながら事重大にして一応海軍にも相談するの必要を認めたれば余が海軍と交渉すること〔と〕なり、一日当時海軍軍令部第一班（第一部）長たりし及川古志郎少将（后の大将）と偕行社に会合し、懇談の形式にて満洲対策を持出したるに、海軍の返答は海軍は対米準備にて手一杯なり、中々満洲には手が及び難し、陸軍の御意見の通りに処置せられて異存なしとの誠にアッサリしたる返答にこの一回の会見にて打切りとなれり。

然るに后に至り満洲事変となるや海軍は逸早く駐満海軍部を設けて割込み来り、陸軍と対立して分前に与ることを忘れざりき。海軍は何事もこの方式にて、初めは陸軍に御願ひするとか或は意見なしとかいふに、事成れば直に便乗し来り分前に与るか或ひは乗取りを策するは其伝統の遺口なり。

昭和六年九月十六〔八〕日柳條溝〔湖〕に起りたる日支両国軍隊の衝突は支那軍の攻撃に依る我自衛行動なりと称せらる。又しかあるべしと信ずるも我にも亦何となく陰謀臭き処ある心地せらる。第一部が兵力使用の権限を有し第一部の同意なければ一兵も国土外に出すこと能はざれば、第二部あたりの陰謀組には第一部は眼の上の瘤なりしなるべし。

従て満洲事変には張作霖爆死事件の如き計画的陰謀なかりしにもせよ早晩は兵力を使用して満洲を処分せんとする計画が関東軍と第二部との若干のものの間には一脈相通ずるものありしなるべし。この時偶々柳條溝〔湖〕事件偶発（偶発か否か余は知らず）して予期より早く事件勃発したるものなりとも察せられざるにあらず。其証拠には早くも奉天に二十四榴を配置せられたる事例の如き、事変を予知したるものと称すべく、何にせよ第一部が邪魔なれば余の進級を機として余を追払ひ、第二部の勢力範囲とし以て満洲事変をデッチ上げんとしたるものと推測せらる。

偶々砲兵監大橋顧四郎中将病気の為職を退き砲兵監空位となりあり。総監部本部長林仙之中将より余を所望せられたるを好機とし余を参謀本部より追ひ建川を第一部長としたり。勿論この一連の計画には小磯、二宮あたりが関係しありたるは推察し得べし。

この年八月満洲事変勃発に先立つ一ヶ月、余は中将に進級を機とし、余が陸軍大学校卒業后大尉として入りたるよりこの時まで在外及隊長時代を除き殆んど余が陸軍出身の半ばを勤務したる参謀本部を追はれ砲兵監といふ閑職に就きたるなり。

余が第一部長として在職三年間は前に述べたる如く、統帥部としては山東出兵の後始末として山東より撤兵し、一方満洲に於ては即ち満洲事変の前夜として何となく危機一髪の感あり、国内は上下騒然として政党の相剋、右翼分子の活躍等あり、外には支那の排日益々烈しく、加ふるに米英等の我国に対する抑圧等あり、倫敦会議にては米英に対する劣勢比率を強ひられ世論囂々として、今にして考ふれば今日の我国の悲運は既に此時に胚胎したるものなりしなり。又余一身の上よりすれば余が第一部長たりし時は鈴木大将参謀総長たり、後には金谷大将参謀総長となり、次長は南中将にして共に余とは関係浅からぬ人なり。此等の人々の下に武藤中将系統の人として寧ろ反対の立場にありたる第一部長荒木中将の後に余が第一部長となりたることは荒木派の人々より見れば不快事なりしなるべし。それかあらぬか荒木中将と別懇にして其下に第二課長なりし小畑敏四郎大佐は余が第一部長転補を機として第二課長を去り、鈴木重康大佐其後任として来れり〔小畑大佐の後任は今井清大佐で、今井大佐の後任が鈴木大佐である〕。この余の第一部長就任が荒木派といふか皇道派といふか彼等一派に白眼視せられ後年余の進退に兎角の障害をなし、次で第一部長末期には建川一派の所謂英国派に邪魔物扱せられ遂に物淋しく他〔多〕年御奉公にはげみたる参謀本部を去りたる次第なるが今東京裁判に立ちて満洲事変以来の戦争犯罪として其裁きを受くるに至りては却て事変前に第一部を去りたることが有利なりしことを見ては、今更運命といふものがあざなへる縄の如きものにて到底浅はかなる人智の推測する能はざるものなることを痛感したる次第なり。

⒄　砲兵監

昭和六年八月の異動にて余は砲兵監に転じたりき。当時の教育総監は武藤大将なりき。本部長は林中将なりしがこの時の移動なりしかしかとは記憶せざれど其後任として余の同期なる香椎浩平来り、当時の騎兵監は柳川平助、工兵監は杉原美代太郎、輜重兵監は横須賀辰蔵にして何れも余の同期なり。

砲兵監は教育総監の隷下にして砲兵科には相当睨みも利きたれど元来閑職にして、元は野戦砲兵監と重砲兵監と二人に分れありしも其時機は今は記憶せざれど余の砲兵監就任前この二職を合して砲兵監となし四街道の野戦砲兵学校と横須賀の重砲兵学校を其隷下とし砲兵本科専門事項の斉一進歩を図るといふ全く専門的の職務なれば、余の如き此方面にかけては唯砲兵学校教導聯隊長一年間の浅薄なる経歴をのみ有するに過ぎざる素人にとりては頗以て重荷なりしも、兵監部附少将としては斯界に名ある仏蘭西仕込の永持源次少将あり、初めは郷竹三少将なりし部員には後に北支方面軍参謀長、蒙疆軍司令官等を歴任し終戦時には第六方面軍司令官として上海に拘禁中病死したる岡部直三郎大将、内山英太郎、竹内善次等の歴々あり、兵監は何も知らざるも幕僚に其道の権威あれば全国砲兵隊の検閲にはたとへ経費に制限せられて高々一、二名の幕僚を帯同するに過ぎざりしも相当の権威を以て実施することを得たりしなり。

由来教育総監部は当時山縣元帥、寺内元帥等も一度其職にありたる監軍部の後身にして、名前はよきも陸軍省、参謀本部等に比すれば教育といふ軍政とも統帥ともつかず一部面を担当するに止まり頗以て勢力なく、時に教育総監部廃止論も飛び出程無力なる官衙なれば、其隷下にある砲兵監部の如きは砲兵科の者には尊重せらるゝも其外には全く存在を認められず、以前は砲兵科将校の人事は砲兵監部にて握りありたれば砲兵科には睨みも利きたれど余の就職以前なりしかこれを陸軍省人事局に返納し唯兵監部は発言権を有するに過ぎざることとなりたる為権力も頗軽くなり唯黙々として世の騒ぎを外に全国行脚にいそしむのみなりき。教育総監は前にも述べたる如く監軍の名残りとして三長官の虚名を有するも、重要国策は固より統帥事項にも口を出すことなく、唯陸軍将官以上の高等人事に関し議に与るのみにして、系統は統帥事項に属するものなり。従て海軍にては教育は教育局として海軍省の一局に過ぎざるなり。陸軍とは比較にならぬ程御粗末のものにして、陸軍が教育総監部といふ如き名前倒れのものを置きたるは全く歴史の遺物なると、高級人事を参謀総長、陸軍大臣の二名の共謀専横に委せざると、元来陸軍大臣は文官にして文官は我国にては陸軍大臣たりしことなきも大正三年予備将官にても可なる制度としたれば、（実際は実現せざりき。）参謀総長、教育総監の二名の現役者にてこれを抑へんと企図したるものなりしか。

砲兵監部の設立は相当古きものなれば歴代の砲兵監の姓名は記憶せず。余が兵監在職中内山英太郎の努力にて此等人々の写真を集め兵監室に掲げありしが、昭和十二年総監部火災の際焼失したるも其後再び蒐集したりと聞きしが如何したるならむ。日露戦争当時の第三軍参謀長伊地知幸介、大迫尚道大将、鈴木孝雄大将、渡辺満太郎、渡辺岩之助、坂部十寸穂等は今尚記臆に存する処なり。

余は八月就職匆々舞鶴重砲兵大隊の検閲を皮切に最速全国行脚に出かけたるが、九月十八日の満洲事変は北海道砲兵隊検閲の日程に函館重砲兵隊の射撃検閲の為森といふ火山湾沿岸の一寒駅の旅舘に宿泊中号外にて知り、かねてかくあるべきことを予知したれば其瞬間「ヤツタナ」と絶叫せざるを得ざりき。

かくて昭和六年八月砲兵監に補せられ同八年八月第十四師団長に親補せらるゝまで満二年、此間世の中は益々険悪となり、満洲事変は益々発展して七年三月には満洲国の独立となり、リツトン卿一行は国際聯盟より派遣せられて満洲事変の真相を調査し其報告書は我国の立場を無視して我国の為には著しく不利となり、昭和六年十月十五日及同年十月二十四日の国際聯盟理事会には十三対一（一は日本なり）の多数にて満洲事変を不法行為とし、次で昭和七年一月二十九日支那は聯盟規約第十五条により事変を処理すべきことを国際聯盟に提議したる処国際聯盟は之を採択して、二月十五日第十五條第九項に基き事変を理事会より総会に移すべきことを要求し日本は之に反対したるも遂に昭和八年国際連盟臨時総会開催せられ四十四国之に参加し、日本よりは松岡洋右全権として奮闘したりと称せらるゝも遂にシヤムの棄権により四十二対一の決議にて日本の敗北となり、日本は遂に国際聯盟を脱退し松岡は思はざる声名を博し凱旋将軍の如く帰朝して朝野よりヤンヤと称賛せられたるも本人聊か予想に反したるものと云はる。

余が昭和六年八月参謀本部を去て砲兵監となり教育総監部の孤島に隠れて浮世を外に砲兵教育に専念し、一時はこのまゝ現役より葬られて退隠する運命とも見えしが林銑十郎大将が教育総監となるに及びて再び浮び出て、昭和八年八月第十四師団長に拾ひ上げらるゝに至る。二年の間は世は満洲事変の発展、次で昭和七年には第一次上海事変、同五月には世の耳目を聳動したる五、一五事件と目まぐるしき変転を見せたるが、余は全く此等事件の圏外にありて其間の消息には一切触れず只管南船北馬国内は固より朝鮮、台湾と砲兵隊の検閲視察に専念したりしなり。

元来教育総監部は陸軍省、参謀本部に比すれば何等の勢力なく砲兵監部は其又陪臣なれば全く度外視せられ、中将の高位にありながら陸軍省、参謀本部あたりの少将、大佐に比してさへ碌な取扱を受けず不快極まることは度々なりき。

些事なれど参謀本部第一部長時代には門口より自動車による通勤もなしたりしに兵監となれば二、三人一つの自動車にブチこまれ、それさへ当時総監部のありたる麹町代官町より四谷見附迄と制限せられ其他は省線電車にブラ下り又は徒歩か乗馬なるに、当時参謀本部総務部長たりし梅津少将は専用車に収まり返へるといふ有様なりき。

第一次上海事件は昭和七年一月十八日上海附近に蟠居しありたる蔡廷楷の率ゆる十九路軍のものが上海市街を托鉢しありし本田某とかいふ日蓮坊主を殺害したるに端を発し、遂に一月二十八日我海軍陸戦隊と衝突したるに至りたるものなり。元来蔡廷楷の支那軍とは広東地方の出身の軍にして軍紀厳正ならず、蔣介石の制令にも服せず蔣ももてあましたるものなれば、事件の突破に方り我より支那側に厳重抗議したるに蔣介石側は責任はとれずと逃げある間日支両軍の衝突となりたるものにて、当時上海の海軍陸戦隊は総員数千に過ぎざるに、蔡軍は兵力数万に達し広東出身のもの共とて中々勇敢なれば海軍ももてあまし、陸軍に出兵を要求したればとりあへず二月四日九州より混成第二十四旅団（旅団長下元熊弥）を急遽佐世保より上海に軍艦により輸送したるに戦面愈々拡大し、更に第十一師団（師団長厚東篤太郎）をこれまた軍艦により増援し第九師団（師団長植田謙吉）をも加へ遂には名称は忘れたれど白川義則大将を軍司令官とする一軍を編成し愈々大規模なる作戦となりしなり。軍の参謀長は公使館附武官たりし田代皖一郎少将なり。当時余が軍参謀長に命課せらるゝ予定なりしが一派の反対に遇ひ沙汰止みとなりたるものなりと後より聞きぬ。

この時陸軍の輸送に任じたりし聯合艦隊の司令長官は永野修身大将なりし。支那軍の抵抗頗頑強にして戦闘も中々進捗せず、当時世にもてはやされたる爆弾三勇士は混成第二十四旅団の工兵隊員なり。又林大八〔大佐〕、空閑少佐は何れも第九師団の人々なり。中央は更に第十四師団を動員して増派したるが、上海領事団の調停により三月十九日停戦協定成立し五月五日調印の運びとなり、こゝに第一次上海事件は落着し第十四師団は途中よりそのまゝ満洲方面に採用せられたりき。

四月二十九日の天長節祝典に上海公園にて一朝鮮人の投じたる爆弾に白川軍司令官は傷〔つ〕き間もなく上海にて戦傷死し、遣支艦隊の司令官たりし野村吉三郎大〔中〕将は一眼を失ひ、上海総領事〔特命全権公使〕たりし重光葵は片脚を失ひたる出来事あり。当時の警戒が不十分なりしと聞きぬ。

五、一五事件は昭和聖代の不祥事の第一歩なり。昭和六年の暮若槻内閣倒れて政友会の犬養毅総理となり、陸軍大臣には南大将の後を襲ふて荒木中将新ら〔た〕に登場したり。荒木中将は陸軍大学校長より第六師団長に出で次で武藤大将教育総監の下に本部長となり本部長より大臣となりたるものなり。

満洲事変より陸軍に下剋上の風漸く盛んとなり荒木中将を取捲く真崎、柳川、小畑、山岡〔重厚〕など称する面々が例の皇道といふ理論といふか信念といふか一種の口頭理想論を以て世情に通ぜざる青年将校の一派を籠絡し、荒木中将もまた第六師団長時代相当九州の頑迷なる猛者連に鼓吹したる効果も生じて、荒木の名声は急に高くなり昭和六年十月所謂十月事件として参謀本部の橋本、和地〔知〕〔鷹二〕、根本などの面々が荒木内閣を作らんとする陰謀さへ生じ、これらの面々は未然に発覚して憲兵隊に拘束せられたる出来事あり。荒木に関する工作はスツカリ地盤出来上りありたれば、犬養内閣の陸相に就任すべきことは彼等一派の既定の計画たりしなり。

五、一五事件は三上〔卓〕以下霞ヶ浦海軍航空隊尉官の若干と後藤以下陸軍士官学校在学中の士官候補生若干が昭和七年五月十五日首相官邸に闖入し犬養老を拳銃にて射殺したる事件にして、何故海軍士官のみにて陸軍士官が加はらざりしや、又何故に陸軍士官学校生徒が加はりしや、其動機は承知せざれど蹶起が政党の腐敗に憤慨したるものなりといふも、海軍の下級将校と陸軍の士官候補生の一団に過ぎざりしことは聊か不審に堪えざる処にして、其間に必ず煽動者ありしことは疑ふ余地なく西田税の如き一派が煽動したることは明かなるも、陸軍にも黒幕ありしや否やは承知せず。海軍士官は全じく茨城県に在りし橘孝三郎一派の指《ママ》嗾なりとか。

さはれ前年の三月事件といひ又十月事件といひ首魁者は重謹慎位にて事すみ、五、一五事件に於ても陸軍大臣といひ直接の責任者たる教育総監（武藤大将）も交迭《ママ》せず（士官学校長は余の同期なる瀬川章友なりし記憶あるも明了《ママ》ならず。瀬川ならば之が為予備役となれり）、有耶無耶の裡に揉み消されたるは、愈々下級将校連の下剋上の悪風を増長せしめ何をなすも大したことなしとの上官軽侮感を促進せしめたるものにして、後年の二、二六事件は既に胚胎したるものと称すべし。

かかる風潮の間にありて陸軍大臣荒木〔大〕将、海軍大臣大角岑生大将、関東軍司令官本庄繁大将が満洲事変の功により男爵に叙せられたるは皮肉千万にして、本庄大将は永年侍従武官長の職にあり、定限満年にて其職を去りたる奈良武次大将の後を襲ひて侍従武官長となれり。

余が砲兵監在職中職務上各砲兵隊の射撃検閲をなしたる為全国の砲兵射撃場は殆んど足跡を印し、遂に実視の機会なかりしは青森県の山田野、仙台の王城寺原（当時は第二師団砲兵聯隊は満洲にありし為兵監在職中は遂に王城寺原には行かざりしも、後年教育総監として実視したり）、滋賀県の饗庭野、熊本県の大矢野原位にて、海岸重砲兵隊も殆んど足跡を印し唯対馬だけは遂に行くの機会なかりき。

かくの如く各所を歴視したれば風光は固より其土地の風俗状況等今日尚思出の種となるもの頗多く、北海道美瑛射場にては射撃中熊が出たる話、島根県三瓶原にては山間の僻村に島根独特の神楽を見たる話、さては北朝鮮国境の山城山射場等思出の種はつくることなし。

砲兵監は朝鮮、台湾等苟くも砲兵隊のある処には検閲に出かけたるも唯独満洲のみは作戦部隊なりとて兵監の検閲視察を許さず。満洲事変が作戦なりと見るは一応の理屈なるも純作戦行動とはいふべからず。兵監の検閲視察により本科専門事項の進歩発達を希望すべき條こそあれ何等之を拒否するの理由なきに、航空本部長の視察も許さず、杉山が航空本部長として満洲視察に赴きたる処何をしに来たかと剣もほろゝの取扱ひに憤慨して帰りたる話さへあり。

要するに関東軍は満洲事変以来鼻息あらく幕僚の下剋上の気風旺んにして、陸軍をかゝる情態に陥れたる気運の温醸は蓋し関東軍に胚胎したるものといふも決して過言にはあらざるべし。

余が砲兵監に転じたる昭和六年の特別大演習は九州熊本北方地区にて行はれ、余は北軍菱刈軍司令部の高級審判官として参加し、翌七年には秋に余の統監する特別砲兵演習を大分県日出台の演習場にて行ひ、重砲（二十四榴）以下各種砲兵も参加し飛行隊の参加もあり特別砲兵演習としては規模中々広大なるものなりき。日出台といふは豊前中津より南へ十里余り、別府の西由布院温泉の北にあり。人里離れたる大なる射撃場にして蝮蛇の多き処なりとか。固より宿屋とてはなく多年演習場主管として地方の顔役たりし砲兵少佐横田某の特に設けたる瀟洒たる将官宿舎に収まりて朝夕砲声になじみたる十日あまりは余の為には尽きせぬ思出の種たらざるべからず。

前年この特別砲兵演習の地理実査の帰途には自動車にて耶馬渓つゞきの渓谷を日田に出て山陽が遺跡をたづね、長洲より汽船にて島原に渡り、雲仙に昇りて大観を恣にしたることあり。これも亦今日となりては美しき老後の思出なり。昭和七年の特別大演習は奈良、大阪府地方にて行はれ余は北軍南大将司令部の高級審判官として参加し、秩父宮殿下は大学校学生として余の下に審判官附属として参加せられたりき。此時の南軍司令官は本庄大将にして満洲事変勃発後一年にして後任を武藤大将に譲り内地に帰還したる早々なりき。

これより先金谷大将は満洲事変の責を引きたる形にて参謀総長の職を退き、二宮も亦第五師団長に出て、参謀総長には閑院宮殿下就任せられ、大参謀次長といふ名義にて真崎中将第一師団長より入りて参謀次長となり、小畑は第一部長となり名実共に彼等一派の参謀本部となりて其横暴振りにはあきれ返らざる〔を〕得ざる状態なりき。

一方余が同期も逐次師団長に転出し砲兵監あたりにくすぶり返りあるは余位にして、或は当当〔時〕彼等一派よりすれば余の如き馘首の候補者たりしなるべく、真崎の如きは余が統帥の才にあらずと評したりとか聞きぬ。

余が翌昭和八年第十四師団長にからくもすべり出でたるは全く武藤大将の後任として教育総監となりたる林銑十郎大将の彼等一派の反対を押切き〔り〕たる努力の結果にして其徳は忘るべくもあらず。さあれ当時現役を退きたらむには今日敗残の将として戦犯の法廷に立たずともすむべかりしならむ。当時はかくあるべしとは夢にも知らざりし。人間の腑甲斐なさに今更ながら人の運命といふものの測り知るべからざるを痛感する次第なり。

かく余は砲兵監にかくれて只管国内行脚にいそしむ間世は満洲事変より愈々発展して昭和七年溥儀は満洲国執政となり、同年九月日満議定成立して満洲の防衛は我国にて負担することとなれり。これより先八月本庄は軍事参議官に転じ武藤大将其後任となり、小磯は次官より出で関東軍参謀長となり所謂大関東軍の陣容を整へたれども、真崎一派より見れば小磯は反対派にして厄介物なれば大参謀長といふ名目にて中央より追ひ柳川平助其後任となり、事実陸軍省、参謀本部は彼等一派の壟断する処となれり。

柳川は肥前大村の出身にて士官候補生時代には楠木といひたるが柳川家を襲ぎたるものなり。性来生真面目の人にして士官学校時代には変り種と目せられたるが何時しか彼等一派の人となりたり。佐賀系として真崎に結びたるものか。柳川家とは佐賀の人なりと聞きぬ。又彼等一派の御先棒を担ぎたるが余の同期の秦真次なり。秦は杉山と仝じく小倉の出身なるが性来凝り性にて長続きはせざれど一時非常に熱中する人なり。幼年学校時代には独逸語にこり頗上達したり。其後は大本教、太霊道と流行の宗教にこり、真崎が参謀次長時代には憲兵司令官として其御用を勉め第二師団長まで昇りたるが、真崎一派の失脚と共に現役を退き再び宗教に入り、近来は一廉の行者になりすまして長髪を蓄へありとか聞きぬ。又彼等一派の一役に柳川の下に軍務局長たりし山岡重厚といふ人物あり。彼は旅順開城の軍使として其後両眼を戦傷し有名となりたる山岡〔熊治〕中佐の実弟にして土佐の人なり。元来総監部系統の人なりしが柳川と共に陸軍省に入り、性来稍々偏狭の人なるが柳川と共に固より軍政系の人にあらず、精神を売物として行く方なるが陣刀式軍刀を制定したるはこの山岡の発案なり。荒木の陸相就任頃より所謂皇道が矢釜しくなり其真義に徹することなく濫りに国体とか皇道とかをふり廻はし殊更我国軍を皇軍と称するなど、皇道派といふ名称はこの辺より来りたるものなるべく、三千年来我国体の精華は所謂不文律として国民の誰一人我国体を疑ふものなく、生れ落ちるより我国体はかくあるものとて以心伝心にて吹きこまれあるものなれば今更事新しく皇道を矢釜しくいふ必要もなきに、殊更に我国体を学究的に解剖究明するよりいろ〳〵の議論も疑点も生ずるなり。それに御用論者が阿諛附随していよ〳〵議論を紛糾せしめ学者の学究的議論を攻撃して殊更に世の物議の種としたる、彼等一派の責は決して軽しとすべからず。美濃部博士に対する国体明徴論、菊池武夫中将の帝国大学改造論曰く何曰く何、世の中は閑人の議論だほれにて折角何等疑念を抱かざりし大和民族を刺激しこれが漸く醗酵内向して今回の大戦争となり、うるさき迄に国体云々を喧伝したるが、一敗地に塗れては皇道論も屁の如く消えさりて何物も止めず昨今の如き醜体《ママ》を呈しあるこそ実にうたてき限りなれ。建川は木戸が文部大臣時代東大総長長与〔又郎〕の交迭《ママ》を迫り菊地〔池〕を総長に推すべしと勧告したりと木戸より聞きぬ。

実際日清戦争といひ日露戦争といひ唯一人日本精神とも皇道ともいふものなかりしも志気は昂揚し挙国一致団結してかの大捷を博したりき。今度の戦争には世の中の道徳標準頗低下してかく太鼓を叩かざれば国民が躍らざりしなりといへばそれまでなれど、聊か国体を弄びたるの感なきにあらず。

要するに政府笛吹けども民躍らずといふ処が此次の大戦の敗因の一つなりしことは明かなり。終戦当時なりとか三笠宮殿下が皇軍は蝗軍なりといはれて若き一派の非常なる憤慨を買はれたりと伝へ聞きたり。真偽固より確かならざれど頗面白き事ならずや。

⑱　第十四師団長

昭和八年八月異動にて余は漸く拾ひ上げられて当時満洲に転戦しありし第十四師団長に親補せられたり。第十四師団は日露戦争直後新設せられたる師団にして、茨城、栃木、群馬、長野の四県を其管区とし師団司令部は宇都宮西北郊外にあり。元来第十四師団管内は日露戦役当時は第一師団に属し其壮丁も野戦砲兵第一聯隊に入りいはゞ馴染深き地方なり。水戸聯隊区の俗にいふ水戸ツポの気風と宇都宮聯隊区の鈍重にして中々躍らざるの気風と高崎聯隊区の長脇差気質と長野聯隊区の赤化し易く理屈ポきインテリ風と各々特長を有したるも、師管内は文化の度高く加ふるに人口稠密にして我国壮丁の大切なる補給源たりしなり。いはゞ全国にては優秀なる壮丁地方にして東京に近く文化にも恵まれ此の如き師団を御預りすることは余としては誠に好運なりしと申すべし。

師管内にて最見劣りせらるゝは宇都宮聯隊区にして、旧幕時代には小藩分立せる為協力心なく、又往事那須野原が開墾せられざりし時代、奥州の流浪人を護送する役人が那須原あたりにて囚人を棄てたる為これら囚人の子孫少なからず。徳川幕府末期まで無籍ものの奴隷ともいふべきもの少なからざりしとか、従て民俗偏狭にして熱なく聯隊区司令官も笛吹けども中々躍らずとこぼし居たりき。これに反し高崎聯隊区管内は国定忠治の如き長脇差の血を引きたる処とて博奕を好み殺伐なるも号令一下直に立上るといふ風にて従て歩兵第十五聯隊は日露戦役にても旅順に勇名を轟かし満洲にて余が麾下たりし時も戦争には中々勇敢なりき。長野県は文化の程度高きも理屈多く日本に於て最早く赤化教員の出でたる地なり。従て壮丁も智識の度高く師管々区にて最上等兵などの採用率高き地方なれば壮丁も怜悧にして戦闘は中々巧者なりき。

海に面せざる山岳地方なれば歩兵第五十聯隊は山岳地方には機動力頗大なるも平坦地にては却て機動力弱く、坦々たる大道には疲労大なりとのことにて地方的影響も意外の処に及ぼすものなりと思はる。満洲駐箚中一望千里山なき満洲の曠原に山岳に生れたる彼等の心境は何となく寂寞を感ずるものと見え、或時興安嶺を過ぎたるに日本の中央山脈に比すべくもあらねど、アツ山だと小躍りしたる有様を余は目撃して、如何に環境が彼等の心理に影響しあるやを熟々感じたることありき。

第十四師団は日露戦役後創設せられたる師団なれば歴史も若く第一〔二〕代の師団長は鮫島重雄中将にして在職も永く地方人とも馴染み宇都宮南郊台に立つ邸宅は宇都宮市民が特に中将の為建設したるものなりと聞きぬ。第二〔三〕代は上原元帥なりしと記憶す。

其後の師団長は余の知れる限りにては白水淡（西比利出兵時代）、山田忠三郎、朝久野勘十郎、宮地久寿馬（共に余が大学校時代の教官）、鈴木孝雄（後の大将、靖国神社宮司）、大島又彦等にして余は松木直亮中将の後を受けたるものなり。松木中将は余が幼年学校時代の三年舎長にて長州出身なれば所謂長州の寵児として重要なる職に就き、塩田の病家として旧知の間柄なり。余が親補せられたる時は師団は昭和七年動員して上海派遣中満洲に転用せられ、間もなく復員して北満洲各地に転戦し、馬占山、蘇炳文等反軍の掃蕩を終り、師団司令部は斉々哈爾に落付きたる時なりき。

余は陸軍出身以来東京附近より地方に出でたることなきに、今俄に遙か遠き満洲に任に赴くことなれば気頗改まりたるも、家は転居の必要もなく偶々関東軍司令官兼駐満大使武藤大将が赤痢の為薨去せられ八月八日東京にて葬儀を催されたるにこれに会葬し、留守師団副官たる小松崎少佐を帯同しコツソリと頗貧弱に東京を出発したるは八月九日か十日なりしと記憶す。

途中京城に一泊当時の軍司令官川島義之中将とも面会し更に安東県に一泊、四平街にて洮昂線に乗換へ晴の夜を一路北へ北へと向ひたるが、八月上旬といふに既に冬服にて尚寒さを感ずる程なり。漸く斉々哈爾に到着したるが仝地は先年満洲事変前参謀旅行の時演習員と共に一度訪ひたることありしも、当時満洲排日の烈しき時とて勿論私服にてコソ〳〵と通過したるに、今師団長として堂々乗込みたるは誠に今昔の感に堪へざる処なりき。官民の出迎を受け部隊堵列の裡を乗馬にて師団司令部に入り型の如く諸行事をすませ師団長官邸に入り、松木中将より諸般の申送を受けたるが、師団長官邸は蘇炳文の私邸にして手狭なるも全く欧式の家屋にして住心地はよかりき。

当時の師団参謀長は飯野庄三郎大佐なりき。旅団長は平賀貞蔵、中牟田辰六、共に第十四期生にして老巧の隊附将校なり。聯隊長は歩二中山〔健〕大佐、歩五九富永〔信政〕大佐（余と同時に着任す）、歩十五甘粕〔重太郎〕大佐、歩五十笠〔蔵次〕大佐、騎一九宍戸功男中佐、砲二〇平田大佐、工一四は藤井中佐にして、皆老練の隊長なり。ハルピン北方呼蘭より海倫、北安鎮、克山、チ、ハル、昂々渓、富援基等鉄道沿線に配備せられて地方の治安警備に任じありしが、北満の荒涼たる片田舎にして何等慰安とてもなく将兵の苦労は誠に同情に値するものなりき。斉々哈爾は最も都なるもこれとて馬糞の市街とて不潔云はん方なく、一度雨降れば泥濘脚を没し乾けば砂塵空を蔽ひ山紫水明の内地に慣れたる身の誠に満目荒涼の情に堪へ難きものありき。

余と交代後松木中将は参謀本部附として帰京し間もなく大将に陞進現役を退き今は既に亡き数に入れり。余は着任後直に初度巡視に出かけ、多くは列車内に宿泊し時には支那家屋を改造したる怪しげなる日本旅舘に宿泊し、当時石炭の欠乏より大豆を燃料としたる風呂なども試み、或は隊長の宿舎に割込み海倫にては嘗馬占山の住宅にして匪賊より攻撃せられたりといふ支那家屋にも宿し、種々なる見物もなし又報告をも聞き物皆珍らしく感ぜられたりき。着任後は秋晴の好天気続きたるに、十月七日神嘗祭の日師団司令部職員にてチ、ハル郊外に外乗を催し其日は小春日和の暖かき天候なりしに、其夜天候一変気温急下万物一時に凍結零下十度位となり、それより本格の冬となれり。この日を記す昭和二十二年十月十七日偶々この往時を偲び獄窓遠く思をチ、ハルの天に馳す。其後チ、ハルも愈々繁栄を来し方面軍司令部の所在地となりチ、ハル停車場も宏壮なる大建築となり余が在任時は駅は勿論バラツク建なり、駅と市街の間は荒地なりしが今は市街続きとなりし由。この敗戦にて満洲国は一空に帰し今は中共の勢力範囲なればいかがあるらむ。

武藤大将（死去の際元帥となる）の後任は二度の務めとして菱刈隆大将関東軍司令官に任命されたり。菱刈大将は金谷大将と同期同聯隊（歩三）の出身にして鹿児島県人なり。飄逸洒脱なる人柄なれど別に大した経綸もなく、上原元帥あたりの推輓にてこゝまで昇りたる人なり。後に関東軍憲兵隊と関東庁警察との軋轢闘争を惹起し大将も責を引て辞任し、昭和九年十二月南大将と交代したり。

余が斉々哈爾着任当時は黒龍江省も時々小匪賊の蠢動あるも大体静穏となり、地方の治安は満洲国側に委譲し地方の治安維持は張文鋳中将の指揮する満洲国軍と黒龍江省長孫其昌配下の警察隊之に任じ、軍は高度の分散配置を取りて此等機関の後援となり、地方の県長は大体満洲人なるも県参事官は日系官吏を以て任命し師団参謀長は治安維持会の委員として内面指導に任じたりき。

張中将は元馬占山の副官たりしと聞きしが逸早く満洲国側に帰順し誠に温厚なる白哲〔皙〕の若人なり。後累進して大将となり軍管区司令官となりしが今次の敗戦にて如何なりしか。又孫其昌は我高等師範学校出身の旧官僚にして中々喰へぬ代物なりしが後大政部大臣などになり相当羽振を利かせ居たる模様なりき。

ここに昭和11年は生来初めての北満の冬を迎へ送りたるが温度は大体零下十度内外を普通とし万物皆凍結して斉々哈爾の側を流るゝ嫩江を初めとし皆堅氷を以て閉ざさるゝも、官邸は暖房の設備完全なれば室内は春の如く戸外と雖防寒服十分なれば寒さを感ずることなく、加ふるに風なき日多ければ凌ぎよく、師団長として往復も警戒兵所要の地点に配置せらるゝ有様なれば自由に外出もなり難く、運動の為日々乗馬をなすを日課とし防寒服、靴に身を固めて官邸側に設けたる馬場にて雪の降る日も乗馬をかかしたることなかりき。

北満荒涼の地とて冬となり万物凍結すれば実に荒涼を極め何等慰安とてもなく実に退屈なる冬なりき。さればたとへ寒さ烈しきとはいへ管内巡視特に兵団長会議にて新京に出たる時は実に愉快なる日を過したるなり。当時小磯は尚参謀長として新京にあり、多田は満洲国軍政部顧問として同じく新京に在任しありたり。寒風一度至れば温度急下し天地晦冥万物悉く凍結す。此冬興安嶺にて防寒演習を挙行したるが同地方は零下四十度以下降り、我制式防寒被服の不備、特に防寒靴の過小より多数の凍傷患者を出し、中には足を切断したるものさへ生じたるは誠に気の毒至極なりき。

余も昭和九年二月頃なりしか内地より到着したる歩兵第十五聯隊の初年兵巡視の際一寸の間に耳を凍傷せんとしたるが早く発見事なきを得たることあり。

凍傷は一瞬間の出来事なるものと見え騎兵第十九聯隊の初年兵が一夜逃亡したるが防寒服も纏はず営内靴のまゝにて

脱営したる為忽ち凍傷にかゝり手足を切断したる例あり。それにしても満洲婦人は必ず帽子を用ゆるに日本婦人が別に帽子も用ひず唯足袋一つにて外出する勇敢さには一驚を喫する外なかりき。

又某少佐が防寒帽を用ひず軍帽にて一冬を頑張り通したるに春季解氷の頃となり頭脳明白を欠き一時精神錯乱の如き有様となりしと聞きしが、寒地にては防寒の用意は頗周到なるを要することを痛感したり。

昭和八、九年頃には斉々哈爾も愈々発展し内地人も著しく増加して料理屋なども日増しにふへ、一度懇望拒み難く福島県人会に出席したることあり。大体満鮮には九州人多きも福島県人も中々多く各地にて県人会などを組織し居たり。

又市街地の周囲に漸く兵営の本建築を初め冬期は凍結の為建築不可能なるが、解氷期ともなれば一時に建築を開始し頗多忙を極むるなり。

昭和九年の正月は家族団欒の楽しみなきも内地同様の賑かなる新年を迎へたりき。三月一日には満洲国執政溥儀新に皇帝の位に即きて満洲帝国となり年号も大同を康徳と改め、各地師団長も亦新京に出で宮中祝賀の宴に参列したり。満洲国も此頃となれば制度漸く整ひ国内も静穏となり、発展の曙光は愈々明かとなりぬ。誰か当時今日あるを予測すべき。

当時第十師団長は広瀬寿助、第八師団長は西義一（後に中村孝太郎と代る）、第七師団長は余の同期杉原美代太郎にして第十師団はハルピン、第八師団は熱河（後に第七師団と交代す）に在り。

満洲は匪賊も大体戡定せられたるも東部地方即吉林方面は所謂山岳地方にて匪賊の蟠居に適すれば、この地方には尚匪賊跳梁せる為昭和八年十月頃此地方の大討伐を行ひ、我師団よりも歩兵第五十九聯隊の一部を出して此掃蕩に参加せしめたることありき。但匪賊には遭遇せず唯示威行軍のみにて空しく帰来したり。

余の在任間師団の管轄区域たる黒龍江省内は大体一順し東はハルビン下流の通江口より北は黒河、西は師団地境を越へて騎兵集団司令部所在地の海拉爾（当時の騎兵集団長は宇佐見〔美〕興屋中将）より更に満洲里を訪ひ南は洮南鄭家屯に及び、内蒙古にては甘珠児廟に蒙古踊も見物し、黒河にては犬の牙の如く乱立して凍結せる黒龍江を隔てゝブラゴエスチエンスク市街を望んで近くソ聯兵営の喇叭を聞き、又昭和九年三月には師団が北正面黒河方面の作戦を担任すべき任務に鑑みて師団々隊長を以て黒河方面にて師団幹部演習を実施する為トラックにて北部小興安嶺突破を試みたるも積雪深き為中途メルゲンより引返したる如き、北満僻陬の地に地方土民の陋屋に宿泊して不自由を忍びたるなど、今となりては凡て思出の種とならざるものなし。

余が斉々哈爾在任当時同地の総領事は内田五郎とかいふ支那各地にて書記生より鍛へ上げたる老練なる要領よき人なりしが、家族同伴にて時々同氏の宅へ招かれ饗応に預り、又市内より給仕人など招きて気を利かせたる為如何ばかり慰安となりしか。同氏は支那事変后廈門の総領事となり活躍しありたる模様なりき。

第十四師団は昭和七年第一次上海事変の際動員して上海に送らるゝ途中満洲に転用せられ復員して専ら北満の匪賊掃蕩、治安維持に任じありたるが、出動後既に二年其間満洲にそのまゝ移駐するとか交代するとか中央にては種々研究しありたる模様なるが交代に決し、来る五月頃第十六師団と交代帰国することに決定、内命を受けたるは昭和九年二月の頃なりしならむ。

昭和八年十二月二十三日皇太子殿下御誕生、初めての皇子とて国を挙げての喜びは勿論遠く満洲にても大いに慶祝の意を表したりき。

昭和九年の陸軍紀年日は斉々哈爾唯一の龍江飯店にて官民合同の祝賀会を開き余よりも一場の挨拶を述べ、斉々哈爾駐屯部隊の閲兵式を行ひ市外にては飛行機の実弾射撃など行ひ満人に対する示威を行ひたりき。

此頃は内地にてははや春なりといふに北満にては春未だ頗浅くこの日は快晴の好天気なり。初めて防寒帽を軍帽に換へたるに頭も手足も寒さの為痺るゝ程なりき。

同じく三月一日満洲国執政溥儀は満洲皇帝となり即位式あり。在満各師団長も召されて祝宴に列し、数日間の解放されたる新京生活を楽しみたることとなりき。余は新京に出る度満蒙旅館といふに割あてられ宿泊するを常とし、日本式旅館にて打寛ぐに恰適なりき。

かくて師団は着々帰還準備を整へ其間第十六師団部隊も逐次到着し、我師団は交代の上逐次大連に輸送せられ同地より乗船敦賀に上陸したり。第十六師団長は余の同期な〔る〕蒲穆にして余は申送の上思出多き斉々哈爾を出発し、途中奉天に一泊の上大連に到着したるは五月上旬と記憶す。

北満の酷寒が余の身体にこたへたるか別に健康は害せざりしも稍疲労の気味なりしかば、幕僚は大連遼東ホテルに宿泊したるも、余は参謀長の勧告に従ひ副官と共に郊外老虎灘の何屋とか何亭とかいへる料亭兼業の宿屋に入り、別に客としてはなく山海の眺めよき室に静かなる数日を送り、全く疲労を恢復し、かくて師団司令部と歩兵第五十聯隊とチリ丸といふ六千屯許りの貨物船に乗船し官民多数に送られて大連を出発したるは五月中旬なりしならむ。海上は頗静穏、対島《ママ》の青巒を左舷に望みたる時ははや内地に帰還したる心地せられ、かくて敦賀の港に入りたるときは在満漸く一年にも充たざるに年久しく海外にありたる心地せられて、故山の明媚なる風光に接して今更ながら皇恩の渥きに感じ検疫の後上陸、御差遣の侍従武官、参謀総長代理古荘中将、師管内各地代表の出迎を受け凱旋将軍の待遇を受けたるは余が一生の会心事にして、今にして想ふも胸の鳴るを覚ゆるなり。

かくて汽車輸送を待つ間に海山の眺め頗るよき植山別荘といふに投宿し、満洲とは事異りて今更ながら芳醇美味の快を貪り、其間気比神宮に詣で、公園、歩兵第十九聯隊兵営を訪ひ、やがて汽車輸送により沿道の歓迎を受け特に師管々区内に入りてよりは一層の歓迎を受けたるは、中途より師団を指揮しながら帰還の全幅の歓迎を受けたるは聊か気まり悪き心地なしとせず。宇都宮に到着后は乗馬にて儀仗兵に守られ市民歓呼の裡を直に二荒〔山〕神社に参拝の后師団司令部に到着したり。師団が満洲出動中留守司令官たりし人は小杉武司とて余の次の期にて同じく参謀本部時代第一課にて動員編成を担任したる人なり。この人中々の綿密家なれば凱旋の古式を調査し古式に拠りて我等の凱旋を祝し呉れたりき。

第十四師団長の官舎は宇都宮市の西端西原町にあり、所謂桜並木の南端にて十字路の一角にあり。頗閑静なる処なるが此時初めて宿舎に入り、余が宇都宮到着数日前既に宇都宮に移転し来りたる家族とも一年振りにて面会し、六三郎、五郎は未だ小学校なれば二人共師範学校附属小学校に入学し、俊八は六中在学中とて東京に残りたりき。

こゝに宇都宮の頗落着きたる生活に踏み出し、師団参謀山岡少佐より貰受けたる北満産シエパードを伴ひて朝夕の散歩が余の日課となり、乗馬（馬丁は福田といふ温厚なる人物なりし。松木中将時代より仕へ満洲にも同行したり）にて桜並木を日光の山々を眺めつゝ司令部に登庁するは誠に快き次第なりき。

師団帰還后招魂祭、各地の戦没者慰問など師管内を隈なく歩き廻はり中々多忙を極めたりしが、昭和九年即帰還の年は特別大演習は関東地方にて行はれ師団はこれに参加する予定なれば永く帰還の喜悦に酔ふ能はず、特に満洲にて放埓なる起居に慣れたれば此際軍紀風紀を緊縮し訓練に専念して次の準備をなすを肝要としたれば師団の統率には中々苦心の存したるなり。

帰還后間もなく軍状奏上の為参内することとなり高級副官市橋亮中佐を伴ひ国府津の国府津舘に投宿、こゝより特別列車にて同時交代帰還したる第十師団長広瀬寿助中将と共に東京駅着御差遣の侍従武官、皇族附武官、大臣以下の出迎を受け直に参内軍状を奏上し御陪食あり御下賜品などあり、何等功績なきにかく優渥なる御待遇を受くるは誠に恐懼感激に堪えざる処なりき。

これより先き荒木陸軍大臣は病気の為後任を林銑十郎大将に譲り、其取巻たる柳川は第一師団長に、秦は第二師団長に転出し、次官は橋本虎之助中将たりしと記憶す。荒木の大臣辞任と共に其周囲は一掃せられ、真崎は林銑十郎大臣の後任として教育総監となりしも、所謂皇道派と称するものと統制派（林を中堅とし永田等が之に加はりあり）が互に反目嫉視して陸軍部内は暗雲漸く濃き不愉快なる時代なりしも、宇都宮にては当時其辺の消息は分明せず後より聞きたる処なり。

かくて師団は在満三年の後の帰還の喜びに涵るを得ず、この年の特別大演習の御馬前に天晴の訓練振りを天覧に供せん為帰還早々猛訓練を開始し、加ふるに在満間の各部隊長も九年八月の異動に大部交代し、歩兵第二聯隊は横山勇に、歩兵第十五聯隊は役山直〔久〕義大佐に、歩兵第五十聯隊は田畑大佐に、砲兵隊は須永大佐に陣容を一新し、師団参謀長飯野庄三郎大佐は少将に進級してその昔参謀本部第一部時代に兵站班勤務将校たりし関亀治大佐参謀長となり、旧知の間柄なれば万事に就て都合よく一意訓練に邁進したり。

帰朝以来師団長として随時検閲に簡閲点呼、徴兵事務視察に将又満洲陣没将士遺族の慰問に師管内を隈なく旅行して見聞を広めたるは、今尚記憶に新なる処なり。第十四師管内は有名なる温泉地帯にて唯茨城県のみ温泉なきも栃木県には塩原、鬼怒川、那須、群馬県には草津、伊香保、水上、長野県にはこれ亦至る処温泉多く、師団の転地療養所なる山田を初め別所、野沢等あり。松本郊外浅間温泉は有名なる遊び場所なるも松本聯隊の検閲などにはこゝの小泉といふを定宿とし、又あまり世には知れざるも軽井沢の西追分の北にある星野温泉といふは田舎びたれど閑静なれば数回投宿したることあり。時には信州飯山の東、信濃川の上流地方まで分け入りたることあり。其他世にも聞えたる上高地、天龍峡、野沢湖、野尻湖、さては浅間山北方六里原の高原より浅間の裾を越へて追分に出たる思出、草津温泉にて草津節に合せて熱湯をかきまわす奇習、簡閲点呼の時足尾銅山に一泊して坑内にも入り、更に茨城県にては日立製作所の視察等、今はただ空しき過去の思出なり。

陛下には夏期那須御用邸に御滞在の時は管内師団長として天機を奉伺するを例としたり。かくていよ〳〵この年十一月特別大演習に参加することとなりしが、今迄特別大演習には統監部職員として屢々参加したるが演習員特に師団長として参加するは今回が初めてなれば一入の緊張を覚え、この年の師団演習は真岡より金丸原の間にて行ひ、金丸原にて師団仮設敵演習を行ひ部隊の観兵式を行ひて陣容を整へたる后十二分の自信を以て示されたる集合地に向ひ師団司令部は桐生市に宿営したり。

この年の特別大演習は東軍は阿部大将軍司令官として第一（柳川）、第二師団（秦）、西軍は荒木大将軍司令官として近衛（朝香宮）、第十四師団なり。近衛は右、第十四師団は左（東軍は第二右、第一左）部隊たり。西軍参謀長は小畑敏四郎にして荒木の同類なれば此の如き配合としたることも聊か変な次第なるが、此の如き軍司令官、参謀長の配下師団となりたることは皮肉と申すべし。演習は佐野附近の遭遇戦、西軍の退却、高崎東方の陣地占領、逆襲と型の如き経過にして何等の奇もなけれど、師団の各部隊が十二分に其能力を発揮したるは余として頗以て会心事たらざるを得ず。特に第十五聯隊が退却の強行軍なるに拘らず聯隊管内たるの矜持より一兵の落伍をも出さざりしは特に記憶に残ることなりき。

かくてこの年の特別大演習も大体予期の成果を収めたるが、前橋大本営に御駐輦の陛下には演習後管下各地を御視察ありたれば、余も師団長として扈従し奉り御還幸の時も大宮駅まで奉送してこゝに重荷を卸したる次第なりき。大演習后の御講評賜餐は第十五聯隊兵営にて行はれたれば同聯隊将校集会所は御休所たるの光栄に浴したるなり。

思へば此頃は余が五十年陸軍の生活として最好適愉快なる時代なりき。師団を提げて思ふまゝに訓練し明日の準備を整へたるなり。何ぞ今日あるを夢想すべき、夢又夢、今日尚夢か現か、絢爛たる大陸軍が一朝にして潰へ去り片影すら止めざるとは、噫。

明くれば昭和十年師管内は頗静穏なるに東京にては何となく騒がしく、林大将の陸相就任と共に真崎新に教育総監となりしが所謂皇道派と統制派と称するものの対立はいよ〳〵激化し（教育総監更迭の理由は知らざれど）、真崎、教育総監を退きて渡辺錠太郎大将新に教育総監となるや皇道派の激昂甚だしく、真崎交迭《ママ》の理由は承知せざれど遂にこの年八月相沢と称する一中佐が台湾配属将校赴任の途次陸軍省軍務局長永田鉄山少将を軍務局長室にて斬殺したる我陸軍未曾有の一惨事あり。動機は承知せざれど永田を統制派の頭目として、真崎を斥けたるに憤慨したるものと称せらるゝが、当時相沢を国士扱ひとする者少なからず。相沢は軍法会議にて死刑に処断せられたるに之を弁護せんとしたるものあり。荒木大将の如きも遺族を弔問したる由なるが、仮にも国法を犯したるものを弔問するなど頗不謹慎の行為にして、其動機に不純なるものありと批難せらるるも弁解の辞ありや。この一惨事の後急に師団長の召集あり、動揺せざる様大臣の訓辞ありしが、この時偶々満洲皇帝我皇室に敬意を表せらるゝ、為来朝せられ、師団長も東京駅まで出迎へ、余は神田駿河台の龍名舘に投宿したるが特に護衛の憲兵を附せられ甚迷惑を感じたりき。

この大事の為陸軍大臣は辞職し川島義之大将新に大臣となり、次官は橋本虎之助に代り古荘任命せられ軍務局長には今井清之に任ぜられたりと記憶す。かく陣容は一変したれど東京に於ける暗雲は愈々濃く遂に翌十一年二月二十六日所謂二、二六事件に爆発したるなり。これより先真崎が大将に進級して参謀本部を去るに及び杉山〔元〕新に参謀次長に補せられたり。かく国内にては暗闘を続けある間満洲国は着々其国礎を固めたるが、北支は兎角動揺し出先にて北支特別区域設定の気運強く、又一方北支には張学良の残党根を張りて満洲特に熱河省を騒がしあれば昭和十年塘怙〔沽〕協定関東軍岡村〔寧次〕参謀副長と北支自治政府との間に締結せられ、同年天津にて親日新聞記者の暗殺事件に端を発して現地軍と何応欽との間に締結されたる梅津何応欽協定あり。其内に殷汝耕を首班とせる冀東防共自治政府の成立あり。

我国は北支を特別地域とせんとし支那側にては我国の強硬なる要求に従ひ宋哲元を長とせる北支自治委員会を作りたるが、南京政府は事毎に之を把握せんとして両者表面は協調せるが如くなるも裏面にては反目競合していつかは爆発の気運漲れる処に、十二年七月七日端なく芦〔盧〕溝橋の銃声一発は日支事変の原因となり遂に日支事変解決に焦慮したる結果仏印進駐より日米英の開戦となりたるものにママして、思へば実に其間因果の理を痛感せざるを得ざるなり。十年八月の定期異動にて歩五九は富永が教育総監部庶務課長に去り、後任として李王殿下新に補せられ桜並木の辺りさゝやかなる家を邸宅と定められたり。宇都宮御勤務は特に殿下の御希望なりし由。これより先き両旅団長は交代し中牟田の後に奥元帥の息奥保夫少将、平賀の後は斎藤弥平太少将となり、師団内も能く我掌握に帰し平静なる状態を持続して、この年の師団秋季演習は茨城県水戸、笠間、下妻附近にて挙行し、特に旅団対抗演習は下妻附近にて鬼怒川渡河の演習を行ひ、最後の師団仮設敵演習は朝香宮の近衛師団と協議して所謂申合せ演習を筑波山東西の地域にて行ひたるが、歩兵第五十聯隊が山地となれば其山地聯隊の特色を発揮して頗早く柿岡附近に進出し近衛師団の展開中に乗じたる為頗る朝香宮の御機嫌を損じたることありき。又この年春季師団団隊長を以て幹部演習を長野、軽井沢間より和田峠を越へて第一師管内の甲州に行ひ、桜花爛漫たる甲府城址に演習を統裁したることを記臆す。第十四師管は日露戦役当時は第一師管内とて野戦砲兵第一聯隊には第十四師管の壮丁多かりしなれば、今師団長として管内を巡視するに到る処にて日露戦役当時の戦友たりし老兵に名乗を上げられ懐旧を語りたること屡々なりき。殊に長野県に於て多きは又以て同県人が人情に敦き一証左とも見るべく、この点にては茨城県、栃木県にて少なきは県の人心を反映するものとして面白く感じたりき。

昭和十年の夏季、数日間の休暇を得て家族を挙げこれに池辺清を加へて祖先の地会津を訪ひ、東山温泉に一泊の後松島を見物し新庄を経て裏日本に出て瀬波温泉にも浴し愉快なる数日を過したるが、これも亦今は昔の想出となりぬ。十年の八月にて余の師団長在職も二年となり、師団長としては長き方なるがソロ〳〵身の進退を決する時機ともなりたれば、何れは師団長を現役の最后の御奉公ならむと予期したる処、意外にもこの年の十二月航空本部長に補職の恩命に接したりき。後より聞きたる処なるが、初め東京警備司令官に補せらるゝ予定なりし処真崎より香椎中将（当時第一師団長）を起用すべき意見出て、川島陸軍大臣は余が嘗て参謀本部第一部長として航空に関係深かりし理由にて堀〔丈夫〕航空本部長が第一師団長に転出したる后を余に充てたるものなりしと。当時余が東京警備司令官に補せられたらむには直に二、二六事件に遭遇したるならんに寸前にて変更となりしは、これも偏に氏神祖霊二神の御加護ならむと誠に感激に堪へざる処なり。

この十二月の異動にて柳川は第一師団長より台湾軍司令官に、小磯は第五師団長より朝鮮軍司令官に、両人ながら喧嘩両成敗の形にて転出したり。

この年の春なりしか余は満洲事変の勲功により勲一等旭日大綬章を賜はるの光栄に浴したり。在満九ヶ月何等の功績なきに此鴻恩に浴す、誠に恐懼感激に堪へざる処なり。

かくて在職約二年半思出多きかつは師団長として心残りなく勤務したる第十四師団長を去て後任を末松茂治中将に譲り、再び東京に居住することとなり麻布笄坂上の新築借家に落着きたるは昭和十年十二月なり。

こゝに鷲尾春雄のことを一言すべし。彼は余より四、五才年長にして御田小学校の幼き友達なり。公卿華族鷲尾伯の男として生れ父の放逸に累せられ本人も亦学問嫌ひなれば柔道にて身を立て、小学校にて別れて以来杳として消息を絶ちたりしに、余が宇都宮時代如何にして聞き知りたるか突然宇都宮に尋ね来り、爾来今日まで交際しあるなり。誠に素直にして飾気なき人なり。御田小学時代の幼な友達としては彼と尚一人長崎一虎といふ人あるも、この人は一度面会したるのみ。

若き時より仏国に遊学し中々きかぬ内にも飄逸なる処ありて逸話多き人なりき。旭川第七師団長時代に厳寒にも外套を着けず、但中には毛皮のチョッキを着用しありたりなど口の悪い手合は云ひ居たるも、兎に角中々我慢強き人なりしが、余が第十四師団長を拝命し渡満する際永き間参謀本部にて御世話になりたれば品川大井の邸に暇乞に行きたるに上れとのことに元帥の居間に通されたるが、当時元帥は既に病中にて弱りはて病床にありたるが、余の来訪を喜び元帥は何もいふことはなきも君も満洲に行くことなれば一言餞けすべし、決して無理なる痩我慢をなすべからず、余の如き痩我慢の為生命を縮めたり、君も決して痩我慢をなすべからずと諭されたりき。元帥は余が満洲在任中死去されたるがそれにても七十何才かの高齢なりき。

⒆　陸軍航空本部長

我陸軍航空の発祥は軍用気球研究委員会なり。これが創立は大正の初期ならんか、これより幾変遷を経て余が航空本部長となりし時代には相当尨大なる機関となり、航空本部長は教育訓練の外、飛行機の研究、製作、補給を管掌する為兎角の議論ありたれども陸軍大臣に隷属し本部長の位置は大中将なりき。

当時は全軍飛行聯隊は八聯隊にして第一は偵察、第二は戦闘、共に各務原にあり、第三は八日市（偵察）、第四は太刀洗（戦闘）、第五立川（偵察）、第六平壌（戦偵）、第七浜松（爆撃）、第八屏東（戦偵）なりしと記憶す。

航空本部の編制も教育、補給の二部あり、別に立川に稍大なる技術研究所ありたれど、後年尨大なる航空本部となり殊に航空総監が航空本部長を兼ねたる時に比すれば頗以て貧弱なりしは勿論なり。又当時の偵察機は乙式二型、戦闘機は甲式四型、爆撃機はドルニーワール型が漸く試験中なりといふ貧弱なる時代にて、最進歩したるは戦闘機なるも今日に比すれば固より云ふに足らず。又飛行学校は下志津（偵察）、明野（戦闘）の二校に過ぎず、爆撃の如きは未だ学校を成さず三方原飛行第七聯隊内に漸く研究委員を設けたる程度にして、今にして想へば誠に隔世の感なき能はざるなり。此の如く欧米列強より出発に於て数歩否数十歩遅れたるに拘らず此度大戦に於て敗れたりと雖善戦したるは技術に於てにあらずして生立に於て敵側に到底及ばざりしに原因するものなり。殊に爆撃機の研究が立遅れたる為米軍爆撃機に比し著しく劣り、中にも世界第一と称せられたる米軍爆弾投下器には到底太刀打出来ざりしな〔り〕きと聞きぬ。

余が航空本部長となりし時は生粋の飛行関係者は極めて少なく途中より航空に転じたる人多く、殊に中堅たる陸大出身者は概ね途中転科者なれば生粋の飛行出身者より稍軽侮せらるゝの観ありしも、皆精励努力して一廉の航空将校なりき。

航空技術研究所は所長に余の同期福井四郎を戴きたるが福井は温順なるも覇気なく技術方面振はざるの評を常に耳にしたりき。

参謀本部第一部長時代に第一部に参謀本部唯一の航空班ありたる為用法に関しては一通りの智識ありたるも技術方面

に於ては全くの素人なれば、就任直ちに其方面の智識を求め、為に一通り表面は説明を聞きたるも到底深く了解する能はず、又着任匆々学校、航空部隊其他の巡視検閲を開始し、砲兵監時代と異り航空本部の大世帯なれば随員も数多く、従て出張に飛行機を用ゆるを得ず、航空本部なりといふに概ね汽車旅行に依るが如き矛盾もありたり。かく着任以来多忙に暮らしたるに、突然昭和十一年二月二十六日雪あけの暁彼の我国陸軍未曾有の不祥事たる二、二六事件勃発したり。前日は雪降りたるいと寒き日なりき。突然八時半頃か九時頃なりしなるべし、航空本部より電話あり、詳細は不明なるも陸軍の一部反乱して陸軍省、参謀本部一帯、三宅坂周辺を包囲し航空本部も其包囲圏内にあり交通を遮断しあり、危険もあれば今日は登庁を見合せらるべしとのことに、それ迄に何等兆候だも耳にしあらざれば事情全く分明せず、其意見に従ひ一日自宅にありたるも市内頗静穏にして平常と異ならず、甚奇異の思をなしたるに其内漸く事情判明したり。

其経緯は既に周知の事実なるも其裏面に伏在する事情、特に真崎、柳川等が其事情を予知したることは事実なるべく、叛軍の将校が一部真崎等に裏切られたりと洩らしたることは其間の消息を伝ふるものといふべく、軍法会議判決にて真崎は無罪となりたるも其判決文は無罪の理由判明せず。この軍法会議は大将を裁判長とすべきものなるが漸く磯村大将の承諾を得て開始したるものなるに匂坂法務官なりと聞く。判決は真崎大将を無罪とすることに漸く同意したるも其理由書は原案を固持して譲らず、遂に判決と理由とは一致せざる頗奇異なるものが出来上りたりと聞きしが、これに依りて見るも真崎に対する疑雲は頗濃厚なりといふべし。現に其朝さる浪人がいち早く真崎に電話を以て報告したる事実あり、又真崎が先頭に参内し其他の者の参内を阻止したる事実ありとさへ聞きぬ。叛徒等は反乱を起して政府を占領し、真崎内閣をでつち上げんと計画したりと伝へらる。それにしても真崎が背后にありたることは確実なりと見るべく、真崎の奸黠実に憎みてもあまりありといふべし。我陸軍をかくの如き状態に陥れたること他の長老連の無気にもよることとなるが彼の責任とも称すべく、一度戦犯として巣鴨に収容せられながら逸早く釈放せられたる這般の消息誠に不可解なりと申すべし。

二、二六事件にて傍杖を喰ひたる気毒なる人は渡辺錠太郎大将にして、真崎の後を襲ぎて教育総監となりたる為彼等一派より襲撃せられたるものなるべし。

この不祥事により陸軍の古参株の大将は悉く現役を去り、植田謙吉大将は南大将の後を関東軍司令官となり、西義一大将は教育総監に、陸軍大臣は寺内寿一大将引受け、参謀次長は西尾寿造、陸軍次官は梅津美治郎第二師団長より入り、反軍将校の重なる者が第一師団及近衛師団（一部なり）なりし為第一師団長として余の前任航空本部長より転じたる堀丈夫は着任匆々なるに解職予備に入り、近衛師団長橋本虎之助中将も亦現役を去り、反徒将校を出したる聯隊長は悉く現役を遂はれたり。

第一師団は満洲に移駐する予定なりし為彼等反徒は移駐前に事を挙げたるものにして、間もなく第一師団は河村恭輔師団長となり満洲孫呉に移駐したり。

東京警備司令官香椎中将は一度反徒に降伏を勧告したるも回答なかりし為、砲兵、戦車等を出動せしめんとしたるに反徒も非を自覚したるか初め支持の態度を示したる陸軍長老連が其態度を飜へしたる為か一部は自決し一部は自首して、こゝに反乱は拡大せずして終熄したるは誠に結構なる事なりしが、昭和の御代に此不祥事を惹起したることは何としても此上なき恨事にして、粛軍は寺内陸軍大臣の努力により一応は片付きたるも、満洲事変以来温〔醞〕醸せられたる下剋上の空気は中々払拭せられず。又政界政党はこの事件に震駭して全く屏息し、この両々相待て軍部、新官僚の進出となり延て今次の敗戦を誘発したるものにして、かくあるべき宿命と云ひながら顧みて実に暗澹たる心地せらるゝ次第なり。

航空本部は教育総監部隣りの検査班に暫く移りて事務を執り、参謀本部は憲兵司令部に退避しありき。反軍に徹底的打撃を与ふる為余の旧部下たる第十四師団よりも歩兵約一大隊を上京せしめられ憲兵司令部の地下室に宿営中、若干のものは木炭の瓦斯中毒にかゝりたりと聞き及びぬ。

二、二六事件の真相原因は余全く知らず。北一輝、西田税あたりが如何なる程度まで反徒将校に関係ありしやも知らざれど、彼等の指嗾が相当の力たりしやは想像に難からず。当時の岡田首相は夫人の兄松尾〔伝蔵〕大佐（南大将と同期の六期なりと）が岡田大将と瓜二つにして身代りとなりたる為命拾ひをなしたるが、岡田大将としては陸軍に対し恨み骨髄に徹し、其後重臣としての画策陰謀も皆此意志に基くものにして、今次の東京裁判にても彼は検察側証人として出廷、口を極めて陸軍の陰謀たることを強調したりき。

二、二六事件は遂に東京裁判にては細部に立入らず其真相は依然一種の謎として残りたるは遺憾なり。飛行将校には由来血の気の多き連中少なからざるに、此事件に航空関係に一人もたづさはりあらざりしは誠に仕合せなる事なりき。

余が東京裁判に於ける弁護人たる神崎正義氏は経歴は能く承知せざれど二、二六事件の相当立入りたる経緯は承知しある模様なり、氏の話によれば同じ反徒の一人に渋川〔善助〕といふものあり。会津人なりと聞けど士官学校を中途退学せしめられたる人物なるが塩田の処へも出入しありたり。二、二六事件の前後なるべし。渋川は荒木大将の宅に於て大言壮語し荒木大将を貴様呼ばりしありと神崎氏より聞きぬ。以て其一斑を推すに足るべし。

二、二六事件は反判〔徒〕の掃蕩の為一先片付きたれど、其余波は意外の処に波及し今次敗戦もこゝらに胚胎したりとも見るべし。

真崎はこれに関係ありとの嫌疑にて一年あまりも入獄しありたるも、前に述べたる如く証拠不充分の理由にて不起訴となりたるも、其間公明正大を欠き首肯し得ざる節多し。思へば二、二六事件は誠我陸軍未曾有の不祥事にして、如何ばかり宸襟を悩まし奉りたるべき恐懼の至りに堪へざる処にして、前年の永田鉄山斬殺事件より陸軍は実に一大旋風の裡にありたるなり。其当時軍務局長室に居合せたる兵務課長山田長三郎大佐の如き実に温厚なる人物なりしが逃げ出したりとか卑怯なりとかの批難に堪へ兼ね、遂に十年一〔十〕月自決したる如き悲惨事あり。

又当時の軍課長〔軍事調査部長〕山下奉文大佐〔少将〕は叛徒に有利なる言動ありたりとの廉にて陛下は山下に不快の御意あり。余が後年陸軍大臣の時山下を第四師団長に奏請したる時、もう大丈夫かとの御下問あり、余が弁明申上げたる為漸く御許可ありたることあり。当時如何なる役割を演じたるやは知らざれど、其朝逸早く参内し真崎とかれこれ斡旋したるものなりと聞きたることあり。

真崎は教育総監を罷免せられたることに憤慨して帷幄上奏を図り其書類を当時の侍従武官長たる本庄大将の許まで差出したるが本庄は之を握り潰し、余が侍従武官長時代に尚書類存在したり。其内容は記憶せざれど下らなきものなりとの印象残るのみなり。

十年十二月の異動にて柳川は台湾に去り、秦は第二師団長を退き、山岡、小畑共に現役を去り所謂皇道派と称するものは退散の形となりたるも、大佐級以下のものは尚存在して暗躍を続け、第一次近衛内閣の時近衛首相は頻りに二、二六事件関係者の大赦を主張したるも諸方面の反対に遇ひ之を撤回したる事実も、畢竟皇道派の運動の結果なりと聞き及べり。

本庄大将も他の長老連と仝じく侍従武官長の職を退くことになり其後任に余も候補者の一人となりしが三月頃なりしと記憶す。下志津飛行学校視察の為千葉市加納屋に宿泊せる時陸軍省補任課の一課員余を旅舘に尋ね種々問合せなどありたれど、其時は騎兵出身の宇佐見〔美〕興屋中将に決定したる事実あり。

二、二六事件にては航空本部は微動だになく、其後余は依然各隊初め処々の検閲視察に日も足らざる有様にして、事件直後には平壌飛行隊を検閲し、其他の部隊にても事件に衝動せらるることなく協力一致国軍航空の為尽粋すべきを訓諭するに多忙なりき。

屏東の飛行第八聯隊にも検閲に赴きたるが其後台湾軍司令官となりし時は飛行隊は台湾軍の隷下を離れたる為本科専門の事項は査閲せざりしも、軍紀風紀其他には関係あれば其後屏東に赴きたること屢々なるが、誠に縁故深しといふべし。

十一年六、七月の頃なりしなるべし、所沢飛行学校にて乙式偵察機にて台湾への連絡飛行を実施し一流の教官之が実行に当りたるが、当時の飛行機の性能を以てしては中々の大事業にして周到なる準備の后決行し無事目的を達したるが、出発に方りては余も態々所沢に至りて見送るなど相当の決意を以てなされたるものにして、今日飛行界の進歩を見ては実に隔世の感なき能はざるなり。

⒇　台湾軍〔司〕令官

余も漸く航空のことに漠然ながら智識を得たるに在職僅か八ヶ月にしてこの年八月台湾軍司令官に転ずること丶なれり。

柳川中将は寺内の粛軍方針により現役を去り、又建川もこの時第四師団長を去り予備役となりたるが、世に称する統制派の一人たる小磯が依然朝鮮軍司令官に止まりたるは小磯の姪が寺内の後妻たる関係なりと批評するものありしが、真相は余の関り知らざる処なり。

台湾は大正六年余が参謀本部より出張したる以来屢々のお

馴染なり。今この地に軍司令官として閫外の大任を拝する誠に縁故深しといふべし。

台湾は気候不順にして生来あまり健康ならざる五郎にも自信なく、又六三郎は既に六中に在学中なり。俊八は固より横浜高工にあり、余自身としても良否共に在職長き見込もなければ余とチヨとのみ不取敢赴任することゝし、世田ケ谷駒沢にさゝやかなる一家を借受けこゝに小供《ママ》たちを残し、八月家族をあげて伊勢参宮をなし一夜を千秋楼に暮らし、翌日は亀山にて東西に袂れチヨと俊八を同行し神戸に一泊の後蓬莱丸にて赴任したり。

軍司令官とて特別の待遇を受け平穏なる航海の後基隆着、所規の儀礼の後文武官の出迎を受けて児玉町の軍司令官々舎に入れり。

台湾は所謂南方の宝庫とて政府の金穴となりしものなれば、代々の総督は政友、民政其時の政権によりて交迭《ママ》するを例とすれど大体民政系の人多し。其代りとして総督民政系なれば総務長官は政友会系を以てするを例としたり。余が着任の時も総督は民政系の中川健蔵なりしが総務長官は名は忘れたれど政友会系なりし。

当時の参謀長は荻洲立兵少将、台湾守備隊司令官は岩松義雄少将なりき。

台湾も領有以来既に五十年、治政全く安定し南方の宝庫として日本母国に貢献する処頗大なるものあり。さわれ所謂官尊民卑の風強く又台湾特有の民勅又は民督と称するものあり。これは領台当時少人数なるも功労ありたるもの又は民間の顔役とも称すべきものが名は総督府甲議員とか何とか頗平凡なるものなるも実力は中々侮るべからず、総督も彼等を無視するを得ず、彼等の意向を尊重せざるを得ざるを以て民間総督即ち民督、民間勅任官即ち民勅など称する所以にして、余が台湾軍司令官時代には台湾日日新聞社長の河村某、茶商なるも領台当時より台湾にあり代々の総督、軍司令官なども交際しありたる老人（名は逸したり、台湾人にして領台当時我軍の為の人夫頭なりと伝へらる）、辜顕栄（この人は我瑞三を有せり）、又これも台湾人なる許両、其他一、三の人ありたるも、これらの人々は余が許にも屢々出入し特に茶屋の隠居たる前記老人などは常に余の許に来り、児玉総督、明石大将などの逸話をなし時には意見など述べ面白き老人なりしが、支那事変勃発後対岸日本軍の慰問に赴きて病を穫、世を逝りたりと聞き及べり。

何に致せ此の如き制度ある処など全く台湾式にして世間も

全く怪まず。要するに台湾にある内地人は大部は官吏か総督府に何等かの関係ある人々が中核をなすものなるが、この度の敗戦にて根底より一掃せられ五十年築き上げたる地盤も跡形なくけし飛びたるは誠に千載の恨事なるが、五十年間多少なりとも浸透したる努力は何処にか其跡を止め、又領台以来ここに投入したる資産は実に尨大なるものにして、本島人も我国の実力は十分認識しあるべし。その為か台湾が中国の版図に帰してより島内騒擾絶へず或は自治運動ありなど伝へらるゝが、強ち無稽の話にもあらざるべし。台湾軍は世帯小さく部隊としては歩兵二聯隊、山砲一聯隊、重砲二聯隊に過ぎざるも、歩兵は台湾全島に分散し、台北、台中、台南、宜蘭、花蓮港、玉里、台東に分散駐屯しある為、視察、検閲にも相当の旅行なるべからず。西海岸は鉄道の便あれば旅行も容易なれど、東海岸、特に花連港に至るには三十余里の有名なる臨海道路を通行せざるべからず。この臨海道路は時には深海の絶壁を洞穴にくり抜きたる処あり、或は高さ一千尺常に霧海の内にある絶壁を過り、其間一、二の駅逓あるのみ、固より老練なる運転手なるも神経衰弱にもなるべき危険道路なり。この道路には其頃には乗合ひバスも運転しありたるが皆々緊張しありと見え別に事故の話も聞かざりしが一度墜落すれば絶壁断崖なれば固より救はるべき途もなし。この道路も毎々降雨のため崖くずれ交通途絶するに、花蓮港が常に波高く乗客は固より貨物の荷役も至難なればこゝに築港を計画し二、三千屯級汽船の為陸岸を穿ちたる築港が完成したりと聞けり。

花蓮港より玉里を経て台東に至る間は二呎六吋の軽便鉄道あり。台湾東部の地とて文化頗遅れ所謂蛮烟瘴雨の地なり。満目荒涼如何にも南溟の極地なる心地せられ、今度の大東亜戦争にて我等の眼界も広くなりたれど、或時台東より自動車にて南を廻り台湾の最南端鵞鑾鼻《ガランビ》灯台により遙かにバシー海峡の七ツ岩を望みたる時はいよ〳〵我国の南端なりとの感深く、遊子の心を傷ましむるものありき。

余が在任一年間軍隊の所在地は勿論其他阿里山、日月潭発電所、高雄アルミニユウム工場、各地の製糖所を初め、さては甲板山、霧社、四重渓等の古戦場を初め台湾島内殆んど足跡を印せざる処なきも、中央山脈横断だけは遂に決行の機会を得ざりしは遺憾なりき。

台湾にも医療の設備十分あり、又陸軍病院にも相当の医官あり、加ふるに気候も予測したる程不順にもあらざれば五郎を迎へ師範学校附属小学校に入学せしめ家庭も賑かとなり、それに福島武も官舎に寄寓し、台湾拓殖会社々長加藤恭平の好意により台拓に入社し官邸より通勤したれば、五郎の為にも好都合なりき。

昭和十一年の秋季には守備隊司令官岩松少将の統裁にて新竹附近に秋季演習を催し、初日遭遇戦にて相当の日射病患者を出したるも大したことなく終了し、新竹附近にて閲兵式あり、官民も多数臨席地方的に大なる賑かなりき。内地にてはこの年北海道にて特別大演習を催され例年の恒例に依れば台湾軍司令官も勿論陪観する筈なるが、偶々此時北海〔海南島の北五十キロ〕にて我薬種商某が十九路軍の為殺害されたる事件起り我陸軍にては一部兵力を海南島に出したり。仙〔汕〕頭にても我領事舘警察官が殺害される等南支一帯物情騒然たれば、何時台湾軍より対岸の出兵の必要あるやも測られざりしを以て、中央の指示もあり大演習陪観を中止したり。

昭和十二年の新年は台湾に迎へ多数青年将校連も押かけ来りいと賑かなりしが、五日新年宴会の日に在台北将校一同にて近郊に遠乗会を催ほしたるが、この日正月なりといふに温度実に九十度を越へ汗だくとなりしことは流石は台湾なりと今尚記憶に新なる処なり。

この年の軍司令官、師団長会議には上京、帰途近来漸く開進したる内台の連絡飛行を利用し沖縄那覇に一時着陸、初めて琉球の地を踏み有名なる泡盛の御馳走にもなりたるが、沖縄の地も今は米軍の占領する処となり最早我版図にあらず。追懐実に無量なりと申すべし。

この年の天長節には台北駐屯部隊の閲兵分列式を行ひ総督以下官僚、民間人等も臨席、いと盛大に行はれ、総督官邸にては祝賀会を行はれ聖寿の万歳を奉祝したるが、これも今は見はてぬ昔の夢とはなりぬ。

これより先き陸軍の朝鮮総督に対抗して南進根拠地といふ見地よりか寧ろ陸軍に対抗する積りなりしなるべし、小林躋造〔海軍〕大将台湾総督となり警保局長、警視総監等の経験ある森岡二朗総務長官となり局長も大部異動あり、総督府は陣容を一新したるが、軍との関係は別に影響なしと称すべきも、海軍総督なれば中々一図《ママ》に陸軍の思ふ様にも動かず。小林総督が円満なる人なれば表面対立といふが如きことなきも参謀長以下には相当仕〔え〕にくきことの少なからざる模様なりき。

さわれ台湾は領有既に五十年なれど所謂本島人と称する者は悉く対岸福建、広東あたりより移住したるものの子孫なれば悉く先祖の墳墓を対岸支那本土に有し、中には年々対岸に墓参りに行くもの少なからず。尤も福建人、広東人は仲悪く各々其固有の風俗を墨守し老婦人などの頭髪にて一見其何れかを識別し得る程度なれば、我領有以来公学校制度により国語の普及を図りたれど中年以上のものは中々我国語に慣れず、小学校は勿論中等学校等にて折角国語にて教育するに家に帰れば台湾土語を語る始末にて、台北あたりにても中学校生徒などは彼等の間にて街上台湾語を以て話し合ふ有様なり。先づ国語を以て彼等を日本臣民化することは中々困難にして、公学校の日本人教師なども常に之を訴ふるの如き始末なりき。

加ふるに近年の支那の抗日排日運動も亦直に台湾に影響し民族運動を唱ふるもの少なからず。台南の蔡培火、台中の林某など其主なるものにして、尤も蔡の如きは稍職業化し屢々上京して之を政治運動に利用し対岸とも連絡し相当うるさき存在なりき。

又領台以前よりの有名なる富豪林一家の如きも殆んど全家族を挙げて対岸福州あたりに移住し窃に右の如き民族運動を財政的に援助しあるの状況なれば、此際本島人の皇民化を一層必要とするの見地より荻洲〔立兵（参謀長）〕あたり最此運動に熱心にして、民間人、特に操觚界の連中と力を併せ総督府の有志者とも力を併せ蔡などをも相当圧迫したるも、総督以下あまり熱意を示さず荻洲の熱心なる程成績を上げざりしも、相当の効果を見たるは偏に荻洲あたりの努力の成果に帰せざるを得ざる処なり。

領有以来既に五十年皇化洽《あまね》しといふ次第にして、台北には帝国大学あり高等学校其他学校の整備至れり尽せりの状況なり。特に台南には高工さへ設けられたる状況なるが、これら設備は事実に於て内地人の為に役立つ形となり内地の落武者を収容する唯一のごみ捨場と化し本島人は中々入学出来ず又本島人にして此等学校を卒業し相応の肩書を有する者も中々就職なり難く、実際台湾の官場は内地役人古手の捨場にして一度官職にありつく時は島内を転々するか、或は局長、局長、課長の如き高き位置は一度握りたる以上は中々離さず、局長、課長の如き在職何十年といふ手合ひ少なからず。又民間会社の重要地位は之等役人の古手にて占領しある有様にして、余が在職中本島人にして総督府の役人たりしものは主なるものとしては殖産局に何とかいふ水産関係の課長一人のみと記憶すれば、これらも本島人の不平不満の一原因たるなり。されば台湾在住内地人五十万は大部官吏其家族にして民間独立人は寥々たる有様たりしなり。是等官吏一統が今度の敗戦にて一挙放逐せられたるなれば後が動かぬ様になりたるも当然の帰結にして、本島人のみにては到底運転し得ざるなるべし。台湾守備隊の壮丁は九州よりの徴募者を配当せられたれば元気なるも粗暴なるを免れず。されど領台五十年既に相当の壮丁あるも徴兵検査の結果よりすれば熱地の関係か身体虚弱、筋肉虚弱者多く、採用率少なくして甲種合格者などは寥々たる有様なりき。朝鮮にて朝鮮人を兵役に就かしめんとの中央の議に対し台湾は朝鮮民族の如く他に行くべき処なき民族と異なり対岸に祖国を有するものなれば容易に兵役に使用し難く、朝鮮あたりにて頻りに一般に媚びる為か之が採用を主張したるも台湾は時機尚早なりと反対を主張したり。太平洋戦争となり台湾も志願兵制度を採用したるも其成績は決して良好ならず、却て所謂生蕃の高砂族が挺身隊等として忠良たりしことは此間の消息を語るものなり。

朝鮮は支那事変前後より志願兵制度を採用し後に兵役法を採用したるが、総督府、軍あたりが宣伝する如く必ずしも成績は良好ならず。尤も中には良好なるものあるも、支那に来たりある部隊にては集団逃走するものも少なからず、又共産運動に関係あるものさへあり。南方軍にては捕虜の監視員に中央の方針に基き朝鮮、台湾人を使用したるが俘虜に対し無暗《ママ》に威張り非道なる取扱をなしたるは皆彼等にして、今彼等は我国籍を脱したれば彼等が罪状を負ふものは皆内地人なるもこれ亦敗戦が齎せる結果なるべし。

余が台湾在勤中の昭和十一年頃には支那の対日感情は益々悪化し、前にも述べたる如く北海、汕頭の事件あり、成都か重慶なりしか大阪毎日記者二名暴民の為殺害されたる事件あり。愈々両国の感情尖鋭化したるに偶々十一年十一月有名なる西安事件突発し、共産軍を圧迫し続けありし蔣介石が西安にて張学良の参謀長たる楊虎城に監禁せられ共産軍と妥協して日本と抗争すべき條件に遂に蔣介石は屈服して、抗日は遂に国民政府の方針となりたるは支那事変を促進する最大の原因となりしなり。

当時蔣介石は我関東軍あたりの謀略にて勃発したる内蒙軍の反乱を鎮定する為綏遠方面にありし傅作義軍を激励する為飛行機にて西安に到着したるに、前々より赤化しありたる旧張学良の東北軍の為忽ち捕虜となり、前の如き條件を突きつけられ何応欽は強硬説を主張し、たとへ蔣を犠牲とするも断乎東北軍を膺懲すべしと主張したるが宋美齢にかき口説かれ遂に折れて、宋美齢が迎への飛行機を出し妥協して蔣を貰ひ返したるなりと伝へられたり。蔣介石の監禁されたるは昔し楊貴妃が唐の玄宗と遊蕩に耽りたる掖池の温泉場なりしと聞きぬ。これより支那の対日方針は悪化の一路を辿りあるに、一方日本にては二、二六事件の余波にて国内何となく動揺し、十二年の議会にて寺内と政友会の浜田国松の論争にて軍の政治干与にて腹切問題まで発展し、これが為広田内閣は辞職し宇垣大将に大命降下したるが、其当時の内情は余は台湾にありたる為承知せざるも、皇道派の残党が宇垣反対の声を挙げ、寺内、杉山も之に動かされて宇垣に組閣を思ひ止まるべきを勧告したるも宇垣は聞かず、香月を陸軍大臣に申出たるに香月は辞退し陸相になるべきものなければ宇垣は遂に現役復帰陸相兼任と迄決心したるも、湯浅内大臣の反対に遭ひ遂に大命を拝辞し林銑十郎大将に大命降下林内閣の成立を見るに至りたるなりと聞けり。此時宇垣が大命降下の為伊豆長岡より上京の途中、当時の憲兵司令官中島今朝吾は軍服のまゝ途中宇垣を擁して大命を拝辞すべきを勧告したるも、宇垣は頑として聞かざりし事実ありたる由なり。陸軍が宇垣に反対したる理由は二、二六事件の直後にて粛軍は未だ完了せざる時なれば、所謂宇垣派の張本人たる宇垣大将の出馬は再び陸軍に動揺を来すべければ適当ならずとの事なりしと聞きしが、宇垣が往年陸軍大臣として四師団減を実行したるいはゞ軍縮の主張実行者なりといふが又反対の一理由なりし由なれどこれは聊か牽強の理由し《ママ》過ぎず。当時の事由は余も亦当時者の一人なれば能く承知しあり、決して軍縮にあらず一の軍備整理といふべきものなれば之を以て軍縮として宇垣大将を責むるは当らず。

この時より宇垣大将は屢々内閣主班《ママ》の噂に上れど実現せず、大将もまた政変毎に逸早く長岡より上京して種々策動すと噂せられたるも、兎角周囲の者に達眼者なく、今井田〔清徳〕（大将朝鮮総督時代の政務総監）、林弥三吉中将、川崎克などの群れに擁立せられ、いかにも政権欲しさの言動が累をなすものなるべく、又平沼騏一郎は同じ岡山県出身にてありながら仲悪く平沼あたりの発言が之を阻止すること決して少しとせざるべし。

余が台湾在任中昭和十一年十一月独と防共協定を締結したることは蓋し一大出来なるべし。これは赤化防止を目的とするものなれども秘密協定あり。三国同盟のそも〳〵の基礎をなすものにして、広田氏の言ふ処によれば有田と寺内が申出来りたれば軍事的性質を有せざるものなれば同意すべしと回答し成立したるものなりといふ。これは駐独大使館附武官大島浩と独外相リッペンドロップとの二人の話合にて初まりたるものにして、畢竟大島が独語に堪能にしてリ外相と懇意なるより発足したるものなり。この三国関係が其後幾多の波瀾を生んで遂に三国同盟となり太平洋戦争となり、結局日独が同じ悲運に逢着したるもの、宿命とは言ひながら何等必要もなきに無理にデッチ上げて我国を敗亡に導きたる一大癌腫たりしなり。

林内閣の陸軍大臣には林の同郷なる中村孝太郎中将（妻君は林の妻君の妹なり）就任したるが、腸チブスにかゝり在任僅か一週間内外にて職を去り、杉山元登場し其後任教育総監には寺内就任したり（西大将は脳溢血にて仆れ杉山其後任となる）。

林超然内閣は軍事予算の通過後議会を解散し総選挙を行ひたるが、内閣の予想に反し政党多数たりし為総辞職し、近衛公に大命降下、公が内閣を組織したるは十二年の五月頃なりしならむ。林内閣は軍事予算丈を通過せしめて総辞職したれば世には之を喰逃げ内閣などと評するものあり。兎に角ざまはあまりよからざりしなり。

こゝに近衛公のことに就て一言せんに、近衛文麿といふ人の父は近衛篤麿とて支那浪人の親玉見たる様なる人にて孫逸仙、黄興などもこの人の世話になりたる様なり。何に致せ近衛家といふは関白五摂家（近衛、九條、一條、鷹司、二條）の筆頭の家柄なれば皇室に次ぐ門地高き家柄なり。近衛文麿はこの篤麿の嫡男と生れ木戸孝〔幸〕一などと仝じく（木戸が一年上級なりと）京大法科の出身にして、赤色教授河上肇などに私淑し赤色思想は十分根底あるなり。余は一、二回面談したることあるも何等迫力も熱意もなく唯人の話を聞くのが上手にして、平民ならば当然の事ながら華冑の最高位にありて能く人の話を聞くが人気を博したるものなるべし。

元老西園寺公が特に近衛公を面倒見ありたりと見え、巴里平和会議の際にも西園寺は近衛を秘書として同行したるが、当時は二十代の白面の書生にして我等全権と会話したることもなく、我等は全然其存在すら深く留意せざる程なりき。其後西園寺公の後楯もあり木戸及西園寺公の秘書原田熊雄男（原田の父か祖父〔原田一道〕は砲兵工廠の提理にして其夫人は外人なりとか）とグループとなり漸く政治界に抬頭し、其高き家柄が物を言ひて浪人の取巻多くあり。西園寺家と徳大寺家とは縁辺なり、住友の先代は西園寺の弟なり、これらの関係より住友家を金穴とし政界に活動するに至りたるものなり。陸軍との関係は鈴木貞一等を手先とし、其子分としては中川小十郎（公の家来筋なりとか）、後藤隆之助（赤なりと称せらる）等幾多の有象無象あり。末弟にして奈良春日神社の神官なる水谷川男爵も片棒をかつぎ皇道派の評論家として聞えたる岩淵辰雄も亦公の秘書役をなし、余の知れる麻生重一なども常に公に出入したる一人にして、要するに公はハッキリせざる性情なれば大小の有象無象が公の周囲に集まりたるものにして、荒木、真崎などの皇道派との関係はどちらより持ちかけたるやは不明なるも双方にて之を利用せんとしたるは明かにして、林内閣の後継者たりしことも又皇道派の暗躍ありたるは推測するを得べし。公の政治的声価が過大に評価せられ、内心は陸軍を持てあましたるも陸軍のいふことを能く聞きたる為陸軍は事毎に公を支持したり。然し公は陸軍大臣の意見などよりは進んで所謂中堅組、例えば石原莞爾、鈴木貞一などの情報を主とし、又大中佐級の軍の下層の意見を求むるに苦心しありたる模様なれば陸軍の過激意見が先入主となりたることは争ふべからざる処にして、実に三回に亘りこの国歩多難なる時に方りて内閣を組織し、或は枢密院議長となり貴族院議長となり、支那事変の勃発、太平洋戦争前の困難なる日米交渉の難局を担当しながら其弱き性格はズル〳〵ベッタリとなり、飽迄難局を打開する不屈性なき為嫌気がさせば直に内閣を投出し、我国の施策に一貫性を欠き遂に此の如き敗戦の苦杯を嘗むるに至りたるもの、偏に近衛公が屢々内閣を組織し而も常に其周囲に誤まれたるに帰因するものにして、公を高く評価し之を利用せんとしたる陸軍も亦其一半の責を負担せざるを得ず。実に我国を此の如き悲惨なる敗戦に陥れたる責の一部は公と之を担ぎたる手合に帰せざるを得ざるなり。又公は素行悪しく、この点にても一国の宰相たる資格なきなり。其嫡男〔近衛〕文隆も亦父の系統を引て素行悪しき由なり。酒井忠正伯が余に巣鴨にて公が巣鴨に収容せらる、前夜服毒自殺せるも面倒臭くなりたる為自殺したるものなるべしと笑ひ居たるが、よく公の性格を現はすものといふべし。

内大臣湯浅倉平はよく近衛公の性格を見貫《ママ》きありし如く、余が侍従武官長たりし時にも屢々近衛公を批判し、武藤章中将が湯浅氏に初対面したる時近衛公を批難したりと武藤より聞きぬ。

かゝる東京の政情をよそに余は遠く台湾にありてひたすら部隊の訓練に専念しありて、この年七月当時支那方面にありし第三艦隊（旗艦出雲、司令長官長谷川清中将）と協同し台南の台湾歩兵第二聯隊の兵力を以て澎湖島に上陸演習を行ふことゝなり、余は七月八日飛行機にて台南に着陸、同地より自動車にて高雄に至り港口官舎に宿泊し、長谷川中将も亦出雲に坐乗、龍田を旗艦とする水雷戦隊を率ひ高雄に来り、愈々上陸演習を開始せんとしたる八日の夜突然北支盧溝橋にて七日夜日支両軍衝突したる参謀本部よりの通報に接したるがこれが拡大するとは夢にも想はず、例の年中行事位に軽く思ひ居たるに、海軍側にては直に上海に帰還することとなり、九日長谷川中将の出雲は上海に向け帰還の途に就きたるが、折角の陸海連合演習は中止することなく唯澎湖島上陸を止め残留せる駆逐艦一、二隻にて高雄にて申訳の上陸演習を施行し、余も亦終了后直に台北に帰任したるも北支方面の状況は時々参謀本部より通報あるに止まり一切不明にして、台湾軍としては何等なす処なく唯情報を待つのみなりき。

其内支那事変は漸次拡大し内地師団動員の通報あり。七月下旬と記憶するが台北、基隆、澎湖島の防空準備の命令ありたるのみ。台湾は静穏にして何等平常と異なる処なかりき。

当時の参謀総長は閑院宮、次長は近衛師団長に転じたる西尾寿造の後を襲ぎ今井清なりしが病気中なりき。又陸軍大臣は杉山、次官は梅津、海軍大臣は永野修身大将の後を襲ぎて米内光政なりき。

七月末梅津より余は八月異動にて軍事参議官に転じ後任は古荘なる旨内報あり。当時古荘は余の後任として航空本部長たりしが航空本部長は東久邇宮なり。

㉑　軍事参議官と教育総監

八月一日異動にて内報の通り余は軍事参議官に転じ、台湾守備隊司令官岩松少将もたしか第四師団司令部附に転じたりと記憶す。これより先三月異動にて荻洲は第二師団留守司令官に栄転し後任は秦雅尚（第十九期）少将来任す。秦は余には初見の人なれど荻洲の殆んど半気違ひに近き積極的なるに比して穏健消極的の人なりき。岩松の後は波田重一少将にて、この人の下に台湾守備隊は日支事変にて余の隷下に漢口作戦に参加したるも奇縁といふべし。

后任者の為官邸を引払ひ家族は一便か二便前に台湾を出発せしむる予定の処、五郎が熱を出したる為遅れ、余は鉄道ホテルに引上げ只管古荘の来着を待ちありしが、此の間台湾は頗静謐にして何等の動揺もなく北支事変も其間に落着すべしなど楽観しありたるに、一度彼我の間に妥協成立しながら支那側の破約により事件は益々拡大し、八月に入りてよりは大山〔勇夫〕中尉の惨殺事件により遂に上海に飛火して支那事変は北支より中支に拡大するに至りたり。

台湾軍としては唯戦備を厳にする外何等なす処なかりしが古荘は家族同伴十五日頃着任したるが彼の健康いまだ十分ならず（脳溢血后の）着任の日は申送をなさず翌日申送りをなし、確か十七日なりしなるべし快晴を幕僚に港外まで送られながら鎌田副官を従へ奇縁にも就任の時と同じ船なる蓬莱丸にて静穏なる航海の后神戸に上陸したり。家族（六三郎も休暇にて台湾に来りありき）は前便にて颱風に遭ひ大分難渋したる様子なりき。

小供《ママ》等の為駒沢に借りたる家は狭隘にして寝る処もなき有様なれば借家を物色中、帰京后の拝謁上奏もすませ事件をよそにブラ〳〵しある中、松井大将は予備より召集せられて上海派遣軍司令官に任ぜられ、教育総監たりし寺内は新に編成されたる北支方面軍司令官に転じ、其後任に余が教育総監に親補せられたるは八月二十二日〔二十六日〕なりと記憶す。

松井が上海方面に起用せられたるは彼が支那通なりといふ単なる理由にして、北支方面軍は支那駐屯軍を改編したる第一軍（司令官は駐屯軍司令官たる香月清司なり。田代晥一郎は蘆溝橋事件勃発当時病死し香月が匆皇着任したるものなり）、新に編成せられたる第二軍（司令官西尾寿造）よりなり、方面軍司令官としては阿部大将充当せられ内命までありたるものが急に変更せられ、阿部は準備まで整へたるに突然変更せられ頗激昂して杉山に捩ぢ込みたりと聞きぬ。変更の理由は承知せざれど寺内の運動もあり、現役の人が数多あるに在郷者を起用するにも及ばずといふ理由は正当なりといふべし。

余が教育総監就任当時の本部長は安藤利吉少将なりき。兵監は記憶せず。砲兵監は山室なりしか井関隆昌なりしか。

支那事変は勃発したれど現地解決不拡大方針を持したる程なれば勿論国軍の教育訓練に何等変改を加ふるの必要もなく、教育総監部は平時の通りにして碌々事変の情報も呉れず浮世を外の存在なりき。

十一月二日余は陸軍大将に親補せられたり。中将の在職六年余り、大将に進級するには中将六年を必要とする慣例に依りたるものにして、一度真崎、荒木一派の皇道派に睨まれ師団長を最後の御奉公と観念したるにどうにか此難関も切り抜け幸に御奉公を続け、今武官として最上の大将の栄誉を拝す。感激何物かこれに如かん。想へばこれより閫外の重責を拝し陸軍大臣として軍政の衝に当り遂に元帥として位人臣を極めたるも、一朝国破れて敗戦の責を負ひ囹圄の身となる宿命真に測り知るべからず。さわれ余が運命は一に氏神祖霊の御神慮に従ふものなれば安心して余生を神慮に御任せし何等悲観も落胆もなさざるなり。

人一生の運命は一定の標準ありて栄枯盛衰は平均して大体大差なしといふが、余の宿命観なれば元帥まで陞りたるものが一朝転落するもこの平均論よりすれば又止むを得ざるものといふの外なし。

幸ひ荏原区の武蔵小山に新築の宅を見付け一度移転したるも総監部にあまり遠隔し尚近辺に陸軍々人なく万事に不自由なれば、陸軍々人の住宅多きことを覘ひて今の宅を見付けこゝに移りたるなり。

着任以来管下学校の初度巡視等多忙を極めありしが戦局は愈々拡大して十一月には大本営も設置せられたり。参謀次長の今井は九月病没し、支那通といふ理由よりして多田駿第十一師団長より参謀次長に転じ、下村定少将石原の後を襲ぎて第一部長となれり。

十一月なりしか十二月なりしか忘れたれど教育総監部火を失し大に面目を失したることありき。原因は前夜使用したる自動車の余熱が防寒の為かぶせたる毛布に燃え移り、自動車庫より炎上して直ぐ隣りの兵監部建物に移り、急報に接して余が臨場したる時には兵監部建物は大半焼け落ち居たるが幸ひ本舘は類焼を免れたりき。風向にて火の子は宮城に落ちたる為余は恐懼し直ちに杉山宛進退伺を出し侍従武官長を経て御詫びを申上げたるが別に御尤《とが》めもなかりき。

かくて昭和十三年の新年は東京に迎へたるが、支那事変は益々拡大して前年十二月十三日南京は落城して戦局に一段落を画し、駐支独公使トラウトマンを仲介としたる日支和平も支那側の不誠意により成立せず、一月十六日有名なる蔣介石相手とせずといふ声明と共に日支事変も愈々長期戦に突入することゝなれり。

このトラウトマン仲介に関し余が後年汪兆銘氏より聞く処によれば、この不成立は蔣介石及び外交部長孔祥凞が互に責任を回避して局面に立つことをせざりしに起因するものにして、蔣介石は孔に任せてどこかに赴き、孔はまた蔣の指令を仰ぐと称して中々日本に回答せず、日本は例の短気より見切りをつけたるものにして、汪氏はもう少し日本が我慢すれば或は成立を見たるに惜しきことしたりと語り居たりき。日支事変が長期戦となりたることは固より支那側の計画しありたる処にして、高橋三吉海軍大将より巣鴨にて聞きたる処によれば、大将が日支事変勃発前軍事参議官として支那を視察したる時何応欽に会見したるが、何は口を極めて日本の支那に対する圧迫を批難し、支那は隠忍しあるも一度日本より戦争を仕かけられたる時は何処までも徹底的に抵抗すべしと洩らしありたる由なれば、この長期戦も予定の計画にしてトラウトマンの仲介事件も初めより成立せしめざる計画なりしやも知るべからず。中支方面の戦局も支那軍の抵抗頗頑強にして、英国も暗々に之を援助し常に在支英国権益の損害を抗議し在支英大使ヒューゲッセンの自動車を我海軍機が銃撃したりと抗議するなど不快なる存在なりしが、戦況は中々思ふ様に進捗せざる為、十一月更に柳川を軍司令官とする第六（谷）、第百十四（末松）、第十八師団（牛島）よりなる第十軍を杭州湾に上陸せしめ、松井を中支方面軍に昇格せしめ（参謀長塚田攻）、旧上海派遣軍は新に朝香宮軍司令官となり、十二月初め大本営は南京攻略を命令したり。大本営あたりにては南京は国民政府の首都なればこれを攻略すれば或は戦局を終止せしめんといふ企図ありたるものなるべく、両軍は先を争ひて南京に殺到し、南京東方には堅固なる野戦陣地ありたれど難なく之を攻略して十二月十三日遂に之を占領したり。南京攻略には上海派遣軍（第三（藤田〔進〕）、第九（吉住）、第十三（荻洲）、第十六（中島）師団よりなる）にては、第九、第十六、第十三師団の一部、第十軍にては第六師団主として之に参加したるが、元来当初の出兵目的が膺懲を標榜したれば自然之が部隊にも反映し、此際支那軍を徹底的に膺懲し置き之にて日支事変を終熄せしめんとするものなりといふ観念は指揮官にもあれば、南京攻略に方りてはこの心理作用により残虐行為を敢てしたるものなるべく、柳川なども此際徹底的に膺懲すべしなど洩らし居たりと聞き、第十六師団長中島中将なども何れこれにて日支事変は終局となるべきものなれば徹底的にヤッツケるべしと高言しありたりといふ《ママ》。当時南京に於ける暴虐事件に関しては教育総監部としては詳報にも接せず、それ程とは思はざりしに、東京裁判にて相当の誇張はあるべきも其全貌を聞かされ驚き入りたる次第なるが、南京攻略後南京の警備司令官となりし中島中将が暴虐事件を黙認したるは愚か之を命令したりとさへ伝へらる。岩畔〔豪雄〕が軍事課にありて当時かゝる命令か指示を見たる記憶ありと神崎氏に洩らしたりとか。敗残兵なり俘虜を戦場心理に駆られて虐殺したりとすれば尚酌量の余地なきにしもあらざれど、大量の強姦、掠奪、或は普通人特に婦女子を虐殺したる如きは我武士道の精神にも背き日本陸軍の伝統を汚すものとして之を責めざるを得ざる処なり。

日清、日露戦役等にて馬丁、人夫等の掠奪、強姦は話に聞きたるも、部隊がかゝる非行をなしたることを耳にせず。然るに支那事変にて劈頭南京攻略にて堂々たる我精鋭がかゝる非行を敢てしたるは実に慨はしきことにして、又我軍の米英俘虜の待遇に兎角の批難ありたる如き、労働の必要より又食糧事情より止むを得ずとすればそれ迄なるが、兎に角我陸軍の伝統に汚点をとゞめたるは事実にして、余も亦長老として責任を分たざるを得ざるも、畢竟第一次欧洲大戦以来国民道徳の低下が最大の原因〔を〕なし、我国教育界も亦責任の一部を負はざるべからざるべし。

我国は独と防共協定より遂に同盟とまで親交を結びたるも、独が支那に於ける利権の拡張はこの友交関係と頗矛盾するものあり。独の有数なる将軍フホンゼークト大将を首班とする武官団は蔣介石に傭聘せられて支那陸軍を援助し訓練は固より武器の売却は頗巨額に上り、又第一次上海事変後上海郊外は固より上海、南京間に数線の拠点式陣地の構築を指導したり。上海戦闘にて我軍は大場鎮其他数多の火点式永久陣地に衝突して大いに苦戦したる如き、我軍は全く之を承知せず、上海駐在武官等も唯酒を呑むことのみに没頭して足一歩郊外に出でたることなきものと見え、未だ之を報告したるを見聞せず。開戦して見て初めて驚く如き杜撰極まるものなりしなり。

独が支那に売却したる兵器は蓋し莫大なるものなるべし。台児荘にて我軍を苦しめたる克式十五糎加農は僅に四門なりと聞けど独の売却したるものなり。又南京の鹵獲品中には明瞭に独逸品なる瓦斯弾を見たり。其他枚挙に遑あらざるべし。これらはヒツトラーあたりが如何に大島に強弁するともヒツトラーの政権となりたる後のことなり。一面我国と手を握り、一面我に敵対する可能性ある支那に莫大の兵器を供給するなど中々狡猾なる遣口にして、畢竟日独友交関係はお人よしの我国が海千山千の独逸人に一杯くわされ利用せられたるに過ぎず。若し欧洲戦争にて独が勝利を得たらむには日本の太平洋戦争にてたとへ勝利を得たりとするも、其餌は独に攫はれ先年の欧洲第一次戦争の如き日本の立場となりたるやも知れず、蘭印、仏印は当然独の奪ふ処なるべし。思ふてこゝに至れば、今次の日独共に斃れたるのも我国神々の深謀遠慮の致す処なるやも知るべからず。

余は支那事変匆々教育総監に任ぜられたるも、固より未だ支那事変の経験よりする教育上の影響も研究決定する時機にも至らず、全く教育総監部は平時のまゝにして支那事変の愈々拡大するといふに教育総監部はこの混乱の圏外に超然として浮世を外の存在なれば、総監としても一向枢要のことは聞かされもせず、只管其本務にいそしみあり。

昭和十三年一月、北海道の第七師団が近く満洲に移駐する予定なる為其教育状況を視察する為雪を冒して北海道に赴き、往路函館にては往時余が学びたる弥生小学校出身の人々の出迎を受け、札幌の歩兵第二十五聯隊の教育訓練を視察し、旭川にては師団長園部和一郎中将の案内にて各隊を視察し、終りて青森に到着、駅前の塩谷旅館にて休憩中誰なりしか忘れたるも杉山陸軍大臣の使者待ち受けあり、杉山の手紙を渡されたるが、其手紙によれば今度中支方面軍を編成換をなすに付其司令官として余の承認を求むるものなりき。余は教育総監就任僅々数ヶ月なるに今交代し総監がかくも頻々に交迭《ママ》するは国軍教育上決してよき事にあらず、一応考慮すべしと返答して使者を返し、直路帰京して杉山に面会したるに、中支方面軍は旧上海派遣軍及第十軍司令部との間兎角円満を欠き、南京も陥落して作戦も一段落つき、又南京にも暴行事件あり、此際編成を改正して現役者を司令官となす要あり、しかすれば余の外に人なしとの杉山の懇望に余も遂に之を容れ就任を承諾したり。

かくて日は忘れたれども参内拝謁親補式あり。尚勅語を賜はり閫外の重任を拝したるなり。副官としては教育総監部副官より派遣軍副官に転じたる名越少佐を伴ひ現地より出迎への為上京したる参謀と共に羽田より専用飛行機にて一路上海に飛行せん為、二月十六日羽田に赴き杉山も見送りの為来場しありき。然るに東京は寒気烈しきも快晴なるに関西は天候悪しとのことに出発を見合せ、翌十七日羽田出発快晴裡を福岡に着陸、午后飛行を続行、福岡、上海間は気流悪しく飛行機の動揺烈しかりしも無事上海王賓飛行場に到着せしは午后三時頃なりしか。飛行場には元の参謀長塚田少将出迎へあり、直ちに宿舎たるアスターハウスに入れり。松井もかく急に交迭《ママ》さるべしとは予想あらざりし為か頗る不機嫌にして、郊外なる司令官々邸も明け渡さず、松井が其幕僚と共に二十二日病院船瑞穂丸にて出発する迄余はアスターハウスにありき。

余の後任教育総監は西尾寿造の予定なりしも彼は当時第二軍司令官として北支にあり、其帰朝迄安藤本部長事務取扱をなすこと丶なれり。旧中支方面軍の幕僚は殆んど大部帰朝し唯残留したるは副長たりし武藤章の外に公平匡武、二宮其他数名に過ぎざりき。参謀長は新に北支方面軍参謀副長たりし河辺正三中将新に任命せられたり。

松井は前述の如くまだ帰朝は予期しあらざる処に突然交迭《ママ》せしめられたれば頗不平にして、何等の申送もなく二十二日病院船瑞穂丸にて塚田以下の幕僚を従へ上海楊樹浦埠頭出帆、余も埠頭迄見送りたり。松井は帰朝間もなく召集解除となれり。

次で朝香宮上海派遣軍司令官も南京より上海着、余は苟くも中支那派遣軍司令官として閫外の重責を受け今着任したるものなれば、格式も矜持もあり殿下の御出迎はなさざりしに、聊か御不満にて参謀長に不平を洩らされたりと聞き及びぬ。元来朝香宮といふ殿下は頗やかましき御人にて、それに御幼少の時より所謂部屋住みとていろ〳〵御苦労もなされたれば細かき処まで気が付かれ、余の同期生たる池端清武が御附武官をなし居たることあるが随分細かき処までいろ〳〵口を出さる丶には閉口なりと洩らし居たりき。

殿下及柳川もそれ〴〵上海出発帰朝の途につきたれば、余はいよ〳〵軍司令官として職務を執ることとなり、上海北郊外にして上海市役所の某局長の住宅たりとか松井が住居しありたる、あたりにも大した家もなく広々したる瀟洒なる官邸に移り、軍司令部は上海日本居留民団高等女学校に開設したり。

この頃ともなれば既に状況も平穏となり、閘北あたり戦闘の中心となりたる処は破壊焼却そのま丶なれど、その他は漸次整理せられ逐次平静に赴きありたりき。

余の着任当時3Dは南京附近、9Dは蘇州附近、6Dは蕪湖附近、13Dは江北蚌埠附近、18Dは杭州、101Dは上海附近にあり、それ〴〵警備体勢にあり。上海は元来海軍陸戦隊あり、第一次、第二次上海事変と事変の発端は何れも海軍なれば海軍は上海は我物なりとの先入観頗強く、事毎に権利を主張し発言をなし中々うるさき存在にして、上海の警備の如き兵力といひ訓練といひ十分ならざるに主要なる地域の警備を主張し、陸軍も亦うるさければ強ひて争ひもなさず大部分譲りたれば上海至る処に海軍の不恰好なる水兵を見るの状態なりき。又上海居留民も海軍に年来の馴染なれば海軍に好意を寄すもの多き有様なりき。

軍が受けたる任務は占拠地帯（占拠といひて占領といはざるは唯一時之を占めて我有となさゞる細心の注意よりして命令等にも凡て故に占拠といふ文字を用ひたり）の治安維持なれば、軍は相当分散配置を取りて地方の警備を担任し、警察保安隊などをして我に協力せしめたり。各部隊は上海戦闘以来南京陥落まで相次ぐ作戦に軍紀風紀も相当乱れ、又支那の最文化の高き地方とて種々誘惑も多く、南京の残虐事件の如き東京にありし時は報告もなきまゝに左程とも思はざりしに、現地に来て見れば予想外に深刻なり。余としては先第一着に軍紀風紀の緊縮なり、それに第三国の権益も最多き地方なればそれらの関係もあり、何より先きに団隊長会議の必要を認め、三月初旬なりと記臆す、各師団長等を上海に集め軍紀風紀の緊縮、次期作戦の準備を訓示したり。

三月十日陸軍紀念日には上海にある第百一師団を初め数多直属部隊の閲兵式を上海市庁周囲の道路上に挙行し、数万の部隊を閲兵し、終りて戦火の為無残にも破壊せられたる上海市役所にて野宴を催し、長谷川第三艦隊長官以下臨席したるがこの天気晴朗なるも気候頗寒く吹きさらしの大ホールにガタ〳〵ふるへながら祝杯を挙げたるは今も尚忘るゝ能はざる処なり。

上海初め中支長江沿岸には第三国特に英国の権益頗多し。上海より南京に至る作戦の為第三国が被りたりといふ損害は一々我国に総領事館を通じて抗議し来り、松井の時代には十分処理せられざりしかば悉く余の時代に持越しうるさきこと限りなし。其後間もなく谷正之公使として上海に来り非公式なるも渉外事務に任じたり。英国の東洋艦隊司令長官は更迭して余の時にはノーブルといふ中将なりしが、余の処に公式に挨拶に来りたる時、先以て余に抗議文の大冊をつきつけたるには聊か喫驚せざるを得ざりき。陸軍の司令官はスモーレットといふ印度軍の少将なりしが、松井の時何か感情の行違ひありて余の着任后にも挨拶に来らず何となく面白からぬ空気ありしが、当時の英国大使カーが東京と連絡して余と面識あり、兄とは親しかりし東京英国大使館附武官ピゴット少将を態々上海に派遣して日英陸軍間を斡旋せしめたる為、スモーレット少将も挨拶に来りたるはたしか五月頃なりしか。スモーレットといふ男は別に悪気もなく正直者の様なりき。米国の東洋艦隊司令長官は其後排日の親玉となりたるカーネル大将なりき。余は答訪の為其乗艦に参謀長帯同赴きたるが、白髪の好々爺にして日米両国軍の間には別に大した懸案もなし、何事も協力致すべければ御遠慮なく申出られたしなど頗打解けたる状態なりしが、其後英米両国とも遂に干戈に訴へ特にカーネルの如き事毎に日本を誹謗するなどとは当時夢想にもせざる処なりき。

外国人関係の一々うるさき些細なる事項は莫大の数に達したれば軍司令部に渉外部を置き、広田〔豊〕（後に宇都宮〔直賢〕）を其長として事務を管掌せしめたり。

着任直後団隊長会議を開催したる後、直に各師団司令部を巡視し、汽車により或は飛行機により、上海、蘇州、蚌埠、蕪湖、杭州、南京等各地に於ける師団司令部及若干部隊の初度巡視を行ひたるが、此等の地方は大正十四年長江沿岸偵察旅行の時一度踏査したる処なるが、今度来て見れば或は其後市区改正せられ或は戦火の為破壊せられ其当時と比較する由もなかりき。杭州は商務総会が支那軍指揮官に多額の金を提供して妥協したる為戦火を被らず、尚前年昭和十一年こゝに博覧会を催したる為尚其名残を止めたるが、唯銭塘江に架設し全部クローム鋼材を用ひ巨額を投じたりといふ浙贛鉄道の鉄橋は爆破せられて中央部にて陥落しあり。又市の西側高地の大なる岩窟には尚多数の避難民が雑然たる有様なりき。杭州には支那全土に二つしかなき四庫全書ありと噂され好事家は逸早く手に入れむと出かけたるが逸早く持去りたりと聞けり。他の一は北平にありし由。南京は先年旅行の際は依然たる支那街なりしが、蔣介石が国都として市区改正をなし全く近世式の大都市となしたる為面目を一新し、当時の有様を偲ぶよすがもなく、孫逸仙の中山陵は一時南京攻略の時荒されたるが今は其跡形もなく我警備兵により警戒されありたり。

蚌埠にては淮河対岸は敵陣地とて巡視の時蚌埠の中央丘阜に配置されたる十加が直に実弾を以て敵陣地を射撃したるなど第一線の気分深く、蘇州の古都も幸ひ戦火を免れ損害を被らざりき。当時の師団長は3D藤田進、6D稲葉、9D吉住、13D荻洲、18D牛島貞雄（余の同期）、101D伊東正〔政〕喜にして内山英太郎の重砲旅団は鎮江にありたり。トラウトマン駐支独大使を仲介とする日支和平交渉は遂に不調に終りたることは先にも述べたる通りにして、参謀本部側は強硬に之が継続を主張し、大本営政府連絡会議にて多田参謀次長は杉山と激論し中々決せず物分れとなりしが、参謀本部が之を固執するに於ては内閣は総辞職をなさざるべからざる状況に立至りたれば、参謀本部も倒閣の名を被るを恐れ遂に政府の交渉打切りに同意するに至りたるものにして、参謀本部がかくも日支交渉成立に努力したる原因は承知せざれど、東京裁判に提出せられたる訴証《ママ》に依れば対ソ作戦準備に全力を傾倒するにありたりと称せらるゝも其本意なるやは知らず。恐らく第一部長たりし石原莞爾あたりの思想なるべく、又近衛首相が何故打切に決意したる理由も承知せざれど、近衛公として此の如き決断をなし得る人物にもあらず。近衛公の周囲には共産思想を有する赤き人物も少なからず。これらの人々の進言に動かされたるものなり。当時既に後年独新聞記者ゾルゲの露探事件の共犯者として死刑に処せられたる尾崎秀美（上海にて新聞記者たりしことある由）も其周囲の一人なりしと伝へられ、第三インターの世界赤化政策の日支相争はしむる策謀の現はれなりとさへ云ふものあるも果して事実なりや否や知る由もなし。

広田氏も交渉打切に反対の一人なりしも近衛公よりあまり反対して呉れるなと因果を含められたりと広田氏より巣鴨にて聞きぬ。さるにても杉山あたりが何故交渉打切を主張したるや其間の消息は知らず。恐らく簡単の理由にて陸軍の連中が近衛公周囲の赤連にアッサリ説かれたる為か。

余が着任当時梁鴻志の維新政府樹立は大部分纏まりあり。一体梁鴻志、温宋堯、陳羣あたりの新政府樹立は十二年十月頃より上海特務機関長楠本〔実隆〕大佐、機関員臼田〔寛三〕中佐あたりを中心として構想せられ、松井もこれに同意したるも、これより先北支にては十二年十一月寺内の支持により王克敏を主班《ママ》とする北支臨時政府の樹立を見たるが中支に新政権成立すれば北支臨時政府は中支の経済中心を把握するを得ず、王克敏一派の私心より中支政権の樹立に反対し、北支方面軍より盛に中央に申立てたる為中央も之に動かされ中支政権樹立に反対したるも、中支にては梁鴻志あたりに言質を与へたるものの如く松井も帰朝後説明したる為か中央も遂に之に服し、北支の反対を押切り中支政権の樹立を認めたるものにして、王克敏も不精不承服従したるものなり。維新といふ名称もいろ〳〵いきさつありたる由なり。元来梁鴻志といふ人は段祺瑞の秘書官たりしといふ大した人物にあらず。温宋尭は仏公使を務めたることありといふ外交官上りの好々爺なり。

陳擘ははえ抜きの国民党員なりといふも何故か国民党より脱退しあり。又維新政府の軍政部長となりし任援道といふ人は軍人なるも国民政府より除外せられたる人物にして、要するに維新政府の主脳《ママ》者は蔣周囲の人物よりすれば著しく見劣りせられ、小物ばかりにして相当なる人物は皆蔣と行動を共にして漢口に逃れたれば、維新政府の陣容は頗以て貧弱なるも一度日本として新政権樹立を承認したる以上今更解消するを得ず。余が着任后、梁、温、陳を上海官邸に招き余より再び決意をたしかめ其返答を得たる上愈三月二十八日南京にて政府樹立式を行ひ、河辺〔正三〕参謀長余の代理として臨席したり。其后兎角の評判あり間もなく辞任したる王子恵は実業部長として就任したりき。

かく一月十六日の蔣政権を相手とせず又どこまでも膺懲する近衛声明となり、我国も愈々支那事変に本腰を入れることとなり泥沼に一歩を踏み込むこととなりたるが、此頃より徐州及其東方地区に集中〔し〕たる支那軍は漸次其勢力を増加し四月ともなれば、其兵力五十師内外となり、敵野戦軍の主力とも見られたれば、此機会に之に一大打撃を与へ且津浦鉄道を打通して北中支の交通を確保せんとする為、大本営は徐州附近を攻略する為北支方面軍及中支派遣軍に攻略を命令し来れり。軍は直ちに準備に着手し端午の佳節五月五日をトして行動を開始したり。余は戦闘司令所を蚌埠に進め司令所は町中の支那旅館に定め余は蚌埠駅の隣りの鉄道役員の社宅に宿泊したるが、何れも五月初旬の季節なれば蝿に苦しめられ又蝎《さそり》も少なからず当番などは蝎を捕へ物珍しげにサイダー瓶に入れたるものなどありき。

五月五日第十三師団前進開始の日は天気晴朗にして五月初夏の候に一望千里の青々たる麦畑に余は懐遠西方の山上に天幕を張りて呑気なる観戦をなしたるが、敵側に飛行機なき為かくも悠暢なる気分にて観戦をなし得たるなり。作戦は順調に進捗し、第十三師団は北支軍と先頭を争ひ軍の戦車隊は隴海鉄道を遮断し第十三師団は十九日徐州に進入したるが、東久邇宮の第二軍は先頭を第十三師団に奪われ軍司令官も参謀長鈴木率道少将も御機嫌頗斜なりと伝へ聞きぬ。

徐州附近に集中しありたる支那軍は実に野戦軍の精鋭にして装備も優秀なり、将卒の素質も良好なりき。徐州東方台児荘にて第十師団一部が敵に包囲せられ全滅の悲運に遭ひたる如き、支那側にては大に志気を昂揚し全勝を持したりと唱へ、此戦闘の参加者は特別の徽章を授与せられて衿りとしたる由なり。

又第五師団も相当苦しめられ、独国より購買したる十加か十五加四門には我軍も大いに苦しめられたる由なり。此徐州会戦の頃には尚支那軍は精鋭をすぐり勢中々侮るべからざりしが、如何せむ我兵力過少にして中支派遣軍よりは僅に9、13の二師団を参加せしめたるに過ぎず、徐州攻略せられて敵主力は西南方に退却するの報に接し、何とかこれに打撃を与へんものと焦慮し、漸く3Ｄの一部を駆り集めて手当したるも及ばず、遂に敵主力をむざ〳〵と取逃したるは実に不載の恨事と申すべし。

これも畢竟大本営に初めより一定の作戦方針なく、殊に近衛声明により日支和平交渉不成立の為作戦を開始せざるべからざる羽目にたち至り、取り敢へず徐州に集中せる支那軍の精鋭を幸ひ一撃せんと急に思ひ立ちたる作戦なれば、実施一月足らずの前に命令し来り不充分なる兵力を以て碌々準備せず実行したる為、折角集中しありたる野戦軍の大部を逸し其主目的を達成するを得ざりしは誠に遺憾千万と云ふの外なし。而して徐州会戦の後に於ても常に不十分なる兵力を以て十分に準備せず作戦を実施し、戦略と政略の不一致は固より戦略も常に兵力の逐次使用に堕し、全批評の限りにあらざる用兵振りを発揮し、支那側の思ふ壺に陥りたるなり。

徐州会戦間参謀本部より第一部長橋本群戦線視察に来りたるが其目的は分明せず、本年秋頃漢口攻略を大本営にては目論見あることをそれとはなしに伝達し来りたる様なるもハツキリせず。秩父宮も参謀本部第一部職員として其頃蚌埠に来られたり。中央より此の如くゾロ〳〵戦線視察にやつて来るもいはゞ見物の程度を超へざるものとしか思はれず。大本営としては作戦目標を明示せず出先としては甚以て迷惑したるも、漸く六月上旬武藤なりしか公平〔匡武〕なりしか中央より召致せられ漢口攻略の意図を伝へられ、軍としては直に準備に着手したり。

五月二十五日余は参謀長以下を帯同し飛行機にて蚌埠発徐州西郊飛行場着、間もなく同じく飛行機にて参謀長岡部中将を帯同到着したる寺内大将と会同、握手を交はし一場の野宴を催ほし新聞記者なども多数来会せるが、余はこゝより直に飛行機にて上海に帰還したり。

この日天気晴朗、大陸の五月下旬は既に盛夏なり。飛行機の中は炎暑甚しく寒暖計百度を超えたることを記臆す。軍司令官として実戦を指揮したるは此時が始めてなり。たとへ戦果はなかりしといへども与へられたる任務は達成し得たることなれば心中頗愉快にして、殊に作戦の為の我損害極めて僅少なりしことは一層会心の次第なりき。この飛行場は余が総司令官として在任中徐州に視察に赴きたる機会に訪ねたるが、其飛行場は其後使用せられざる為畑地となりたるも、徐州に駐屯せる第十七師団長平林盛人中将の肝煎にて建立せられたる立派なる紀念碑あり、当年野宴を張りたる楡の樹も切倒されて存在せざりしも懐旧の情に堪へず、低回之を久ふしたる次第なるが、敗戦の今日この紀念碑も恐らく破壊せられたることとなるべし。

余と縁故深き台湾守備隊も波田重一中将隷下に中支派遣軍に増加せられ常州附近に駐留しありたり。余が第十四師団長時代の師団高級副官たりし高橋〔良〕大佐は台湾歩兵第二聯隊長として余の隷下にありたるも奇縁といふべし。

かくて軍は一意漢口作戦の準備にとりかゝり作戦の構想を練り、新に第十一軍が編成せられ北支方面軍下にありし東久邇宮第二軍は我隷下に入り、天津にありし第二十七師団（師団長本間〔雅晴〕中将）を加へられ、第十五、第十七師団、第二十二師団等新編師団も第三、第九等を推進する為新に加へられ、又第百六、第百十六等の予備師団も隷下に入り、陣容着々整へられ、軍司令官として余も亦一層其任務の重大なるを自覚せざるを得ざりき。

五月下旬長谷川海軍大将は横鎮司令〔長〕官に転じ後任として余が第一部長たりし時軍令部第一班長として交渉相手たりし及川古志郎中将長官として着任したり。

元来陸軍航空は其発起に於て戦闘機に重点を置きたる為爆撃機に於て頗後れたるに反し、海軍は中攻機の如き優秀なる爆撃機を作り、支那事変当初より台湾及九州を基地として上海、広東、南京等に対し所謂渡洋爆撃を実施し、上海攻略后も江湾飛行場を基地として南京、南昌、漢口等奥地を引続き爆撃し、陸軍は全く海軍に御願ひする外なかりしが、漢口爆撃の為之に協力する戦闘機は在空距離の関係上飛行場を漢口に近く推進する必要あり、五月頃より大本営に対し安慶附近に飛行場推進の切なる希望あり、陸軍としては漢口作戦より著しく先行して孤立安慶を占領することは好ましからぬことなるが、海軍の懇請黙し難く六月台湾守備隊を以て安慶作戦を実施し案外容易に安慶を攻略し得たり。

台湾守備隊は南方作戦の必要上上陸行動を訓練せられありたれば長江を利用する上陸作戦も一層成功容易たりしなり。六月か七月頃なりしならむ大辻司郎慰問の為渡支、上海官邸に来訪したるが、其時塩田清一の依頼したる慰問品など携へ同時に塩田の訃を伝へたりき。塩田四月九日脳溢血にて急逝し数奇なる彼が一生を閉ぢたる由。余が中支派遣の時彼はいたく之を喜び呉れたるがこれが生別となりたりき。父の裕なる遺産をいろいろなる方向につかひ果し花《ママ》やかなる一生を送りたるは彼も亦一種の幸運児とも見るべし。

第十一軍司令官に任命せられたる岡村寧次中将も満洲より着任して前進し、第二軍司令官東久邇宮も徐州より到着一時南京に司令部を置きたるもこれまた廬州に前進し、軍の作戦準備も着々進捗したれば、余は戦闘司令部を南京に進めたるは七月末か八月初めなりしならむ。司令部は高等法院跡に開設し参謀長以下こゝに宿泊したるが、余は東久邇宮が宿泊せられたる小ヂンマリしたる元中国の少将たりし人とかの邸宅に入りたり。

漢口作戦の経過に関しては既に世に知れ渡りたることなればこゝには敢て詳述せざるべし。九月二十五日余の折柄の快晴に飛行機にて南京出発、途中安慶に着陸第百十六師団長清水喜重中将より報告を受け、再び飛行機にて九江戦闘司令所に入れり。参謀長以下重なる人々は既に先行して戦闘司令所を開設しあり。第十一軍司令部も同じく九江にありき。

余は九江南郊の広東商人の持家にて敗退前余漢謀が居りたりといふ宏壮なる邸宅に宿り、部隊の行動、防空設備等所謂戦場倥偬の状況を味ふを得たり。

この頃は戦線は漢口〔九江〕の西方瑞昌地区、長江方面にては田家鎮附近大別山の攻撃が中心にして、敵の抵抗も頗る頑強なり。第百六師団の如きは松浦淳六郎中将指揮の下に廬山西側地区の戦闘に失敗して大なる損害を被り、第六師団が赫々たる戦果を挙ぐるに同じく南九州出身たる第百六師団が戦績頗悪しく、又廬山東側地区を作戦したる第百一師団〔東京師団〕がこれ亦案外弱く師団長伊東〔政喜〕中将も負傷し志気挙らず。第二軍は大別山に引かゝり勇名ある第十三師団もマラリヤ患者の為戦闘力著しく減退して思ふ様に戦況発展せず、戦傷戦病死続発し戦闘司令所の側にある埠頭に毎日後送せらるゝ患者の数は夥しく、九江の野戦兵站病院は超満員たる有様なり。又雨天の日多く著しく作戦を阻碍せられ、軍司令官として余も頗心痛し十月十八日頃飛行機にて戦線を巡視し、激励の為師団司令部に通信筒を投下する等のことを試みたるが、この日より戦線に活気立ちて各方面一斉に前進を開始し余としても初めて愁眉を開きたりき。

これより戦況はトン〳〵拍子となり、遂に長江北岸を前進しありたる第六師団は十月二十五日漢口に入り、又台湾守備隊も殆んど同時武昌に取りつき、二十七日完全に武漢を攻略したるは只々天佑といふの外なし。第十一軍は武昌を攻略せしめ、漢口は東久邇宮軍に花を持たせて第二軍に攻略せしめん心持なりしが、第二軍は大別山に引かゝり漢口も亦第十一軍の名をなさしめたるは亦止むを得ざる次第なりき。余は九江戦闘司令所にありて日々第一線の戦況のみを苦慮しありしが、敵空軍が殆んど無力なる為空襲の心配もなく従て防空壕の設備もなく頗ノンビリしたる心持にして、十月二十五日我先頭部隊が漢口に突入したる報告に深く神々の加護を謝しつつ漢口敵飛行場が敵側にて処々爆弾もて漏斗孔を作り、又地雷も埋没せられ使用不可能なる為飛行機を利用するを得ず、止むを得ず船にて漢口に入ることゝし、十月三十日九江にて二千屯許りの大阪商船の洛東丸に賀陽宮以下幕僚と共に乗組み、同じく九江にありし及川海軍中将も艦名は忘れたるも敷設艦たりし軍艦に乗組み洛東丸は右軍艦に従ひ九江を出帆溯江したり。

こゝに前後五ヶ月に亘り多難なりし武漢作戦も御稜威により我大捷に帰し、余も又閫外の重寄を果し心中の欣快禁ずる能はず。この前後三日に亘る遡江航海は余が一生に於ける最記念すべき時機にして、巣鴨の獄中当時を追懐すれば心鳴り血湧き顧みて誠に一場の夢の如し。当時何ぞ今日の落寞を予想すべき。

当時長江には尚数多の浮游する敵機雷あり。頗危険にして先導する駆逐艦は時々夫らしき疑あるものに機銃射撃を加へありたるも、余は此の如き心配はよそに船上の愉快を恣にしつつ三十一日は恰も三五名月の夜に有名なる赤壁の下に仮泊し、一同甲板に相会し杯を挙げて隈なき明月を賞したりき。

蘇東坡にて有名なる赤壁は漢口の下流北岸にして比高二、三十米の赤土の丘阜に過ぎず、一本の樹木だになく岡の上に数戸の家屋を見るに過ぎざる頗殺風景なる処なるが、往時は長江も其岡の直下を流れ居たりと伝へらるゝも、今は数吉も江岸を離れ何等の変哲もなき平凡の情景なり。概して支那に於て詩文に名高き処は来て見れば何等の風情もなき処なるが、支那式の誇張せる形容に誤まるゝもの多し。赤壁も蓋し其最顕著なる一例なり。因に魏の曹操が呉の孫権と戦ひたる赤壁は漢口の上流岳州との間なりと聞及びしが其処を詳にせず。

岡村司令部は漢口攻略当時同じく九江にありしが余に先ち駆逐艦にて遡江したり。

十一月一日余等は漢口前面に到着したるが、江上は我運送船にて処狭き迄占領せられ、それに英米の軍艦初め中立国の船舶数多く碇泊し江岸に横づけせられ、特に中立国の長江通ひ汽船は支那側避難民にてホテル代用となり、其他の民船も其数知らず。真に江上は殷盛を極め居たりき。我等は十一月一日漢口に到着したるも直に上陸せず船中に待機し、十一月三日明治の佳節に初めて参謀長以下を帯同税関埠頭より上陸、徒歩にて若干少数部隊の堵列せる中を税関前より自動車にて宿舎たる支那街のパレスホテルとか云へる四層か五層の大ホテルに入りたり。此時岡村中将の第十一軍司令部は武昌にあり、其指揮下部隊は西方及南方に敵を追撃中なり。漢口にては南京の先例にて懲り〲しあれば、予め両軍の地境を示し多数部隊の入市を禁じたれば、警備部隊、兵站部隊等少数部隊のみ市中にあり。余が入市当時は平素と異ならず平穏なりき。

此日早速戦捷式を右ホテル楼上に催し、一点の雲なき快晴の下この日漸く飛行機にて光州より到着せられたる第二軍司令官東久邇宮、幕僚たりし賀陽宮、北支軍より連絡として来られありたる竹田宮の三皇族を初め岡村中将、及川海軍中将以下多数にて杯を挙げ大元帥陛下の万歳を三唱したりしが、これも今ははかなき一場の夢とはなりぬ。

余は十一月十五日迄司令部にあてられたる右ホテルに滞在したるが、其間戴家山の第六師団戦場、漢陽の蛇山、漢口市中の第二軍司令部、徳川中将の航空兵団司令部、特務機関、武昌の第十一軍司令部、波田支隊司令部を視察し、夫々報告を受け又侍従武官の御差遣を拝し相当多忙なる日を送りたりき。閑ある時は楼上のテラスを散歩するを事としたるが、初めの数日間は漢口支那街特に武昌市街にては遊撃隊の放火せる火事を見ざることなき有様なりし。

漢口作戦にては海軍と協同作戦をなし、海軍は江上より一部陸戦隊は処々上陸して陸軍とも協同し陸軍と同時に漢口に進入したるが、例の如く機敏に要領よく行動し漢口の江岸バンドは逸早く其手に収め、陸軍が進入したる時はバンドの目ぼしき建物は海軍に領有せられバンド一帯は陸軍の進入を禁止したるなど例に依て例の如く機敏にして抜目なく、一度握りたるものは金輪際手放さざるなど一流の遣口を見たるは苦々しき限りなり。

漢口市街中日本租界は若干の損害を受け我領事舘は爆破せられ漢口神社は焼却せられありたれど其他は大なる破壊もなく往年漢口に来りたる時宿泊したる旅舘松廼家など訪ぬる機会もなかりしが、第三国の権益は何等侵さるゝことなく当時唯一つの存在たる仏国租界は仏国官憲により厳重に守られ、多数の避難民、間諜などを包容しつつ我軍も一歩も立入る能はざる有様なりき。

余が漢口滞在中伊の大使舘附武官プリンシピニを初め其名は忘れたるも米国大尉初め各国新聞記者を四明銀行跡に引見し、又英米海軍司令官も本人自身か又は参謀長を代理として来訪せるなど頗なごやかなる雰囲気なりしに、今東京裁判にてドーランスと称するスタンダード支配人の跡形もなき虚構の証言に漢口残虐をとやかく云はるゝは誠に心外千万といふの外なし。

十一月十五日漢口西競馬場に陣没者の慰霊祭を挙行、翌十六日余は作戦もこゝに一段落つきたれば飛行機にて南京に帰り、今度は鉄道部裏の鉄道部長官舎たる宿舎に入りたり。この建物は独逸人の設計したるものとか暗けれどいかにもガッシリしたる居心地よき処なりしが、其後支那派遣軍となりても西尾大将はこゝに居住しありたり。余が再度の支那赴任の機に之を支那側に返還し、汪南京政府はこれを外賓用接待舘とし、平沼特使の来支、続て東條総理の来訪の時はこゝを其宿舎にあてたり。

十二月十五日なりしか第二軍は復員して第十一軍のみとなり、十五日余は軍事参議官に転補せられ後任を山田乙三中将に譲ることとなりぬ。

この異動に際し中央にて一場の葛藤あり。それは板垣の次官たりし東條と参謀次長たりし多田と反りがあはず事毎に衝突する為板垣ももてあまし両人共中央を去ることとなり、東條が新に設けられたる航空総監として東京に止まりたるに多田は満洲の第三軍司令官として山田の跡を襲ひて中央より追払はれたる形となり、多田は心中頗不平なりしと聞き及びぬ。余が中支出征中杉山は陸軍大臣を退きたるが、杉山としては支那事変指導に関する機密事項が漏洩するは近衛首相が之を側近に洩らすものとしてなるべく首相に報告せざる様にしたるに、近衛は之を不平として杉山を疎外し、こゝにロボットたるに適する板垣を後任に推し、白鳥などもも板垣を陸相とするに一役買ひたるらしく、広田氏の言に依れば当時外務省情報部長たりし白鳥は支那視察の機に青島に板垣を説ひて其出馬を進め、近衛も亦同盟の古野を態々支那に遣はし当時第五師団長たりし板垣の出馬を勧誘せしめたりと。これは古野の東京裁判の供述なり。

杉山の退却に先ち先づ梅津は次官を去て在支第二軍司令官となり、東條其迹を襲ぎ間もなく板垣の陸相就任となりたるものなるが、板垣が陸相となりたる原因は我之を知らず、若いものが近衛周辺を動かしたるものなるべく、石原莞爾あたりがロボツト適任者として推進したるものなるべし。

(22)　軍事参議官より侍従武官長

余の後任たる山田乙三大将も満州より東京に立寄り十二月二十日過ぎ着任したれば委細を申送り、こゝに在任一年近き中支那派遣軍司令官の任務を終り、幸ひ神の加護により任務も大なる過誤もなく果すことを得て帰朝することとなりたるが、此時の余が胸中の欣懐は蓋し余が終生忘る能はざる処なり。漢口攻略の終りたる時余は中央に対しこゝに戦略の一大目的を達成したればこの上は政略的に速に支那事変を終結せしむるの要あり、折角中央の善処を望む旨の意見を具申したるも、十二月二十二日の近衛声明にて重慶政権が非を改むるの挙に出るならばこれを抱擁するに吝ならずとの趣旨も何等の効果なく、蔣介石の長期抗戦策に引づりこまれ爾来五年遂に大東亜戦争となり無残の敗戦を喫したることは誠に天命と称するの外なく、思切ったる政治工作の挙に出でず、一方汪兆銘氏の引出工作が愈和平の妨害となり国家百年の大計を誤りたるは、畢竟近衛の如き優柔不断なる人が国政を掌りたる結果にして、近衛公は十四年一月四日突然政権を投げ出したるが其動機は明かならず、木戸侯の語る処によるも急に近衛が罷めると云ひ出し新年匆々なればせめて四日の政治初めを済まして後にせよと近衛に勧告したるも近衛は聞かずして内閣を投げ出し平沼に大命降下したるものにして、近衛の如きねばりなき華族の坊チヤンがこの国の大事の時に三回に亘り国政を燮理したる処に今次の敗戦の原因あり。

これを担ぎ上げたる陸軍にも責任浅からざるも、省みて誠に口惜しき次第にして、我国政治家の貧弱さは情なき限りなり。又平沼といふ人は冷酷なる検事上りの人物に過ぎず、今度二年近く巣鴨に起居を共にしたるが其人となりを見るに責任を回避する純然たる官僚に過ぎず。其総理たる時に於ても自己の意見も示さず、さりとて断乎たる決心も示さず、例へば日独防共協定の強化問題の如きも四相会議を開くこと実に七十余回、自己の方針を示さず為に板垣は陸相として窮地に立ち、裁判となりては責を板垣に帰し自ら進んで責を負ふことをなさず。要するに総理としては陸軍に依存したるものにして、国本社総裁として彼を担つぎ上げたる荒木、小磯の連中の責任決して軽しとなさず。日独防共協定の強化問題の如き始末に負へぬ処に、独にても我国の態度の煮へ切らぬにしびれを切らしてソ聯と不可侵条約を結びたるに助けられ、これ幸ひと欧洲の情勢複雑怪奇なりといふ不思議なる理由を掲げて退却したることは最よく平沼といふ人の性格を示して余蘊なしといふべし。

昭和十四年一月近衛が突然内閣を投げ出したるは公一流の無責任感に、前議会にて色々約束手形を振り出したるに支那事変の結末も思ふに任せず、来議会にて責任を問はるゝに恐れをなして突如辞職したるものなりと木戸侯は云ふ。

かくて昭和十三年十二月三十一日病院船たりし大阪商船のアリゾナ丸に便乗し快晴霜白き朝山田中将以下司令部の人々、梁鴻志以下維新政府の要人等に送られ南京埠頭を出帆したり。時恰も上海にはコレラ流行しあり、上海に立寄る時は参内を御遠慮申上げざるべからざる為飛行機を避け海路を取りたる次第にして、参謀副長鈴木宗作少将以下を随伴したり。鈴木は後中将に進み最後に比島の軍司令官となり戦死を遂げたるが温厚なる武人なりしに惜しきことをしたり。

アリゾナ丸は大阪商船の南米移民船にして一万屯の大船なり。余が便乗したる時は患者を搭載せず全く余の為に運行したる状態にして、其夜は江陰に仮泊し翌昭和十四年元旦は船中に迎へ、上海沖を通過、海上平穏、埠頭に群がる人々の歓迎裡に二日門司着直に上陸、列車にて四日小田原着国府津館に入れり。先年満洲より帰還上奏の時もこの旅館に入りたるが誠に奇縁と申すべし。これより先寺内が熱海か湯ヶ原にて温泉にくつろぎたるが問題となりたる為、殊更に国府津を撰定したるものなり。六日特別仕立の電車にて上京、東京駅着、御差遣の侍従武官其他の人々に挨拶の後宮内省差廻はしの馬車にて参内、伏奏、優渥なる勅語を賜はり、次で皇后陛下、皇太后陛下にも拝謁何れも難有御言葉を賜はり種々の御下賜あり、一生の面目を施したるが、其後再度の支那勤務にて昭和十九年十二月帰朝したる時は既に我国の敗色歴然たり。一通りの参内、伏奏、拝謁等ありたるも何となく浮き立たず第一回帰還の時に比すべくもあらざりしが、さりとて縲〔縲〕紲の辱を受け巣鴨に囹圄の身となるべしとは実に思ひも設けざりし処なりき。

其後五月二十五日思ひがけなくも侍従武官長を拝命する迄軍事参議官として何等なすことなく、高橋副官を従へて各地病院の慰問に其日を送り、第一、第二師管、第三師管、第四師管、第六師管等中支那派遣軍に関係ある師団の陸軍病院を訪問し、第九、第十六師管下傷病者を見舞ひ、其間伊勢参宮、桃山御陵、橿原神宮等にも帰還参拝をなし其日を送りたるが、其間支那方面にては中支派遣軍が第百一師団を以て南昌を攻略したる外大なる作戦なく、国内にては日独防共協定の問題にて陸軍対海、外の意見不一致等あり。支那事変は愈々長期抗戦の様相を呈し人心も漸く事変に飽き何とか一日も速に事変を解決すべしとは朝野を挙げての焦燥たりき。

余が突然五月二十五日侍従武官長を拝命し側近に奉仕すること丶なりし這般の消息は深く知らず。余の前任たりし宇佐美興屋中将は陛下、陸軍との中間に立ち苦境にありたる如く、陛下は満洲事変が陸軍の陰謀により行はれたりと深く信じ給ひ、又支那事変も陸軍が仕出かしたる如く思はれ、二、二六事件等あり、陛下には陸軍を信じ給はず、加ふるに日独防共協定強化にて板垣の態度不明瞭なるに宇佐美は武官長として兎角陸軍を庇護し時には抗弁がましき事ありたる様にて宇佐美のお覚え芽出たからず。陸軍としても宇佐美に慊たらざりし模様にて余に白羽の箭が立ちたるものなるべし。実に意外の任命にて、余は宮中奉仕の経験もなく果してこの大任を果し得るやは頗あやぶまれたる処なるが、八月三十日陛下特別の思召にて陸軍大臣の大命を拝する迄実に三ヶ月、短き時日なりしも陛下側近に奉仕し陛下の崇高なる御人格に接し、陛下が唯国事にのみ御軫念あらせられ又我国独特の家族制度ともいふべき最上の御模範を拝見することを得たるは、実に余の一生中特記すべきことなれば以下詳しく御状態を記述すべし。

ア、陛下の御人格御日常

陛下の御人格は一言にいへば如何にも帝王として素直に純真に在はすと申すべし。明治天皇の如き偉大剛毅の御性質はなきも、云はゞ寧ろ生一本に御気が弱くおはすと申上ぐるを適当とす。これは御幼少の時よりの御教育御輔導の致す処なるべく、輔弼の申上ぐることはよく御聞入れになるも、広く各方面のことを御聞きになり之を御判決ありて御自分の御考へを断乎として御下命なさるゝ点に於て御不十分なるは畢竟御輔導役たりし人の責任にして、陛下としては誠に止むを得ざる処なるも、又一には常時政治的に御輔弼申上ぐる内大臣あたりが十分其職責を尽さざりしと尚又国務大臣の輔弼の責にあるも、これを今度の敗戦に見るも、陛下は誠に平和的の御人格なるに輔弼の責にある人々が止むを得ざるものとして申上げ十分陛下に御納得の行く様に委曲を尽して申上げたるや頗疑問とせざるを得ず。

陛下の御人格としてそれはいかぬと仰せられざる為遂に開戦の結果となりたるものにて、憲法にて大権は陛下にあるも今回の裁判にて検事側が陛下に責任なしと明言したるは誠に当を得たる処にして、臣下より引づられて遂に今次の如き国体の変革に近き大動乱に皇位にあらせられたる陛下の御心中唯々拝察の外なき次第にして、余が奉仕中陛下は在位中少しにてもこの日本をよき状態として皇太子に譲り度ことのみ御念願あらせられたるに、事御志と違ひ遂に今次の如き有様となりたるは御気の毒と申上ぐる外なく、それにしても当時の内閣諸公の責任は重大なりと申すべし。

満洲事変は全く陸軍の陰謀なりと陛下は深く信じ遊ばされある如くに拝察す。次で二、二六事件の如き空前の不祥事あり、陸軍は陛下に御信用なく、余が奉仕中に機会ある毎に右様の御言葉あり。余もあまりこれに就ては弁疏せず。支那事変の如きもこれ亦陸軍が故意に計画したるものと思召されあるやに拝察せらる。余が奉仕中板垣陸相が防共協定強化にて部内の空気に動かされ、加ふるに大島、白鳥の如き連中の勝手ヶ間敷意見具申に板垣の上奏も支離滅裂なりし為いよ〳〵陸軍は御信用を失ひ、板垣も屢々御叱りを受けたる如く、余にも板垣は頭が悪いと度々御言葉ありし程なり。

陛下はいはゞ御弱気の傾あり、加ふるに国事には常に御心配ありて毎朝の御機嫌奉伺、或は御召の時参上するに、御居間に陛下の御声するに誰か参上しあるやと怪しみて参上するに、陛下は御独りにて自問自答あらせられ御苦心あらせらるゝにて誠に恐懼に堪へざる次第なりき。

陛下御日常は誠に御質素にして御居間の如き実に質素極まるものなり。朝九時半頃には御内殿より御居間に出御あり、此時侍従長、武官長、侍医頭は御機嫌を奉伺す、これを御辞儀と称しこの時唯御辞儀をなすか何か御用向あり。陛下には軍服（陸軍の場合多し）或ひは背広を召さる。神殿御礼拝、国務大臣の拝謁上奏、外国使臣の謁見、帰還者の軍状上奏等一日中実に御多忙極められ、其都度内規により一々御服装を改められ、余が奉仕中は戦時中とて其事なかりしも其以前は正装の場合も少なからず、一日中屢々御服装を易へられ、侍立する武官長も亦陛下の御服装に従ひ服装を改め、副官も当番もなき侍従武官長は凡て自身にてなさざるべからず、一苦労なりしと聞きしが、正装なき余が時にてもこの服装には規定によらざるべからず、少なからず苦心したる次第にして、ある時長靴を用ゆべき時に短靴を用ひて侍立し陛下に御詫申上げたるに陛下は御笑ひになりしことなどありき。

陛下は大正天皇の前例におこり遊ばされたるか酒と煙草は一切御用ひなきも、酒と煙草の害などを側近に御話になりたることなど絶対になし。大正天皇は酒は相当用ひられ特に煙草は御嗜好にて御陪食の時など食卓にて葉巻を側近に御手づから賜るを拝したることあり。今上陛下となりては食卓にては一切煙草は用ひられず、珈琲、煙草は必ず別室に於て賜はること〔と〕なれり。

陛下は御運動は寧ろ好み給はず。御乗馬など側近より努めて御勧め申上げたるも御多忙の為御休み勝なりき。御乗馬は中々御堪能にて側近者特に主として陸軍武官、海軍武官又は侍従にて自信あるもの御相伴申上げ宮城内を三十分位乗廻はすを例とし、障碍などあり。陛下は余には老躰なれば出場に及ばずと仰せられたるも余は御伴申上げたるが、乗馬は主馬寮にて調教完全なるものなるが障碍は相当高く漸く落馬せざる程度に御伴申上げたる次第なりき。

陛下の御嗜好は生物学の御研究なり。宮城内に生物学御研究所なる別箇の建物あり。政治特に御繁忙ならざる限り毎土曜日午后はこゝに御出ましありて研究に没頭せらるゝが唯一の御楽みの様なりき。こゝには武官長は御伴せず。陛下が生物学に御趣味あるを一国の元首として不適当なりとかれこれ云ふものあるも、人間誰か趣味といふか道楽といふか何か嗜好なかるべからず。生物学の如きは最高尚なる趣味なり。一国の帝王として宗教とか詩歌管絃とか乃至は降て酒色に耽るものも其例少なからざるに、生物学特に微生動物の研究を唯一の嗜好とせられ貴重なる御発見さへあり学界に貢献せらるゝは誠に難有き次第にして、之を批難するは決して当を得たるものにあらず。葉山には御研究用として海底をドレッヂする特別の小艇を有せらるゝも陛下は此の如き研究は相当の費用を要するものにして個人のよくなす処にあらず、王者として初めてなすを得べく、少しにても学界に裨益する為なりと仰せらるゝは実に高き御識見と申すべし。ゴルフとかテニスとかに凝らるゝに勝ること実に幾倍なるべき。

イ、葉山の御日常

余が僅か三ヶ月の短かき奉任中葉山に御供したるが、葉山御用邸は頗る御手狭にして宮相、内府、侍従長、武官長以下非番者は葉山の長者園に宿泊し毎日御用邸に通勤したり。一日一回は必ず御用邸裏海岸にて御遊泳あり、其他は生物御採集の為海上に御出ましあり。余等は一同水着の略服にて御伴申上ぐるを例としたり。この葉山御伴中余が深く感動したる一事あり。陛下が水泳に御出ましを御侍申上ぐる内偶然拝したることとなるが、陛下が水着一枚にて内殿縁側より出御あるに、皇后陛下には縁側に平伏ありて御送り申上ぐる有様を拝して如何に夫唱婦随の我国の美風を目前に感動したることとか。明治天皇が皇后は臣下なりと仰せありと聞きしことありしが、現実にこれを拝して宮中の美風が如何に我等旧弊者流の思ふ処と合致しあるやを拝して難有き次第と感じたるが、世の男女同権、嬶天下の亜流にこの有様を一度にても拝せしめ度心地せらる。それにしても今次の改正憲法にて男女同権となり女の投票権はまだしも、女議員、更に甚だしきは女役人の現出など凡そ我国の現状に則せざるものにして、其如何は彼等の成績が最雄弁に之を物語るものといふべし。

又滑稽事と申すべきか余には思出多き一事あり。或日御遊泳の御伴せんものと御用邸裏の庭にて他の供奉の人々と御侍中上ぐる時なりき。御庭の一隅にプールありて皇后陛下などはこゝを使用せらるゝ例なるに、皇太子がプールにてバチヤ〳〵せられたる海水の飛沫が飛んで天皇陛下の眼鏡にかゝりたるに、陛下は水着にて別に拭ふものも御持合せなきに誰か拭くものを〔と〕仰せられたるに誰も持合せなきまゝ、余は水着の懐に洗ひさらしの手拭を持合せたるに早速之を奉りたるに、陛下には「きれいかい」と仰せられ余の手拭にて眼鏡を拭かれたるが、これは侍医より差上ぐるガーゼを使用すべきに折悪しく侍医の居らざりし為余の洗ひざらしたる手拭を奉りたる次第なるに、陛下は笑はれて余の手拭を御使用ありたるが、此の如きうす汚き手拭を奉りたるは乱暴なりと攻撃するものありたるも、松平宮相など「それでよし」など申すものあり。却て侍医が其職責を尽さざりしを責むるものあり。一場の笑話に過ぎたることとなりき。

当時の内大臣は湯浅倉平にて有名なる釣ずきの人なり。毎日御用邸より退下したる後は必ず釣に出づるを日課とし、余も亦誘はるゝ侭に同伴して釣を楽みたるが、湯浅内大臣は獲物ある時は之を晩の食堂にて一同に振舞ふを楽しみとし、余等も亦内大臣の獲物を賞讃しつつ晩酌を楽しむを日課とし誠に平和なる葉山の日々なりしが、これも今は一場のはかなき夢となりぬ。

余が葉山に御伴中余は七月二十六日の誕生日に還暦を迎へ、家より送り来りたる赤頭巾をコッソリ居室にて被りたるなりき。こゝに湯浅内大臣のことに一言すべし。氏は所謂内務畑に育ちたる人にて警視庁とも関係深く其方面より色々情報を入手し、反軍家なりと批難する人あるも、余の見たる処にては誠に公平無視《ママ》なる人物にして決して反軍の人にあらず。よく話の分る人と余は敬服しありしなり。物事を正当に判断しありたればこの人が病気にて斃るゝことなく尚永く内府の職にありしならむには其後の政情も別の方向を採りたるべきに誠に惜しきことをなしたり。氏は山口県の出身なるも所謂長州臭なく氏の後任となりし木戸侯などと違ひ小才子の狡猾なる人物にあらず。氏の実兄は早くより福島県郡山市に医院を開き本籍は郡山にあり。内府も仝じく籍は福島県にありと聞き及びぬ。

葉山供奉中恒例により聯合艦隊演習御視察あり。余も御伴したるが旗艦長門に座乗せられ相模湾にて種々演習を天覧あり。当時の長官は吉田善吾中将なりし。

当時は平沼内閣にて日独防共協定強化の問題が紛糾し四相会議を開催すること実に七十余回、平沼首相の老獪が何等決断をなさざる為部内の空気を反映して板垣のみ独り板挟みとなり、海相たりし米内が強く反対したる為行悩みとなり、大島等の専断強硬論の為湯浅内府なども大島の専断をいたく憤慨し、天皇の大権侵犯なりなど攻撃しありたるが余としては既に余が就任前よりの問題なれば陸軍の立場は努めて擁護せんとしたるも真相は知らず苦しみたるが本裁判にて初めてことの真相は知りたる次第なり。

当時の侍従長は百武三郎海軍大将にして誠に温厚の人物なりしが、武官長が陸軍より出づる慣例となり海軍も一度は武官長を海軍に取らんと策謀したることあるも慣例は如何ともし難く、其代償として二、二六当時鈴木貫太郎海軍大将が侍従長となりしより海軍にて之を占有し鈴木大将の後を百武大将が任命せられたるものなり。

武官長の次席は海軍より出し、余の時には平田〔昇〕海軍中将が余の次席なりしが、此人物、かの平田東助の息なりといふに中々うるさき人物にて常に海軍側の米内などの旨を受け余に報告することなしに屢々直に陛下に申上ぐることなどありたる様にて、従て防共協定強化問題の如きも相当海軍の意向が陛下に作用したるものの如くなりき。

(23)　陸軍大臣

余が僅か一年間に満たざる期間ながら阿部、米内二内閣の陸軍大臣たりしことは全く青天の霹靂として予期せざりしことにして、而も敗戦と同時に米内が悧口に米検事側に立廻り押されもせぬ平和愛好者の名を博したる為、余が米内々閣の陸相を辞任したる為平和内閣打倒の汚名を余の一身に荷ひ余が訴追の一大重要項目となりたることは全く予期さへせざりし処にして、実に運命の奇縁といふの外なし。

前述したる如く平沼内閣は日独防共協定強化の問題にて閣内の不統一を暴露し陸海軍の対立を見たり。海軍の反対理由は当時承知せざりしも、元来防共協定窮極の目的がソ聯を目標としたるものなれば、海軍は其伝統により対米国一本槍にて到底米蘇を敵に廻すことは兵力の関係上不可能なりといふが余の参謀本部勤務中よりの方針なれば、この時も亦右の如き理由より協定強化に反対したるものなるべし。当時我国朝野には親英米の空気強く、特に我皇室と英国王室とは特別の関係あり、特に宮中にては親英の空気頗濃厚なれば陛下に於かれても独との親密なる関係には賛成せられざりし如く、唯当時何と申しても陸軍の勢最強く平沼内閣も陸軍に引づられ、従て陛下も無下には之を却けらるゝことは困難なりし実情なり。平沼首相も亦本心より此強化に賛成なりしや否やは其老獪なる性質より態度を明瞭にせず、ヒツトラー宛親善メツセージを送りたる如き不則〔即〕不離の態度なり。独ソの不可侵協定が締結せられずとも早晩倒れるべき運命にありしなるべし。然るに幸にも独ソの不可侵協定が成立したる為複雑怪奇なる状勢を口実として逸早く退却したるものなり。

独ソの不可侵条約締結は八月二十二日、二十三日なれば、此時既に内閣は総辞職に決定し陸軍は後任陸相として多田駿中将を三長官会議にて決定し（二十六日なりと称せらる）飯沼〔守〕人事局長は内命を携へて多田の任地満洲に向へり。新聞なども後任は多田か磯谷など下馬評を伝へたるが、平沼内閣は二十九日辞表を提出し後継内閣主班として阿部大将に大命降下したり。阿部大将に降下したる理由は能く承知せざるも湯浅内府の意見として初め広田に白羽の箭を立てたるも広田が辞退したる為阿部の女婿稲田〔正純〕大佐（参謀本部第二課長）、例のオツチヨコの有末精三（陸軍省軍務課長）あたりの策動効を奏し、湯浅も其動きを見て阿部を撰定したるものなるべし。

阿部は二十九日夜参内大命を拝したるが、其時特に陸軍大臣は梅津か畑とせよ、米英とは協調せよ、国内状勢に省みて内務大臣、司法大臣の人撰に注意せよとの特別の御諚ありし由にて、当夜恰も政変を見越し余も退下せざりし処へ阿部大将参内、大将も顔色青ざめて驚きありたる模様なりき。梅津か畑との特別の御指名は平沼内閣並に其以前の陸軍の動向よりして、多田、磯谷の如き一派にては又々何を仕出かすか分らぬといふ御懸念より湯浅内府あたりの意見を御採用ありしものなるべし。

阿部は参内の帰途直に板垣を官邸に訪ひ陸相の注文をつけたるが、此時陸軍側より阿部内閣に対する要求事項を突つけたる由なり。これは余は知らず。こゝに於て再び三長官会議を開き、梅津は当時第一軍司令官として北支にありし為余が撰に預りたる由にて、多田の許に使に行きたる飯沼は新京より引かへしたる由なり。

かくて陸軍より余に交渉ありたれば余は陛下の御許しを受くる必要あり回答を保留し、陛下に拝謁御許しを得て初めて受諾の回答をなしたり。余はこれまでの陸軍の経歴にて陸軍省に勤務したることなし。終始参謀本部、教育総監部等所謂軍令系統方面のみに勤務したれば陸軍大臣の如き責任あり且うるさく大天狗、小天狗の所謂下剋上連を統率することに自信もなければ、引受けることに普通なれば躊躇する処なれど特に陛下の御声がゝりなれば如何とも致し難く、進んで難局に当りたる次第にして、当時は実に自信もなく悲壮なる決心をなしたるなり。

余の陸軍大臣就任に伴ひ直に後任が問題となり、余は藤江恵輔を撰定したるに（藤江は鈴木貫太郎の女婿なり）藤江は眼病の故を以て固辞し、止むを得ざれば現役をも退くも可なりなど脅威せられ、甚以て不快なりしも止むを得ず、曩に長く侍従武官の職にあり当時蒙疆軍司令官たりし蓮沼蕃中将に決定したり。

余の武官長辞任に方り両陛下より種々の紀念品を拝したるが、在任僅かに三ヶ月なるにこの優渥なる天恩を被むり偏に恐佩に堪へざる処なりき。

かくて余は生来初めて陸軍省に乗込みたるが、何れ其内政変ともなれば直に退却すべき運命にあり、必要最少限の家具等を持参して家族と共に陸相官邸に入れり。

畑俊六日誌Ⅰ

自　昭和三年一月　十日
至　同　四年九月二十八日

昭和三年

一月

十日　数年ハルビン特務機関附トシテ、主トシテ東支鉄道ノ調査ヲナシ、最近帰朝セシ神田正種少佐ノ東支鉄道ニ関スル講話アリ、課長以上及関係者列席ス。講話ノ要旨、

1．東支鉄道ハ著々実益ヲ上ゲ、コノ数年、一年ノ純益五百万留〔ルーブル〕ナリ。勿論、満鉄ノ一億、二億ニ比スレバ少額ナルモ、満鉄カ此利益ヲ得ルニ至リタルハ、長年月ノ間ノコトナルガ、東支線ノ方ハコ、数年ノコトニテ、以テ其進歩発達ノ速カナルヲ知ルベシ。而シテ此純益ハ主トシテ技術方面ニ使用シ、軌道、鉄橋、停車場設備等ヲ改善シツヽアリ。

2．南線ヲ日本ニテ買収ノ話アルモ、其価格ハ四、五千万位ナルベシ。支那ガ反対スベキヲ以テ、コレヲ買収スルヨリモ、吉海線ノ敷設ヲ機トシ之ト併行線ヲ敷設スルガ有利ナリト思考ス。

十二日　坂西機関ノ撤廃ト共ニ帰朝セシ多田駿大佐帰任、北京漫談ヲ聞ク。公使〔芳沢謙吉〕ノ評ハ可モナク不可モナシ。堀〔義貴〕参事官ハボツ〳〵ヤレ、本庄中将ハ勉強ニ過グ、松井顧問〔七夫、少将、張作霖顧問〕ハ全ク支那語ヲ解セズ、一ニ楊宇霆バカリ相手ニテ張作霖ナド、ハ話モ出来ズ、北京ノ邦人ニハ頗不評判ニシテ、中ニハ酒ノ上ニテ喧嘩ヲ買ハントスル手合モ少ナカラズ。張〔作霖〕ハ恰モ木曽義仲カ京ニ出タル様ナモノニテ、訳ノ分ラヌ我儘勝手ニテ、而モ周囲ハ之ヲ制馭スルモノナク、何レ其内ニ軌道ヲ踏ミ外スノ虞アリ。

十三日　樺太石油会社ノ成富道正君来訪、馮玉祥ノ顧問ニテ森川トイフモノアリ（永ク支那ニアリ、農林省ノ顧問ナドシタルコトアリ、大シタ人物ニモアラズト）。陝西ノ石油鉱延長採取権ヲ馮ヨリ取ル為、先ツ調査隊ヲ出シタク、其眼鼻ノツキタル后、近ク馮ノ許ニ赴クモノナリト、然レドモ其調査隊ヲ出スコトガ一大難事ニテ、実業家連ハ利益ノ見込確実ナラザレバ実行セズ、官憲モ、サリトテ容易ニ援助スル能ハズ。成富氏大ニ調査奔走シアルモ、第二部長ノ云フ処ニヨレバ、延長ハスタンダードニテ既ニ権利ヲ取リアリ。又、馮ノ現状ニ

テハ目下ノ処、実行ハ頗困難ナルベシト。数日ノ内ニ成富氏更ニ材料ヲ集メタル上、第二部長〔松井石根少将〕ニ一度面会シタシトノコトニ第二部長マデハ話シ置ク

二十六日　本日ノ部長会議ニテ、予テ制度調査委員会ノ議案トシテ議決セラレシ、軍隊ノ実行能力ヲ向上スル為、中央部ノ人員ヲ一割減ジ、之ヲ軍隊付トナスノ案ニ基キ、参謀本部ノ主トシテ少佐、大尉以下ヲ一割減トスル第一課作成ノ案ニ基キ審議ス。第四部ニ関スル限リニテハ一名ノ部員ヲ減ジ、大学校卒業勤務将校ヲ一名、語学将校ヲ二、部附ヲ一トスル案ニシテ、第九課ハ既ニ先年ノ減員ノ際三名トナリ、今又第十課ノ四名ノ部員ヲ三名トスル案ナルモ、アマリニ無視シタル案ニシテ、特ニ大学校卒業者ヲ各課ニ一名ヅヽ配当セザルガ如キ、差別待遇ノ甚シキモノニシテ、相当強ク主張シタルモ其貫徹ハ困難ナル状況ナリ。畢竟、第四部ノ業務ヲ理解セザルモノニシテ、目下ノ如キ第四部ノ状態ニテハ、部トシテ大キナ顔シテ存在スル必要ナク、之ヲ廃シテ一課トナスカ、大学校ニ併合セシメテ十分ナリ。尚モ部トシテ存置スルナラバ相当ノ実行能力ヲ具有セシメサルベカラズ。又、元来、此整理案ナルモノガ不徹底ニシテ、軍隊ノ実行力ヲ増加セントスル着意ヤ可ナルモ、軍隊実行能力ノ不振ハ寧ロ質ノ問題ニシテ、中隊長ノ能力ヲ向上シ、中少尉等、直接軍隊訓練ニ任ズルモノ、人員ヲ増加スルヲ急務トス。特ニ、大学校卒業者ノ如キ長ク軍隊ニ置クトキハ、却テ其志気ヲ萎縮セシメ、隊長モ亦、之ヲ速ニ中央部ニ送ランコトヲ希ヒアリ。又、語学将校ノ如キ、此整理案ハ折角ノ奨励規則ニ反シ、気運ヲ挫クモノナリ。何レ長続キセザルコト、信ズルモ、一時ノ人気取リト評スルノ外ナシ

二月

三日　近頃、孫伝芳ガ南方蔣介石ト妥協運動中ナリトノ情報アリ。之ニ関シ、在済南板垣〔征四郎〕中佐ノ観測ハ、楊宇霆ト結ビ作霖ヲ煽テ上ゲ、徐々ニ張宗昌ノ勢力ヲ殺ギ、山東ノ地盤ヲ牢固ニシ、一方、蔣ト結ビ、楊、孫、蔣ノ新勢力ヲ以テ南北ヲ縦断セントスルニアルモノトスルニアリ。

四日　海外ニ於ケル一般資源ノ調査ハ、結局国家総動員ノ見地ニ於テ国内不足資源ノ充足ヲ目的トスルモノナル

ガ故ニ、補給ヲ業務トスル陸軍省ノ任務ナリトスル意見アルモノト見エ、第二部第六課ニテ作戦用資源ノ調査ハ当然諜報課ノ任務ニシテ一般軍需資源ノ調査ヲモ併セ行フガ便利ナリト主張スル文書ヲ出セリ。之等ノ争ヒアルモノト見ユ（参謀本部ニテハ従来隣邦資源ノ調査ニ関シ、単ニ作戦用資源（食糧、馬糧、燃料、運搬材料等ノ如シ）ノミナラズ軍需工業用原料品及工場、事業場等ニ関スル調査ヲモ行ヒ来レリ）。

九日　部長会議ニテ過般来問題トナリアル当部人員整理案ノ決ヲ採リ、原案ヲ承認シタルモ、唯甚奇怪ナルハ、第一部ノ減員二ヲ一ト訂正シ、本年限リ二トスル旨ヲ但書トシテ附記シタルコトナリ。勢力ナシ部ノ悲哀ハサルコトナガラ、第四部ノ修正案ノ承認セラレザルハ甚心外ナリ。多クノ人ニ当第四部ノ業務ノ了解セラレザルハ意外ニシテ、同情ナキ処、亦此処ニ帰因スベキモ、実際第四部ノ人々モ余リ活動（寧ロ勉強トイフ方然ルベシ）シアラザルコト事実ニシテ、第四部ノ如キハ部トシテ存立ノ価値ナキコト、余ノ多年抱懐セル意見ノ如シ。唯、第一部ガ作戦上ノ必要ヨリシテ復活セラレタルナラバ異論ナキモ、矢釜シク主張シタル結果ナリトセバ不公平タルヲ免レザルベシ。

十四日　二年間余満州里ニ駐在シ、最近帰朝セル富永（恭次）大尉報告ノ要旨、

1. 日支協同調査等、我ガ支那ヲ利用スル以上ニ支那側ニテ我ヲ利用シテ宣伝シ、露国側ヲシテ警戒セシム（興安嶺旅行、第一部戦史旅行ノ如キ）。

2. 呼倫貝尓独立問題ハ露支両方面ノ宣伝アリ。

3. 東支鉄道ノ回収ハ、東支鉄道支那側重鎮等ハ、露国カ退ケバ日本ガ代ッテ侵入シ来ルト宣伝シアルモ、実ハ張作霖ガ回収ノ暁現幹部連ニ物足ラヌ感ヲ懐キ、幹部ヲ更迭セシムルヲ恐ル、自己本位ノ宣伝ナリ。

4. 在留邦人ハ口ニ大言壮語スルモ何等信頼スベキモノナシ。従テ、戦時我謀略等ニ利用シ得ベキモノ一人モナシ。

5. 満蒙政策トテ徒ラニ声ノミ大ニシテ、我国威ハ漸次沈ミツ、アリ、之ヲ防止スルニハ兵力ノ後援ノ外ナシ。

十六日

1. 支那南方国民政府ハ独尊主義ニ多大ノ譲歩ヲナシ、北方軍閥ガ封建主義ヲ改メ、国民政府ニ服従セバ直

ニ軍事行動ヲ停止シ、各派ノ合作ニ依リ国民会議ヲ召集スベシトノ意向アル如ク、今次会議ノ結果、新ナル政治的傾向トシテ注目スルニ足ルモノアリトノコトナリ。

2．最近、蘇聯邦ガ日本ノ満蒙鉄道問題ニ刺激セル其対応策トシテ東支鉄道支線譲渡ヲ希望シ（安達、拝泉線、穆稜密山線ヲ主トス）支那側ニ対シ内密運動シアル形跡アリ。

二十七日　軍事第四巻第二号ニ次ノ如キ昨年特別大演習観アリ大ニ首肯スヘキモノアリト信ジ、記録ス。

1）戦術的機動ヲ主トスベシ。

2）余リ行軍力ヤ不眠不休ヲ要求シ、其結果、行軍モ警戒勤務モ戦闘動作モ関セザルカ如キハ不可ナリ。

3）軍ノ編成モ屡々大砲兵団、大飛行隊等ヲ配属シテ演練スベシ。

4）第一線部隊ノ戦闘ノ進捗ヲ大体小銃火ノ交換距離ニ止メテ后方部隊ヲ十分戦闘ニ参加セシメ、精細ニ之ヲ審判スベシ。火力、経過ヲ無視セシムベカラズ。

5）参謀総長ノ講評ハ詳細ニ過グ、正確ナル材料ヲ基礎トシ、専ラ戦闘ノ大局ニ影響セル部署行動ニ付キ慎重ニ講評スベシ。

6）両軍司令官ノ朗読スル戦闘経過ハ統監部ニテ作製シ、講評ニ適応セシムルガ可ナラン。

7）将官連ト貴衆両院議員トハ別ニ説明スベシ。

二十九日　土肥原〔賢二〕大佐ノ報告ヲ綜合スルニ、支那ノ現状打開ノ為ニハ、

1）南北停戦ノコト、

2）満蒙ヲ切リ離シ、満蒙モンロー主義トナスコト。

2）ノ為ニハ日本ノ権威ヲ以テ張作霖ヲ下野セシメ、張学良ヲシテ東三省ヲ統治セシムルヲ必要トス。停戦ノ為ニハ北方ノ封建武力統一主義ヲ放棄シ、国民会議開催ヲ以テ南方ニ妥協ヲ申込マバ、南方政府モ之ニ応ゼザルヲ得ザルベシト（南方政府ハ、近来ハ奉天軍ハ敵ニアラズ、北方ノ封建制度ヲ打破セザルベカラズトイフニ主張ヲ定メタルガ如シ）。

三月

二日　南京佐々木〔到一中佐〕電ニ依レバ、南京政府ハ帝国ノ意向、特ニ山東出兵ノ件ヲナヂリ、今ニ決定ヲ見ザル処、今回ノ総選挙ノ結果ハ民党ノ勝利トナシ、且、

田中内閣ノ再度出兵ニ関スル疑モ稍緩和セルト。国民政府内ニ於テハ山東ヲ処分セザレバ、方振武、副偵華等ノ如キ、新ニ第一集団軍ニ参加スル軍隊ノ処置ニモ困ル次第ニ付キ、軍費調達次第、北伐総攻撃ヲ開始スル意見有力トナリアリ。先般ノ状況ヨリ観察スレバ、奉天軍ガ馮玉祥ヲ撃破シ、南京軍ガ山東ヲ取ルコトニ於テ南北停戦ノ形勢ヲ馴致スベキモノト思ハル。就テハ、此際、南京事件解決ヲ条件トシ、全責任ヲ南京軍ニ委ネ、万一日本人及日本ノ利益ヲ侵害スルコトアラバ、帝国ハ自由行動ヲトルコト、シ、山東ニ出兵セザル内諾ヲ与ヘテハ如何トイフ意見ナリ。

七日　多田〔駿〕大佐報告講演アリ。其要旨、

1)　支那ヲ独立セル国家ト見ナスベカラズ

2)　顧問ヲ廃スベシ。却テ内乱ヲ増長ス。止ムヲ得ザレバ、陸軍ヨリ俸給ヲ支払フベシ。而シテ駐在員ヲ以テ顧問ニ代用スベシ。

3)　今後四、五年ヲ経バ現在ノ鉄道役ニ立タヌ様トナルベク、此時危機ヲ生ズ。今ヨリ準備スル処ナカルベカラズ。

4)　南北一時妥協等ハナスベキモ、統一ハ決シテナサザルベシ。

5)　公使ハ諜報ノ統一機関トシ、領事ニテ十分ナリ。

6)　諜報機関ノ配置ハ状況ニ応ゼシムベシ。北京ヨリ寧ロ上海ニ増員スベシ。

四月

過般、奉天当局ハ京奉鉄道、海奉鉄道連絡ノ為、満鉄クロス問題ニテ条約ヲ無視セルニ、今又無断沈昂線ノ車輌ヲ海奉線ニ入レタル無礼極マルコトヲ敢テシ、我奉天蜂谷〔輝雄〕領事ハ之ニ抗議シタルニ、彼ヨリシッペ返シニ我ヲ詰問シ来レルアリ。蜂谷領事ノ抗議ハ五日ヲ期シテ其回答ヲ求メ、其最后案トシテハ、兵力ヲ以テ京奉、奉海ノ連絡線ヲ占領スルニアルモ、我外務当局ノ意見ハ頗微温的ニシテ、外務大臣ノ領事ニ対スル訓令亦頗要領ヲ得ザルニ似タリ。九日、関東軍参謀長ヨリ次長宛ノ意見具申ハ頗強硬ニシテ、此際、断乎タル対策ヲ講ジ、差当リ京奉、奉海連絡線ノ遮断及四洮、洮昂両線ヲ接収シ、此案ヲ神速ニ実行セバ、奉天派ガ対南方戦ニ没頭セル現況ニ当テハ、当軍現有ノ兵力ノミニテ目的ヲ達成シ得ベク。尚、本案ヲ端緒トシ、

要スレバ逐次事件ヲ拡大セシメ、根本的満蒙問題解決ノ機会ヲモ作為シ得ベシトノ意見ナリ。此件ハ如何ニ落付クヤハ頗興味アル問題ナルモ、我外務当局ハ、政府カ今ヤ特別議会対策ニ没頭シアル結果、全ク無為無策ニシテ、全ク支那ニ足元ヲ見透カサレアルハ国家ノ為、甚不利且遺憾ノコトナリトイフベシ。

十日　蒙古語研究ノ為、海拉尓ニ駐在セシ吉田龍彦少佐報告ノ要旨、

1) 呼倫貝尓ノ蒙古人ハ、支那人ニハ威力ノ為服シ、露人ニハ懐シミヲ有ス。

2) 海拉尓ハ支露語ノ研究ニハ不適当ナリ、蒙古語ノ研究ニハ科布多方面、土耳其斯坦方面ニテ十分、其事情ヨリ研究シカ、ラザルベカラズ。

3) 海拉尓ニハ蒙古政庁アリ、日本人感情頗悪シ。但海拉尓以外ノ処ニテハ対日感情頗可ナリ。

4) 海拉尓在住日本人ハ五十名位ナルモ、過半ハ阿片密売者ニシテ、蒙支人ヨリ何等ノ顧慮ヲモ払ハレザルモノナリ。

5) 庫克多博〔小河子〕東方アルグン支流々域ニハ白系露人約一万アリ、多クハセメノフ系ノザバイカルコサックニシテ、日本人ニ好意ヲ有ス。アルグン河沿岸ニハ露ノ歩哨アリ。

6) 海拉尓ヨリ自動車道アリ。

海拉尓	―	庫克多博	―	吉拉林
〃	―	甘球児	―	外蒙境
〃	―	ハレヅシ	―	

要スルニ海拉尓付近ニテハ河川ノ外何レノ処デモ何レノ車輌デモ通ズ。

7) 海拉尓自動車三十台。

8) 赤露人ハ近来日本ニ好意ヲ有ス。

9) 海拉尓露国領事館ハ満州里ヨリ格ガ上ナルモ、日本ハ領事館ナシ。

10) 満州里ガ元ハ露支、殊ニ密輸入ノ根拠地ナリシモ、今ヤ海拉尓ニ移リ、海拉尓ハ外蒙古ヨリ露ニ通ズル要点トナレリ。

11) 経済中心ハ今ヤ漸ク米ナラントス。

十四日　奉海鉄道問題モ出先ハ大分強硬意見ナリシモ、先ヅ山本〔条太郎〕満鉄社長、松岡〔洋右〕副社長アタリノ腰砕ケ、例ノラモント〔米国の金融家〕ノ対米借款ヲ物ニシタキコト、満鉄鉄道交渉ヲ取纏タキコト等、

痛シカユシノヂレンマニテ、大分弱音ヲ吹キアル一方、支那当局、特ニ交通班長常棵陰〔常蔭槐〕等ノ鼻息荒ク、大分ゴタシタルモ、十三日、松井顧問ノ極秘電ニヨレバ、支那側ハ松井顧問内面的協議ノ結果、支那側ハ奉海満鉄運輸協定ヲ復旧シ、従テ洮昂線ノ車輛モ自発的ニ引戻スコト、決セシモノノ如ク、解決ト認ムルヲ至当トスベク、出先各機関ガ興奮スルハ無理カラヌコトナルモ、此機会ニ於テ万事ノ総決算ヲナサントスルハ適当ナラズ。総決算ハ他ノ機会即満蒙交渉ノ解決問題ヲ提ゲ、内ニ十分ノ準備完成シタル后、断乎トシテ進ムベキモノナリトノ意見ニテ、松井顧問大分御得意ノ様ニ見受ケラル丶モ、未タ俄ニ安心ナリ難キモノト見ラル。

十七日　北京ノ馮軍攻撃ハ成功セズ、南軍ハ津浦線方面ノ山東軍ヲ攻撃シ、山東軍ハ韓荘、台児荘ノ線ヲ棄テ、臨城モ亦守リ難ク、界河ノ線ニ停止セントスルモ難キガ如ク、一方、南軍ノ一部ハ海岸海州方面ヨリ青島ニ迫ラントスル如ク、年中行事ナルモ気候ノ温暖ナルト共ニ隣邦漸ク多事ナラントス。在済南酒井〔隆〕少佐ヨリハ、帝国ハ出兵ヲ決心スベキ時機ニ到達セリト認ムル旨、意見具申アリ。首相ハ亦、昨年ノ声明ノ通リ、要スルトキハ再ビ出兵スベキ決心ナリトノコトナルガ、特別議会ヲ控へ、政争ニ没頭シアリテ、果シテ決断スルノ勇アリヤ否ヤ、今後ニ刮目スベシ。

十八日　昨日、酒井ノ意見具申アリ。今回ハ珍ラシク済南西田〔畊一〕、青島藤田〔栄介〕両総領事ヨリ出兵必要ノ意見具申アリ。昨日ノ閣議ハ目下出兵スルハ当然ナリト決定シ、其出兵時機ハ外務、陸軍省間ノ協議ニ委任セラレタリトノコトナリ。之ニ関シ本日部長会議アリ。参謀本部トシテ6Dヲ山東へ、之ヲ前提トシテ不取敢天津ヨリ三中隊ヲ済南ニ差遣スベキ意見ヲ決定シ、陸軍省モ之ニ同意シ、本日午前、陸軍省ト外務省ト協議中ナリトノコトナリ。

6D細部ノ編制ハ第一課、第〔二〕部ニ委任スルコト、ス。外務、陸軍当局ノ協議ハ案ノ定、外務省側ノ不決断トナリ、今日ハ遂ニ決定スルニ至ラズ、外務省側ハ出兵時機ヲナルベク遅クシ、之ヲ議会ニ諮リテ解散ノ一口実トシテ議会ヲ脅威スルノ具トスルモノノ如ク、山東軍兗州ヲ退却シタル時機ニ出兵スルトイフモ、或ハ折角出兵シテ颱風一過、御祭ハ既ニ過ギタルノ奇観ヲ呈シ、陸軍ノ威信ヲ失墜スルコトナケレバ幸ヒナリ。

十九日　山東軍ノ旗色愈悪シク、済寧ハ十七日馮軍騎兵ノ占領スル処トナリ、張宗昌モ十八日泰安ニ退キタリトノ情報アリタルヲ以テ、本日ノ臨時閣議ニテ愈々出兵ニ決シ、第六師団（歩兵八大隊、騎兵一小隊、砲兵一大隊、工兵一大隊）ヲ山東ニ派遣スルコト、ナリ、同時ニ、昨年ノ如キ声明ヲ発シ、本日午后、総長ハ参内上奏、御裁可アラセラレタリ。同時、支那駐屯軍ヨリ三中隊ヲ済南ニ派遣シ、6D到着迄該地ニ配備スベキ様、命令セラル。

元来、現政府ガ此ノ如ク迅速ニ出兵ニ決スルニ至リシ原因ハ、固ヨリ山東方面ノ状況、之ヲ然ラシメタルニ帰因スルコト勿論ナルモ、昨年、出兵ノ時ノ声明ノ手前ニ基クモノニシテ、過般、師団長会議ノ際ニモ大臣ヨリ懇談トシテ、出兵ハ必ズナス決心ナリト言明シタル程ニシテ、内閣ノ変ラザル限リ、何時ニテモ此ノ如キ状況トナラバ出兵スベキモノトセザルベカラズ。

二十日　出兵ニ対シ外務省当局ノ出シタル声明次ノ如シ。

〔出兵声明の新聞切り抜き。略〕

右中、約五千ノ一部隊トアルハ原案第六師団トアリシモ、如何ニ兵力大ナル如ク響クトノ外務省側ノ意見ニテ約五千ノ一部隊ト改メタルモノナリ。

二十三日　今回天津ヨリ済南ニ派遣セシ支那駐屯軍一部ノ津浦線輸送ハ、鉄道当局ト日本軍ト協議ノ上使用シタルモノニシテ、若シ国民輿論ノ反対ヲ受ケナバ、日本軍ヨリ賃銀ノ支払ヲ受ケ、普通一般ノ手続ニヨリ使用シタルモノト言訳スル由ニテ、大元帥府側ノ意嚮ハ、表面ニハ其交渉ニ応ジ難キモ、地方ノ鉄道当局者交渉シ、営業ノ形式ニテ実施スルナラバ、敢テ之ヲ詮議ダテセザル模様ナリトイフ。

二十七日　上海駐在重藤〔千秋〕中佐ヨリ次ノ如キ意見具申アリ。

1．今次ノ北伐ニ於テ、爾後特殊ノ変化ナキ限リ山東ハ南軍ノ手ニ帰シ、奉軍主力ガ京漢線方面ニテ馮軍ノ主力ヲ撃破シ得ザルニ於テハ、奉軍ハ須ク関内ニ存在シ得サルニ至ルベシ。此場合、日本カ依然張〔作霖〕ヲ東三省ニ割拠セシムルハ大ニ考慮ヲ要ス。万一、張ヲ東三省ニ存在セシムルガ如キコトアランカ、日本ハ支那旧軍閥ト提携ストノ悪評ヲ招クニ至ルベキヲ以テ、張ノ北京撤退ノ場合ハ、彼ノ下野ヲ強要シ、亡命セシムルノ要アリ。

2．次ニ起ルベキ問題ハ東三省ヲ如何ニスベキカニアリ。

1）此際、東三省ヲ徹底的ニ混乱ニ陥レ、日本ハ兵力ヲ以テ之ヲ平定シ、之ヲ口実トシ、尠クモ東三省ノ実権ヲ掌握ス。

2）若シ東三省ヲ混乱ニ陥ルヲ欲セザレバ関内ト一切関係セズ、東三省ノ保境安民ヲ専一トシ、且、満蒙ニ於ケル日本ノ特種利権ヲ尊重スル条件ニ服ス人物ヲ徹底的ニ援助ス。然レドモ、張ヲ以テ之ヲ為サシムルニ於テハ支那一般ノ対日関係ヲ悪化スベシ。

3．関内ニ於ケル北伐成功後ハ馮対蔣ノ関係悪化シ、而モ之ヲ自然ノ成行ニ放セバ、其結果、馮ノ勢力ニ帰スルモノト判断ス。此場合馮ガ如何ナル対外策ニ出ズベキヤハ未知数ナルモ、彼カ支那本土ノ主権ヲ左右スルハ、日本ノ為有利ナラザルハ自ラ明カナルモノアルガ如シ。故ニ此際ニ至ラザル以前ニ馮ヲ没落セシムル為ノ研究ヲナシ置クノ要アリ。

今ヤ北京ノ形勢ハ漸ク非ナルモノアリ、本日午前、部長、総長室ニ会合、対支策ヲ議ス。先ヅ第二部長松井〔石根〕中将ノ案ノ説明アリ。其要旨ハ、

1）南軍、徳州、正定ノ線ニ進出セバ停戦勧告ヲナシ、張ヲシテ下野セシム。

2）張ノ後継者タルモノハ張学良タレ、呉俊陞タレ、揚タレ、張ノ随意ニ委ス。

3）然ル後、満蒙諸問題ノ解決ニ向ヒ歩ヲ進ム。

第一部長荒木〔貞夫〕中将ノ意見ハ、昨年、東方会議議決ニ則シ、此際、満蒙問題解決ヲナスノ見地ヨリ張

ヲ下野セシムルニアリ。

総務部長岡本〔連一郎〕中将ノ意見ハ、満蒙問題ヲ最有利ニ解決セシムル為、自然ノ推移ニ委スルモノニシテ、第三部長広瀬〔寿助〕少将ノ意見ハ、此際徹底的ニ張ヲ援助セシメントイフ、一寸毛色ノ変ッタル案ナリ。余ノ考案ハ大体第一、第二部長ト同様ニシテ、停戦和平勧告ノ条件トシテ、張ノ下野ヲ勧告ス、之レハ我国ニハ絶大ノ決心ヲ要ス、若シ此決心ナケレバ、全ク東三省本位ニシテ自然ノ推移ニ委スベシトイフ意見ナリ。停戦ヲナサシメタル後、如何ニ時局ヲ収拾スベキカ、又、停戦ニハ、強テ張ノ下野ヲナサシメザルモ可ナランナドノ諸種ノ議論アリシガ、大体議決ヲ見ルコトナク、唯、総長ノ参考ニ止メ、散会ス。

三十日　本日、靖国神社参拝后、総長以下帰来、参謀本部ニ集合、過般部長会議ニ於テ研究シ、第二部ニ於テ更ニ若干之ヲ修正シタル案ニ依リ再ビ研究。次長欠席、余ハ参拝セザリシ為、召集ヲ受ケ、出勤中途ヨリ之ニ参加ス。結局、参謀総長ヨリ大臣ヘ、要スルニ此際、停戦、和平勧告ノ為、兵力ヲ使用スルノ決意、現政府ニアリヤ否ヤヲ確メ、其有無ニ依リ爾後ノ対策ヲ決スルコト、シ、本日総長ヨリ大臣ニ話シ、其細部ハ第二部長ヨリ大臣ニ説明スルコト、ス。

五月

二日　山東軍ノ形勢益々不利トナリ、膠済鉄道方面ヨリ崩レ、済南東方約三十七吉〔キロ〕明水附近ニ南軍進出、膠済鉄道ヲ遮断シ、北軍ハ漸次、済南方面ニ圧迫セラレ、津浦線正面亦界首附近ノ陣地ヲ奪取セラレ、張宗昌ハ遂ニ三十日夜十時、孫傳芳等ト共ニ済南発、徳州ニ逃ゲ出シタリトノコトナリ。第六師団ハ済南方面危険ノ状況ニ基キ、岩倉〔正雄〕少将ノ指揮スル一聯隊ヲ青島ニ残置シ、師団ハ済南方面ニ前進シタルモ、張店ニ立往生ヲナシアリ。

今回ノ出兵ハ誠ニ好機ニ投ジ、恰モ済南混乱ニ間ニ合ヒタルヤノ感アリ。膠済鉄道ノ師団輸送運転ハ支那側従業員ハ手ヲ引キ、全ク児玉社長以下、日本従業員十数名ノ手ニテナシタルモノニシテ、不眠不休、献身的努力ノ結果ナリ。サル、ニシテモ膠済鉄道ハ我資本ヲ卸シタル一鉄道ナリ、山東ノ命脈タリ。今回ノ如キコトハ例年之ヲ繰リ返スベキヲ以テ、假令兵力占領ト行カザル迄モ、此際、幹部ノ大部分ハ日本人ヲ以テ占メ、実権ヲ収ムルコト必要ナリ。尚、張〔宗昌〕ノ逃走ト共ニ膠済鉄道ノ実権ハドウナルヤモ問題ナルヲ以テ、速ニ日本人ヲ送リ、其管理権ヲ明瞭ニナシ置クコト必要ナリ。

過般、対時局策トシテ公使館附武官ニ問合セタル結果、其具申シ来レル意見左ノ如シ。

目下ノ時局ニ鑑ミ日本ハ速ニ根本対策ヲ確立シ、内外ノ各機関ヲシテ一致ノ行動ヲ採ラシメザルベカラズ。戦局ノ推移ニ依リ北方軍ノ敗退スル場合、東三省ハ依然北方勢力ニ依リ之ヲ保持セシメ、日本ハ之ヲ支持シテ絶対ニ南軍ノ満洲侵入ヲ阻止シ、満州政権ハ日本ノ完全ナル后援ノ下ニ保境安民ヲ標榜シテ善政ヲ行ハシメ、先ツ東三省ノ統一ヲ図リ、且、日本ト密接ニ連繋シテ我満蒙政策ノ遂行ヲ期セザルベカラズ。

之ガ為、重要ナル処置、

1. 奉天軍ノ京津地方撤退ト共ニ張作霖ノ下野ヲ強要シ、張学良ヲシテ之ニ代ラシメ、将来、東三省統一ニ必要ナル限度ノ兵力ヲ保持スル様、其退却ヲ指導シ、適時関外ニ退却セシム。戦局ノ推移ニ敢テ干渉セザルモ、張学良ヲシテ無力ナラシメザルコトヲ計リ、且、南軍ノ山海関以東ノ進出ハ絶対ニ之ヲ防止ス。

2. 之ガ為日本ハ、

対内外共ニ声望高キ人物ヲ特派シ、予メ作霖及学良ト完全ナル諒解ヲ求ム（学良ノ支持法及之トノ密約条件等ハ予メ準備ヲ要ス）。

適時、声明ヲ発シテ我決意ヲ示スト共ニ、内外ノ諒解ヲ計ル。

駐剳師団ノ主力ヲ錦州附近ニ集中シ、前述、軍ノ退却又ハ南軍ノ進入ニ対シ、必要ノ行動ニ出デシム。

時機ヲ逸セズ満洲ニ増兵ス。

北京、天津ニハ適時兵力ヲ増加シテ軍ノ任務達成ヲ容易ナラシムルト共ニ、少クモ其有力ナル一部ヲ山海関ニ集中シテ南軍ノ関外進出ヲ防止スルニ任ゼシム。

尚、建川〔美次〕少将ハ、北軍ノ敗退ニ伴ヒ北京ニ入リ来ルモノハ馮ト判断シアルモ、日本ノ為、有利ナラサルベキヲ以テ蔣介石ヲシテ北京ニ入ラシムル為、今ヨリ其準備ニ着手シ、適時特使ヲ派シテ之ト連絡シ、要スレバ、彼ヲ支持シテ馮ヲ駆逐セシムルヲ必要トスル意見ナリ。

南軍ハ一日朝、済南城内ニ入ル。

三日　支那現今ノ時局ニ鑑ミ、満蒙対策ヲ有利ニ解決セントスルノ意向ハ、各方面ニ聞ク処ナルガ、朝鮮軍司令官〔金谷範三〕ヨリハ、鮮人問題解決ノ根本タル商租権問題ノ解決ヲ速カナラシムルニハ、今ヲ絶好ノ機会トシ、関東軍参謀長ヨリハ、張作霖ヲ頭首トセル現東三省政権ヲ廃シ、日本ノ要望ニ応ズル新政権ヲ擁立シ、該政権ヲシテ支那中央政府ニ対シ独立ヲ宣セシムル為、現戦局ヲ自然的推移ニ委シ、奉天派ノ瓦解ヲ来シ、張作霖ヲシテ東三省ノ治安維持ヲ行フノ能力ナキヲ暴露セシメ、其形成手順トシテ日本カ自発的ニ且表面ニ立ツコトヲ避ケ、予メ三省各界ノ要人、就中、省議会、総商会及新聞等ヲ懐柔シ、反張作霖熱ヲ煽リ、我意中ノ人物（張学良ト予定ス）ヲ推戴スルノ気運ヲ作為シ、尚、日本ノ援助ニ依リテ新政権ヲ擁立シ、保境安民ノ実ヲ挙ゲンコトヲ熱望スルノ輿論ヲ喚起セシメントスルノ意見ヲ具申シ来レリ。

従来、北京ガ怪シクナレバ常ニ作霖打倒ノ意見現ハレ来リ、其案ノ可否ハ別トシ、常ニ無策ニテ終ルヲ常トスルモ、何ニシロ一定ノ方針ヲ樹立シ、之ニ向ケ歩武ヲ進ムルコト必要ナリ、然レドモ政界目下ソレ処ノ騒ギニアラザルヲ以テ、到底此ノ如キ大策ノ確立ハ望ムベクモアラザルベシ。

四日　済南ノ日支兵、本日午前十一時頃衝突シ、戦闘漸次拡大、我軍ニ十数名ノ死傷者ヲ生ズルニ至リ、本日午前七時、対時局策研究ノ為、部長会議開催、第一部案トシテ不取敢満洲ヨリ歩兵一旅団、砲兵一中隊ヲ青島ニ派遣シテ6Dヲ増援シ、満洲ニハ朝鮮ヨリ歩兵一旅団ヲ増加シ、内地ヨリハ第三師団ヲ動員シ膺懲ノ任ヲ与ヘ、且、又、膠済鉄道沿線要地ノ居留民ヲ保護セシムルコト、スベキヲ承認シ、次長之ヲ以テ陸軍省ノ会議ニ臨ム。何レ之ヲ閣議ニ附スルコト、ナルベキモ、一師団ノ動員ハ波及スル処頗大ナルベキヲ以テ、決定ハ容易ニアラザルベシ。

天津軍司令官ノ時局ニ対スル状況判断、次ノ如シ。

1．大勢、奉軍逐次圧迫セラレ、関内ヲ撤退スルノ止ムヲ得ザルニ至ルベシ。

2．馮ノ抬頭ハ好シカラザルヲ以テ、蔣ノ失脚防止、閻〔錫山〕ノ勢力拡張ニ努ムルト共ニ、奉軍ノ兵力ヲ損傷スルコトナク撤退シ得ル如ク指導シ、以テ革命軍ノ東三省侵入ヲ防止ス。

3．此機ニ作霖ヲ下野セシムルコトハ其実行ニ幾多ノ困難ト弊害トヲ伴フ外、此危機ニ、彼ノ下野ハ東三省内ヲ分離混乱ニ陥ラシムル害アルヲ以テ、一考ヲ要ス。

4．奉天軍ヲシテ保境安民ニ専念シ、再ビ関内ニ進出セシメザル如ク指導シ、成シ得レバ好機ニ於テ作霖ヲ説得下野セシム、後任ニ関シテハ尚研究ヲ要ス。

5．奉軍敗退ト共ニ満洲ニ出兵シ、東三省ニ戦乱波及ヲ防止シ、革命軍ノ進入ニ対シテハ裏面ヨリ奉天軍ヲ援助シ、又、適時革命軍ニ勧告ヲ与ヘ、已ムヲ得ザレバ兵力ヲ行使ス。

6．此機ヲ利用シ、満蒙諸問題ノ解決及実行ヲ図ル。

五日　済南ニ於ケル南軍ノ敵対行動ハ終熄セザルノミナラズ漸次拡大ノ虞アリ。カクナル上ハ徹底的ニ此際一大鉄槌ヲ下スノ必要アルベシ。

松井顧問ノ時局観ハ、戦争交綏状態トナリタル場合ニハ一大決心ヲ以テ停戦勧告ヲ可トスベク、此場合、作霖ノ下野、三四軍ノ関外撤退ヲ条件トスルガ如キハ不可能ナリ。北方ガ北京ヲ撤退スル場合、東三省ヲ独立ノ状態ニ置ク為ニハ寧ロ作霖ヲ適任トスルモ、帝国内ノ空気ニ鑑ミ、其代リニ学良ヲ擁立〔シ〕テ、楊宇霆トノ合作ニ依ラシム。南方ノ諒解ノ許ニ某北方勢力者ヲシテ妥協的ニ東三省ヲ保持セシメントスル案ハ不可能ナリトノコトナリ。聊カ松井少将ノ現状ニ則シアル観アルモ、作霖ノ下野ノ不可能ナルハ確ニ一観察ナリト考フ。

七日　今回ノ済南日支衝突ニ帰因シ、在外武官ノ憤慨ハ誠ニサルコトナガラ、状況漸次詳細トナルニ従ヒ、南軍ノ驕慢ハ実ニ意外ニシテ、此際、徹底的ニ膺懲スルコトガ却テ今後日支ノ諸懸案ヲ解決スルニ有利ナルベシ。在上海重藤中佐ノ如キ、此際、統一政府ノ成立スルマデ、日本ハ約三師団ヲ以テ青島、済南、膠済鉄道、上海、南京、漢口ヲ占領シ、此等都市ハ自由都市トスベシ、然ラズンバ駐支軍隊ノ如キ撤退スベシトイキマキアリ。芳沢公使モ、此機会ニ満蒙諸問題ヲ解決スルコトハ大ニ同感ナルモ、サテ実行ニ方リ困難ヲ感ズベク、仮令、今、某一人ヲ支援スルモ、彼等ハ難関ヲ切抜クルトキハ直ニ恩ヲ忘レ、付上ルハ支那人ノ通性ナリ、現ニ袁世凱ノ如キ、其一例ナリ。故ニ、寧ロ此際、成行ニ任セ、機ニ応ジテ処置スベシトイフ意見ニシテ、張学良ニハ敢テ反対ナキモ、楊ハ公使館側ニテ悉ク反対ノ意見ナルガ如シ。乍併、本回ノ済南事件ニ関シテハ、公使モ頗ル強硬ナル意見ニシテ、既ニ本省ニ意見ヲ具申セリトノコトナリ。

第三師団ノ動員派遣ハ、状況上必要トナリシヲ以テ、政府ニ之ヲ督促スル為、五日第二課長ヲ開会中ナル議会ニ派遣シタルニ、陸軍大臣ノ意向ハ目下議会ハ不信任案ノ適否ニテ頗デリケートナルヲ以テ、之ハ未ダ首相ニハ話シアラズ、何レ議会済ノ后ニテナスベシトノコトニテ、従テ、此決定ハ議会済ノコト、ナレリ。

本日午前、陸相官邸ニテ元帥、軍事参議官会合アリ、愈々其承認ヲ得ルコトニナリ、又、本日后一時臨時閣議アリシモ、未ダ決定ニハ至ラザリシガ如シ。閣議ニテハ小川〔平吉〕鉄相、最初ヨリ強硬論者ナルモ、岡田〔啓介〕海相ハ某軍事参議官（恐ラク財部〔彪〕大将ナラン）ノ進言ニ基キ頗慎重論者ナリトノコトナリ。

八日　本日午后一時半ヨリ閣議、陸軍ノ主張ヲ承認セラレ、愈々第三師団ノ動員派遣、支那駐屯軍ノ繰上交代ヲ実行スルコト、ナル。

慰問ノ名義ニテ済南ニ於ケル状況（真相）視察ノ為、余ハ山東ニ派遣セラル、コト、ナリ、陸軍省兵務課長香月〔清司〕大佐、第二部ヨリ磯谷廉介中佐同行スルコト、ナリ、別ニ無線ガ本出兵以来頗具合悪シキ為、其原因等ヲ技術上ヨリ調査スル為、技術本部ヨリ菅波少佐山東ニ出張スルコト、ナリ、余ノ指揮下ニハアラザルモ、同船、同行スル筈ナリ。

九日　今回山東出張ニ付、首相ニ敬意ヲ表スル為、本朝九時稍《ママ》青山私邸ニ於テ面接ス。首相ハ、今回ノ出兵ハ徹頭徹尾居留民保護ヲ目的トスルヲ以テ、居留民保護ノ為、不得止武力ヲ使用スルハ格別、苟モ膺懲トイフガ如キコトアルベカラズ、山東鉄道ノ如キ遮断セラル、ガ如キコトアラバ、之ヲ確保セザルベカラザルモ、南軍カ北伐ヲナストイフナラバ、之ヲ通過サセ、北伐ヲ実行サスレバ可ナリ、速ニ外交方面ニ移スコト必要ナリ、要スルニ、大局ニ着眼シテ事ヲ誤ラザルヲ要ス、右６Ｄ長ニ伝達スベシ。

首相ハ大局ヲ誤ラザルコトヲ反覆シタルモ、第六師団ガ、蔣介石ノ謝罪等ノ条件ヲ持出シ、加《ママ》モ、時間ヲ限リテ回答ヲ求メタルガ如キガ不服ナルモノノ如ク、速ニ外交交渉ニ移シタシトノ意向ナルガ如キガ、此意見ハ佐藤〔三郎〕少将、松井〔石根〕中将等ノ進言ガ大ニ其因ヲナスモノノ如ク、首相ノ意中ハ、南軍ニハ北伐ヲサセズニ南北停戦和平勧告等ヲ持出シ、其后援ニ有力ナル武力ヲ背景トナサントスル意向ナルガ如ク判断セラル。

午前九時二十分、首相参内、総長モ参内、３Ｄノ動員下令トナル。

〔新聞切り抜き〕

第二次出兵の目的
居留民保護と
鉄道交通の確保

外務省声明書

余ハ首相ノ言ヲ直ニ次長ニ伝ヘタリ。本日ヨリ従来ノ部内部長会議ニ陸軍次官及軍務局長ヲ加ヘ日々会報ヲナシ、省部ノ意見ヲ取纏メ、方針ヲ決定スルコト、ス。
余ノ派遣ノ為、受ケタル任務ハ、
将来ヲ顧慮シ、済南及膠済鉄路沿線ノ情況視察ニアリ。本日、次長ヨリ受ケタル細部ノ指示次ノ如シ。
１．政府ノ方針ハ南軍北伐実行ニ干渉スルコト絶対ニナシ。寧ロ之ヲ希望スル方ナリ。
２．派遣軍宿舎ノ状況ヲ視察スルコト。
３．３Ｄ、６Ｄノ二師団アルヲ以テ軍司令部ノ必要アリヤ否ヤ。
時局平穏トナラバ、３Ｄ、６Ｄ何レヲ先キニ撤退セシムベキヤ。
４．師団ノ従来ノ行動ヲ有利ニ理由ヲ附シ得ベキ材料アラバ、ナルベク之ヲ蒐集スルコト。
５．五月二日夜、６Ｄガ警戒配備ヲ撤スルニ至リタル理由及其程度如何。
其後ニ於ケル警戒配備及居留民ニ対スル処置如何
６．事件突発当初ニ於ケル指揮官ノ区処及居留民保護ノ為採リタル処置。
7. 支那兵匪ガ我居留民虐殺ニ関シ、我軍ノ為有利ナル材料ノ蒐集。
8. 今回事件突発及爾後ニ於ケル蔣以下、南軍高級指揮官ノ態度及其為シタル処置。
白川陸軍大臣ニ挨拶ニ行キタル時ノ話ハ、
1. 虐殺事件ヲ陸軍ニ有利ナル如ク調査スベシ。
2. 軍部ト外交官憲トノ関係如何。電報等ヲ読メバ、若干其間具合悪シキ如ク解セラレザルニアラズ、真相如何、宜シク協同シテ事ニ当ルベキコト必要ナリ。
3. 近ク民政党議員調査ニ赴クト聞ク。相当警戒ヲ要スルモ、取扱ハ鄭重ナルヲ要ス。
4. 今回ノ出兵ニ通信ハ頗不具合ナリシ、其真相ノ調査ヲ必要トス。

十日　前十時ヨリ省部会報ヲ開ク。余ノ質問シタル事項及協議シタル事項等、左ノ如シ。
1. 首相ノ伝言ハ、i)居留民保護ガ本務ナルコト　ii)膺懲等ヲナスベカラザルコト　iii)南軍ノ北伐ハ妨害、干渉ヲ加ヘザルコト、ノ三項ヲ6D長ニ伝達スベシ。
2. 山東鉄道ヲ首相ハ通過サセテヨカルベシトノコトナルガ、此ハ大ニ考ヘ物ナリ、交通確保サレヌ内ハ、通過サセルコトハ出来ヌガ、ソレガ済メバ通過サセルコトハ、強テ禁止スルニモ当ルマジ。
3. 6D長ハ保障占領トイフ語ヲ使用スルモ、交通確保ガ目的ナリ。
4. 6Dノ軍事行動ノ及ブ範囲ハ、要スレバ之ニ必要ナル指示ヲ与フベシ。
5. 武装解除者ハ地域外ニ解放スルガヨカル〔ベシ〕総長ヨリ指示サレタル事項ハ次ノ如シ。
1. 今回ノ虐殺事件ハ、表面ニハアマリ目立タザルモ、裏面ニ於テハ一師団モ出シナガラ虐殺ハ何事ゾトイフ批難、相当ニ大ナル様ナリ。6Dハ今日マデ適切ナル行動ヲナシアリシニ、コノ一事ノ為カレコレ言ハル、ハ甚以テ心外ニ付、何人ガ局ニ当リ、何人モ首肯シ得ベキ、虐殺真ニ止ムヲ得ザリシ理由ヲ発見スルコト必要ナリ。
2. 軍事行動ハ一段落ト見ルヲ得ベシ。コレヨリ後ハ外交問題ナリ。北伐ハ張作霖ニ見切リヲツケアル今日、絶対ニ寧ロ之ハサセタキナリ。
3. 民政党議員ノ視察ニハ警戒ヲ要ス。然レドモ事実ヲ湮掩糊塗スルハ不可ナリ、西比利〔シベリア出兵〕ノ例モアリ、特ニ注意ヲ要ス。

彼等カ帰来后スル宣伝ニハ、之カ反駁材料ヲ有スルコト必要ナリ。

外務、海軍モ全部ニ挨拶ニ行キタルニ、外ノ有田亜細亜局長来訪、今回時局ノ収拾ニハ大ニ考案ヲ要スルノ意見ヲ縷々述べテ帰レリ。

十一日　朝、東京出発、下関ニ向フ。政友会ヨリ視察ノ為山東ニ赴ク内野辰二〔次〕郎、永田良吉、矢野力治、原惣兵衛、蔭山貞吉ト同行トナル。何レモ陣笠ナルモ軍籍ニアルカ、アリタルモノナリ。沿道、新聞記者ヨリ大ニ責メラル。代議士、新聞記者、其他有識階級ノ質問スル処ハ、3Dヲ何故ニ動員マデシテ何処ニ使用セントスルヤニ一致シアリ。実際、今回ノ3Dハ元来ガ膺懲ノ為ニ使用セントスル腹案ヨリ出デタルモノニシテ、首相其他ノ意見ニヨリ、イツトハナク居留民保護トナリタルモノニシテ、其目的ト兵力ト副ハザル形トナリタルモノニシテ、一般ガ3Dヲ他ニ使用シ、更ニ第四次、第五次ノ出兵ヲ予期シアルハ誠ニ無理カラヌコトナリ。故ニ、3Dノ用法及其動員シタル理由等ニ関シテハ、相当、今ヨリ考慮ノ必要アリ。3Dノ必要ナシトスレバ、引込ヲ今ヨリ考ヘ置クノ要アリト感ゼリ。

亜細亜局第一課長中山洋一氏モ同行ス、同人ノ坐談等ヨリ察スルニ、外務省等ニ於テハ、

1）何故ニ此度ノ出兵ニ6Dノ如キ気早キ地方ノ師団ヲ出シタルヤ。

2）歩哨、斥候等ニハ純戦闘行為ト政治的行為トニ様ノ教育ヲナシ得ザルモノニヤ、歩哨ノ第一発カ常ニ事態ヲ大ナラシムルニ至ル。

固ヨリ不可能ノコトナルモ、外務省等ヨリ見レバ誠ニサモアルベシ。

十二日　朝、下関着、直チニ運輸部迎ヘランチニテ泰山丸ニ乗船ス。例ニヨリ新聞記者殺到、質問スル処ハ、何故ニ山東ニ赴クヤ、第四、第五次ノ出兵アリヤニ一致シアリ。午后三時半、門司出帆。

十四日　午前十時頃、青島埠頭着、何トナク緊張ス。軍部、居留民側、多数ノ出迎ヲ受ケ、大和ホテルニ投宿後、総領事、海軍司令官向田重一少将、陸戦隊司令伴次郎大佐ヲ訪問ス。沢山ハ訪問シタルモ不在。午后、小泉

中佐〔天津駐屯歩兵隊長〕ガ、本朝、済南ヨリ天津ニ帰ル為、青島ニ到着シタルニ遭ヒ、午后、小泉ヲ司令部ニ慰問シ、其厭味談ヲ聞ク。同隊ハ去月二十日済南到着迄、善ク其任務ヲ尽シタルモ、6Ｄニテハ聊カ之ヲ冷遇ト言フ程ニモアラザレド、何トナク継子扱ヒシタル感ナキ能ハズ。京津方面ノ形勢変化、第六師団ヨリ急ギ天津ニ帰ルベキ命ヲ受ケ、内一中隊ハ本夜八時半、駆逐艦二隻ニ分乗、天津ニ帰ル。東奔西走、恰モ将棋ノ駒ヲ動カスガ如シ。政略出兵トテ止ムヲ得ザルモノアルモ、統帥上大ニ考慮スベキコトナリトノ感ヲ懐ケリ。

十五日　午前七時十分、青島発、済南ニ向フ。后七時半済南着。斎藤〔瀏〕、岩倉〔正雄〕、外山〔豊造〕ノ三旅団長、参謀長〔黒田周一大佐〕以下幕僚ノ出迎ヲ受ケ、直ニ師団司令部ニ師団長〔福田彦助中将〕ヲ訪ヒ、大臣、総長伝言ノ要旨ヲ伝フ。

市街ハ全ク戸ヲ閉ザシ、行人稀レ、辻々ニ歩哨ノ銃剣閃キ、一旦撤退〔去〕シタル防禦物ハ再ビ構築セラレ、何トナク物々シク大ニ緊張ノ色アリ、将校以下疲労未ダ癒エザルモノ、如ク、東亜ホテルノ師団準備シタル宿舎ニ投ズ。酒井〔隆〕少佐〔特務機関〕来訪、三日当時ノ話ヲ聞ク、真相大ニ明トナル。昨日青島以来、師団幕僚ノ悪口、特ニ参謀長ノ悪口、批難ヲ大分聞キタリ。

十六日　師団司令部ニテ作製シタルプログラムニ依リ、各方面ヲ視察ス。師団長ニハ首相以下ノ伝言ヲ伝ヘタリ。師団長ヨリハ別ニ何トイフ話モナシ。参謀長ヨリハ三日ノ弁解的説明ヲ聞キ、午后ハ現場視察ヲナス。

十七日　本日モ午前中現場ノ視察ヲナス。各方面ノ話シハ、宣伝、功名話多ク　各方面ヨリ聞カレ、其話ガ一致セザル点多キ様ナリ。宣伝上頗面白クナキ次第ナリ。近来、凡テ宣伝トイフコトガ徹底セルガ、宣伝的ノコト多ク、報告ニモ亦、宣伝アルハ国軍ノ為、憂慮スベキコトナリ。

十八日　本日ハ一日各方面ノ話ヲ聞ク。参謀長トモ種々意見ノ交換ヲナシタルガ、大分神経過敏トナリアリ。要スルニ参謀長ハ適当ニ幕僚ヲ使用スルコトナク、何ンデモ一人ニテナサントシ、其多忙ナル、到底脱漏ナキ能ハズ、遂ニ仕事ニ手ノ廻ハリ兼ヌル次第ナリ。師団長ニ面会、其際ノ伝言ハ次ノ如シ。

1）　Dハ事件当面ノ責任者ナリ、殺気立チアルヲ以テ后退シテ3Dト交代シタシ。

2）　警備撤退ハ責任ハ勿論取ルモ、D長ノ意図ニアラズ。

3）　軍政ナドハナサヾルモ、治安維持ノ為必要ナル処置ハ当然ナス積リナリ、要スレバ兵力ヲ以テスル決心ナリ。

4）　軍司令官ハ何トモ言ヘザルモ、今ノ処其必要ナカラン。

5）　軍紀、風紀ハ厳粛ニ維持スル。

6）　対蔣交渉ハ、彼ヨリ来ラザレバ放置スル考ヘナリ。但、南北不偏不党ニシテ、南軍ノ北伐ナド妨害スル意志ナシ。但、部隊ハ或ハ南軍ニ対スル敵愾心強キモ致方ナシ。

本日、政府ハ南北ノ形勢ニ鑑ミ、南北ノ停戦、北軍ニテ秩序ヨク戦闘前ニ満洲ニ帰ラバ通過サスベキモ、戦闘ノ結果、後退シ来ルニ於テハ、南北何レモ武装ヲ解除スベキ旨、南北両軍当局ニ勧告シタリ。

十九日　午前七時二十分、済南発帰途ニ就ク、張店ニテ34 i長竹下〔範国〕大佐ニ停車場ニテ面会。直ニ乗換、博山ニ至ル。

新旧守備隊長ノ報告ヲ受ケ引返シ、淄川炭鉱ニ下車。処長半田盛次郎氏ヨリ、経営、本回事件前後ノ状況、守備中隊長松田大尉ノ報告ヲ聞キ、其夜ハ炭坑倶楽部ニ一泊ス。

二十日　朝、淄川発、張店ニテ約二時間許リノ時間ヲ利用シ、兵舎及防禦配備等ヲ実視シ、十一時五十分張店発、途中、坊子ニテ防備隊長ノ報告ヲ受ケ、夜七時半青島着。往路ニハ青島及沿線ニハ殆ド北軍ヲ見ザリシモ、帰途ニハ濰縣、高密、膠州等ニ北軍ヲ多ク見受ケ、又、青島市街ニモ北軍ノ武装兵アリ。停車場ノ如キハ日支兵ニテ警備シアル状況ナリ。南北軍一律ニ二十支里外撤退ヲ声明シ置キナガラ、彼等ガ漸クノサバリ出ヅルハ甚面白カラヌコトナリ。夜、三宅〔光治〕少将来訪、上陸以来ノ状況ヲ聞ク。

師団ガ受ケタル任務、即、二十支里以外ニ南北軍一律ニ撤退セシムベキ任務ニ基キ、上陸早々之ヲ通告セントセシモ、北軍ニハ6D長ノ通告ヲ通ジアラズ、海軍側モ総領事側モ、コトノ意外ニ驚キ、D長ノ上陸迄待タレ度意見ニシテ、三宅少将モ亦、其意見ヲ聞キ、D

長ノ上陸ヲ待チアリ。

二十一日　午前、午后、青島市内ニ宿営シアル61、68ｉ、Ａノ宿舎、飛行場、患者療養所等ヲ巡視ス

二十二日　本日早朝、３Ｄ長上陸ニ付、Ｄ長ニ面会ノ上、帰京スルコトトシ、一日待受ケタルモ、Ｄ長ノ乗船〔シ〕タルハルビン丸ハ濃霧ノ為、遂ニ入港スルニ至ラズ。

二十三日　午前十時頃、ハルビン丸入港、Ｄ長上陸ス。午後、Ｄ長ヲグランドホテルノ宿舎ニ訪ネ、済南ノ実情ナド話シ、尚、一、二打合セヲ行フ。後五時ハルビン丸ニ乗船、帰京ノ途ニ就ク。中山〔亜細亜局第一〕課長モ同行ス。

［〔欄外〕ハルビン丸ニテ民政党側代議士六名〔団長　山道襄一〕来着ス］

二十五日　后二時半頃門司着、下船、其夜ノ特急ニテ帰京ス。

二十七日　十時ヨリ部長会議ニテ今度ノ出張ノ報告ヲナス、青島ヨリ投書アリ、師団長カ鴻仙ホテルニ投宿、師団司令部ニ通勤シ、居留民ニ頗不評ナルコトヲ縷々記述シアリタル由。Ｄハ此際、機ヲ見テ内地ニ帰リ刷新、立直シヲナスコト益必要ナルヲ覚ユ。

二十八日　午后三時半ヨリ、大臣、次官、総務部長ニ報告ヲナス。

三十日　若林中尉拉致事件ノ為、朝鮮軍ハ馬賊討伐ノ為、大分大規模ニ兵力ヲ移動スルコトガ問題トナリ、果シテ軍司令官ニソレダケノ権限アリヤ否ヤハ問題トナル処ナルガ、防衛ノ為ナラバイザ知ラズ、地方ノ治安維持ノ為ノ兵力ナラバ一応請訓スルガ至当ナルベク、特ニ、馬賊討伐ノ為ナラバ愈々以テ請訓ノ必要アルガ如シ。

本日ノ部長会議ニテ、第一部長ヨリ、６Ｄヲ内地ニ帰還セシメ、３Ｄヲ整理シ、関東軍ハ現在兵力ヲ以テ守備スルヲ可トスルノ意見出テ、之ニ対シテハ内容モ準備研究スルコトニ決定ス。

六月

一日　関東軍ハ去ル十八日ノ政府ノ声明ニ基キ、錦州附近ニ出動シテ支軍ノ武装解除ヲ行フ為、二十日、軍ノ主力ヲ奉天ニ集中シ、軍司令部モ亦奉天ニ移リ、奉勅命令一下、直ニ出動スル予定ナリシガ、尓来、今日マデ政府ノ意志決定セザル為、関東軍、所謂、満ヲ持シテ放タザルノ態勢ニアルモ、出ルニ出ラレズ引込ムニ

引込マレズ、所謂、立窮シノ形勢ナルニ、京津方面ノ形勢ハ北軍愈々不利ニシテ、何時関外撤退ヲナサズト〔モ〕限ラズ。一方、関東軍ハ大命ナキ為、出動セザルニ於テハ、即、曩キノ声明ニモ反スルコト、ナリ、軍司令官ハ頗苦シキ立場トナルヲ以テ、首相ノ腹中ヲ此際確カメ置クノ必要ヲ認メ、軍務局長ハ昨三十一日亜細亜局長ト同行、首相ヲ修善寺ノ療養先キニ訪ネ、十分意見ノ交換ヲナシ来レリ。首相ノ腹ハ、

目下ノ形勢ハ曩キノ声明ニ於テ予期セル如ク推移シツ、アリ、元来彼ノ声明ハ、北軍ガ秋節ヨリ関外ニ撤退シ南軍ハ之ヲ急追セザル如ク導ク様出シタルモノナルモ、之カ能ク的中シ、思ヒ通リ目下ノ形勢ハ移リツ、アリ、故ニ、関東軍トシテハ此際出動シテ武装解除ヲナスガ如キ必要ナカラン、若シ形勢急転シ、関東軍出動ノ必要起ルガ如キ場合トナラバ、ナルベク速ニ軍ノ出動ヲ希望スルモ、モシ其出動カ準備等ノ為遅延シ、間ニ合ハザルトキハ致方ナシ、コレハ軍司令官ノ責任ニアラズ、政府ノ責任ナリ。

首相ノ腹案此ノ如シトスレバ、甚以テ事ハ簡単明瞭ナルモ、従来ノ結果ヨリ見レバ、事ハ中々ソウ簡単ニ行カズ、而シテ、政府ノ意中此ノ如シトスレバ、３Ｄハ之ヲ満洲方面ニ使用スルノ公算先ヅナキヲ以テ、之ガ輸送ノ為、予期シアリシ船ハ凡テ解傭シ、６Ｄハ軍事解決ノ時機ニ撤退シ、３Ｄハ６Ｄ撤退后ニ於テ整理スルノ方針ハ大体合理的トナルベシ。

五日　昨朝、張作霖ハ北京ヨリ引上ケノ途上、恰モ奉天駅、京奉線クロス点ニテ列車ハ爆破セラレ、本人ハ傷ヲ負ヒ、呉俊陞ハ死亡セリトノコトナルガ、地点ガ恰モ附属地内ニテ、唯、満鉄線ノ方ハ日本側、京奉線ノ方ハ支那側ニテ警戒シ、上ト下トノ警戒ノ差アルノミニテ、誠ニ面倒ナルコト、ナレリ。故ニ、支那側ニテハ日本ノ陰謀ナド、アラヌコトヲ宣伝シアル様ナルガ、我側トシテ、飽迄南軍便衣隊ノ処為ナリト主張スルノ外ナク、又々コ、ニ一ノ面倒ナル問題ヲ惹起シタルモノトイフベシ。一方ニハ、済南事件ノ軍事解決ハ彼ニ誠意ナク、到底急ニ纏マリソウニモナク、況ヤ南軍カ北伐ヲ終リ、其鼻息、荒クナルニ於テハ一層解決難ニ陥ルベシ。要スルニ支那問題ハ愈々紛糾ヲ極ムルニ政府ノ腹定マラズ、３Ｄノ動員ニセヨ、首相ハ膺懲ナドト云フベカラズトイフモ、三日、四日、五日頃ノ鼻息

ハ、政府自ラガ膺懲ヲ考ヘ、又、満洲問題ニセヨ二十日頃ニハ関東軍ノ出動ヲ考ヘ、関東軍モ其意ヲ体シテ出動シタルコトナルベキモ、遂ニ目下首相ガ考ヘアル如キ結果トナリ、常ニ龍頭蛇尾ニ終リ、済南事件ノ如キ、南京事件ノ如キ帰決ヲ採ルニアラズヤ、頗以テ心許ナキ限リナリ。

海軍側ニテハ済南ノ軍事占領ハ条約違反ナリトシテ之ニ反対ノ意見ナリ。

七日　張作霖列車ノ爆破ハ、奉天支那人アタリハ日本人ノ処為ナリト信ジアルモノアル如ク宣伝ナルカ否カ不明ナルモ、兎ニ角日本ニ対スル反感相応高マリアルガ如ク、又、呉俊陞ノ死亡等ニテ北満ハ相当動キツヽアルガ如キヲ以テ、日本トシテハ此際、満洲ノ治安維持ノ見地ヨリ関東軍ノ処置ヲモ考究シ置クノ必要アリ。昨日、外務省ニテ時局会議ヲ開キ、席上ニテ研究シタル案ノ大体ハ次ノ如シ。

今後、満洲方面ニテ起リ得ベキ場合ヲ考察スルニ、

1)　南北陸軍　京津地方ニテ交戦シ、之ガ満洲ニ波及スル場合、

2)　南北両軍カ満洲内ニテ交戦スル場合

3)　満洲ニテ排日運〔動〕ガ猛烈トナリ、居留民ノ脅威セラルヽ場合、

1)ノ為ニハ十八日ノ声明ニテ足ルベク、要スレバ前方ニテ武装解除ヲナシ2)ノ為ニハ、局部ニテ鎮圧シ、要スレバ、前方ニテ武装解除ヲナシ、3)ノ為ニハ、小ナル場合ニハ支那官憲ニ取締ラシムルモ、日本人ニ危害ヲ及ボスガ如キ場合ニハ兵力ヲ使用スルコトニナルベシ。外務省側ノ意見ニテハ、ハルビン、吉林ニハ差当リ警察官ヲ増派スルノ必要ハアルベキモ、兵力使用ニハ相応、今後尚時日アリ、形勢ヲ見定メタル上、之ヲ行フヲ得ベキトイフニアリ。又、居留民保護ノ為ニハ到ル処、到底保護シ難キヲ以テ各処ニ集中スルコトヽシ、

即　北満方面ハ　　ハルビンニ

長春、興安方面ハ　　長春ニ

吉林以東ハ　　吉林ニ

鄭家屯、洮南方面ハ　　四平街ニ

掬鹿方面ハ　　鉄嶺ニ

間島方面ハ　　龍井村ニ

海龍方面ハ　　奉天ニ

鴨緑江方面ハ　　安東ニ
遼陽方面ハ　　遼陽ニ
営口方面ハ　　営口ニ

集メ、此等地点ノ保護ハ関東軍及要スレバ安東、間島ハ朝鮮軍ニ任務ヲ課スルコト、ナルベシ。ハルビン、吉林等ノ保護ハ関東軍司令官ノ任務外ナルヲ以テ、新ニ任務ヲ附与セザルベカラズ。依テ関東軍司令官ニ固有ノ任務ノ外、更ニ満洲ノ権益保護ノ新任務ヲ加ヘ、此新任務実行ノ為、新ニ第三師団ヨリ一部ノ兵力ヲ関東軍ニ加フルノ必要アリ。但、兵力ハ増加スルモ政府ノ定ムル時機マデ相当制肘ヲ加ヘ、其出動ヲ差控ヘシムル必要アリ。

以上ノ案ヲ閣議ニ提出スルコト、シ、本日ノ部局長会議ニテ議題トナシ、会議ハ大体之ヲ承認スルコト、シ、尚、3Dノ増加等ニ関シテハ陸軍大臣ヨリ必要ナル説明ヲ追加補足スルコトニシ、本日后一時ヨリ開カルベキ臨時閣議ニ之ヲ提出スルコト、セリ。

本日ノ会議ニハ総長モ出席アリ、総長ヨリ張ハ死亡セリトノ説サヘアリ、此際、速ニ張学良ヲ擁立シテ満洲ヲ安定セシムル為必要ノ措置ヲ採ルノ要アルベキ提議アリ。但、此案ハ外務側ノ反対モアルベク、何レ外務側トモ議シタル上、決定スベキコト、ス。

近来ノ時局対策ヲ見ルニ、所感ノ二、三　次ノ如シ。

1）支那時局ハ、先ヲ見越シテ之ニ相応スル手当ヲナスハ不利ニシテ、凡テ事カ起リタル後、之ニ処スル方ガ却テ有利ナルベシ。政府ノ方針一定セズ、其日暮ラシノ出来心ニ応ジ軍部ガ徒ニ犬馬ノ労ヲ執ルハ甚以テ馬鹿々々シク、軍部ガ責ヲ負ヒ悪口ヲイハル、ハ両者何レニテモ同一ナリ。元来ガ政略出兵ニシテ政策ニ随従セザルベカラズトセバ、軍部トシテハ事ノ発生シタル后ニ於テ、政府ノ要望ニ依リ出兵スル方針ヲ執ルガ最賢明ノ策ナリト信ズ。

2）統帥ノ見地ヨリスルモ、軍隊ヲシテ東奔西走、膏薬張リノミニ没頭セシムルハ中央部ガ軍ノ威望ヲ系グ所以ニアラズ、軍ノ移動ヲ最慎重ニシテ一度動クヤ徹底的ナルヲ要ス。前陸相宇垣大将ノ方針ハ此点ニ於テ大ニ同意スル処ナリ。

3）従来、西比利出兵ハ政略ニ左右セラレ、最苦キ経験ヲ嘗メタルモ、当時ノ首相ハ兎ニ角政党臭ナシ。然ルニ今日ハ政党本位ニ動カサレ、一外務政務次官森恪輩ノ意見ニテ軍部ガ動カサル、ハ最心外トスル処ナリ。

4) 張学良ノ擁立ハ作霖死亡シタル場合ニ於テハ最拙ナル案ナリ、楊宇霆ハ此際如何ナル態度ヲ採ルカ。彼ハ最曲者ナリ。今アハテ、学良ヲ擁立シ、徒ニ北方援助ノ悪名ヲ被ムルノミナラズ、却テ東三省ヲ実際的ニ喪フノ愚等ハナスベカラズ。尚暫ク形勢ヲ観望スルノ要アリ。ウッカリ今学良援助ノ色眼ナドヲ明瞭ニ使フベカラズ。

5) 昨年来、騒ギタル東方会議ノ効果今何レニアリヤ、畢竟、一切ノ空ニ帰スルノミナラズ、却テ悪化シタルヤノ感アリ、茲ニ於テカ、帰着スル処ハ幣原外交ノ不干渉主義ト撰ブコトナシトイフコトニナルナリ。

本日、閣議ノ結果、満洲方面ノ状況ハ今暫ク見ルコト、スルモ、船（約二万二千屯）ハ金ハカ、ルモ準備スルコト、シ、又、満洲ノ在郷軍人召集ハ必要ニ応ジテナスコト、ス。

更ニ内地ヨリ出兵スル等ノコトハ、事態頗大ニシテ、臨時議会召集ノ必要アルベシトノコトナリ。

八日　昨日ノ閣議ノ模様ヲ聞クニ、

外務大臣ヨリ昨日ノ案ヲ朗読ノ上、相談アリ。陸軍大臣ハ之ニ説明ヲ加ヘ、関東軍司令官ノ固有ノ任務ノ外、我権益保護ノ任務ヲ加フルノ必要アルモ、先般、政府ガ覚書ヲ出シタルトキト張ノ負傷シタル今日ニ於テハ状況一変シ、我国ニ対スル意向険悪トナレリ。故ニ関東軍ハ京津地方ノ動乱、満洲ニ波及スルヲ防止スルノミデハ不可トナリ、軍ガ錦州附近ニ出動シ、関内ヨリ帰来スル奉天軍ヲ武装解除セントセバ、我ニ対スル反感ヨリ、或ハ我ニ敵対ノ行為ヲ採ルモ、此際、后方奉天ニハ排日起リ、軍ハ腹背敵ヲ受クルノ苦境ニ陥ラン。故ニ、軍ハ今日ハ満鉄沿線ノ権益保護ヲ主トシ、前ノ覚書ニ対スル行動ヲ従トスベク、従テ出動ヲ求メズ、軍司令官ノ可能トスル範囲内ニテ実行セバ可ナリ。

之ニ対シ、閣僚ハ一同之ヲ諒トシ、首相ハ大ニ然リ、軍司令官ハ頭ヲ新タニシ、出動スルトシテモ遼河ノ線位ニテ可ナリト述ベタリトノコトナリ。

3Dニ関シテハ、之ヲ今移動スルコトハ人心ヲ刺激スベキヲ以テ、大イニ考慮スベク、唯、万一ノ場合ヲ顧慮シ船丈ハ準備スルコト、シタリトノコトナリ（此事ハ大臣ヨリ別ニ閣議ニ諮ラザリシガ如シ）。

外務省側ガ前述閣議ノ結果ニ関シ承知シアル処ハ、3Dノ為船ハ準備ス、関東軍ニハ新任務ヲ与ヘザルノミナラズ、軍司令官ノ頭ヨリ武装解除、新任務ニ関スル考慮ヲ取除ケサセル位ノ考ニシテ、軍固有ノ任務ニ服セシム、要スレバ、現在ニ於ケル準備配置ヲ解カシムル位ノ頭ナリ。

此等ノコトヲ綜合スルニ、首相ノ頭ハ、錦州ノ出動、ハルビン、吉林出兵ノ必要ナキモノトノ基礎ニ置カレアルモノニシテ、若シ其必要ヲ生ズレバ、其時処置シ、或ハ大々的ニ処置ヲナスノ決心ナルガ如シ。従テ、ハルビンハ重要視アルモ、閣議ニハワザト言及セズ、若シ処置ノ要アラバ臨時議会ヲ開クノ決心ナルガ如ク、此ノ如キコトハナキモノト高ヲ括リアルガ如シ。

要スルニ、関東軍ハ今後ノ任務ハ凡テ白紙ニシテ、状況ニヨリ凡テノ処置ヲ講ズル方針ニ変化シタルモノトイフベシ。

十一日　張作霖ノ容体ハ甚面白カラズ。関東軍司令官ヨリ九日附ニテ意見具申アリ。作霖ノ死ハ確実ナルモノ、如クナルヲ以テ、此際、日本ハ全般ノ関係上最自然ニテ且最大ノ武力ヲ有スル学良ヲ援助シ、乃父ノ後ヲ継ガシメ、親日派ノ有力者例之于沖漢等ヲ選ンデ其補佐タラシメ、楊宇霆ハ内心強烈ナル排日思想ヲ懐キアルヲ以テ、之ヲ抑制スル如ク時局ヲ指導スルコト必要ナリ。而シテ、東三省ノ統一統合ヲ計ル手段等モ頗重要ナルモ、差当リ日本ハ奉天省ノ安定ニ重点ヲ置キ、学良ヲシテ奉天ノ主脳《ママ》タラシメ、以テ東三省統治ノ核心ヲ形勢セシムルコト緊要ナリ。

尚、之ト共ニ有力ナル武力ト豊富ナル財源トヲ準備シ、今ヨリ寧ロ我経済的勢力ノ扶植ニ努ムルコトヲ必要トスル意見具申アリ。

本日ノ部局長会議ニテ之ニ関シ議シ、第二部ニテ作為シタル満洲新時局措置案ヲ承認シ、何レ大臣ト総長熟議ノ上、総長ヨリハ場合ニヨリ首相ニ直接面接、該案ヲ手交スルコト、ス。

此新時局措置案ナルモノハ、東三省ヲ安定セシムル為、学良ヲ以テ奉天政権ノ首脳トナリ、且、東三省ノ統轄者タラシメ、東三省政権ヲシテ速ニ必要ナル声明ヲナシ、且、民心安定ヲ東三省各実力者ニ勧告セシメ、如上、帝国ノ意図ヲ東三省首脳者ニ宣伝シ、政局転換ノ初動ヲ与へ、其方向ヲ誤ラシメザル為、政府ハ速ニ適当ノ人物ヲ満洲ニ派遣スルヲ必要トストイフニアリ。東三省ノ現状ニ鑑ミ、何トカ手ヲ着ケネバナラヌ状況ニアルモ、自然ノ推移ニ任スカ、或ハ上案ノ如ク徹底的ニ大々的決心ヲ以テ望《ママ》ムカ、二者其一ヲ撰バザルベカラザルモ、現政府ニテハ果シテ此勇気アリヤ。若シ大決心ナク徒ニ指ヲ染ムルトセバ、結局有害ニ陥リ、又ハ行詰リニ墜スルコトナキヤヲ憂フ。

十三日　蔣介石ハ国民軍総司令ヲ辞シ、下野セリ。其理由トスル処ハ、北伐完成シアリトイフモ、済南事件責任回避ノ外ナシト見ルベク、松井中将ノ済南出張モ大ナル効果ナク、一方、北伐ハ略々完成シ、済南事件軍事解決ハ先ツ其見込ナシトセザルベカラズ。故ニ蔣カ下野シタル其時ニ、直ニ其蔣カ済南事件ノ責ヲ引テ下野セルモノナリト宣伝シテ、以テ之ガケリヲ付ケルニアラザレバ到底近ク解決ノ見込ナク、或ハ遅レタリト雖松井中将帰京ノ機ヲ以テ之ガ宣伝ヲナスモ可ナリ。要スルニ軍事解決ヲ速ニスルナラバ、此際、蔣ノ下野ヲ利用スルノ外ナク、十日ノ佐々木〔到一中佐〕ノ意見具申ハ表面ニ現ハル、謝罪ハ絶対ニ実行セザルベキヲ以テ、依テ、消極案トシテ、責任者ノ処罰、排日制止等ガ兎モ角自発的形式ニテ実行サレ居ルニ鑑ミ、此際、日本ニテ、南京代表ハ済南事件ノ責任者トテ蔣ヲ譴責シ辞職セシメタリト宣伝スルカ、積極案トシテハ、南京政府ニ対シ武力的強圧ヲ加へ、英国ト協同シテ長江一帯ノ保障占領ヲナスノ覚悟ヲ以テ進ムコトノ外ナク、要スルニ日本カ無条件ニテ譲歩スルカ、又ハ更ニ軍事行動ニ出ヅルノ外、解決ノ見込ナキモノト観察シアリ。第二ノ積極案ノ如キハ、到底之ヲ決行スルノ政府ノ意志ナキコト明瞭ナルヲ以テ、第一案ヲ此際速ニ着手スルコト有利ナラズヤト思ハル。

過般、喜多又蔵氏来訪、氏ノ談ニ依レバ、長江方面ハ今回ハ頗静穏ニシテ、排日等モナキヲ以テ、長江方面ニアマリ事ヲ構フルコトハ、実業家方面ノ希望トシテ望マシカラズトノコトナリ。

十四日　満蒙ノ対策ニ就テハ未ダ確立スルニ至ラズ。張、楊ハ尚唐山東方ノ古治附近ニアリ、軍ヲ統制シアルガ如キモ、関東軍司令官ハ学良ヲ擁立スルトシテモ、今直ニ楊ヲ排斥スル能ハザルヲ以テ、今暫ク其侭トシ、干沖漢アタリヲ補助トシテ学良ニ附シ、之ヲ補佐セシメ、徐ニ楊ヲ除カントスル意見ナルガ、又、松井〔七夫〕顧問アタリノ意見ハ、

1）北方軍ハ灤州附近ノ線ニアリテ南方各派ノ情勢ヲ観望シ、彼等ノ内訌ヲ待チ、自然反馮聯盟ノ形ニ於テ蔣・閻ト合作ノ中央政権設立ニ努力スベシ、而シテ、妥協成立セバ、東三省ノ軍隊ハ東三省ニ復帰スルナラン。

2）南方派ノ結束堅ク前項ノ目的ヲ達シ難キトキハ、古北口ヨリ灤州附近ニ亘ル線ニテ長ク南方ト対峙スベシ。即、将来ノ北方勢力ヲ地理上ノ東三省ニアラズシテ其境界ヲ此線迄打チ出ベシ。南方軍攻撃シ来ラザレバ、自然停戦トナリ、東三省部隊ノ主力ハ関外ニ帰還スベク、南方ガ何処マデモ北方勢力ノ倒潰ヲ期セバ、此線ニ於テ最后ノ決戦ハ行ハル、ナラン。何レニセヨ、此一、二月ノ形勢ヲ見ザレハ何トモ決定出来ザルモ、北軍ノ関外ヘ撤退スルハ以上ノ場合ノ外ナシ。

3）南方トノ妥協不成立ニ終ラバ、作霖ハ依然北方勢力ノ中心トシテ存続スベク、妥協成立スレバ、将来東三省ハ学良之ニ代リ、楊之ヲ補佐スベシ。

中央政府ニ就テハ、列国ノ協調全然望ミナキ今日、日本ノミニテナスベキハ張、閻ニ対シ奉天派トノ和平妥協ヲ勧告、斡旋スルノ外ナカルベク、東三省政権ニ対シテハ東方会議ノ大精神未タ説明未了ノ侭ナルヲ以テ、特使ヲ派シテ之ヲ説明シ、日本ハ北方勢力ヲ保存シ、之ト真ノ提携ヲ希望スルモノニシテ、之ガ為ニハ大ニ覚悟アルコトヲ諒解セシムルヲ要ス。奉天派内部ノ結束、特ニ学良、楊カ作霖ニ対シ異心アルガ如キ謡言ハ一顧ノ値ナシ。

北方軍サヘ関外ニ撤退スレバ、和平ハ直ニ来ルベシトノ議論ハ直ニ首肯シ難ク、北方軍モ単ニ日本ノ声明ニノミ信頼シ、南方軍ニ対シ無防備ナル能ハズ。従テ防備ノ必要アリトスレバ、其線ハ熱河ヲ放棄セザル限リ灤州附近ノ線ヲ自然トス。故ニ奉天派ノ現状ハ、和平ノ為、兵ヲ関外ニ撤シタルト同一ノ精神ヲ以テ行動セルモノト認ムルヲ至当トシ、此旨、南方ニモ諒解セシムルヲ要ス。

松井ノ意見ハ頗北方ニ偏シ、作霖死後ノコトナドハ一向ニ考ヘアラズ。作霖生存セバ或ハ本意見ノ如クナル

ベキモ、作霖ナシトスレバ北軍ハ東三省ニ帰ラザルベカラズ、然レドモ我国カ此際特使ヲ派シテ東三省政権ニ或種ノ諒解ヲナサシムルコトハ、ドノ道必要ニシテ、此処置ハ速カナルノ必要アリト考フ。

十六日　松井〔石根〕第二部長帰京、本日報告ヲナス。其要旨ハ、軍事解決促進ノ為、過般来、済南ニ出張中ナリシ

蔣ハ事件解決ノ誠意ナキモノトハ認メラレズ。彼ハ日本ノ援助ナクバ将来ナキヲ以テ、此際、進ンデ無理ニモ之ヲ解決セシムルヲ有利ナリト考フルモ、要スルニ之ヲ中途ニ放棄スルトキハ解決困難ニシテ、相当時日ヲ要シ、或ハ永久ニ解決困難ナラント信ズ。従テ、速ニ之ヲ国際聯盟ニ提出シ、或ハ我国ハ之ニ関セズ駐兵スル至難ノ立場ニアリトイフベシ。

松井中将ガ蔣ノ招請ニ依リ上海ニ赴カントセルヲ、電命ニ依リ中止シタル未練ト、蔣ヲ識ル自惚ノ見地ヨリスル意見ナルガ如クニ感ゼラル、モ、困難ナルコトハ、之ヲ察スルニ難カラズ。軍事解決ニ対スル軍部ノ態度ハ十八日ノ部局長会議ニテ決定シ。

軍部ハ一切ノ交渉ヲ外交官憲ニ委スルコト、シ、此処置了解ガツケバ６Ｄヲ撤退シ、18ｉ〔歩兵聯隊〕ハ、奉天軍山海関以東ニ引上ゲヲ了セバ３Ｄニ復帰スルコト、ス。

６Ｄ長ヨリモ亦、蔣ノ責任回避ヲ機トシ、済南事件ハ之ヲ外交問題ニ移スベキコトヲ声明シ、該Ｄ長ノ要求セシ各項ハ之ヲ交渉ノ内ニ加ヘ、政府ハ自発的ニ適当ノ時機ニ於テ現在駐屯兵力ヲ整理シ、総兵力約六、七千トスベキ意見ヲ具申シ来レリ。

満鉄社長ガ次長ニ語リタル処ナリトテ伝聞スル処ニ依レバ、満洲政策トシテハ、

1）　学良ト楊ノ合作カ最可ナリ。楊カ勢力ヲ得レバ、其時ノ処置トス。

2）　青天白日旗カ満洲ニ翻ルコトハ好マズ。

（欄外附記）

山本社長カ陸軍大臣ニナシタル話ニテハ少シク異ナル。

青天白日旗ヲ揚グルコトハ方便トシテハ致方ナシトイフ意見ナリシ。但軍司令官ハナルベク揚ケ度ナキ意見ナリシトノコトナリ。巨頭会議ハ研究ノ上、右ノ如事項ヲ決定シタルモ、其以上ノコトハ政府ノ決定ニ待ツベキコトナリト決定

シタル由ナリ

3) 奉天軍退却セバ主力ヲ奉天ニ入レタクナシ。

4) 南方勢力ハ如何ニスルモ駆逐シタシ、但、張、楊ガ了解セバ、我ニテ之ヲ指導スベキヲ以テ差支ナシ。

5) 日本トシテハ此際露国ニ警告スル要アリ。

6) 満洲ハ、

支那ノ自治国トシ各国ニ解放ス。

純然タル独立国トス。

保護国トス。

此内第一案カ最可ナラントイフ意見ニテ、軍司令官、関東長官、奉天総領事共ニ同意ナリトイフモ、頗唯我独尊ノ議論ニシテ、此ノ如ク実行出来レバ議論ナキモ実行困難ナルベク、要スルニ、出先ハ此ノ如キ意見、方針ニテ進ミ、而モ政府ノ対策確定セザルニ於テハ、遂ニ何物モ獲ル処ナク、不利之ヨリ大ナルハナカルベシ。

二十一日　済南事件軍事解決ノ見込ハ今ヤ全然ナクナリシノミナラズ、外交々渉モ亦其解決頗困難ト見ラル、処、外務省側ハ此交渉ヲナルベク簡単ニ片付ケ、又、撤兵ハ交渉ト切離シテ行フコト異存ナキモ、大体交渉終ラバ撤退シタキ希望ニシテ、撤兵后居留民ノ不安ヲ除ク方法ニ就テハ別ニ研究スルヲ可トスベシトノ意見ナリトノコトナリ。第二部長アタリノ意見ハ、此済南事件ノ解決ヲ満蒙問題ニ引カケ、南京、漢口問題マデニモ関聯セシメ、済南事件ノ交換条件トシテ満蒙問題ヲ解決スルヲ可トスルヤノ意見ナルモ、コレハ外国関係ガ相当面倒ナルベク、又、満蒙問題ニ於テ十分ナル効果ヲ収メントセバ、却テ山東問題ヲ簡単ニ片付ケテ仕舞フ方ガ有利ナラズヤトモ見ラレザルニアラザルナリ。松井中将カ首相ニ報告シタル処ニ依ルト、首相モ亦、交渉事件ハ解決ヲ急カザルヲ可トスル意見ナルガ如キモ、コレハ当ニハナラズ。又、満蒙問題ニ関シテハ、アマリ兵力ヲ要セザルニアラズヤト云フ意見ナルガ如ク、宇垣大将アタリモ、満洲ニ対シアマリ殺気立ツコト。即チ、兵力ヲ用ヒ過グルコトハ考ヘモノナリ、軍部トシテハ政党政派ヲ超越シテ考ヘザルベカラズ。即、政友会アタリノ御先棒ニナルベカラズトノ意見ナリトノコトニシテ、大将トシテハ当然ノコトナリトイフベキモ、関東軍ヨリハ十九日付ニテ張学良ノ督弁就任ニ伴ヒ、東三省ノ政局漸ク多事ナラントシ、将来ノ変移図リ難ク、為ニ我満蒙問題ノ根本的解決ヲ期スベキ機運ニ逢着シアルヲ以テ、帝国ハ今後数ヶ月間、依然現有兵力ヲ維持シ、厳トシテ我権益ノ擁護並政策遂行ノ後楯タラシムルコト絶対ニ必要ナルコトヲ意見具申シ来レリ。

二十二日　前記ノ如キ関東軍ノ意見アル一方、目下上京中ノ山梨朝鮮総督ノ意見モアリ、本年予算ニ於テ、朝鮮ニ六大隊ノ国境守備隊、満洲ニ二大隊ノ独立守備隊増加ヲ参謀本部ヨリ主張シ、本年ノ予算ニ之ヲ計上スルコト、ナリアルニ、イツマデモ40iBヲ満洲ニ派遣シアルコトハ、朝鮮兵力増加ノ不必要ヲ裏書スルコト、ナルヲ以テ、一考ヲ要スル処ナルガ目下、灤河以東ニアル奉天三四方面軍カ関外ニ撤退スル迄ハ、少クモ満洲警備ノ手ヲ緩ムル能ハザルヲ以テ、40iBハ満洲安定マデ其侭置クコト、シ、本日ノ部局長会議ニテハ6Dヲ撤退シ、第二段トシテ3Dヲ整理シ、6Dノ撤退ヲ機トシテ、京津地方ニアル18iヲ青島方面ニ復帰セシムルコトヲ至急取運ブコトニシ、之ヲ来週火曜ノ閣議ニ提出スルコトニ議決シタリ。

本日午後、猶太ノ熱心ナル研究者ニシテ、昨年末ヨリ本年初メニカケゼルサレムニ滞在シテ猶太研究ニ従事シタル安江〔仙弘〕少佐、本日午后陸軍省ニ於テ報告講話アリ。其内、重ナルモノ一、二ハ、

1)　マルクスハ猶太ニシテ、其共産主義ハ即世界ニ於ケル猶太ノ位置ヲ向上センガ為ニ唱ヘタルモノナリ、即、共産ハ猶太人ノ為ニハ可ナルベキモ、国体ヲ異ニセル民族ニハ適用スベカラザルモノナリ、之ヲ我国アタリニテ其理由ヲモ研究スルコトナク、教授アタリガ宣伝スレバ、迚モ亦甚ダシク人ヲ誤ルコト大ナリ。

2)　シオニズムハ絶対ニ之ヲ我国内ニ入ルコトヲ防遏セザルベカラズ。彼ノ経済力ナドヲ利用セバ破滅ノ基ナリ。

3)　宣伝、諜報等ニハシオニストヲ利用スベシ、彼等ハ連絡実ニ密ナルヲ以テ直ニ全世界ニ伝播ス。

4)　将来戦ニ於テ戦争用物資ヲ得ル為ニハ大ニシオニストヲ利用スベシ、大戦中、彼等ハ聯合、同盟側共ニ物資ヲ供給シタリ。

過般ノ張作霖爆撃事件ハ、東京朝日新聞ノ調査シタル処ニ依レバ、大濤会、黒龍会ノナシタルコトニテ、軍

部ハ全ク関係ナシトノコトナリ。然レドモ、外務省一部ニテハ営口領事アタリノ報告〔綾部清ノ言ナリトテ〕ニ依リ、此爆破事件ハ軍部、殊ニ関東軍ノ河本アタリガ諒解アルコトヲ信ジアルモノアルヤニ聞ク。尚、満洲ニハ有象無象入乱レ、国論ヲ喚起シ、何カ一仕事ナスナラバ生命モ不要ナリトイフ手合頗多シトノコトナリ。此ノ如キ浪人連ノ策動ハ統一ナル手ノ下ニ行ハルナラバマダシモ、勝手ナコトヲナスハ我国策遂行ニ大ナル障碍ヲナスモノナリ。

二十五日　済南事件ノ解決ハ前途幾多ノ難関アリ。我足許ヲ見スカセル支那側ヲ相手トシ、解決頗困難ナル如ク察セラル、ガ、王正廷ノ如キハ深ク歯牙ニモカケザル模様ナリトノコトニシテ、南京政府外交部ハ済南事件解決ニ就キ何等ノ成案モナキガ如ク、有力ナル議論トシテハ、済南事件ヲ単独ニ解決セントセバ内部ヨリ反対起ルコトハ当然ナルニヨリ、此際、不平等条約撤廃ニ関スル交渉ヲ開始シ、是ト同時ニ該事件ヲ解決スルコト、日本ガ之ニ応ズル見込アラバ、先ツ人ヲ派シ、予メ協議セシムベシトノ意見ニシテ、李烈鈞アタリモ済南事件ハ末節ナリト言ヒ居ル由ナリ。

二十七日　関東軍参謀河本〔大作〕大佐報告ノ為上京、報告ノ要旨左ノ如シ。

1．張作霖列車爆撃事件以来、奉天当局ハ極度ニ日本ヲ畏怖シ、日本ノ態度ヲ注意シアリ。而モ学良、父ノ后ヲ継ギ、今ノ処日本ニ倚頼セントスル心ハ誠意ノ如ク見ユルモ、既ニ各種ノ策士ノ附スルアリ、何時ナン時其心カ変ルヤモ知ルベカラズ。故ニ日本トシテハ此際、此機会ヲ利用シテ諸懸案ヲ一気呵成ニ解決スルヲ可トス。即、中央政府トシテハ張学良ヲ援ケルトイフ腹ヲ据エテ貰ヘバ、其他ノコトハ出先ニテ解決スベク、長官、満鉄社長ハ、当面ノ問題ハ司令官、総領事ニ委セ、我等ハ其責任ヲ負フベシトノ意向ナルガ、軍トシテハ、司令官ハ正面ニハ立タズ、万事交渉ハ総領事ニ一任スルガ可ナル考ニシテ、要スルニ、此際中央政府トシテハ、青天白日旗掲揚問題トカ撤兵問題等ニ関シ軽々ニ彼是云ハズ、黙ッテ居テ貰ヘバ満蒙問題ハ出先ニテ解決スル成算アリ。但、其問題トハ新利権等ニアラズ、大正四年ノ日支交渉ノ地方的問題ヲ解決スルモノニシテ、此等問題解決ハ今ガ絶好ノ機会ナリ。従テ、奉天軍ハ暫ク尚集中ノ態勢ヲ採リ、朝鮮ノ40iBノ如キ尚現態勢ニアルヲ可トス。

2. 三四方面軍ハ最大五万ニシテ、実力二、三万位ナルベク、従テ固有ノ任務ノ為ニハ軍ノ現在ノ兵力ニテ十分ナリ。関内ヨリ撤退スル三四方面軍主力ハ遼河以西、京奉沿線ニ配置スル奉天側ノ案ナリト（現在、奉天ニハ既ニ二万余アリ）。

3. 北満露国ハ多少得意ノ色アルモ、国内問題、特ニ本年不作ニ伴フ経済不振ニ帰因シ、大規模ノ陰謀ハ困難ナリト観測セラル。

4. 楊ハ土肥原ニ対シ、青天白日旗掲揚ハ最初黙シタルモ、后、掲揚セズト答ヘタリトノコトナリ。

山梨総督ノ上京ニ伴ヒ、朝鮮増兵問題燃エ上リ、参謀本部ヨリモ陸軍省ニ要求、朝鮮国境六大隊、独立守備二大隊増設方、陸軍省ノ予算ニ計上シタリトノコトナルガ（但第一部長ハ此議ニ与カラズ、第一部長トシテハ反対ノ意見ナリ）。総督ニ大ナル熱モナク、強テ軍部カ之ヲ主張スレバ、再ビ往年ノ二師増設問題ノ如キ結果トナリ、軍部ノ為不得策ナルヲ以テ、軍部トシテハ国防上ノ見地ヨリ、職ヲ賭シテ迄モ主張スル程ノ問題ニモアラズ。総督ヨリ主張アルトキ、軍部ハ之ヲ支持スル程度ノモノトスル様、二十五日大臣、総長ニテ申合セアリタル由ナリ。然レドモ、昨年既ニ其一端ヲ現ハシタル防空施設ハ、地上、空中共ニ併行主義ヲ採リ、空中勢力ハ仮令一機タリトモ其一端ヲ現ハスコトハ飽迄主張スル様、同ジク申合セアリタル由ナリ。朝鮮兵力問題ハ多年ノ懸案タリ、今、是非共之ヲ実行セザルベカラザル情勢ノ変化ニモアラズ、又、経費ノ関係ヨリ実現到底困難ナラント思ハル。

二十九日 首相カ河本参謀ニ述ベタル処ナリトテ、伝聞スル処次ノ如シ。

1) 今、満洲ニテハ日本ノ武力十分徹底シアルヲ以テ、此以上武威ヲ示スハ差控フルガ可ナラン

2) 但、将来、満蒙鉄道問題ヲ解決スルノ意図アルヲ以テ、長春、四平街アタリハ相当威力ヲ示シ置クノ要アリ。

3) 目下、東三省ノ形勢ヨリスレバ、此際、軍ノ威力ヲ吉林、黒竜江省ニ示スノ要アルヲ以テ、有力ナル顧問ヲ入ル、為、今ヨリ此方針ニテ進ムガ可ナリ。

尚、首相ハ陸相ニ、青天白日旗ヲ掲ゲサスルハ不可ナリナド、此際軍部トシテハ余リ云ハザルヲ可トスベシト述ベタリトイフ。

首相ニハ常ニ、外交ノ后援ニ有力ナル武力ヲ必要トスルノ信念ハ消滅セザルガ如ク、常ニ武力ヲ之ニ関聯セシメントスルガ従来ノヤリ口ナリト観察セラル。

奉天軍ガ依然其精鋭タル三四方面軍ヲ灤河ノ線ニ駐テアルハ、学良ナドハ直魯軍アタリガ一所ニ関内ニ退クガ嫌ナリト理由ヲ聞テ、又、松井少将アタリハ、自然関内外ノ境界ハ兵力ヲ使用スルコト能ハザルヲ以テ、熱河ヲ奉天側ニ収ムル為、関内外ノ境界ハ灤河ナラザルベカラズト主張シアルガ如キモ、内心ハ必ズシモ然ラザルガ如ク、重藤〔千秋〕中佐ノ電ニ依レバ、上海方面ノ伝フル処、奉天ト南京トノ目下交渉進捗シ、奉天カ国民党旗ヲ掲グル意志十分ナリ。然ルニ奉天側委員ハ日本ノ意嚮ヲ忖度シ、未ダ確然タル態度ニ出デ得ズトナシアリ。此際、奉天軍ヲ速ニ関外ニ撤退セシムルヲ必要トスルノ意見ハ、各方面一致シアリ（関内ト没交渉ナラシムル為）。而シテ、奉軍ヲ関内ニ撤退セシムルニハ若干ノ金ヲ必要トスルヲ以テ、満鉄ヨリ若干ノ金ヲ奉天側ニ渡ス様、来火曜日ノ閣議ニテ議セラルベシトノコトナリ。

七月

四日　済南方面ニ於テハ近時便衣隊ノ活動漸ク盛ニシテ、我兵卒ノ死傷スルモノアリ（一説ニハ、暴発等ニ依ル死傷ヲモ便衣隊ノ行為トナシ、将校ハ酒色ニ溺レ、下士以下ハ花柳病頗多シトノコトナルガ、何レガ真ナルヤ疑ハシキモ、此等ノ事件モ相等《ママ》アルコトナラント信ズ）、泰安ニアル山東政府ハ今ヤ全ク馮系ノモノト代ハリ、陰謀ヲ逞フスル為、第六師団ハ急ニ強ガリ、泰安ヲ攻撃シテ其根拠ヲ覆ヘサンナドノ意見具申アリ。又、第三師団区域ニ於テモ、博山、淄川、濰縣ニハ南方側知事来リ、淄川ニ於テハ炭坑夫ヲ煽動シテ罷工セシメタルコトアリ。第三師団ハ近ク此等知事ヲ駆逐スル決心ヲ執リタル様ナルガ、今後此種、南方側ノ策動ハ益烈シクナルベク、師団トシテ南方ニ対スル態度ハ大ニ困却シアルモノト察セラレタルヲ以テ、中央ヨリ、主義トシテハ南方側ヲ入レザルモ一律ニ之ヲ拒否スルコト困難ナルヲ以テ、条件ヲ附シテ之ヲ許可スベキ旨訓令シタル処、6Dヨリハ目下ノ状況、軍ニ於テ治安維持ヲ担当セザル以上、此ノ如キコトハ到底実施困難ナリ。又、3Dヨリモ、居留民保護ノ保障ヲ得ザル今日ニ於テハ、所望ノ効果ヲ期待スルヲ得ズ。山東目下ノ形勢上当分師団現在ノ態度ヲ保持スルハ已ムヲ得ザル所ナリ。殊ニ済南事件解決ニ先チ南方系ヲ鉄道沿線ニ入ラシムルハ、南方政府ノ侮蔑ヲ増シ、山東地方民ヲシテ不安ノ念ヲ増加セシメ、就中、青島欧米人ノ信ヲ失スルヲ以テ、豫メ承認ヲ乞フノ主旨ニシテ、此訓令ニハ出先両師団トモ不服ニ見受ケラル。中央ヨリ別ニ指示スル処ナクンバ、何分ノ指示ヲ乞ヒ来リ、当方四囲ノ空気ヨリ出先ノ如キ強硬ナルコトヲ示シ能ハザルトキハ、之ニ不服ノ色アリ。出先ニテハ其信ズル処ニ依リ決行シテ一律ニ南方側ヲ拒否シ、若シ、中央ヨリ何等カノ指示アラバ、逐次之ヲ緩ムルノ方法ニテ可ナルガ如ク考ヘラル。3Dヲ、一部状況ニ応ジ満洲ニ移動スル為、青島ニ控置準備シタル船舶二万屯ハ、今ヤ一ヶ月ニ垂ントシテ依然無駄飯ヲ食ヒツ、アリ。如何ニ国帑ナリトテアマリノ浪費ナラズヤ。三四方面軍ノ状況未ダ不明ナリトシテ第一部長ハ頻リニ尚現状維持ヲ主張スルモ、ソコガ所謂情勢判断ナリ。第一部長ノ頑迷ガ遂ニ到ル処停頓ノ結果トナル。慎マザルベカラズ。

十二日　天津軍司令官ノ意見ニヨレバ、南軍ノ熱河、山海関ヘノ進出及奉軍撤退ノ見究メヲツケ、且、両軍ノ状況ヲ今暫ク観察スルニ非ザレバ、北支那一般ノ安定ヲ予断シ難ク、此処二週間以内ニハ何ントカ見キハメツクベク、此時機ナレバ、第三師団ノ部隊ヲ撤退シ、其後ハ当分固有ノ兵力ニ交代、延期ノ部隊及飛行部隊ヲ加ヘ駐屯セシメ、尓後、軍ノ平時兵力ヲ歩兵八中隊ヲ基幹トスルモノトシ、小事件毎ニ出兵ヲ行フ繁ヲ避クルヲ有利ト認ムトノコトナリ。

近頃新聞紙上ニテ伝フル如ク、田中首相ニハ往年ノ原内閣ノ外交調査会ノ如キ国政調査会ヲ設ケ、朝野ノ重ナル者、反対党ノ首領等ヲ加ヘテ一大機関ヲ設立セントノ意向アル由ニシテ、其成立ハ疑ハシク、特ニ濱口民政党総裁ノ如キモ到底入ラザルガ、閣僚ニモ三上〔忠造〕蔵相ノ如ク成立困難ト見ル向モアル由ナルガ、此会ニ一ノ原案トシテ提出スベキ議案ヲ作成スル為、陸相ヨリ対支方針ノ研究ノ依頼アリトテ、第二部ニテ作製シタル対支方針ヲ議シタルガ、東方会議ニテ既ニ議セラレタル処ヲ更ニ改ムルノ必要アリヤ否ヤモ問題ナリ。而シテ、第二部作製案モ目下ノ情勢、特ニ現内閣ニテハ到底実行困難ナリ（張学良ニ対スル財政的援助）。常ニ口頭禅ヲ唱フルニ過ギズ、一ノ作文ニ終ルベキモノト見ラレ、気乗リセザル有様ナリ。

十四日　済南ヨリ陳情委員トシテ牧野博士、清水、進藤ノ三氏上京。其談ニ依レバ、上海ニテハ該地ノ経済的地位ニ顧ミ、山東ヲ犠牲トスルモ此際速ニ撤兵スベシトノ意見高ク、総領事ナドモ全ク右ノ意見ナリ。又、海軍（上海）駐在武官菅波中佐ノ如キハ、陸軍出兵ヲナシタル為、此ノ如キ結果トナリタリ。陸軍ハ此ノ如キ処ニ出スモノニアラズトノ意見ヲ高調シアリトノコトナリ。昨日、3D参謀長ヨリ、矢田総領事（七太郎、駐上海）及上海海軍武官ガ出兵ニ反対的意見ヲ述アルヲ以テ取締ラレ度キ旨申来レリ。一体此度ノ出兵ニハ何トナク海軍ヲ袖ニシタル観アルヲ以テ、海軍モ頗不平ナル如ク、軍令部総長アタリノ意見ハ相当海軍部内ニ徹底シアリ、何トナク、近時、陸海軍ノ間、面白カラザル空気漂フヲ覚ユ。建川少将ノ言ニ依ルモ、馮伯援、高震起等ガ松室（孝良）中佐ニ語ル処ニ依レバ、南京政府要人等ハ、済南事件発生ノ原因ニ関シテ何等支那側ニ責任ナキモノト堅ク信ジアリ、尚、日本ハ蔣介石ノ謝罪ヲ絶対的要件トナシアルモノト信ジアリテ、若シ之ヲ要求スルモ、蔣本人ハ勿論、南方政府トシテモ絶対ニ謝罪ノ意志ナク、此決心ハ相当強固ナルモノナリトノコトナリ。従テ、建川ノ意見ニテハ、此際、日本トシテ強テ蔣ノ謝罪ヲ要求セザルモ可ナリトノ意見ヲ有セラル、ナラバ、東京又ハ北京等、適当ノ場所ニ於テ、相当責任アル者ヲシテ非公式ニテモ其責ヲ蔣ニ負ハシムル様、取計フコトハ、今後ノ交渉進捗ニ相当大ナル効果アルベシトノコトナリ。要スルニ、済南事件ハ国論一致セズ、（民政党ハ陸軍出兵ノ為、彼ノ事件ヲ惹起シタリトハ党論トシテ一致シアリトノコトナリ）遷延、日ヲ送ルニ従ヒ、解決益々困難ナルベシ。

十六日　第二部松室中佐ハ、馮ト連絡ノ為、過般支那出張ヲ命ゼラレタルガ、松室ガ馮ト会談シタル処ニ依レバ、馮ハ山東問題ヲ一日モ速ニ解決センコトヲ熱望シアリ、之ガ解決ニ付、教ヲ乞ヒタルヲ以テ、松室ハ日本政府ト南京政府トノ交渉解決ノ促進、山東ノ治安ヲ紊スガ如キ行為ヲ厳禁シ、日本軍ガ居留民ノ安心セルヲ見テ撤退シ得ルガ如キ状態ニ導クコトヲ以テシ、馮ハ南京政府ヲ督促シテ速ニ解決ヲ計ル様、十分努力スベシトイヒ、又、交渉ハ南京政府ニ委スルモ地方的ニ意志ノ疎通ヲ計ルハ全然同意ナリトシ、松室ニ対シ、特ニ日支間ノ斡旋方ヲ依頼シタシト。又、馮ハ日本トノ連絡ヲ必要ト認メ、近ク日本行ヲ希望シアリト、狸爺ノ彼ノコト、テ我ヲ利用スル考ナルヲ以テ、我モ亦相応ニ注意シテ彼ヲ利用スルコト必要ナル、由来、愚直ナル彼ノコトニテ、実行ハ頗以テ困難ナラン。

青島総領事藤田、本省ヨリノ召電ニヨリ上京、本日午后、総長ヲ訪問、簡単ナル報告ヲナス。其要旨、

1）済南事件ノ交渉ハ解決ハ困難ニシテ、或ハ不成立ナラズヤト思ハル、モ、之ガ解決ノ促進ニハ十分努力スル積リナリ。

2）我軍ノ山東駐兵ノ為、最苦痛ヲ感ジアルハ馮玉祥ナルヲ以テ、表面ハ交渉ニ努ムル一方、裏面ハ彼ト握手スルコト必要ナリ。

3）交渉促進ニ努ムル一方、其間、我駐兵区域内ニハ南方側ノモノヲ入レザルコト、シ、現状維持ガ適当ナリ。

4）軍紀ノ見地ヨリスルモ、又、事件ノ見地ヨリスルモ、此際サット撤兵シ、必要ノ最小限ヲ止メ、治安維持ノタメニハ大兵ヲ要セザルモ、済南事件解決セザルヲ以テ、解決迄、必要最小限ノ兵ヲ駐ムル旨ヲ声明シテ撤兵スルガ可ナリ。其兵力ノ多寡ハ問フ処ニアラズ、一ハ我決心ヲ示スカギナリ。

5）トッテ与ヘ、与ヘテ取ルノ方針ニ基キ腰ヲ落付クルトキハ山東支那人モ安心スベシ。

6）津浦線ハ開通サスルモ差支ナカラン。開通セザルトモ便衣隊等入ラントスレバ容易ニ入ルヲ得ベシ。

十八日　政府ノ張学良ニ対スル方針ハ煮エ切ラズ。其間南方ノ手ノ着々学〔学良〕ニ動クト共ニ、学モ亦、漸ク日本ノ真意ヲ謀リカネ、其欲スル処ニ向ヒ動キ出サントスルノ色アルハ甚以テ困ッタコトナルモ、外務省ヨリハ六月二十五、二十七両日、林〔久治郎〕奉天総領事ニ、東三省ノ治安擾乱ハ東三省ノ為、不得策ナルヲ以テ、督弁ハ之ガ維持ガ目下ノ急務ナリ、若シ東三省ノ治安維持ヲ擾乱スルモノアラバ、日本トシテハ相当

ノ措置ヲ採ル積リナリナドノ頗微温的ナル煮エ切ラザル訓令ヲ下シタル様ナルガ、十六日、学ハ林総領事ニ、蔣介石ヨリ代表奉天ニ来リ、

1) 東三省政治分会ヲ設ケ、学ヲ分会長トシ、軍事、建設、財政、民政、農工商鉱ハ東三省人之ニ当リ、南方ヨリ二名ヲ入レテ無任所トナスコト、

2) 青天白日旗ヲ掲ゲ、学良ヨリ通電ヲ発シテ三民主義ヲ遵守スルコト、

3) 関内東軍ヲ撤退スルコト、

ノ三条件ヲ出シ、学ヨリハ、

1) 東三省政治ニハ国民政府ニテ干渉セザルコト、

2) 国民党ト共産党トノ区別ハナシ難キヲ以テ、宣伝ヲ禁止スルコト、

3) 熱河ヲ保有スルコト、

ヲ答ヘ、講究ヲ望ミ置キタルモ、学ハ三民主義ヲ奉ゼザルニ於テハ、諸方民人側ノ圧迫ニヨリ遂ニ下野ノ止ムナキ状況ナリト総領事ニ述ベタルヲ以テ、総領事ハ、急劇ナル政状ノ変化ハ不得策ナル故、不取敢応ジ置キ、請訓ヲ乞ヒ、関東軍ヨリモ大体此対話ノ要旨ヲ述ベテ、五月十八日ノ声明モアリ、軍ノ威信モアリ、今ニシテ何トカ大方針ヲ決定セザレバ軍ハ平時ノ配置ニ帰ルノ外ナシ、何トカ御指示アリタキ旨、伺ヒ来リ、大臣ハ、本日ノ閣議ニ関東軍ヨリ此ノ如キ伺アル旨ヲ申出デタルニ、首相ハ何レ出先領事ヲモ召集シアレバ、之ガ意見ヲ聞キタル上ニテ首相ノ意見ヲ述ブベシト答ヘタリトノコトナリ。

部局長会議ニテハ之ガ対策ヲ議シ、軍部トシテハ、

i) 旗、主義（看板）ハナルベク塗換エザルコト、

ii) 東三省ノ安泰ヲ希望スル為、南方政府ノ実勢力ヲ絶対ニ入レザルコト、

ノ方針ヲ可トスルコトヲ議決シ、具体的返事ハ政策ナルヲ以テ、政府ヨリスルコト、セリ。

明十八日、済南事件ノ条件ヲ矢田上海総領事ヨリ南京政府ニ手交スル由ナルガ、南京政府ノ意向ハ、出先各方面ノ意見ハ皆誠意ナク日支両罰ト見ナシ、日本ヲ怨ム等ハ一致シ解決頗困難ナルベク、建川少将ヨリ、北京方面ノ空気ヲ総合スレバ、十分ニ解決セントセバ南京政府ニ対スル軍事行動ノ外ナク、之ヲナス決心ナケレバ、条件ハ著シク低下スルノ致方ナシトノ意見ヲ申シ来レリ。唯独リ強硬ナルハ６Ｄ長ノミナルガ、コレ

ハ居留民ノ手前、部下ノ手前、止ムヲ得ザルコトナルベシ。

十九日　北京公使館天羽書記官来訪、談話ノ要旨。

1）芳沢公使ハ国民政府トノ蟠リヲ速ニ除去センガ為ニハ、済南事件ヲ速ニ解決スルヲ可トスル意見ナリ。

2）首相ノ東三省ニ対スル意見ハ頗強硬ナリ、ドコマデモ之ヲ援助スル意中ナリ。

3）南京政府ニ提出シタル四条項ハ貫徹困難ニシテ、賠償モ亦困難ナリ、要求低下ノ外致方ナシトハ北京ノ一致セル意見ナルガ如シ。建川少将ノ電報ト思合ハサル。

波蘭公使館附武官タリシ樋口〔季一郎〕少佐報告ノ要旨。

1）ウクライナノ独立ハ無稽ノ言ニアラズ、英国之ヲ指導シアル形迹アリ。

英国ハ倫敦ヲ大本営トシ、対露ブロックヲ作ラントスル如ク凡テノ方針ヲ以テ進ミツヽアリ。

2）蘇聯邦ハ将来北米合衆国ノ如キ国家ノ形体トナル、即、経済ノ復活ト共ニ逐次此方面ニ進ムベシ。

3）対露作戦ニ一様ノ編制ヲ以テスルハ不利ナリ。優良装備ノ必要アリ。

〔新聞切り抜き〕
済南事件解決に関する
四条件の申し入れ

二十三日　東三省ニ対スル政府ノ対策ハ従来ノ微温主義ヨリ更ニ一歩ヲ進メ、過般、部局会議ニテ決定セル要求ニ基キ軍司令官及総領事ヨリ勧告スルコト、ナリシガ、其反映ハ相当効果アリタルガ如ク、張作相ハ日本側ノ意向ヲ聞クシ、総領事ノ意見ハ固ヨリ南北妥協ヲ不可トセルモ、其間多少ノ融通ノ余地アルヲ感ジタルガ、昨二十日、軍司令官ト学良トノ会見ノ結果ニ見レバ、簡威直明毫モ之ヲ許サヾル意向ナルヲ察知シ、対南妥協ヲ中絶セシムル必要ヲ認メアリト述ベタリトノコトナリ。

二十日、関東軍司令官〔村岡長太郎中将〕ハ学良ノ切望

ヲ察シ、私服ニテ城内満鉄公所ニ赴キ、約二時間ニ亘リ学良ト秘密会見シ、学良ハ南方トノ妥協相当深入リシアリテ今ニ至リ自分ガ之ヲ破棄スルコトハ南方ニ信ヲ失フノミナラズ、内部多数ノ意志ニ背キ、頗ル困難ナル立場ニアルヲ以テ、此間ノ苦衷ヲ憫察セラレンコトヲ希フ。素ヨリ対南妥協成立ストモ対日関係ニハ毫モ悪影響ヲ来サズ、既定条約ヲ尊重シ、且、日本トノ交渉ハ好意ヲ以テ処理スベシ。

村岡　南方ハ未ダ全支那ヲ統一セルニアラズ、前途ノ変異測リ難ク、且、南方ノ三民主義ハ共産主義ト近似シアリ、国民党ハ対外的不平等条約ヲ破壊スルヲ以テ標語トセルモノナルガ故ニ、日本ハ之ヲ択バザルハ勿論ナリ。今、南北妥協ヲ行ハゞ妥協直後ニテ一時小康ヲ得ンモ、尓後、南方ノ容喙使嗾ヲ受ケ、内部ヲ撹乱セラレ、遂ニ其地位ヲ失フベキヲ憂フ、従ッテ当分保境安民主義ヲ持シ、南方ノ統一完成ヲ待チテ交渉スルモ遅シトセズ。

学良　自分ノ力ハ乃父ノ如ク直情径行的ニ対南協定ヲ破棄シ、且、内部ヲ抑圧スルヲ得ズ、此件ニ関シテ力添ヘヲ乞フ。

村岡　三省内部ニ対スル抑制運動ハ援助スベキモ、南方ニ対スル警告等ハ畢竟徒労ニ終ル。蓋シ、蔣ノ立場ハ三省ヲ青白旗下ニ抱擁スルヲ要スレバナリ。

学良　予ハ支那全部ノ統一ヲ妨害スルモノナリトノ悪名ヲ着セラル、ヲ虞ル。

村岡　貴下ハ支那ガ既ニ統一セラレアルモノト見ラル、ヤ。貴下ハ蔣・閻ト提携シ、討馮ヲ策シアルニアラズヤ。支那ノ統一ハ前途遼遠ニシテ、三省ノ保境安民ガ毫モ統一ノ破壊ヲ意味セザルベシ。

学良　目下、内部ニ対シ、予ノ信任ノ厚薄ヲ問フベキ別個ノ問題（官銀号不正事件）アリ、此問題解決ノ結果ヲ俟チ、自分ニ対シ味方多キヲ確ムレバ、妥協問題モ或ハ強圧的ニ解決スルニ若カザルモ、万一、予ニ反対ヲ表スルモノ多ケレバ妥協問題ヲ延バシ、葬式終ルヲ待チ、一旦下野ヲ□□シ、更ニ衆望ヲ負ヒテ后退スルモ、□ニクウデタアヲ行ヒ、之ヲ一蹴スベシ。

尚、学良ハ、本会見ノ際、折ニ触レ、自己ノ勢力ヲ殺ガントスル黒幕ノアルコトヲ諷ジ、且自己身辺ノ危険ナルコトヲ述べ、日本軍ノ駐奉ヲ希望シアリ。

以上ノ如キ経過モテ会見後、学良ハ多少意ヲ決スル処アリシガ如ク、南方ノ妥協ハ少クモ葬式迄ハ之ヲ引延バス意向ナルモノ、如シトノコトナリ。

二十一日、学良ハ蔣ニ対シ「青天白日旗ヲ掲ゲ三民主義ヲ奉ズル件ニ就テハ、日本ノ要求モアリ、直ニ決定シ難キ事情生ジタルヲ以テ諒解ヲ得タシ」ト通電ヲ発セリトノコトナリ。

此対東三省処置ハ大ニ後手ニシテ、初メヨリ此意志ヲ通ジオケバ、此ノ如ク問題ヲ紛糾セザルモ可ナリシナラン。後手トナリテ大ニ強ガリ、之ヲ天下ニ暴露シ、今後ノ処置ヲ大ニ六ヶ敷カラシメタルモノト言フベシ。現ニ米国ノ如キ、既ニ不満ノ意ヲ洩ラシアルガ如ク、今後、問題ハ益々紛糾スベシ。

二十四日　二十二日、首相ハ第二部長〔松井石根中将〕、松井〔七夫〕少将、奉天蜂谷〔輝雄〕領事、有田局長〔八郎、アジア局長〕ヲ腰越ニ招キ、種々、対東三省問題ニ関シ議スル処アリタルガ、首相ノ意見ハ、

1)　来月ノ張作霖ノ葬儀ニ林権助氏ヲ個人名義トシテ参列セシメ〔佐藤安之助同行〕、其前后ニ於テ学良ニ面会、意志ノ疎通ヲナサシムル積リナルガ、其際、日本ノ要求事項等ハ今尚未決ナルモ、何レ林〔権助〕大使出発前ニ同大使ニ伝フベシ、但、将来ハ凡テ林〔久治郎〕総領事相手ニ交渉スベキコトハ林大使ヨリ学ニ伝達セシムル筈ナリ。

2)　我国ノ要求ハ未ダ具体的ナラザルモ、満洲ニ善政ヲ行ヒ保境安民ヲ主トセシムルニアリ。而シテ、満洲ヲ経済的ニ之ヲ開放スルニアリテ其ノ他何物モナシ。鉄道、土地問題等皆此見地ヨリスベク、我国ハ治外法権ヲ撤去スルモ敢テ辞セザル決心ナリ。尚、我国ノ奉天ニ対スル要求ハ、東方会議ノ決定ノ如ク赤化防止ニアリ、従テ之ニ関シテハ日本モ相当ノ援助ヲ辞セザルベシ。

3)　熱河ハ大体ノ関係ヨリ見テ奉天ノ勢力圏ニアルコトハ願ハシキコトナルモ、今後、保境安民ノ立場ヨリ事情之ヲ許サルナラバ、之ヲ放棄スルモ止ムヲ得ズ、之ヲ緩衝地帯トスルコトハ願ハシキコトナリ。日本トシテハ熱河問題ニ容喙スル能ハズ。又、力ヲ以テ如何トモスベカラズ。唯、満洲治安維持ノ見地ヨリ以上、力ヲ用フルヲ能ハズ、然レドモ、満洲ノ治安ガ乱ル、ガ如キコトアラバ、五月十八日ノ覚書

ヲ適用スルコトハ変リナシ。

4)　灤州問題ハ強テ之ヲ奉天ニ下ケルコトハ彼等ノ立場、地形等ヨリ、之ヲ強ユル必要モアラザルベシ。

5)　楊宇霆ガ奉天ニ勢力ヲ有スルナラバ之ヲ利用懐柔スルガ得策ナリ。之ヲ好嫌スル必要ナシ。但、南北妥協中止トナラバ、彼ノ立場モ困難ナルベキヲ以テ、此際、身ヲ避ケテ外国旅行デモナサシムルガ可ナリ。出先ガ楊ニ悪感情ヲ有スルコトハ慎ムベキコトナリ。

二十七日　青島ヨリ平岡居留民団長外二名上京、其方面ノ御礼、陳情等ニ廻ハリ、本日、総長之ヲ招待ス。其談話ノ要旨、

1)　上海実業家連ノ意向ハ、済南事件解決前タリトモ撤兵セヨトイフニアラズ、永久駐兵ハ不可トスルナリ、而シテ、其不可トスル理由ハ、排日、排貨ヲ恐ル、ニアリ。

2)　津浦線ノ開進ハ之ヲ希望ス。泰安政府ハ、徐州ヲ済南ニ対抗シテ金融機関ノ中心タラシメントシ、済南ノ銭舗銀号モ漸ク之ニ動カサレアリ。十月以降ノ貨物出廻リ機ニ於テ津浦線ノ未ダ開通セザルニ於テハ、済南ノ繁栄ハ徐州ニ奪ル。徐州ヨリ浦口ニ出ヅルコト、ナルベシ。故ニ出廻ハリ機マデニハ津浦線ヲ開通セシメ、膠済線ニ凡テノ貨物ヲ吸収シタシ。而シテ済南ニ集マル区域ハ、北ハ白頭鎮〔泊頭〕、南ハ徐州ナリ。此時マデ津浦線開通セザレバ日本人ハ暫ク我慢ストスルモ、青島ノ外人、支人ガブツ〳〵言ヒ出スベシ。在青島外人ノ重ナルモノハ皆輸出入商ナレバナリ。

3)　不当課税撤廃セラレタルモ、貨車ノ動キノミ善クナリ、其割ニ石炭ナド出廻ハラズ。

八月

二日　次長ノ奉天行ニ伴ヒ、打合セアリタル結果、軍司令官ヨリハ次ノ要旨電報アリ。

軍ハ目下ノ兵力配置ヲ以テ外交機関ヲ支援シ、満蒙問題ノ即決ヲ期セシガ、其経過及南北妥協問題ノ抬頭等ニ関聯シ、到底短期間ニ成功ノ望ナク、且、林〔権助〕男爵ノ来奉モ支那外交上、特ニ変化ヲ惹起スルコトナカルベキヲ察シ、来七日、張作霖ノ葬儀終了后、数日間ヲ経過シ東三省政局ニ大ナル変化ナキ限リ、本月中旬頃、朝鮮旅団ヲ帰還セシメ、軍モ

亦、大体平時配置ニ復セシメタキ意見ナリ。

同時、次長ヨリハ、安田〔郷輔〕旅団ハ張作霖ノ葬儀済次第朝鮮ニ帰還セシムルヲ可トス、之ガ帰還命令ハ九日又ハ十日ニ発令セラレ度、又、引揚準備ノ都合モアル故、内報ハナルベク早クセラレ度旨来電アリ。過般、朝鮮軍司令官ヨリハ、安田旅団ハ朝鮮統治ノ上ヨリ、一日モ早ク帰還セシメラレタキ旨、次長宛私信アリ、次長ハ、往路朝鮮〔軍〕司令官ト会談シタルヲ以テ、旁々此実行ヲ早メタルモノナルベク、関東軍トシテハ恐ラク欲セザル処ナルベシ。

秦少将〔真次、奉天特務機関長〕ヨリノ報告電ニ依レバ、学良ガ吾等ニ語リタル処ナリトテ、日本内地ノ政情不安定ニシテ、現内閣モ何時迄続クヤラ不明ナル今日、何処マデ日本ノ真意ニ倚頼シテ然ルベキカ不明ナルヲ以テ、先ヅ差当リ日本ニ倚頼スルコト、セルモノナリトノコトニシテ、大ニ注意ヲ要ストノコトナリ、固ヨリ然ルベキコトナリト思惟セラル。

四日　学良ハ南方及楊宇霆等ノ圧迫ニ依リ、青天白日旗ヲ掲ゲ、三民主義遵奉ヲ葬式直後ニ実行スルノ傾向ニアリ。二日、林総領事ガ学良ニ面会セル際、総領事ガ其不可ナルコトヲ力説セシモ、学良ハ肯ズル風ナカリシトノコトニテ、形勢一変（但元来ガ葬式済マデノコトニテ葬式済ノ際ニハ何事カ起ルノハ当然ナリ）シタル為緊張シ、本日、部局長会議開催、参謀本部側ハ、此際南軍側ガ武力ヲ以テ奉天ヲ統一セントスルナラバ五月十八日ノ覚書ヲ適用スベク、学良ニハ再ビ東三省保持、保境安民ヲ厳重ニ警告シ、更ニ、学良ニシテ聞カズンバ、学良側近ノモノヲクーデターニ依リ粛清スル強硬ノ意見ニシテ、軍務局長ハ、青天白日旗ヲ掲揚スルハ差支ナキモ、国民政府ノ勢力ヲ入レザル様、学良ニ警告シ、其決心ヲ聞キタル上、クーデターヲ行フニアラザレバ名義ナカルベシトテ反対シ、結局未決定ニ終レリ。

政府ノ腹ガ如何アルベキカ。次長ヨリノ電ニ依ルモ日本ガ学良ヲ圧迫スレバ下野スルノ外ナク、就テハ此際、至急政府ノ意図ヲ総領事及軍司令官ニ指令スルノ必要アリ、次長ハ林〔権助〕男ト相談ノ結果、学良ニ妥協中止、保境安民ノ方針ニ邁進スベキコトヲ勧告シ、且、日本ガ十分ニ学良ヲ支持スベキコトノ言明ヲ林男ヨリ注意スルハ臨機ノ処置トシタルモ、政府ヨリモ、此主義ヲ指示セラルレバ、林男トシテモ更ニ好都合ト考フトノ意見アリ。

床次〔竹二郎〕氏ノ脱党ハ支那南北ニ多大ノ衝動ヲ与ヘ、又、田中首相モ之ガ為、大分腰強クナリタルモ、クーデターノ如キハ最后ノ手段ニシテ、延テ日支、日米ノ衝突トナリ、コト頗重大トナルベク、此辺ノ決心ハ政府トシテ容易ニツカザルベク、結局、逐次退却ノ状態トナルコトナケレバ幸ヒナリ。

学良ニ対シ下ル警告ハ徹底的、具体的ナルノ必要アリ。学良ガ近来特ニ上述ノ如キ態度ヲトルニ至リシハ、過般来、新聞紙上ニテ学良ヨリ聞カレタルガ故ニ、林総領事ハ忠告ヲシタルナリナド、干渉ノ悪名ヲ恐レ、我独リヨキ子タラントシタル為、学良ハ売国奴タルノ悪名ヲイトヒ、且、我真意ヲ疑ヒタルモノニシテ、コ、ハ決然タル我意志ヲ表示セザルノ結果ナリ。

七日　対学良策ハ何等決定スルコトナク、首相ハ形勢ヲ頗楽観シアリ。中外ニ対スル声明ハ之ヲナスベシトノコトナルガ、参謀本部ガ、最后ニハクーデターヲモナスベシトイフ強硬ナル意見ニ対シ、外務、軍務局長、海軍ハ軟弱ナル意見ヲ有シ、形勢刻々変化、或ハ東三省ハ突如青白旗ヲ掲ゲカネ間敷形勢ニシテ、何トカ早ク決定スルヲ要スト認ムルモ、首相ハ明日ノ閣議ニハ之ヲ附セザル意見ナリトノコトナリ。

有田亜細亜局長ノ意見ハ、

1) 林総領事ガ学良ニナシタル警告ハ、学良ノ立場ニ同情シテナシタルモノナルベキ日本ノ立場ヲ説明ス。

2) 学良ハ妥協ニ傾クトモ、東三省中堅人物ヲ集メテ学良ニ念ヲ押シ、中堅人物モ亦妥協ニ傾キアルナラバ、妥協ノ条件ノ細部ヲ聞キ、之デモ聞カザレバ我ハ自由行動ヲ採ル。

森政務次官ノ意見。

1) 東三省ノ中心人物ノ意見ヲ確カメルコト。

2) 妥協ノ方針ヲ確カメ、今ノ如キ方針ニテ妥協スルナラバ、満洲ニ重大ナル形勢ヲ招徠スベキコトヲ警告ス

3) 日本ノ権益ヲ尊重スル妥協方針ナラバ、之ヲ認メテモ可ナリ。

即、大体有田局長ト同意見ニシテ、軍務局長ノ意見モ亦略同様ナリ。

海軍ハ満洲ニ於ケル権益ガ侵害サル、場合、初メテ武力ヲ使用スベク、而モ其使用ハ、現在ノ条約ヲ保護ス

ベキ範囲ナラザルベカラズトイフ頗狭キ範囲ノモノナリ。有田ノ意見ハ、満洲ノ治安維持ニ関シテ兵力ヲ用ユルナラバ可ナルモ、経済問題ノ為、武力ヲ使用スルハ不可ナリトノ意見ナリ。

総長ノ意見ハ、目下ハ全力ヲ尽シテ妥協ヲ止メザルベカラズ、コレガドウシテモイケナケレバ、其時、有田ノ如キ方策等、最后ノ手段ヲ採ルベク、今ヨリ妥協ヲ是認スル方針ニテ進ムハ不可ナリトイフニアリ。此参謀本部ノ意見ニテ、総長ハ本日午后大臣ト会見サル、筈ナリ。大臣ハ、有田ノ意見ノ通リヤラセレバヨイジャナイカトノコトナルモ、如何ナル意味カ。

要スルニ、本問題ハ速ニ之ヲ決定シ、硬軟何レニテモ可ナリ、速ニ政府ノ腹ヲ定ムルコト必要ナリト思考ス。

坂西〔利八郎〕中将坐談ノ一節。

1)　広東派ハ孫文ガ共産派ヲ利用シタル故智ニ倣ヒ、再ビ共産派ト握手シ、南京政府ヲ倒サントスル傾向アリ、馮ハ之ト連結ス。

2)　国民政府ハ孫文ノ三民主義、建国大綱等ヲ実行スル方法ニ目下全ク腹案ナシ。従テ、今後如何ニ建設スベキヤハ目下全ク方針ツカザル形況ナリ。

十一日　6Dノ撤退ハ外務省側ニ異存ナキモ、総理ハモウ少シ待チテハ如何トノコトニテ、阿部次官ハ撤退シテ可ナルベク、陸軍大臣ヨリ総理ニ伝達セシメントノ意見ナルモ、総理ハ腰越ニ赴クニ付、間ニ合ハザルベク、結局、アト二、三日様子ヲ見ントノコトナリ。

本日ノ異動ニテ第一部長トナル。責任頗重ク加フルヲ感ズ。

十四日　満洲、山東地方ヲ旅行中ナリシ次長、昨日帰京、本日部局長会議ヲ開ク。

次長口述ノ要旨左ノ如シ。

1)　6D長ハ青島ニ一時待機セシムルガ如キコトナキ様、熱心ニ主張シアリ。

2)　次長ノ意見ヨリスレバ、18iノ有無ニ関セズ　3D現在ノ兵力ニテ山東ハ十分ナリ、但、之ガ為ニハ警備方法ヲ変更スル必要アリ。

3)　18iノ引上后、3Dノ予備整理ニ稍不安ヲ感ジタルハ、D長、領事ノ希望ナルガ、次長ハ之ヲ請合ハズ、頼リトシテハ予備兵ヲ整理スルニアリ。

4)　6D撤去后、必要ナル機関（兵站、鉄道、通信、航空）ハ依然3Dニ附ス。之ニ関連シ、3Dノ冬営設備ハ直ニ着手ス。冬営設備トシテハ、煖炉、厠、炊事場等ノ防寒設備ナリ。従テ経費ハ多額ヲ要セズ。冬営設備着手ハ内外ニ宣伝スルコト必要ナリ。

5) 40iBハ此際引上ゲテ可ナラン。

6) 18iハ軍司令官ノ意見モアリ、直魯聯軍ハ引上グルヲ得ズ。此18iノ進退ニ関セズ、山東ノ撤兵ハ実行シテ可ナラン。

40iBノ進退ニ関シテハ南北妥協中止ノ機会ヲ以テ治安維持ノ見地ヨリ、又、応急出兵ナルヲ以テ此際撤兵セシムルハ軍部ノ本旨ナリ。然レドモ仰吉会鉄道ノ問題起リタルヲ以テ、希望トアレバ暫ク其侭トスルモ、長クハ希望セズ」《ママ》トイフ主旨ニテ、外務側ノ意向ヲ聞クコト、決定ス。

奉国妥協問題ハ、奉天側ニテ林男爵ノ忠告ニヨリ、漸ク三ヶ月延期ニ決シ、林総領事ニ回答アリ。依テ、来十五日ヨリ吉会鉄道ノ工事ヲ開始スベシトノ満鉄側ノ申出ニ対シ、外務省ハ、学良、作相ニ一応了解ヲ求ムルヲ可トスル旨返電セルモ、学良ハ、一応省議会ニ諮ル必要アリトノコトニテ遷延シアリ、従テ、之ガ実行モ一頓挫ヲ来セルノ有様ナリ、支那一流ノヤリ方、初メヨリ了解ナド求ムルガ不可ナリ。

次長ノ談ニヨレバ、満洲ノ我出先ニテハ、対楊宇霆〔ノ〕考ヘハ全ク中央ト反シ、合作ナド全ク考ヘアラズ、次長ハ之ニ対シ、学良ヲ擁立スルト同時ニ、楊ニ対シテハ急激ニスルコトナク不即不離ノ体度《ママ》ヲトルヲ可トスル旨答ヘ置キタリトノコトナリ。

吉林官民ハ東三省ノ政情安定ヲ熱望シ、其人物ハ張作相ヲ可トスト考ヘアリ。張作相ハ楊ヲ嫌ヒ、吉林人ハ楊ガ起タバ之ヲ仆スベシ、学良下野セバ、作相ヲ推スベク、作相ハ之ヲ辞退スベク、然ルトキハ楊立ツベキヲ以テ、此時コソ楊ヲ倒スベシト考ヘアリ（林〔大八〕中佐ノ次長ニ語リタル処ナリ）。

政府ハ奉国妥協ヲ機トシ、満蒙ニ対スル我立場ヲ明ニスル声明ヲ内外ニナサント意気込ミ、首相ノ如キ之ヲ閣議ニ附シ、上奏シテマデナサントスルノ意気込ナリシガ、イツシカヘコタレ、単ニ英・米・仏・伊・露大使ニ外相ヨリ説明シタルニ止マリ、裏面ニ葬リ去ラレタルガ、其真相ハ、西園寺侯〔公〕ヨリ此ノ如キ声明ヲナス以上、果シテ英米ヲ向フニ廻ハスノ準備アリヤト注意セラレ、又、牧野内相《ママ》ヨリ吉田外務次官ヲ介シテ、第三党ノ関係モアリ何モ此内閣ニテソンナニ急デナス必要モアルマジト水ヲ差サレ、遂ニ潰レタルモノナリトノコトナリ。

二十二日　5iB旅団長ヨリ関東軍参謀長ニ転ジタル三宅少将、連絡ノ為上京、総長ヨリ三宅ニ示サレタル事項

1）軍ノ事件以来ノ苦労ヲ多トス。

2）爆破事件ニハ流言頗多シ。当部ニテハ斐語ニハ迷ハサル、ガ如キコトナキモ、実相ハヨク調査シ置ク必要アリ。

3）出先ニテ陰謀ナドハナキ様、十分注意ヲ要ス。

大臣ヨリ三宅ニ示サレタル事項。

1）関東軍ノ報告ハ不備ナルモノ少ナカラズ。要スルニ、中央部ニテ知ラントスルコトハ、報告ハ簡略ニ失ス。

2）特務機関ハ恰モ独立スル如ク、直接、総長、大臣ニ報告ス其一ハ軍ヲ蔑視シ、一ハ中央部ヲ指導スル如クニ取ラル。関東軍トシテハ事務取扱上注意ヲ要ス。

今回、第三師団司令部附トナリ特務機関長〔済南駐在〕トナル佐藤〔三郎〕大佐ニ、次長ヨリ示シタル事項。

1）山東警備方針ハ必要ナル地点ニ集約シテ使用スルコト、ナルベシ。

2）青島・済南鉄道線ノ守備ハ従来ノ方針ニヨル、其他ハ二十支里以内ト雖、南方政人ニシテ我注文ヲ守ルモノハ仕事ヲヤラセ、治安ノ責任ハ彼ニ負ハスル様ニシ、若シ聞カザルトキハ之ヲ排斥セバ可ナル。

3）津浦線開通ハ彼ニ誠意ナキ以上、之ヲ許スヲ得ズトイフ藤田〔総領事〕ノ意見ナリ。藤田ハ交渉ノ全権ナルヲ以テ藤田ノ意見ニ従フベシ。

4）特務機関ハD長ニ隷属スルモ、事務上必要アレバ参謀長ヲ経ズシテ命ズルコトアルベシ。

首相ヨリ三宅へ述ベタルコトハ、

満洲ハ少シクノボセ、功ヲ急グノ風アリ、モ少シ気ヲ落付ケテナスベシ。

外務当局ガ三宅ニ述ベタルコトハ、

奉国妥協中止ガ再ビ持上リ、妥協スルコト、ナレバ外務当局ハ致方ナシト見做シアリ。

楊ハ旗幟鮮明ニ之ヲ排斥スルコト具合悪シ。

二十三日　昨日ノ閣議ハ40iBハ今月末頃、之ヲ撤退セシムルニ決シタリ。但急劇ニ変化シ、人心ヲ衝動セシメザ

ル〔様〕致度シトノ希望ナリ。

二十五日　第六師団ト３Ｄト交代スルニ就テハ、早速問題トナルハ３Ｄ司令部ノ位置ナルガ、総長ハ済南ヲ主張シ、之ヲ部ノ山内少佐ニ語ラレタル由ナリ。当部、警備ノ見地ヨリスル研究ニハ主力ハ済南ニ置クヲ可トシ、従テ、司令部ハ済南ニ位置スルガ自然ナルガ、其位置ノ如キハ師団長ノ権限ニテ猥リニ容喙ノ限リニアラザルヲ以テ、過般、師団ヨリ報告アリタルトキ、当然師団司令部ハ済南ニ移ルモノト解スル旨、婉曲ニ師団長ニ打電シタルガ、二十二日ノ軍会報ニテ総長ハ再ビ其問題ヲ出シ、済南ヲ主張サル、ヲ以テ部長会議ノ議ニ付シ、済南ガ可ナルベシトノ議決ヲ見タリ。然ル処、師団ヨリハ当方ノ電報ニ係ハラズ青島ニ位置スル様報告シ来リタルヲ以テ、再ビ婉曲ニ遠廻ハシニ述ブルガ如キハ却テ当部ノ威信ヲ害スル原因トナル虞アルヲ以テ、指示トシテ命令シ、トヤ角云フ余地ナカラシメタリ。一体、此位置ノ如キ、当部ヨリ示ス限リニアラザルモ、総長如キガ過早ニ其意見ヲ述ベラル、ハ、下ノ者ハ甚ヤリ悪キ立場トナルベシ。

三十日　外務大臣ヨリ奉天林総領事ニ宛「政府ハ張学良ヲ支持シ、彼ニ十分ノ安心ヲ得セシメ、彼ヲ中心トシテ我政策ヲ遂行スル方針ナリ、故ニ、楊ガ例ヘバ学良ヲ排斥スルガ如キコトヲ企ツレバ阻止スベク、サル事実ノ未ダ頻発スル今日、我ヨリ進テ楊ヲ排斥シ、若クハ援助セントスルハ面白カラズ、暫ラク問題外ニ置クノ態度ヲ持スルコト必要ナル旨打電セリ。

満鉄ノ野田蘭蔵ナル人、本庄中将ヨリ紹介ヲ以テ来談ス。同人ハ満鉄ニテ財部中将ノ下ニテ主トシテ諜報、宣伝ニ従事シ、今回ハ松岡副社長ト共ニ上京、各方面ニ満蒙問題ノ宣伝ヲナシ歩キシモノ、様ナリ。其談話ノ要旨。

1）出先官憲ガ一致シテ一ノ方針ニテ邁進スルコトノ是非ハ別問題ナルモ、一度決メタル以上ハ之ヲ変更スルコトナク、最初ノ目的ニ邁進セシメラル、必要アル。

2）張学良ニハ良参謀ナシ。相談相手ハ日本人位ナルベシ。凡テ日本顧問ノ承認印ナキモノハ之ヲ実行セザル位ニシタキモノナリ。

3）楊ハ本年三月頃ヨリ南方ト妥協シアルモノ、如シ

4）張学良ハ其周囲ノ妥協派ヲ除カントノ下心アルガ

如キモ、之ヲ断行スルノ底力ナシ。

5) 張学良周囲ノモノヲ排除スルニハ外科的手術ヲ断行スルノ外ナシ。

6) 張学良ハ林総領事ニハ別ニ信頼モナシアラズ。此ノ如キ非常時ナルヲ以テ、外交官ヨリハ軍人ヲ以テスルガ適当ナリ。

7) 日本顧問連ハ協同シアラズ、連係、折合悪シ、之ヲ何トカセザルベカラズ。

8) 対満蒙問題ニテ、国内輿論ヲ統一スルコトハ左程難事ニアラザルベシ、民政党ハ反対センガ為ニ彼是云ヒアルモ、真意ハ勿論了解シアリ。無産政党トイヘドモ然リ。唯、最了解シアラザルハ外務省ナリ。小村部長ノ如キハ、日蘇戦争ハナサヾルモ可ナラントイフガ如キ議論ヲナシ、日露戦争ヲ忘レアリ。

9) 政府ハ最后ノ腹ヲ定メアラザルベカラズ。大学教授連ノ如キ戦争ヲ否定シアラズ。志気一振、行ヅマレバ国民志想ヲ刷新スル為、戦争止ムベカラズト論ズルモノ多シ。

九月

三日　矢田〔七太郎〕上海総領事、堀公使館参事官ノ上京アリ。政府ハ最近対支政策軟化ノ噂サヘ伝ハリシガ、首相ハ近来何故カ済南事件ダケ切離シ、交渉促進ノ意図ヲ有シ、外務省側ニテハ済南事件ト条約改定トヲ一処ニ解決セントスルノ意見サヘアリ、必ズシモ首相ノ意見トハ一致セザルモ、首相ノ意見トテ致方ナク研究ヲ進メツヽアル模様ナリ。而シテ、首相ガ何故ニ済南事件ダケ引離シ促進セントスルハ何故ナルカ不明ナルモ、条約改訂ニ進ムトキハ国民政府ノ為、満蒙問題ヲ牽制セラルヽノ憂アルモノト解スベク、而シテ、外務省ハ此際国民政府ハ山東ニ於ケル日本臣民ノ生命財産ヲ保障スベキヲ声明シ、日本政府ハ右国民政府ノ声明アルヲ以テ撤兵スベキ旨ヲ互ニ声明シテ、コヽニ済南事件ノ切カケヲ作ラントスル案ナルガ如ク、交渉解決セバ撤兵セントスル案ナルガ、本日、部局長会議ニテ軍部ノ意見ヲ練リ、決定シタル要項左ノ如シ。

1) 軍部トシテハ依然強硬説ニテ行キタシ。

2) 乍併、政策ノ関係ヨリ転進ノ必要アルナラバ声明ヲナシ、続テ之ガ実行手段ヲ交渉シ、支那ニテ実行シタルコトヲ確認シタル后、撤兵スベク、之ガ実行手段中ニハ軍ノ威信、面目ノ上ヨリシテ陳謝ヲ含マシムルコト、而シテ、陳謝ハ止ムヲ得ザレバ相互的ニデモヨシ。

六日　上海矢田総領事ハ近々帰任スルトノコトナルガ、帰任ニ方リ、外務省ガ同領事ニ手交シタル済南事件解決方策ナルモノハ次ノ三ニシテ、

第一案　支那側ト協議シ、国民政府ハ日本人ノ生命財産ヲ保護スル声明ヲナシ、日本ハ国民政府ガ声明セバ撤兵スベキ旨ヲ声明ス。支那側ニテ陳謝、賠償等ヲ実行セザレバ撤兵セズ。交渉地ハ山東トス。

第二案　声明ヲナサズ交渉ヲ開始ス。

第三案　第一案ト同様ナルモ、交渉地ハ上海トス

而シテ、外務省ハナルベク第一案ニヨリ交渉ノ切カケヲ造ル様ニ矢田ニ訓令シ、切カケ丈ハ矢田ガヤリ、細部ハ藤田ニヤラセルトノコトナリ。

斎藤〔恒〕中将、関東軍参謀長ヨリ転任、帰京報告アリ。其要旨左ノ如シ。

軍司令官ノ伝令ナリトテ、

1）　満蒙問題懸案解決ニ関シテハ、出先ニテ見レバ、時局安定シテ後解決セントスルヤニ見向ケラルモ、一日モ早ク解決スルヲ可トスルヤニ観察セラル。コレ東三省ハ南方ト妥協シ、且、一日遅ルレバ遅レル程、国権恢復熱熾トナルベケレバナリ。

2）　東三省ノ引離シハ、表面ニテハ兎角引離シアルモ、裏面ニ於テハ大ニ進ミアルヤニ見ラル、是政府ガ英米ニ気兼シ、其疑惑ヲ恐レアルカニ見受ケラレ、東三省政権ハ日本ニ対シ疑惑ヲ抱キ、如何ナル大問題ヲ持カケラル、ヤヲ恐レアルヲ以テ、外交問題ハ南方ニ倚ラント考ヘアルヲ以テ、日本ハ此際真意ヲ吐露シ、決シテ過当ノ要求ヲナスモノニアラザルコトヲ（既得権ノミナリ）了解セシメザルベカラズ。

3）　軍司令官、満鉄社長、総領事ハ法令上ヨリ協調スベキ様申合セ、之ヲ関東庁長官ニ謀リタルニ、大ニ同意ナルガ、コトハ出先ノ四機関ニテ決シ、之ヲ以テ政府ヲ指導スベキ様ニスベシトノ意見ニテ、此方針ニ依リ進マントセシニ、総領事ハ事毎ニ政府ニ請訓シ、出先四機関ノスルコトガ政府ノ

方針ト一致セザルガ如キ結果トナリタルハ、畢竟、総領事ガ思フ様ニ動カザル結果ニシテ、総領事ハ案外駄目ナル人物ナリ。

4) 楊ハ、彼ヨリ接近シ来ラザルガ故、又、排日ヲナスガ故ニ避ケタルナリ。彼ヨリ来ルナラバ、之ヲ包容スル考ヘナリシナリ。彼ハ親日ノ態度ヲ示スモ、裏面ニ於テハ排日ナリ。

楊ノ力ハ漸次衰ヘツヽアリ。楊ハ学良トハ手ヲ切リアラズ、裏面ニテ楊ハ学良ニ種々進言シツヽアリ。

5) 軍司令部ノ奉天ニアルコトハ各方面ニ大ニ好影響アリ。軍司令部自体ハ旅順ニ帰リタキモ、林総領事ノ外交々渉ヲ支援スル為、暫ク奉天ニ居リタキ考ヘナリ。談判長引ケバ旅順ニ帰ルベシ。

吉林、黒龍ニ有力ナル諜報武官ヲ配置スルノ必要アリ。奉天ノ軍事顧問ハ数多キニ過グ。之ヲ整理スルカ、或ハ統制スルノ必要アリ。

呼倫貝尓事件ハ将来大ニ注意ヲ要ス。

張宗昌ハ土匪ニナリテモ、青白旗ヲ掲ケズトイヒ居レリト。

十一日　第三師団特務機関ニアリシ磯谷〔廉介〕大佐、7i長ニ転任ノ為、帰京、其談話ノ要旨。

1) 第三師団長ハ、二十支里内ニ南方政権ヲ入レルコトハ、之ヲ承知シアルモ、進ンデ之ヲ指導スルノ意志ナシ。之ヲ入レル入レヌハ一ニ外交官憲ニ委頼セントスル腹案ナリ。

2) 鉄道線路ヲ南北軍何レニテモ白昼之ヲ通過スルコトハ阻止スベキモ、暗夜ソット通過スル如キ場合ニハ、之ヲ黙認スル積リナリ。

3) 済南、青島、其他一、二ノ要点及鉄道線路丈ケハ日本軍ノ手ニテ警備シ、シッカリ治安ヲ維持シ、其他ハ南方政権ヲ入レルニ於テハ現在ノ兵力ヲ整理スルモ差支ナカラン。

4) 師団長、対南方政権措置案ハ部下マデハ徹底シアラズ。

5) 南方政権ヲ入ルヽトセバ、南京政府側ハ何トシテモ済南事件ノ責任者ナルヲ以テ、却テ馮系ノモノガ可ナラン。

総務部長岡本〔連一郎〕中将山東出張、冬営準備ノ件

視察シ、且、冬営兵力ハ第二次整理ヲナシタル人員ニテ準備ヲナス様指導スルニ於テハ、師団ノ警備負担ヲ軽減スル為、必要ノ範囲ニ南方政権ノ入ルヲ認メ（済南、青島及鉄道線線路ダケハ我軍ノ制令下トス）、支那軍隊ノ鉄道線通過ヲモ一定ノ制限ヲ設ケテ認定スル様、此際明瞭ニ師団ニ示ス要アリ。次長ナドハ、コレハ先般出張ノ際、諒解済ナリトイフモ、何等成文トナリアラザルヲ以テ、此際覚トシテ之ヲ師団ニ交付スル必要アリ、作製ノ上、岡本中将ヨリ師団参謀長ナリ師団長ニ手交スル様取計ハントセシニ、陸軍省ハ一歩進ンデ済南、青島ヘモ南方政権ヲ入レントスル意見ニシテ、此ノコトハ次長ガ３Ｄ長及青島領事ニ約束シタル手前モアリ、行悩ミ、遂ニ立消エトナリ、覚ヲ交付セザルコト、ナリタルモ、師団ニ前述ノ意志ハ十分徹底シアラズ。従テ、減兵ノ機会ニ何等カノ形式ニテ此意図ヲ明瞭ニ示スノ要アリ。今回、之ヲ示サントセシハ、今ヨリソロ〳〵準備シ、冬営前マデニ十分御膳立ヲナシタル后、減兵セントシタル主旨ナルモ、遂ニ物ニナラザリシハ遺憾千万ナリ。

十九日　３Ｄ対支那政権二十支里内侵入ノ件ハ、岡本中将ノ来電モアリ、再ビ問題トナリ、外務省ヨリ出先青島、済南総領事ニ訓令スルコト、ナリ、当部ヨリモ３Ｄ長宛右ノ電アリシ旨、通牒セリ。其要旨ハ過般起案セルモノト同一ナルガ、済南、青島鉄道線路ハ次長ノ面子ヲ立テ、之ヲ除外区域トセリ。

夜　交友会アリ。林奉天総領事ノ一場ノ講演アリ。其要旨ハ、対満蒙政策ハ支那人ヲ怒ラセルコトナク、親切ニ之ヲ指導シテ経済発展ヲナスヲ得策トスル意見ナリ。小村俊三郎ノ意見ハ、満蒙ニ関スル種々ノ条約等アルモ、殊更ニ之ヲホジリ立テ、荒立テルコトナク、実益ヲ収ムルコトガ必要ナリ、色々ノ話ノ序ニ満洲ノ内政干渉云々ハイフコトアルガ、日露戦後、北京ニ於ケル日支交渉ニ於テ、支那ハ自発的ニ満洲ノ治安維持施政文章ニテ日本ニ約束シタルコトアリ、故ニ、之ヲ楯トセバ、日本ハ之ヲ要求スル権利アリ、又、今日ニ於テハ其条約ハ消滅シアルモノナリトノ説モアリトノコトナリ、又、当時、満洲ノ鉄道警備兵ニ関シ、日本側ハ露国側ヲ牽制スル為、凡テ守備兵撤廃ヲ申出タル処、露国側ノ強硬ナル反対ニ依リ、遂ニ一吉十五人ト決定シタルモノナリ、故ニ、露国ガ今日、東支沿線ヨリ之ヲ撤退シタル今日、強テ云ヘバ日本モ亦撤退セザルベカラザル理屈トナルヲ以テ、問題等ニハ触レザルガ可ナリトイフ話アリタリ。

二十日　建川〔美次〕少将ヨリ、国民軍主脳《ママ》ハ日本軍ノ実力ニハ深ク恐レヲナシアルヲ以テ、日本ノ対満政策モ、内々帝国ノ意志ヲ奉天政権ニ伝ヘナガラ外面的ニハ内政不干渉等ノ宣伝ヲナスガ如キコトナク、正々堂々、帝国ノ主張ヲ内外ニ声明シ、支那南北ニ徹底セシメ、如何ナルモノト雖、我主張ヲ阻止スルモノハ一歩モ仮借セザルベク、断乎タル決意ヲ表明スルハ、帝国ノ為、最得策タルベシト信ズル旨、意見具申アリ。尤ナル申条ナガラ、コレニハ即外国ニ対スル気兼アルコトガ、是非モナキ次第ナリ。
政友会ニ於テハ、議会対策ヨリシテ斎藤〔恒〕少将〔関東軍参謀長〕ヲ軍法会議ニ附シ、奉天爆破事件ノ責任者タル守備隊長ヲ懲罰処分ニ附スベシトノ意見アリトノ風説アリ。軍部ハ骨ヲ折リテ政争ノ犠牲トナル政略出兵ナドナスベキモノニアラズ、又、此ノ如キコトニハ断乎トシテ反対セザルベカラズ。

二十二日　外務省ハ過般来、林奉天総領事、堀参事官等ノ上京ヲ命ジ、対満策等ニ付キ研究中ナリシガ、愈々近ク帰任スルコト、ナリタル様子ニシテ一時、大ニ強硬ヲ伝ヘラレタル対満蒙策ハ何時トハナシニ大ニ軟化シ、二、三日前、総理ガ陸海軍大臣ニナシタル指示ハ、満蒙問題トイヘバ、鉄道、商租、治外法権ノ三問題ニテ、コレサヘ解決ツケバ南北妥協ノ如キハ問題ニナラズ、而シテ、南方蔣介石ハ商租権ハ認メアル由ニシテ、先ヅ学良ヲシテ自発的ニ此等ノ問題ヲ解決セシメ、鉄道問題ハ主トシテ満鉄社長、商租、治外法権問題ハ林総領事ヲシテ之ニ当ラシメ、全ク経済問題ノミヲ以テ満蒙問題ヲ解決スルコトニ方針一変シタル模様ナリ。而シテ、商租解決ノ為ニハ彼ノ警察権ニ服スルハ止ムヲ得ザルベク、従テ治外法権撤廃ヲ東三省ニ限リ我ヨリ声明シ、奉天側ヨリ門戸開政、機会均等ヲ声明セシメントスルノ策ナリ。全ク英、米等ニ制肘セラレ、内政的ニモ屈服シ、此ノ如キ方針ニ一変シタルモノト察セラル。

十月

一日　昭和四年度ノ予算編成ノ為、陸軍予算削減ノ見地ヨリ国防充備費ヲ繰延ベント企図シタルコトニ対シテ、参謀本部ハ強硬ニ反対ヲ唱ヘ来ル処、遂ニ大臣ヨリ総長ニ、国策上止ムヲ得ザル処ニシテ同意アリ度旨、懇談アリ。次長ハ更ニ強硬ニ主張シタル結果、遂ニ、兵器費二千九百万円ノ繰延ヲ訂正シテ一千七万円ノ繰延ニ折合ハレタキ旨懇談アリ。次長以上ニ於テモ止ムヲ得ザルモノトシテ之ニ同意ヲ与ヘタリトノコトナリ。

二十二日　過般来、支那巡視中ナリシ中島正武中将ノ講話アリ。其要旨ノ一、二。

i）国民政府ハ、来年三月ニハ潰レルルト観測スルモノアリ。

ii）国民政府ノ収入ハ七百万元ニシテ、支出ハ数千万元ナリ。

iii）支那ニ対シテハ推強ク根気ヨク押スベシ。関税問題ヲ先ニ解決スルハ不利ナリ。済南事件ノ後廻ハシトナシ、之ヲ以テ済南事件解決ノ好機トナスガ得策ナリ。

本日、第二課鈴木貞一少佐ガ森〔恪〕外務政務次官ヨリ聞キタル処ニ依レバ、

i）日支交渉ノ中心ハ目下差等税率問題ニシテ、未ダ済南事件ニ触レアラズ。済南事件ハ豫メ省部等ノ間ニ決定シタル方針ニテ進ムベシ。

ii）対露断交ノ確証ヲ握リ、目下研究中ナリ。

iii）張作霖爆死事件ハ軍部ノ仕業ナルコト明瞭ニシテ、或ハ内閣ノ死命ヲモ制スベキ大問題タラントス。軍部トシテ要スレバ責任者ヲモ出サヾルベカラズ。

二十五日　日支交渉ハ予テ王〔正廷〕外交部長ト矢田上海総領事トノ間ニ折衝中ナリシガ、十九日ヨリ済南事件ニ入リ、先ヅ、矢田ヨリ全部ノ撤兵ハ山東地方在留日本人ノ生命、財産ノ安全保障サル、ニアラザレバ実行シ得ザルニヨリ、将来ノ保障トシテ、排日宣伝及暴行等ノ取締ニ関スル保障ヲ得ル必要アリ、次ニ済南及膠済鉄道ノ交通ヲ確保シテ鉄道沿線在住日本人ノ生命財産ノ保障ニ付、遺憾ナキヲ期スル要アリ、王ノ意見ハ如何トロヲ切リタル処、王ハ、排日同盟ハ日本ガ撤兵セバ自然ニ消滅スベシ、但、排日取締ハ省政府直接其衝ニ当ルモ、国民政府モ責任ヲ以テ省政府ヲ指揮監督スベク、其点ハ安心アリタク、尚、山東ニハ軍紀最厳格ナル孫良誠軍居ルコトナレバ、信頼シテ可ナリ、又、済南及膠済鉄道ノ交通確保ニ付テモ相当考ヘ居ルニ付、

御諒解ヲ願ヒタシト述ベ、撤兵問題ニ付御協議シタシトシ、撤兵ヲ三区ニ分チ、一区一週内ニ撤兵ヲ完了シ、三週間内ニ全部ノ撤兵ヲ完了スルノ案ヲ提出シタルニヨリ、矢田ハ、ソレハ専門ノコトナリ、現地ニテ軍部側ヲモ加ヘ協定スル方、便ナリト答ヘタリ。此撤兵案ハ、日本側ニテ撤兵セバ直ニ其后ニ支那軍入リ込ムモノニテ、矢田ハ細目ニ触レズ。

次ニ、謝罪問題ニ入ル、矢田ハ支那側ノ陳謝ヲ要求シタルニ、王ハ、陳謝ハ此方ヨリ要求スベキ処ナリ、日本ハ国民政府累次ノ警告ニモ不拘、出兵シタルモノナレバ、国民政府ハ先ヅ此点ニ付、日本ノ陳謝ヲ要求スベキモノナリト主張下ゲズ。

次ニ、処罰問題ニ移リ、支那ハ賀耀租ヲ免ジタルニ、福田〔彦助〕司令官〔6Ｄ長〕ハ日本ニ帰リ、凱旋将軍ノ待遇ヲ受ク、此点甚奇ナラズヤ、我ニ処罰ヲ要求スルナラ、我モ又、日本ニ対シ其責任者ヲ処罰セヨト要求スベシト頑強ニ主張シ、

賠償ニ関シテハ、国民政府ヨリ支払フハ当然ナルモ、支那側ノ生命財産ニ対スル損害ニ対シテモ同様ノ要求ヲスルコト勿論ナリト主張シ、

矢田ヨリ、撤兵、鉄道ノ交通確保、損害賠償ノ如キハ現地ニ於テ専門家ヲ交ヘ商議スル方便宜ナルニヨリ、本官ト王部長トノ間ニ単ニ大綱ヲ協定シ、細目ハ現地ニ於テ協定スルコト、シ、本件ヲ速ニ解決スルコト、シテハ如何ト述ベタル処、王ハ、之ニ同意ナルモ、唯、撤兵ノ具体的方法ハ当地ニテ協定シタシト述ベ、矢田ヨリ、本件解決私案ヲ作成シ明日持参スベキ旨約シ、

二十日、矢田ノ私案ニ拠リ商議再開、先ヅ該案ノ第二項、日本政府ハ山東地方ヨリ撤兵スルノ意向アルニ依リ、日支両国ハ速ニ全権委員ヲ任命シ、済南ニ於テ右撤兵ノ時期及方法ニ関スル具体的協定ヲ行ハシムルト共ニ、国民政府ハ日本軍撤退后ニ於ケル在留日本臣民ノ生命財産ノ安全確保ニ付、全責任ヲ負ヒ、排日宣伝其他苟モ右安全確保ヲ脅威スルガ如キ排外行為ハ厳重取締ルベキコトヲ宣明ス、

之ニ対シ王ハ、排日取締ニ付テハ省政府首席ノ諒解ヲ得置キタルニ依リ、国民政府ニ於テ責任ヲ負ヒ、省政府ヲ厳重監督スベク、此部分異議ナキガ、撤兵ニ関シテ、1）撤兵開始ノ期日　2）撤兵開始ヨリ完了ニ至ル期間　3）撤兵ハ区ヲ分チ、段階的ニ実行スベキ旨ノ三

点ヲ明記スルコト、シタリ。之ニ依リ、日本軍ト交代スル支那軍ノ準備ヲナシタシ、此項ヲ入ルレバ本案ニ同意ノ旨ヲバ言明シタルヲ以テ、矢田ハ請訓スベキ旨答へ、第四項済南及膠済鉄道確保ノ為、両国委員ヲシテ具体的協定ヲ行ハシムル件ハ、王ハ、済南事件トハ別問題ナリト主張シ、其侭トシ、第一項謝罪及賠償、第二項中日賠償査定委員ニ関シ、第一項ハ、王ハ相互一点張リニテ議果テズ、第二項ハ、第一項ヲ相互主義トスルニ於テハ同意ナリトテ議纏マラズ。

二十二日再開、王ハ日本撤兵ニ関スル条件ヲ文書ニテ矢田ニ示シ「……月……日ヨリ……月…日迄逐次撤退シ、……月……日ニ於テ全部ノ撤退ヲ完了ス」トアリ、膠済鉄道交通確保ノ原則ヲ認メ、之ガ細目商議ヲ済南ニテ行フ件ニ就テハ、王ハ、同様、全然別問題ナリトノ主張ヲ繰返シ、此協定発表サレンカ、世界ハ日本ノ意図ニ対シ疑惑ヲ起シ、支那民衆モ、日本政府山東出兵ノ真意果シテ此処ニアリタリト仇スルニ至ルベシト力説シタリ。此ノ如ク鉄道問題ニ触レルコトヲ嫌フハ孫科一派（孫ハ鉄道部長ナリ）ヲ憚リ、到底本件協議ヲ圧シ付クル見込ナキニヨリ、矢田ハ交通確保ノ約ヲナシ得ルヤト問ヒタルニ、王ハ、保障ハ責任ヲ以テ対スベキモ、文書ヲ以テ差出スコトハ出来ズト反対シタルニヨリ、矢田ハ、我方ハ撤兵后ノ保障ニ付、国民ヲ納得セシムベキ何物モナキヲ以テ、我方撤兵シ得ザルべク、済南事件解決ノ望モナキニヨリ引揚グベシト述べタル、王ハ渋々ナガラ右ノ趣何等カノ形式ニテ文書ニ認ムルコト、スベシト折レタリ。

謝罪、処罰、賠償問題ニ関シ、王ノ対案ハ、

(イ)　山東出兵ニ対シ日本ヨリ謝罪スルコト、

(ロ)　五月三日ノ事件ハ、日支委員ヲ組織シ、実地調査ノ上、責任アルト決シタル側ニ於テ謝罪スルコト

(ハ)　賠償ハ相互ニ支払フコト、

(ニ)　賠償額ハ中日委員実地調査シテ査定スルコト。

王ハ山東出兵ニ対シ日本ノ謝罪ヲ要求シタルニヨリ、矢田ハ、用兵ノコトハ陛下ノ大権ニ属スルヲ以テ、出兵ニ付陳謝セヨトイフハ陛下ニ謝罪セヨト云フコト、同様ニ能セル、到底日本国論ノ同意ヲ得難ク、若シ本件ヲ解決セント欲セバ、決シテ本件ニ触レザルコト得策ナルベシト抑ヘタルニ、王ハ、機会アル毎ニ之ヲ繰

返シ、賠償、謝罪ハ相互主義ヲ棄テズ、到底妥協案ヲ得ル望ナキコト明カナリタルニ依リ、此際、無理ニ纏ムルモ面白カラズ、サリトテ全然決裂トスルモ、折角好転セントスル日支関係ノ現状ニ鑑ミ面白カラザルニ付、既ニ決定シタル撤兵及排日取締並膠済鉄道交通確保ニ関スル国民政府ノ保障ノ件ダケハ纏メ置キ、済南事件ソレ自身ハ済南ニ於テ行フコトニ取纏メ置ケバ、日本ガ撤兵スルノ意向モ支那民衆ニ徹底シ、兎モ角済南事件ニ付テモ一応ノ片ヲ付ケルコト、ナリ、本件決裂ノ方ガ日支関係ニ及ボス影響ニ比シ遙ニ有利ナリト思考シ、王ニ其意見ヲ披瀝シタルニ、王モ賛成シナガラ尚出兵ノ責任ヲ云々シタルニヨリ、矢田ハ、今尚出兵ノ責任ヲ云々スルナラ最早帰ルノ外ナシト切言シタルニヨリ、王モ漸ク断念シ、矢田ノ提出通纏ムルコトニ同意シタリ。

事件ノ大要上ノ如シ。二十四日午后、関係者外務省ニ参集、陸軍側ヨリハ撤兵ハ自主的ナルベキヲ主張シ、同夜、外務省ヨリ矢田ニ対シ、矢田ガナシタル交渉ハ日本政府ノ同意スル処トナラザルニヨリ、私案ナリトシテ打切リヲ通告シ、改メテ撤兵ノ声明ダケヲ上海ニテ議スベキ旨打電シタリ。

十一月

二日　張群アタリガ過般来京ノ際、鈴木〔貞一〕少佐ニ語リタル処ニ依レバ、国民政府ハ内閣ノ更迭ヲ見越シ、米国ニヨリテ日本ヲ制スル為、済南事件ハ初メヨリ日本ノ内兜ヲ見透カシ（田中内閣ガ之ガ解決ニ深慮スル為）、ナルベク之ヲ長引カシムルノ方針ヲトリ、又、一方ニハ馮ガ山東ヲ覘ヒタル為、速ニ済南問題ヲ解決スルトキハ、馮ノ手中ニ容易ニ落ツルノ虞アル為、旁々以テ此ガ解決ヲ遷延シタルモノナリトイフ。

松室中佐ノ来電ニヨルモ、支那ハ日本ノ内兜ヲ見透カシ、支那一般ノ輿論ハ強硬ニシテ、今日ノ国民政府トシテハ此輿論ニ抗スル能ハズ、王ノ如キ、寧ロ輿論ニ迎合セントスル態度ヲ採リ、理屈ヲコネ廻シ、誠意ヲ以テ解決セント欲スル意志ト力量ニ乏シトノ意見ナリ。又、満洲ノ商租権、鉄道敷設問題モ、東三省政権ノヌラリクラリノ態度ノ為、解決ノ見込立タズ、対支問題ハ八方塞リノ状態ニアルモノトイフベシ。

五日　トルストイ記念祭ニ参列ノ為、渡露セル昇陸軍教授ガ陸軍省ニ於テナシタル講話ノ要旨。

蘇聯邦ハ経済上ノ破綻ノ為、頗悲観スベキ状態ニアリ。独リ経済問題ノミナラズ社会問題モ頗悪化シアリ。宗教（正教）ハ漸次復活ノ機運ニアリ。

二十二日　作戦資材整備問題ハ省部多年ノ懸案タリシガ、近頃、双方ノ熱心ナル研究ニヨリ、特ニ整備局ヲ陸軍省ニ設ケタル結果、著シク進捗シ、最近、作戦資材整備要項ヲ陸軍省ニテ脱稿シ参謀本部ニ協議シ来レリ。コ、ニ於テ、第一部ハ作戦ノ要求ニ基ク新兵器ノ緩急ヲ定メ、意見ヲ附シテ陸軍省ニ返シ、陸軍省ヨリ更ニ参謀本部ニ本協議シ来リタルヲ以テ、異存ナキモ、新兵器ノ充実ニ関シテハ配慮アリタキ旨ヲ附記シテ返却セリ。
陸軍省ニテモ大臣ハ新兵器整備ニ注意シ、各局長ニ其旨開示スル処アリ。過般局長会議ヲ催ホシ、由来、伏魔殿ノ称サヘアリシ兵器局モ其経費ヲ解放シ、経理局モ要スレバ之ニ容喙シ、要スレバ経理局ノ経費ヲモ兵器局方面ニ転用スベキ途ヲ開キタリトノコトナリ。

十二月

七日　十月頃ヨリ、江蘇、浙江、南京、大冶、漢口附近ヲ旅行セル第二部柴山〔兼四郎〕少佐講話ノ要旨。
1）上海ニ於テ南京政府ノ将来ニ関シ三様ノ見方アリ
1）現政府及要人ガ永続スベシト見ルモノ、奥地ヲ旅行セズ、文献ニヨリ支那ヲ研究セルモノニ多シ。
2）現要人ハ仆ル、モ政府ハ永続スベシト見ルモノ、上海ノ実業家ニ多シ。
3）所詮ハ支那人ナリ、到底、現政権モ要人モ永続セザルベシト見ルモノ、永ク支那ニアリ、数次ノ内乱、其他ニ直面セルモノ多シ。
少佐ガ右ノ意見ヲ聞キテ内地ヲ旅行セル結果ニ依レバ、人民一般ハ苛斂誅求ヨリ国民政府ヲ呪ヒ、孫伝芳ヲ謳歌スルモノ多ク、少佐モ亦悲観論者ナリ。

大冶鉄山ハ北伐デモ其後モ何等排日ノ影響ヲ受ケズ、本年モ四十万屯ヲ搬出シ得ルト。

旅行中ハ若干排日ノ影響ヲ受ケアリ。

浙江ニモ鉄山アリテ埋蔵量二千万屯余、含有量65％、目下、三菱ニテ踏査中トノコトナリ。

二十一日　奉天特務機関長秦〔真次〕少将ハ、過般来召命ニヨリ上京中ナルガ、例ノ張作霖爆死事件ハ、嘗テ綱紀粛正ノ見地ヨリ、当ノ責任タル河本大佐ヲ処罰スベシトノ議、各方面ヨリ起リ、伝ヘラル、処ニ依レバ、首相ハ西園寺公ヨリ要求セラレ、或ハ町野大佐ガ黄白ヲ以テ伊東巳代治男ニ送リ、伊東男ヨリ首相ニ向ヒ、処罰、公表方要求アリトノコトナリ。陸軍首脳ハ、過般来、寄々協議、軍部ノ態度ヲ決定シ、閣議ニ附セラルベシトノコトナルガ、二十一日午后ノ閣議ニ問題トナルベク、閣僚中ニモ之ヲ公表処罰スルニ反対ナルモノ少ナカラズトノコトナレバ、中々面白キ結果トナルベク、村岡軍司令官モ亦、御大礼ヨリ引続キ滞京中ナリシモ、主トシテ之ニ関聯スル処ニシテ、軍司令官ハ一両三日前ニ帰任セルモ、秦ハ、尚、其結果ヲ見ルベク滞京中ナリ。

秦ハ、一昨及昨両日、吉田外務次官ト会見、満蒙問題ニ関シ懇談ヲ遂ゲ、吉田アタリハ、満蒙問題行詰リ、鉄道問題ノ如キ解決ノ曙光ナキヲ以テ、此上ハ相当威力ヲ併用スベシトノ議論サヘ放ツニ至リ、有田モ同様ノ意見ナルガ、秦ノ意見ニテハ、満洲ニ於ケル謀略ハ到底浪人ナドヲ使用スルニシテハ直ニ化ノ皮現ル、実行性ナク、サリトテ、沖〔禎介〕、横川〔省三〕ノ如キ志士ニテハ出先ノ情況ニ暗ク、満洲ニ於ケル謀略ハ先ヅ見込ナシトノ意見ナリ。又、鉄道敷設、土地開発ノ如キ、兵力ノ后援ヲ以テナシ能ハザルニアラザルモ、支那側ノ妨害ヲ受ケ、其煩ニ堪ヘズ、又、英米等ノ関係モアリ、又、材料ト敷設ヲ引受ケタルノミナレバ威力ヲ以テ敷設スル能ハズ、結局、鉄道等ノ問題ハ自然ノ推移ニ任セ、東三省ヲ保境安民ノ見地ヨリ、日支協力シテ之カ勢力ヲ蘇露ニ向ハシムベシトイフニアリ。之ガ為ニハ、先ヅ赤蘇ヲ引入レ、支那ヲシテ白露ヲ支援シテ之ニ対抗セシメ、日本ハ、之ヲ支援スルトキハ経済的提携成リ、鉄道問題ノ如キ自然ニ解決スベシトイフ議論ナリ。理想的ニハ名案ナルベキモ、先ヅ赤蘇ガ之ニ乗リ来ルヤ否ヤガ疑問ナリ、又、之ガ成ルトシテモ、相当ノ年月ヲ要シ、其間鉄道問題等ガ現状ノ侭ニテアルヤ否ヤガ疑問ナリ。

又、秦ノ話シニ依レバ、楊宇霆等ガ近来抬頭シ来レルハ、初メノ政府ノ方針ト違ヒ、山本〔条太郎〕社長ニ首相ガ鉄道問題ノ解決ヲ一任シタル為、町野、松井少将、河野等ト共ニ山本ガ楊ヲ利用シ出シタルニ胚胎スルモノナリトノコトナリ。松岡〔洋右〕副社長ハ楊ニ絶対ニ反対ナルモ、山本ニ圧迫セラレタルモノト見ユ。

二十二日　昨日ノ閣議ニ例ノ張作霖爆死事件ガ提出サレタル由ナルガ、陸相ヨリ、事件ノ真相ヨリ河本大佐ノ責任問題ニ言及説明セシ処、望月内相、原法相ヨリ最強硬ナル反対意見出テ、一体、陸相ハ此事件発表ノ結果ガ如何ニ重大ナルカヲ知ツテ真相ヲ調査セシヤノ質問出テ、他ノ閣僚皆反対ノ態度ニ出デタルヲ以テ、陸相ハ首相ノ命ニヨリ調査シタルモノナル旨ヲ説明シタル処、首相ハ、軍紀維持ノ見地ヨリ之ガ調査ヲ命ジタルモノナリ、此真相ヲ糾明シテ上奏セザレバ、陛下ノ聡明ヲ被フモノナリト述ベタルニ、内相、法相等ハ、軍人ニ限リ闕下ニ伏奏シ、政党等ニ関シ何等上奏セザルハ何故ナリヤト詰寄リ、空気大ニ緊張、海相ハ、軍紀維持ノ必要ヨリセバ止ムヲ得ザルベシト述ベタル外、閣僚全部反対シテ、結局、山本農相、勝田文相ノ口添ニテ尚研究スベシトノコトナリシガ、原法相ハ、此議ノ決着スルマデハ河本ノ行政処分サヘモ見合ハセタキ旨確言シタリトノコトナリ。陸相ガ反対ノ立場ニテアラザルベカラザルニ、却テ文官閣僚ガ反対ナルモ甚以テ異トスベク、又、軍紀維持等、統帥ニ関スル問題ニテ之ヲ閣議ニ諮ルハ甚以テ穏カナラザルコトニシテ、田中内閣ノ如キ武官首相ニシテ動モスレバ軍部ヲ圧迫セントスルハ甚憂フベキ次第ナリ、今後モ此ノ如キコトハ頻発スベク、統帥部ノ大ニ警戒スベキコトナリ。

二十七日　首相ハ爆破事件ニ関シ二十四日闕下ニ伏奏セリト聞ク。二十一日頃ニハ総理ガ伏奏セヨトイフシ、委曲ハ陸軍大臣ヨリ奏上スベシト予定シタルニ、大臣ハ上奏スルコトナク恐懼退出、即、辞職トイフコト、ナルガ、此ノ如キコトハ延テハ内閣ノ瓦解トナルヲ以テ、其后、大臣モ軟化セリト覚シク、何故ニ首相ガ奏上セルヤハ動機不明ナルモ、首相ガ過般西園寺老公ト会見ノ際、相当突込ンデ約束セルラシク、一方、閣僚全部ノ反対ニ遭ヒ、板挟ミトナリテ大ニ困却シアルモノト見ルベク、又、民政党ハ此真相ヲ握シ、内閣ノ責任問題トシ、倒閣ノ具ニ供セントシタル由ナリ。

昭和四年

一月

四日　昨夏、態々、林男ヲ派遣シ、朝野ムキニナツテ問題トセシ東三省易幟問題モ、其後、日本ノ処置徹底ヲ欠キシ為、彼等ノ計画ハ着々進行シ、旧臘二十九日ヨリ東三省ハ帝国ニ無断ニテ青白旗ヲ掲ゲ、同時、張学良ハ東三省政治分会長ト東北辺防総司令、湯玉麟、張作相ハ副司令、国民政府ヨリ任命セラレ、外交問題ニ関シテハ、国民政府ニ従属スルコト、ナレリ。外務省ニテハ、今更手ノ下シ様ナク、林総領事ニハ、此際、抗議詰問等ヲナサズ、暫ク形勢ヲ観望スルトイフ頗以テ無気地《ママ》ナキ訓令ヲ下シタリト（詰問セントスル異見モアリタル由ナルモ、今更詰問スルモ詮ナカルベシトイフ意見ニテ、遂ニ泣寝入トナリタルモノナリ）、コレニテ鉄道問題モ遂ニ有耶無耶トナルベク、黄河鉄橋モ修理ハ一月半ニ完成スルトイフシ、コレ又、支那側ハ有耶無耶ノ裡ニ列車ヲ開進セシムベク、彼一歩、此一歩、逐次退却シテ有耶無耶ノ裡ニ漸次退却シアルモ、彼等ノ反日排貨ハ益々深刻トナリツ、アリ。此調子ニテハ其内ニ変ナ撤兵トナルナクンバ幸ヒナリ。

易幟ニ関スル外務当局ノ弁明ハ、昨年ト今トハ国民政府ノ基礎モ漸次鞏固トナリ、統一ノ気運濃厚トナリ、大勢止ムヲ得ズトイフニアリ。

七日　旧臘二十八日ト三十一日ト一昨五日ト三回、首相ハ床次氏ト会見シタル由ナルガ、床次氏ハ別ニ撤兵ニ関スル具体的意見ハ出サズ、殊ニ五日ノ会見ニ於テ、首相ヨリ、当分現状ノ維持トイフコトヲ明瞭ニ云ヒ切リタリトノコトナリ。

八日　山川（端夫）前法制局参事官アタリノ意見ハ、山東駐兵ハ日支ノ関係ヲ険悪ニスルノミナルヲ以テ、内政的ニハ具合悪シキモ、国際関係ノ必要ヨリ今撤兵スルガ可ナリトイフニアリ。今デモ遅カラズトイフ意見ナリ。

二十一日　芳沢公使ハ日支交渉ヲ打開ノ為、上海ニ赴キタルガ、初メ首相ハ公使ニ打開ノ為、公使ノ出馬ヲ依頼シタル処、公使ハ、自分ノ思フ通リヤラセテクレ、バ引受ケテモヨシトノコトニ、首相モ之ヲ請合ヒタリトノコトナリ。其条件トシテ、過般来省部間ニテ案ヲ作製シテ研究中ノ処、撤兵ノ条項ニ於テ、外務省ノ原案ハ、文書交換后二ヶ月以内ニ撤兵トイフコトニナリアリタリ。然レドモ、此ノ如キハ軍部ノ威信ニモ関シ、自主的撤兵トイフ既定方針ニモ反スルモノナルヲ以テ、軍部ハ、撤兵開始ハ彼等ノ治安維持ノ治績ヲ見タル上行フトイフ但書ヲ附スベキコトヲ強硬ニ主張シタル処、十五日夕、次長、芳沢公使ニ面談、撤兵期ヲ三ヶ月トナストイフガ如キ、諾々タル申合セヲナシタル為、次官ノ如キハ、折角局長、部長ガ外務省会議ニ出席シアルニ、次長ガ此ノ如キ申合セヲナスハ奇怪ナリト憤慨シタリトノコトナルガ、兎ニ角、此ノ如クニテハ自主的撤兵ノ主旨ニ反スルヲ以テ、十六日更ニ次長ノ再考ヲ促シタル処、折ヨク有田亜細亜局長、第二部長ノ処ヘ来リタルヲ以テ談合シタルガ、芳沢公使ハ、但書附キニテハ任ニ当ルコトヲ御免蒙リタク、直路北京ニ帰ルベシトノコトナリトノコトナルガ、尚、主張シテ有田モ遂ニ屈服シテ帰リタリ。

然ルニ、芳沢公使ハ到底但書附キニテハ聞キソウニモナク、又、軍部トシテモ此意見ヲ枉グル能ハズ。恰モ当日午后三時半ヨリ大臣官邸ニ開カレタル軍事参議官会議ニ、次長、次官ガ立会ヒタルヲ以テ、コレニテ軍部ノ意見ヲ定メ、軍部トシテハ但書附ヲ希望スルモ、昨年政府ハ自主的ニ出兵シタルヲ以テ、撤兵モ亦自主的ナラザルベカラズ。此両者ノ主旨一致セザルコトハ政府ニテ責任ヲ取ルベシトノコトニ議決シ、閣議ヲ開クコトハ、芳沢ガ同夜出発スル関係上、時間ナキヲ以テ首相ノ決裁ニ待ツコト、シ、有田ガ観劇中ノ首相ノ処ヘ行キ、決ヲ乞ヒタルニ、首相ハ例ノ通リ、オラノ腹ニアリ任セテ置ケ、但書ヲ取テ芳沢ニ渡スベシトノコトニ、遂ニ、但書ヲ取テ芳沢公使ニ手交シ、コレヲ以テ芳沢ハ同夜出発シタル次第ナリ。

二十一日　東三省時局ニ関シ、関東軍司令官ヨリノ意見具申次ノ如シ。

i）　東三省ハ学良ヲ主体トシ、張作相ノ合作ニ依リ当分小康ヲ維持スベシ。

ii）　易幟ノ結果、逐次国民党々部ノ実勢力東三省ニ浸潤シ、三省ハ南方化シ、排日的態度濃厚トナルベシ。而シ支那本部ニ動乱アル場合、東三省ハ蔣派ニ対シ兵器及財政援助ヲ行ハザルヲ得ザル羽目ニ陥リ、保境安民ノ主義ニ累ヲ及ボスノ虞アリ。

iii）　張作相ハ、当分現状ヲ保持シテ三省ニ隠然重キヲナシ、将来支那本部ノ動乱ニ際シテモ、東三省ノ保境安民的態度ヲ主張スルノ公算アリ。日本ハ一層彼ノ援護ニ意ヲ用ユルノ要アリ。

iv) 孫伝芳ノ裏面的策動ハ将来注意ヲ要ス。

v) 東三省ニ於ケル日本ノ権益確保ハ勿論、満蒙問題懸案解決ノ為ニハ、南方ト東三省政権トノ関係上、時日ノ遷延ト共ニ益困難トナルベキヲ以テ、日本ハ南方ヲ抵制スルト同時ニ、既定ノ方針ニ基キ、奉天政権ニ対シ迅速且強硬ニ交渉ヲ進メ、彼等ヲシテ術策ヲ廻ラスノ遑アラシメザル如クスルヲ要スルモノト認ム。

二月

三日　芳沢公使ハ訓令ヲ持ツテ上海ニ至リ、続テ王外交部長ト会見、済南事件ノ交渉ヲ開始セルガ、今度ハ支那側モ相応ノ誠意ヲ見セタルモ、陳謝問題ニ関シテハ彼ハ飽迄対等ヲ固持シテ下ラズ。此ノ如キ強硬ナル理由ハ、昨年、張群ガ大演習見学ノ為来朝、首相ニ面会シタル時、首相ハ、東三省問題ノ優先ヲ南方ガ認ムルナラバ、済南事件ハ対等ニテ解決スベシトイフガ如キコトヲ張群ニ述ベタル為、之ヲ質トシテ強硬ニ主張スルモノニシテ、無責任ナル放言ニハ驚カザルヲ得ザルモ、芳沢モトウ〳〵閉口シ、陳謝ニ関スル解決案トシテ、

第一案　陳謝ハ口頭ニ止メ公表セズ、之ヲ議事録トシテ止ムルコト、

第二案　済南事件ノ責任何レニアリキハ日支共同委員ニテ調査ノ上、決定ノコト、

第三案　日支両国政府ニテ同一文句ノ声明書ヲ発スルコト、

而シテ、芳沢ハ右三案中、第三案ガ致方ナカルベシトノ意見ニシテ、昨二日、部局長会議ヲ開キ、外務省モ亦、第三案ヲ致方ナシトスル訓令案ニ関シ付議シ、種々論議出デタルガ、軍部トシテハ飽迄既定ノ条件ニテ陳謝ヲ要求セザルヲ得ザルモ、大臣ガ閣議ニテ職ヲ賭シテマデモ争フベキ程ノ問題ニモアラズ。然ラバ以上三案ヲ承認セザルベカラズ、而シテ、三案中、第三案ヲ主張シ、少クモ出兵ノ責任ガ我ニアルガ如キ誤解ナカラシムル様、声明文ヲ改メ、且、ナルベク第一案ノ陳謝ヲ要求スルヲ望ムトイフコトニ決定セリ。

次デ閣議アリヌトノコトニテ、閣議ニテ中橋〔徳五郎〕

商相ノ如キ、第三案ニテ致方アルマジトノ意見ナルガ、小川鉄相ノ如キハ第一案ノ陳謝ヲ必要トシ、中々纏マリ相ニモナキ処へ、陸軍案ヲ提出シタル処、閣議ハ之ニ賛成シテ之ニ決定シ、本夜、芳沢公使ニ回訓セリトノコトナリ。コレデ纏マラザル様ニテハ、我ヨリ陳謝スルノ外ナク、撤兵モ或ハ急転直下的ニ解決スルニアラズヤト判断セラル。

六日　済南事件交渉ハ予想ノ如ク急転直下シ、四日徹宵、芳沢、王正廷交渉ノ結果、三日夜回訓ノ通リ解決シ、昨夜外務省ニモ公報取揃ヒタリトノコトナリ。但、陳謝ハ第一案、第二案ノ合成ニテ出来上リ、加モ第一案ノ口頭陳謝モ殆対等トナリ、損害賠償委員ノコトハ田中外相モ放擲シテ可ナリトノ意見ナルガ、先方ニテ主張スルヲ以テ、強テ之ニ反抗シテマデモ放棄スルノ必要ナカルベシトノ外務側ノ意見ノ由ナリ。

七日　日支交渉、第一案陳謝ノ平等ハ問題ヲ惹起シ、昨日宮中ノ軍事参議官会議ニテ上原元帥、宇垣大将ヨリ陳謝ノ相対ヲ非難シ、例□、日本軍ガ五月済南ニ於テ止ムヲ得ザル取リシ行動ノ為、支那人ニ生命財産ノ損害ヲ与ヘタルハ遺憾ナリナド述ブルガ如キハ軍ノ威信ヲ損ジ、今迄国軍トシテ例ノナキコトナリトテ非難シ、大臣ハ之ハ閣議ノ決定ナリト陳弁シタル由ナルガ、芳沢公使ノ報告ニモ第一案ノ陳謝ハ全ク平等的ノモノニテ、何等差別ナキヲ以テ、本日部内ニテ会議ヲ開キ、第一案ヲ取消スヲ要スル旨決議シ、本日午后、大臣ハ議会ニ赴キ、不在ナレバトテ次官ヲ総長室ニ招キ、

1. 差別陳謝ハ軍部トシテハ切望スルコトニシテ、若シコレガ出来ザレバ第一案ハ取消スヲ要スル旨、大臣ヨリ閣議ニ申出ヅルコト、

2. 軍事参議官ニ対シテハ、今ノ空気ハ全ク平等ノ陳謝ラシク、之ニ就テハ軍部トシテハ同意シアラズ、依テ大臣ヨリ閣議ニ第一項ノ意ヲ申出タルコトヲ通告、諒解ヲ得置クコト。

又、調印前ニ総理、総長ガ上奏スベキ形式ニ関シ、撤兵期日ヲ総理ヨリ上奏スルコトハ大権ノ侵犯タルヲ以テ、総理ハ単ニ撤廃ノ旨ヲ上奏シ、其期日等ハ総長ヨリ上奏スベシトイフ当部ノ主張ニ対シ、陸軍省ハ之ニ反対シアリシガ、本日、次長〔南次郎〕、次官〔阿部信行〕会合ノ結果、

1. 協定ニ二ヶ月トイフ日数ガカイテアレバ、総理

ハ之ニ依リテ日支交渉ガ成立シタルコトヲ上奏シテ撤兵ヲ奏請ス、

2. 協定ニ記載ナキトキハ期限ハ総理トシテハ云ハル、必要ナシ、単ニ撤兵ヲ奏請シ、期日ハ総長ヨリ上奏ス、

右ノコトハ次官ヨリ向フヘ打合セヲナストイフコトニ決定セラレタルニ、第一項ニテハ尚不十分ナリト思ハル。

十二日　過般、鈴木〔貫太郎〕軍令部長ガ新加藤〔寛治〕部長ト交代ノ際、対乙作戦〔対露〕ハ支那ノ中立ヲ侵害スルコト、ナリ、進テ対甲作戦〔対米〕ノ成立ヲ見ルニ至ルベキヲ元部長ハ心配シアル由、新部長ニ申送リ、尓后部長ハ、カ、ル心配スルナラバ、此交代ノ時機ニ於テ話ヲ持出シテ見ルガ宜カルベシト百武〔源吾〕第一班長ニ述ベタル為、阿武〔清〕第一課長ハ、海軍側ニ於テハ、対乙作戦ハ支那ノ主権ヲ侵害セザル場合ニ限リ行フベキ旨ヲ、第一班長ト余トノ間ニ覚書ノ形式ニ於テ交換シ置キタシトノコトヲ申来リタル由ナリ。之ニ対シ、今井〔清〕第二課長ハ、自衛ノ見地ヨリ対乙作戦ハ実施スベク、対数国作戦ニ於テ、対乙作戦ニ於テ中立侵害ハ状況ニ依リ政戦両略ノ関係ヨリ判定スベキ旨ヲ答ヘ置キ、別ニ覚書等ヲ交換スル必要ナカルベキ旨答ヘタル由ナルガ、今日、余ハ第一班長ヲ訪ヒ、右ハ両課長ノ間ニ諒解アル様ナラバ、別ニ覚書トナスガ如キ必要ナカルベキ旨ヲ答ヘ置キタルニ、第一班長モ之ニ同意シ、昭和五年度計画ニ於テ、何トカ此意味ヲ現ハシ得ベキ文句ヲ入ル、コトガ出来レバ好都合ナリト述ベタルヲ以テ、余ハ、何レモ研究スベシト答ヘ置キタリ。

要スルニ、海軍側ガ数国作戦ヲ認メザルコトハ年来ノ伝来的考察ニテ、鈴木旧部長ノ心配モ亦支那ノ中立侵害ノ為、恰モ欧州大戦ノ如ク米国ナドノ戦争加入ヲ恐レタルニ外ナラズ、而シテ、此支那中立侵害ニ関シテハ参謀総長モ相当心配シタル様ナレド、次長ノ如キハ、対乙作戦ハ支那ノ中立ヲ侵害スベキコト当然ニシテ問題トナラズト、頗進ンダル単純ナル考ヘヲ持チ居ラル、様ナリ。

十三日　日支済南交渉ハ、支那ガ賠償共同調査委員ヲ要求シ、我ガ賠償棒引ヲ主張セルニ対シ、交渉停頓シタリシガ、芳沢公使ヨリ請訓アリ。

議定書中ニ、済南事件ノ責任問題ヲ全然離シ、人道上ノ立場ヨリ個人ノ損害ヲ賠償シ、其賠償ハ、軍隊、便衣隊ノ行動ニヨリ生ジタル範囲ハ議セズ、全ク個人ノ損害ノミヲ調査シ、共同声明書ニ右ノコトヲ記述シ、責任問題ハ全ク棒引トナシテハ如何トノ請訓ナルガ、元来、賠償問題ハ軍部トシテハ初メヨリ之ヲ外務省ニ任セタルモノナルヲ以テ、今更賠償問題ニ関シ彼是云フハ適当ナラザルヲ以テ、唯、共同声明書ニ之ヲ記スルコトダケニ反対シ、其他ハ之ニ異存ナキ旨ヲ外務側ニ回答スルコト、シ、部局長会議ニテ決定セリ。

但、過般ノ軍事参議官会議ニテ上原元帥、宇垣大将ヨリ、我軍ハ未ダ嘗テ用兵ノ結果ヨリ生ジタル損害ニ関シ賠償シタル先例ナキ旨議論アリ、軍部トシテハ甚尤モナル意見ナルヲ以テ、以上ノ意見ニ注意トシテ、右、上原元帥、宇垣大将ノ意見ト、又、議定書ニ済南責任問題ヨリ引離ストアルモ、毫モ之ニテ帳消シトナルコトヲ意味シアラズ、必ズ将来ニ於テ軍部ノ責任問題ヲ引起スベキ旨ヲ注意シ置クコト、セリ。

責任問題ハ過般ノ軍部ノ申出モアリ、閣議ニ附シ、一応色別アル陳謝ヲ要求スベキモ、出先ノ関係到底之ヲ許サザルニ於テハ、第三案ノ棒引キトナスベシトノ訓電、過般、芳沢ニ発セラレタリトノコトナリ。

済南事件モ変ナ結果トナリ、軍部ノ立場トシテハ将来ノ禍根ヲ貽スモノ多々アリ、何レモ軍部トシテ強硬ナル意見ハ貫徹セラレズ、政略出兵トテ致方ナキコトナガラ、余ノ立場トシテ甚面目次第モナキコトナリ。

十七日　済南交渉成立シ、撤兵ノ場合、二ヶ月期限問題ハ大権事項トシテ是非共総理ノ上奏ト切離シ上奏セラルベキモノニシテ、一般ニ形式論トシテ大ナル問題トナサヾル模様ナルモ、統帥権ニ関スル問題トシテ第一部ハ是非共之ヲ明確ニセザルベカラズ、依テ、本日、総長ノ私宅ヲ訪ネ、二ヶ月期限ノ問題ヲ能ク説明シ、単ニ事前ノ上聞ニテハ其決定権ハ矢張総理ノ手ニ存スルコト、ナリ、又、協定文書中ニ明記セラレ、首相ガ之ヲ持テ上奏スルトキハ、即二ヶ月云々ノ大権事項ノ決定権ヲ首相ニ委スルコト、ナリ、具合悪シキ旨ヲ能ク説明シ置ケリ。

十八日　過般ノ芳沢ニ対スル回訓ハ外務省ニテ研究ノ上、賠償問題ハ共同調査トナストモ、其期限ヲ撤兵期タル二ヶ月以内ニ打切リ、ソレマデニ調査ナルトキハ、日本側ノ損害ハ日本、支那側ノ損害ハ支那側ニテ支払フ様、内密ノ協定ヲ遂ゲ、共同声明ニハ犠牲云々ノ文句ヲ除キ、責任問題ハ打切リテ相殺トナスコトニ閣議ニテ決定、一昨十六日夜、回訓ヲ発シタリトノコトナリ。

二十一日　過日、総長ガ交代命令上奏ノ席ニ、済南撤兵ニ関スル二ヶ月ノ期日ニ関シ上奏セントスル件ニ対シ、第一部トシテハ上奏案トシテ、

済南事件ニ関スル日支協定成立シ、撤兵セシメラル、場合ニ於テハ、山東派遣部隊ハ右協定効力発生ノ日ヨリ二ヶ月以内ニ青島出港、内地ニ帰還セシメラレ度

トイフ上奏ノ形式ヲ採ラントスルニ対シ、総長、次長申合ノ上、末尾ヲ「内地ニ帰還セシムル準備ニアリマス」右謹ンデ上聞候也トイフ上聞ノ形式ヲトルコトニ緩和シ、尚、上奏前、武官長ニ謀リタル処、武官長ハ、済南事件未ダ解決セズ時機尚早ナリトノ意見ニテ、遂ニ上聞モナサヾリシトノコトナリ。尚、武官長ハ、先年ノ樺太撤退ノ際、加藤総理ガ総長ヨリ先ニ上奏セル事実ナシト云ヒタル由ナルガ、コレハ、当時、河合総長ガ直話セラレタル処ヲ聞キタルコトニシテ、余ニモ記臆アリ。今回モ亦総理ガ先キニ上奏、御裁可ヲ受クル形式トナルヲ憂フ。

二十四日　済南ヨリ高岡民団長〔正確には居留民団行政会長〕、清水経済会長、低利資金借入運動ノ為上京ノ序、来訪、要談ノ要旨。

1）五三紀念日ニハ何カ事ガ起リソウニシテ、居留民トシテハ頗不安ナレバ、ソレマデハ是非共駐兵セラレタシ。

2）藤田総領事ノ意見ハ頗強硬ナルモ、軍部デハ二十支里内ニ支那南方機関ヲ入レントスルガ如ク軟論ナリ。

3）済南事件交渉ノ条件トシテ保障占領ノ如ク、一部ノ兵力デモ駐兵セシメラレタシ。

4）居留民ハ婦女子ハ青島ニ引上ゲ、或ハ内地ニ帰還セシメアリ。

5）済南等ヨリ何等ノ声ナキハ満足シテ居ルニアラズ、疲弊シテ運動費ナキ故ナリ。我等ノ上京モ運動費ノ関係上コレガ最后ナルベシ。

彼等一流ノ勝手ナル申条ナルガ、藤田ガ中央部ノ方針

ニヨリ動キナガラ、表面強硬ヲ粧ヒアルハ、甚以テ怪シカラヌコト、云フベシ。

三月

二十七日　日支交渉モ遂ニ曲リナリニ纏マリ、去二十四日上海ニテ王ト芳沢ニテ仮調印ヲ了シタルガ、豫テ問題トナリアル撤兵期間ニ関スル総長ノ上奏ハ、月初メ次長ガ総長ノ代理ニテ参内ノ際（恰モ余ハ壱岐出張ニテ不在中）豫テ準備シ、武官長ノ意見ニテ見合ハセタルモノヲ上聞シタリトノコトナリ。此上聞ノ際ニモ陸軍次官ニモ文句アリ、二宮第二部長ガ次長ノ使ニテ次官ノ処ニ依リ、議論ノ結果、上聞ダケハ漸ク同意シタリトノコトナリ。而シテ、参謀本部トシテハ、第一部ノ主張ニ依リ、調印前ニ是非共上奏御裁可ヲ給ルノ意見ニ同意シ、総長、次長モ其気ニナリタルガ、再ビ之ヲ陸軍次官ニ諮ルトキハ、又モ問題トナルベキヲ恐レ、軍務局長ニハ知ラヌ振リヲシテ呉レトノ了解ノ下ニ上奏セント計画シアリタル処、二十五日ニ至リ、遂ニ局長ハ之ヲ次官ニ報告シタルラシク、次官ハ次長ノ処ニ来リ、談判ノ結果、何事ゾ、次長ハ遂ニ次官ニ説得セラレ、調印后ニ上奏御裁可ヲ仰グコト、ナシタル旨、次長ヨリ余ニ話アリ。余ハ調印后ノ御裁可ニテハ何等意味ナシ、ソレナラバ上奏ヲ取止ムベシト進言シタル処、二十六日ニ至リ、今度ハ陸軍省側ヨリ調印前、御裁可ヲ仰ガレタシト申出来リ、軍務局長、次長ニ面会、次ノ如ク決定シタリ。

1. 二十七日午前中、総理、協定ノ御裁可ヲ仰グ。
2. 引続キ、総長、撤兵期間ニ関シ上奏、御裁可ヲ仰グ。
3. 右、御裁可終レバ、此旨、陸相ヨリ外相ニ通知ス。
4. 外相ヨリ、調印スベキ旨、芳沢ニ電報ス。
5. 調印后、奉勅命令ノ御裁可ヲ受ク。

コレハ初メヨリノ案ニシテ当然ノコトナルニ、途中、感情上ヨリ次官ガグズ〳〵云フニ、次長モ此大権事項ノ初メヨリ重キヲ置カズト放言シ、ヂク〳〵陸軍次官ニ翻弄セラレ、昨日ハ次官ニ屈服シナガラ、今日ハ掌ヲ返スガ如キ彼ノ態度ヲ唯々承認スルガ如キ無定見ノ甚シキモノニテ、此ノ如キ大権事項ハ陸軍省アタリヨリ容喙セシムルガ抑ノ誤リナリ。又総長モ、初メヨリ儼然トシテア、スルコウスルト決定セラルレバ可ナリシナリ。
本日、林奉天総領事、次長来訪、其言ナリトイフヲ伝聞スルニ、
満蒙鉄道問題ハ政府ノ訓令ニ基キ、満鉄主トシテ之ガ折衝ニ当リ、総領事ハ側面ヨリ之ヲ支援スベキモノナルニ、張派、土肥原、松岡等ガ学良ニ翻弄セラレ今日マデ遷延セリ。五月十五日マデニ起工セザレバ条約ハ無効トナルベキヲ以テ、条約ニ基キ測量隊ヲ出シ、総領事ノ職責トシテ其護衛ヲ支那側ニ依頼シ、支那側ガ聞カザレバ我警官ヲ以テシ、其后援トシテ兵力ヲ使用セザレバ達成困難ナリ。依テ、政府トシテハコレダケノ決心アルニアラザレバ鉄道問題ハ到底達成望ミナシ、又、南京政府ヲ対照《ママ》トスルコトハ実現到底困難ナリ（話ガ新ラシクナル故）、而シテ今断然タル決心ヲナサズ有耶無耶トシ、条約ヲ御流レトナスガ如キコトアラバ、彼ニ全然我足許ヲ見ラレ、満蒙ニ於ケル我権益ヲ根底ヨリ覆ヘサルベシ。
又、昨日、松岡ガ次長ヲ来訪シタルトキノ言ニヨレバ、松岡モナルベク平和ニ解決シタキ様努力シタルモ、今日ニ至リテハ少シク怪シクナリタリト言ヒ居リタル由ナリ。

二十九日　日支交渉ノ調印、昨二十八日午前十時正式終了。午后四時半、総長参内、撤兵命令ノ上奏、直ニ御裁可。同日午后六時協定ノ一部ヲ公表セルガ、損害賠償相殺、膠済鉄道ノ車輌流用防止、日本人採用（鉄道主ハ鉄道ノ理事長ナルヲ以テ、別ニ考慮スルコト、ナル）、青島特別市制等、条約上ニ規定セル事項ノ実施ハ撤兵ト引離シ考慮スルコト、排日排貨ハ中央党部ヨリ地方党部ニ命令シ、其実行シタル旨ヲ日本政府ニ通達スル旨等ヲ規定セル議事録ハ公表セズ。コレニテ日支交渉ハ曲リナリニモ纏マリタルニ、実行ニ幾多ノ懸念ナキヲ得ズ。

四月

十七日　山東、３Ｄノ撤退ハ予定ノ如ク三週間ノ準備期間ニ諸般ノ準備ヲ終リ、十八日ヨリ済南撤退ヲ開始スル筈ノ処、南京中央政府ハ、孫良誠宛、中央政府ノ命令ナクバ接収スベカラザルコトヲ命令シ来リ、茲ニ撤退ニ一頓挫ヲ来シ、３Ｄ長モ亦、居留民保護ノ見地ヨリ今撤退スル能ハズ御考慮ヲ乞フ旨申来リタルヲ以テ、

（左欄）

〔昭和四年三月二十九日
新聞切り抜き〕
済南事件協定に関する
日支の交換公文発表

中央部ニ於テモ止ムヲ得ズ一時延期スルコト、シ、此旨３Ｄ長ニ打電スルト共に、総長ハ撤兵延期ノコトヲ上聞ニ達スル為参内、御前ニ出デタル処、陛下ニハ、考慮シ置クト宣セラレ、次デ田中総理ヲ召サレ、御下問アリ。其後、総務部長、侍従武官長ノ許ニ至リ、御沙汰ヲ待チタル処、先程ノコトハ聞届クト御下命アリタル由ナリ。済南事件上奏等ノ行サツモアリ、陛下ハ新聞ヲ全部御覧ニナルトノコトナレバ、此辺ノ消息ハ御存ニテ田中首相ヲ召サレタルモノナルベシ。田中首相ハヨホド手強クヤラレタルモノノ如ク、退去シテ、陛下ハ、タゞ〳〵明治天皇ニ御似ナリトテ周囲ノモノニ洩ラシタリトノコトナリ。

二十五日　山東ニ出張セシメタル塚田〔攻中佐〕、帰京報告ノ要旨。

1) 済南領事ハ人民ノ意ニ迎合シ、自分ガ責任ヲ負フテ居留民ヲ保護スルト云フガ如キコトナク、只管師団ノ延期ヲ懇望シアルコト。
2) 師団ハ冬服ノミナリ。
3) 糧秣ハ青島ニ五十日分、泊線ニ二十日分アリ。
4) 弾薬ハ一会戦分ヲ有ス、糧秣、弾薬ハ心配ナシ。
5) 延期ニテ三年兵ハ大ニ失望セリ。
6) 下級ノ居留民ハ昨年ノ五月三日事件ニテ、腹ヲ肥セシタルニ味ヲ占メ、今回モ避難ニヨリ何程カ有リツキ、且、青島ニ桜見物ニ行カントスルモノナリ。
7) 延期ニ関スル意見具申ハＤ長ノ発意ナルモ、居留民ニ動カサレタルコトハ明カナリ。
8) 撤兵延期ニ関シテハ、佐藤〔三郎〕大佐ト中央部トノ間ニ一脈相通ズルモノアリタルヤニ感ゼラル。

五月

三日　米国在勤大使館武官補佐官タリシ楠木〔延一〕大尉

ノ帰朝報告ノ要旨。

1)　米国ノ陸軍航空方策、
　陸海軍分立主義、防軍主義、
　　空防方針、海上海軍、沿岸陸軍、
　　陸軍ノ海岸ヨリ離ル、行動半径、２００哩。

2)　航空兵力ノ二分一ヲ予備トシテ中央ニ控置ス、其予備ノ移動ニハ四、五日ヲ要ス。

3)　飛行機ハ我ヨリ優秀。攻撃機ヲ有ス。
　重爆機ノ外ハ制式決定（財政議決ヲ処理シ了レリ）

4)　能力ハ優秀ナルモ戦術的ニハ尚下手、殊ニ地上部隊トノ連合ハ訓練不十分ナリ。
　陸海軍飛行機ノ協同演習ハ不十分ナリ。

5)　操縦者ハ徹底的ニ教育ス。

六月

二十一日　六月十八日外務省ニ於テ、関係各省次官、外務省局長、正金、三井、三菱、大倉、大阪方面ヨリ紡績、日清汽船会同、通商条約問題協議会ニテ実業家側ヨリ出デタル意見。

1)　徹底的ニヤルコトハ排日排貨ノ取締リナリ。之ヲ明ニシタル后ニ交渉ヲ開始セラレ度。

2)　交渉ヲ進ムルニ方リテハ、列国ト十分協調ヲ保タレ度。

3)　内地ヲ解放シ、内地ニテ企業ヲナシ得ルコトヲ認メシメラレ度。

4)　治外法権ノ問題ニ就テハ、支那ガ其法権ヲ確立シ、邦人生命財産ノ保護ノ実績ヲ見タル上ニテ撤廃スルコト、サレ度。

5)　関税自主権ヲ承認ス。
　但、特殊ノ品ニ対シテハ互恵税率ヲ認メシムルコト。

6)　釐金税、其他、国内税ヲ止メシムルコト。

7)　此協定ノ期間ヲナルベク長クシ、少クモ十年トセラレ度。

8)　内地ニ於ケル通商企業ニ対シ、特別軍税ノ際ハ、他ト差別待遇セザルコト。

9)　沿岸貿易、内地航行権ハ現在ノ通リトセラレ度。

10)　最恵国条款ヲ保留スルコト。

七月

十日　過般ノ大阪ニ於ケル国家総動員演習ニ際シ、大阪実業家連ノ洩セル意見ニ依レバ、
戦時軍需資源ノ海外ヨリノ供給ハ、海上交通ノ杜絶等ハ危険ヲ冒シテ輸入スル等、何等カノ方法アルヲ以テ大ナル問題ニアラズ、問題ハ金ニ存スト。

味フベキ言タラズンバアラズ。

過般ノ政変ニ依リ浜口内閣成立ニ伴ヒ、内閣ハ金解禁ヲ行フ為、極力財政緊縮ヲナシ、従テ来年ノ新規要求ハ一切ナサヾルトノコトナリ。

陸軍ニ関シテモ亦、宇垣陸相ハ経費節減ノ研究ハ別トシテ、陸軍ハ各方面行ツマレルヲ以テ建直シヲ行ハザルベカラザル意見ヲ有シ、例之、歩兵大隊ヲ三中隊、MG〔機関銃〕一中隊トナシ、歩砲兵ハ之ヲ同一編制内ニオカザルベカラザルモ、工兵、騎兵等ハ平時編制、特ニ練兵場等ノ関係ヨリ、必ズシモ同一編制ニ置クノ必要ナク、又、輜重ノ如キモ、現ニ朝鮮ハ、19、20DハT〔輜重兵〕ナキヲ以テ、平時考慮ノ要アリト云ヒアル由ナレバ編制改正ノ議起ルベク、参謀本部ニ於テモ、八日午后、部長会議ヲ開キ、建直シノ見地ヨリ所要ノ研究ヲ行フコト、シ、先ヅ、部長会議ニテ大綱ヲ持ヨリ審議スル様申合セタリ。

十一日　東支鉄道ニ関シ、奉天側ハ従来機会アル毎ニ該鉄道ニ関スル露側ノ権利ヲ回収シアリシガ、本日、突然兵力ヲ以テ哈市ノ東支鉄道管理局ヲ包囲シ、局長エムジャノフヲ罷免放逐シ、其他多数露人幹部ヲ放逐シ、支那人ヲ以テ代ヘ、晴天ノ霹靂ノ如ク断行シタル御手並甚鮮カナリ、之ニ関シ種々ノ観察アリ。在露アタッセ小松原〔道太郎〕中佐ハ、日本ノ近来ノ対外策ニ鑑ミ、露国ハ日本ノ干渉ナキモノト見究メ、或ハ之ニ対抗シテ起ツベシトイフ。在哈市沢田〔茂〕中佐ハ、今回ハ露国側ニテ屈シ、日支関係紛糾セル機会ニ於テ露国ハ之ヲ奪回スルノ手段ニ出ヅベシトノ判断ナリ。余ノ見ル処ニテハ、露国ハドウヤラヤリソウモナキ様ニ感ゼラル。

十八日　昨十七日正午、宇垣陸相ハ外〔戸〕山学校集会所ニ在京在郷将官ヲ招待シテ披露宴ヲ開キタルガ、席上、近来、新聞紙ニ散見スル陸相ノ軍縮意見ハ、宣伝或ハ脅シ文句ニ過ギズ、余ハ今迄、国防ニ欠陥ヲ及ボサヾル程度ニ於テ緊縮ヲナスコトハ敢テ、他省ニ後ルモノ

ニアラズトノ意味丈ケヲ公表シタルニ過ギズト、弁明的挨拶ヲナセシモ、現ニ、過般、□□辛酉倶楽部ノ連中ニハ、軍縮ハヤルサ、軍事訓練ヲ向上シテ在営年限ヲ一年ニ短縮スベシナドノ意見ヲ公言シ、又、近頃、日々其他ノ新聞ニ現ハル、コトハ、或ハ大臣等ヨリ瀬踏的ニ洩ラシタルニアラズヤト思ハル、節アリ。

陸軍省ニ一ノ委員ヲ儲ケテ此根本建直シヲナスノ儀ハ、軍事課ナドニテハ反対シアリ、又、ウッカリスルト参謀本部ニテナスベキ根本方針ヲ、陸軍省アタリヨリ先鞭ツケラル、ガ如キコトナキ様、数日前、余ヨリ次長マデ申出ヲキタルガ、愈々委員ノ編制ヲ見、林〔桂〕少将ガ井染〔禄郎〕ノ后ヲ襲フテ調査委員長トナリ、其下ニ委員トシテ山下、石本、酒井、粟飯原ノ面々ヲ集メ、現調査委員ノ懐トシテ編成スベシトノコトナリ。昨十七日、余ヨリ次長ニ、此国防兵力ニ関シ、何カ大臣ト総長トノ間ニ話合ヒアリタルヤト問ヒタル処、全クナシ、又、次長ヨリ、総長ニハ意見ヲ聞キアラズトノコトナルニ付、更ニ余ヨリ、総長、次長ハ戦時兵力ヲ減ジテモ差支ナキ意見ナルヤト念ヲ押シタル処、次長ハ其意見ハ別ニ決定ノモノニアラズ、要ハ、優良装備トスルトキハ、戦時兵力ヲ幾許マデ減ズルコト、ナルヤノ標準ヲ知リタシトノ回答ナリキ。然レドモ、林ノ言ニ依レバ、大臣、総長トノ間ニ、委員編成ヲ以テ総員削減トイフ見地ニアラズシテ軍ノ建直シヲ研究スルコトハ話合ヒアリタリトノコトナリ。又、此委員会ハ明年度ノ予算ニ問ニ合セヨウトノ希望ハ有シアラズ、六年、七年ニ於テ之ヲ実行シタシトノ目途ニテ研究スベシトノコトナリ。

十九日　露支ノ関係大分緊張シ、早クモポグラ（ニチナヤ）ニテ両軍衝突シタリナドノ新聞報アリ。カラハンハ酒匂ニ、十六日国境ニ軍隊集中ヲ全シタ旨語リタル小松原報ナドアリ。今度ハドウナルヤハ一寸見当付カザルモ、結局、支ガ交渉再開位ガ落付ク処ナラザルヤ軍部トシテ此際沈黙ヲ守リ、政府ノ要求ナキ以上、決シテ盲動スベカラズ。又、政策的意見具申ガマシキコトハ一切ナサヾルガ最必要ナルベシ。

今日、百武〔源吾〕第一班長ヲ訪問、過般、来談アリタル海軍々縮案〔補助艦艇、最小七割案〕及太平洋防備制限問題〔触レザルコト〕ニ対スル回答ヲナシオキタリ。其節、第一班長ノ話ニヨレバ、対米作戦ハ現況到底直ニ実施スル能ハズ（特ニ弾丸ノ準備ニテ）、又、軍備制限ヲ受ケタル暁、保有兵力ガ一定ノ範囲ニ達スレバ、即、制限外ノ第二線ニ使用シ得ル兵力ガ保存シ得レバ、又、軽巡以下、駆逐艦、潜水艦等ガ、我作戦ヲ実行シ得ベキ自主的数量ヲ保有シ得レバ、現計画ノ作戦ヲ実施シ得ルモ、コノ□□ニ□□ルトキハ、現用兵綱領ハ考慮セザルベカラズトノコトナリ。

二十二日　露支関係ハ依然緊張シアリ。関東軍ヨリ関東庁、満鉄等トモ連絡ノ関係アリ、政府ノ決心承知シタシトノ申出アリタルモ、実際、政府ニモ未ダ其決心ハナカルベク、陸相、総長等、防空演習ニテ不在ニ付、昨二十一日不取敢陸軍省ヨリ未定ナル旨返電シ、関東軍ハ長春守備隊長宛、中立ノ態度ヲ保シ、附属地ノ通過、宿営等ヲ拒止スベキ旨命令シタル様ナリ。

又、建川少将ヨリハ、目下適確ナル判断ノ基礎ナキモ、此機会ニ、若シ支ガ敗ル、ガ如キコトアラバ、其罪ヲ張学良ニ附シテ南方ノ地盤ナキ軍隊ヲ入ルベク、従テ、蔣ガ之ヲ機会ニ其勢力ヲ東三省ニ張リ、対日本トノ関係ハ一層困難トナルベキヲ以テ、昨年五月十八日ノ如キ声明ヲナシテ拒止スベキヤ大ニ考慮ヲ要スベク、又、南京佐々木ヨリハ、此際、日本ハ厳正中立ヲ保チ、寧ロ両国ヲ煽動シテ争ヒヲ深刻ナラシメ、来ルベキ米国ノ干渉ニ対シテハ対策ヲ講ズベシトノ意見ナリ。

此際、相当ニ支那ヲ苦境ニ陥ラシメ、以テ彼ヲシテ自覚セシムルガ為、厳正中立ヲナスベキコトハ余等モ大体同意ナルガ、之ニハ一定ノ限度アルコトヲ忘ルベカラズ。

二十三日　午后、時局会議開催、満鉄ヲ支那軍隊輸送ニ供用セシムベキヤ否ヤノ問題ヲ議シ、外務省ノ研究通リ、時局発展シテ交戦状態ニ入ルマデハ平常ノ通リ軍隊ノ輸送、附属地通過ヲ許可スルコトヽス。

去十九日、露支大・公使、外務大臣ヲ訪ネタル際、外務大臣ハ両人ニ対シ、此際、穏便ニ解決シテハ如何ノ意ヲ申出デ、同日、華府ニ於テ米国国務長官ヨリ調停ノ旨、出淵大使ニ話アリ、同時、仏国外相ブリアン氏ヨリモ同様ノ申出アリ、出淵ヨリ請訓アリタル由ナルガ、政府トシテハ方針未ダ確定セザル旨ヲ回訓シタル趣ナリ。

三十日　去ル十九日、露支大・公使、相前后シテ外相ヲ訪ヒ、露支交渉断絶ノ止ムヲ得ザルコトヲ陳述シテ了解ヲ求メタル際、外相ハ、喧嘩ナドハセズ穏便ニ解決シテハ如何ト申出タル処、数日前、支那公使ハ再ビ外相ヲ訪問、之ヲ政府ニ伝達シタル処、政府ヨリハ日本政府ノ好意ヲ謝スル旨、公使ニ、日本政府ニ伝達セヨトノ回訓ナリシ旨申出タルモ、別ニ仲裁ヲ頼ムトハ言ハザリシ由ナリ。又、露大使モ訪問、支那ガ東支鉄道ヲ断絶前ノ状態ニ復セシメザル以上、交渉ニハ応ジ難キ旨、回答シタル由ナリ。而シテ、外相ハ露支両国交渉ノ橋渡ハ、米ト露トハ国際関係ナキヲ以テ日本ガ最好キ立場ニアリ、之ヲナスヲ辞セザルモノナルモ、進ンデ調停ニ立ツ意志ハナキ由ナリ。

八月

三日　本日、喜多又蔵氏来訪、種々、日支関係ニツキ談話アリ。氏ハ対支貿易ハ支那トシテハドウシテモ日本ノ品物ヲ買ハネバナラヌ立場ニアリトテ、対支貿易ヲ楽観シアルガ、唯、儲ケル為ニハ現在ノ排貨ヲドウニカセザルベカラズ、之ガ為ニハ、帝国政府ヨリ国民政府ヲ動カシテ党部ヲ抑エザルベカラズ、党部ヲ抑エザル以上、如何ニ政府ヲ責メテモ駄目ナリ。之ガ為、日本トシテ莫大ノ金ヲ以テ党部ヲ買収スルモ亦可ナリト。又、氏ハ結局日支戦争ハ避クベカラズトナシ、其時機ハ遅クモ二十年以内ト見極メヲツケアル様ナルガ、日本ガ断然タル決心ヲ示サバ、支那モ驚イテ、コヽニ日支ノ関係好転スベシトノ意見ナリ。

五日　外務電ニヨレバ、米国々務長官ハ出淵〔勝次〕大使ニ対シ、露支関係ヲ処置スル為、和解委員ヲ設クベキコトヲ提議シ来リ、我国ノ同意ヲ求メ来レリ。其和解委員会ナルモノハ、彼ノ案ニ従ヘバ、

露支両国ノ承認ヲ経タル中立国ノ知名ノ人士ヲ、全権ヲ有スル総裁及総支配人トシテ任命シ、且、露支両国ヨリ五名宛理事ヲ選任スルコトヲ規定シタル1924年五月三十一日ノ協定ニ於テ規定セラレタル各自ノ地位ヲ承認シ、且、之ヲ維持スルコトニヨリ之ヲ擁護ス、

トイフモノニシテ、之ガ共同管理ニ一歩ヲ進ムルニアラザルカ、大ニ警戒ヲ要ス。

六日　五日ノ出淵〔勝次〕大使電ニ関シ、外務省ハ、和解委員ハ露支両国又ハ一国ノ拒絶ニ遭ヒタルトキハ、事態紛糾スベク、又、最近ノ情報ニヨレバ、露支両国直接

ノ話合ニヨリ和平解決ノ望漸ク大ナルヲ以テ、暫ク成行ヲ注視スル必要アル旨ヲ以テ婉曲ニ之ニ不同意ヲ表シタリ。

十三日　過般、陸軍大臣宇垣大将ノ要求ニヨリ作戦計画ノ説明ヲ余ヨリナシタル后、大将ハ目下問題トナリアル軍備整理ニ関スルコトニ関シ抱負ヲ述ベ、自分ガ陸相トシテ再ビ出デタル決心ヲ語リ、出ル幕デハナキモ、先回四師団ヲ減ジタル時、引続キ内容建直シヲナサントセシモ、内閣ノ交迭《ママ》ニヨリ実行スルヲ得ズ、内容建直シハ自分多年ノ意見ニシテ、交代ノ際、白川前陸相ニモ申送リタル次第ナリ。民政党内閣ハ、山東出兵、満州重大事件ニ関シ軍部ニ反感ヲ有シアリ、政友会トシテモ、内閣崩壊ノ原因ガ満州重大事件ニシテ、軍部ノ仕業ナリト悪感ヲ抱キアル次第ナレバ、軍制改革ハ一大難事ナラザルベカラズ。此難事ヲナシ遂グルニハ、自分ヲ措テ他ナシ、是非ヤッテ見ント乗出シタル次第ニシテ、決シテ之ヲ以テ政治的野心ヲ遂ゲントスルガ如キケチナ考ヘナシ、政治的野心ヲ遂グルナラバ、此ノ如キ内閣ノ陸相トナルガ如キ愚ヲナサズ。

而シテ、我師団ハ速戦即決ヲナサントスルガ為ニハ、適当ナル編制ニアラズシテ時代遅レト考フ、依テコレヲ軽快ナル作戦ノ目的ニ副フ如キ編制ニ改メントスルノ必要アルニアラズヤ、即、人馬ヲ減ジテ之ニ代フルニ火器ヲ以テスルコトガ可能ナラズヤ、君等ノ研究ヲ望ム次第ナリトノコトナリシニ就キ、余ハ師団ヲ軽快ニスルコトハ大ニ希望スル処ナリ、然レドモ例之師団ヲ三聯隊編制トナス如キハ、現戦時編制制定ノトキ論議シ尽サレタル処ナリト述ベタルニ、大臣ハ、現戦時編制ハ余ハ必ズシモ同意シタルモノニアラズ、イツマデ議論スルモ果シナキヲ以テ同意シタル次第ナリ。又、余ハ優秀ナル師団ヲ作ラントスルモ一定ノ国防装備費ノ範囲ニ於テハ出来ザルコトナリ、乙師団ハ現在アル銃砲等ヲ以テ編成シ得ベク、優秀ナル装備ハ一ニ今後ノ調弁ニ待タザルベカラズト述ベタルニ、大臣ハ、ソレハ現在アル銃砲等ヲ新式ノモノトナスハ、シャム、メキシコ等ニ売却スルガ如キ手段ニヨリ出来ザルコトモアラザルベシトノコトナリ。

次ニ、防空ノコトハ如何ト尋ネタルニ、防空ハ実ハ何ンデモナキコトナリト考フ。人民ヲシテ防空ノ必要ヲ知ラシムレバ、誰デモ経費ハ取レルベシ、唯、師団ノタテ直シヲナスコトガ大問題ナルヲ以テ、余ノ考フル処ハコ、ニアルモ、防空ノコトヲヤルニハ異存ナシ。又、戦時兵力及平時師団等ヲ減ズル考ヘハナシトノ大臣ノ言ナリ。

九日、大臣、総長ヲ訪ネ、其節、余ニ語リタル処ト略同一ノコトヲ述ベ、

1）政治的野心ハナシ

2）速戦即決ヲ主トスル統帥部ノ用兵ヨリスル師団ノ内容等ハ何トカナサルベカザル必要アルニアラザルカ、参謀本部、陸軍省、何レトカイフ六ヶ敷コトハイハズニ、御互ニ一ツ大ニシッカリ研究シテ見タイト思フ、就テハ委員ヲ編制シテヤリタキヲ以テ、参謀歩部ヨリ総務部長、第一部長ヲ出シテ呉レ、

ト話アリ、総長ハ之ニ同意セラレタリトノコトナリ、其部委員ノ細部ノ編制、仕事等ニ就テハ別ニ話ナカリシトイフ総長ノ話ナリ。

昨日、次官ヨリ次長へ、大臣ヨリ総長ヘノ話ト大体同一ナル申出アリ、来十五日頃、第一回ノ会合ヲ開キタシトノ希望アリシトノコトナルガ、コレハ世間色々ナル話アルヲ以テ、ハヤク政府ノ意志ニモ従フトイフ処ヲ見セタシトノ意向ナルガ如シ。

其後、次長ヨリ聞キタル処ニヨレバ、陸軍大臣ガ総長ニ述ベタル処ハ、

i）戦時三十二師団ニ触レル考ハナシ、

ii）総務、第一部長ヲ委員トシテ出サレタシ、

iii）金谷〔範三〕大将ヲ委員長トシテハ如何。

之ニ対シ総長ハ、

師団輜重等、細部ハ当方ニテモ研究セシメアルモ、研究ノ結果ニヨリテハ戦時三十二師団ヲ二十八、九師団位ニ減ズル結果トナルヤモ知レズ、

委員長ハ細部ノ研究ナルヲ以テ、矢張、次長位ガ適当ナラズヤ。

コレニ依リテ見レバ（コレハ会談后、其状況ヲ総長ガ記録シタルモノニヨル）、大臣ハ三十二師団ニ触レズトイハレタルニ、総長ガ過早ニ或ハ二十八、九師団トナルヤモ知レズトイフガ如キコトヲイハレタルハ頗遺憾ナリ。

三十一日　本日、佐々木中佐、松室中佐、講話要旨。

1）対支作戦ハ、敢テ彼ノ主力ヲ捕捉スルハ困難ナルヲ以テ絶対ニアラズ、彼等ヲ養フベキ経済力ノ中心

ヲ抑ユルコト必要ナリ。

2）排日ハ民族的ナルヲ以テ到底終熄セズ、今後三十年位ハ永続スベシ。

3）近来、勿論排日トハ比較ニナラザルモ、漸ク排米ノ声ヲ聞ク。

4）現政府ハ金ガツヾク間ハ永続スベシ。

九月

二日　建川少将報告ノ要旨。

1）国民政府ガ支那ヲ統一シ、面目一新セルト思惟スルハ全然誤リナリ。

2）国民政府ヲ倒スモノハ国民党ナリ。

3）国民政府アル間ハ日支親善ハ勿論、融和スラ困難ナリト確信ス。

長江以北ニ北方人ノ政府デモ出来ル様ナラバ、日本トシテハ之ヲ陰然助ケルガ得策ナリ。在支外人ハ皆北方人ノ政府ガ長江以北ニ成立セバ、国民政府ノ狂暴ヲ制抑スベシト考ヘアリ。

4）英米人以外ノ欧洲人ハ、支那ニ趣味ヲ有セズ。コレ利害関係ナキ故ナリ。

5）在支外人ノ対支諜報ハ頗幼稚ニシテ我ニ頼リアル状況ナルモ、外人間ノ諜報、特ニ武器売込等ノ如キニ関シテハ、在支武官等ヲ利用スルノ外、全ク途ナシ。従テ、北平ニアル我武官ハ英武官ト密ニ連絡シ得ルモノナラザルベカラズ。

英国ハ日本留学ノ武官ヲ在支武官トスル等、大ニ留意シアリ。

6）在外我武官ハ、従来長江方面ニアルガ如キモノハ長江方面ノ我利害ヲ先トスルガ如キ風アリシガ、今日ハ此ノ如キコトナク。我対支外交ノ中心ハ満蒙ニアルコトヲ自覚シアリ。

7）対支方針ハ機ヲ失セズ出先ニ知ラシメル要アリ。然ラザレバ宣伝諜報ガ常ニ后トナル憂アリ。

8）在支役人、有識階級等ハ我陸軍ガ大金ヲ擁シ、外交ハ勿論、内政ヲモ左右シアルトイフガ如キ誤リタル感覚ヲ持ツモノ少ナカラズ。

四日　総長ノ、陸軍大臣ノ企図スル軍制調査会ニ対スル意見。

師団ハ戦史ニ鑑ミ歩兵四聯隊ヲ必要トス。尚、此上ニ歩砲兵ノ比率ヲ増加シ、ＭＧヲ増加スルノ要アリ。

師団ヲ軽クスルニハ輜重ヲ軽快ニスルノ要アリ。
其他種々行政整理ニ関スル意見アルモ、以上ノ処置ヲ施シタル上、結局止ムヲ得ズトナラバ戦時師団数ヲ減ズルモ止ムヲ得ザル底意ナルヤニ感ゼラル。従テ、過般来、次長ノ下ニ部長集合、研究中ナリシ参謀本部ノ要求事項中、新施設ノ為、平戦時師団数ヲ減ズルハ不同意ナリトイフ文句ハ、総長之ヲ削テ呉レトノコトニシテ、此前ノ大臣トノ話合ヒヲ考慮セラレタルモノト思考ス。大臣ハ、三聯隊案ナルガ如ク、総長、次長ノ考ヘガ一致セザル様ニシテ、前途種々困難ナル問題ニ逢着スルモノト考フ。

五日　後宮〔淳〕大佐　欧洲視察報告ノ要点。

1）鉄道管理機関トノ平時的連系ハ、今日既ニ相当ノ進展シアルモ、一層之ヲ密実ニシテ、鉄道運用ニ関シ各種学理的共同研究ヲナスコト。

2　作戦資材ノ整備ヲ確実ニスルコト（特ニ作戦方面ヲ顧慮シテ）。

3　一個ノ鉄道線区司令部ヲ常置シテ、一ハ以テ統帥部ノ雑務ヲ軽減シ、一ハ以テ将校教育ニ任ズ。

十日　露支時局ニ対スル宇佐美〔寛爾〕満鉄鉄道部長ノ意見。

東支南線ハ我有ニ納ムルカ、少クモ之カ統制権ヲ得ルコトハ、我対満政策、特ニ北満進出ノ為緊要ノ条件ニシテ、今日迄機会アル毎ニ努力シ来リシ所ナルガ、現時ノ状態ニ鑑ルニ、東支鉄道ニシテ一度支那側ノ手ニ帰サンカ、将来平和的手段ニヨリ此目的ヲ達成スルコト全ク不可能ナリ。

之ニ反シ、現時局ヲ利用シ露側ト提携交渉スルニ於テハ、其実現必ズシモ不可能ナラズ。南線ハ東支鉄道自体ノ為ニハ経済上重大ナル価値ヲ有スルモ、露トシテハ、ウスリー鉄道ヲ有スル今日、東支東西ノ幹線サヘ確保スルヲ得バ、南線ノ如キハ大シテ執着スル要ナカルベシ。

故ニ、帝国ハ須ラク大局ヲ静観シ、露国ト提携シ、東支東西両線ニ対スル露国ノ利益ヲ保障スル代リニ、東支南線ニ関スル限リ露国ノ有スル権利ヲ日本ガ代行スル形式ヲ採リ、以テ東支南線ヲ我有ニ納ムルカ、少クモ之ヲ統制スルノ権利ヲ得ルニ努ムルヲ可トス。

若シ本問題ニシテ今日ノ如キ状態ヲ以テ漠然推移センカ、日本ハ常ニ露支両国ヲ同時ニ敵トセザルベカラザルニ至ルベシ。

十六日　本日、大臣ニ昭和五年度作戦計画ヲ説明ス。次官モ立会フ。終リテ次官ヨリ、一体三十二師団ハ、アルカラ使フトイフ性質ナリヤ、是非ナケレバナラヌトドチラナリヤトノ質問アリタルヲ以テ、既ニ対三国作戦ニハ六師団モ重複使用シアリ、ナケレバナラヌナリト述ベタルニ、大臣ハカラカイ半分ニ、アルカラ無理ニ理屈ヲツケルニアラズヤトノコトナリ。又、近来、陸軍省ノ大尉課員アタリニテ、参謀本部ノ最上ノ処ニテハソレ程ニテモナケレド、最中位ノ処ニテ強硬ニテ困ルナリトイヒフラシアル由。過般、大臣、総長会見ノ際、既ニ、総長ヨリ軽率ニ之ヲ要スレバ減ズベキコトヲイヒ、又、先任部長アタリガ、第二部研究ノ情勢判断ニテ二十六師団トアリタルヲ軽々ニ次官アタリニ話シタル為、陸軍省全般ハ此空気トナリタルモノニシテ、軽率ニ放言スルハ頗危険ナリ。此三十二師団問題ハ今後軍制調査会ノ研究進ムニ従ヒ、相当困難ナル問題トナルベシ。

二十六日　本日、第二回軍制調査会ヲ開会、各委員ノ意見ヲ集メタルモノニ付、今後如何ニ審議スベキカヲ議ス。根本ニ関スルコトハ参謀本部ノ案ノ出ルヲ待ツコト、シ、官衙以下ヲ緊縮ノ方針ニテ研究スルコト、ス。今日ノ会合ノ空気ヨリスレバ、参謀本部側ヲ大ニヤッツケテヤラントスノ空気濃厚ニシテ、或ハ行政整理ハソノマヽ返上シ、軍縮ニヨル捻出ハ、或ハ其一部モ更ニ返上セントスルノ底意アルニアラズヤ。此根本ノ方針ガ定マラザレバ、今後大ニ議論スルトモ結局水カケ論トナルベキモ、今コレヲ大臣、総長ノ話合ヒトナサントスルモ、動モスレバ総長ハ大臣ニマカレル恐レアリ。十分我等ニテ案ヲ練リタル上、総長ニ智恵ヲツケテ総長ノ決意ヲ促スガ可ナラント思考ス。

二十七日　総務部長ト談合、我方戦時編制ノ研究終ルヲ待チ、数案ヲ具シ総長ニ報告シタル后、大臣トヨク談合アルベク、次デ大臣側ヨリ話アルモ之ニ乗ラザル様、総務部長ヨリ総長ニ意見具申セシメタリ。従テ、今後委員会ニテハ、大ナル問題ハ我等ハ決定ヲ保留セザルベカラザルコトアルベシ。要スルニ、今後相当困難ナル立場ニ立ツナラント思考ス。

二十八日　建川ガ林〔桂〕少将ト語リタル処ニヨレバ、余ノ考ヘタル通リ、行政整理ニヨリ捻出シタル経費ハ之ヲ返上シ、軍ノ改編ハ現在予算ノ範囲ニ於テナサントスル意志ハ明瞭トナレリ。ソレナラバ初メヨリ大臣ハ其意志ヲ明白ニ吾人ニ告グレバ可ナルニ、徒ラニ政略メキタルコトヲ述ベタル其趣旨ハ同意シ難キ処ナリ、今後、此会ノ成行キニハ注意ヲ要ス。

1. 内地三師団ヲ廃ス（9、14、16）。
2. 満洲ニ一師団ヲ移駐ス（朝鮮ト同等）。
3. 内　G―12（―9）。
　24＋3＝27
4. 朝鮮、独立守備隊、三大隊。
5. 二期入営ヲ廃ス。

巣鴨日記　I

自　昭和二十年十二月十二日
至　同　二十二年四月三十日

昭和二十年

十二月

十二日　本日ハ愈々入所ノ日ナリ　午前十時頃後藤少佐、長瀬謙、面高〔英〕世田谷署長ニ送ラレテ巣鴨収容所ニ入ル、門前頗雑閙ヲ極メアリ。待ツコト二時間、漸ク一時過ギ順番廻リ来タリ、頗厳密ナル身体検査及携帯品検査ヲ受ケ（生来初メテ指紋ヲ取ラル）四十四号ノ独房ニ収容セラル、室ハ西側ノ日当リナキ頗ルウラ寒キ室ナリ、畳二丈敷、一丈ニ便所、洗面所ノ計三丈ノ檻ナリ、隣房ハ小林〔躋造〕海軍大将、松坂〔阪〕〔広政〕前司法大臣ナリ。午后二時半ヨリ一時間散歩ヲ許可セラル。梨本宮殿下ハ今朝既ニ御入所アリ、全ク恐懼ニ堪ヘザル処ナリ。東條元首相以下歴々ノ面々見ユ。日本指導部階級ノ集合ナリト見ラル。

十三日　南〔次郎〕老大将病気ノ為収容延期ノ処、本日入所セラル　老躰誠ニ御気毒ニ見ユ。生活様式全ク一変ス。今更ナガラ娑婆ノ難有サヲ痛感ス。

十六日　本日、木戸元内大臣外数氏入所ス。近衛公ノ姿ハ見エズ。例ノ如ク病気カ。

十七日　本日初メテ降雨ス。本日ヨリ外部ヨリノ書翰、新聞、雑誌、一切禁止セラル。本日ヨリ俘虜虐待ノ公判横浜ニ於テ開カル、ト聞ク。コレカ状況ヲ入所者ニ知ラシメザル為カ。愈々外界トノ連絡絶ユ。

雨ノ為、室内ニテ散歩三十分。

十八日　本日ヨリ七十才以上ノ老人ヲ除キ掃除、食物分配等ノ労務ニ交代ニ服スルコト、ナル。平等モ随分徹底セルモノカナ。

近衛公服毒自殺セル由。外部トノ交通遮断ハ之カ為カ。サリトハ警戒ニ過グルモノト云フベシ

二十二日　入所以来既ニ旬日、漸ク慣レ来リタルモ、心身未ダ偕〔諧〕調セズ、今更ナガラ此齢ニナリテ修養ノ足ラザルヲ慚ヅ。

ショウトカイフ代将、本日視察ニ来リ、面会ス。寒暖、食事ノ可否、不自由ノ有無等、一遍ノ挨拶アリ。普仏戦争ノマクマホン、バゼーイ等ノ故事ヲ偲ビ慚愧ノ情ニ堪ヘズ。

二十三日　昨夜雪降リタリト見エ朝獄内ヨリ見タル娑婆ノ屋根ハウッスリト白ク見ユ。間モナク消ユ。

二十六日　世間ハ米穀事情愈々切迫セリト見エ。コノ二、三日、代用食ノミニテ米飯ヲ見ズ。世情騒然タルベシ六三郎〔次男〕ヨリ借来リアル福沢〔諭吉〕文選ヲ読了ス。中々面白キ本ナリ。明治初年、氏ガ自由民権ヲ世ノ批評ニ関セズ公表シタル勇気ニハ感ゼザルヲ得ズ。氏ノ自由トハ、他人ノ迷惑ニナラヌ限リ思フ通リニヤルトイフ意ナリ　昨今、自由平等主義ノ喧シキ折柄、慥カニ一家言ナリトイフベシ。米国流ノ自由主義トハ品性徳義ヲ有スベキナリト一脈相通ズルモノアリ。又、氏ノ議論中、瘦我慢ノ説アリ。維新当時ノ勝〔海舟〕、榎本〔武揚〕ノ内、勝ノ行動ガ武士道ノ我国伝統ニ反スルヲ、洗〔荒〕井〔郁之助〕、榎本モ刀折レ矢尽キタル為、降リタルハ兵家ノ常トテ止ムヲ得ザル処ナルモ、後、新政府ノ顕官トナリタルコトヲ攻撃シ、宜シキ《ママ》隠退スベキコトヲ主張シタルモノナリ、故ニ曰ハク、維新ノ際、脱走ノ一挙ニ失敗シタルハ氏ガ政治上ノ死ニシテ、仮令其肉体ノ身ハ死セザルモ最早政治上ニ再生スベカラザルモノト観念シテ唯一身ヲ慎ミ、一ハ以テ同行戦死者ノ霊ヲ弔フテ、又其遺族ノ人々ノ不幸不平ヲ慰メ、又一ニハ凡ソ何事ニ限ラズ大挙シテ其首領ノ地位ニアル者、成敗共ニ責ニ任ジテ決シテ之ヲ遁ルベカラズ、或ハ其栄誉ヲ専ラニシ、敗スレバ其苦難ニ当ルトノ主義ヲ明ニスルハ士族社会ノ風教上ニ大切ナルコトナルコトナルベシ。

二十七日　本日午后、中村〔豊一〕公使ニ面会ス。二世監視ノ許ナレバ込ミ入リタル話モ出来ズ起居ノ状況ヲ語リ、弁護人ハ一任スベキコトヲ依頼シ置キ、中村公使引受ケタリトノコトナリ

本日ヨリ四人宛毎日面会スルコト、ナル。公使モ連日半日当所ニ来リ、横浜ニテモ公判始マリタレバ中々多忙ニテ、近来ハ稍々疲レタリト述懐シ居タリ。

獄中ニテハ食フコトノ外、楽ミナシ。然ル処、此数日給養悪シク且少量ナル為、寄ルト触ルト此不平ナリ。将相モコ、ニ至リテ台ナシトイフベシ。

二十八日　入獄以来既ニ半月ナルニ未タ一回ノ取調モナシ。如何ニセントスルヤ、唯自由ヲ拘束シテ夢ニ身ノ自由ヲ楽ムノミ、憐ムベシ。

世話役上田〔良武〕海軍中将他棟ニ去リ、村田省蔵氏代リテ世話役トナル。

本日何カ知ラネドイキナリ注射ヲ行ハル。チブストイ

ヒ流感トイフ。随分乱暴ナリト云ハザルベカラズ。注射側ノ肘痛ミテ動カスニ困難ナリ。

二十九日　本日東條元首相、河辺〔正三〕大将、阿部〔安倍〕源基元内務大臣、隣棟ニ去ル。其何ノ故タルトヲ知ラズ。一両日来給養ヨクナル。一同大喜ビナリ。カヽル獄中ニ長クアルトキハ平生四角張リテ虚勢ヲ張リタル人モ赤裸々ニ人間味ヲ発揮シ、動モスレバ理性ト判断力ヲ失ハントス。此ノ如キ状態長キトキハ法廷ニ堂々ト主張スル勇気ト判断ヲ失フニ至ルベシ。心スベキコトナリ、又、米側トシテモ唯漫然ト放置スルハコヽガ狙ヒ処ナリト見ルベシ。

三十一日　今日ハ歳晩ナリ。朝ヨリ天気晴朗ナレドモ風寒シ。昭和二十年ハ実ニ大日本帝国ニトリテハ未曾有ノ不幸無残ナル年ナリキ。一敗地ニ塗レテ皇基揺ギ前途ノ国運全ク逆睹スベカラズ。余又軍ノ最長老トシテ元帥ノ栄ヲ汚シ、今敗竄ノ首将トシテ囹圄ニ此多難忍苦ノ年ヲ送ル。顧ミテ感誠ニ無量ナリ。知ラズ来年歳晩ノ運命如何。

　霜どけを敗竄の将トボ〳〵と
獄中に聞く除夜の鐘身に沁みて

新入者ノ話ニ依レバ、聯合軍最高司令部ノ命令ニヨリ総選挙ヲ延期シ（一月二十日予定ノ処）且大政翼賛議員ハ立候補ヲ禁ゼラレタリト。現在、衆議院議員ハ殆ンド全員ナルベシ。

昭和二十一年

一月

一日　元旦ハ日本晴ノ上天気ナリ。願ハクバ皇国ノ前途亦此快晴ノ如ク光明ヲ認メンコトヲ。

茲ニ六十八才ノ新春ヲ獄中ニ迎フ。固ヨリ一杯ノ屠蘇、一盃ノ酒ナシ。数十年来酒ナシノ新年ナリ。唯雑煮ダケハ当局ノ心尽シニテ三切ノ餅ト頭付キノ小鯛ヲ支給セラレ、心バカリノ新年ヲ迎フ。小林海軍大将ノ音頭ニテ朝食后、下ノ若イ者ノ希望ニ基キ各自ノ房ノ前ニ立チ宮城遙拝ノ后、一同国歌君が代ヲ一回合唱ス。感極マッテ涙ヲ催ホシタリキ。

長瀬謙ヨリ書籍其他ノ差入アリ。

今次敗戦ノ一大原因ガ国民道徳ノ頽廃ニアル事ハ否ムベカラズ。政治的ニ訓練ノ乏シキ社会ハ弱シ。極端ナ例ナルモ国家ニサヘ忠ナレバ後ハドウデモヨイ、唯御国ガ大事ナリトイフ思想ハ一種ノ封建思想ノ残滓ニシテ、戦争ニ自信ナクナリ敗戦厭戦気分抬頭スレバ此思想ハ崩壊スルナリ。唯縦ヘノ服従ノミナラズ横ヘノ秩序心ヤ創造ガ必要ナルナリ。或人曰ク、日本人ハ決シテ三千年ノ歴史ニ甘ヘズ神ニ頼ラズ現実ノ人間性如何ヲ自己ニ問フベキナリト。

個人ノ教養、自覚、創意ガ高度ニ発達シ居レバ個人主義ノ頽廃面ノ克服ニ於テモ、全国民的、徹底的ニナサレ得ルモノナリ。新シキ社会ハ十八世紀的自由主義、個人主義トハ異ナリ、マタ最近ノ全体主義トモ異ナリ、個人ノ後レタル自覚、教育、創意ニ基ヅク協同体観念、国際観念ニヨル倫理ヲ有タザルベカラズ。

A government of the people, by the people, and for the people.

リンカーン大統領ノ言。

デモクラシートハ人民ノ人民ニヨル人民ノ為ノ政治ナリ（人民ノ自由ナル意志ト盛上ル力ト燃立ツ熱情トニヨッテノミ実現サル、モノニテ決シテ政府当局ノ為政者ガ上カラ人民ニ対シテ任意ニ与ヘ得ルベキモノニアラズ）

四日　昨年ノ今日教育総監トシテ勅諭捧読式ヲ行ヒタリシガ遂ニ之ガ国軍最後ノ奉読式トナリシコトハウタテキ限リナリ。

本日午后、突然檻房ヲ代ハル。荷物ヲマトメ襟ニ行先ノ室番号ヲ記シタル紙片ヲツケラレ、全ク権威モ何モナキ荷物トシテ２Ｃノ六番トイフ室ニ入レラル。従来ノ３Ｂ44番ヨリ西側ノ建物ニテ三階ノ六人用十畳ノ室ニ一人入レラレタルガ、日向モヨクズット廣クツマラナキ次第ナルガ居心地ヨシ。隣房ニ荒木〔貞夫〕大将アリ、梨本宮殿下、東條大将、土肥原〔賢二〕大将等、先客トシテ同階ニアリ。

本日ヨリ新聞ヲ閲読シ得ルコト、ナル。米ノ供出ハ計画ノ一割一分ニ過ギズ、国民ハ飢餓ノ一歩前ニアリ。帝都ニハ殺人強盗等ノ犯罪頻出、政治ハ一向行ハレズ、日本ハ今尚崩壊ノ道ヲ辿リツ、アルナリ。真ニ痛心ニ堪ヘズ。

留守宅ヨリ二十四日発ノ第一信アリ。后〔後〕藤少佐胸膜炎ノ再発ニテ絶対安静ヲ要ストノコトナリ。此際甚以テ困ル次第ナリ。

希臘語　デモ（人民）　クラ（政治）

六日　四日、聯合軍最高司令部ヨリ頗広汎ナル範囲ノ戦争協力者ハ一切公職ニ就クコトヲ禁ズル爆弾的指令アリ。陸海軍高級将校ハ固ヨリ、1930年以后ノ現役軍人、日政〔大日本政治会〕、翼賛〔大政翼賛会〕、翼成〔政〕〔翼賛政治会〕関係者等ニシテ、反動愛国団体ハ殆ント全部解散ヲ命ゼラレタリ。畢竟、コレハ来ルベキ総選挙ニ指導階級、有力者ノ出動ヲ封ズルノ処置ニテ、現閣僚ノ内ニモ直ニ罷免トナルベキモノ相当アリ。政界、財界ハ頗恐慌ヲ来シ、幣原内閣ノ去就ガ新聞紙上ノ問題トナリ、社会党、共産党ガ時ヲ得顔ニ活躍ヲ初メタリトハ、サテ〳〵日本モエラキコト、ナリタルモノカナ。官僚ガ一時ニ去ラバ果シテ政治ガ行ハル、ヤ誠ニ懸念ニ堪エズ（此指令ハ陸海軍関係ニ対シ特ニ当リ強シ）。

米国憲法　人権至上
ワイマル　〃　社会主義的民主々義
蘇聯　〃　共産主義

八日　日当リヨキ廣キ独房ニ独居ヲ楽ミ居タルニ、今日、俘虜収容所関係者ノ力武トイウ六十三オノ退役少佐ト二十八オノ前田トイフ青年ト同居スルコト、ナル。ドウイフ方針ニテ独居ト雑居トナルカ一向不明ナルモ、名モナキ青年ニテ独居シアルナド　何ノコトヤラ薩張リ分ラズ。乍去賑カトナリ人語ヲ喋ベル機会ハ多クナレリ
今日ハ陸軍始メノ日ナリ。アリシ日ノ代々木原頭ノ盛儀ヲ想フ。

十一日　前田青年、今日飄然トシテ他室ニ去ル。集散離合、何ニヨリテ定ムルカ。俘虜関係ノ公判連続判決アリ、峻烈ヲ極ム。

十四日　十三日朝日、迫水〔久常〕氏手記アリ。
1）五月初旬ヨリ総理、外務、陸海軍大臣、参謀、軍令部総長、屢々会合。
2）廣田、マリック、私的会談（ソ〔連〕ハ四月初旬中立条約ノ廃棄ヲ通告シ来ル）。
3）六月九日御前会議。決議、国体ヲ護持シ皇土ヲ保衛シ、以テ戦争ヲ完遂ス。
4）六月二十二日　総理、陸海軍大臣、外務大臣、参謀総長、軍令部総長ヲ御召。戦争ニ関シテハ適当ナル方法ヲ以テ、ナルベク速ニ之ヲ終結セシムルコトヲ考慮シナケレバナラヌ旨ノ御諭シアリ。

5)　コレヨリ六巨頭屢々会合、公式ニソニ対シテ特派大使ヲ派出シ、一二八日ソノ国交調整ヲナシ、一進ニテ戦争ノ終結ニ関シ、ソ聯ノ斡旋ヲ求ムルノ方針ヲ決定シ、特使トシテ近衛公ヲ撰任セラレタリ。

今日午后、入獄以来初メテ審問ヲ受ク。国際裁判構成員トイフ文武官各々一、通訳将校一、女速記者ヨリナリタルグループニシテ、年令、経歴ヨリ主トシテ、余ガ昭和十三年中支那派遣軍司令官時代ニ於ケル、任務、兵力、漢口攻略ノ為ノ兵力、軍ノ編組等ニ就キ尋ネラレ、特ニ漢口攻略ノ我損害ニ就テハ反覆尋ネタルモ、余ニモ記憶モナケレバ確答ハセザリキ。軍ガ漢口攻略ニ関スル大本営ノ命令ノ有無、形式等ニ就キ尋ネタルモ一般的ニシテ専門的ノコトハナカリキ。

松井〔石根〕大将ノ南京時代ノコトヲ問題ニテ、余ト交迭《ママ》シタルハ不軍紀ノ為ノ責ヲ負ヒタルナラントノ質問ナルガ、余ハコレハ任務ノ変更ナリト答ヘ置キタリ。

（欄外）　一月十四日　訊問者　国際検察部　カーライル
W　ヒギンス、タマス　H　モロー大佐（米国陸軍統監部）訊問状ハ三時四十五分―五時
通訳　デニス・キルドイル、
速記者　クレア・ファレル

十五日　入獄以来若干差入物ヲ留守宅ニ申遣リタルニ、今日マデ一物ノ落手セルモノナシ。原因果シテ那辺ニアリヤ。今日留守宅ニ申遣ル。

十七日　朝日　迫水氏手記。

第一回御前会議、八月九日、后十一時三十分
総理、陸海軍、外務大臣、参謀総長、軍令部総長、平沼枢院議長。
無条件受諾（天皇ノ御地位及国体ニ変化ナキコトヲ前提トス）。
外務大臣、海軍大臣、平沼議長。
幣原内閣ハ去四日ノマ司令部ノ追放指令ニヨリ閣僚中抵触スルモノヲ生ジタル為、総辞職カ改造カ大分迷ヒタル模様ナルガ遂ニ改造ニ決シ、十三日夜親任式ヲ行ハセラレタリ。

十八日　連日ノ好晴ニ恵マレ、獄中ノ身、今更ナガラ大自然ノ難有サヲ痛感ス。

十九日　本日又俘虜関係ノ森トイフ老少尉ト潮田トイフ青

年入室シ来ル。四人一室狭隘トナル。十八日、マ司令部ハ更ニ百余名ノ逮捕命令ヲ下シタル為、留置室ノ整理ノ結果ト見ユ。新逮捕者谷寿夫、磯谷廉介、和知鷹二、影佐禎昭、酒井隆ナドノ新顔見ユ。

石渡宮内大臣ハ四日ノ追放指令ニ抵触スルカ辞任シ、松平慶民後任トナリタル模様ナリ。掃蕩ハ何故〔処〕マデ行クカ。

二十日　南大将、同階ニ来ルモ反対側ニシテ面晤ノ機ナシ。

社会民主主義、マルクスノ学説ヲトル人々ハ一般ニ社会主義トイフ言葉ヲ用ヒ政治上デハ民主主義ヲ主張スルトコロカラ、特ニ独逸ヤロシアデハ社会民主々義トイフ言葉ヲ用ユルニ至レリ。

社会主義ト共産主義トイフ名称ハ歴史的ニハ殆ンド同義語トシテ用ヒラレ、唯其時ノ事情ニヨッテ用法ガ決定サレタルモノナリ。

今日ハ社会主義トイヘバ社会民主々義、政党ノ共産主義トイヘバ共産党ノ主張ヲ指スモノトシテ理解セラル。

二十五日　東條大将等ノ公判モ愈々近々開催カ。連日審問ヲ受ケアル模様ナリ。マッカサーハ十九日宣言ヲ行ヒ、極東軍事裁判ノ構成ヲ発表セリ（ニュルンベルグノ独裁判ニテスターマー博士ノ不遡及ノ法律論ニ対シ、米ノ大審院判事ハ、審判者ハ文明ナリトノ苦シキ説明ヲナシタリ。何レ前例ナキコトナレバ、何トデモ理屈ハツケラルベシ）。

俘虜虐待裁判頗峻厳、関係収容者ハ何レモ悲観シアリ。

入獄以来既ニ五十日ニ近カラントス。生活ノ単調ト不快ノ心理ニ何レモ志気銷沈シアリ。余モ亦顔色憔悴トハ情ナシ。此間独リ梨本宮殿下ノ明朗ナルニハ敬服ノ外ナシ。

世情愈々混乱、米ノ供出ハ三割余ニ過ギズ、既ニ至ル処争議アリ、警察官、教員ニ及ビ、亡国ニ一歩踏ミ込ミタルモノカ。真ニ憂フベシ。

今年ハ天候頗温暖ナリ。今村地震博士ノ説ニ従ヘバ何トカノ原因ニテ今年ハ暖カナルベシトナリ獄中生活ニハ頗福音ナリトイフベシ。

二十八日　后〔後〕藤少佐ヨリ十七日附ノ書状ヲ受取ル。数日前漸ク離床シタル由ナリ。

総選挙ハマ司令部ヨリ三月十五日以后ト許可セラレ、三月三十一日ト決定シタル趣、新聞紙ハ報ズ。

三十一日　本日ヲ以テ入獄以来、既ニ五十日トナル。前途遼遠ナリ。

二月

五日　此数日来本格的寒サトナリ、数日前雪降リ中々解ケズ　連日戸内運動ナリ。鬱陶シサ云ハン方ナシ。

本日午后突然室内捜索ヲ受ケ、カバン初メ持物ハ全部引クリカヘサレ、畳マデ上グル始末ナリ。其何ノ故ナルヤヲ知ラズ。

九日　本日俊八〔長男〕ヨリ一月二十四日附ノ第二信ト称スル来信ヲ受領ス。当方ヨリ出シタル書信ハ一月中旬マデニ出シタル分ハ到着シアラザリシコト分明シ、従テ差入物ノ来ラザリシコト、其他ノ事情分明ス。サリトテ手厳キ検閲状態カナ。

十一日　今日ハ紀元節ナリ。新年元旦ノ如ク朝七時檻房前ニ整列、荒木大将ノ音頭ニテ宮城遙拝、国歌合唱、陛下ノ万歳ヲ三唱ス。牢獄ズレシタルカ正月ノ時程感激セズ。

下村〔定〕大将四・一八俘虜処刑〔一九四二年四月十八日のドーリットル東京空襲パイロットの処刑〕ノ執行命令者ナリトイフ廉ヲ以テ九日収容セラレタリト新聞紙ハ報ズ。

沢田〔茂〕中将ノ一行ハ既ニ過般上海ニ押送サレタリ。

1）平和ノ為軍備ヲ制限スルナラバ、富モ亦制限スルノ要アリ。

2）日本ニ於テハ財閥ヲ政治ヲ〔カ〕左右スル程ソレ程政治ハ進ミアラズ。

十六日　二、三日前ヨリ運動時間一時間位トナル。

新聞ニ依レバヤルタ会談ニテチャーチル、ルーズベルト、スターリンハ中国ニ謀ルコトナク旅順、大連ノソ側ノ使用、南満、東支鉄道ノ中ソ合弁ヲ決定シタリトテ中国ノ新聞ナドハヤカマシク言ヒ居ル由ナルモ、日本朝野ノ昨今ノ無気力、卑屈ニ比スレバ大ニ活気アリトイフベク、日本モ愈々奴隷根性トナリタルコトハ嘆息ノ外ナシ。

夕刻、終戦事務局ノ八木トイフ面会ヲ求ム。大越〔兼二〕大佐ヨリ、福島県出身ニテ東京弁護士会長ノ高橋義次トイフ人ニ弁護ヲ依頼シテハ如何トノ伝言ナリトノコトニ、万事宜敷御願ヒオキタリ。福島県人ノ代議士ニテ余ノ弁護ヲ配慮シアリトノコトナルガ、或ハ林平馬ニアラザルカ。乍併、余ノ留守宅ガ福島ノ方ニアリナド段々話ハ混線シアルガ、秦彦三郎中将ト混同シアルヤニ感ゼラレタルモ、兎ニ角、万事依頼シ置キタリ。

同氏ノ話ニヨレバ、中村公使トキーナントノ談合ニテ

1）国際裁判ニテハ、日米各一名ヅヽノ弁護士ヲ附ス。

2）通訳ハ日本側ノ希望スルモノトスルコトハ初メ難色アリタルモ、キーナンモ遂ニ同意シ、一名ノミナラズ要スレバ二、三名トスルコトニモ同意シタリ。

3）弁護士トハ来週アタリヨリ適時面会連絡スルコトヲ許可セラレタリ。

4）東條ヲ初メ主ナルモノハ、裁判ヲ三月中旬起訴シ、裁判ハ早クモ四月中旬ニアラザレバ開始セラレザルベシ。

東條裁判が四月中旬ナリトスレバ前途尚遼遠ナリ。近来漸ク獄中生活ニ慣レタリトハイヘ、自由ヲ束縛セラレ不愉快、単調ナル生活ハ如何トモ苦痛ナリ。特ニコレヨリ陽春ノ候トモナレバ一層ノ苦痛ナルベシ。

1）健全ナル独立ハ協力ト並ビ存スルヲ要シ、健全ナル協力ハ独立ノ基礎ノ上ニ立ツヲ要ス。

2）愛国ハ恋ニ等シク共ニ思案ノ外ナリ。

十八日　本日チヨ〔妻〕及六三郎ヨリ通信アリ。宅モ進駐軍ノ徴発ニ遇ヒ立退ヲ強制セラレアリ、大ニ困却シアリトアリ。

満洲ニテハ国共ノ衝突未ダ熄マズ、又ソ聯軍モ中々撤退セズ、大連、旅順ノ駐兵トイヒ、前途中々多難ナルベシ。中国ハ逆ニ満洲ヲ日本ヨリ奪還シテ今又ソ聯ニ奪取セラルヽカ。外蒙共和国ノ独立トイヒ、中国ハ今次大戦ニヨリ得ルモノ果シテ何物ゾ。宋子文ノ退却ヲ報ジアリ。

戦争ノ勝敗ハ将帥、部隊、器機ニアラズ、凡テ人民ノ気力ナリ。凡テカ時勢ノ力ナリ。

十九日　同室ノ森少尉、公判ノ為横浜ニ行ク。今日セビロ〔背広〕ノ差入ヲ受領ス。コレハ頗迅速ニ運ビタリ。

二十日　今日無名ノ人ヨリハガキ投書ヲ受ク。文意ハ余ガ三軍ノ将ニ将タル地位ニアリナガラ、後輩東條ノ暴挙ヲ拒止スル能ハズ馬鹿軍閥中堅共ノ反抗ヲ恐レ、命惜サニ遂ニ国ヲ誤ル、俊才兄弟ノ末終憐レムベシ、何ノ顔アッテ地下ニ兄ニ見エントスルカ、宜シク自決シテ罪ヲ天下ニ謝スベシトノ意味ナリ。誠ニ痛イ処ヲツカ

レタリトイフベシ。敗戦以来、自決ヲ薦メラレタルハ今回ガ二回目ナリ　第一回ハ船越ニアル時　九月中旬、同期生和田正中佐ヨリノモノナリ。

本年一月発行ノサタデー・イブニングポスト誌ニ米某海軍中佐ノ日本海軍数名、首脳部将官ノ会見録アリ。彼ハ敗戦ノ原因ヲマスプロダクションノ欠乏ト、陸海軍間ノ不一致ニ帰シアリ。中ニ看過スベカラザルコトハ、豊田副武大将ノ言ナリ。即、サイパンノ喪失ニヨリ戦争ハ敗ケトナレリ、サイパンハ陸軍ガ防備頗堅固ナリトノ説明ナルガ、余ハ多忙ノタメ遂ニ之ヲ検閲スルノ機会ナカリシトノ言ノ如キ、聯合艦隊司令長官ノ言カ。其他、日本大本営ハ陸軍ガ牛耳リアリタリトカ、国際情勢ニ迂遠ナリシトカ、就中、聞捨テナラヌコトハ、海軍ハ聯合軍ノミナラズ陸軍ニ対シテ戦フヲ要シタリトイフ意味ノコトヲ外国人ニ対シテイフ如キ、全ク狂気ノ沙汰トイフベシ。海軍ガ免レテ恥ヂザルノ原因、誠ニ明瞭ナリトイフベシ。

二十二日　力武老少佐、告発セラレテ室ヲ去ル。潮田青年ト余ト二人トナル。急ニ物淋シクナレリ。

本日ハワシントンノ誕生日ナリトカ、米国ハ祭日ト見エ米軍側ニテハ休務セリ。

カナダニテ原子爆弾ノ秘密ヲ蘇ニ漏洩シアリトテ紛争ヲ惹起シアリ。満洲ニテハ国共ノ衝突止マズ、支那ニテハ満洲ヨリノ蘇軍ノ撤退ヲ要求スル声、漸ク大トナレリ。頓ニ、世界動揺ス。面白キカナ。

二十五日　入所以来ノ手紙逐次到着シアルト見エ、差入希望品本日全部一括シテ到着セリ。

ゲーテ

二つの魂あゝ我胸に住む、一つは荒く逞しき愛慾を以て締め搦む

手足にて此の世にしがみ着く、他は高き先霊の野に立登って行く

自然法ハ自然的道徳原理デアリ、之ヲ古今ニ通ジテ誤ラズ。之ヲ中外ニ施シテ悖ラザルハ天地ノ公道、人倫ノ大本デアル。

毒瓦斯ノ使用ニ関シテハ条約上ノ禁止ガ存在スルモ、原子爆弾ニ関シテハ最近ノ発明デアルカラコレニ関シテ直接ノ禁止規定ガ存在セズ。之ガ使用禁止ヲ主張スルニハ毒ガス使用禁止ノ規定ノ精神タル戦争ノ人道他

ノ原理マデ遡ラネバナラナイ。是即自然法原理ノ採用ニ外ナラナイ。

又、戦争犯罪者ヲ裁判スルニ当リ適用スル法ノ如キ、戦時国際法ニ規定セル俘虜虐待ニ関スル問題ヲ除キテハ、条理即チ自然法ニキソヲ求ムルノ外ハナイノデアル。

国内法デアル制定法ヤ慣習法ガ其根本原則ヲ自然法ニ汲ム如ク、国際法ハ自然法原理ノ具体化ソノモノデアルト云ッテヨイ。

然ルニ十九世紀后半ニ於テ、自然科学万能ノ影響トシテ実証主義ガ国際法学ヲモ支配スルニ至リ、自然法思想ハ異端視セラレ、国際法ノ淵源ハ条約ト国際的慣習法ニ限局セラレ、法源トシテノ自然法ハ承認セラレザルニ至ッタ。

国際法ノ権威ハ自然法ニ求メラレナクナリ、凡テ国家意志ガ最終ノ権威デアリ、国家以上ノ権威ハ認メラレナクナッタ。

国家主権ハ万能且ツ絶対デアリ、之ヲ拘束スル上級ノ規範ノ存在ハ認メラレナクナッタ、従テ条約ハ国家ノ自己拘束トシテ理解セラレ、国家ガ自己ヲ超越スル規範ニ服従スルトスル思想ハ国家概念ト矛盾スルモノト認メラレ、カヽル思想ノ国際法ガ否定ニ到着シタルナリ。

　民主主義ノ必須条件

人格ノ完成、個性ノ健全ナル発達、社会的正義ノ実現、文化ノ向上。

民主主義ハ人民ノ為メノ政治ナリ。東洋ノ聖賢ニ依テ取ラレタル大同社会ノ理想ナリ。

　民主主義ハ形式的ニハ多数意志ノ支配即議会政治ナリ。

　民主々義ノ我国ノ適用ニ際シ二点ノ存在ヲ留意スルヲ要ス。

　1)　我ガ国家社会ノ特異性

　2)　我民衆ノ政治的訓練

1)　ニ就テハ皇室ハ国家社会ノ支柱ナリ、之ナシニハ国内的ノ平和ト秩序ハ維持シ得ズ。

2)　我民衆ノ政治的訓練ノ不足、熱シ易ク冷メ易キ性質ヲ考慮ニ入ル、トキハ皇室ガ存在セザレバ我政治ハアナーキーカ革命ノ支配ニ終始スベシ。

君主制ノ下ニ議会政治ノ濫用ヲ防止シ、コレヲ適正

ニ運用スルヲ要ス

二十七日　本日午前久振リニテ審問ヲ受ク（第二回）。judge ハ dell トイフ人ナリ。温厚ナル人ナリ。余ガ少尉トシテ陸軍出身時ヨリ履歴ヲ追ヒ其時々ノ問題ニ就テ審問ヲ進メ行ケリ。先ツ日記類アリヤトノコトニ、一部ハ終戦后、一部ハ広島ニテ原子爆弾ノ空襲ノ際、昭和十五年頃ヨリ以后ノモノヲ焼失シタリトノ答解ニ、頻リニ之ヲ問題トシ、何カ公用文書類ヲ政府ノ命令ニヨリ焼却シタルニアラザルヤヲ疑ヒアルモノヽ如ク、頻リニ之ヲ追及セルガ、上司ノ命令ニヨリ消却シタルモノハ暗号類位ニテ、余ノ日記モ亦、全ク私的ノモノナルコトヲ反覆説明シタルニ、漸ク納得シタリ。何レニセヨ軍人ニアラザルコトナレバ軍事上ノ説明ニハ中々納得モ行カヌ模様ナルニ、通訳ニ当ル二世ガ軍用語ヲ知ラザルニ、話ハ中々進捗セズ、稍話ガ長クナリタルハ、余ノ日露戦争時代、巴里平和会議時代等ニシテ、本日ハ余ガ将官ニ進級シタル処マテ進ミ、彼ノ要求ニヨリ履歴ノ大要ヲ筆記シテ出スコト、ナレリ。

約二時間（2.5―4.5）

二十八日　本日ハ午前（第三回）、午后（第四回）訊問ヲ受ク

午前ハ余ガ第一部長時代、即満洲事変前ニ於テ満洲ノ兵力、対満政策等ニ関シ応答ヲナシ、日本ノ発展策トシテ及軍事兵力ヲ養フ為ニモ満洲ノ資源ヲトル為、軍人トシテ当然ノ意見ナラズヤトノ質問ニシテ、之ニ関シテハ筆記シテ出サレテモヨシトノコトナリシモ、余ハソレニハ及バザル旨ヲ答ヘ置キタリ。

午前ノ話ノ要点ハ、第一部長時代ノ任務、業務等ニ関スルコトニシテ、平時兵力ハ二十一師団（約二十四、五万）、戦時ハ約三、四十万位ナリシト答ヘ置キタリ、次デ第十四師団長トシテ満洲駐劄時代ノコトニ及ビ、当時、満洲ノ治安ガ如何ニ不良ナリシカ、師団ハ全ク行政ニ関与セズ、専ラ地方ノ治安維持、警備ヲ主任務トシタルコトヲ説明シタルモ、中々了解困難ト見エ、師団ガ満洲ノ政治ノ推進力トナリ、又地方物資取得ノ后拠トナリタルモノト心得アリアル様ナリ

（欄外）

関東軍兵力

師団一

独立守備隊五六大隊
計約一万
午后ハ、満洲発展策ニハ軍人トシテ余モ同意ナルモ、此政策ヲ実行スル為ニハ平和的解決ト兵力ヲ以テスルモノトノ二方法アルモ、当時ノ満洲政権ハ到底平和解決ニ対シ拒否ノ態度ヲトリタルモノナリ、然レドモ、余ハ第一部長トシテ内地ヨリ兵力ヲ増派スルコトニハ不同意ナリシ旨ヲ答ヘ置ケリ。
次デ話ハ支那事変ノ事ニ及ビ、当時、長谷川〔清〕中将ノ第三艦隊ト連合演習中ナリシコトハ彼モ承知シアリタルガ、其時ノ前後ノ状況ニ関シ根ホリ、葉ホリ質問ヲナシ、次デ余ガ台湾軍司令官ヨリ軍事参議官ニ転ジタルコトヨリ、談ハ軍事参議官ノ性質ニ移リタルガ、軍事参議官トイフモノ、性質ニ就テ、了解困難ナルモノト見エ、コレガ為ニ問答大ニ努メ、漸ク了解シタル模様ナルガ、軍事参議官ノ性質ニ関シテハ荒木、西尾両大将ノ審問ノ際ニモ説明大ニ努メタル由ナリ。次デ話ハ教育総監ノコトニ移リ、其本来ノ職務ニ関シテハ大ニ説明ヲ要シタリ。次デ話ハ青年将校ノ動向、一国一党等ニ及ビタリ。

三月

二日　本日松岡洋右他室ヨリ来ル。顔色憔悴、往日ノ面影ナシ。

三日　本日雪降ル。此数日天気悪シク、室内運動鬱陶シサ限リナシ。今日ヲ以テ入獄満八十日トナル。
鋭剣ヲ以テ如何ナルコトモナシ得ルガ、唯ソノ上ニ坐ルコトダケハ出来ヌ。ビスマルクノ言。

四日　今日午后　第五回ノ審問ヲ受ク。
前回ヨリ引続キ余ガ米内々閣ノ陸相タリシ当時、余ガ辞職ヨリ米内々閣ガ倒レタルハ陸軍ノ少壮将校（彼ハyounger officer トイフ）ガ倒シタリトノ先入感強ク、余ガ、当時近衛公ガ国内体制強化ノ策案ヲ有シタリト聞キタルヲ以テ米内首相ニ一度近衛公ト会談シテハ如何ト、個人トシテ進言シタルコトヲ答ヘタリ。近衛公ノ案トハ如何ナルモノカ、一国一党案ニアラズヤ、之ヲ見タルコトナキヤト追及頗急ナルニ、余ハ固ヨリ見タルコトナシ、唯次官及次長ヨリ報告ヲ聞キタルノミナリ、余トシテハ、ソノ共産及独ノナチノ如キ一国一党ハ反対ナル旨ヲ答ヘ置キタリ。要スルニ陸軍大臣ガ辞職シテ后任者ヲ出サズトイフコト、后任者ナキ時ハ内閣ハ倒ル、モノナリトノ我国従来ノ慣例ニハ了解頗困難ナル如ク見受ケラレタリ。

六日　午后上海ニ於テ開催サレタル昭和十七年四月十八日東京ヲ攻撃セル米ノースアメリカン搭乗員三名ノ死刑執行ニ関スル軍法会議ニ於テ、沢田中将ノ弁護人ナル米軍大佐外一名ヨリ会見ヲ求メラレ、弁護人トシテ中将ヲ弁護スル為、凡テ中央ノ命令ガ総司令部ヲ通ジテ行ハレタルコトニ関シ、数項意見事実ノ陳述ヲ求メラレ、一々之ニ答弁シ、尚之ヲ筆記シテ八日迄ニ提出スルコトヲ要求サレタリ。

会議ニ於テハ凡テ中央ノ命令ニヨリ行ヒタルコト、唐川〔安夫〕参謀長ガ死刑ガ重キニ過グルヲ以テ軽減ノ意見具申ヲ二、三回総軍ニ上申シタルコトナドハ余ノ初耳トスル処ナリ。

又、何故ニ総司令部ニ於テ軽減ノ余地ナキヤト問ハレタルモ、慣例ナルト、法文ナキニヨルモノナリ、又、弁護人ヲ何故オカザリシヤトノ質問アリタルモ、軍法軍律会議ハ弁護人ヲ置カザルモノナリト答へ置キタリ。

七日　本日午后、俊八〔長男〕突然面会ニ来リ、三十分間面会、種々家事上ノコトナド面談セリ　諸事大ナル渋滞ナク進ミアルコトニハ安堵セリ。

弁護士ノコトニ関シテハ大越大佐、林平馬氏、星野喜代次氏等、色々尽力セラレ、高橋義次氏ノ承諾ヲ得タル由、感謝ニ堪へズ。其他、鷲尾、串戸、小川氏等、親切ニナシ呉レアル由、感謝ニ堪ヘザル処ナリ。特ニ日露戦争当時ノ戦友タリシ今井登氏、住宅ヲ青梅ニ提供シクル、等、親切ナル行動ニハ感謝ニ堪ヘズ。知己ヲ今日ニ得タル次第カ。

八日　一昨日ノ約束通リ上海軍法会議ニ於ケル沢田中将ノ弁護人ニ余ノ、現認証（一九四二年四月十八日東京ヲ空襲セル米軍飛行機搭乗員取扱ニ就テ）ヲ手交シ置キタリ。

十日　今日ハアリシ日ノ陸軍紀念日ナリ。顧テ憮然タルモノアリ。

弁護士高橋義次氏ヨリ、心友林平馬氏及大越氏ノ推挙ニヨリ今回余ノ弁護ヲ引受ケタル旨、速達（七日附）状ヲ受領ス。

氏ハ一中父兄会ニテ余ニ面識アリト。東京弁護士会長ノ職ニアル人ナリ。感謝至極ナリ。

十四日　今日午后礼拝堂ニ一同引出サレ、東京帝大文学部ノ花山〔信勝〕トカイフ本願寺僧侶ノ読経ノ后、聖徳太子ノ憲法第二条、三宝（佛、法、僧）ノ講話ヲ一時間ニ亘リ聞カサル。俘虜関係ノ下士官、軍属等ガリ〳〵連モイト神妙ニ聞キアルニハ彼等ノ荒レアル心ヲモ幾分カ緩和スルノ効果アリアリト見エタリ。実際、民主々義ナルカ否カハ知レネド、彼等ガ漸ク階級心、秩序心ヲ失フモノ少ナカラズ、特ニ食物ノ一杯、一汁ノ多寡ニ関シ、イガミ合フ態ハ、イトモ見苦シキ次第ナリ。

同室ニアリシ森少尉、本人ノ話ニヨレバ大シタコトモナカリシ様ナルガ、十五年ノ刑ノ判決ヲ受ケ他室ニ去ル。

偶感　不知敵又不知己
　　　百戦遂敗社稷危

支那事変以来ノ臨時軍事費
　合計　二千二百十九億円余
昭和十二年度以降二十年度ニ至ル一般会計予算
　七百四十一億
　総計　二千九百六十億余円
国債発行高　支那事変中　二百四十七億
　太平洋戦中　七百六十七億
　合計　千十四億
日本銀行手持国債
　支那事変勃発当時　五億円
　二十年八月十五日　五十三億
　短期公債ヲ含ミ　六十二億
日銀貸出
　太平洋戦勃発当時　四億円
　二十年八月十五日　二百八十億円

個人ノミヲ重視シテ共同体ヲ忘レル絶対的個人主義ヤ、自由主義ハ、本質ニ於テ無政府主義ナリ。コレト反対ニ共同体ノミニ着眼シテ、個人ヲ無視スル超越的団体主義ヤ全体主義ハ結局ニ於テ専制主義ニ陥ル。

民主主義ノ根本理念ハコレラ両者ノ両論ニ於テ醇化シ、個人ヲ共同体ノ意志決定ニ積極的ニ参加セシムルコトニヨリテ之レニ統合スルト同時ニ、共同体ノ意思デ個人ノソレヲ綜合カラ形成スルコトニヨッテ之ト連繋サセ、ソコニ個人ト共同体トノ調和的綜合、有機的帰一ヲ成就セントスルモノデアル。

日本ガ国際生活ニ於テ常ニ民主主義（多数決主義）

ヲ無視シタル例

1)　満洲事変ノ際、13対1ノ決議ヲ国際聯盟理事会ニテ無視シタルコト。

一度ハ1931年（昭和六年）十月十五日ノ決議。

二度目ハ1931年十月二十四日ノ決議。

2)　1932年（昭和七年）一月二十九日、支那ガ聯盟規約第十五条ニヨリ事変ヲ処理スベキコトヲ要求ス。

二月十二日、第十五条第九項ニ基キ、事変ヲ理事会ヨリ総会ニ移スベキコトヲ要求ス。

日本ハ之ニ反対セリ。

3)　1933年（昭和八年）〔二月二十四日〕国聯臨時総会四四国参加、日本ハ反対、シャムハ棄権。

42対1ノ決議

日本ノ行動ハ自衛権ニ基クモノナリトノ理由。

4)　支那事変ニ於テハ支那ヨリ聯盟ニ提起ス。

聯盟ハ満洲事変ノ為、受理サレタル二、三国ノ代表者ヨリナル諮問委員会ニ附託サレ、委員会ハ報告ヲ総会ニ提出シ、総会ハソレニ基テ1937年（昭和十二年）十月六日決議ヲ採用セリ。コノ決議ニハシャムトポーランドガ棄権セリ。

此総会ノ決議ニ基ク九国条約ノ当事国ノ会議ハ十一月三日ヨリ開カレ、十九国参加シ、日本ノ参加ヲ二度マデ招請サレタルガ、日本ハ拒絶セリ。会議ハ十一月十五日宣言ヲ作成シ、伊ガ反対投票ヲ行ヒ、スカンジナヴィヤ三国ハ棄権セリ。

二十日　永野〔修身〕元帥収容セラレテ階下ニ見ユ、来ル者ハ当然来ルナリ。

保守主義コソ進歩ノ真ノ基礎ナリ

オーギュスト．コント

二十三日　同室タリシ力武老少佐十五年ノ重禁固ニ申渡サレタルモ、判士長ヨリ執行猶予ノ申請中ナル由。真摯ナル老骨ヲ買ハレタルカ。何シロ急ニ俘虜関係者明ルクナリタリ。

本日、力武ト入交リニ山本トカイフ大峰炭鉱ノ俘虜収容所警備員タリシ三十才ノ青年同室ニ来ル。

入獄コ、ニ百日、顧ミテ月日ノタツガ早イヤラ、遅イヤラ、一種云フニ云ハレヌ感ジ、雑然タリ。世ハ春トハナリタレドモ囹圄ニハ春ナシ。徒ニ煩悩ヲ増スノミ

二十六日　本日写真ヲ取ラル。何ノ意味ナルヲ知ラズ。万

事為スガ侭ナリ。
撮影番号391ナリ。

二十七日　同室ノ潮田青年（衛生軍曹ナリ）他室ニ去リ、力武老少佐ノ隷下タリシ中村曹長入レ代リニ来ル。潮田トイフ男ハ鼾声高ク、度々悩マサレタルモ去レバ何トナク物淋シ。恰モ将棋ノ駒ノ如ク入レ代ヘヲ行フ。

朝日新聞ニ載セラレタル近衛公ノ手録中、終戦直前、廣田氏ト駐ソ大使マリック氏ト和平工作ニ関シ会談シタルコトアリト記載サレアリタルヲ以テ廣田氏ニ尋ネタル処、直前ニ十回許リ箱根強羅ニ於テマリックト会談シタルコトハ事実ナルモ、政府ノ之ニ関スル腹案ナク、ドウスルカトイフモ決心ナク、唯漫然ト会談シタルニ止マリ、何等ノ効果ナカリシトノコトナリ。又、同氏ノ言ニ依レバ、東条内閣引退ノ際、鈴木貫太郎大将ガ和平ノ腹アリト見ラレタラバ内閣組織ヲナシ、以テ和平ヲナスベシト勧告シタルコトアリシモ、遂ニ実現セズ、米内、小磯ノ聯立内閣トナリタルモノナリト。

東大教授大西芳夫ノ説

国家権威トイフモノハ国家権力ノ上ニアリテ権力ヲシテ権力タラシムルモノナリ。

国家権力ハ我々ノ之ニ従ハネバナラヌモノナリ。カ、ル義務ハ如何ニ力強クトモ力ソノモノヨリハ出デ来ラズ、何カ力以上ニアリテ、ソノ力ヲシテ、ソウイフ義務ヲ賦課スル、ソフ云フ或者ナカルベカラズ。之ヲ国家権威ト称スベキモノナリ（中華民国ニテハ国家権威ハ天ナリ。米国ニテハ個人ガ国家権威ナリ、蘇ニテハプロレタリア、独ニテハ民族（Volk）ガ国家権威ナリ）。日本ニ於テハ国家権威ハ天皇ナリ。天皇ガ国家権威ヲ御自ラ体現シ現身的ニ現シテオラル、ナリ。

天皇ノ御地位ガ権威ヨリ出テ来、権力ノ把持者デアラセラレル、トイフコトハ天皇ノ御体質ニアラズ。

天皇ノ能力ノ如何ニ依テ国家権威ノ体現者デハアラセラル、ノデハナク、ヤハリ肉体的ニ天照大神ノ御子孫デアル、同時ニ精神的ニ天照大神ノ精神ヲ体シテ統治ナサルトイフコトハ国民ニ依リ確信セラレテイルノデアル。

天皇ハ無私、自分ノ私的ナ立場トイフモノヲ御持チニナラナイ。

（欧洲ノ君主ハ人民ト対立シ、私アリ）。

国家権威トシテ天皇ガアラセラル、トイフコトハ最有利ナルコトデアル、故ニ天皇制ヲ存続スルコトガ必要デアル。

二十八日　室ノ大量入換ノ旋風アリ。免ル、能ハズ。余モ本日午前突然転室トイフコトニナリ、三ヶ月余リ住ミ慣レシ2C－6ヲ去リ、先般来修理中ナリシ東寄リノ4Bニ移サル。又モ北側ノ寒ソウナ室ナリ。光線ニハ余程恵マレヌモノト見ユ。同室ハ野町トイフ炭礦関係ノ三十二才ノ青年ナリ。恰モチェスノ駒ノ如ク動カサル。情ナキカナ。隣室ニ豊田〔副武〕海軍大将アリ。

四月

人海情波。

容貌ハ徳ノ府（孔子）。

泰誓曰若有一介臣断々乎無他技其心休々焉其如有容其大如有容焉人之有技若已有之。

五日　俊八、六三郎ヨリ三月二十日附ノ手紙受領ス。

神崎正義トイフ人、余ノ弁護ヲ引受ケント申出デアル由。氏ハ塩田ノ処ニテ知合ヒトナリタリトノコトナルガ余ニハ確タル記憶ナシ。積極的ニテ高橋氏ガ老体ナルタメ動クコトガ億劫ナルタメ、進ンデ復員省ニ至リ資料ヲ集メ高橋氏ニ提出シタル由。隠レタ処ニテ知己アルモノナリ。感謝至極ナリ。

六日　午食前呼出サレ、待タサル、コト約一時間、米側弁護人代表ディール（海軍士官ノ制服ヲ着用）ト外ニ通訳ラシキ米人一名、外務省本野〔盛幸〕氏ト同道面会ス。本野氏ノ述ブル処ニ依レバ、米側弁護人団、米側カラディール弁護人ニ対シ頗不親切ニテ碌々弁護人ト面会モヲナサシメザルヲ憤慨シ、コレヨリ米側ニ申出ヅル次第ナルガ、来週頃ヨリ弁護人ハ自由ニ本所ニ出入シテ面会スルコト、ナルベシトノコトナル。

余ヨリ其好意ヲ謝シ宜敷御頼シタル様申述置キタリ。本野氏ヨリ入所以来ノ訊問回数、弁護士ノ氏名、当所ニ於ケル取扱振等ニ関シ質問アリ、ソレ〴〵回答シ置キタリ。

七日　近衛公ノ手記ナルモノハ、終戦后、東京ニ帰還后一度読ミタルコトアリ。今日亦世間ニ発行、公表セラレタルモノヲ読ムノ機会アリシガ、此手記ナルモノハ終戦后記述シタルモノナルヤノ感ナキ能ハザルモ、コレニ依レバ、

1）山本〔五十六〕海軍大将、日米戦ニハ確信ナシ

ト反対ス。

2) 米提示ノ七ケ条ヲ繞リ議論続出。
3) 独　日米交渉消潰シニ躍起トナル。
4) 奇怪ナル松岡外相、枢軸加担ニ百方□勧。
5) 野村大使、長蛇逸シ、再組閣ノ意義崩ル。
6) 最後ノ切札、近衛、ルーズベルト会談。
7) 陛下、杉山参謀総長ヲ御詰問。
8) 東條、駐兵ヲ固守シテ交渉遂ニ絶望。
9) 東久邇宮ノ嘆キ。

等ニシテ、1)吉田〔善吾〕海相ハ組閣当初、三国枢軸強化ニ同意シタルモ、元来海軍ハ反対ナルヲ以テ、大ニ煩悶シ、遂ニ辞職、及川〔古志郎〕海相トナリ、直ニ三国同盟ニ賛成ス。豊田〔貞次郎〕次官ノ近衛公ヘノ説明ニヨレバ、

海軍トシテハ実ハ腹ノ中デハ反対ナルモ、海軍ガコレ以上反対スルコトハ国内ノ政治情勢許サヌ故、止ムヲ得ズ賛成スル、海軍ガ賛成スルハ政治上ノ理由ニテ、軍事上ノ立場ヨリスレバ米ヲ向フニ廻シテ戦フダケノ確信ナシトイフ説明ナリ。

八月頃、連絡会議ニテ軍令部総長ハ、

米国丈ナラバ何トカ戦フ自信アルモ、ソガ加ハリ、南北ニ作戦スルコトハ確信ナシ。

1．東條首相ハ国内物資ハ不十分ニテヂリ貧ヲ免レズト言ヒ、鈴木〔貞一〕企画院総裁ハヂリ貧ハ防ギ得ルト云フ。何レカ一方ハ嘘ヲ云ヒタルナリ。鈴木ノ開戦ハ国内政治ナリノ一言ナカ〱含蓄深シ

1．昭和十六年六月二十二日、独ソ開戦

1．近衛第二次内閣総辞職、七月十六日。

米内内閣ノ総辞職ハ七月十六日、阿部内閣ハ一月十六〔四〕日近衛第三次内閣ハ十月十六日ナリ。十六日ナルハ奇縁ナリトイフベシ。

1．七月下旬トナレバ日本国内ニ於テモ対日包囲陣トイフ言葉ガ盛ニ使用サル、ニ至リ、概シテジャーナリズムノ面ニハ凡ソ内閣ノ意図ト程遠キ反米的色彩強クナレリ。

1．七月二十六日仏印進駐ノ発表。

米国政府ノ資産凍結令声明。

1．政変前后ヨリ仏印進駐ニ至ル十日間ハ東京華府間ノ意志疎通ニ遺憾ノ点多カリシ。

1．近衛公トルーズベルトノ会見、海軍ハ賛成、陸軍

ハ不賛成。

陸相ノ意見、

此会談ハ失敗ニ終ル公算ノ方大ナリ。

1. 八月上旬、米大統領トチャーチルトノ会見ニヨリ共同声明発表アリ、コレニ対スル辛辣ナル日本新聞ノ論調。

1. 八月十三日、米ハル長官ハ平然トシテ在支米国権益蹂躙ノ数々ヲ列挙シタル抗議書ヲ野村大使ニ手交シ、申入ルモノハ申入レ置クトイフ米国伝統ノ外交ヲ行ヘリ。

1. 米ハ日本ニ痛キ経済断交ヲ決行シ、自国伝統ノ政策ダケガ平和政策ナルコトヲ宣明スルコト傍若無人ニシテ、コノ米ノ強烈ナル反撥ハ、当然日本ノ反米陣営ヲマタソレダケ反撥セシメタリ。

1. 九月六日　御前会議、帝国々策遂行要綱

綱要
- 十月上旬頃ニ至ルモ、ナホ我要求ヲ貫徹シ得ル目途ナキ場合ハ、直ニ対米英蘭開戦ヲ決定ス。
- 帝国ハ自存自営ヲ全フスルタメ対米英蘭戦争ヲ辞セザル決意ノ下ニ概ネ十月下旬ヲ目途トシ戦争準備ヲ完整ス。

1. 日米交渉ノ難点（四原則）。

1）支那問題中ノ配兵問題　2）経済

3）機会均等原則　4）三国条約

十月七日夜　陸相ノ回答。

駐兵問題ニ関シテハ、米国ノ主張スル如キ原則的ニ一応全部撤兵、然ル后駐兵トイフ形式ハ軍トシテハ絶対ニ承服シ難シ。

十月十二日、海軍大臣ハ近衛公ニ対シ、

今ヤ和戦何レカニ決スベキ関頭ニ来レリ。ソノ決定ハ首相ニ一任致シタシ。

外相　今日ノ問題ノ最難点ハ支那ノ駐兵問題ナリ、コレニ就テ陸軍ガ従来ノ主張ヲ譲ラザレバ交渉ノ見込ナシ。

陸相　駐兵問題ダケハ陸軍ノ生命ニシテ、絶対ニ譲リ難シ。此ノ際、米ニ屈スレバ彼ハ益々高圧的ニ出テ、止マル処ヲ知ラズ。

十四日　撤兵ノ問題ハ名ヲ捨テ、実ヲ採ルト云ハル、ガ、コレハ軍ノ士気維持ノ上カラ到底同意シ難シ。

午后　武藤〔章〕軍務局長

総理ノ肚ガ決セザルハ海軍ノ肚ガ決セザルニ依ルト思ハル。海軍ガ本当ニ戦争ヲ欲セザルナラバ陸軍モ考ヘザルベカラズ。然ルニ海軍ハ陸軍ニ向ケ表面ハ然ラズ、唯、総理一任ト云フ。総理ノ裁断トイフコト丈ニテハ陸軍部内ヲ抑ユル能ハズ。海軍ガ戦争ヲ欲セズト公式ニ陸軍ノ方ニ云ッテ来レバ陸軍トシテハ部下ヲ抑ヘ易シ。

岡〔敬純〕海軍軍務局長

海軍トシテハ戦争ヲ欲セズトイフコトハ正式ニ云ヒ難シ。海軍トシテ云ヒ得ルコトハ首相ノ裁断ニ一任トイフコト丈ガ精一杯ナリ。

隣室ノ葛〔生能久〕氏ハ開戦当時神戸ノオリエンタルホテルニアリ、近衛内閣倒レテ東條内閣トナルヤ宿泊ノ英米商人等ハ一切《ママ》ニ引上ゲ帰国シ、トーマス・クックノ如キ逸早閉店、上海ニ引上ゲタル由ナリ。

自由ハ常ニ責任ト表裏ス、責任ヲ伴ハヌ自由ハ政治的ニモ道徳的ニモ許サレザルナリ。

十日　本日総選挙ヲ行ハル、如何ナル政党ガ第一党トナルカ、共産党ガ幾人進出スルカ、興味アル問題ナルガ、各政党トモ何等具体的ナル政綱ナク、唯其勢力拡張ニ汲々タルノミナリ。何等此瓦解ニ瀕セル日本ヲ救済スルニ足ルベキ識見モ抱負モナシ。心細キカナ。

午前九時半―十二時、米国大佐（名ハ名乗ラレタルモ逸セリ。化学部将校ナリトノコトナリ）ヨリ米軍少尉ノ通訳ニテ取調ヲ受ク（第六回）。

姓名、年令、少尉、少将、中将、大将任官ノ時、中支派遣軍司令官、支那派遣軍総司令官ノ任期、阿部、米内内閣ノ陸軍大臣ノ任期等ニ関シ質問アリ。

質問ノ要旨　閑院宮参謀総長ハ部下マカセニシテ能力低カリシニアラズヤ。皇族ノ参謀総長ハ次長ニテ万事ヲナスニアラズヤ。

答　皇族タリトモ臣下タリトモ職責ニハ何等変リナシ。

陸軍大臣ハ如何ニ任命スルヤ。

大臣、次官、人事局長ニテ撰定ノ上、参謀総長、教育総監ト協議ノ上、決定スルモノナリ。

人撰ノ上ハ上奏スルヤ。

然ラズ、唯之ヲ内閣ノ首班タルベキ人ニ推薦スルノミナリ。

参謀総長ハ如何ニシテ決定スルヤ。

　三長官ニテ決定ノ上、上奏、御裁可ヲ受クルモノナリ。

教育総監ノ地位、任務。

　教育ニ関スル事項ヲ管掌シ、政治、作戦関係ニハ全ク容喙セズ。

軍務局長ト教育総監ト何レガ高キヤ。

　教育総監ハ地位高キモ、人事権ニ関シテハ大臣、総長ト同格ニテ政治等ニ就テハ軍務局長ノ方ガ任務広汎ナリ。

大臣、総長トハ如何。

　全ク同格ナリ。

司令官ニ与フル任務等ハ如何ナル形式ニ依ルヤ。

　参謀総長ニテ作製ノ上、御裁可ヲ得、参謀総長ヨリ伝宣スルモノナリ。

軍司令官ニテ下ス命令ノ範囲如何。

　任務、特ニ実行スベキ作戦等ニ関シ、大本営ノ命令ヲ受ケ、其命令ノ実行ニ関シテハ軍司令官ニテ作製スルモノナリ。漢口作戦ノ如キ大本営ノ命令ニ依リタルモノナリ。


瓦斯ノ使用ニ関シ質問アリ。本日ノ訊問ハ、重点ハコヽニ存シタルモノヽ如シ。

支那作戦ニ於ケル瓦斯ノ使用ニ関シ一々実例ヲ挙ゲ、時日、使用セル部隊号等、一々詳細ニ調査シ、又、河辺大将ガ本部長時代発行シタル瓦斯用法ニ関スル教訓等ヲ引例シ、又、1938年支那側ガ、日本軍ノ瓦斯使用ニ関シ、国際聯盟ニ提訴シタル三ヶノ場合ヲ挙ゲタリ。之ニ対スル答解
1．瓦斯ハ大本営ノ許可ヲ受ケ、軍ニ使用ヲ許可シタルモノナリ。但、赤筒（嘔吐性ガス）、緑筒（催眠ガス）ニ限定ス。コノ大本営ノ許可ヲ受クベキコトハ作戦要務令ニ明記シアリ（大佐ハ東條ガ支那派遣軍ヨリ許可ヲ申出デタル由、陳述シタリト云ヒ居タリ。東條ノ次官時代ナラン）、而シテ軍ハ使用シタル時ハ直ニ之ヲ報告スベキモノナリ。
2．一々ノ使用シタル戦例ハ承知セズ。五、六回ナルモ、一回五、六発使用シタル報告ハ記憶シアリ。
3．使用シタル報告ハ直ニ之ヲ取纏メ、大本営ニ報告シアリ。
4．支那側ガ国際聯盟ニ対スル提訴ハ之ヲ記憶セズ

（大佐ハ河辺大将ハ承知シアリト申居タリ。河辺大将ヲ審問シタルモノカ）。

5．赤筒、緑筒ノ如キ瓦斯ハ　フホスゲン、イペリット、ルイサイト等ト異ナリ、致命的ナラズ、一時的ノモノナリ。コレハ毒瓦斯ノ範囲ニ属スルヤ否ヤ疑問ナリ。支那軍ノ如キ防毒面ノ装備、頗貧弱ナル部隊ニ対シテハ、速ニ之ヲ駆逐シテ無益ノ損害ヲ減ズル為ニハ却テ人道的ナリト思ハル。

6．サリナガラ瓦斯ハ決シテ好ンデ用ユベキモノニアラズ、真ニ止ムヲ得ザル時、使用スヘキモノナリ。

7．問　部下ガ瓦斯ヲ使用シタル事ニ就テハ責任ヲ負フヤ。答然リ。

8．教訓ニ支那ガ顔ヲ土中ニツキ込ミ窒死セルモノアリ、又出血シテ死シタルモノアリト記載シアルガ、之ニ対スル意見如何トノ質問ニ就テハ、防毒面ナキ為、地中ニ顔ヲツキ込ミタルタメ窒死シタルモノナリ、又、出血云々ハ特別ノ場合ナルベシ。使用后直ニ突入セザルトキハ支那軍ハ直ニ陣地ニ復帰ストイフハ、即瓦斯ノ効果ガ一時性ノモノナルコトヲ立証スルモノナリ。又蔣介石ノ訓令ニモ一時手拭、ハンケチ等デ鼻孔ヲ被ヘバ恐ルヽニ足ラザルモノナリト記載シアリ。之ヲ以テ見テモ一時性ナルコトハ明瞭ナルベシ。

十二日　蜷山政道

ポツダム宣言ノ政府状態ハ国家統治ノ権限ノ所在、並ニ其運用形式ヲ併セ意味シアリ、然ルニ我国ニ於テハ前者ノ統治権ノ所在ニ関シテハ、国体ト言ヒ、後者ノ運用形式ニ就テハ政体ト言ツテ両者ヲ区別スル慣用アリ。

牛津〔オックスフォード〕大学ノリンゼー教授ハ、民主々義ハ必ズシモ予言者ヤ聖者ヲ排斥スルモノデハナイガ強制サレタ道徳ノミハ之ヲ否定スル

英国憲法論ノ著者バジオットハ、英国憲法ヲ二ツノ構成要素ニ分ケ、ソノ一ヲ人民ノ尊厳ヲ喚起シ或ハ保存スル部分、権威ヲ添ヘル部分（diginfied Parts）ト他ノ一ケ、ソレニヨリテ政治ヲ支配シ運用スル部分、効力アル部分（efficient Parts）トナシ、国王ニ関スル英国憲法上ノ存続ヲコノ実効部分デハナクシテ威厳部分タルノ理由ニ帰シタルコトアリ。

十四日　総選挙ノ結果ニヨレバ、自由党第一党トナリ134位、

進歩・社会党之ニ次ギ90位、協同党ハ30位、社会党ハ数名ニ過ギズ、小党分立、政局頗紛糾スベシ。驚クベキハ婦人ガ36名位進出スト。米国スラ婦人議員ハ６名ト聞ク。日本モ一足トビニ婦人36名トハ果シテ正気ノ沙汰ニヤ。日本人モ敗戦以来心ノ準縄ヲ失ヒタルカ。天皇制維持ハサリナガラ国民ノ声ナリ。慶スベキカナ。ソレカアラヌカ梨本宮殿下釈放ニナラレタリト今朝聞キヌ。

林平馬氏当選シタル模様ナリ。祝辞ヲ送ル。本日三月十五日附チヨノ手紙ヲ受取ル。

十六日　本日午前両手ノ指紋ヲトラレ、体尺、体重ヲ測ラル。全ク罪人扱ヒナリ

体重112ポンド、体長５フキート４インチ

　武藤章中将ヲ三階ニ見ル。九日当所ニ抛リ込マレタリトノコトナリ。

食物ノコトヲ兎ヤ角云フハ嫌ナレドモ、一体食事ニ塩気少ナク、特ニ此数日甚ダシ一向監督ナドセズ、賄マカセノ様ニシテ、其間ニ不正ヲ働キアルモノト邪推セラレザルニアラズ。

生キタデモクラシー

デモクラシー論議ノ対象タル制度又ハ主義ノデモクラシーニアラズシテ、人間ノ血ノ通イアル呼吸スル処ノ活動スルデモクラシーナリ。即、アメリカ人ノ所謂人間ノ生キ方（way of life）ナリ。

トーマスジェファソン（１７４３―１８２６）

　人生ノ目的ハ生活 life ト自由 Liberty ト幸福ノ追求（Persuit of Happiness）ノ三ツノ言葉ナリ。

行動ニアッテ言葉デハナイ、not word but Action

デモクラシーノ定義ニツイテカレコレ論義スルモノハ、デモクラシーヲ受入レルコトヲ好マヌ人達ナリ

……バーナード、スミス

十七日　午后、六三郎面会ニ来ル。時間約三十分。六三郎頻リニ涙ヲ催ホス、何故ナルカ知ラズ。余ガ囹圄ノ人トナリアルヲ悲ムカ。

近頃配給悪クカユバカリス、リ居ルコトヲ訴ヘアリ。高橋義次氏老骨、物ウキ上、島田海軍大将ノ弁護ニ没頭シアルコトヲ批難シアリ。謝礼ノ不足ニヤ。又、輝子〔俊八の妻〕近頃病気ノ由、物資欠乏ノ時代、療養モ中々困難ナルベシ。入獄以来既ニ百五十日ニ近ク、不在長クナレバ色々ノコトモ生起シ来ルモノナリ。

親ハ子ノ行末ヲ思ヒ、子ハ親ノ白頭ニ泣ク。

ニユルンベルグ戦犯裁判ニ伴フ困難（四月十五日毎日新聞、在チューリッヒ森山特派員報）。

1）此裁判ノ法的基礎ニ理論的ナル疑問ヲ持チ得ルコト。

処刑ノ法律的基礎ニ難関アリ。

一九《マ》〇《マ》七年ノヘーグ協定、1929年ノジュネーブ協定、或ハ1928年ノブリアン、ケロッグ条約等ハコノ裁判ノ法的根拠トナルニ不十分ナル点アリ。

法ナキ処ニ処刑ナシ、トハ近代刑法上ノ常識ナリ。

又、法的秩序ノ維持ノタメニモ犯スベカザル原則ナリ。ニユルンベルグ裁判ノ弁護側ガコノ点ヲ強調、コレハ刑法ノ根本理念ヲ非難シアリ。

第二ノ難点ハ、ゲーリング、リッペン等、ナチス侵略戦争ヲ指導シタル軍人、外交官、サラニ進ンデ条約違反ノ軍備拡張ニ協力スル財界巨頭ヲ被告トシアリ。

戦后ノ今日ノ世界ハ国際聯合ニヨリテ代表サル、恒久平和確立ヘノ努力ガナサレツ、アリ、一方、現実ニハ極論ナル武装対立ノ情勢ヲ呈シテオリ、第一次世界大戦后ノ世界ヲ風靡シタル軍縮ノ理想論スラナキ有様ニシテ、国家安全ノタメトシテ軍備ノ充実ニ努メ、新武器ノ発明ヲ争ヒアル世ノ中ナリ。

米国ノアーミー・アンド・ネーヴィー・ジャーナルガジャクソンノ論告ハ、国家ノ命令デ国家ノ為ニ軍ヲ指揮シタ将軍、提督ヲ罪人呼バハリスルモノデ、コレハ軍人ノ職業ヲ冒瀆スルモノナリト非難シアリ。

第三ノ難点　コノ法廷ノ検事モ判事モ、戦勝四大国ニヨリテ代表サレ、中立国ハ参加シアラザルコトナリ。

コノ事実ハ、コノ裁判ヲ単ニ政治的ノモノナルヤノ感ヲ抱カシム。

裁判執行者ハ米国代表ジャクソンガ論ジタル如ク、人類ノ文明ナラザルベカラズ。

裁判長ノローレンスハ、此裁判ハ法ト正義ノ立場ヨリノミサルベキモノニシテ、政治的干渉ヲ断乎トシテ許サヌ態度ヲトリ、名目上軍法会議デアルコノ裁判ハ、ナルベクカ、ル政治的性格ヲ与ヘザルヨウ努力シアリ。

戦争責任問題トナルト、必然ニ聯合国側ノ戦前ノ政治モ批判ノ対象トナルベキモノナリ。

元総統代理ヘスノ弁護人ライドル博士ガ、

我等ノ任務ハ真理ト正義ノ擁護ニアリ、而シテ第三ノ世界戦争ノ勃発ヲ防グコトニ貢献スルニアリ。

国際刑法ハ未ダ単一ノ成文法典トシテ完成サレタルモノニアラズ。国際法、国内法、其他文明国間ニ於テ認メラレタル慣行条理法則等ヲ淵源トシテ抽出セラル、国際的統一刑法トデ把握サルベキモノニシテ、特ニ戦争犯罪ノ鎮圧ガ主タル対象タルベキモノナリ。勿論、国際刑法ニ於テモ、苟クモ刑法ノ本質ヲ以テ民主的法治思想ニ基ク人権保障法ト解スル限リ封建的擅断主義ノ断罪是正条約ナル刑罰ヲ排シ、夙ニルーマニヤノベラ教授ニヨリ強調サレタル如ク、法律ナクシテ犯罪ナシ、マタ法律ナクンバ刑罰ナシトサル、所謂罰刑法定主義ガ一ノ基本的原理トシテ如何ニ完フセラルベキカゞ重大ナル問題ナラン

裁判ハ正義ノ擁護、戦争ノ防止ト人類ノ平和維持ヲ以テ目的トセザルベカラズ。

いくさはいくるわざナリ。

1935年五月国際聯盟開催軍縮会議ノ安全保障委員会ニテ侵略戦争ノ定義ヲ定ム。

宣戦ノ布告以外ニ宣言ナキ他国領土ノ武力侵害、若クハ、他国領土、艦船、航空機ニ対スル陸海空軍ノ攻撃。

二十日　新聞紙ニ依レバ沢田中将ノ裁判ハ五年ノ重労働、和光法務大尉ハ同九年ノ判決アリタル様ナリ。余ニモ直接関係アルコトナルガ、予想ヨリ軽カリシコトハ先以テ一安堵トイフベシ。殊ニ和光大尉ニ於テ然リ、同人ハ上海ニ赴ク前、死刑ヲ覚悟シアリキ。

二十四日　総選挙后、幣原首相ハ居据リヲ企テ進歩党総裁トナリ、楢原アタリノ献策カ、強引ニ押切ラントセシ模様ナルガ、自由、社会、協同、共産四党ノ合同反対ニ遭ヒ、遂ニ昨日総辞職シタリトノコトナルガ、此内外浮沈ノ一大危機ニ無益ナル政争ハ諸公ノ心事、何辺ニアルカ大ニ疑ハザルヲ得ズ。

安藤〔利吉〕大将台湾ヨリ上海ニ転送、俘虜虐待ノ廉ヲ以テ拘禁セラレアリシガ、新聞ニ依レバ十九日夜、拘置所内ニテ服毒自殺シタル由ナリ。悼マシキカナ。二ヶ月振リニテ散髪ス。心地ヨシ。散髪モ亦楽ミノ一カ。情ケナキ次第ナリトイフベシ。

木村兵太郎大将、次官時代ニ四一八東京空襲飛行士処罰ニ関シ責任ヲ問ハレ、巣鴨ニ拘禁セラルベキ由、新

聞紙ハ報ズ。

二十五日　本日又モヤ室ノ入換ノ旋風アリ、余モ亦々此渦中ニ入リ、折角落着キタル処へ、古巣ノ二号棟ニ移サレ、二階ニ投込マル。同室五人、雑然タリ。皆俘虜関係ノ若キ人々ナリ、隣室ニ河辺大将、下村大将アリ。本日午后、花山文学博士ノ佛教ニ関スル講演アリ、約一時間。

二十九日　今日ハ天長節ナリ、朝来風吹ケドモ天気晴朗ナリ。

朝八時半、檻房前ニテ遙拝奉祝ヲナス。余、年長ノ故ヲ以テ音頭ヲトル、コ、ニ既ニ三回、獄中祝日ヲ迎フ。又、昨年、広島ノ当時ヲ追懐シテ感誠ニ無量ナリ。

　苦徹成珠　　青年捷馬上　　楽居処

夕食後六時半、急ニ呼ビ出サレ如何ナルコトカト思ヘバ愈々東條大将初メ余等二十八名、所謂A級戦犯者ヘ告訴状ヲ渡ス為ナリシナリ。渡ス大尉級ノモノヨリ、本朝十一時裁判所ヨリ交付セラレ、本日中ニ渡スベキ旨申渡サレタリト前提シ、一々写真ニ照合シテ、マクアーサー元帥ノ名ニ於テ云々ト云ヒテ引渡シタリ。集合シテ見レバ、梅津〔美治郎〕大将、佐藤賢亮〔了〕中将ノ顔モ見エタリ、兼テ覚悟ハシアリタレドモ流石ニ衝動ヲ覚ユ。態々四月二十九日ノ天長節ヲ覘ッテ渡ス処ナド誠ニ皮肉千万ト申スベシ。

三十日　午前、余等被告ノ弁護人団長コールマン海軍大佐、予備海軍大尉ジュートト二世弁護士、山岡氏ヲ伴ヒ面会ニ来リ、弁護士ノ委任状ニ記名調印シタリ。余ハ高橋ト神崎〔正義〕トノ両名アルガ、二枚作製シ、何レガ主任トナルカハ両氏トコールマン大佐トノ間ノ談合ニヨリ度旨ヲ返答シ置キタリ。尚、弁護ニ関スル注意等ニ関シ、二、三話アリタリ。

五月

一日　夕刻、神崎弁護士ト面会ス。種々注意アリタリ

二日　午前十時半、例ノ如ク急ニカリ出サレテ見レバ明日法廷ニ出ル為メノ注意事項ナリ。一同薄暗キ室ニ集メラレ、服装等ニ関シ注意アリ。

明日、法廷ニ出ル為、本日余等特ニ理髪、及入浴アリ。愈々以テ大罪人扱ヒナリ。憐レナルカナ。

三日　（第一回裁判）　午前七時、檻房ヲ引パリ出サレ、呼名点呼ノ后、昨日教ヘラレタル通リ服装ヲ整ヘ、一同

大型バスニ放リ込マレ、ＭＰニ前後ヲ護衛セラレテ旧陸軍省跡ノ国際裁判所ニ到着ス。盛ニ写真ヲトラレ、元ノ大講堂タリシ法廷ノ隣室ニ待合ハサル。開廷前、弁護士ト面会ス、有罪、無罪ノ申立ハ弁護人ニ委任スベク、更ニ問ハレタル時ハ、告発状ノ受領后、時間少ナク十分審査ノ時間ナカリシコトヲ陳述スル様申合ス。通知ニハ十時半トイフコトナリシガ遅レテ十一時十五分前頃、イヨ〳〵法廷ニ引パリ出サル。元大講堂ハスッカリ面目ヲ一新シ、莫大ノ費用ヲカケタルモノト見エ大層立派トナリタレド森厳ナル気分ハナク何トナク芝居ガ、リナリ。

裁判長濠洲ウェッブ卿開廷ヲ宣シ、通訳、筆記、其他ノ宣誓アリ。次デ、ウェッブ卿、一場ノ演説ヲナシ、極メテ公平ナル裁判ヲナスベキコト、被告ハ嘗テノ首相、大臣、参謀総長、軍令部長ナリシモノナルモ、一兵卒或ハ朝鮮ノ一兵卒ト同様ニ取扱フベキコト、又、努メテ速カナル審理ヲ要スルモ日英両国語ヲ用ユルヲ以テ相当長期ニ亘ルベキコトノ要旨ヲ述ベタリ。又、主席検事キーナンヨリ各国検事ヲ紹介ス、ソ聯ハ未ダ到着セズ。

次デ日本側清瀬弁護人ヨリ各人ノ弁護士ヲ紹介ス。昼食后、裁判所ノ構成等ニ関シ法律上ノ手続ラシキイロ〳〵ノ審議アリタルモ、余等ニハ能ク了解スル能ハズ。

四時過終了。再ビバスニ送ラレテ又モ檻房ニ帰ル。傍聴席満員ナリ。写真ハトラル、コト引キリナシ。ヨク〳〵此醜態ヲ曝ラス、武運ノ尽キナリトイフベシ。法廷ノ空気ハアマリ緊張セズ、ドコ迄モ形式的ノ感深シ。

本日、板垣〔征四郎〕、木村〔兵太郎〕両大将、南方ヨリ押送セラレ、裁判中バニシテ到着ス。

大川周明氏、数日前ヨリ稍々精神ニ異常ヲ来タシ、控室ニテアラヌコトバカリ口走リ、法廷ニテ東條ノ頭ヲタ、クナド頗見苦シキコトアリ。哲学博士トシテ満洲事変ノ大立物トシテ此醜態ハ本裁判ニ頗不利ナリトイフベシ。

四日（第二回） 九時半ヨリ開廷、大川氏ノ弁護士大原〔信一〕氏ヨリ大川氏ノ出廷ヲ止メタキ請求アリ。裁判長ハ之ヲ許可シ、大川氏ハ精神鑑定ヲナスベキコトヲ宣告セリ。

松岡、病勢昂進ノ模様、気息奄々タリ。

本日ハ土曜日ナレバ裁判所関係モ休息ノ要アルナルベシ。

午前閉廷。

午后、神崎氏、米側弁護人ノ立会ニテ面会ニ来ル。六日ノ法廷ニテ申立ヲナサヾルベカラザルトキハ従前ノ申合セノ通リナルモ、本人ヨリ述ベラレタキ旨申合セタリ。此際、余ノ履歴、入獄以来訊問ノ記事及余ノ心覚エ等ヲ渡シ置キタリ。氏ハ第一復員庁〔省〕ノ面々ガ頗冷淡ナルコトヲ訴ヘ居タリ。

六日　（第三回）　午前九時半開廷、大川ハ出廷セズ。板垣、木村、武藤、佐藤、梅津弁護人未定ノ五人ノ弁護人ノ紹介アリ。松岡ノ弁護人小林俊三ヨリ五年以来ノ病気ナレバ控所ニアルモ法廷ニ出テザル様申請アリ。裁判長ハ何レ裁判官間ニテ協議スベシト答ヘ、次デ告訴状ノ翻訳ニ関シ審理アリ。キーナンハ日本語ハ補助ニ過ギズト裁判所条例ニ違反スルコトヲ述ベタリ。又速ニ審議ヲ進ムベキ要求アリ。弁護人側ヨリ検事団ハ時日モ十分アリ、之ニ反シ弁護人側ハ時日モナク、又米側弁護人ハ六名到着シアルノミナルヲ以テ、急ニ審議ヲ進メ難キ申立アリ。カレコレ応答アリ。

次デ清瀬ヨリ裁判官各個ノ忌避ノ申立アリ。先ツ裁判長ウエッブ卿ハニューギニアヲ観察シ、之ヲ濠洲政府ニ報告シタレバ裁判官ノ資格ナシト認ムル旨ノ陳述アリ。裁判長ハ自身ヲ除キ全裁判官ノ合議ヲナス為、休廷ヲ命ジ、間モナク再開、代理裁判官ヨリ、合議ノ上之ヲ却下スベキ旨ノ宣告アリ。裁判長ハ余ハマッカーサー元帥ヨリ任命セラレ、又法律ノ権威者ノ意見ヲ聞キ、裁判長ヲ受諾シタルモノナリト一蹴セラレ忌避モ成立セズ。

次デ各被告ニA、B、C順ニヨリ有罪無罪ノ申立ヲナスベキ旨、裁判長ヨリ一々指命アリ。第一番ニ荒木大将立チ、之ハ弁護人ニ委任セル旨陳述セルモ、採用セラレズ、大将ハ無罪ノ理由ヲ述ベントシタルニ簡単ニト云ハレ、成立セズ。余ハ橋本ノ次ニ、畑ハ断固全部ニ対シ無罪ヲ主張スト答ヘ、全被告皆無罪ヲ申立ツ。弁護人トノ兼テノ申合セモ何等実行セラレズ、オジャントナル。且、日本人ノ通訳アマリ巧ナラズ、頗不利ノ状況ニシテ、今後、弁論トモナレバ不利思ヒヤラル。裁判ノ構成ヲ審議スル為、来十三日月曜日マデ休廷。

昼食后帰檻ス。

街頭ノ瞥見ニヨレバ復興ハ少シモ進捗セズ、行人気息奄々タリ。政府ハ自由党総裁鳩山一郎、政権全テ聯合軍司令部ヨリ喰上、次期政権ハ社会党ニ移リ、自由、社会、協同、共産四党ノ協議ニヨルコト、ナル模様ナリ。幣原内閣総辞職以来、既ニ二週間、各政党モ旧態依然、政権ニ恋々タリ。民衆モ亦之ヲ監視鞭撻スルノ勇気モ気力モナク、此先キ、我国ハ如何ナリ行クニヤ。暗澹タリ。

東條ニ尋ネタル処ニヨレバ、訊問ノ際、彼ガ次官時代、赤筒、緑筒ノ外ハ一切使用スベカラザルコトヲ指令シタリト答ヘタリトノコトナリ。其時期ハ記憶セズ、又、大本営ヨリ示シタルヤ、又ハ軍ノ申請ニ対スル返答ナリヤハ明瞭ナラザル模様ナリ。

グルーノ報告書

1．日本ノ満洲侵略ハ1931年ナリ。而シテ1937年ニハ早クモ長城ヲ越エテ支那本土ノ侵略ニ着手セルナリ。

1．日本ノ軍事機関、軍隊階級、軍事組織ハ完全ニ粉砕セザルベカラズ。

1．何故日本ハ米国ニ対シ戦ヲ仕向ケシカ、英語国民ニ対スル彼等ノ態度ハ、彼等ノ優越感ト強力感トノ概念ト吾等英語国民ヲ劣等ナリ軟弱ナリトスル認識ヨリ起ル概念トニ根柢ヲ有ス。而シテ其一部ハ日本神話ノ産物、他ノ一部ハ日本国民ノ虚栄心ニ外ナラズ。

1．彼等ハ戦時ニ於テ全体主義者ヨリ全体主義トハ政治上ノ自由、宗教上ノ自由、其他アラユル自由ト真ノ文化ノ終焉ヲ意味スルト共ニ政治、経済、軍事ノ統一集合ヲ意味スルモノナリ。日本ハファシスト及国家社会主義者ニ依ルヲ要セズ、ヒットラーニ学バズシテ日本ノ軍国主義者ハヒットラー式ノ政治家ナリキ。日本社会ハ戦時ニ於テハ夫レ自身権力主義者ナリキ。

1．日本ノ軍事機関ガ其征服的戦争ヲ全ク遂行シ得ザルマデ完全ニ無力化セラレシ時ノミ、而シテ日本国民全体ガ戦争ハ償フベキモノニ非ズ、彼等ハ虚偽ノ神ニ追随スベク余儀ナクセラレシコト、戦争ヨリ平和ノ途ガ凡テノ点ニ於テヨキモノナルコトノ自覚ニ到達セシ時ノミ太平洋ノ平和ハ恢復スベシ。

1．日本ハ支那戦争中更ニ一層遠大ナル戦争ニ対シテ其資材資源ノ用意ヲ怠ラザルコトハ、最近示サレタル日本ノ予算ニ依リテ明瞭ナリ。

支那事変ニ対スル戦時費ノ四割ヲ其事件ノ為ニ消費セシノミニシテ、其六割ハ来ルベキ緊急時ニ備フル費用トシテ軍事費及軍事産業拡張ノ為ニ使用セラレタルモノナリ。

1．日本人ハ平等ナル条件ニ於テ支那人ト取引シ得ズシテ支那ヨリ必要ナルモノハ凡テ之ヲ収得シ、之ニ対シテ日本ノ価値アルモノヲ支給セズ。

1．日本ノ変化ハ1931年満洲侵入ニ依リテ生ゼシモノナリ。十一年前、日本ノ満洲侵略ハ経済及戦略的必要ニ出ルモノナリシト日本官憲ハ説明セリ。

満洲ニ於ケル日本官憲ハ軍隊社会主義ナル一種異様ノ組織ヲ編成セリ。満人ノ利益幸福ヲ観念セズ、又、日本資本家ノ利益又ハ労働者ノ賃金増加ニ対シテモ興味ヲ有セズ。彼等ハ一ニ軍隊ノ為ニ多クノ戦争資材ヲ収得スルコトニ専念セリ。

1．此戦争ノキソ的観念ハ政治問題ナリ。

1．日本国民ハ此戦争ヲ人種戦ナリト称ス。彼等ハ蔣介石ヲ其精神ニ於テ欧洲人ナリト主張ス。

1．日本国民ハ其起源トシテ大和民族ノ神話ヲ信ジ、其優越性ヲ主張ス。カクテ日本ニ於テハファシズムト国家社会主義者ノ勃興ヲ助成セリ。

1．日本ハ全人類ニ対シテ其優越性ヲ主張シ、欧米人ニ対シテハ人種問題ヲ掲ゲテ全アジア民族ノ蹶起ヲ提唱ス。而モ其第一ノ主張ト第二ノ主張トハ全ク矛盾ス。

1．同盟国民ハ凡テ同列ニ於テ此戦争ヲ闘ヒツヽアリ。我等ハ同一ノ敵ニ対シテ同様ノ生存ト勝利トノ為ニ同一ノ戦争ヲ戦ヒツヽアリ。従テ誰ガ誰ヲ援ケシカ、支那ニ対スル援助トカ、ソニ対スル援助トカイフハ奇怪千万ナリ。

1．1853〔年〕ペリーノ日本訪問。

1854年3月31日、ペリート日本トノ通商航海条約締結。

ハリスノ着任、通商航海条約ノ改訂締結。

日本ニ対スルハリスノ指導。

日露戦後中、日本ハ朝鮮ノ独立確保ノ言質ヲ与ヘシニ拘ラズ、遂ニ之ヲ保護国トナス。

1908年、伊藤公ハ朝鮮ヲ併合セズト声明セシニ拘ラズ、1910〔年〕、朝鮮ハ日本ニヨリテ併合セラレタリ。

1921年九ヶ国条約、其結果、四ヶ国条約生ル。

1939〔年〕、日本ハ支那海ニ於テ仏国ガ長キ間、其領有ナリト主張セシ諸島嶼ヲ併合セリ。

1940〔年〕松岡外相ハ大東亜圏内ニ於ケル凡テノ島嶼ハ、適宜日本ニヨリテ収得セラルベキ旨ヲ明瞭ニ開陳。

1921年、ワシントン条約、日本ハ其期限終了二年前、1934年之ヲ破棄セリ。

1920年　日本ハ太平洋ノ旧独領諸島ノ委任統治ヲ獲得セリ。

1922年、日本ハ委任統治諸島ニ於テ基督教宣教師ノ居住ヲ許容スベク米国ト協定ヲ締結。

然ルニ日本ハ諸種ノ規則又ハ口実ヲ設ケテ此条約ヲ実行セズ。

1940年四月十五日ニ、有田外相ハ蘭印ノ現状ニ対シテハ日本ハ深ク考慮スト声明セシニ拘ラズ、1940年六月十九日、スマ〔須磨公使〕ハ均シク仏印支那ノ現状ノ維持ヲ声明セシモ、仏国ノ抗戦力止ムヤ日本ハ北部仏領ニ於テ日本軍進駐ノ権利ヲ獲得セリ。

1940年九月二十四日、須磨ハ、又、日本ハ仏領ニ於テ領土的野心ナシ、日本軍ノ仏印進駐ハ支那事変ニ備フルタメノミト声明セリ。

1940年十二月九日、松岡外相ハ日本ノ南方諸地域ニ於ケル目的ハ単ニ経済問題ナリ、日本ハ仏領土ヲ圧迫シ其侵略搾取ヲ試ムルガ如キハ、他ノ国家ト斉シク反対ナリト声明セリ。

1941年二月二十五日、印度支那ヲ訪レシ日本ノ軍事使節（野村大将？）ノ言明ハ、日本ハ南部印度支那ニ於テ陸海軍ノ根拠地ヲ求ムルモノニ非ラズ、日本ノ欲スルモノハ此地方ニ於テ産出スル米トゴムナリト。

1908年、日本ト米国ト一協約ヲ締結セリ。コレニヨリ両国政府ハ平和的手段ニヨリ支那ノ独立ト領土トノ保全ヲ期シ、支那ニ於ケル各国共通ノ利益ト、各国ノ通商貿易及産業ニ対スル機会均等トヲ擁護スベキコトヲ確約セルモノナリ。

1921年、日本ハ所謂二十一條ノ要求ヲ提起セリ。

1931年、日本ハ九国條約ノ儼存ニモ拘ラズ口実ヲ用ヒテ満洲ニ於ケル軍事占領ヲ開始セリ。

1932年、日本ハ遂ニ満洲ニ傀儡政府ヲ設定セリ。

1933年、日本ハ熱河省へ侵入セリ

1937年、盧溝橋事件勃発后、近衛首相ハ日本ハアジアノ平和ヲ保全セントスル以外、何等ノ目的ナキヲ声明セリ。

1939年、日本ハ南海ニ於テ其海軍根拠地ヲ築造セント企テ海南島ヲ占領セリ。

1940年、日本ハ北支ニ傀儡政府ヲ設定セリ。

1．吾等ハ勝利ヲ得ルノミニテ満足スベカラズ。吾等ハ先ヅ日本ノ軍事機関ヲ破砕シ、其国民ノ前ニ之ヲ不信用ナラシメ、且、之ヲ将来ニ向ケ無力ナラシメ、其アラユル政治的策謀ヲ不可能ナラシメザルベカラズ。

植原悦二郎著何故戦争ヲ起シタカ、何故負ケタカ（二十年十一月中旬）

我外交史上ノ一大転換機

我国ハ満洲事変発生マデ常ニ国際協調主義ヲ堅持セリ。

然ルニ国際聯盟ノ脱退ト共ニ案外平静裡ニ終了セリ。

満洲事変ニヨリ我国力ヲ過信スルニ至レリ（欧州ハ第一次大戦ノ創痍イヘズ、極東ヲ顧ミル遑ナシ）。

明治三十三年山県内閣時代ニ陸海軍省令（勅令、陸軍省・海軍省官制の職員表）ニヨリ大臣ハ陸海軍大・中将ニ限定セラル。

開国以来、日本ノ国権ヲ恢復シテ之ヲ対等ノモノタラシメシノミナラズ、世界一等国ノ班ニ入リシハ、主トシテ戦争ノ賜物ナリ。軍部ハ此功労ノ大部分ヲ専ラニシ、一般国民モ亦之ヲ承認スルニ吝ナラザリシ。

三回ノ戦争ガ国外ニ於テ戦ハレ、国民ハ戦争ノ惨禍ヲ体験セズ。

満洲事件以后、大東亜戦ニ到ル長期戦間、戦争ニ対スル不満ガ叫バレズ。

三回ノ戦争ニ於テ、我国ノ資本家ヤ事業家ハ非常ナル発展ヲ遂ゲタリ。

巴里会議ニ於テ人種差別撤廃一蹴セラレ、太平洋上ニ於ケル日本ノ功績ニモ拘ラズ、マーシャル、カロリン群島ノ委任統治ヲ得タルノミ。而モ種々ノ条件ヤ　制限ガ附セラレタリ。

華盛頓会議ニテ英米ノ五五ニ対シ日本ノ三ハ、我国ノ自尊心ヲ傷ケタルコト大ナリ。

日英同盟ノ破棄、青島ノ還付、満洲ニ於テ我地理的関係以外ノ特殊関係ハ凡テ否定セラレ、九国条約ニヨリテ支那ノ独立ト領土保全トヲ保障セラレタリ。

我国民ハ英米ノ威圧ニヨリ、屈辱的条約（華府条約）ノ締結ヲ余儀ナクセラレタリ。我国民ノ憤激ハ大東亜戦争誘致ノ因子タリシハ争フベカラズ。

犬養内閣ニテ総選挙ノ結果、466名中300余名ノ政友会議員タリシ。

軍部ニ呼応セル新官僚群ノバッコ（跋扈）。

政党全盛時代ニハ政党ニ追従、軍部優勢トナルヤ之ニ盲従セリ。

人口生産率、欧米諸国ハ千ニ対スル十六、七人、我国ハ三十人超。

人口密度、米国一平方吉16、ソ8、独142、仏76、英192、日187

人口問題ハ日本ニトリテハ盛衰存亡ニ関スル問題ナリ。

生存権ニ関スル大問題ナリ。

誤レル教育方針ニ由ル迷信的国家観念（国体観念）

付和雷同性ト世界制覇ノ夢（米国ノ星条旗ニ対スル信念）

不可解ナル防共協定ノ締結、防共協定ハ外交史上ノ大転機。防共ニ支那ヲ加ヘザリシガ誤リナリ。

昭和九年十月一日　新聞班発行　国防ノ本義ト其強化ノ提唱

持テル国ト持タザル国、国防国家ノ宣伝（現在ノ経済機構ノ不備ヲ指摘ス）（国防国家トハ国家ハ戦争ヲ主眼トシテ存在スルモノニシテ国民ノ最高義務ハ軍務ニ従事スルニアリ）、コレ亦、日米開戦ノ一因。

三国同盟ノ結果トシテヨリ多クノ利益ヲ占メ得タルモノハ日本ヨリ独ナリ。

日米会談ノ癌タル三国同盟。

田中内閣ノ東方会議ノ声明。

満洲ト日本トハ歴史的、地理的及政治的、経済的ニ特殊ノ関係ヲ有ス。而シテ日本ハ満洲ガ世界各国民ノ安住地タルコトヲ希望ス。故ニ満洲ノ治安維持ハ絶対的ニ必要ナリト思惟ス。従テ、若シ満洲ノ治安ガ紊サル、場合ハ、ソレガ内カラ来ルトモ外カラ来ルトモ、日本ハ決シテ之ニ無関心タリ得ズ。

犬養内閣ノ対満政策。

満洲ニ於ケル支那ノ宗主権ハ、之ヲ□□スル。而シテ日満両国ノ関係ハ其地理的ナ特殊事情ト友邦善隣ノ誼ト、経済提携トヲ主眼トスルモノナリ。

盧溝橋事件ハ日支両国共ニ其円満ナル解決ヲ希望シアリシナラバ至難ニハアラザリ〔シ〕ナラン、日本軍部ハ、蔣ノ実力ト彼ニ対スル支那国民ノ信望ト支那ノ地理、地物ニ対シテ認識ヲ誤リ、蔣ハ満洲事件以来、日本ニ深ク食《は》ミ、最初ヨリ長期戦ニ導キテ日本ヲ奔命ニ疲レシメテ最后ノ勝利ヲ得ベシト確信シ、世界各国、特ニ米ノ有力ナル支援ヲ約束サレタリ。重慶ノ苦痛、窮乏ニ対シテハ、英米両国ガ不断ニ同情ノ手ヲ差伸ベ居タリ。

米国トノ通商条約ハ破棄セラレ蘭領、濠洲等トノ貿易モ昔日ノ如クナラズ。棉花、羊毛、石油、ゴム、屑鉄ノ輸入ハ禁止若クハ制限セラレ、非常ナル難局ニ直面ス。

支那事変ノ行ヅマリ打開ノ最後ノ手段トシテ仏印進駐トナリ大東亜戦争トナル。

米国政府ノ白紙報告書。

昭和十六年三月、野村大使華府着任。

此際、ハルヨリ、日独伊三国同盟ハ武力侵略政策ヲ意味ス。米ハ之ニ関シ無関心タリ得ズ。

五月十二日　野村大使ハ日米問題調整ニ関シ提案ヲナス。日本ノ対支政策ハ、善隣友邦、経済提携ニシテ領土的野心ナシ。満洲ノ独立、主権、領土ノ尊重、協同防共ノ為ニ日本軍ヲ支那ニ駐屯セシムルコト等

六月二十一日　米国ヨリ回答。

七月二十四日　米大統領ハ野村大使ニ対シ日本ノ仏印進駐ハ日本ノ侵略行為ヲ示スモノナリ、米国ハ仏印ノ中立ヲ提案スト述ブ。

七月二十六〔五〕日　大統領ハ米国内ニ於ケル日本ノ資産凍結令ヲ発ス。

八月六日　野村大使ハ米政府ニ対シ、日本ハ仏印以外更ニ西南太平洋ニ進駐セザルベシト述ブ。

八月十七日　大統領ハ両国ノ会談ヲ進捗セシムルコトヲ考慮シ得ズト回答。

八月二十八日　近衛首相ハ大統領ニメッセージヲ送ル（大統領ト会談ノ為）。

九月三日　大統領ヨリ近衛首相ノメッセージニ対スル回答。
会見ノ四原則。
1）各国家ノ主権ト領土トヲ尊重スルコト。
2）各自、他国ノ内政ニ干渉セザルコト。
3）平等ノ原則、通商上機会均等主義ニ依ル平等ノ原則ヲ支持スルコト。
4）太平洋ニ於ケル現状維持、平和的手段ニ依ル外、現状ノ変更ヲ認メザルコト。

十月二日　ハル、野村会談、日本ノ支那及仏印ヨリ撤兵スベキコトガ日本ノ平和的希望ヲ判明スベキモノナルコトヲ主張ス。

十一月三日　グルー大使ハハル宛、日米戦争ハ避ケ難カルベシ、日本ハ突如米国ニ挑戦スルノ危険アルコトヲ報告。

十一月十七日　ルーズベルト大統領及ハルハ、野村、来栖両大使ト会談、日本ガ三国同盟ニ固執スル間、太平洋ニ於ケル平和問題ヲ真剣ニ取扱フコト能ハズ、米国ハ日本ノ大東亜ニ於ケル新秩序建設ナルモノハ、太平洋ヲ武力ヲ以テ政治的ニ地理的、経済的、社会的ニ支配セントスル別名ナリト信ズ米国ハヒットラーヲ信ゼズ、欧洲ニ於テ彼ガ成功スレバ彼ハ更ニ東洋ニ於テ日本ヲ攻撃スルカモ知レズ、日本ガヒットラート同盟シアル限リ米国民ハ日本ヲ信ズル能ハズ。

十一月二十日　日本政府ヨリ提案。

十一月二十六日　米ノメモランダム。再三再四ニ渉ル日米両国ノ交渉ニヨリ太平洋ニ於ケル日本ノ意図ハ明トナレリ。結局、日本ハ其軍部指導者ノ根本目的ヨリ離脱シ得ザルモノナルコト、日本ハ米国ニ対シ直接脅威ヲ感ゼシムル三国同盟ノ義務ヲ果サント固執スルコト、日本ハ無差別平等ノ世界通商関係ノ原則ヲ一応承認スベキモ、日本ノ占領地ニ於テハ其優越権ヲ放棄セザルノミナラズ、支那ニ対シテハ其戦勝国トシテノ和平ヲ求メントスルモノナルコト、日本ハ他国ニ於ケル内政不干渉ノ原則ヲ拒否シ、印度支那ニ於テハ駐兵ヲ主張シ、支那ニ於テハ大軍ヲ駐屯セシメ、其永久ノ覇権ヲ掌握セントスル気配ヲ示シ居ルコト、従テ、日米両国間ニ於ケル一般的諒解ニ到達セントスルハ夢想ニ等シキモノナルコト、日本ハ唯其自己ノ目的遂行ニ役立ツベキ諒解ヲ米国政府ニ求メント画策セルモノナルコト、要スルニ日本ハ根本問題ノ解決ヲ忌避シ、日米会談ヲ試ミントセシ、当時ノ議論ノ如キ衡平ナル問題処理ニ渉ランコトヲ言ヒ遁レントスルノミナルコト、日本ハ印度支那ニ於ケル日軍進駐ニ依リテ発生スル米・英・蘭・印、泰、支那等ニ対スル脅威ヲ排斥スル意志ナキコトヲ明瞭ナラシメタルコト、サリナガラ、米国政府ハ日本ガ尚ヨリヨキ途ヲ選バントスルナラバ、凡ユル手段ヲ講ズルコトニ吝ナラザルベシ。

十二月一日　大統領、ハルト野村、来栖会談。野村大使ハ、日本国民ハ、米ハ日ヲ混乱セシムルタメ、支ト戦フコトヲ希望シアリト信ジ、後デ米ニ屈服スルカ、米ト一戦ヲ交ユルカ、其一途ヲ撰ブ外ナシト思ヒアリト述ブ。

十二月二日　国務次官ウエルスハ日本大使ニ通牒ヲ渡ス。

同　五日　野村大使返翰。

ハルハ日本政府ガ武力ト侵略トヲ放棄スト言明セバ、事ハ直ニ解決セラルベシ、米ハ両国関係ノ紛糾ヲ期待モセザレバ、又脅威ヲ怕レテ遁走モセズト応ズ。

十二月六日　ルーズベルト大統領ノ陛下ニ対スル個人メッセージ。

米ハ支ニ対シ援助ハトモカクトシテ同情ヲ有シタリシコトハ明瞭ナリ。多年ニ渉ル日米両国間ノ平和的恩恵ヲ脅威セントスル事件ガ太平洋ニ於テ惹起セシメラレントシテ居ルトノコト、之ハ必ズ悲惨ナル結果ヲ招来スルモノト思ハル。太平洋ニ於ケル各民族ハ侵略ノ脅威ナク平和裡ニ生存スベキモノ、互ニ軍備ノ苦痛ヲ軽減シ、互恵ノ精神ニ依リテ差別ナキ通商ヲ営マレ得ベキモノナリ。然ルニ印度支那ニ於ケル日本ノ行動ハ、之ニ疑惑ヲ生ゼシムルモノナルガ故ニ、陛下ノ御力ニ依リテ此暗雲ヲ除去セラレンコトヲ熱望スル次第ナリ。

十二月七日午前七時五十分　日本ノ真珠湾攻撃ニ対シ野村、来栖両大使ノメモランダム。

米ハ日支両国ノ平和樹立ニ対シ、アラユル方面デ重慶政府ヲ援助シ、之ヲ妨害セルモノナリ。

敗因　1)　大東亜戦争ハ軍部指導者ノ誤算ヨリ生ジタル行詰リヲ打開スル為メノ窮余ノ一策ニシテ、極端ニ云ヘバ一種ノ捨鉢ナリ。

2）緒戦ノ大戦果ト恐ルベキ其反動。
真珠湾奇襲ガ米国民ヲ憤怒セシメ、硬化一致セシム（日本大使館顧問フレデリック・ムーアノ所感）。

3）何故布哇ニ進撃セザリシカ。

4）不明瞭、不可解ナル戦争目的。
米国民ハ彼等ノ文化ト其生活様式トヲ根本的ニ破壊セントスルナチズムトヒットラーニ対スル自衛ナリト信ジアリ。同時ニ之ト同盟セル日本ニ対シテモ戦争目的ハ同一ナリトイフニアリ。日本ノ戦争目的ハ東亜民族ノ共存共栄、共栄圏ノ確立トイフモ、国民ノ日常生活ニ直接結合セズ、之ニ対シテ全ク無頓着無関心ナリ。

5）抑圧政策ニ由ル国民ノ意気消沈。

6）官僚統制ト経済産業界ノ萎靡不振。

7）奇怪ナル陸海軍部ノ摩擦ト軋轢。

8）政府笛吹ケドモ国民踊ラズ。

9）現代戦ニ対スル認識不足ト指導精神ノ錯誤。

10）驚クベキ国民道義ノ頽廃。

11）科学的戦術ト封建的戦術。

12）民主国民ニ対スル誤認。

13）国際情勢ニ対スル認識不足。

14）四面楚歌裡ノ日本。

15）木ニヨッテ魚ヲ求ムルノヘノ期待。

十三日（第四回）午前九時半開廷。
裁判長ヨリ判士ノ忌避ハ弁護人側ヨリ再考ヲ促サレタルガ、判事全部ハ申立ヲ拒否スト判決スト判決アリ（此忌避ハ寧ロ米国弁護人側ノ発意ニヨルモノニシテ、米ヨリ見レバ濠洲ヨリ裁判長ガ出デアルアテツケナリトノ説アリ）
即チ、清瀬博士ヨリ、

1．平和ニ対スル罪、人道ニ対スル罪ハポツダム宣言ノ範囲ヲ脱シ、戦争犯罪ノ範囲ハ戦争法規慣例違反行為ニ限定スベキコト。

2．訴因トシテ挙ゲタル日ソ紛争事件ハ既ニ解決サレアリ、ポツダム宣言ニヨル戦争犯罪ト認定スル能ハズ。

3．日本ガ泰国ヲ侵略セリト訴追シアルガ、日泰両国間ニハ同盟条約締結セラレ、泰国ハ当時聯合国デハアラザリシ。

ト当該、起訴事実ノ除外ヲ主張シタルガ、キーナン

ヨリ、本法廷ニテハ事実ニ関スル討議ニ限定サレタシト異議ヲ申立タルガ、

ウエッブ裁判長ハ、

弁護人ハ裁判所管轄権ヲ取扱アリ、事実ニ根拠ヲ置テ討論シアリトテ異議ヲ却下。

次デ、キーナンヨリ清瀬博士ノ純法理論抗弁ヲ包括的ニ反駁、弁護人側ノ動議ハ単ニ検察側ニ対スルノミナラズ、実ニ全世界民衆ニ対シテ、ナサレタル抗弁ニシテ断ジテ反駁セザルベカラズ、

1）日本ノ降伏ハ無条件降伏ナリ。

2）戦犯ノ範囲ハポツダム宣言及降伏文書ニヨリ平和、人道ニ対スル罪モ当然抱括サル。

3）弁護人側ノ抗弁ハ、文明及文明国ヲ侵略ト破壊ヨリ救ハンガタメ戦争犯罪人ヲ歴史前ニ処罰セントスル努力ニ対スル抗弁ナリ。

ト敗者ニ対スル勝者ノ立場ヨリ力ヲ以テ論駁、ヴェルサイユ条約、国際聯盟宣言、ケロッグ、ブリアン宣言、ヘーグ陸戦条約慣例ヲ挙ゲ、法律的ニモ侵略戦争ハ国際犯罪ヲ構成スル点ヲ論及、１９４３年ノルーズベルト、チャーチル、スターリン三氏ニヨルモスクワ会談共同声明ヲ引用、清瀬ハモスクワ宣言ハ独ニ対スルモノニシテ日本ニ適用セズト論駁、次デ英検事コミンズ・カーハ、ポツダム宣言及降伏文書ノ字句ヲ狭義ニ解セントスル企図カラ出デタルモノナリト論駁。清瀬ハ昨年九月二日調印シタル無条件降伏文書ハ、軍ノ武装解除ヲ規定シタルモノニシテ、日本政府ヤ国民ノ無条件降伏ヲ意味スルモノニアラズ、ト強調、更ニ本年一月一日ノ大統領ノ教書ヲ引用。キーナンヨリ、本年一月一日ノ演説ハ裁判ニ関聯ナシト陳述。コレデ本日閉廷。

十四日（第五回）午前九時半開廷。本日ハ主トシテ米国弁護人側ヨリ弁論アリ。日本語ノ翻訳ガ十分ナラザル為、全部ノ陳述ヲ終リテ翻訳ストノコトナルガ、其翻訳ハ実行セラレズ、内容ハ明カナラザルガ其要点ハ、

1）勝者ハ殺人ニ問ハレズ、敗者ノミガ殺人ニ問ハル、コトハ不当ナルコト。

2）板垣、木村、武藤、佐藤ハ軍隊指揮官トシテ俘虜トナリタルモノナリ。従テ俘虜トシテ取扱ハルベク此裁判ニ適用スベカラザルコト。

支那側検事起テ、支那ガ虐殺等ニヨリ非常ナル損害ヲ受ケタルコトヲ滔々トシテ述ベタルガ、米弁護人ヨリ

カ、ルコトハ本裁判ノ範囲ニアラズト抗弁、速記録ヨリ除クコト、ナレリ。

十五日　(第六回)　午前九時半開廷。

清瀬ヨリ一々日本語ニ翻訳スルニアラザレバ被告モ弁護人モ審議ニ進ムルヲ得ズ、一昨日通リニサレタキ陳述アリ、裁判長ハ之ヲ採用シ、簡単明瞭ニ陳述スベキコトヲ宣シ、次デ米側弁護人ヨリ起訴状及訴因ガ米国ノ規定ニ反シ、其要点ニフレアラズト一々例ヲ挙ゲテ弁駁、カー副検事ヨリ、十一ケ国ヲ代表スルコトナレバ此ノ如キコトハ不可能ナリト答弁、検事団ヨリ、弁護人ト裁判官室ニテ論議サレタキ要求アリ。裁判長、更ニ指定スル時マデ休廷ヲ宣シ、本日ノ裁判ヲ終リ、午前中ニテ終了。検事団ハ米ノ民主党ニ属シ、弁護人側ハ大部分、共和党ニシテ、コ、ニ政治上ノ対立アルベシトノコトナリ。

十六日　午后、例ノ花山師ノ佛教講演アリ、時間ツブシニ出席ス。

米国ノ本大戦ノ死者、三十三万。

一月二十一日　トルーマン大統領ノ教書

史上ニ初メテ戦争犯罪者ノ法律的有罪ガ決定サレントシアリ。現ニニュルンベルグニ於テ進捗シアル公判並ニ間モナク東京ニ始マル公判ハ、過去六ヶ年ニ亘ル犯罪ニ於テ責任ヲ問ハ〔レ〕アル各個人ヲ国際法廷ニツレダシアリ。コレラ悪党ノ犯罪ヲ公然表示スル結果、従前ノ各故国ノ大衆ノ間ニ戦争ト侵略ト民族優越感ニ対スル全面的、且、恒久的ナル反感ガ起ルニ至ルコトニ多大ノ希望ツナガレアリ。

十七日　(第七回)　朝食后急ニ法廷ニ引パリ出サル。何等ノ予告ナシ。

午前十時開廷。裁判長ヨリ全被告ニ対スル訴因ノ抗辯。板垣、木村、武藤、佐藤ヲ、俘虜トシテ取扱フコトノ弁護人側ノ抗議、平沼、廣田、松岡、梅津等ニ対スル訴因ノ不備ニ対スル抗議ハ却下ト宣言、アッサリ一蹴サレタリ。予期サレタルコトナガラ、アマリニアッケナシ。

外務大臣吉田茂、自由党党首トナリ、昨十六日組閣ノ大命降下、自由、進歩ノ両保守党内閣成立スルコト、ナリ、先月二十二日幣原内閣辞職ヨリ一ヶ月近クニテ新内閣成立シタルコトナルガ、前途益々多難ナルベク、日本モドコマデ行クコトヤラ、深憂ニ堪ヘザル次第ナリ。

夕刻、高橋義次氏ト三十分許リ面会ス。

陛下ニ御迷惑ヲカケザル様、極力努メ、個人ヨリモ寧ロ国家本位ニテ弁論スベキコトヲ申合ハス。

二十四日　午后神崎弁護士ト面会ス。此度、米国弁護人トシテ米国陸戦隊中尉 Aristicles G. Lazarus　余ガ専属トナリタルニ付、委任状ニ署名ス。

二十五日　本日午前 Lazarus 中尉、神崎弁護士及邦人婦人通訳帯同面会ス。中尉ハ昨年九月以来日本ニアリ、横浜裁判ニテ弁護人ヲナシアリタル由。少壮元気ノヨキ人ナリ。

一時間半許リ色々打合ハス。英米法ニテハ共同謀議トイフコトヲ重大ニ取扱フ由ナルガ、訴因十八マデハ余ニハ無関係ナルガ45―50ハ実行者トシテ関係アリ、然レドモ大本営ノ命令ニヨリ実行シタルコトヲ明ニセザルベカラズ。即、日ヲ逐フテ大本営ノ命令ヲ受ケタル状況ヲ筆記サレタシトノ要求ナリシ。質問ノ要旨トシテ

1）在外ノ軍命令官トシテ余ノ外ニ被告ノ内ニアリヤ。

コレハアレバ其司令官ノ弁護士ガ一団トナリテ、中央ノ命令ナルコトヲ明ニスル必要アレバナリ。

2）広東方面ノ行為ガ余ノ指揮下ニアラザルコトノ立証。

3）作戦ノ為、兵力増加ガ大本営ノ命令ニヨリ行ハレタリヤ否ヤ。

二十九日　入所以来、日々ノ運動ハ建物間ノ空地ニテ行ヒアリシガ、今日ヨリハ新タニ設ケラレタル鉄条網裏ノ狭キ地域ニテ行ハセシメラル。刑囚ノ感愈々深シ。

六月

三日（第八回）午前九時半開廷、コールマン大佐（米側弁護人団長）ヨリ新ニ到着セル米人弁護人ヲ紹介アリ。

次デ松岡ノ弁護人ヨリ病気亢進ノ為、日本側病院ニ入院セシメタク、全快マデ法廷ニ立タシメズ、従テ訴状ヨリ除クベキ旨、次ニ大川ノ弁護人ヨリ米側病院ヨリ帝大附属病院ニ入院セシメ、松岡ト同様、訴状ヨリ除クベキ旨、要求アリ。裁判所ハ何レ后日、答解スベキ旨申渡アリ。

次デ、裁判長ヨリ被告全部ノ訴状ヲ改訂シ、要スレバ却下スベキコトヲ拒否スル旨宣告アリ。次ニ検事団ヨ

リ動議（130項目ニ関スルモノナルガ内容ハ我等ハ承知セズ）ノ説明アリ。米人弁護士ヨリ之ニ対スル抗辯アリ。清瀬弁護人ヨリコノ検事側ノ動議ハ我等ハ承知セザル処ナリ、今、此場ニテ見アルモ相当誤リアリト抗議アリ。

米国側弁護人ヨリ大部ノモノハ漸ク二週間前ニ日本ニ到着シタルモノナリ、事情モ未ダ、研究セザルヲ以テ、開廷ヲ二週間乃至三ヶ月延期サレタキ旨ノ要求アリ。裁判長ハ一週間延期ヲ決定シ、明四日検事団ヨリ劈頭弁論アリ、次デ来十三日マデ休廷ヲ宣シテ本日ノ裁判ヲ終ル。

Kippling《ママ》ノ詩

Oh, East is East, and West is West,
and never the twain shall meet
Till Earth and Sky stand pressently《ママ》
at God's great Judement《ママ》 seat

四日（第九回）午前九時半開廷。裁判長ヨリ松岡、大川ノ両名ヲ日本側病院ニ移スコトヲ許可、恢復ノ見込アルヲ以テ審理延期、起訴状ヨリ除名スル弁護人ノ請求ハ却下セラル。

次デ、キーナンノ劈頭陳述ニ移リ、午前午后ニ亘リ一万五千語ニ亘ル長広舌ヲ振ヒ散々被告ヲコキ下シ、戦争ガ文明ノ敵ナルコトヲ英米等ノ国際法学者ノ議論、米国最高裁判所ノ判決等ヲ引用シ、果ハ日露戦役ニ於ケル旅順港奇襲ノコトマデ持出シ、コレガ日本ノ常套手段ナルコトヲ攻撃シ、最后ニ被告等ハ毫モ後悔シアラズ、釈放セラル、時ハ、再ビ悪事ヲ働クベキヲ以テ終身拘禁セラルベキモノナリト説キ、終リテ弁護人側ヨリ二、三抗辯アリテ、四時半閉廷トナル。

（欄外）

六日　午后　清瀬氏、米デユー大尉ト同道、被告全部ト面会ス。

コールマン大佐、近頃米側弁護士多数トナリ、一人ニテハ手ガ廻リカネルニ付、米側弁護団長ヲ辞任シタキ由ニテ、其解任状ニ署名ス。辞任ニハ、或ハ米陸海軍弁護人間ニ軋轢アリトイヒ、或ハ新着ノ弁護人側ニテ被告ノ割当ニ関シ不平アリトイヒ、何カ其辺ニ理由アルヤニ聞及ベリ。

七日　午前十時ヨリ十二時マデ神崎氏、ラザラス中尉ト同伴面会。福島氏ノ処ニテ仕事シアル井手氏、通訳トシテ立会フ。英語ハ中々達者ナリ。俊八モ近頃失職、神崎氏ノ助手トシテ働キアル由ニテ同道、久シ振リニテ面会ス。

ラザラス氏ヨリ法廷ニ於ケル注意ナドアリ、阿部内閣時ニ於ケル一般経過ニ就キ余ヨリ説明シ置キタリ。

米国ニテハ余ト秦中将ト混同シアル様ニテ、終戦時、関東軍ニ於テ俘虜トナリタル趣、新聞ニ記載シアリタリト、ラザラス中尉語リ居タルガ、検事側ニテハ混同シアルモノ、如シ。

八日　午前、チヨ面会ニ来ル、情ナキ夫婦ノ対面ナリ

旋風二十年ヨリ、

1．汪　出広問題ハ昭和十三年二月頃ヨリ始マル。

上海　董道寧　香港　高宗武）ノ三本
別ニ梅思平　傅式説

会談ノ初マリ、昭和十三年十一月初旬ヨリ、

日本側　今井〔武夫〕、犬養〔健〕、）国交調整
西義顕、清水董三
十一月十九日　軍務課長、影佐　東）ノキソ条件。
京ヨリ飛来

1．昭和十三年十一月三日　日本政府）東亜新秩序宣言ノ声明。二十五日　五省会議、二十八日、閣議、三十日、御前会議ニテ汪精衛擁立方針確立、十二月三日、汪ヨリ受諾ノ通告。

十二月十六日　蔣汪激論、

十八日　重慶脱出、　二十日　河内着、

二十二日　近衛三原則ノ宣言。

昭和七年五月ソ聯外交次長カラハンヨリ廣田駐ソ大使ニ日ソ不可侵条約ノ提議（満洲国ノ承認、東支鉄道ノ売却）。

昭和十四年一月五日、平沼内閣成立、同八月二十九日平沼内閣退却。

十三年夏、独ヨリ日独伊三国軍事同盟締結提議、仝八月二十四〔六〕日近衛内閣ハ五相会議ニテ之ニ応諾スルコトニ決定。

十一日　本日又々転室セシメラレ我等二十六名最東端ノ建物ニ入レラル。同室ハ廣田元総理ナリ。廣田氏ト二人ニテ食事ノ受領分配ヲセシメラル。涙ノ出ル程口惜シケレド、コレモ敗戦ノ豫テノ耐ヘ難キヲ耐ヘ、忍ビ難

キヲ忍ブノコトナレバナトテ我慢ス。コレヨリ前途此ノ如キコトハ頻発スベシ。

廣田氏ノ談ニ依レバ、

1) 東條内閣成立ノ時、重臣会議ニテ若槻ハ宇垣ヲ推シ、林大将ハ皇族ヲ推シタルモ、木戸ハ皇族ハ戦争ヲ始メタル時、累ヲ陛下ニ及ボスヲ以テ適当ナラズトテ反対シ、然ラバ内府ハ誰ヲ考ヘアルヤトノコトニ内府ハ東條ガ可ナルベシ、コノ際白紙ニ帰リテ出発スルニハ東條ガヨカラントノコトニ阿部大将モコレニ賛成シタルモノニシテ、世間伝フルガ如ク推薦シタルモノニアラズ。

2) 米内内閣倒壊后、重臣会議アリタルガ、コノ時初メテ前首相モ会議ニ出ルコト、ナリタルモノニシテ、其朝、近衛公ヨリ廣田氏ニ是非余ガ出ザル様発言サレタシ、モハヤ陸軍ノロボットトナルハイヤナリトノコトナリシヲ以テ、重臣会議ニ於テ之ヲ主張シタルニ、其他ノモノハ皆近衛ヲ推薦シタルヲ以テ之ニ同意シタルモノナリ。尚、近衛公ハ然ラバ外務大臣ハ誰ガナルカトノ廣田氏ノ質問ニ、近衛ハ在来ノ外交官ハ避クルツモリナリトノ答解ニ、廣田氏ヨリ松岡ハイカヌ、何ヲ仕デカスヤモ測リ難シトノコトナリシガ、其以前、近衛ハ陸軍ノ誰カヨリ松岡ヲ推薦セラレ之ニ諾ヲ与ヘタルモノナルベシト。

3) 廣田氏ハ米内々閣ノ参議トナリタルガ、外交上ノ意見ヲ徴セラレタル時、日英同盟ノ復活ヲ建議シタルニ、米内モ同意見ナリシトノコトナリ。

4) 平沼内閣辞職后、当時鵠沼ホテルニアリシ廣田氏ノ処ヨリ、原田熊雄ヨリ電話アリ、次ノ内閣ニ是非出テ貰ヒタシ、陛下モ御同意ナリトノコトニ廣田氏ハ固辞シタルコトアリ、此時、陸軍ヨリ廣田氏ノ出馬防碍運動アリタリトノコトナルガ、例ノ有末〔精三〕、稲田〔正純〕等ノ策動ナラン。

十三日　（第十回）　午前九時半開廷　鵜澤〔総明〕弁護士、日本側、松岡弁護士、米国側ノ弁護人ヲ紹介シ、直ニ検察側ヨリ証拠書類ノ提出、其数百ヲ超エ、明治四十年ノ海牙条約ヨリ最近ノ日独伊同盟条約ニ至ルマデ、条約、宣言書等並ニ日本側諸官庁官制、条例等ノ提出アリ、最后ニ満洲事変后ヨリ大東亜戦争ニ至ルマデ、我国ノ領域、占領地域拡大圏ノ提示アリ、第一、第二復員庁〔省〕ニテ聯合軍最高司令部ノ命ニヨリ作製シタルモノナリトノ検事側ノ説明アリタルモ、大部杜撰ノ点アリ、清瀬弁護士ヨリ訂正保留ノ申出認メラレタリ。次デ検事側ヨリ、日本ノ明治維新前ヨリノ官庁機構、憲法発布ノ経緯、各官庁ノ機構等ノ長々シキ説明アリ。大部間違ヒモアル様ナルモ陸軍ノ機構、憲法ノ精神、警察、憲兵ノ機構等ニ関シテハ、特ニ詳細ニ亘リアル如ク感ジタリ、明日ニ持越シ、午后四時頃閉廷。

法廷電灯多キ為、焦熱甚ダシ。

十四日（第十一回）午后一時半開廷、昨日ニ引続キ加奈陀検事（ノーラン代将）ヨリ、日本ノ政治機構ニ関シ論述アリ。続テ証拠書類ノ提出アリ。証拠書類中、我等ノ履歴アリ。内閣文書課ニテ調査セリトノコトナルガ、余ニ関スルモノハ中将、砲兵監ヨリ記述セラレ、勲章ノコトアリ、大体誤リナシ。

加奈陀側ノ論述ニ元帥府ノコトアリ。元帥府ハ名誉団体ニ過ギザリシコトノ説述アリ。

廣田氏ノ話、

近衛第一次内閣ノ外相タリシ廣田氏ガ辞職ノ理由ハ、支那事変ガ愈々拡大スルヲ以テ最初ノ方針ト異ナルモノアリ、偶々杉山ガ若手連ノ策動ニ基ク板垣引出ノ犠牲トナリ辞職スルヲ機トシ、辞職シタルモノナルガ、当時米内モ亦辞職セント云ヒ出シタル為、支那事変進行中ナレバ米内丈ハ残ルベシト引止メ、廣田氏ノ后任ニ宇垣大将ガ就任シタル次第ナルガ、対支事務局ヲ拡張シテ興亜院ヲ設置スベシトスル議論ハ陸軍ヨリ唱道セラレ、宇垣ハ之ニ賛成シテ之ヲ設立シタルガ、部内ノ反対猛烈トナリ遂ニ職ニ居タ、マレズ、辞職シタルモノニシテ、興亜院設立ニ反対シタリトハ辞職ノ口実ニ過ギザルモノナリ。

対支事務局ハ北支開発、中支振興ニ会社ノ監督、指導ノ為之ヲ設ケタルモノナルガ、后、政治、経済ノ全般ニ亘リ監督、指導スル為、之ヲ興亜院ニ拡張シタルモノナリ。

板垣引出シハ、白鳥ガ陸軍ト連絡シ、当時青島ニ赴キタルコトアリ。

十五日　午前約一時間半、ラザラス弁護人ト会談ス。

種々ナル米側ノ余ニ関スル記録ニ関シ説明シ呉レタリ。

1）米ノ陸軍省ノ調査ニヨレバ余ノ戦争責任ハ支那ノ派遣軍司令官タリシコトニアリ。

2）米内内閣ノ倒潰ニ関シ、余ハ米内ニ四條ノ要求ヲ出シタリトノコトナリ。
イ、支那事変ヲ速ニ終熄スルコト。
ロ、一国一党タルベキコト。
ハ、陸軍ノ軍備ヲ強大ニスル為、大ナル予算ヲ出スベキコト。
ニ、三国同盟ヲ強化スルコト。
以上ノ四條ハ昨年戦略爆撃団ポッヂ大佐ノ質問ト一致ス。
3) 杉山、小磯、板垣ト特別ノ関係アリ、共ニ種々謀議シタルコト。
4) 余ガ大酒家ナルモ頭ハボケアラザリシコト。
5) 秦中将ト混同シアルコト。
寺内元帥、十二日ジョホルノ拘禁所ニテ脳溢血ノ為逝去ノ由、新聞紙ハ報ズ。

十七日 （第十二回） 午前九時半開廷、前回ニ引続キ我等ノ履歴読上ゲ（検事側）、午前中ヨリ午后ニ亘ル。午后ハ戦争準備ニ関スル検事側ノ陳述アリ。学校軍事教練ガ青少年ニ侵略戦争ヲ鼓吹シタリトテ論述シ、証人トシテ開戦マデ約五年間和歌山高商、和歌山商業、大阪商大講師タリ、目下マ司令部ノ教育方面ヲ担任シアル米軍将校（中佐？）ヲ召喚、頗薄弱ナル観点ヨリ之ヲ証明シタルガ、我弁護人ヨリ散々ニタ、カレタリ。午后四時閉廷。

十八日 （第十三回） 午前九時半開廷。昨日ニ引続キ日本軍隊教練ニ関スル米軍中佐証人ニ対スル弁護士側ノ訊問アリ。午后ハ同ジク日本学校軍事訓練ニ関シ東大助教授海後〔宗臣〕氏ヲ証人トシテ尋問、検事側ノ訊問ニハアマリ有利ナル陳述ヲナサヾリシガ、日本人弁護士ノ訊問ニヨリ、アマリ冗長トナリ、折角ノ被告側ニ有利ナル証言ヲ覆ヘシ、遂ニ検事側ヨリ此ノ如ク時間ヲ空費セザル為、証人ノ口供書ヲ証拠トシ、訊問ヲナサヾル抗議出デ、弁護人側ヨリ抗議ヲ出シタル為、裁判所ハ一時休廷ヲ宣シ、相談ノ后、再開、当分証人口供書ノ提出ヲ許シ、要スレバ証人ヲ召喚出廷セシメテ訊問ヲ行フベシト決定シタル旨宣シタルガ、日米弁護人側全部ヨリ抗議ヲ提出セリ。コレニテ被告側ニハ頗不利トナリタルモノナリ。
平沼氏ノ談（近衛公手記、平和ヘノ努力ヨリ抜粋）
宇垣モ亦防共ノ責任者ナリ。十三年八月二十六日ノ五相会議デ防共強化ヲ決メテ、二十九日ニ陸海軍次官ノ打ッタ電報ハ五相会議ノ決定シタ範囲ヲ逸脱シタルモノナリシニ、更ニ三十一日宇垣外相ノ打ッタ電報モ亦頗ルアイマイナリ。大島ハ之ニ基テ話ヲ進メタルモノナリ。

八月二十八日平沼内閣総辞職。

阿部ヘノ陛下ノ御言葉、

1．英米ニ対シテハ協調シナクテハナラヌ。

2．陸軍大臣ハ自分ガ指名スル。三長官ノ決定ハ何トアラウトモ、梅津カ畑ノウチドチラカヲ撰任セヨ。

3．内務、司法ハ治安ノ関係ガアルカラ選任ニ特ニ注意セヨ。

昭和十五年一月九日武藤、近衛公訪問、公ノ出馬ヲ勧告。

町田、桜内共ニ政変解消ニ賛成。

内府ノ勧告ニヨリ近衛公ハ直接余ト会談スルコト、ナル。

一月十三日　近衛公ト余ト東京クラブニテ会談。

十四日阿部内閣総辞職。

十九日（第十四回）　例ノ如ク午前九時半開廷、本日ハ東京帝大教授、赤教授トシテ有名ナリシ大内兵衛、引続キ京大法学部長滝川〔幸辰〕ヲ証人トシテ召喚。両名トモ軍教ガ侵略主義ノ準備ナリシコト、自分ガ帝大ヲ追ハレタルコトナドヲ縷々陳述シタリ。両人トモ検事側ヨリ相当圧迫セラレタル如ク、特ニ奇ナルハ両人共陳述ノ模様ガ略同様ナルコトナリ。本日ヨリ本人ノ陳述書ヲ読上ゲ、コレニ対シ弁護人側ヨリ反対訊問ヲナス様式ニ変更セリ。

二十日（第十五回）　午前九時半開廷。本日ハ東久邇宮内閣ノ文部大臣タリシ前田多門証人トシテ召喚。本人ガ文部大臣トナリテ廃シタル臣民ノ道ノ抜粋ノ検事側ノ朗読アリタルガ、弁護人側ヨリ抜粋ハ適当ナラズ、全文ヲ翻訳セシムベシトノ抗議アリ、裁判長之ヲ認メ、翻訳ノ出来ルマデ本人ヲ退廷セシメ、次ニ、近衛第二次内閣ノ情報局総裁伊藤述史ノ喚問、日本放送協会ノ池島某〔重信〕ノ召喚、反対訊問アリ。引続キ紙芝居協会〔会長〕ノ佐木某〔秋夫〕ノ訊問アリ

二十一日（第十六回）　午前九時半開廷、前日ニ引続キ佐木ノ訊問アリ。一億一心トイフ紙芝居ノ実演アリ。次デ戦犯容疑者トシテ自宅拘禁中ノ緒方竹虎証人トシテ喚問。簡単ニ終リ、次ニ日本映画ノ中井金兵衛トイフ者ノ喚問アリ。映画非常日本ノ実写トナリタルガ、映

画不鮮明、加フルニ暑熱甚ダシク、中途ニテ中止トナル。

二十日　臨時議会開院式、陛下御臨幸。

廣田氏談話
1．防共協定ハ寺内、有田共同シテ提出シ来レリ　軍事協定トナラザル様注意。軍事協定ナラザレバ同意スベシト云ヒ置キタリ（海相ハ永野〔修身〕、永野ハ来ラズ）。
2．枢密院会議ノトキ、原嘉道ハ賛成ナリ、寧ロ遅キニスグトノ陳述アリ。
3．平沼氏モ日独接近ニハ同意ナリト真崎ニ語リアル由ナリ。
平和ヘノ努力ニヨレバ阿部ハ独ト結ンデ英米ヲ叩クベシト新聞記者ニ語リタル由。緒方ハ之ヲ心配シテ阿部ニ注意シタリト。

二十四日（第十七回）　例ノ如ク午前九時半開廷。前回ニ引続キ中井金兵衛ノ弁護人側訊問アリ。次デ読売新聞記者鈴木東民ヲ証人トシテ召喚、同人ヨリ新聞圧迫ニ関スル陳述アリ。同人ガ証人ノ訊問ニヨリ、東郷ヲ訪問ノ際、日米交渉ヲ継続スルコトヲ条件トシテ東條内閣ニ出馬スルコトヲ承諾シタル証言ヲナシタルハ一寸奇異ノ感ヲ与ヘタリ。次デ各県ノ警察部長ヲ歴任シ、大政翼賛会ノ部長タリシ小泉梧郎ヲ証人トシテ召喚ス。警察取締ニ関シ陳述アリ。

二十五日（第十八回）　午前九時半開廷。前日ニ引続キ小泉梧郎ヲ証人ニ召喚、弁護人側ヨリ反対訊問アリ。治安維持法ガ主トシテ共産主義者延テハ戦争反対者ニ対スル取締法ナルコトヲ陳述。引続キ国務大臣幣原喜重郎男ヲ証人ニ召喚、満洲事変前後ニ関スル弁護人側ノ反対訊問アリ。軍閥トハ如何トノ質問ニ、若イ将校ヲ指スモノナリトノ返答アリ、種々重要ナル問答アリ、男ハ憲法ノ解釈ニ関シ、尚、統帥権ノ独立ニ関シ疑義ヲ有スルモノ、様ナリ。

本朝　開廷后直ニ裁判長ヨリ、昨日ノニッポンタイムスニ掲ゲラレタル裁判長ニ対スル非難ノ弁解アリ。

二十六日（第十九回）　例刻開廷。昨日ニ引続キ幣原男ニ対スル反対訊問アリ。終テ大川博士ノ乾児ナリトイフ清水行之助トイフ右翼浪人ノ召喚アリ。三月事件ニ於ケル爆弾ノ始末ニ就テノ反対訊問アリ。本人ハノラリクラリト質問ヲ避ケタルガ、此ノ如キコトハ純然タル国内問題ナリト見栄ヲ切リ居リタリ。終テ徳川義親侯ヲ証人ニ召喚、三月事件ニ於ケル爆弾ノ始末ニ関スル反対訊問アリ。

1．廣田氏ノ言ニ依レバ、南京事件ノ際、英国側ヨリ共同出兵ノ提議アリタルモ、当時外相タリシ幣原氏ハ之ヲ拒絶シタリトノコトナリ。

2．大島大使ヨリ聞ク処ニ依レバ、日独単独不媾和ノ時、リッペンハ初メテ昭和八年頃ナチノ党是トシテ日、伊ト接近スベキコトヲ決定シタルコトヲ大島大使ニ語リタリト。

二十七日（第二十回）例刻開廷。昨日ニ引続キ徳川義親侯ノ反対訊問。次デ藤田勇ヲ証人トシテ召喚、満洲事変ノ際、橋本、重藤等トノ関係ニ就テ供述書ヲ出シ、之ニ対シ反対訊問アリ。次デ犬養健ヲ証人トシテ召喚、犬養故総理暗殺前后ノ経緯ニ関シ反対訊問ヲ行フ。日本側弁護人ノ反対訊問拙劣ナル為、陸軍ニ不利ナル証言トナル。

松岡洋右氏、本朝逝去シタル由ナリ。運命ナルカナ。

二十八日（第二十一回）例刻開廷。前日ニ続キ犬養健ノ証人陳述。前日ノ陳述ニ故犬養総理ガ満洲事変解決ノ為、奉勅命令ノ下賜ヲ御願申上グル計画アリタルコトヲ陳述シタルニ就キ、裁判長ヨリ之ニ関シ陳述ノ要求アリ、犬養ハ故首相ガ満洲事変不拡大ノ為、支那ノ宗主権ヲ認メ、軍隊ハ条約上ノ鉄道沿線ニ撤去スル為、日本ヨリ山本条太郎、支那側ヨリ居正ヲ満洲ニ派遣シテ交渉セシムル様故総理ハ萱野長知ヲ南京ヘ特派シタルガ、書記官長森恪ニモ勿論、陸軍ニモ秘シタル為、陸軍ノ憤激ヲ買ヒ此交渉ハ成立セズ、又勅許ヲ乞フ為謁見ノ際、陛下ヨリ陸軍ガ聴カザレバ如何ニスルヤトノ御下問アリタルコトナドヲ長々ト陳述シタリ。

次デ若槻礼次郎男証人トシテ召喚、満洲事変前后ニ関シ反対訊問アリ。大臣ト参謀総長トノ関係ニ関シ重要ナル陳述アリ。特ニ満洲事変ガ支那事変、太平洋戦争ニ関係ナキ旨ノ陳述ハ大ナル価値アリタル処ナリ。

次デ宇垣大将証人トシテ召喚、三月事件、軍備整理及宇垣内閣流産ニ関シ、供述ニ対シ反対訊問アリ。

二十九日　午后四時ラザラサ《ママ》弁護人、俊八及婦人通訳ヲ伴ヒ来訪、月曜日ニ於ケル米内氏ノ訊問ニ対スル打合セヲナス。

瀧三郎氏夫人腎臓病ヨリ尿毒症ヲ併発シ、昨日急逝之由。

昭和十三年二月二十三日中支軍司令官拝命、二月二十五日海軍機南昌攻撃。

昭和十三年四月十三日海軍機広東空襲、三月二十八日維新政府成立。

四月三日台児荘攻略、四月二十九日海軍機漢口攻撃、五月三日海軍陸戦隊廈門占領、六月六日開封占領。

五月十九日徐州完全占領、三十一日海軍機漢口空襲、六月九日支政府重慶ニ移転、六月十一日黄河堤防決潰、流失家屋五十万戸、避難民百余万。

十三日安慶占領、十五日、十八日海軍機南昌攻撃。

七月四日海軍機南昌攻撃、十一日ソ聯兵張鼓峯占領、
　十八日同上、三十一日我軍張鼓峯占領。

八月三日海軍機漢口空襲、六日仝上。

十日モスクワニテ重光トリトヴィノフ間ニ張鼓峯事件ニ関シ停戦協定成立。

九月二十八日海軍機昆明空襲。

十月十二日我軍バイヤス湾上陸、二十一日廣州へ入城、
十月二十七日武漢完全占領。

十一月三日漢口入城。

十月二十二日南支方面陸軍部隊最高指揮官ハ古荘幹郎中将ト発表。

　（八日発表）十二月九日寺内大将（北支那方面軍事司令官）軍事参議官、杉山大将後任。

武漢攻略戦果　七月下旬ヨリ十月下旬迄。

　遺棄死体十四万三千六百五十、俘虜五千二百七十。

　我戦死六千百五十三。

一月三日畑軍事参議官。

十四年四月八日海軍機昆明攻撃。

　五月三日海軍機重慶第一次攻撃。

六月十四日我軍天津英仏租界封鎖断行。

七月十五日天津問題ニ関シ有田クレーギー会談東京ニ開始。

二十四日英ノ対支原則協定成立ニツキ共同声明発表。

七月

一日　（第二十二回）　定刻開廷。前回ニ引続キ宇垣大将証人トシテ陳述。神崎弁護人ノ反対訊問ニ対シ、余ガ軍閥ニアラザルコト、政治ニ進出セザリシコト、何レノ党派ニモ属セザル有利ノ証言ヲナシタリ。次デ、戦犯

ノ後藤文夫氏ヲ証人トシテ召喚、岡田内閣ノ内務大臣、大政翼賛会ノ役員トシテ訊問ニ答ヘタリ。

コレニテ戦争準備ノ項ヲ打切リ、満洲問題トナリ、検事ヨリ暫次陳述アリ。米内氏ハ何故ナルヤ遂ニ証人トシテ出廷セズ。

二日　（第二十三回）　午前リットン卿報告ノ基礎トシテ検事側ノ陳述アリ。午后ハ証人トシテ岡田啓介海軍大将ヲ証人トシテ召喚。同大将ノ供述書ハ張作霖爆死事件、満洲事変、二二六事件ヲ中心トシテ、徹頭徹尾、陸軍ノ攻撃、悪口ニ終始シアリ。二二六事件ノ仇討ナリト見ユ。

三日　（第二十四回）　定刻開廷。証人供述書、証拠書類等ガ検事側ノ便宜ヨリ作製セラレアルコトニ関シ日米弁護人側ヨリ痛烈ナル批難攻撃アリ。裁判長モ考慮スベキ旨言明。終テ前回ニ引続キ弁護人側ヨリ反対訊問アリ、大将、白々シク巧ニ要点ヲ外ラスアタリ流石ハ老獪ナルモノナリ。遂ニ軍閥トハ二、三ノ青年将校ヲ差〔指〕スモノニシテ、被告ニアラザルコトヲ答弁シタルハ滑稽ナリシ。

（欄外）　最新日本歴史年表　昭和二十年八月十日三版発行
　大森金五郎、高橋昇造共著　三省堂発行

四日　今日ハ米国独立記念日ノ由ニテ休廷。

昭和十三年十二月十六日　興亜院新設、総務長官柳川平助。
同　二十二日　近衛首相、東亜新秩序建設ニ関スル帝国政府不動ノ大方針ヲ中外ニ闡明。
三十日　汪兆銘、日支間和平三原則承認要請ノ声明ヲ公表。
十四年一月　四日　軍事参議官。
五日　近衛内閣総辞職、平沼内閣。
三十一日　呉佩孚対蒋反共決意ヲ表明。
二月　十日　我陸海軍部隊、海南島北岸澄邁湾ニ上陸、而テ瓊山、海口ヲ占領。
二十三日我陸軍機、蘭州空襲
三月　四日　海州占領。
二十七日　南昌占領、二十九日武寧占領。
四月　八日　海軍機昆明攻撃、十八日　広山占領。
五月　十一日　ソ聯ノモンハン越境。
七月　二日　我軍ハルハ河外蒙軍ニ対シ攻撃。
十日　汪兆銘対蔣絶縁声明ヲ発表。
七月二十六〔八〕日　米ハ日米通商航海条約廃棄ヲ通告。
八月二十三日　独ソ不可侵条約調印。
九月　一日　蒙古聯合自治政府成立、徳王首席ニ就任。
八月　三十日　阿部内閣成立。
九月　三日　英対独宣戦布告、仏モ英ニ協同。
九月　四日　阿部内閣欧洲戦争不介入、専ラ支那事変解決ニ邁進ノ旨、中外ニ声明。
十二日　支那派遣軍創設。
十六日　ノモンハン事件ニ関シ、日ソ停戦協定成立、共同コミュニケ発表。同時、満蒙国境劃定委員会設置協定成立。
十九日　汪精衛、王克敏、梁鴻志ハ南京ニテ重要会議。
二十一日　ノモンハン事件現地交渉終結。
十一月二十四日　我軍　南寧占領
昭和十五年一月十六日　阿部内閣辞職〔米内内閣成立〕
二十一日　浅間丸事件（独二十一名ヲ拉致）。
二十三〔四〕日　汪、王、梁、青島ニ会合。
二月　三日　我軍五原占領。
三月　十二日　汪、上海ニテ支那中央新政府樹立宣言発表。
十八日　西尾大将、軍管理ノ鉱山、工場、事業場等ヲ支那側ニ返還声明。
三十日　中華民国新国民政府成立、政綱発表。同時、華北政務委員会成立、臨時、維新両政府解消。
四月　一日　阿部大将、特命全権大使親任。
五月二十二日　海軍機、重慶攻撃。
六月　十二日　宜昌占領。
二十日　天津英租界問題解決書ニ正式調印。
二十二日　独仏停戦協定調印。

六月二十二日　近衛公、枢〔密院議〕長ヲ辞シ、
挙国一致政治体制ヲ樹立ノ為、
邁進スル旨声明。
七月　一日　我軍、龍州占領。
二十二日　米内々閣総辞職。〔近衛内閣成立〕
八月　一日　松岡外相、大東亜共栄圏、帝国
外交ノ基調ナル旨闡明。
九日　英国支那駐屯軍撤退ヲ我方ニ通
告。
九月　十三日　商相小林一三、蘭印特派使節ト
シテバタヴィヤニテファレモー
トク会談開始（之ニ代リ芳沢大使）。
同日　海軍機　重慶攻撃。
十月　三日　杉山元大将参謀総長。
十月　七日　海軍機　昆明攻撃。
十一月　三十日　日支両国国交調整ニ関シ、汪ト
阿部トノ間ニ調印（日華基本条
約）。
十二月　三十日　海軍機　成都攻撃。
昭和十六年三月一日　支那派遣軍総司令官。

十二日　海軍機　成都攻撃。
四月　二十日　寧波、台州、温州、諸曁ヲ占領、
二十一日　福州占領。
二十五日　日ソ中立条約効力発生。
五月　六日　我陸軍航空隊、鄭州、西安、咸
陽攻撃。
八日　山西、河南作戦開始。
十六日　陸軍機、洛陽攻撃。
二十二日　海軍機蘭州、咸陽、梁山ヲ攻撃。
二十六日　海軍機、南鄭（漢中）天水ヲ攻撃。
六月二十二日　独ソ開戦。
二十三日　海軍機　青海省西寧攻撃。
二十五日　国民政府ニ三億円ノ借款決定。
七月　十七日　近衛第三次内閣。
二十五日　米国資金凍結令。
八月　十一日　海軍機、成都攻撃。八日、十四
日海軍機重慶攻撃。
九月　三日　我軍、福州撤退（南支軍討伐）。
二十日　長沙作戦。
二十七日　長沙占領。

十月　二日　長沙ヨリ撤退。四日　鄭州入城。
十二月　十六日　近衛内閣辞職。
十二月　十二日　大東亜戦争ト称スル旨、情報局ヨリ発表。
同日　南支軍、香港対岸九龍ヲ占領。
十三日　南支軍司令官、香港総督ニ対シ勧降。
二十五日　香港占領。
昭和十七年一月一日　長沙占領。
一月　十九日　香港占領地総督部開設。
二月　十七日　天津、広東ノ英国租界ノ行政権ヲ国民政府ニ返還。
五月二十八日　金華、蘭渓占領（浙東作戦）。
九月二十三日　平沼等、特派大使トシテ南京訪問。
十一月　一日　大東亜省新設。
昭和十八年一月九日　国民政府米英ニ対シ宣戦布告。日華協定ナリ、我ハ一切ノ専管租界ヲ返還シ、治外法権撤廃。
二月二十一日　広州湾進駐。
三月二十八日　陸軍機、雲南敵攻撃。
七月二十五日　陸軍機、衡陽、零陵、宝慶、芷江、建甌等ヲ攻撃。
十月　三十日　汪ト谷〔正之〕トノ間ニ日華同盟条約調印。
十一月　十一日　浜洋関、腰沾、太平街、廟嶺河口ヲ連ヌル方面ノ敵ヲ圧迫、敗残軍三万殲滅ス。
十二月　三日　常徳占領。
（欄外）昭和三年　三・一五事件、日本共産党大検挙。

五日　（第二十五回）　定刻開廷。前回ニ引続キ岡田海軍大将ニ対スル二、三ノ訊問アリ（倫敦、華府条約ニ関シ）。次デ検事側ヨリ証拠書類ノ提出アリ。満洲事変前後ニ於ケル木戸内大臣ノ日記一部ノ朗読アリ。次デ証人トシテ田中隆吉少将ヲ召喚、供述書ニ依ラズ検事ノ直接訊問アリタルガ、田中ガ米軍司令部ニ出入シテ犬ヲナシアリトノ評判ヲ聞キタルガ、予メ検事側ト打合セアリタルモノト見エ、検事ノ訊問ニ応ジ、一々アルコトナキコト、マコトシヤカニ陳述シ、満洲事変、張作霖爆死事件ニ関シ、河本、建川、橋本、重藤、板垣、石原等ノ名ヲ挙ゲテ、満洲事変ガ既定ノ計画ナリシコトヲ縷々陳述シタリ。田中ノ心境果シテ奈何。大ニ疑ハザルヲ得ザルモノアリ。

六日　（第二十六回）　定刻開廷。昨日ニ続キ検事ヨリ田中隆吉少将ノ訊問。本日ハ満洲事変ヨリ北支自治政府、蒙疆自治政府ニ及ビ、田中ハ得意ニナリテ縷々陳述一方ナラズ、当時ノ当事者タリシ被告連ノ憤激ヲ買ヒタリ。

本週ハ四日ニ休廷、総司令部ヨリ一週四十時間勤務ノ指令アリタレバトテ、特ニ本日、土曜日ニモ拘ラズ開廷。但、午前ヲ以テ終ル。

昭和十二年七月二十九日　通州事件。
八月　九日　上海、大山大尉事件。
十一日　上海ニテ我陸戦隊、支那軍ト開戦。
十四日　支那機、仏租界ヲ盲爆。死傷二千余。
十五日　海軍機、杭州、南京、南昌攻撃。
二十三日　陸軍部隊呉淞鎮ニ上陸。
二十六日　ヒューゲッセン事件。
九月　一日　陸軍上海ニ敵前上陸。
二日　北支事変ヲ支那事変ト改称（閣議）。
十五日　寺内大将北支、松井大将上海方面ノ最高指揮官ト発表（陸軍省ヨリ）。
十九日　南京空襲。
二十一日　海軍機、広東攻撃。
十月　十八日　海軍機、漢口攻撃。
十一月　五日　陸軍杭州湾上陸。
十一月　十七日　大本営令制定、二十日宮中ニ設置。
十二月十三日　南京占領、十七日入城式。
昭和十三年　一月　十日　海軍陸戦隊青島ヲ占領。
十一日　御前会議。東洋平和確立ヘ邁進、帝国不動ノ方策決定。

七日　午后日曜ニモ拘ハラズ、ラザラス弁護人、通訳ヲ伴ヒ来訪。田中隆吉ノ反対訊問ニ関シ打合セ約一時間半ナリ。厚意感謝ニ堪エザル処ナリ。

八日（第二十七回） 定刻開廷。本日ハ終日田中隆吉少将ニ対スル反対訊問ニ終ル。ラザラス氏、昨年三月田中ガ余ヲ訪問シタルトキ、軍政反対、首相固辞ニ関シ訊問有利ナル答解ヲ得タリ。

作今梅雨ラシキ本格ノ天候ナリ。

九日（第二十八回） 定刻開廷。前日ニ引続キ田中少将ニ対スル反対訊問、相当深刻ニ衝込マレ、田中ガ検事団ニ利用セラレアルコトヨリ精神問題ニ及ビ、終リニハ田中モ相当興奮シアリタリ。

十日（第二十九回） 定刻開廷。午前中ハ荒木大将ノ訊問書ノ抜粋中、満洲事変ニ関スルモノヲ検事側ヨリ読上ゲ、更ニ証拠書類トシテ、リットン卿報告等ノ朗読アリ。弁護人側ト検事側トノ論争アリ。裁判長ハ動モスレバ検事側ニ加担ス。

暑熱甚ダシク満廷ウダリ、裁判長ハ検事側ニ法廷冷房装置ノアラザル理由ヲ難詰シ、来十五日月曜日迄暑熱ノ為休廷ヲ宣告ス。

十四日 午后ラザラス弁護人、日曜ニモ拘ラズ沼岡トカイフ通訳ヲ伴ヒ来訪、彼ノ妻君ガ米国ノ文献ヲ渉猟シテ余ニ関スルモノヲ集メ、送附シ来リアルモノヲ、読ミ聞カセタリ。毀誉種々ナリ。好意誠ニ多トスベシ。数日来猛暑、九十度ヲ超エ、獄中苦熱甚ダシ。

十五日（第三十回） 定刻開廷。俘虜虐待ニ関スル供述書ニ関シ、検事側ト弁護人（米人）ト種々応酬アリ。今日ハ北支事変ノ証人、中国国防部次長秦徳純ノ訊問アル処、暑熱甚ダシク冷房装置ノ完成セザル理由ヲ以テ不定期ノ休廷トナリ、午前一時間許リニテ休廷。昼食後帰獄ス。

米国主席検事ジョセフ、ヒギンス、裁判モ長期ヲ要スベク、本国ノ本職ヲ長ク空席トスルコトヲ得ザル理由ニヨリ、最高司令部ノ許可ヲ得テ帰国シタル旨、裁判長ヨリ披露アリ。

后任ハ予備法務少将クレーマートカイフ男ナル由、新聞紙ニ報ズ。

二十二日（第三十一回） 冷房装置成リ、本日定刻開廷、土肥原、秦徳純、協定ノ当事者ニシテ、北支事変前、宋哲元ノ副軍長タリ、北京市長ヲ兼ネ、目下重慶政権国防部次長タル秦徳純中将ヲ証人トシテ召喚、反対訊問アリ。支那語ナレバ通訳等ニモ手続ヲ要シ、漸ク開始、旧軍閥ヨリ国防部次長ニ止マル底ノ人物ナレバ、中々老獪ニシテ、ノラリクラリトシテ中々要領ヲ得セシメズ。

午后ヨリ新米国判事クレーマー少将列席、劈頭米人弁護士ヨリ、クレーマー少将ハ十二人目ノ判事ニテ憲章ニ違反シ、且証人ノ陳述一ヶ月ヲ経タル今日資格ナシ、依テ之ヲ忌避スル申立アリ。又、之ニ対シ賛成論アリ、法廷中ハ賑カナリシガ、判事側ニテ会議ノ上、裁判長ヨリ判事多数ノ承認ヲ得テ列席セシムルヲ以テ、申立ハ却下スル旨宣言アリテ終末ヲ告ゲタルガ、何トナク八百長ナルヤノ観アリ。何カ内部ニ複雑ナル事情アルモノト見ユ。

二十三日（第三十二回）定刻開廷。秦徳純ノ反対訊問ニ終始ス。先生ノラリクラリ愈々出デ、愈甚ダシ。米人弁護士モアキレカヘリタル模様ナリキ。

二十四日（第三十三回）定刻開廷。本日ハ終日秦徳純ノ反対訊問ニ暮ラス。

二十五日（第三十四回）定刻開廷、本日モ前日ニ引続キ秦徳純ノ反対訊問。米人弁護士、支那ガ外国ヨリ兵器弾薬ヲ購入シ、外人ヲ応聘シタリタル事実ヲ指摘シテ頑強ニ訊問ヲ続ケ、遂ニハ裁判長トノ論争トナリ、裁判長ハ一時休廷ヲ宣シテ判事側ノ意見ヲ徴シ、裁判所ハ将来反対訊問ハ主要ニ限ルトノ決定シタル旨宣告。コレニテ秦徳純ノ訊問ヲ終リ、南京大学附属病院外科部副長、米人ウィルソンナル者ヲ召喚、宣誓供述書ヲ以テ進行セントシタルモ、米弁護士ノ反対ニ遇ヒ、供述書ヲ撤回、直接訊問トナル。ウィルソンノ召喚ハ予定外ノコトニシテ、弁護士側ヨリ抗議アリタルモ、之ヲ却下、遂行ス。検事側ニテハ戦争ノ残虐行為ヲ以テ空気ヲ一変セントノ作戦ナリト覚ユ。

帰ルトカ帰ラヌトカ噂サレタルキーナン帰来、本日法廷ニ現ハル。

二十六日（第三十五回）本日ハ余ノ誕生日ナリ。往時ヲ追憶スレバ茫トシテ夢ニ似タリ。鉄窓ノ下、敗残ノ誕生日ヲ迎フ。感慨転々深シ。

定刻開廷。昨日ノウィルソン証人ニ引続キ南京残虐事件ノ証人トシテ許〔伝音〕博士初メ彰徳義、呉張徳、陳福芳等、中国人ノ証人召喚アリ。反対訊問ヲナシ神崎弁護人ヨリ周〔許〕博士ニ対シ南京事件后モ残虐行為アリタルヤノ訊問ニ対シ、証人ハ数ヶ月后ヨリ日本軍兵士ノ為慰安所設ケラレタレバ漸次減少シタリトノ有利ノ証言ニ対シ、神崎ヨリ三ヶ月後カト訊問ニ対シ、1941、1943年ニ於ケル強姦事件ノ例ヲ挙ゲ、折角ノ証言ヲ破壊シタルハ惜ムベシ。キーナンヨリ口供陳述書ニ依ラザルハ違反ナリトノ抗辯ニ対シ、裁判長ヨリ一言ノ下ニ之ヲハネツケタルハ、キーナンニ対スル反感ノ現ハレトシテ注目スベキ事項ナリキ。

二十九日（第三十六回） 定刻開廷。上海ニ居住シビルマ、雲南方面ト織物ノ取引ヲナス商社ノ支配人ト称スル中国人ヲ証人トシテ召喚、雲南、サルウイン河畔ニ於ケル日本軍ノ虐殺事件ヲ口述書ニヨリ申立、反対訊問ナク、次デ1920年来南京金陵大学歴史学ノ教授ナリトイフBatesトイフ米人ヲ証人トシテ喚問、口頭訊問アリ。南京ノ残虐事件ヨリ阿片ノ、南京占領后販売増加シタル証言ヲ縷々ナシ、二、三、日本人、米国弁護士ヨリ反対訊問アリ。次デ天津英租界ノ警察局長ヨリ北京〔東〕交民巷〔公使館区域〕警察局長トナリタル英人ローレンスヲ召喚、阿片ニ関シ口頭訊問ヲ行フ。

三十日（第三十七回） 昨日ニ引続キローレンスノ訊問ヲナス。反対訊問ナシ。

コレニテ予定外ノ証人召喚ヲ打切リ、予定通リ再ビ満洲事変ニ戻リ、又々、リットン卿ノ報告書ニ関スル検事側ノ弁論アリ。証人トシテ協和会ニ関係アリシ笠木良明ヲ召喚、宣誓供述書ヲ朗読、反対訊問ニ移ル。本日、検事側ノ抜萃朗読ニ対シ弁護人側ヨリ異議アリ、裁判長ヨリ抜萃朗読ヲ認メ弁護人側ハ其時ニ臨ンデ他ノ部分ヲ引証スルコトヲ認ムル旨ノ判決アリ（コレハ抜萃ノミニテハ検事側ニテハ自分側ニ都合ヨキ処ノミヲ引証スレバナリ）。

三十一日（第三十八回） 定刻開廷。前日ニ引続キ笠木良明ノ反対訊問アリ。后、満洲事変ニ関シ検事側ノリットン報告、其他公文書、往復電報（関東軍ト陸軍省間）ノ証拠提出アリ。

八月

一日（第三十九回） 午前中、検事側ヨリ、前日ニ引続キ証拠書類トシテ陸軍省ト関東軍トノ往復電報、文書等ノ提示アリ。又満洲国承認ニ関スル枢密院会議議事録提示アリ。

午后、満洲事変当時ノ奉天領事森島守人ヲ証人トシテ召喚、長々ト口供陳述書ノ朗読アリ。相当、関東軍ニ対スル反感アリ、不利ノ陳述アリ。反対訊問ニ移ル。

二日　（第四十回）　先日ニ引続キ森島領事ニ対スル反対訊問。終テ嘗テ証人トシテ召喚、臣民ノ道ノ翻訳ノ為、延期トナリタル前田多門ノ召喚アリ。之ニ対シ反対訊問。コレニテ満洲事変ニ関スル審理ヲ一応終リ、残ルハ非常時日本ト称スル映画ノミトナレリ。来週ヨリ支那事変ノ審理ニ移ル予定。

三日　午后ラザラス氏、新ニ副弁護人トナリタル国分氏、神崎氏、通訳ヲ伴ヒ面会ニ来リ、在米細君ヨリノ余ニ関スル記事ノ説明ヲナス。其時、チヨ、俊八、五郎モ同行シ来ル。好意大ニ多トスベシ。チヨモ心配多キナルベシ。急ニ年ヨリ白髪ノ増シアルヲ見ル。五郎ハスッカリ頭髪ナドヲ分ケ、背広ヲ着シ、一廉ノ若者トナレリ。前途如何ニナリ行クカ。

五日　（第四十一回）　定刻開廷。午前中ハ荒木大将ノ陸軍大臣当時ノ講演ヲ主題トスル非常時日本ト題スル映画ヲ検閲。次デ日映ノ中川〔井〕金兵衛ガ証人トシテ前回ニ関聯シテ召喚、二三反対訊問アリ。コレニテ満洲事変ノ審問ヲ終ル。

午后ハ上海駐在ノマンチェスターガーディアン及シカゴトリビュンノ通信員ニシテ上海ノチャイナ、ウイークリーノ主筆タリシパウエルトイフ米人ヲ紐育ヨリ喚問、先ヅ満洲事変直后奉天ニ赴キタル前后ノ関係等ニ就キ喚問ス。

六日　（第四十二回）　定刻開廷。モロー大佐、支那ノ武力侵略ニ関スル劈頭陳述ヲ行フ。単ナル記述ニ止マリタルヲ以テ、裁判長ヨリ鋭ク突込マレタリ。終テ昨日ノパウエルヲ喚問、上海三回ノ事変ニツキ直接訊問。次デ当人ガ大東亜戦争勃発直后上海憲兵隊本部ニ拘禁セラレ、虐待ヲ受ケタルコトヲ詳細ニ亘リ陳述ス。終テ、モロー大佐ヨリ、支那事変ニ関スル国際聯盟ノ報告書ヲ証拠書類トシテ朗読。次デ北支事変勃発当時ノ宛平縣長王冷齋トイフ中国人ヲ証人トシテ召喚、訊問ヲナス。

昨年広島ニ於テ原子爆弾ノ攻撃ヲ受ケテヨリ正ニ一年、此一年ニ世態ハ大変動ヲナシ、余ハ今、巣鴨ニ拘禁セラレ、米ノ司直ノ前ニ立ツノ身トナル。原子爆弾ノ攻撃ニ微傷ダニ負ハザリシ身ノ今ヤ捕ハレノ身トナル。運命ヤ誠ニ測リ知ラ〔ル〕ベカラザルモノアリ。

七日 (第四十三回) 定刻開廷。前日ニ引続キ王冷齋ニ対スル反対訊問。続テ南京攻略当時、衛生部員タリシトイフ梁〔延芳〕大尉ナル中国人ヲ証人トシテ喚問、虐殺ニ対スル陳述アリ。終テ多田駿大将証人トシテ出廷、上海、南京、漢口ニ対スル作戦計画ヲ立案シタル証言アリ。神崎氏ヨリ余ノ関係ノ反対訊問アリ。大体確カメ置クベキコトヲ聴取シ得タリ。後、漢口攻略当時アジアスタンダード石油会社支配人タリシトイフ米人チルデンスヲ召喚、神崎弁護人ヨリ反対訊問。大部矛盾多シ。検事側ヨリ二、三ノ証拠書類ノ提出アリテ閉廷。

八日 (第四十四回) 本日ハ支那事変ニ関スル検事側ヨリノ証拠書類提出ニテ終始ス。一月十四日、余ニ対スル訊問書ヲ初メ、松井大将、武藤中将、橋本大佐ニ対スル訊問書ヲ初メ、種々ナル公文書等ヲ提出ス。新聞ニ依レバ聯合軍司令部ハ密大日記ト称スル厖大ナル書類ヲ押収セリトノコトナルガ、コレハ陸軍省ノ陸密綴ナルガ如ク、コレヨリ種々ノ書類ヲ摘出シタルモノト見ユ。曩ニ一度証人トシテ召喚セラレアル伊藤述史再ビ証人台ニ立チ、十二年九月ヨリ十三年二月マデ上海ニ無任所公使トシテ在任、南京暴虐ヲ外務省ニ報告シタルコトヲ陳述ス。

九日 (第四十五回) 定刻開廷。本日モ一日証拠書類ノ検事側ノ提出ニテ終始ス。昭和十四年七月ニ於ケル中支那派遣軍ノ情勢判断等モ提出サレタリ。本日ハ判事連軽井沢ニ行クトカニテ、午后三時閉廷。サリトハ勝手ナルモノカナ。

今回、日本人側弁護人モ費用ヲ官給セラレ、更ニ副弁護人二名ヲ置クコト、ナリ、曩ニ国分氏ニ依頼シタルガ、更ニ今成泰太郎トイフ年若キ人ニ依頼スルコト、ナリ、委任状ニ署名ス。

日華事変以来、終戦マデノ八年間ノ陸海軍損害。

陸軍(戦死)七十二万五千七十六名

(戦傷)五万二千名　計　七十七万七千七十六名

海軍　日華事変　二百八十名

太平洋戦争　三十九万七千百二十名

計　三十九万七千四百名

総計　百十七万四千四百七十六名

十二日 (第四十六回) 定刻開廷。二、三根拠書類ノ検事側提出ノ后、二十余年間北支ニアリタルトイフ米人新聞記者ゲッティートイフモノヲ証人トシテ召喚、キーナン自ラ訊問、両人、余程打合セアリト見エ、満洲事変当時ヨリ第一次上海事変、北支事変等ニヨリ微ニ入リ細ニ亘リ陳述ヲナシ、半日余ニテ尽キズ、明日ニ持コス。

十三日　（第四十七回）　定刻開廷、前日ニ引続キゲッティーニ対スル検事ノ訊問。終リテ反対訊問トナル。証人詳シキコトハ知ラズ、反対訊問ノ進ムニ従ヒ、漸ク馬脚ヲ現シ来ル。スミス弁護人ノ反対訊問ニ於テ、スミス氏ハ、三週間前、自動車ニ同乗シタル時、弁護人ハ満洲事変及支那問題ガ自衛権ノ発動ナリト自理論ヅケルコトハ困難ナラスト語リタル事例ヲ挙ゲテ急追シ、其質問ヲ続ケルヤ否ヤニ関シ一場ノ波瀾ヲ生ジ、裁判長ハ政治問題ナリトテ之ヲ拒止セントシタルニ、キーナンハ米国ノ慣例ニハ此ノ如キコトハ許サル、処ナリト申立テ、裁判長ハ憤慨、直ニ休廷ヲ宣シ、判事ノ意見ヲ徴シタルニ、多数ハ之ヲ許スコト、ナリタリトテ、大ニ男ヲ下ゲ、続テ訊問。証人ハ極力之ヲ否定シタリ。次デ米弁護人側ヨリ共産党ノ活躍ニ関シ陳述ヲナシタルガ、之ガ範囲外ナリトテ問題トナリ、結局一票ノ反対ニテ陳述ヲ継続スルコト、ナレリ。今日ハ種々ノ波瀾アリタリ。

十四日　今日ハ米国ノ日本降服ニ対スル戦勝紀念日ナリトテ休廷トナル。我ニトリテハ敗戦記念日ノ惨憺タル記念日ナリ。昨年ノ今頃ヲ追懐スルニ、真ニ夢中ノ夢ナリ。三千年来未ダ嘗テアラザル無条件降伏ノ悲惨ナル運命ニ遭フタメ生レ出タル我等ハ実ニ不幸此上ナシトイフベシ。

十五日　（第四十八回）　定刻開廷。前回ニ引続キゲッティーニ対スル反対訊問。引続キ北支開発等、経済問題ニ対スル主訊問。終リテ支那向検事ヨリ支那ノ武力侵略及麻薬侵略ニ対スル一般陳述アリ。終テ1912年以来、南京ニアリトイフマッギートト称スル米国宣教師ヲ証人トシテ召喚、サッデン検事ヨリ主訊問アリ。例ノ通リアルコトナキコト、ベラ〳〵喋リ立テ、尽クル処ヲ知ラズ。聞ク耳ニ実ニ不快云ハン方ナシ。

十六日　（第四十九回）　定刻開廷、昨日ニ引続キマッギーニ対スル訊問及反対訊問。反対訊問ニヨリ彼ノ陳述ハ伝聞ニ属スルコト明カトナレリ。引続キ予テ噂アリタル元溥儀満洲皇帝ヲ証人トシテ召喚、キーナン訊問ヲナス。目下ノ境遇上、我国ノ為ニ頗不利ナル証言ヲナサヾルベカラザル心中、誠ニ御気毒千万トイフベシ。人気ヲ呼ビ、傍聴席等満員ナリ。午后三時閉廷。

十八日　午后、日曜日ニ拘ハラズラザラス氏、マイセストイフ米軍大尉ヲ伴ヒ来訪、米内ニ対スル反対訊問ノ打合セヲナス。

十九日（第五十回）　定刻開廷。今日ハ終日溥儀元皇帝ノ直接訊問ニ終ル。一カラ十マデ日本ヲ悪口シ、傀儡ニヨル弁明、聞クダニ、頗不快ナリ。

二十日（第五十一回）　本日モ午前ハ昨日ニ引続キ溥儀皇帝ニ対スル直接訊問。午后ヨリ反対訊問ニ移リ、米人弁護士ブルクニー〔ブレークニー〕少佐ノ烈シキ質問ニ復辟ヲ衝カレ、返答頗乱レ、廃帝ノ威厳モ何ノソノ、寧ロ憐レムベキモノアリシ。

二十一日（第五十二回）　定刻開廷。本日ハ、ブルクニー〔ブレークニー〕少佐弁護人ノ深刻ナル反対訊問ニ終ル。南大将ニ宛テタル親書ナドモ証拠トシテ提出サレ、廃帝ハ極力之ヲ否認スルナド頗緊張セル場面モアリシ。法廷ニテ俊八ニ面会ス。

神崎弁護人ノ岩畔豪〔雄〕ヨリ聴取セル件。

1. 米内々閣ノ時、三国同盟ノ強化ニ関シテハ、軍事課長トシテハ全ク承知シアラズ、局長、次長位ノ処ニテ進行シアリタルコトナルベシ。特ニ参謀本部ニ於テ然リ。

2. 平沼内閣ノ時、陸軍省ヨリ大島ニ宛テタル条件ガ、常ニ大島ノ処ニテ反対覆ヘサレタリ。

3. 東條ヲ陸軍大臣ニ推薦ノ際、阿南〔次官〕、野田〔人事局長〕ハ東條ニ反対ナリシ由。岩畔等、少壮ノ処ニテハ東條ヲ推薦シ、遂ニ大島ニ押サレタルモノナリ、阿南、野田ハ長老ヲ可トスル意見ナリシ由。

二十二日（第五十三回）　定刻開廷。本日ハブレークニー少佐及クレーマン大尉、両米国弁護人ノ反対訊問ニ終止ス。南大将ニ送リタル廃帝ノ親書ハ鑑定ヲ要シ、南被告ノミナラズ之ニ関係被告ニモ関係アリ、之ガ範囲ハ検事側ニテ決定スベク、又、ブレークニー少佐ノ引証シタルジョンソン著書、紫禁城ノ晩光ト称スル書籍ハ、関係ノアル処ヲ引証、反対訊問ヲ続行スベキ旨、裁判長ハ決定ヲ与ヘタリ。

二十三日（第五十四回）　本日ハクレーマン大尉ノ后、ブレークニー少佐、昨日ノ著書ニ関シ反対訊問。次デ清瀬弁護人ヨリ反対訊問。午后三時閉廷。

廃帝ガ所持シ、証人台ニ於テ見アルメモガ初メヨリ問題トナリ、裁判長ハ満洲ニ於テ事件ノ度毎ニ作成シタルモノニシテ、東京ニテ作製シタルメモノ台本トナリタル鉛筆書キノメモトイフモノ、提出ヲ要求シテ止マズ。証人ハ之ハ誤リナリトイヒ、元来検事側ノ打合セノ時作製シタルモノラシケレバ問題ハ紛糾シ、キーナン主席検事モ頗苦シキ弁明ヲナシ、一場ノ波瀾ヲ引起シタリ。

二十六日（第五十五回）　本日モ溥儀廃帝ニ対スル清瀬及岡本両弁護人ノ反対訊問ニ終始ス。ジョンソン著書ニ出テ来ル廃帝ガ同人ニ送リタル扇面ノ文字及印ガ自己ノモノナリトノ証言ヲナシタリ。

二十七日（第五十六回）　定刻開廷。本日ハ溥儀廃帝ニ対シ前日ニ引続キ岡本（南）、藤井（弁護人）（星野）、米人マタイスノ反対訊問アリ。コレニテ反対訊問ヲ打切ル。唯、関東軍ノ圧迫ニヨリ何事モソノ命ズルマヽ、ナリトノ始終一貫セル返答ヲ以テ終ル。金曜日ニハ再ビソ領ニ押送サル、由ナリ。終テ、天津総領事桑島主計ヨリ昭和六年十一月初旬、溥儀連出ニ関シ、外務大臣ニ報告シタル電報ノ検事側ノ朗読アリ。

二十八日（第五十七回）　本日ハ宣統帝天津連出ニ関スル桑島天津総領事等、外務官憲ノ土肥原等ニ関スル批難電報ノ検事側ノ朗読アリ。此等電報ハ溥儀訊問開始后、即八月二十四日外務省ヨリ提出サレタルモノナリトノコトナルガ、外務電ヲ差押ヘラレタルカ、或ハ故意ノ提出カ、頗疑ハザルヲ得ザル次第ナリ。終テ1929年ヨリ上海工部局警官タリシトイフ　ハロルドジュートイフ英人ヲ証人トシテ喚問、阿片、麻薬ニ関スル訊問アリ。引続キ童寿民ト云フ上海浦東電燈公司ノ支配人タリシトイフ中国人ヲ証人トシテ喚問、其被害状況ニ関シ、中国側検事ヨリ訊問アリ。コノ二、三日来、又々大暑襲来、苦熱云ハン方ナシ。

二十九日（第五十八回）　定刻開廷。本日ハ検事側ヨリ南京残虐行為ニ関スル米国人、中国人、米国大使館員ノ陳述書、報告書等ノ証拠書類提出ニ終始ス。反覆執拗、不快極ハマリナシ。

三十日（第五十九回）　本日午前中ニテ南京事件証拠書類ノ検事側ノ提出終リ、其他ノ支那各地、河北、湖南、広東、広西、熱河諸省ニ於ケル中国人側ノ陳述書ノ提出、湘桂作戦ノ分モ提出サル。日本ニ苦力トシテアリタルラシキ河北省出身ノ二名ノ中国人ヲ証人トシテ召喚、午后三時閉廷。

三十一日　巣鴨刑務所長ハーゲー大佐、今度更迭、明日帰国スル由ナリトテ、御訣レニ来ル。好意ヲ謝シ、途中ノ安全ヲ祈ル旨ヲ答へ、握手シテ訣ル。

朝鮮ノ志願兵制度

昭和十三年　陸軍特別志願兵令

採用人員　昭一四　600

〃一五　3000

〃一六　3000

〃一七　4500

〃一八　6100

昭和十八年　朝鮮ニ兵役法ヲ適用ス。

徴兵人員　十九年　45000

二十年　45000

台湾　昭和十七年ヨリ朝鮮ニ準ジ特別志願兵令施行。

採用人員　昭一六　500、一七　500、一八　500、一九　1100

徴兵　昭二〇　8000名

陸軍大臣　現役将官制　明治三十三年五月十九日、勅令第193号（備考第一号ニ依リ現役将官トス）

大正二年六月十三日勅令第165号ニテ備考第一号ヲ削ル。

（当時ノ陸軍大臣　木越安綱）

昭和十一年五月十八日　勅令第六十三号ニ依リ、備考第一号ヲ第二号トシ、第一号トシテ、大臣及次官ニ任ゼラル、モノハ現役将官トス。

（右ハ二・二六事件ノ結果ニ依ルモノナリ）

九月

二日　本日ハ米国 Labor day トカニテ一般休務ノ由。従テ本日ハ休廷ス。

三日（第六十回）　定刻開廷。本日ハ午前察哈尓、綏遠ニ於テ行ハレタル黒田〔重徳〕師団〔第26師団〕ノ残虐行為ニ関スル陳述書数通ノ検事側ノ朗読アリ。コレニテ残虐行為ニ関スル審議ヲ終リ、阿片、麻薬ニ関スル審議ニ移リ、検事側ヨリ証拠書類ノ提出アリ。及川源七中将、興亜院ノ上海連絡部長、興亜院総務部長タリシ関係ヨリ証人トシテ喚問、反対訊問アリ。

四日（第六十一回）引続キ阿片、麻薬ニ関スル審議アリ。数多書類ノ提出ニ引続キ証人トシテ里見甫ヲ喚問、特務部関係ニツキ神崎弁護人ヨリ反対訊問アリ。

五日（第六十二回）定刻開廷。昨日口述書ヲ朗読セシ森岡皐中将ガ東京ニ帰還シタル旨、弁護人側ヨリ申出、急ニ証人トシテ召喚スルコト、ナリ訊問、直ニ反対訊問ニ移リタル処、検事側ノ不利ナル陳述トナリ、キーナン主席検事昂奮、裁判長ト弁論、一場ノ面白キ場面ヲ展開セリ。

六日（第六十三回）定刻開廷。経済侵略ニ関スル検事ノ劈頭陳述アリ。ソレヨリ満洲経済問題ニ関スル証拠書類ノ提出ニ終始ス。午后三時閉廷。漸ク秋冷ヲ覚ユ。マタ直ニ冬来リ、獄中再ビ歳晩ヲ迎フルカ。

七日　午前ラザラス氏、チヨヲ伴ヒ面会ニ来ル。

九日（第六十四回）定刻開廷。午前、星野〔直樹〕氏、訊問書其他、満洲経済ニ関スル証拠書類ノ提出アリ。午后、中国人陳大受トカイフ鉱山技師ヲ証人トシテ召喚、北支鉱山ニ関スル陳述アリ。次デ支那ノ門戸閉鎖ニ関スル米大使グルーノ抗議等ノ証拠書類提出アリ。

十日（第六十五回）定刻開廷。本日、中国ノ経済侵略ニ関スル証拠書類ヲ検事側提出ニテ終始ス。本日ヲ以テ証拠提出ヲ終リ、次デ英国大佐ニテシンガポールニテ俘虜トナリシワイルドトカイフ証人ヲ喚問、昭和十六年十二月八日シンゴラ附近ノ上陸ガ、タイノ中立ヲ侵シテ行ハレタルコト及俘虜虐待ニ関スル訊問アリ。

本夜ハ、八月十五日夜ノ名月ナリ。昨年ノ名月ハ広島、船越藤井方ニテ幕僚二、三ト藝山ヲ望ミツヽ、一天隈ナキ名月ヲ賞シタリキ。一年後ノ今日、鉄窓ノ裡ニ名月ヲ望ム。人間ノ運命ハ実ニ奇シキモノカナ。

十一日（第六十六回）本日ハ昨日ニ引続キコミンズカー英検事ノワイルド大佐ニ対スルシンガポールニ於ケル俘虜虐待ニ関スル訊問ニテ始終ス。微ニ入リ細ニ亘リ聞クニ頗不快ヲ覚ユ。

十二日（第六十七回）本日モ亦ワイルド大佐ニ対シ泰緬鉄道建設ニ於ケル俘虜虐待ニ関スル検事ノ直接訊問ニ終始ス。

十三日（第六十八回）本日モ亦ワイルド大佐ニ対スル直接訊問ニ終ル。本日ハ終戦後、陸軍省法務調査部〔旧法務局〕ニテ調製セル泰緬鉄道ノ俘虜虐待ニ関スル報告書ヲ駁スル為、一々之ヲ読上ゲ、証人ノ証言ヲ徴スル等、周到ナル用意、英国流ニテ、驚クノ外ナシ。午后三時閉廷。

維新政府概史抜粋

1. 南京自治委員会　十三年一月一日成立
臨時政府成立　十二年十二月十四日
維新政府　十三年三月二十八日
武漢特別市政府、広東自治委員会、海南島自治政府、蒙疆聯合自治政府

1. 昭和十五年一月八日　阿部内閣閣議
汪政府成立発展ノ支援

1. 米内内閣　首相声明　近ク樹立セントスル新中央政府ノ成立発展ヲ惜マヌ旨

1. 十五年一月二十三(四)日　汪、王、梁青島会談
一月十七日声明
(十三年十二月十八日、汪氏重慶脱出)
十五年三月三十日　汪南京政府成立
十三年八月二十三日　臨時通済局設置
十四年三月三日　戒煙総局設立
戒煙総局行政院長直轄
昭和十四年三月三日　戒煙令発布
昭和十四年十月　特務部解散
主要地ニ特務機関　現地ニ
特務班 (宣撫斑設置)
十三年五月三日　上海海関接収

1. 十三年十月以降、一年間ニ維新政府治下ニ於テ投降者三万
各地ニアル綏靖訓練所ニ入所セシメ二ヶ月ニ亘ル訓練ヲ施シタル后、綏靖部隊ニ編入シテ治安工作ニ従事セシメ、帰郷希望者ニ対シテハ之ヲ許シ、帰郷セシメタリ、

1. 大同政府樹立　昭和十三年十二月五日
(浦東ニ樹立　首班　蘇錫文)
十三年十月十六日　上海特別市成立

1. 十四年三月三日　南京ニ特別市制実施
四月十七日　武漢特別市政府成立

1. 維新政府　治下人口八千万

十六日 (第六十九回) 本日モ前回ニ引続キワイルド大佐ニ対シ復員省ニテ作製シタル馬来華僑虐殺事件ニ関ス

ル取調報告書ヲ、大佐ガ先日同局ヨリ押収シタルモノニ就キ訊問、同報告書ガ公式ノモノニアラザル弁駁ノ清瀬氏ヨリノ抗議ヲ裁判長ハ一蹴、裁判長モ御国柄トテ　カー検事ニハ一目置キ、何事モ唯云フ通リナルレバ、戦敗者ノ惨目ナリ。漸ク直接訊問ヲ終リ、午后ヨリ反対訊問ニ移ル。審議モ急グ〳〵トイヒナガ牛歩遅々タリ。

十七日（第七十回）　本日モ、ワイルド大佐ニ対スル反対訊問ニ終ル。英検事、米弁護人ブリュエ〔ッ〕ト（東條代表）、ワイルド大佐ノ誠ニ是々非々主義ノ態度ニハ感服スベキモノアリ。英国人ノ性情ヲ示シテ余ス処ナシ。

十八日（第七十一回）　本日モ午后マデ、ブリュエット弁護人ノ反対訊問、終リテ塩原弁護人ノ反対訊問アリ、裁判長ハ塩原ガジュネーブノ俘虜条約ニ関シ、之ヲ知レルヤトノ訊問ニ対シ、軍人ハ国際公法ノ専門家ニアラズト意見ヲ述ベタリ。

十九日（第七十二回）　本日ハ、ファーネス少佐米弁護人ノワイルド大佐反対訊問ニテ終リ、続テ、日独伊ニ関スル段階ニ移リ、タブナー検事ノ劈頭陳述アリ。余ガ、議会ニテ、九カ国条約ヲ陳腐ナリト激越ナル口調ヲ以テ攻撃シ、軍閥ガ余ヲシテ陸軍大臣ヲ辞職セシメ、東條ヲ近衛公ニ推薦スル前、秘密ニ内奏シタルコトナドヲ取上ゲ、陳述シタリ。終リテ証拠ノ提出トナル。

二十日（第七十三回）　本日ハ防共協定、トラウトマンヲ介スル日支和平交渉、往復文書ノ提出ニ終始ス。六三郎ト昼食後面会ス。

二十三日（第七十四回）　本日ハ防共協定、平沼内閣ニ於ケル三国協定ノ強化、独ソ不可侵条約前后ニ於ケル日独伊間ノ交渉ニ関スル電報文書ヲ証拠トシテノ提出ニ終始ス。国ト国トノ間ノ条約ハ被告ニ何等関係ナシトノ、スミス弁護人ノ抗議ニ対シ、人ニ対スル責任ハ后ニテ決定スベシトノ裁判長ノ決定ハ注目ニ値ス。

二十四日（第七十五回）　定刻開廷。終日、諸証拠書類ノ提出ニ終ル、余ガ九国条約云々ノコトハ、オット独大使ノ電報報告、米内々閣陸軍大臣辞職ノ件及東條中将陸相推薦内奏ノコトハ何レモ木戸日記ヨリ採リタルモノニシテ、確タル証拠ナキモノナリ。

二十五日（第七十六回）　本日ハ昭和十五年九月三国協定前後ノ日独交換文書、其他種々ノ証拠書類ノ提出ニ終始ス。今後トモ続々検出サル、模様ニテ、日本外務省ヨリ提出サレタル文書及独外務省ニテ鹵獲サレタルモノナリ。コノ二、三日来陰鬱ナル天候続ク。法廷ハ陰気、書類ノ提出等ニテ気モ滅入ル許リナリ。

元独逸大使オットガ独外務相ニ宛タル電報等数多ク提出サレタル為、米弁護人ヨリオットヲ証人トシテ召喚スベキ旨ノ要求ニ対シ、裁判長ハ聯合側ノ裁判ニシテ、オットハ敵性ヲ有スル人物ナレバトテ、之ヲ拒否シタルハ注目スベシ。

二十六日 （第七十七回） 本日ハ松岡ガ昭和十六年三月訪独前后ノ文書ノ提出アリ。余ニハ初耳多シ。松岡ガシンガポール攻撃ヲ約束シ、而モ之ヲ日本側ニ秘セラレタキ旨ヲ独ニ申込ミタルナド頗驚入リタル事項アリ。午后ハ日独文化協定ニ関スル往復文書等ヲ提出ス。米弁護人ヨリ此ノ如キ文化協定ハ政治問題ニシテ、刑事問題ニアラズト抗議シタルニ対シ、裁判長ハ政治問題ナルモ、コレモ亦戦争準備ノ一部ナリト、之ヲ却下シタリ。今日ハ天候恢復、秋晴ノ好天気ナレドモ、囚ハレ身ニテハ如何トモ仕方ナシ。

二十七日 （第七十八回） 本日ハ中国ニ於ケル日独経済協定及日米開戦ニ際シ独伊単独不講和等ニ関スル文書ノ提出アリ。コレニテ日独伊関係ニ於ケル段階ヲ終ル。検事側ノ提出書類中、独ガ経済上支那ニ於テ特別ノ恩恵ヲ被ラザル不平ノ独外務省ニ対スル報告アリ。裁判長ハコレハ却テ弁護側ヲ利益スルモノニアラザルカト、揄揶《ママ》セラレアリ。

先般証人ニ立チタル英ワイルド大佐、香港附近ニテ飛行機事故ニテ惨死シタル由。彼ハ東南アジア英軍司令部戦犯係トシテ、彼ガ為ニ斃レタル戦犯者少ナカラザル由。コレモ亦因果応報カ。

昼食後、俊八ト面会ス。

十八年一月三十日広州湾進駐、大本営連絡会議ニテ決定。

三十日 （第七十九回） 本日ハ仏検事オネタ〔オネト〕ヨリ日仏関係、即仏印進駐ガ侵略目的ナリトイフ劈頭陳述アリ。キーナンヨリ仏語ニテ述ベタキ旨ヲ強調、裁判長モ花ヲ持タセ、清瀬博士ヨリ憲章ニハ日英語ニ限ルト記セラレアリト抗議シタルニモ拘ラズ、裁判所ハ譲歩シテ仏語ノ使用ヲ許スト裁決。次デ証拠提出トナリタルガ、オネタ〔オネト〕検事ノ英語拙劣ニシテ通訳出来ズ。種々論争アリ。仏検事モ中々譲ラザル為、遂ニ裁判長ハ四十八〔分〕斗早ク休廷ヲ宣シ、明日ニ持コスコト、ナレリ。

十月

一日（第八十回）本日ハ仏語問題ノ悶着ニテ終始ス。開廷劈頭、裁判長ヨリ、オネト検事ハ弁明スルカ、或ハ陳謝スルニアラザレバ法廷侮辱罪ヲ構成スルモノナリト述ブルヤ、キーナンハ仏語ヲ使用スルハ裁判所憲章ニ反スルモノニアラズト抗辯、裁判長トノ間ニ相当烈シキ抗論アリ。英ノカー検事、キーナン検事ノ所論ヲ支持シ、米弁護人ヨリ、日英語ニ限ル旨ヲ論述、清瀬ヨリモ裁判ノ公平ヲ保ツ為ニハ日英語ニ限ル旨ヲ論告、裁判長ハ休廷ヲ宣シ、判事ノ議ヲ纏メ、四時稍前、再会〔開〕、多数ハ仏語ヲ許ス旨ヲ宣シ、全ク裁判長ノ敗北トナリタル形ナリ。昨日ハ判事多数ノ意見ナリトテ仏語ヲ禁ジナガラ、今前説ヲ翻シタルハ仏側、判事、検事、弁護士マデ一致シテ仏語ヲ封ゼラル、ナラバ裁判ヨリ脱退スルマデノ決意ヲ示シタル為ナリト伝ヘラル。

午后、俊八及上海ニアリタル手代木氏ト面会ス。

二日（第八十一回）開廷直ニ、オネト検事釈明ヲナシアルモ陳謝シタルモノニアラズ。コレニテ仏語ハ国際語ナル伝統ヲ明白ニ保持シタルモノナリ。続テ仏印武力進駐ニ関スル証拠書類ノ提出アリ。

今日新聞ニテニュルンベルグノ判決アリタルコトヲ伝フ。十二名ハ死刑、其他ハ終身刑、十年、二十年ノ禁錮ト伝ヘラル。シヤハト、パーペン、フリッチェノ三名ハ無罪ナリト。

三日（第八十二回）本日ハ終日、日仏印ニ関スル証拠書類ノ提出ニ終始ス。反覆執拗限リナシ。仏国ノ如キ、今更此ノ如キ立場ヲ執ル義理合ニモアラズ。敗戦ノ為トハ云ヘ情ナキ次第ナリトイフノ外ナシ。

四日（第八十三回）本日モ前日ニ引続キ日仏共同防衛議定書ニ関スル書類ノ提出アリ。本日キーナン主席検事ヨリ次ノ段階、即、日蘇関係ニ於テ露語ヲ使用シタキ旨ノ陳述アリ。日米両弁護人ヨリ反対ノ抗論アリタルモ、一旦仏国ニ許シタル以上ハ自然ノ結果ナリトイフノ外ナク、米弁護人カンニングハム及清瀬ヨリ政治上ノ関係トイフ語ヲ使用シタルニ対シ、裁判長ハ絶対ニ此ノ如キコトヲイフベカラズトタシナメタルガ、キーナンヨリ露語ヲ使用スルコトハ裁判開始前ヨリ両国政府ノ間ニ話合済ミタルコトナリトテ素破抜キ、裁判長ハ直ニ休廷ヲ宣シ、判事間ノ相談ヲナシ、再開廷、露語ヲ許ス旨ヲ多数ニヨリ決定シタリト宣告。三時半閉廷ス。裁判長モ遂ニ抗スベカラザルモノト見ユ。

五日　午前ラザラス氏、蘇側ヨリ提出セラレタル証拠書類ニ付、打合セニ来ル。

七日　(第八十四回)　午前中オネト検事ノ日仏交渉証拠書類ノ提出ヲ終リ、午后ハキーナン検事ヨリ次ノ日ソ関係段階ニ入ルベキ旨陳述シタル処、カニングハム弁護人ヨリ、ソ側ノ劈頭陳述ガ六十五ページノ尨大ナルモノニシテ1900年ヨリ説キ起シ、意見等多ク主席検事ノ劈頭陳述ヨリ大部ナルモノナリトテ抗論ヲ申立テ、キーナンヨリ強弁アリ。裁判長ハ、ニュルンベルグニテハ劈頭陳述ヲナスベシトアルモ、東京裁判ハ簡単ニ中述スルコトヲ得トアリ、種々弁論アリタルガ結局全部ヲ陳述シ、終リテ弁護側ノ抗議ニテ採用サレタルモノハ速記録ニ之ヲ記入スルコト、ナリテ決着ス。

8日　(第八十五回)　先ヅ、蘇国検事ゴルンスキー公使ノ六十五ページニ時間余ニ亘ル長々ノ劈頭陳述アリ。白々シク自己ノ非ヲ棚ニ上ゲテ日露戦争以来ノ我侵略行為ヲ誣ヒ、特ニ中立条約ヲ棄テ、我ニ宣戦シタル理由ヲコヂツケタル処ナド、流石ニ老練ナリ、続テ各種雑多ナル証拠書類ノ提出アリ。既ニ処刑サレタルセミヨノフノ陳述書マデ引合ニ出シアリ。

昼食後俊八ニ面会ス。

九日　(第八十六回)　本日ハローゼンブリート蘇検事ヨリ種々雑多ナル、苟モ日本ノ侵略ニ関スルモノハ公刊物ヨリ、遂ニハ鈴木重康大佐ノ昭和六年、北鮮、満洲ニ於ケル旅行報告マデ提出サル。組織ヅケラレアルニハ一驚スベシ。

十日　(第八十七回)　本日モ亦執拗ナル証拠書類ノ提出ニ終ル、書類ノ提出、綿々トシテ尽クル処ヲ知ラズ。如何ニ蘇国諜報ノ発達セルヤ今更一驚ノ外ナシ。国策研究会理事長〔事務局長〕ノ矢並〔次〕一夫、証人トシテ出廷ス。

笠原幸雄中将、蘇国大使館附武官タリシ時ノ廣田カ原田ニ対シナシタル談話ノ写シヲ、蘇国官憲ヨリ竊取ラセラレ、証拠トシテ提出セラレタル為、証人トシテ出

廷ス

十一日（第八十八回）本日モ依然、蘇国イワノフ大佐検事ノ書類提出ニ終始ス。笠原中将、再ビ証人トシテ出廷ス。従来、金曜日ハ三時閉廷ナリシモ、本日ヨリ四時閉廷トナル。審議ヲ急グモノト見ユ。

十四日（第八十九回）終日、ソ側検事ノ証拠書類アリ。河辺虎四郎中将、駐ソ大使館附武官時代ノ参謀本部提出書類ニ対スル証言アリ。ソ側ニ窃取セラレアリト見ユ。又、ソ側国際検事団法律顧問マローゾフ大佐ノ証言アリ。本日、冬ノ衣類ノ差入ヲ受ク。

十五日（第九十回）本日ハ張鼓峯事件審理ノ段階ニ入リ、当時、該方面国境監視隊長ニシテ中尉タリ、今ハモスクワ国境警備隊本部ノ中佐ナリトイフ　フエドロウイッチ証人ヲ召喚、直接訊問、続テ反対訊問ニ入ル米弁護人ヨリ該事件ハ其時既ニ終結シタルモノニシテ、今之ヲ問題トスルハ適当ナラズトノ抗議アリタルニ対シ、裁判長ハ、二国ノ間ノミナラズ、事ハ十一国ニ関スルモノナリト奇異ナル判決ヲ下シ、弁論ヲ打切リタリ。

十六日（第九十一回）本日ハノモンハン事件、防共協定、三国同盟ニ関スル証拠書類ヲ提出。既ニ前段階ニテ証拠トシテ提出サレタルモノマデ引パリ出シ、執拗極ハ《ママ》リナシ。

ラザラス氏ノ妻君、今度渡日、昨日横浜ニ到着シタル由ナリ。

十七日（第九十二回）今日ハ三国同盟前後ニ於ケル事実及蘇聯船舶ガ被ムリタル損害等ニ関シ詳細執拗ニ証拠書類ヲ提出ス。

今日ハ新嘗祭ナリトイフニ国旗一本出シタル家ヲ見ズ、情ナキ心地ス。

昨年今頃ノ高槻ノ秋色及今日大阪ヨリ敗残ノ身デ東京ニ帰リタルコトナド思イ浮べ感慨極マリナシ。

十八日（第九十三回）本日ハ関特演ニ関スル証拠書類ノ提出ニ終始ス。証人トシテ終戦時、関東軍作戦主任参謀タリシ瀬島龍三中佐及参謀副長タリシ松村〔知勝〕少将出廷、主トシテ関東軍ノ作戦計画ニ就キ証言ヲナス。

神崎弁護人ヨリ申請セル我側ノ証人、河辺大将、岡村大将、沢田中将、松井中将、原田中将、凡テ要求通リ承認セラレタリト。大喜ビナリ。仕合セヨシトイフベシ。

十九日　檻房ノ手入ヲスルトカニテ、来ル土曜日マデ向側ノ日向悪キ室ニ移サル。宛然動物ナリ。

二十一日（第九十四回）　本日午前ヲ以テ日ソ関係ノ段階ヲ終リ、戦争準備ノ段階ニ移リ、ニュージーランド検事カイルマン代将ノ日本戦争準備ニ関スル劈頭陳述アリ。産業、工業ノ戦争準備、南洋委任統治諸島ノ防備ヲ強化シタルコト、海陸軍ノ軍備拡張ニ関シ攻撃セルガ、当然ノコトヲ理屈ヲツケテ攻撃セルモノナリ。終テSCAP統制課長ナリトイフリーベルトノ日本産業統制ニ関スル証言ニ移ル。

二十二日（第九十五回）　本日ハリーバート証人ノ陳述ニ終ル。宛然タル検事ノ態度ナリ。満廷堕気満々。

二十三日（第九十六回）　本日漸クリーベルト証人ノ証言ヲ終ル。

沢田中将ヲ証人ニ申請シアルガ、中将ハ既ニ巣鴨ニ移サレ、本日、神崎、ラザラス両氏巣鴨ニテ沢田中将ニ面会、種々証言ヲ聴取シ来レリ。

二十四日（第九十七回）　本日ハ鈴木担当ノレブン弁護人ノ反対訊問ニ移ル。裁判長ハ本証人ハ経済財政専門家トシテ法廷ハ取扱ハズ、其証言ノ判決ハ判事ニテナスベキニ強ク言明セリ。蓋シ弁護人ヨリ証人ノ証言ニ多分ニ自己ノ意見ヲ加ヘ、断定ヲ下シアル点ヲ指摘シタル為ナリ。

夜、再ビ旧室ニ移サル。

二十五日（第九十八回）　本日ハ東條担当ノブリュエット弁護人ノ反対訊問アリ。裁判長ハ昨日ノ裁定ヲ再ビ繰返シ、証人ノ証言ハ専門家ニアラズ、単ニ経済学者又ハ計理士トシテ取扱フベキ旨ヲ述ベタリ。

先般ニュルンベルグニテゲーリングガ服毒自殺シタル為カ、法廷モ巣鴨モ頗厳重トナレリ。

二十八日（第九十九回）　本日ハリーベルト証人ニ対スル反対訊問ニテ終始ス。

昼食后俊八ト面会ス。六三郎ハ兼テ話アリタル堀越家ノ長女ナル人ト二十二日結納ヲ取カハシ、来月十五日式ヲ挙グルトノコトナリ。六三郎ノ婚儀ニモ列スルヲ得ズトハ、ヨク〳〵縁ナキモノト見ユ。

二十九日（第百回）　午前リーバート証人ノ反対訊問ヲ終リ、続テイングリッシュ検事ノ陸海軍戦争準備ニ関スル証拠提出アリ。総力戦研究所ノ保管書類等ニ関シ堀場〔一雄〕少将〔大佐〕ヲ証人トシテ喚問、次デ反対訊問ニ入ル。

三十日（第百一回）　午前堀場ニ対スル反対訊問ヲ終リ、引続キ検事側ヨリ太平洋戦争準備ニ関スル証拠書類ノ提出アリ。其中ニ波軍団〔23軍〕ノ昭和十六年十一月ノ戦時月報アリ、香港攻略ニ関スル準備ヲ記録シアリ。

三十一日（第百二回）　本日ハイングリッシュ検事ノ陸海軍戦争準備ヲ終リ、クキルマン代将ヨリ南洋委任統治諸島ノ防備設置ニ関スル土人ノ訊問書等書類ノ提出アリ。引続キ米海軍大佐ロビンソン検事ノ海軍軍縮会議ノ脱退等ニ関スル証拠書類ノ提出ニ移ル。

十一月

一日（第百三回）　前日ニ引続キロビンソン大佐ノ証拠提出アリ。コレニテ太平洋戦争ノ準備ニ関スル陳述ヲ終リ、愈々ヒッギンス検事ノ日本対英米戦争ニ関スル劈頭陳述ニ移リ、種々ナルコトヲ陳述引証シ、約六十五頁ノ陳述ナリ。

裁判進捗ノ現況ニ鑑ミ、弁護人側ニテモ準備ヲ速ニスル要アリ。被告連名ニテ速ニ劈頭論告ノ準備ヲ進メ、案ガ出来レバ被告ニモ一応内示スベキ要求ヲ昨日出シタルガ、大体弁護人側ニテモ準備ヲ進メルコト、ナリ、昨日、日米弁護人ニテ会議、動議ヲ提出スルコト、ナリタル旨、清瀬ヨリ我等一同ニ内諾アリタリ。

二日　午前、我等一同突然室ヲ換ヘラレ、独房ニ叩キコマル。窮屈イハン方ナク、又々西側寒キ室ナリ。コノ冬ノ苦労思ヒヤラル、噫。

午前、ラザラス氏、チヨ及俊八ヲ伴ヒ面会ニ来ル。

三日　今日、貴族院ニテハ行幸アリテ新憲法発布式ヲ行ハセ〔ラ〕ル。天皇制ヲ保持シ得タルハ不幸中ノ幸ナルモ主権在民ノ憲法ナリ。時世モ変リタルモノカナ。

四日（第百四回）　本日ヨリ、日本対英米戦ニ於ケル検事側ノ書類提出開始セラル、本日ハ満州事変ヨリ昭和十二年頃マデニ至ル間ノ公式文書其他ナリ。裁判長ヨリアマリ累積ニ過グトノ批評アリ。支那事変ニ於ケル非武装地帯ノ爆撃ニ関スル検事側ノ書類ニ対シ、ローガン弁護人ヨリ原子爆弾ノ使用ニヨリ今日ハ既ニ意味ナキモノナリトノ抗議ニ対シ、検事側及裁判長ヨリ当時ハ此ノ如キ国際法上ノ制限ナシトノ苦シキ弁解アリ。ニュルンベルグガ反映シ、本日ヨリ弁護人トノ会談モ金網ヲ隔テ、行フコト、ナル。

五日（第百五回）　今日モ前日ニ引続キ検事側ノ書類提出。又、我国ガ支那ノ門戸開放、機会均等ヲ尊重スル声明、支那事変間ニ於ケル米国教会堂ニ対スル我爆撃ニ関スル抗議等、昭和十三年、十四年度間ノ出来事ヨリ昭和十六年松岡外務大臣ヨリ野村駐米大使ニ対スル訓令等ヲ提出ス。

六日（第百六回）　本日モ引続キ検事側ノ証拠提出。松岡ガ訪独前后ノ公文書ノ提出ナリ。

七日（第百七回）　本日ハ昭和十六年四、五月頃ノ日米交渉ニ関スル書類、特ニ松岡ガ訪独不在中進捗シタル日米交渉ニ関スル文書ノ提出アリ。

八日（第百八回）　本日ハ米国務長官スチムソン、駐米〔日〕大使グルーノ供述書及米国下院ニ於ケル真珠湾事件査問委員会ノ国務長官ハルノ答弁等ノ書類ノ提出アリ。

十一日　本日ハ第一次世界大戦休戦ノ記念日ノ為休廷。独房狭隘、加フルニ陰気ナリ。不快云ハン方ナシ。

十二日（第百九回）　本日ハ昭和十六年六月末頃ヨリ以后ノ証拠書類提出、七月二日ノ御前会議、木戸日記、十月近衛第三次内閣政変ノ時頃マデノ証拠書類提出。漸ク緊張ヲ起シ来レリ。夜、所持品ヲ極端ニ制限シ其他ハ預ケルカ宅へ帰ヘス旨達シアリ。

十三日（第百十回）　本日ハ東條内閣成立前后ニ至ルマデノ諸書類、日米交渉往復電報等ノ証拠書類ノ提出アリ。夜ハ昨日ノ達シノ通リ、所持品ノ整理アリ。余ノ如キ荷物少ナキモノハ大シタコトナキモ大騒ギヲナシ、規定外所持品ハ一梱包トナシ預入ル。

十四日（第百十一回）　本日モ引続キ、大戦勃発マデノ御前会議及連絡会議等ニ関スル木戸日記、東條訊問書、日米電報往復等証拠書類ノ提出アリ。裁判ハ愈々最高潮ニ達ス。本日ヨリノーラン代将検事ヨリ大戦勃発ノ段階ニ入リ論争トナル。当時ノ逓信省電信係ノ白尾〔干城〕トイフ人証人ニ出廷ス。

巣鴨ニ帰ルヤ一同丸裸ニセラレ、全身ノ検査アリ。時計、万年筆ヲ初メ過剰品ノ全部取上ゲラル。不便云ハン方ナキモニュルンベルグ、ゲーリングノ影響ハ□□□□影響スルモノナリ。時計ノナキニハ不便云ハン方ナシ。

十五日（第百十二回）　本日モ引続キ白尾ニ対スル反対訊問。

米陸軍省ニ軍人ノ一斉点呼アリトヤラニテ午前十時半ニ閉廷、一時半マデ休廷ス。

六三郎、本日堀越氏ノ長女ト結婚ノ式ヲ挙タル由。曩ニ俊八ノ時ハ在支門ニテ父トシテ列席スルヲ得ズ、今マタ六三郎ノ一生ノ大事ニ列スルヲ得ズ、ヨク〳〵縁ノナキモノト見ユ。彼等ノ為前途ノ幸福ヲ祈テ止マズ。快晴ナリ。

午后、十二月八日朝開戦ノラジオ放送ヲナシタリトイフ東京放送ノアナウンサー館野守男ヲ証人トシテ召喚、大本営発表ハ六時トアルニ放送ハ七時ナリトイフ処ニ召喚ノ問題存スルトイフニアリ。

十六日　午前、ラザラス氏、夫人ヲ伴ヒ面会ニ来ル。二日ニ亘ル休日モ独房、而モ運動モ十分ナラズ、処置ナシ。

十八日　（第百十三回）　本日、館野ノ反対訊問ヲ終リ、次デ、香港等、攻撃時間ニ関スル証拠書類ノ提出アリ。次デ永ク極東ニアリ、駐日米国大使館参事官ヨリ米国国務省極東部長タリシトイフ　バレンタインヲ証人トシテ召喚、彼ノ陳述書ニ基キ証言ヲナス。日清戦争時代ヨリ日米ノ関係ヲ説キ、最后ノ昭和十六年、日米交渉ニ関シ当事者トシテ詳細ナル証言アリ。

十九日　（第百十四回）　本日ハ、バレンタインニ対スル弁護人ブレークニー少佐ノ反対訊問ニ終始ス。

二十日　（第百十五回）　本日モ弁護人ブレークニー少佐ノ反対訊問ニ終ル。

二十一日　（第百十六回）　本日モブルークニー、ワーレン、カニングハム、ブリュエット等、米国側弁護人ノ反対訊問ニ終始ス。

十二日ノ警戒強化令愈々出デ、、愈々峻烈ナリ。

昼食后、五郎ト面会ス。

二十二日　（第百十七回）　本日モ亦、バレンタインノ反対訊問ニ終ル（日本側弁護人岡本ノ反対訊問アリ）。

二十五日　（第百十八回）　本日モ引続キ午前、岡本ノ反対訊問、終リ、証人トシテ開戦前マデ米国艦隊司令長官タリシ米国退役海軍大将ジェームス．リチャ〔ー〕ドソンヲ召喚、倫敦条約ノ我国ノ脱退ヨリ建艦計画、南洋委任統治防備、真珠湾攻撃ニ関スル経過等ノ陳述アリ。大将ハ最高司令部ノ要求ニヨリ米国海軍省ヨリ推薦SCAPノ海軍顧問タルモノニシテ作製セシメタリト覚ユル陳述書ヲ朗読スルニ過ギザル感アリ。終リテ氷野弁護人ブラナンヨリ反対訊問。大将アマリ深ク知ラズ、率直ニ知ラヌト答フル処ナド軍人気質、東西同一ナリト微笑セラル。

二十六日（第百十九回）　本日、リチャードソン海軍大将ノ反対訊問ヲ終リ、続テ、カナダ検事ノーラン代将ヨリ文書証拠ノ提出アリ。開戦后ニ関スルモノナリ。

二十七日（第百二十回）　本日モ前日ニ引続キ証拠書類ノ提出、小磯内閣ノ成立、昨年ノポツダム宣言受諾ニ関スル木戸日記ノ証拠提出ヲ以テ日対英米ノ段階ヲ終リ、蘭印問題ニ入ル予定ナリシガ、俘虜虐待ニ関シ臨時ニ証人ヲ召喚、濠ノ軍医中佐ニシテ、スマトラニテ俘虜トナリ、后ビルマ等収容所ニ於テ俘虜ノ診療ニ任ジタリシモノヲ召喚、濠マンスフヰルド検事ヨリ訊問。終リテローガン弁護人ヨリ反対訊問。

二十八日　本日ハ米国ノ感謝祭トカイフ休日ノ由ニテ休廷。

二十九日（第百二十一回）　本日ローガン、ブリュエット、ブルックス、花井〔忠〕等ノ軍医中佐ニ対スル反対訊問ヲ終ル。先生、案外公正ナル陳述ヲナシ、過般ノワイルド大佐ノ証言ヲ幾分緩和シタリ。終リテ濠洲代将ニシテ開戦当時ジャワノ濠州軍最高指揮官タリシ弁護士アガリノブラックバーンヲ証人トシテ召喚、マンスフヰルドヨリ直接訊問ヲ開始ス。

本日又モ厳密ナル身体検査ノ后、二階ノ東側ナル独房ニ移サル。近来、獄則愈々厳重トナレリ、亡国ニ等シキ降服ノコトナレバ致方モナク、今ハ公人トシテ御用モナキ敗軍ノ将、唯静カニ神命ヲ待ツ昨今ノ境遇ナリ。

十二月

二日（第百二十二回）　本日ハブラックバーンニ対スル直接訊問ヲ終リ、ブリュエット、ローガン、ブルックス等ノ反対訊問ニ移ル。証人ハ、ジャバ、台湾花蓮港、満洲ニ於ケル俘虜収容所ノ状況ヲ述べ、特ニ花蓮港ニ於ケル、香港、シンガポール総督、パーシバル、ウェンライト等、米英高級指揮官ガ日本衛兵ヨリ殴打セラレタル状況ヲ述べ、聞クモノヲシテ頗不快ノ念ヲ起サシメタリ、花蓮港ノ収容所長ハ今村大尉ナリト指摘セルガ、カカヽル高級者ノ収容所長ヲ大尉トセルハ我当局ノ失策、不注意ナリトイフベシ。気候頗寒冷トナル。

三日（第百二十三回）　午后ブラックバーン代将ニ対スル

ブルックスノ反対訊問ヲ終リ、次デ日蘭関係ノ段階ニ入リ、蘭国副検査官ムルダー代将ノ劈頭論告アリ。カニングハム弁護人ハ蘭国ハ亡命政権ナリ、ポツダム宣言ノ加入国ニアラザレバ論告ノ資格ナシト、反対アリタルモ、其理由ナシトテ却下、次デ証拠書類ノ提出アリ。多クハ既ニ今迄提出サレタルモノ、残滓ナリ。昼食後、俊八ト面会ス。

四日（第百二十四回）本日ハ証拠書類、対蘭経済交渉、対蘭諜報勤務、戦争準備等、書類ノ提出ニ終始ス。

五日（第百二十五回）総力戦研究所ノ研究、大東亜省ノ設立、之ニ関スル枢密院審議会議事録等、微ニ入リ細ニ亘ル事、苟モ大東亜共栄圏ニ関スルモノ、証拠書類ノ提出アリ。和蘭検事ノ努力頗大ナルモノアリ。

六日（第百二十六回）本日ハ蘭国予備砲兵少佐ニシテ弁護士タルウエイドトイフ証人召喚、本人ハジャワニテ俘虜トナリ日本軍ガジャワ上陸后ヨリ終戦マデノ我軍ノ諸施設ニ関スル膨大ナル陳述書ヲ検事ニテ読ミ上ゲ、次デローガン弁護人ノ反対訊問ニ入ル。巣鴨ニ於ケル待遇ニ関スル申出ノコトヨリ橋本欣五郎氏、白鳥ノ横面ヲハルノ活劇アリ、一同皆神経過敏トナリアル処、一寸シタコトニテ荒立ツモ是非ナシ。

八日　今日ハアリシ日ノ対米英宣戦ノ詔勅渙発ノ日ナリ、尓来紀念日ナルニ今ハ日本ノコノ敗戦ノ態タラクナリ。感無量トイフノ外ナシ。窓ノ隙ヨリ入ル寒風ノ為稍々風邪ノ気味ナリ。

九日（第百二十七回）本日ハウエイド蘭国少佐ニ対スル奥山、ブルックス、ブリュエット等弁護人ノ反対訊問ニ終始ス。

十日（第百二十八回）本日午前ニテ奥山弁護人ノウエイド少佐ニ対スル反対訊問ヲ終リ、比律賓ニ於ケル残虐事件ノ階級ニ入リ、比島検事ロハス〔ロペス〕ノ劈頭陳述アリ。次々ト不快ナル残虐行為陳述書ノ朗読アリ。カニングハム弁護人ヨリ比島共和国ハ海牙陸戦法規ノ加入国ニアラズ、米国議会ヨリ戦犯ノ審理ヲ許サレタルニ過ギザレバ、コ、ニ検察ヲナスノ権利ナシト論述シタルモ、裁判長ヨリ有耶無耶ノ内ニ握リ潰サレタリ。続テ、マニラ陸軍省ノ秘書ヨリ、拘禁所ニ抑留セラレ、今、太平洋空軍司令部ノ秘書ナリトイフ一婦人ヲ証人トシテ喚問、拘禁所ノ取扱ニ関スル直接訊問ヲナシ、弁護人ヨリ二、三反対訊問アリ。終テ、引続キ書類提出。日本軍ガ人肉ヲ喰ヒタリナドノ忌ハシキ陳述アリ、聞クダニ不快云ハン方ナシ。

十一日（第百二十九回）　引続キロペス検事ヨリ比島残虐行為ニ関スル書類ノ提出朗読アリ。其内ニ海軍ノ残虐行為ニ関スル命令、某戦車隊ノ命令アルナドハ頗奇怪ナリ。本日、バタン〔バターン〕死ノ行進ニ加ハリタリトイフ米軍軍曹ラーデイ、米兵イングルヲ証人トシテ召喚、訊問アリ。

食后、新婚后初メテ六三郎ト面会ス。

頃日、気候頗寒冷、新聞ニヨレバ昨朝ハ０〔零〕下七度ナリシト。

十二日（第百三十回）　本日ハ昨日ノ米軍兵卒イングルニ対スル反対訊問ヲ終ル。該人ハ中々頭ノヨキ者ト見エ、反対訊問モ中々要領ヲ得セシメズ。引続キ開戦当時セブ島米兵クリスチー大佐ノ率ユル米軍部隊ノ参謀長タリシトイフフリニオ大佐ヲ証人トシテ召喚、本人ハ当時米軍遊撃隊長タリシモノト見ユ。引続キコレヒドル島ニテ俘虜トナリシモンゴメリー中佐ヲ召喚、直接訊問ヨリ反対訊問ヲナス。何レモ捕虜トシテ虐待セラレタル証言ヲナス。

昨年今日、投獄セラレテヨリ正ニ一年偏ニ敗戦ノ辛酸ヲ嘗メタリ。国状亦何等改善ノ迹ナク、敗戦ノ惨状依然タリ。何ノ日カ国運恢復ヲ見ン。思ヘバウタテキ限リナリ。

十三日（第百三十一回）　本日ハ昨日ニ引続キモンゴメリー中佐ノ反対訊問ニ次ギ、バターン防衛司令官キング少将ノ幕僚ナリシトイフスターブス大佐ヲ証人トシテ召喚、主トシテバターン死ノ行進ニ関スル証言ヲ徴シ、之ニ対シ、ローガン、フルハウス等ノ弁護人ノ反対訊問アリ、次デ検事ヨリ俘虜虐待ニ関スル米国政府ノ我政府ニ対スル数々ノ抗議書ノ提出アリ。

本年ハ寒気早ク到来、裏日本ニテハ既ニ猛吹雪ノ由。東京モ本年ハ薪炭ナク、頗寒キ由ナルガ、コレニ引カヘ法廷、巣鴨モ春ノ如キ暖気ナリ。敗戦ハ何処マデ祟ルカ。

十四日　午前、ラザラス氏、通訳ヲ伴ヒ面談ニ来ル。

十六日（第百三十二回）　元埃及〔エジプト〕公使ニシテ昭和十七年十二月一日以来外務省外人部長タリシ鈴木九萬氏ヲ証人トシテ召喚、米国ヨリ俘虜虐待ニ関スル文書ニ対スル供述アリ。若干反対訊問ヲ以テ比島ノ虐待段階ヲ終リ、濠洲ノマンスフヰルド検事ヨリ中国、比島ヲ除ク他地域ノB級犯罪ニ関スル劈頭陳述アリ。山ノ如キ数々ノ中ニハ相当誇張ラシキ証拠ノ提出アリ、濠洲兵ニシテ、マレイニテ我軍ノ捕虜トナリシブライントイフモノヲ証人トシテ召喚、直接訊問ヲナス。

十七日（第百三十三回）　本日ハ依然ビルマ、特ニ泰緬鉄道建設ノ際ニ於ケル俘虜虐待ニ関スル文書ノ提出ナリ。濠洲軍中佐ニシテ開戦当時ジャワニ於テ工兵大隊長ナリシトイフウヰリヤム、並ニ同ジク濠洲軍少佐ニシテ新嘉坡ニ於テ俘虜トナリ、泰緬鉄道建設ニ従事シタリトイフロイドヲ証人トシテ訊問、共ニ鉄道建設虐待ニ関スル陳述ヲナス。

十八日（第百三十四回）　本日ハ香港ニ於ケル残虐行為ニ入リ、カナダ聯隊附ノ牧師大尉バーネットヲ証人トシテ召喚、直接訊問アリ。同人ハ香港攻略時、学校ヲ病院トシタルセント何トカトイフ処（セント、スティブンス病院）ニ在リシガ、十二月二十五日降服前、日本兵若干同所ニ侵入、虐殺、強姦ヲナシタリト陳述。続テ、俘虜虐待、病気蔓延等ノ我ニ不利ナル陳述ヲナシタリ。同病院ハ戦場ナリシコトハ、ブリュエット弁護人ノ反対訊問ニヨリ明トナリ、又、十二月八日開戦后ニ於テ病院ニ利用サレタルコト、又病院ノ表識《ママ》ハ吹キ飛バサレタルコト（砲撃カ爆撃カ明瞭ナラズ）等ヲ陳述セリ。ソレヨリ証拠書類ヲ多数提出（ノーラン代将訊問及陳述）。終リテアンダマン、ニコバル、海南島ニ於ケル虐待非行ノ証拠提出。引続キ台湾ニ於ケル段階ニ入ル。

十九日（第百三十五回）　昨日ニ引続キ台湾ニ於ケル俘虜虐待ニ関スル証拠陳述アリ。続テ海上輸送ニ於ケル虐待ニ関スル証拠ノ提出。終テ、ボルネオニ於ケル段階ニ入リ、濠洲軍埋葬隊附ノ准尉ニシテ新嘉坡ニテ俘虜トナリ、ボルネオニ送ラレタルステクヴィッチトイフモノヲ証人トシテ陳述。英領ボルネオ及サラワクニ於ケル俘虜虐待及一般人虐殺ニ関スル直接訊問アリ。

野村大将「米国に使して」ヨリ

昭和十六年七月三十日午前十時四十五分　ウエルズ国務長官代理ノ求メニ依リ往訪。

長官代理ハ在重慶米砲艦ツ、イラ号爆撃ニ関シ書キ物ヲ手交シテ大統領ノ命ニ依ルトテパネー号事件ノ時、日本政府ノ保障ガアルコト、日本軍部ハカヽル爆撃ノ権限アルモノナリヤ、ツツイラ号及米大使館ハ対岸ノ安全地帯ニアリト強調シタ。依テ余ハ長官代理ガアマリニ真面目ニナリ居ルノデ寧ロ軽ク之ヲ取扱ヒ「カヽル出来事ハ戦塵ノ巷ニ於テハアリガチデアル、我方ニ於テ重慶爆撃ヲ止メルカ、貴方ニ於テ大使館、砲艦ヲ他ニ移スニアラザル以上、カヽル過失ヲ絶無ナラシメ難シ」ト答ヘ、兎ニ角政府ヘノ報告ヲ約シタ。

七月三十一日午后六時四十五分、ウエルズ国務長官代理ヲ往訪、ツツイラ号事件ニ対スル帝国政府ノ見解並ニ其釈明ヲナシ、其際コレデ解決出来ネバ、余ハ直接大統領ニ面会シ得ルヨウ其仲介ヲ頼ンデ辞去シタ。

ウエルズハ大統領ト打合セタ上、新聞記者ニ対シ事件解決ノ旨発表シタ。

二十日　(第百三十六回)　本日モ昨日ニ引続キ濠准尉ニ対スル直接訊問及若干ノ反対訊問ノ後、新嘉坡陸軍病院ニ勤務シ新嘉坡陥落直前、汽船ニテ一般婦人、小供及患者ト共ニ脱出、途中、我飛行機爆撃ノ為爆沈セラレ、バンカ島ニ於テ虐殺ニ遭遇シ、一命ヲトリトメ、后パレンバン等ノ抑留所ニアリタリトイフ濠洲大尉階級ノ看護婦(濠洲人)ヲ証人トシテ召喚、直接訊問。終リテ和蘭検事ヨリ、ジャバ、スマトラ、チモール、スンダ列島、蘭領ボルネオ、セレベス等ニ於ケル俘虜虐待事項ノ論告ニ移ル。

二十二日　コノ二、三日来寒気殊ニハゲシク、今朝十五分間バカリ初雪チラ〳〵ト降ル。昨年ハ二十三日ナリシ。

二十三日　(第百三十七回)　今日ハ蘭国検事ヨリ蘭領ボルネオニ於ケル虐殺及俘虜虐待ノ証拠書類提出アリ。引続キ終戦后ジャハニ赴キ俘虜ニ関スル取調ヲナシタリトイフ英軍中佐(コリンス)ヲ証人トシテ召喚、直接訊問ノ后、ブリュエット、ブルックス弁護人ヨリ反対訊問。引続キ我国九州ニテ船舶保険等ヲナシ間諜罪ニテ懲役十三年ヲ申渡サレ、執行猶予トナリ本国印度ニ帰リ印度軍ニ入リ、シンガポールニテ俘虜トナリ、バンカ、パレンバン等ニテ俘虜生活ヲナシタリトイフリンガーナルインド軍少佐ヲ証人トシテ召喚、訊問ヲナス。裁判長ヨリ証拠ノ裏付ナキ事項ハ放棄スト言明アリ。

二十四日　(第百三十八回)　本日ハ昨日ニ引続キリンガー

少佐ニ対スル検事ノ直接訊問アリ。終テ、引続キジャワニ於ケル俘虜虐待ニ関スル証拠書類ノ提出アリ。

本日ハクリスマスイブトテ、午后ハ休廷ス。

二十一日午前四時頃、紀伊、四国、南海道地方ニ劇震アリ。死人ナド数千名ニ上リ、損害モ少ナカラズ、特ニ海嘯ニヨル損害多キ模様ニシテ、震源地ハ熊野灘沖太平洋中ニシテ、関東震災ヨリ強烈ナルモノナリト伝ヘラル。敗戦ニ引続キ此天災アリ。天譴未ダ足ラザルカ。国破レテ山河ナシノ嘆ナキヲ得ズ。コレモ畢竟敗戦后日本国民ノ不心得ノ致ス処ナルベシ。

二十五日　今日ハクリスマストテ最高司令部ノ命ニテ休廷ス。

昨年ノ今頃ハ監獄ノ看守兵モ歴戦者多ク冷厳ナルモ、規律正シカリシガ、昨今ハ戦後ノ経験ナキ新募新来ノ兵多ク頗陽気ニシテ騒々シク、本朝未明ナド一々各房ヲノゾキテ、メリークリスマスナド、イフ有様ナリ。然シナガラ将校ノ監督指導モナク勝手々々ナルニハ我等トシテハ聊カ迷惑ヲ感ジアル次第ナリ。

大正十二年ワシントンニテ　山東還附条約
昭和十三年四月　華中鉱業成立

大正四年一月十八日　大隈内閣二十一ヶ条提出（袁世凱ニ）
二十一ヶ條中、秘密事項五項削除
漢《かん》冶《や》萍《ひょう》〔公司〕持株　湖北　六十万元
〔製鉄会社〕　江西　四十万元
湖南省　二十万元

二十六日（第百三十九回）　蘭国検事ランドステッド中佐ヨリ引続キジャバニ於ケル俘虜及一般人ノ虐待等ニ関スル証拠書類ノ提出アリ。午后、日本ニテ宣傳ノ為作製セル「濠洲ハ招ク」Australia calling トイフ俘虜厚遇ノ映画ガ終戦時聯合軍ニ押収セラレ、濠洲ニ持帰リ、濠洲ニテ作製シ、之ヲ反対宣伝ニ改作シタル Japan present ト称スル四巻ノ映画撮影ヲ終リ、蘭人ニシテゴム会社ノ労務係リタリ仏軍ニ収容セラレ、終戦后、英軍戦犯委員会ニ使用セラレ、英軍少佐待遇トナリタル　リンフヱアート称スル証人ヲ召喚ス。主トシテスマトラニ関スルモノナリ。

二十七日（第百四十回）　本日ハ蘭人リンフヱアー軍属ノ直接訊問ノ后、ローガン弁護人等ノ反対訊問アリ。引続キスマトラニ於ケル残虐行為ニ対スル証拠書類ノ提出アリ。終テ蘭領セレベス及葡領チモールニ於ケル俘虜等ノ残虐行為ニ関スル証拠書類ノ提出アリ。微ニ入リ細ニ亘リ、聞クモノヲシテアキ〳〵セシム。

昼食后、チヨ、俊八、五郎ト面会ス。世ノ中ハ愈々行キヅマリ、大変転ノ為生計モ容易ナラザル模様ナルガ、コノ先、如何ニナリ行クナランカ。

大正元年八月（民国元年）　支那国民党成立（前身中国同盟会）

大正十年十一月十二日　ワシントン会議開催（十一月四日原首相暗殺サル）

大正六年十一月　石井ランシング協定
1. 支那ニ於ケル日本ノ特殊権益
2. 支那領土保全
3. 支那ニ於ケル商工業上ノ門戸開放、機会均等主義

大正十三年一月清浦内閣成立。当時、田中大将ハ清浦内閣ノ組閣ニ容喙シタ。組閣本部側デハ陸軍大臣ニ薩派ノ福田大将ヲ上原元帥ノ推薦デ陸軍大臣ニ内定シアリタルヲ、陸軍大臣ハ原内閣以来前任者ガ推薦スルノガ慣例デアルトイフ理由ヲ楯ニトッテ田中陸相ノ次官タリシ宇垣大将ヲ入閣セシムルニ成功セリ。

昭和二年三月二十四日　南京事件

同日　英米軍艦南京砲撃

在漢口日英米仏伊五国総領事、四月十一日、国民政府外交部長陳友仁ニ、上海五国総領事ハ蔣介石ニ抗議（本国政府ノ照会ニ基キ）。

同年四月三日　漢口我水兵暴行事件

以上、二事件トモ支那側ハ共産党ノ仕業ナリト弁明、蔣介石ノ反共ト張作霖トノ赤地討伐トシテ妥協ナル。

第一回（次）　東方会議　大正十年五月（原内閣）

第二回（次）　昭和二年六月　第一回　二十九日
第二回　三十日
第三回　七月　一日
第四回　七月　二日
第五回　七月　四日

東方会議ノ目的

1）対支政策ノ統一　2）対支不干渉主義ノ支持

3) 満蒙特ニ東三省ノ治安ニ就キ要求ヲ明カニス
七月七日　対支政策ノ綱領ヲ中外ニ声明発表。
大正十三年　〔第二次〕奉直戦　張作霖勝利
　十四年　郭松齢事件
昭和二年五月二十八日山東出兵（歩兵第三十三旅団長郷田兼安）
　10i、63i、工兵一小隊等ヲ青島ニ派遣（約二千）。
（張、蔣、馮ノ対立戦乱起ルノ虞アリタル為）
英国ハ六月上旬1700名ヲ上海ヨリ天津、威海衛ニ。
米ハタンクヲ有スル約3000ノ海兵ヲ上海ヨリ天津ニ（更ニ1500ヲ増加）。
仏ハ1000ト一大隊ヲ天津ニ派遣。
七月六日　郷田兼安旅団、済南へ。更ニ大連ノ第八旅団ヲ青島へ。
九月八日撤退。
昭和二年十月十三日　蔣入京
田中総理ト蔣トノ会見
　1．共産党ト分離シ、ソ〔ソ連〕ト断ッタ後ノ国民革命ノ成功、支那ノ統一ヲ日本ハ認ム
　2．満洲ニ対スル日本ノ特殊地位ト権益ヲ支那ハ認メル。
昭和三年四月　山東第二回出兵
天津派遣部隊　四月二十日済南着
第六師団四月二十三日門司発、二十五日青島上陸
斎藤旅団四月二十六日済南着
済南事件　五月三日
五月九日第三師団　動員下令
済南事件出兵費　昭和二年度第一次ヨリ第三師団派遣迄
　三千八百八十二万円
五月十日　国民政府　国際聯盟ニ提訴
田中メモランダムハ王正廷ノ捏造ナリ
昭和三年六月四日　張作霖爆死
〃　五月十八日　田中内閣、満洲治安維持宣言
第三回東方会議　五月二十日―廿五日
米国ノ警告的要求　五月十八日后
　金あみをへだて、語る父子あわれ
法廷に語る親子の影淋し

五十年馬上の夢のあといづこ
獄窓の夢は馬上をかけめぐる
ありし日の武勲のほこりあともなし
世は澆季さばき待つ身は年の暮れ

ロンドン軍縮会議
昭和五年一月二十二日　開会
四月二十二日　協定成立

昭和七年一月　十八日　上海事件
第一次
上海事件
一月二十八日　陸戦隊、支軍ト開戦
白川軍〔司〕令官
二月四日　陸軍派遣
三月三日　戦闘行動中止声明
同十九日　停戦ヨビ協定成立
五月五日調印
昭和七年二月二十三日　外務省発表
国際聯盟ニ対スル帝国ノ抗議声明

三十日（第百四十一回）　本日開廷、直ニ、レブン、ローガン、ブリュエット三弁護人ヨリ近々検事側ノ段階終了ニ付、裁判ノ公平ヲ期スル為、弁護人ノ段階ニ移ル前ニ、準備ノ為、一ヶ月ノ休憩ヲ請求アリ。ヒギンス検事ヨリ検事側ハ此提議ニ対シ、賛成モ拒否モナサズ、又、弁護人側ヨリ翻訳其他所要ノ援助ヲ与ヘラレタキ要求ハ至当ナリ、検事側ハ一月十三日ノ週ニハ段階ヲ終ルベキ旨ノ陳述アリ。裁判長ハ判事トモ相談スベシト述ベタルガ、午后開廷、二週間ノ休憩ヲ認ムル旨申渡アリ。

本日モ依然和蘭ガムステッドヨリ、セレベス島、メナド、マカッサル等ニ於テ虐待、虐殺等ニ関スル書類提出アリ。コレニテ蘭印関係戦犯ノ段階終リ、濠洲検事ヨリ、アンボン島ニ於ケル俘虜、一般人ノ虐待、虐殺ニ関スル書類提出ニ入リ、アンボンニテ海軍側ニ俘虜トナリアリタル濠洲軍中尉ニューバーテンヲ証人トシテ召喚、直接訊問ニ入ル。

（ニュルンベルグハ百六十回ナリシ由）

三十一日（第百四十二回）　午前ハ昨日ノ濠洲軍中尉ニ対スル直接訊問並ニブルックス弁護人ノ反対訊問アリ。最高司令部ノ命令ニテ本日午后ハ休廷ス。
昭和二十一年ハコ、ニ暮レタリ。顧レバ此一年ヲ全ク獄窓ニ暮ラシ、加フルニA級戦犯トシテ起訴セラレ法廷ニ立ツコト百四十二回、誠ニ多難多恨ナル一年ナリキ。前途混沌トシテ予期スベカラザルモ、落付ク先キハ大体見当アリ。生レテコヽニ六十八年、最后ニ至リテ国ノ敗戦ニ遇ヒ全ク予期モ予想ダモセザリシ境遇ニ遭フ。コレモ亦宿命トシテ致方ナシ。

一方デ、世相ヲ見レバ敗戦コヽニ第三年ヲ迎ヘ、米軍監視下ノ邦国ニ転落シテ国ノ前途悲観ニ堪ヘズ。世情ハ全ク無秩序ニシテ国民ハ飢餓ニセマリ、悪事ヲ働クモノノミ栄華ノ夢ヲ貪リ、道徳愈々頽廃シテ救フベカラズ。天譴ハ至リテ地大ニ震ヒ、官権ノ力ハ全ク地ニ委シテ国ニ制令ナシ。獄中深ク世相ヲ見ル能ハザルモ此先如何ナル国トナルカ、深憂ニ堪ヘザルモノアリ、米国ニ気兼シテ新憲法成リ、国体ハ表面護持セラレタルモ其真髄ヲ失フ。ウタテキ世ナルカナ。

　新憲法　菊の香はのこれども
　　地大に震ひて天譴未だ足らずとや

除夜三声ノサイレンニテメザム。

昭和二十二年

一月

元日　今日ハ曇リテウスラ寒キ日ナリ。茲ニ獄中六十九才ヲ迎フ。モトヨリ屠蘇ナキモ、餅ニカマボコ、キントンアリ、何トナク収マリタル心地ス。

　元日や　星条の旗はためきて
　初日影　ジープのわだち霜にいて

最高司令部ノ命令ナリトテ流石ニ今日ハ休廷ス。新聞ニ依レバ伊勢神宮ハ近頃参詣人モ三分ノ一ニ減ジ、国家ヨリハ経費ヲタヽレ、大ニ経営難ニ苦マレルアル由。何事ゾ、カヽル国民ノ心ガケナレバコソ敗戦ノ憂目ヲ見ルナレ。又、宮内省トシテモ皇室ノ神トシテ何トテ奉仕ノ出来ザルコトヤアル。日本国民ガ神ヲ祈ラヌ様ニナリテハ亡国ナリ。我国ノ前途、誠ニ心細キ限リナリ、変レバ変ル世ノ中カナ。

　　うたてやな　みもすそ川のかれはてゝ
　　神路山　いすゞの源《モト》はかれはてゝ

二日（第百四十三回）　本日ハ前回ニ引続キ濠軍中尉

ニューバーテンニ対スル反対訊問アリ。コレニテアンボン島ヲ終リ、続テ　ニューブリテン（ラバウル）、ソロモン島等ニ於ケル非行証拠書類ノ提出アリ。反覆、執拗、驚クノ外ナシ。

町ニハ新年トイフニ松飾ヲナス家モ殆ドナク、国旗一ツ見エザル荒廃惨憺タル光景ナリ。

　焼野原　日の丸旗影もなし

昨日ノ新年式ハ昨年ニ引比ベテ許可セラレズ。本日法廷控所ニテ一同宮城遙拝ヲナス。

三日（第百四十四回）　本日、米国検事ヨリ中国ニ於ケル残虐行為ノ証拠書類ノ提出アリ。上海、江洲、及浦東収容所ニ於ケル取扱ニ関スルモノアリ。余ノ全ク初耳トスル処ニシテ、支那ニ於ケル限リ此ノ如キコトナシト自信アリタルニ甚以テ意外トスル処ナリ。次デ日本内地ニ於ケル俘虜ニ対スル残虐行為ニ移リタルニ、大阪中部軍管区内ニ於テB29搭乗員二名ヲ軍律会議ニテ死刑ノ判決ヲナシタルニ関シ、何トカイフ検察官ガ、余ガ第二総軍司令官トシテ之ヲ承認シタル如キ陳述ヲナシアリトテ、裁判長ヨリ指摘セラレ、之亦全ク覚エナキコトニシテ全ク意外トスル処ナリ。

次デ俘虜ニ対スル非行ノ冒頭陳述アリ。終リ、次デ濠洲軍大尉ニシテ直江津収容所ニアリタリトイフチャーレス、チズムヲ証人トシテ召喚、ブリュエット弁護人ヨリ反対訊問アリ。次デ田中隆吉少将ヲ再ビ証人トシテ召喚、軍務局ノ俘虜関係事項ノ権限、大本営等ニ関シ直接訊問ヲナス。

四日　午前ラザラス氏、昨日ノコトニ関シ打合セニ来ル。昨日午后、大田原〔清美〕法務少将ニ面会シタル由。尚、本日内山〔英太郎〕中将トモ面会ス。米国弁護士ガ日本人弁護士ニ比シ真面目及熱心ナルニハ感服ノ外ナシ、神崎氏外副弁護士二名トモ年末ヨリ休暇ヲトリアル呑気サ加減ナリ。

六日（第百四十五回）　本日ハ田中隆吉ニ対スルローガン、ブリュエット、ブルックス、日本人弁護士草野（佐藤担当）、ハワード等ノ反対訊問ニ終始ス。ローガンヨリ田中ハ憲兵隊ノ親玉トシテ怪物トイフ綽名アルハ真カトノ問ニ対シ、裁判長ハ之ヲ許シ、田中ハ一部ニテハ此ノ如キ評アリト苦シキ答解ヲナシタルハ一場ノ挿話ナリキ。

昼食后、チヨ、書物ヲ持ッテ面会ニ来ル

永野海軍大将三日急病ニテ入院シタルニ、昨五日午前十一時五十分急性肺炎、狭心症、肺結核ノ原因ニテ急逝シタル由。人生モ誠ニハカナキモノカナ。畢竟、監獄生活ニ堪エ得ザリ〔シ〕為ナラン。

七日　（第百四十六回）　本日ハ午前、田中隆吉ニ対スル反対訊問ヲ終リ、引続キ俘虜管理、取扱等ニ関スル條例規則等、公文書ノ書類提出ヲ継続ス。
昼食后、余ノ元帥副官兼支那派遣軍参謀タリシ吉橋健児中佐ニ面会ス。今度、甲府聯隊区司令部ヨリ第一復員局ニ転ジ、専ラ余ニ関スル事務ニ専任スル由。又同時、元報知新聞記者トシテ余ガ大臣タリシ時、陸軍省記者倶楽部ニアリシ佐野増彦ト面会ス。

八日　（第百四十七回）　本日午前ハ俘虜ニ関スル東條ノ訊問書ノ朗読アリ、引続キ三日、裁判長ノ指摘セル萩屋ヨリオ（法務大尉）ヲ証人トシテ（弁護人側ヨリ反対訊問ノ為、出廷ヲ要求シタルモノ）召喚。先ツ草野（佐藤担当）次デラザラス氏ヨリ反対訊問。ラザラス氏ヨリ手際ヨク訊問、本人ノ陳述ニ関シ確証ヲ得、余ガ判決ヲ命ジタリトイフコトハ打消サレタルハ大出来ニシテ、ラザラス氏ハ裁判長ヨリ巧妙ナル訊問トホメラレタリ。萩屋ハ中部軍法務部員ナリ
次デ、若松只一中将ヲ証人トシテ喚問、緬泰鉄道視察ニ関スル陳述書ヲ朗読、直ニ反対訊問ニ入リ、清瀬弁護人等ヨリ反対訊問アリ。
引続キ　ドリットル飛行士処刑ニ関スル証拠書類ノ提出アリ。
永野元帥ノ逝去ニ引続キ武藤中将亦入院、本日、星野〔直樹〕氏モ病気ノタメ退廷。巣鴨ニテモ稍取扱ヲ緩和シ、和服ヲ更ニ一枚許可シ、檻房ノ戸ヲ時々開放シテ暖ヲ取ル等ノ処置ヲトルコト、ナレリ。

九日　（第百四十八回）　本日ハ俘虜ニ関スル英米ノ抗議、之ニ対スル我回答等ノ証拠書類ノ提出アリ。午后、俘虜情報局高級部員タリシ山崎茂大佐ヲ証人トシテ喚問、情報局ノ官制ニ関シ直接訊問ノ後、清瀬ヨリ反対訊問ニ移ル。昨日、萩屋ニ対スル島内（大島担当）ノ訊問ノ際、東京、大坂《ママ》ノ爆撃ハ軍事施設以外ノ処ニモ爆弾落下ハ止ムヲ得ズトイフ検事ノ陳述ヲ判事モ承認シタルガ、本日朝開廷ノ際裁判長ヨリ発言、之ヲ承認シタルガ判事ノ一名米国判事ヨリ覚書提出アリ。軍事施設以外ノ処ニ落下シタルコトハ証拠ナケレバ認メズトノ

意味ヲ表明シタリ。勝手ナル戦勝者トシテノ主張ナリトイフベシ。

十日（第百四十九回）本日ハ昨日ニ引続キ山崎大佐ニ対スル草野、塩原弁護人等ノ反対訊問ノ后、検事側ヨリ聯合国側俘虜ノ総数、死亡、殺害ノ数字ノ提出アリ。独伊ニ於ケルモノヨリ死亡等ノ数著シク大ナリ。引続キ米ロビンソン海軍大佐ヨリ太平洋諸島ニ於ケル残虐行為書類ノ提出アリ。ウエーキ島ニテ俘虜トナリ、後、日本内地各処俘虜収容所ニアリタル米海兵隊技術曹長スチュアードヲ証人トシテ喚問、直接訊問ノ后、ローガンヨリ反対訊問。

十一日 永野ノ死ヨリ引続キ患者続発ノ為、巣鴨刑務所当局モ急ニ騒ギ初メ、レントゲンノ撮影ヤラ連日ノ体温ヲトルナド、物々シキ警戒振リナリ。

　騒々しき喧嘩すぎての棒ちぎり

十三日（第百五十回）本日ハウエキ島ニ関スルスチュアード証人ニ対スルヴリュエット、レヴィン弁護人ノ反対訊問ノ后、太平洋島嶼中、ケゼリン、小笠原島ニ於ケル俘虜虐殺及米国政府ノ抗議文書、米、蘭病院船ニ対スル我空中攻撃ニ関スル米蘭政府等ノ抗議書類ノ提出アリ。

十四日（第百五十一回）本日ハ我潜水艦ガ聯合側商船ヲ攻撃シタル段階ニ入リ、昭和十八年印度洋ニ於テ我潜水艦ニ撃沈セラレ、其乗組員ガ不法ニ虐殺サレタリトイフ、米艦ジン・ニュレット号ノ船員タリシトイフ二十一才ノ若者ヲ証人トシテ召喚、直接訊問ノ后、ローガン弁護人ヨリ反対訊問。引続キ英国船舶ノ印度洋ニ於ケル我潜水艦ノ撃沈ニ関スル書類ノ提出アリ。引続キ比島ニ於ケル俘虜ノ虐待、虐殺ニ関スル書類提出。天津海上《ママ》隊軍曹ニシテコレキドールニテ俘虜トナリ、後脱走シタルボーグヲ証人トシテ召喚、パラワン島ニ於ケル残虐行為ヲ陳述ス。検事側ノ証拠書類ハ既ニ二千百通トナル。

十五日（第百五十二回）昨日ニ引続キ米国軍曹ニ対スル直接訊問ノ后、ローガン、ブリュエット、ブルックス弁護人等ノ反対訊問アリ。次デ弁護人側ヨリ反対訊問ヲ要求シアリタル江口ノ代人トシテ外務省ノ大野勝巳ヲ証人トシテ喚問、ブリュエットヨリ反対訊問アリ。コレヲ以テ太平洋方面ニ於ケル残虐行為ノ段階ヲ終リ、日仏関係ノ残虐行為ノ段階ニ入リ、仏オネト検事ヨリ簡単ナル冒頭陳述メキタル陳述アリ。次デ証拠書類ノ提出ニ入ル。仏国マデ一人前トナリテ出ス処、甚以テ御丁寧ナリトイフベシ。

十六日（第百五十三回）　本日ハ、仏国検事ヨリ仏印ニ於ケル残虐行為ノ書類提出ニ終リ、午后、仏国大尉ニシテ、サイゴン戦犯委員ナリトイフモノガブリラグヲ証人トシテ召喚。本人ハ目撃者ニテモ体験者ニモアラズ、唯書類ノ作製者ニ止マリ、反対訊問ニテローガン弁護人ヨリ、俘虜ハビシー政府軍ノモノカ、或ハドゴール派ノモノカトノ訊問ニ対シ、唯、仏国ナリ、仏国軍隊ナリトノミ主張シ、法廷ノ失笑ヲ買ヒタルハ御愛嬌ナリキ。仏国モ亦落ブレタリト申スベシ。

　三色旗花やかなりし影もなし

十七日（第百五十四回）　昨日ニ引続キローガン、ブルックス、島内弁護人ヨリ仏国ガブリラグ大尉ニ対スル反対訊問。証人ノラリクラリトシテ一向要領ヲ得ズ。引続キ、先般俘虜情報局ニ対スル外交文書ニ関スル証人トシテ一度出廷シタル鈴木九萬ヲ再召喚、ローガン、ブレークニー弁護人ヨリ反対訊問。コレヨリ先キ、仏印ノ段階ヲ終リ、蘇聯セメノフ検事ヨリ張鼓峯、ノモンハンニ於ケル残殺行為ニ関スル書類提出アリタルモ、無理ニコジツケタル跡歴然トシテ馬鹿々々シキ限リナリ、本日、中国、白検事ヨリ溥儀筆迹《ママ》ガ偽物ナリトイフ中国側書道大家ノ鑑定書ヲ提出シタルモ、証拠書類トシテ不備ナリトテ問題トナル。

十八日　今日何ヤラ知レサルモ注射セラル。種痘モアリタル様ナルモ法式カ違フカ一向痛クモ何トモナシ。進歩シアルカ。

二十日（第百五十五回）　本日ヨリ個人証拠書類ノ提出ニ移リ、大川周明ノ五・一五事件ニ関スル控訴審公判記録、本人ノ訊問書、橋本欣五郎ノ著書、訊問書等ノ朗読アリ。

昼食后、俊八ニ面会ス。コノ数日頗温カシ。

二十一日（第百五十六回）　本日ハ土肥原、板垣、南、梅津、荒木ニ対スル追訴書類ノ提出アリ。三度、田中隆吉ヲ証人トシテ召喚、荒木、板垣、土肥原、軍務局長ノ職責等ニ関シ、コミンズ・カー検事ヨリ直接訊問アリ。

二十二日（第百五十七回）　本日ハ田中ニ対スル岡本、ブルックス、ブレークニー弁護人等ノ反対訊問ニ終始ス。岡本ノ反対訊問ニテ、田中ハ、余ガ米内内閣陸軍大臣辞職ニ脱線シ、余ノ辞職モ武藤ノ策謀ニシテ、余ノ本心ニアラズ、飼犬ニ手ヲ噛マレタルナリト、当時、余ガ田中ニ語リタリト飛ンダ処ニトバチリヲ食フ。

昼食、支那ニ於テ余ノ処ニ出入シアリタル作野秀一、法廷支那語通訳大久保某ヲ伴ヒ面会ニ来ル。彼ハ昨年五月内地ニ引上ゲタル由ナリ。

二十三日（第百五十八回）　本日ハ星野、白鳥、佐藤、平沼、大島等ニ対スル追加訴状ノ朗読ニ終ル。

検事側論告モ愈々終末ニ近キ、本日裁判長ハ各被告ノ供述ハ共同謀議ニ関係ナキ限リ、本人ニ限ルト宣言ス。

昼食后、チヨト面会ス。夜雪降ル。

二十四日（第百五十九回）　本日ハ武藤、木村、島田、木戸ニ対スル追加書類ノ提出アリ。午后、田中新一中将ヲ証人トシテ召喚、作戦計画ニ関スル供述書ヲ提出。終テ、岡本ヨリ反対訊問アリ。

愈々本日ヲ以テ検察側ノ段階ヲ完全ニ終ラス。

提出書証　二千二百八十二通

法廷記録　一万六千ページ　四百万語以上

昼食后、小川桑兵衛氏面会ニ来ル。世間ノ事情ナド色々話アリ。

（空襲ニヨル焼失家屋三百五十万戸
強制疎開ニヨル破壊　五十万戸
終戦后三十五万戸建築）
総司令部経済科学局工業課建築係主任E、F、スタネック少尉ノ言

人間大隈重信ヨリ

（大隈ハ某実業家ヲシテ百万円ヲ孫文ニ融通セシメタ。
軍閥政治トイフ言葉ハ、大正三年十二月議会解散后総選挙演説ノトキ初メテ大隈ノ使用シタルモノナリ。）

二十七日（第百六十回）　検事側ノ論告ハ二十四日終了シタルヲ以テ本日ハ被告ノ公訴却下提出トナル。検事側ノ証拠提出ナキカ、或ハ不十分ナル理由ヲ以テ公訴却下ヲ申請スルモノナリ。本日ハアルファベット順ニテ荒木ヨリ初マリ、木村ニ至ル。余ノ分ハラザラス氏ノ執筆ニヨリ証拠ナキ理由ヲ以テ全部ノ却下ヲ提訴シタルモノナリ。

二十八日（第百六十一回）　本日ハ昨日ニ引続キ小磯ヨリ東郷ニ至ル公訴却下ノ朗読ナリ。

昼食后、朝日新聞ノ田中香苗及作野ト面会ス。

二十九日（第百六十二回）　本日ハ昨日ニ引続キ東郷、東條、梅津ノ公訴却下申請書ノ朗読后、スミス弁護人ヨリ一般動議ノ提出アリ。本事件ガ国際法ニ反スルモノニアラズ、又国際法ヲ適用スルヲ得ズト反駁シ、続キ、訴状ノ各訴因ニ就キ確実ナル証拠ナキコトヲ陳述。終テ検事ウイリヤムヨリ本事件ニ関スル共同謀議ノ陳述アリ。中途ニテ明日ニ持コスコト、ナレリ。

昼食后　俊八ト面会ス。

三十日（第百六十三回）　昨日ニ引続キ、ウイリヤム検事ヨリ共同謀議ニ関スル陳述アリ。終テ、カー検事ヨリ弁護人公訴却下ニ対スル反駁アリ。先ヅ一般論ヨリ、続テ各被告ニ対スル個々ノ反駁アリ。アルハベット順ニヨリ陳述。余ノ分ハ既ニ法廷ニ於テ陳述セラレアルモノヲ綜合シタルニ止マリ、論点ハ依然、米内内閣ニ於ケル陸軍大臣ニ関スルモノ多シ。

三十一日（第百六十四回）　昨日ニ引続キ、カー検事ヨリ各被告ニ対スル反駁書類ノ提出アリ。終テ、ローガン弁護人ヨリ検事ノ陳述ハ弁護人ノ申立ニヨル公訴却下ニ対スル答解ニアラザル旨抗議アリ。之ニ対シ検事ヨリ、コレハ裁判所ノ審理ニ便スル為メノ索引、参考ナリ、従テ、誤謬等アラバ訂正スベシトノ答解アリ。裁判長ハ之ニ対スル判定ハ来月曜日ニナスベシトテ后二時半閉廷。

昼食后、俊八ニ面会ス。留守宅モ愈々生計ニ苦ミ三軒茶屋ニ福島ヨリ海産物ヲ借受ケ売ルコト、ナリタリト。皇族モソレ〳〵色々ナ商売ヲサル、世ノ中トナリタルコトナレバ致方ナキモ、情ナキ次第ナリ。

二月

二日　今日ハ昭和二十二年二月二日ト二ノ重ナリタル日ナリ。奇ト云フベシ。昨夜微雪アリ。今朝ハ快晴ナリ。二月一日ヲ機トシ全国官公全ストトテ頗脅威ヲ感ジタルガ、マッカーサーノ一喝ニ会ヒペシャンコトナリ中止トナル。

物価ハ奔騰止マル処ヲ知ラズ、配給ハ一向ニ改善セラレズ、闇屋ノミ独リ跋扈シ、旧階級秩序ハ全然破壊セラレ、政府何等ノ威信ナク、全ク木葉ガ沈ンデ石ガ流ル、世トナリヌ、此先如何ニナリ行クコトヤラ、立直リモ六ヶ敷シカラズヤト憂ヘラル。

三日（第百六十五回）　定刻開廷、裁判長ヨリ、弁護側、

検事側ノ動議及反駁ハ慎重考慮シタルガ、弁護側ノ公訴却下ノ動議ハ確タル立脚点ナキヲ以テ、全部却下ス、而シテ、カー検事ノ提出シタル二通ノ書類ハ証拠ノ索引ト認定スル旨ノ判決ヲ下シ、終テ、ワーレン弁護人ヨリ準備ノ都合等アリ、更ニ休廷ヲ十日延期アリタキ旨ノ申請アリ。裁判長ヨリ来二十四日午前九時半開廷ヲ宣シ休廷トナル。

弁護人側トノ連絡ノ為四時マデ法廷ニ止マル。

予期シタルコトナガラ何ノ為メノ公訴却下申立カ、徒ニ時間ヲ空費シタルノミ。

七日　本日ハ弁護人ト連絡ノ為市ヶ谷裁判所ニ至ル。

本日又々厳密ナル身体検査アリ、肛門マデ採ラレタル有様ナリ。室ニ帰リ見レバ一物モナシ。凡テ取上ゲラレアリ。唖然タル外ナシ。

昼食后、チヨト面会ス。

付紙

一九四七年一月ウイリアムズノ弁護団ノ公訴棄却ノ申請ニ答ヘテ提出ノ陳述並ニ分析

1. 訴因第四十五乃至五〇ハ同訴因中、名前ヲ掲ゲラレタ被告ニ対シ、中華民国ノ各地ニ於ケル特殊殺人行為ヲ主張ス。

1. 不法ナル戦争ヲ計画シ開始シ、遂行シツヽ、アル一交戦国ニ依ル殺害ハ謀殺ト成ルモノナリ。

1. 共同謀議

不法ナ目的ガ達セラレントスル場合、而シテ二人又ハ二人以上ガ其目的ヲ達成セントスル共通ノ目論見ニ発動サレテ或方法ニヨリ其不法企図ヲ助成スル為、共ニ操作スル場合ハ、タトヘ其人ノ演ズル役割ガ従属的ナモノデアッタニシテモ、又ハ他ノ共同謀議者カラ遠ク離レタ場所デ実施サレタニシテモ、前記ノ人々ハ皆共同謀議ノ一員トナル。タトヘ個々ノ共同謀議者ガ共通ナ不法目的ヲ助成スル為ニ、他ノ仲間トハ別ニ、又、他ノ仲間ノ知ラヌ行動ヲナシタ時、共同謀議ハ存在ス。共同謀議者ノ総テガ相互ニ知リ合ッテイル必要ハナイ。事情ヲ知リツ、共同謀議ノ目的ヲ助成セシメルコトニ協力スルナラバ、彼ハ其仲間ノ一人ナリ犯罪ガ二名又ハソレ以上数名ニヨリテ犯サレ、彼等ガソノ犯行ニ於テ共同シテ行為シタルコトガ示サレテヰル場合ニハ、ソノ犯罪ハ干与者ノ犯罪ヲ犯ス合意、或ハ共同謀議ノ結果ナリトイフガ必然的ナル結論ナリ。

1. 訴因第三十七乃至第五十二ノ殺人罪ハ共同謀議遂行ニ於テ、ソノ一部トシテ行ハレタルモノナリ（共同謀議ガ成立テバ凡テハ殺人罪ナラン）。

1. 訴因第五十三―五十五ニアル通例ノ戦争犯罪並人道ニ対スル犯罪ハ是等共同謀議者ノ計画企図セル種類ノ戦争ハ明白ニシテ必然且故意的結果ニ過ギザルモノナリ。

1. 如何ナル被告モソノ地位ガ従属デアッタトカ、或ハ彼ハ命令ニ服従シタノミト云フコトハ決シテ弁護トハナラヌ。

1. 共同謀議ノ目的ヲ達成スル為、
陸軍三人　荒木、南、東條等
海軍三人　永野、島田、岡〔敬純〕
大川、橋本、荒木、白鳥ノ如キ宣伝家
木戸、松岡ノ如キ政治家
星野ノ如キ産業経済専門家
賀屋〔興宣〕ノ如キ財政専門家
廣田、東郷、重光、大島ノ如キ外交家
土肥原、板垣ノ如キ傀儡政権樹立者

九日　新聞ニ依レバ、前米陸軍長官スチムソンノ手記ナリトイフモノヲ見ルニ、原子爆弾ハ１９４１年頃ヨリ研究ニ着手シ、１９４４年頃完成、日米ガ本土ニテ飽迄決戦ヲ企図セルコトヲ偵知シ九州上陸（二十年十一月ノ予定）ヨリ二十一年春期関東地方ノ上陸ニハ少クモ百万ノ損害ヲ生ズルヲ以テ速ニ日本ヲ降服セシムルノ必要アリ、無警告ニ使用スルト決シタルモノナリ。即チ当時ハ原子爆弾ハ二個シカナク、之ヲ広島、長崎ニ投下シタルモノナルカ、ソノアトハナキヲ以テ専ラB29ノ焼夷弾ヲ使用セントスル計画ナリシトノコトナリ。

十一日　本日ハ紀元節ナリ。連絡ノ為市ヶ谷法廷ニ行ク。紀元節ナリトイフニ国旗ノ影サヘ見エズ。尤モ一々聯合軍司令部ヨリ国旗掲出ノ許可ヲ得ルコトナルモ、サリトハ日本人モ愈々日本国ヲ忘レ果テタリト見ユ

十四日　連絡ノ為、市ヶ谷裁判所ニ行ク。政府無力、マッカーサーヨリ速ニ総選挙ヲ再行スベキ手紙ヲ叩キツケラレ、連立トカ改造トカ、徒ラニ騒グノミ、相当ナ人ハ皆追放セラレ、戦時中モグリ居タル

連中ノミノ天下ナリ。何事カナシ得ン。サリトハ日本ノ前途如何ナリ行クナラン。

十八日　連絡ノ為、市ヶ谷ニ行ク。

在支伊国大使館附武官ニシテ其后東京ニ転ジ、終戦マデ伊国代理大使タリシプリンシピニ少将、其后、熱海ニ禁足セラレアリシガ、二、三週間以内ニ帰国スルトテ本日、娘ヲ伴ヒ面会ニ来ル。帰国シタリトテ何モ目的ナシトテ、ショゲイタリ。気毒千万ナリ。余ノ為ニ漢口其他ニ関スル供述書ヲ作リクレタル由、好意多トスベシ。

十九日　本日午后マッカーサーノ参謀長トヤラ人ノ検査カ、巡視アリトテ、朝ヨリ準備ニ大騒ギナリ。東西其軌ヲ一ニスルモノト見ユ。

二十一日　連絡ノ為、市ヶ谷ニ行ク。

昼食后、野田謙吾中将ニ面会ス。

高柳博士（弁護人、鈴木担当）ノ寄草セル弁論ヲヤルトカヤラヌトカ、日米弁護人相互、又日本人弁護士間ニテ大モメナリ。月曜日ヨリ弁護側ノ段階トナルニ、サリトハ呑気ナルカナ。

二十四日　（第百六十六回）　久振リニテ開廷。劈頭、本日ノ米紙スターズ、エンド、ストライブスニ出デタル清瀬及高柳両氏ノ論告ノ要旨ニ対シ、裁判長ハ之ヲ重大視シ、遂ニハ同紙ノ主筆米人大尉ヲ引パリ出シテ将来ヲ戒ムルニ至レリ。

次デ、清瀬弁護人ヨリ劈頭陳述アリトウ《マヽ》終日之ニ費シタリ。

終テ、問題トナリ遂ニ第二段陳述ヲナスコトニ決定シタル高柳博士ノ法理論ハ、裁判長ヨリ冒頭陳述ノ範囲（冒頭陳述ハ立証ノ前提タルベキコト）ニアラズトノ議論出デ、明日ニ持越スコト、ナレリ。

清瀬ノ陳述ニ反対ナルハ土肥原、平沼（ワーレン）廣田（スミス）重光（ファーネス）ノ四人ナリ、コレハ色々事情アル様ナリ。

昼食后、俊八ト面会ス。

二十五日　（第百六十七回）　昨日、高柳博士ノ法理論陳述ハ裁判長ヨリ明朝迄冒頭陳述ノ形ニ改ムベキ旨、要求セラレタルガ、本朝、博士ヨリ不可能ナルベキ旨陳述、尚、二、三陳ベントシタルガ、裁判長ヨリ中止セラル。

次デ、ローガン弁護人（木戸担当）ヨリ一般事項ニ関スル冒頭陳述アリ。検事側ノ抗議ニヨリ第二十部ヲ除キ陳述。ソレヨリ弁護側ノ反証提出シ終リ、カイロ宣言、ポツダム宣言、之ガ受諾ニ関スル我文書、諸条約等、既ニ検事側ヨリ提出シタル証拠中ヨリ我ノ利用スベキ條項ノ提出アリ。

二十六日（第百六十八回）本日ハ終日、山岡、ハワード・ラザラス弁護人ヨリ基本条約等、弁護側証拠書類ノ提出ニ終ル。

昼食后、長峯由蔵氏ニ面会ス、終戦前、満洲ノ特務機関ヲ辞シ、済南ニ引上ゲ、昨年五月内地ニ帰還シタルガ、今ハ別府ニ居住シタル由ナリ。

二十七日（第百六十九回）本日ハ山岡、ラザラス氏ヨリ、条約宣言、華府会議議事録等、証拠書類ノ提出アリ。次デ岡担当　小野清一郎博士弁護人ヨリ日本憲法、官制等、証拠書類ノ提出ニ入ル。

二十八日（第百七十回）昨日ニ引続キ小野博士ヨリ日本官制其他ニ関スル証拠書類ノ提出アリ。引続キ証人トシテ元陸軍省参事官藤田嗣雄ヲ召喚、清瀬ヨリ主トシテ憲法解釈、国務ト統帥トノ関係ニ就キ直接訊問、終リテノーラン代将ヨリ反対訊問アリ。終テ、ブル〔レ〕ークニーヨリ証拠提出アリ。

ワーレン弁護士ガ満洲事変ノ冒頭陳述ヲナストカナサヌトカニテ、弁護人間ニテ紛擾ヲ続ケアリ。

三月

一日　影佐ハ昭和十七年五月マデ南京政府最高顧問。

汪工作
- 十三年春、高宗武、董道寧、東京ニ来ル。
- 十一月十九日、影佐、今井〔武夫〕、犬養ト上海ニ行キ高宗武ト梅思平ト会見。
- 十一月三十日、日支関係調整方針及同要領、御前会議。
- 政府ノ樹立ハ汪ノ発意ナリ（北光丸船中、影佐ニ語リタル処）。
- 宋子良工作ノ為、汪政府樹立ヲ延期シ銭永銘工作ノ為、承認ヲ暫ラク見合セタルナリ。

橋本群　十三年一月十二日第一部長。

徐州会戦兵力
- 徐州会戦中央ノ決定　十三年四月下旬頃—五月初旬。
- 北支軍五師、中央三師、計八師
- 敵兵力四十師。新民会結成十二年十二月二十四日。

塘沽《ママ》停戦協定、八年（1933）五月。

七月大連会議。

土肥原秦徳純協定、十年六月二十七日（1935）。

十月、十一月　冀東防共自治委員会成立。

三日（第百七十一回）本日ハブレークニー弁護人ヨリ蘇ノ芬蘭侵略ニ関スル国際聯盟ノ批難報告、英ノ丁抹進駐、米ノアイスランド進駐等ノ証拠書類ヲ提出シ、不戦条約ノ無視サレタルコトヲ証明セントシタルガ、裁判長ヨリ認識ノタメ提出ハ認ムルモ、証拠トシテハ無視セラレ、次デ過般ノ原子爆弾投下ニ関スルスチムソンノ発表ヲ弁護側ヨリ提出シタルモ、裁判長ハ一旦休憩ヲ宣シテ判事ノ協議ニ附シタルガ、多数決ヲ以テ却下サレ、唯認識ノ為受理セラレ、次デ、ブル〔レ〕ークニー、カー、裁判長ノ間ニ法理論ニ関スル論戦アリタリ。

昨日アタリヨリ気候頗温暖トナル。

四日（第百七十二回）開廷、直ニ昨日弁護側ヨリ提出シタル大西洋憲章等ハ却下セラレ、引続キ若干条約文等ノ証拠書類提出ノ后、岡田忠彦氏ヲ証人トシテ召喚、議会ノ権能、大政翼賛会等ニ就キ　ブリュエット弁護人ヨリ直接訊問。引続キカー検事ヨリ反対訊問アリ。終リテ京城日報社長タリシ御手洗辰雄ヲ証人トシテ召喚、明日ニ持越ス。

昭和十五年、政党ノ解消ハ岡田忠彦ト久原房之助ト相談ノ上、提唱シタルモノナリ。

五日（第百七十三回）本日ハ岡本弁護人（武藤担任）ヨリ御手洗ニ対スル直接訊問、歴代内閣ノ倒潰原因ニ関シ陳述アリ。終リテタブナー検事ヨリ反対訊問、若槻、犬養、廣田、平沼内閣ニ関スル種々ナル事項、特ニ陸軍トノ関係ニ就キ訊問アリ。岡本ノ直接訊問ニ就キ裁判長ヨリ、其方法ニツキ干渉ガマシキ言アリシヨリ、廣田担当スミス弁護人ヨリ、不当ノ干渉トイフ文句アリトテ、裁判長ハ陳謝セザレバ退廷スベシトノコトニ、スミスハ前言ヲ取消サヾリシヲ以テ、判事ハ休憩ノ上、取消ザレバ出廷ヲ差止ムベキ旨決議ノ申渡アリ。スミスハ依然自説ヲ枉ゲザル為、弁護ヲ辞シテ退廷シタル一悶着アリタリ。

六日（第百七十四回）御手洗ニ対スル反対訊問ノ後、ローガン．ブルックス、岡本ノ再度ノ直接訊問ノ後、外交官上リニテ極東外交史ノ研究家ナリトイフ田村耕〔幸〕策ヲ証人トシテ召喚、我外交ノ基調ニツキ証言セシメントセシモ専門家ニアラズトイフ理由ニテ拒否。続テ台北帝大ノ憲法教授ニシテ、后、教学練習〔成〕所ノ所員ナリシ井上孚麿ヲ証人トシテ召喚、例ノ八紘一宇ノ意義ニ就キ証言セシメタルモ、裁判長ハ日本書紀ヲ証拠トシテ提出、再出廷ヲ要求セラレテ退廷。引続キ外務次官タリシ山本熊市〔一〕ヲ召喚、十八年ノ大東亜会議ニ関スル証言ヲ、ローベルト弁護人〔岡〕ヨリ直接訊問。

七日（第百七十五回）　本日ハ山本熊一氏ニ対スル　カー検事ノ反対訊問ニ終始ス。

執拗ナル意地悪キ訊問ニ、山本氏能ク奮闘セリ

昼食后、チヨト面会ス。

軍司令部令1	軍司令官ハ……部下陸軍諸部隊ヲ統率シ……
師団司令部令1	師団長ハ　仝上
師団司令部令3	師団長ハ部下軍隊ノ錬成ニ付其責ニ任ズ
軍司令部令3	軍司令官ハ部下師団及特ニ定ムル部隊ノ教育ヲ統監シ、其他ノ部下軍隊ノ錬成ニ付其責ニ任ズ
師団司令部令10	師団長ハ部下諸部隊ノ軍紀、風紀、内務……ヲ統監ス
軍司令部令9	軍司令官ハ部下諸部隊ノ軍紀、風紀、内務……ヲ統監ス
陸軍省官制第一条	陸軍大臣ハ陸軍々政ヲ管理シ、陸軍軍人、軍属ヲ統督シ、所轄諸部ヲ監督ス
教育総監部令第一条	教育総監ハ陸軍軍隊ノ教育（航空部隊ノ専門事項ヲ除ク）並　所轄学校及陸軍将校生徒試験委員ニ関スル事項ヲ掌ル
参謀本部条例第二条	参謀総長ハ帷幄ノ軍務ニ参画シ、国防及用兵ニ関スル計画ヲ掌リ、参謀本部ヲ統轄ス
大本営勤務令	陸軍大臣ハ大本営ニ列シ軍政百般ノ事項ヲ区処ス

昭和十九年度大本営編制改正ノ際、教育総監モ大本営ニ入レ、

◎陸軍大臣ハ軍法会議ヲ管理監督スル犯罪適正処理ノ責任ト其他軍紀風紀ニ関スル軍政事項ニ関スル責任、任免、補職等ニ関スル人事上ノ責任
教育総監ハ大本営列席后ハ教育ノ責任
参謀総長ハ統率輔翼者トシテ全般ノ責任

戦時高等司令部勤務令ニ陸軍大臣ノ軍政区処権、教育総監ノ教育区処権ガ明示セラレアラザリシ為、作戦部隊ニハ陸軍大臣、教育総監ノ区処権ハ及バザルモノト考ヘラレアリタリ。

おもふとも　見るとも人に語らじな
　耳なし山のくちなしの花

十日（第百七十六回）　本日ハ山本熊一氏ニ対スル反対訊問ヲ終リ、更ニ、ロバート弁護人ヨリ直接訊問ヲ継続ス。山本氏、自動車出迎ノ時間ヲ間違ノ為、定刻出廷セザリシ為、其間村田省蔵氏ヲ証人トシテ召喚、比律賓、特ニラウレス〔ル〕大統領トノ関係ニ就キ証言ヲ行フ。

十一日（第百七十七回）　開廷、ホロウイッツ検事ヨリ証人訊問ニ関スル検事、弁護人申合セヲ朗読。次デ昨日ニ引続キ山本証人ニ対スル弁護人ノ訊問ヲ終リ、ブリュエット弁護人ヨリ書類ノ提出、次デ安藤紀三郎中将ヲ証人トシテ喚問、塩原弁護人ヨリ主トシテ大政翼賛会ニ関スル直接訊問ノ後、ノーラン代将ヨリ反対訊問。次デ、ブリュエット弁護人ヨリ書類ノ提出。沢田大三郎ノ陸海軍大臣、次官現役制度ニ関スル供述書ヲ朗読ス。尚、本日、先般証人トシテ出廷セシメタル井上孝〔孚〕麿氏ヲ召喚、八紘一宇ノ字義ヲ陳述セシメタルモ、裁判長ノ注意ニヨリ供述書トシテ出スコト、ナリ退廷。

十二日（第百七十八回）　本日ハ元商工大臣吉野信次氏ヲ証人トシテ召喚、リーベルト証人ニヨリ陳述セラレタル我国産業計画ガ戦争準備ニアラザルコトヲ立証。之ニ対シクイリアム検事ヨリ反対訊問、次デ昭和十三年電力統制当時ニ於ケル商工〔逓信〕次官タリシ大和田悌二氏ヲ証人トシテ召喚、塩原弁護人ヨリ同ジク、リーベルトノ陳述ニヨル電力統制ガ戦争準備ニアラザルコトノ反論ヲ訊問。次デ陸軍省整備局戦備課長タリシ岡田菊三郎少将ヲ召喚、昭和十二年、陸軍省立案ニヨル産業五ヶ年計画ニ関シ訊問。
去十日ヨリ、モスクワニテ英米ソ仏四国会議開催、主

トシテ対独條約ヲ議スルコト、ナリタルモ、ソノモロトフヨリ支那問題ヲ議スベシトイフ爆弾動議出テ、前途多難ヲ予想セラル。

十三日　（第百七十九回）　開廷。裁判長ヨリ、先日検事、弁護人側ノ証人訊問ニ関スル申合ヲ大体承認スル申渡アリ、ソレヨリ昨日ニ引続キ岡本弁護人ヨリ岡田少将ニ対スル直接訊問ノ継続。終リテ、クイリヤム検事ヨリ反対訊問。次デ、元逓信次官タリシ小野猛氏ニ対シ塩原弁護人ヨリ我国造船ニ関スル同氏ノ供述書ノ朗読、次デ鈴木ノ弁護人（戒能）ヨリ企画院調査官真山寛二（海軍機関大佐）ニ対シ、物動計画ニ関スル直接訊問ヲナス。

十四日　（第百八十回）　本日ハ真山証人ノ直接訊問ヲ終リ、荒木担当マクマナス弁護人ヨリ反証書類ノ提出（我国教育、軍事訓練ニ関スル段階）、パウレ〔エ〕ル著書中ヨリ抜粋シタル中国及ソ聯ニ関スル記事ハ大部分却下セラル。次デ学校教練及青少年訓練ニ関スル証人トシテ吉田章雄中佐ヲ召喚、供述書ヲ朗読ス（阪埜）。

１９２０　ソ聯、蒙古人民共和国ヲ独立国トシテ承認

１９２２　張作霖、満洲ノ独立宣言

１９２９　ソ満衝突、ソノ満洲侵入

１９３３年七月　大連会議（日満華間ノ経済会議）

１９３９年十月六日　国際聯盟総会ニヨリ採択サレタル第一回報告書

1）　１９３７年月七初ニハ何レノ側カラ見ルモ、ソノ関係ニ於テ平和的ニ解決出来ナイ様ナモノガアルヨウナ徴候ハ見エナカッタ。

2）　１９３７年７月初メ、北支ニハ約七千ノ日本兵アリ。

3）　１９０２年七月十五日—十八日、締結ノ追加協定ノ條件下ニ上記諸地点（十二指定地点）ニ配置セル外国部隊ハ、戦火ヲ交ユル場合ヲ除キ、支那当局ニ通告スルコトナク野外演習、射撃訓練等ヲ行フ権利ガアッタ。

七月初メ北支駐屯兵力

英　１００７（内２５２公使館護衛兵）

仏　（１７００）—１９００（主力天津）、内１２０大使館護衛兵

4）　七月七日　緊張シタ雰囲気ノ中デ事件ガ発生シタ。

本事件ハ之ニ先ジテ起ッタコレ迄ノ諸事件ト本質的ニハ何等異ッタモノデハナカッタ

5) 急速ニ満洲ヨリ派遣セラレタ増援部隊ノ天津及北平郊外到着ノ結果、七月十二日現在ノ日本ノ有効部隊ハ、支那側ノ報告ニヨレバ二万名ヲ超過シ、其空軍ハ飛機100ヨリナッテ居タ。又中央支那政府ノ軍隊ハ北上シテ居ッタト発表サレタ。

6) 八月第二週ノ末頃、支那側デハカヽル戦闘行為ガ支那及他国ノ権益ガ複雑錯綜セル上海テ行ハル、コトヲ極力回避セントセルアラユル努力ニカヽハラズ上海地区ガ第二ノ作戦地域トナッタ。

7) 支那側覚書ニ依レバ、四十八時間以内ニ日本ハ上海ニ三十隻ノ軍艦ヲ集結、数千ノ兵力ヲ増遣シタ。七月上旬ニ於ケル国際租界内及特別租界道路上ニ駐屯セル日本兵力ハ4000人、九月末ニハ呉淞ニ集結シタ三十八隻ノ日本軍艦、支那当局ノ算定ニテハ、一万以上ニ上ル増援隊上陸、支那ノ見積ニヨレバ上海地域ニ於ケル十万人ノ将卒。

8) 支那ニ行動シツヽアル日軍ハ二十五万人以上。此報告ノ最初ノ部分ニ書カレテイル諸事件ハ之等條約ニ基ク日本ノ中国及他ノ諸国ニ対スル義務ノ違犯ヲ構成シテイル。日本ノ敵対行動ガ自己防衛（合法的支那領土ニアル日本軍及日本人ノ防衛ヲ含ム）ニ必要ナル手段デアルコトガ明示デキタラ、日本軍ノ支那ニ於ケル地位ハ日本ノ條約義務ト調和セシメラレ得タ様ニ思ハレル。

9) 如斯声明ハ事件ノ初期ニ於テハ両当事側共ニ局地的ニ局限サレ得、且平和的解決ガ見サレ得ルト信ジテイタ事ヲ示スモノ、如クデアル。日本政府ノ公式声明、日本政府ノ和平意図ヲ水泡ニ帰セシメタルハ中国軍ノ行動ト中国政府ノ侵略的意図ナリ。一方、中国政府ノ公式声明、日本軍ノ侵入ト日本政府ノ侵略的意図ガ局部的事件ヲ大惨劇ニ拡大セシメタリ。

10) 日本政府ハ第三者ノ干渉ナシニ日支間ノミデ此結果ガ達成セラレナケレバナラヌト終始主張シテ来タ。

11) 結論

両国ノ見解ハ非常ニ異ナル。

併シ有力ナル日本軍隊ガ中国領土ニ進入シ、北京ヲ含ム広大ナル地域ヲ軍事的ニ支配シテオリ、日本政府ガ海軍上ノ処置ヲ採テ、中国ノ船舶ニ対シテ中国沿岸ヲ封鎖セルコト及日本航空機ガ漢口ノ広イ地域ニ渡ッテ各地ニ爆撃ヲナシツヽアルコトハ拒否シ難イ。

提出サレタ事実ヲ検討シタ后、委員会ハ日本ニヨリ海陸空ヨリ中国ニ加ヘラレタ軍事行動ハ本戦闘ヲ惹起シタ事件トハ全然均衡ヲ失シテイテ、カヽル行動ハ日本国政治家ガソノ政策ノ目的トシテ断言シテイル二国家間ノ友好的協力ヲ増進助長スルコトハ到底出来ナイシ、ソレハ現存シテイル法的文書ヲキソトシテモ、又自衛権ニ基イテモ、イヅレモ正当デアリ得ナイシ、且マタソレハ九国條約及巴里協約ニ対スル日本ノ義務ニ違反スルモノデアルトノ見解ヲトラザルヲ得ズ。

1937年七月十七日　蔣介石ノ演説

国家存立ト国防的共存ハ中国々民政府対外政策ノ一対ノ目的ナリ。

平和的解決ガ求メ得ルキソトナル最小限度ノ四点

1) 如何ナル解決モ中国ノ主権ト領土保全ニ対スル侵略ヲ構成スル如何ナル條件ヲ含ムベカラズ

2) 河北、察哈尓二省ニ於ケル行政制度ニ対スル如何ナル非合法的変更モ許サレズ。

3) 中央政府ニヨリ任命サレタル省官吏ノ外部的圧迫ニ依ル移動ハ許サレズ。

4) 第二十九路軍防備地区ニ対シ如何ナル制限モ課セザルコト。

1937年十月六日　国際聯盟総会ニ採用セラレタ第二報告

1) 分科委員会ノ報告ハ日本ノ採ッタ行動ハ日本ノ條約上ノ義務違反デアリ正当化シ得ザルコトヲ証明シアリ。

2) 国際法ガ諸政府間ノ行為ノ実際的法制ナリト

スル了解ノ樹立並組織アル国民相互間ノ交渉ニ於テ條約上ノ義務ノ尊重ノ保持ハ総テノ国家ニトリテ重大関心事ナリ。

3）聯盟ハ規約ト條約ノ現存義務ニ従ヒ、極東ニ於ケル平和ヲ速ニ回復セント試ミル義務ノミナラズ権利ヲモ有スルモノナリ。

本来、日支政府間ノ直接方法ニ依ッテノミ解決出来ルモノデアルトイフコトハ認メ得ナイ。

分科委員会ノ提案

九国條約

イ）加盟国ハ最善ナ又最早イ手段ヲ決定スル為、速ニ会合スベキコト。

十七日（第百八十一回）前回ニ引続キ吉田中佐ニ対スルタブナー検事ノ反対訊問ノ后、内務省関係ヨリ厚生次官ニテ退職セル中村敬之進ヲ証人トシテ召喚、警察事務、特高警察ニ関スル奥山弁護人ノ訊問。続ケテマクマナス弁護人ヨリ文部省秘書官等ヲ歴任セル岩松五良ニ就キ青訓ニ関スル訊問ヲ行フ。

昼食后、俊八ト面会ス。在支間、余ノ注射ニ御厄介ニナリタル武永博士、対日理事会中国代表朱世明ノ主治医トシテ在京中ナル旨ノ連絡アリ。

悟了同未悟　銭来喫阪倦来眠

水天一色上下空明

世の中に我が物とてはなかりけり

身でさえ土にかへすべければ

十八日（第百八十二回）本日ハ岩松五良ニ対スルカー検事ノ反対訊問ニ引続キ弁護人（橋本）ヨリ徳富蘇峰翁ノ供述書及満洲事変前ニ於ケル政府高官、政党ノ腐敗ニ関スル反証等書類ノ提出アリタルモ凡テアッサリ却下セラレ、次デ松竹会社ノ副社長タル城戸四郎ヲ証人トシテ召喚、林（逸郎弁護人）ヨリ映画ニ関スル訊問、之ニ対シタブナー検事ヨリ二、三ノ反対訊問アリ。次デ大阪毎日ノ映画部長タリシ水野延行ヲ召喚、菅原弁護人（荒木）ヨリ非常時日本ノ映画ニ関スル訊問ヲナシタルモ、大部分却下セラレ、コレニテ一般ノ部門ヲ終リ、ワーレン弁護人ヨリ満洲部門ノ陳述ニ移ル。マッカーサー元帥、日本占領、管理ニ関シ頗重要ナル声明ヲ外人記者ニナス。

十九日（第百八十三回）今日ハ岡本弁護人（南）ワーレンニ代リ昨日ニ引続キ満洲部門冒頭陳述朗読。終テワーレンヨリ、リットン報告中ノ部分、日清條約等及証書類ノ提出アリ。
昼食后　チヨト面会。

二十日（第百八十四回）ワーレン弁護人ヨリ三国干渉ニ関スル文書ノ提出アリ。大部ハ却下セラレ、終テ、満鉄社員ニシテ協和会創立委員タリシ山口重次ヲ証人トシテ喚問、大原弁護人（大川）ヨリ直接訊問、質問応答共ニ要ヲ得ザリシモ兎ニ角終リ、タブナー検事ヨリ反対訊問。

二十一日（第百八十五回）午前、山口証人ニ対スル検事ノ反対訊問ヲ終リ、尚、大原ヨリ二、三直接訊問ノ后、片倉衷少将ヲ証人トシテ召喚、岡本弁護人（南）ヨリ満洲事変ニ就キ直接訊問。

二十四日（第百八十六回）本日ハ片倉ニ対スル直接訊問ニ始終ス、本日弁護人側ヨリ、準備間ニ合ハザル為、一週間ノ休廷ヲ申請シタルニ対シ、裁判長ヨリ次ノ二條件ヲ以テ片倉ノ訊問ヲ終リテ一週間ノ休廷ヲ許可セラル。

1. 向後訊問ハ必ズ供述書ヲ準備スベキコト
2. 六月マデハ休廷ヲ行ハザルコト

二十五日（第百八十七回）本日モ亦、片倉ニ対スル直接訊問及タブナー検事ノ反対訊問ニ終始ス、コレニテ片倉ノ訊問ヲ終リ、明日ヨリ来一日マデ、休廷トナル
昼食后、俊八ト面会ス。

勤君莫話封侯事　一将功成万骨枯　曹松
天下常令万事平　匣中不惜千年光
随縁素位　君子素其位不顧其外

二十八日　連絡ノ為市谷ヘ行ク。

三十一日　連絡ノ為市谷ヘ行ク。

四月

外国領土ニ於ケル予防的行動ハ自己防衛ニ対スル瞬間的且圧倒的必要アリ手段ヲ撰択スルノ余地ナク且瞬時ノ考慮ヲモ許サヽル底ノ場合ニ限リ是認セラル、事ナリ（キアロウイレ判例）勝利ハ正当化ス。

二日（第百八十八回）法廷今日ヨリ再開。岡本弁護人ヨリ日支関係條約、満洲問題ニ関スル新聞記事等反証ノ提出、新聞情報ハ大部却下セラル。次デ証人トシテ金井章次ヲ喚問。本日ヨリ凡テ供述書ニヨルコト、ナリ大原弁護人ヨリ朗読、反対訊問ナリ。次デ、故本庄大

将ノ子息本庄一雄ヲ召喚、阪埜〔弁護人〕大将ノ遺書ヲ朗読。次デ川村亨一〔大将の秘書官〕ヲ召喚、朗読中閉廷、時間トナル。

本年ハ気候遅レ、コ、数日ウスラ寒キ天候ナリシガ、今日ヨリ急ニ暖気トナリ愈々春陽ノ候トナル。

証人ハ凡テ供述書トナリ弁護側大アワテナリ。一週間ノ休暇モ別ニ大シタ利益ナキ模様ナリ。

三日（第百八十九回）昨日ニ引続キ川村亨一ヲ喚問、本庄大将ノ満洲事変ニ関スル経過ヲ述ベタル遺稿ヲ朗読（川村ハ本庄大将ノ秘書ナリ）。次デ事変当時、奉天ノ駐屯部隊司令官タリシ29i長平田幸弘（後ニ少将）ヲ召喚、事変当事ノ供述ヲ朗読。次デカー検事ヨリ辛辣ナル反対訊問。次デ当時関東軍参謀タリシ武田寿（后ニ中将）ヲ喚問、関東軍ノ作戦ニ関シ供述、終テ、カーヨリ反対訊問。

昼食后、チヨト面会ス。

四日（第百九十回）昨日ニ引続キ武田寿中将ニ対スルカー検事ノ反対訊問ノ後、石原莞爾中将ノ供述書ヲ提出シタルガ、本人病気ノ為、出廷出来ザル為、検事側ヨリ出廷要求アリ。判事ヨリナル依託訊問ヲナスコト、ナリ、次デ河辺虎四郎中将ヲ召喚、マタイス（板垣担当）ヨリ供述書朗読、主トシテ満洲事変勃発前后ノ参謀本部ノ状況陳述。次デカーヨリ反対訊問アリ。

七日 本日ハ米陸軍記念日トカニテ休廷。

八日（第百九十一回）午前、島本正一中将ヲ召喚。目下淡路洲本ニ病気療養中ノ由、憔悴甚ダシク気ノ毒千万ナリ。次デ巣鴨拘禁所ニ収容中ナル遠藤三郎中将ヲ召喚、主トシテ関東軍ノ作戦ニ就キ陳述。次デ、カーヨリ反対訊問アリ。午后、マタイス弁護人ヨリ若干書類ノ提出アリ。第一次上海事変ニ経リ、証人トシテ当時ノ陸戦隊指揮官タル鮫島具重（海軍中将）及第一遣外艦隊ノ次級参謀タリシ北浦豊雄〔男〕（大佐）ヲ召喚、供述書ヲ朗読ス。

九日（第百九十二回）証人トシテ丹下薫二海軍少将（昭和七年二月南京砲撃当時第一遣支艦隊、平戸艦長）（宗宮担当）、支那検事反対訊問。

有馬能〔成〕甫海軍大佐（第一上海事変現時観察報告）宗宮担任、コレハ意見ニ過ギズトシテ証人却下。

大山〔文雄〕法務中将（満洲事変当時現地柳條溝《ママ》検察ニ関東軍法務部長トシテ報告、板垣担当）、カー検事反対訊問。

和知鷹二中将（三月、十月事件関係事項、林弁護人担当）
タブナー検事反対訊問。

十日（第百九十三回）　午前、和知ニ対スル反対訊問ヲ終リ、ロバート弁護人ヨリ反証書類提出。次デ南大将ヲ証人トシテ喚問、証人台ニ立タシメタルトコロ検事側ヨリ異議アリ。反対訊問ノ範囲ニ関スルモノアリ。ソレヨリ弁護人、検事側ヨリ各々陳述アリ、裁判長一時休廷ヲ宣シタル上、

被告ハ如何ナル時ト雖、証人トシテ立ツヲ得ベキモ、
全期ヲ通ジテ一回限リトス

トイフ決定アリ、南大将ハ弁護人ノ事情ニヨリ訊問ナクシテ退場セシムルコト、ナル。

昼食后　五郎ト面会ス、今日ハ五郎ノ誕生日ナリ。
桜花今ガ盛リナルガ、本年ハ昨年花ヲ見ザリシニ、囚ハレノ身ナガラ娑婆ノ桜ヲ見ルヲ得タリ。
大川博士、精神病遂ニ癒エズ、審理中止トナリ、二十八名ノ被告二十五名トナル。

十一日（第百九十四回）　南被告証人台喚問ニ付、本日、尚、弁護士、検事間ニ論争アリ、裁判長ハ、ニュルンベルグノ例ニ従ヒ、被告証人申立ハ一回ニ限リ、特別ノ場合ニ於テノミ再申立ヲ許スコト、決定后、南被告ハ証人台ニ立チ、供述書ヲブルックスヨリ朗読。終テ、カー検事ヨリ反対訊問。昼食后、チヨト面会ス。

唐杜攀川
勝敗兵家事不期　包羞忍恥是男児
江東子弟多才俊　巻土重来未可知
宋　王安石　百戦疲労壮士哀　中原一敗勢難廻
江東子弟今雖在　肯与君王巻土来

十四日（第百九十五回）　本日ハ南大将ノ反対訊問ニ終始ス。
昼食后、五郎ト面会ス。

十五日（第百九十六回）　本日モ亦南大将ノ反対訊問ニ終ル。
春正ニ酣ニシテ獄窓法廷迄春日遅々タリ。囚ハレノ身ニモ流石ニ春ヲ感ゼラル。

十六日（第百九十七回）　本日モ南大将ニ対スル反対訊問、並　岡本弁護人ノ再訊問ニ終始ス。

十七日（第百九十八回）　本日、南大将ノ訊問ヲ終リ、次デ植田謙吉大将証人トシテ出廷、満洲国機構ニ関シ証言、カーヨリ反対訊問。次デ松木保〔俠〕（満洲国総務

庁次長等歴任）満洲国政治機構ニ関シ証言。次デ問題トナリアリタル溥儀筆跡ノ鑑定ニ関シ警視庁ノ高村巌ヲ召喚。
武永博士、大久保通訳、駐日理事会ノ馮トカイフ中国人ヲ伴ヒ面会ニ来ル。

十八日（第百九十九回）本日ハ名波大佐（俊〔敏〕郎、南大将関東軍司令官時代ノ副官）
鹿児島虎雄（満洲国宮内府次長、建国神廟関係）
石丸志都磨少将（満洲国侍従武官）
難波経一（満洲国専売局長官、阿片関係）
ヲ証人トシテ召喚。次デ阿片ニ関スル書証提出。
チヨト面会ス。

二十一日（第二百回）難波ニ対スル　クイリアム検事ノ反対訊問ヲ終リ、書類ノ提出アリ。次デ武藤富雄〔男〕（満洲弘報部長）ノ満洲国機構ニ関スル供述書、次デ奥村慎次（満洲重工業理事）ノ満洲五年計画ニ関スル供述アリ。

二十二日（第二百一回）午前、吉田静〔田中恭〕（満重理事）ヲ証人トシテ喚問、満洲金融財政ニ関シ供述。ソレヨリ二、三書証ノ提出ヲ以テ満洲段階ヲ終リ、続テ、ラザラス君ヨリ支那事変段階冒頭陳述ニ入ラントスルヤ、陳述中ノトルーマン大統領ノ演説ヲ引用シテ共産党ノ危険ヲ述ベントシタル部分ヲ削除スベキ旨ノタブナー検事ノ提議アリ、裁判長トノ間ニ活溌ナル論弁アリタルモ、裁判長ハソ聯ニ遠慮シテ遂ニ之ヲ削除スルコト、ナリ、ラザラス君ヨリ朗読。続テ十三年七月十一日帝国政府ノ声明其他二、三ノ反証書類ノ提出アリタルモ、何レモ却下セラレ、続テ河辺正三大将（北支事変勃発当時ノ状況）、櫻井徳太郎中将（広安門事件）、海軍大佐和知恒三〔蔵〕（埼玉海軍無電所ニ於ケル米国武官ヨリ本国ニ宛テタル無電傍受）ノ証言アリ。河辺大将ニハ、サットン検事ヨリ二、三ノ反対訊問アリ。

二十三日（第二百二回）本日ハ証人トシテ和地〔知〕鷹二中将（北支軍情報主任参謀）、橋本群中将（北支駐屯軍参謀長）出廷、支那事変勃発当時ノ証言ヲナス。橋本ニハ支那側検事ヨリ若干ノ反対訊問、続テ田中新一中将（当時ノ軍事課長）出廷、支那事変不拡大方針ニ付、供述。
俊八ト面会ス。

二十四日（第二百三回）午前、田中ニ対スルタブナー検事ノ反対訊問ヲ終リ、河辺虎四郎（北支ニ関スル満洲問題）、柴山兼四郎（北支ニ関スル問題）、石川順（毎日記者、梅津何應欽協定）ヲ証人トシテ召喚、其他書類提出アルモ大部分ハ却下セラル。

二十五日（第二百四回）レブン弁護人ヨリ書類ノ提出アリタルモ外務省情報部発表ノモノハ悉ク却下。次デ通洲残虐事件ニ関シ萱島尚〔高〕中将、桂豊〔鎮〕雄少佐（当時ノ駐屯歩兵第二聯隊歩兵砲隊長）、櫻井文男〔雄〕（同小隊長）証人トシテ出廷。続テ若干書類ノ提出アリ。

コレニテ第一段階事変勃発ヲ終リ、カニングハム弁護人ヨリ第二段階抗日及共産党陳述ニ移ル。

チヨト面会ス。

二十八日（第二百五回）抗日ニ関スル種々書証ヲカニングハム弁護人ヨリ提出シタレドモ大部ハ却下セラル。古山勝夫（満鉄理事ニシテ奉山鉄路局ノ顧問、大連会議ニ出席）ヲ証人トシテ喚問、供述ヲナサシム。

チヨト面会ス。伊藤ノ叔父、昨日病死ノ由。余ト同年ナリシトノコトナリ。

二十九日（第二百六回）本日ハカニングハム弁護人ヨリ抗日及中国共産党ニ関スル書証ヲ提出シタルモ大部分却下セラル。大毎記者ニシテ波多野幹一トイフモノ中国共産党研究家ナリトノコトナルガ、証人トシテ召喚シタルモ供述書ニ署名ヲ拒ミタル為、直接訊問ヲナサントシタルモ、裁判長ヨリ規則違反ナリトテ拒否セラレ、再出廷スルコト、ナル。中国共産党証拠ニ関シ、裁判長ハ次ノ如キ判定ヲ下シタリ。

1）一般段階ニハ関係ナシ。

2）日本人及日本ノ利益ニ直接関係アルモノハ採用ス。

3）個人段階ニ於テ関係アリ。

本日ハ天長節ナリトイフニ巣鴨ヨリ市谷ニ至ル間、僅ニ国旗二ヲ見タルノミ。天皇制護持ナリトイフニ皇室ノ式微言語ニ絶ス。情ナキ有様ナリトイフベシ。

マッカーサー元帥ノ要求ニ基キ去二十五日総選挙ヲ催シタルガ、衆議院ハ社会党第一党トナリ、自由党、民主党、之ニ次グ。変レバ変ル世ノ中カナ。

三十日（第二百七回）本日モ、カンニングハム弁護人ヨリ中共ニ関スル書証ヲ提出シタルモ、殆ンド却下。ヨッテ同人ヨリ、此ノ如ク却下サル、ガ、果シテ如何ナル証拠ヲ提出スベキヤトノ質問ニ対シ、裁判長ハ休廷ヲ宣シ判事会議ヲナシ、昨日ノ判決ニ附加スベシトテ、日本及日本ノ利益ニ直接脅威ヲ及ボス力ヲ有スルモノニ関係アルモノハ採用ス、此ノ如ク判決シタルモ、ソノ后ニ提出シタルモノモ凡テ却下。

巣鴨日記 II

自 昭和二十二年五月一日
至 同 二十三年一月三十日

昭和二十二年

五月

一日（208）本日、岡本〔季正〕ニ対スル倪検事ノ反対訊問ヲ終リ、次デ上海事変勃発当時ノ海軍陸戦隊参謀武田勇少将（当時中佐）証人トシテ出廷、当時ノ状況及大山大尉惨殺ニツキ証言、カー検事ヨリ反対訊問。

二日（209）本日、武田少将ニ対スルカーノ反対訊問ヲ終リ、次デ青木武（第三艦隊参謀兼〔上海派遣〕軍参謀）、戸塚道太郎（第一連合航空〔隊〕司令官）ヲ証人トシテ召喚、爆撃ニ関スル証言ヲナス。次デ、パネー、レデーバード号ニ関スル書類提出。

三日　主権在民ノ憲法愈々本日ヨリ実施セラレ、宮城前ニ祝賀式典ヲ催シタル由。朝来寒雨粛々タリ。歴史的大変革ヲ天モ亦悲カ。

五日（210）本日ハ南京事件証人トシテ日高信六郎、塚本浩治〔次〕ヲ証人トシテ召喚、南京、漢口、重慶、ツ、イラ号等爆撃ニ関スル海軍側航空関係者ヲ証人トシテ召喚、何レモ軍事目標以外ニ爆撃セザルコトヲ証言。何レモ反対訊問ナシ。終リテ海軍省法律顧問榎本重治ヲ出廷セシメ、空爆、封鎖等ニ関スル証言ヲ求ム、カー検事ヨリ若干ノ反対訊問アリ。俊八ト面会ス。

六日（211）昨日ニ引続キ榎本重治ノ証言アリ。コレニテ本段階ヲ終リ、ローガン弁護人担任ニテ漢口事件ニ入リ、吉川正治（歩兵第二十三聯隊歩兵砲中隊長）、吉川元〔源〕三（第六師団参謀）、朝日記者斎藤寅郎、大木栄一、小川三郎、吉橋戒三（第二軍参謀部附、大尉）、宮崎周一中将（第十一軍作戦主任）、池田龍三郎（漢口兵站司令官）、森岡皐中将（漢口特務機関長）等、相次デ出廷、何レモ有利ナル証言出デ、何等反対訊問ナシ。

七日（212）本日ハ更ニ赤木正〔喜代〕治（第六師団参謀）漢口ニ関シ出廷、次デ支那派遣軍法務部長、第十一軍法務部長タリシ鈴木忠一〔純〕ヲ証人トシテ出廷セシメタルモ、供述書不備ノ為、再喚問ヲナスコト、ナリ、次デ大山法務中将再ビ証人トシテ出廷、支那派遣軍ノ軍紀及陸軍刑法ノ改正等ニ就キ証言、例ノ如クカーヨリ執拗ナル反対訊問アリタルモ能ク答解セリ。次デ河辺〔正三〕大将再ビ証人トシテ出廷、中支軍参謀長、支那派遣軍総参謀長トシテ一般事項ニ付証言、サットン検事ヨリ反対訊問。

八日（213）　本日、河辺大将ニ対スル反対訊問ヲ終リ、次デ長谷川清海軍大将（第三艦隊司令長官）、牛島貞雄中将（第十八師団長）証人トシテ出廷、何レモ反対訊問ナシ。後、漢口ニ先頭トシテ入城シタル歩兵第二十三聯隊長タリシ佐野虎太中将ヲ証人トシテ出廷セシメ、漢口入城当時ノ供述、当時ノ写真等ヲ提示シ有利ナル証言ナリキ。

午后ハ天野正一少将、証人トシテ出廷、湘桂作戦ニ付、証人、カー検事ヨリ二、三反対訊問アリ。引続キ湘桂作戦証人トシテ第十一軍司令官タリシ横山勇中将出廷、反対訊問ナシ（フリーマン弁護人担当）。后、二、三ノ書証ヲ提出シタルモ悉ク却下トナル。

本朝、裁判長物々シク全検事、弁護人ヲ集メ、漸ク用紙モ欠乏シタレバ書証ヲ制限シ反覆セヌ様宣言アリタリ。之レヨリハ外務省情報部発表等ハ凡テ出サヌコト、宣伝メキタルコトハ出サヌコト、首相、外務大臣ノ声明モ努メテ重複ヲサクベシ、トノコトナリ。

ラザラス弁護人ヨリ以下ノ制限ニ基キ、又、紙ニモ制限セラレ、支那段階ハ最后ノ汪精衛政府ニ関スルコトノミトナリタレバ、準備ノ都合上、明日ハ休廷アリタキ申出アリ、裁判長之ヲ許可シ、明九日ハ休廷トナル。

十二日（214）　検事側ノ証人トシテ、当時職務ノ為出廷不可能ナリシ米軍大佐バーレット（北支事件勃発当時、北平大使館附武官補佐官タリシ少佐）出廷、神崎ヨリ反対訊問、当時ノコトニ付、訊問。午后ハ証人、中村辰二、森徳治（共ニ第三艦隊参謀）出廷、阿片輸送ニ付我軍艦ヲシテ護送セシメタルコトナキコトヲ証言。次デ、川本芳太郎少将出廷、北支開発会社成立ノ経緯ニ付証言、何レモ反対訊問ナシ。次デ南京事件当時ノ中支軍参謀タリシ中山寧人少将ヲ喚問、サットン検事ヨリ反対訊問。

十三日（215）　昨日ニ引続キ中山少将ニ対スル反対訊問。次デ及川源七中将ヲ出廷セシメ、支那経済ニ関シ証言セシム。反対訊問ナシ。次デ、河辺虎四郎中将三度出廷、支那事変勃発当時ノ状況ニ関シ証言。カー検事ヨリ反対訊問。

六三郎、新婦カズ子ヲ伴ヒ面会ニ来リ、初対面ヲナス。

十四日（216）　午前、河辺ニ対スル反対訊問ヲ終リ、坂〔阪〕埜ヨリ二、三再訊問アリ。終テ阿片問題ニ移リ、海軍将校藤井茂出廷、駆逐艦ヲ印度洋ニ派遣シタルコトナキ証言ヲナシ、次デ、専門家馬場鯱ヲ召喚シタルモ供述書ヲ整理縮少セシムル為、退廷セシメ、次デ汪精衛政府樹立ノ段階ニ入リ、清水董三ヲ出廷セシメタルモ手続ニテ混乱シ、退廷セシメ、過般、石原莞爾ニ対スル出張訊問書ヲマタイス弁護人ヨリ朗読ス。

十五日（217）　昨日ニ引続キ石原訊問書ノ朗読。終テファーネス弁護人担当ニテ清水董三出廷、汪ト平沼、板垣、米内、有田、近衛等ト会談通訳記事ヲ供述、会談筆記等ヲ提出、国府発行ノ「同生共死」中ヨリ採録書証ノ価値ニツキ裁判官間ニテ協議スルトテ十五分早メニ閉廷。

俊八、チヨ、輝子ト共ニチガ子ヲ伴ヒ面会ニ来ル。固ヨリ余ノ顔モ見覚エアラズ、面会所ニテ大勢ニ驚キ、泣キ出スノ騒ギナリキ。

十六日（218）　本日ハ昨日ニ引続キファーネス弁護人ヨリ「同生共死」中ヨリ抄録セル書証、日華條約等ノ提出アリ、大部分受領セラル。コレニテ支那事変　ノ段階ヲ終リ、ラザラス弁護人ヨリ　ソ聯段階ニ入リ、冒頭陳述ヲナシタル処、防共協定ノ條項ニ至リ、ソ判事ヨリ抗議出テ一時休廷、依然、朗読ヲ継続スルコト、ナリ、検事側ノ抗議アリタルモ却下セラレ、全文ヲ朗読ス。一時休廷、緊張シアリ。終リテ大原弁護人ヨリ証拠提出トナリ、大塚令三ヲ証人トシテ喚問、カーヨリ抗議出テ決定トナラヌウチ閉廷トナル。

斎藤延氏面会ニ来ル

十九日（219）　午前中ハ証拠価値ノ件ニ付、裁判長ト検事、カニングハム弁護人間ノ論争ニテ殆ンド終始ス。午后ハ防共協定ノ書証提出ニ終ル。ソ聯検事ノ反対、中々盛ナリ。

二十日（220）　斎藤良衛ヲ証人トシテ召喚、同氏ノ力作ニヨル中国ノ特殊性ヲ供述セシメントセシモ、検事側ノ抗議ニ遇ヒ改訂ノ上、供述セシムルコト、シ退廷セシメ、次デ橋本群中将ヲ再度出廷セイメ、張鼓峯、ノモンハン事件ニ関シ、ファーネス弁護人担当ニテ供述、ソ聯検事セメノフ大佐ヨリ反対訊問。

新憲法、新総選挙ニヨル第一回国会本日開カル帝国議会ノ名モ国会ト改メラレタル趣ナリ。サテモ大ナル変化ナルカナ。

二十一日（221）　本日ハ橋本中将ニ対スルスミルノフ検事

ノ反対訊問ヲ終リ、先般一旦出廷、退廷シタル波多野乾一再出廷シタルモ、供述書ニ意見多シトノ検事側ノ反対ニ依リ再出廷スルコト、シ退廷。引続キファーネス弁護人ヨリ張鼓峯附近ニ於ケル１８６０年ノ露清條約等書証ノ提出アリ。引続キ田中隆吉少将張鼓峯事件ノ参加者トシテ証人出廷、ソ聯ワシリエフ検事ヨリ反対訊問。

二十二日（222）午前中、田中ニ対スル反対訊問ヲ終リ、外務省文書課長磯野勇三及林董〔馨〕出廷、文書焼却ニ関スル供述ヲナシ、ソ聯検事ノ反対訊問。ファーネス弁護人ヨリ重光リトヴィノフ会談等、張鼓峯ニ関スル書証提出。

本日、影佐中将ニ対スル訊問ヲ第一国立病院（元第一陸軍病院）ニテ実施、ラザラス及神崎立会ス。

二十三日（223）昨日ニ引続キ、ファーネス弁護人ヨリ書証ノ提出。元駐ソ大使館一等書記官松平康東出廷、ソノ宣戦布告伝達書類ニ関スル証言、外務省官吏三浦和一ノ張鼓峯ニ関スル証言アリ。田中少将出廷、三浦ノ提出シタル供述書附属ノ地図ニ関スル認定ヲナス。俊八ト面会ス。

本日ヲ以テ影佐ノ訊問ヲ終ル。

二十六日（224）田中ニ対スル反対訊問ヲ終リ、コレニテ張鼓峯段階ヲ終リ、ブレークニー主任ニテノモンハン段階ニ入リ、書証提出。続テ、矢野光二大佐、証人トシテ出廷、ノモンハン国境ニツキ供述、地図ノ整備、完成マデ反対訊問ヲ延期、退廷。次デ服部卓四郎少将〔大佐〕（当時関東軍参謀）出廷、ノモンハン事件勃発当時ノコトニ関シ供述、反対訊問ナシ。終テ荻洲立兵中将、当時ノ第六軍司令官トシテ出廷、供述。

二十七日（225）昨日ニ引続キ荻洲中将ニ対スル反対訊問。去ル総選挙ニテ社会党第一党トナリ、党首片山哲、内閣総理大臣トナル。変レバ変ル世ノ中カナ。

次デ元外務省官吏ニシテ目下横須賀市長タル太田三郎、証人トシテ出廷、東郷モロトフ会談ニ就キ証言、ソ聯セメヨノフ大佐ヨリ反対訊問。

チヨト面会ス。

二十八日（226）太田ニ対スル反対訊問ヲ終リ、東郷モロトフ会談ニ関スル書証等ヲ提出。笠原幸雄中将、証人トシテ出廷、関東軍ノ作戦計画、関特演等ニ関スル供述ヲナシ、イワノフ検事ヨリ反対訊問。

二十九日（227）　笠原中将ニ対スル反対訊問続行。続テ矢野政雄中将（満州第三方面軍参謀長続テ第五十七師団長）出廷、第三方面軍ノ作戦計画ニ就キ証言、後、羅津要塞司令官二見秋三郎出廷。次デ、ジャバ方面ニ拘束中ノ田辺盛武中将ノ供述書ヲ朗読、終テ田中新一中将、三度証人トシテ出廷、関東軍ニ関スル参謀本部第一部ノ計画ニ就キ証言ス。

三十日　本日ハ大戦陣没者ノ紀念日トカニテ最高司令部ノ命令ニヨリ休廷ス。

不戦條約ニ関スル１９２８年ノ米国通牒。

自立権ハ各主権国ノ当然有スル所ニシテ一切ノ條約ニ含蓄サル、モノナリ、自衛上戦争ニ訴フベキ事態ヲ存スルヤ否ヤヲ認定スルヲ得ルモノハ当該国ノ外ニ存セズ。

英国ノ不戦條約ニ関スル留保。

特殊利益地域ヲ他ノ攻撃ニ対シ保護スルコトハ自衛手段ナリ。

ヴィシー政府ニ米国ノ大使ヲ送リ、１９４２年十二月聯合軍ガヴィシー政府ノ統治下ニ在ッタフランス領北アフリカニ不法侵入スルニ及ンデ、同月八日ヴィシー政府ヨリ米国トノ外交関係断絶ヲ宣言ス。

ドゴール委員会ハ自由フランス政府ト称スルニ至リ１９４１年十二月八日、日本ト敵対関係ニアル旨声明、１９４４年八月下旬、漸クドゴール政権ヲ仏共和国仮政府トシテ承認シタリ。

対仏政策。

1）援蔣物資輸送禁絶問題。
2）日仏印経済関係ノ打開。

十五年七月　日仏交渉開始。
八月三十日　松岡、アンリー協定。
九月　四日　現地軍事協定。

六月

二日（228）　午前中、田中ニ対スル反対訊問。次デ満洲国大使館参事官花輪義行〔敬〕出廷、梅津ニ関スル証言。次デ参謀長タリシ飯村穣出廷、関特演ニ関シ証言、イワノフ検事ノ反対訊問。次デ〔第七〕独立守備隊司令官〔長〕山村治雄少将、国境兵備ニ関シ証言、次デ米軍中佐ブレーク出廷、１９４３年以降各期ヨリ１９４

5年終戦ニ至ル満洲及朝鮮ニ於ケル我兵力（米軍諜報ニヨル）ヲ証言。

三日（229）米ブレーク中佐ノ証言ヲ、ソ検事ヨリ原文ヲ示セト提議アリ、軍機密ニシテ、上官ヨリ命令ニヨリ発表スルヲ得ズト拒絶シタル為、法廷ニテ一場ノ米ソ対立ヲ生ジ面白キ場面ナリシガ、遂ニ裁判長ハソノ抗議ヲ却下シタリ。

次デ上月良夫（満洲第二軍司令官）、鵜飼芳男（大連特務機関長、主トシテ、セメエノフニ関スル証言）、飯村中将再ビ出廷、次デ海軍大佐藤田正路、（ソ聯ノ船ノ拿捕ニ関シ）証言ヲナス。

四日（230）昨日ニ引続キ藤田海軍大佐ニ対スル反対訊問（ワシリエフ）、終テ中立条約違反事項ニ入リ、当時ノ駐ソ大使佐藤尚武出廷、供述書ヲ朗読セントシタルニ、ソ検事ヨリ反対アリ。判事長時間会議ノ后、ソガ戦争ニ参加シタルコトハ関係ナシト判決、従テ供述書ヨリ之ニ関スル項ヲ除キ、主トシテ昭和二十年七月ソヲ仲介トシテ英米ト和平ヲナサントシ、近衛公派遣ノ往復電報ヲ弁護側ヨリ証拠トシテ提出、次デ米少将デインノ供述書（ヤルタ、テヘラン会議ニ於ケル実情）ヲ弁護側ヨリ提出シタルニ、タブナー検事ヨリ反対アリ、論議中閉廷。

五日（231）デイン少将ノ供述書ニ関シ、ブレークニー弁護人トワシリエフ検事ノ間ニ議論ニ関シ、開廷早々タブナー検事ヨリヤルタ会議后ハ日本ノ侵略行為ナキモ、1941年七月二日ノ御前会議ノ決定ハ放棄シタルモノニアラズトノ答解アリ、コレニ対シ　ブレークニーノ弁論アリ。法廷ハ一時休廷、判事会議、デイン少将供述ノ一部ヲ除キ採択。次デ、ブレークニーノ弁論ニ対シ、ソ側ハヤルタ会談以后ノ訴因ハ放棄セズ、弁論終リテ橋本中将ヲ再出廷、地図ノ現認ヲナサシメ、次デ先般一度出廷シタル矢野大佐再ビ出廷、尚、高山信武大佐出廷、終戦前ニ於ケル関東軍及朝鮮軍ノ兵力ニ関シ供述ス。

六日（232）昨日ニ引続キ矢野ニ対スル反対訊問、ブレークニーノ担当ヲ終リ、前回書類ノ準備出来ザル為延期トナリアルカンニングハム弁護人担当ノ防共協定ニ関スル書類提出、悉ク却下セラル。

総軍参謀タリシ岡田芳政大佐ト証拠ノ件ニ付面会ス。チヨト面会ス。頃日、梅雨ノ為カ冷寒ノ日打続ク。

九日（233）　午前中ハ書証ノ連続却下ニ対スルカンニグハムノ抗弁、ソ聯検事ノ証人出廷拒止等ニ関スル論争ニ終リ、ソ聯検事ハ、ソニ対スル侮辱トイキマキ一時法廷ハ緊張シタリ。午后、地図現認ニ付キ矢野証人出廷、引続キ張鼓峯事件当時外相タリシ宇垣大将出廷、供述ヲナス。

十日（234）　本日ハ宇垣大将ニ対スルカー検事ノ反対訊問。終リテ、ファーネス弁護人ヨリリトヴィノフ日記ノ書証ノ提出アリ。コレニテソ聯段階ヲ終リ、ロベルト弁護人ヨリ一度証人トシテ出廷シタル井上孚麿ノ八紘一宇、皇道ニ関スル古書等ノ引用ニ関スル自供。次デ影佐ニ対スル訊問ノ報告ノ朗読ヲ開始ス。

十一日（235）　本日ハ影佐訊問書ノ朗読ニ終始ス。俊八、小川桑兵衛氏ト面会ス。

十二日（236）　本日ヨリ太平洋段階ニ入ル筈ノ処、劈頭陳述未完成ノ為、カンニングハム担当ニテ三国同盟條項ニ入リ、書証ノ提出トナル。斎藤良衛再ビ松岡ニ関スル証言ノ為出廷シタル処、又々供述ニ意見多キシテ《ママ》却下、退廷。ソレヨリ相次デ書証提出トナリタルモ却下サレタルモノ多シ。

十三日（237）　本日ハ三国同盟ニ関スル書証提出ニ終始ス。近衛公ノ秘書タリシ牛場友彦証人トシテ出廷、公ノ手記ニ就キ証言。次デ、駐日独大使スターマー証人トシテ出廷。

十六日（238）　スターマーノ供述書朗読ニ引続キローガン、ブレークニー、ファーネスヨリ直接訊問、終テ、タブナー検事ヨリノ反対訊問ニテ明日ニ持越ス。コノ二、三日雨天続キ冷寒ナリ、本年ハ六月半バナリトイフニ暑キ日ナク、凶作ヲ憂フ。昨今ノ日本ノ現状ニ天泣キ地哭スルモノカ。

十七日（239）　本日スターマー大使ニ対スル反対訊問ヲ終リ、三国同盟ニ関スル書証ノ提出アリ。裁判長、先般ブル〔レ〕ークニー弁護人ヨリシタル動議（ソ聯段階ノ供述ヲナセル証人ノ出廷要求）ニ答ヘ、ワシリエフ検事ヨリ抗議アリタルモ却下セラレタリ。供述書調製ノ為来リタル菰田康一中将ニ面会ス。

十八日（240）　引続キ三国同盟ニ関スル書証提出。永井八津次少将（松岡ノ随員トシテ独国出張）出廷、証言、次デ独大使館附武官クレチマー少将証人トシテ出廷、証言、タブナー検事反対訊問。

畑桃作面会ニ来ル。

十九日（241）クレチマー少将ニ対スル反対訊問ヲ終リ、引続キカンニングハム弁護人ヨリ日独伊三国同盟ニ関スル書証提出。今日ヲ以テ太平洋戦争中三国同盟ニ関スル段階ヲ終リ、兼テ太平洋段階及個人段階ニ対スル準備不完成ヲ以テ、弁護人側ヨリ六週間ノ休廷ヲ法廷ニ申請、認可セラレアリタルガ、此段階ノ終了ヲ以テ休廷ニ入ルコト、ナリ、来八月三日マデ休廷トナル。

二十一日 午前、面会人トノコトニ出テ見レバ、内山〔英太郎〕中将ノ弁護人ナリトイフ米人マドリックナリ。内山中将、大田原〔清美〕法務少将モアリ。昭和二十年三月、大阪ニテ俘虜トナリタルB29搭乗員三名ノ軍律会議ニ関スルコトニシテ、当時、軍律会議ノ判決文ヲ総軍ニテ閲覧シタルコトアリヤ否ヤノコトニシテ、当時、余ハ大田原法務部長ヨリ軍法〔律〕会議ニ附スルコトノ口頭報告ハ受ケタルモ、判決文ハ見タルコトナシ、従テ捺印シタルコトナキコトヲ証言シオキタリ。

二十四日 連絡ノ為市谷ニ行ク。

二十七日 連絡ノ為市谷ニ行ク。本日ヨリ午前十時ヨリ二時間、弁護人ト法廷ニテ共同面会ヲナシ、太平洋段階ニ関スル証拠等ニ関シ意見ヲ交換スルコト、ナル。

チヨト面会ス。

去ル二十二日、法廷ヨリ帰リテ見レバ、久振リニテ例ノ身体検査アリ。持物一切ノ整理、洗濯ヲ行ハレ、室モ同階ノ西側ニ移サレ、52号房ニ入レラル。度々ニテ近頃ハスッカリ慣レ、別ニ大シタ憤慨ヲモナサズ、全ク無神経トナレリ。

七月

一日 連絡ノ為市谷ニ行ク。

本年ハ七月トイフニ気候頗寒冷不順ニシテ、苗代モ一向生長セザルトノコトナリ。飢饉カ。

本日ヨリ第一回国会開会。

四日 本日ハ米国独立記念日ナリトイフ。宮城前ニテ、マッカーサー元帥ノ米軍一万五千、米英飛行機４００余機ノ閲兵式アリタリト。

八日 連絡ノ為市谷ニ行ク。

俊八、野田謙吾中将、斎藤延氏等ト面会ス。

コノ二、三日以来、急ニ暑クナリ、昨日ノ如キ。90ニ上リタリトノコトナルガ、今日ハ昨日ヨリ尚一層暑キ様ナリ。コレニテ本年ノ作物ガ恢復スレバ可ナリ。

十一日　連絡ノ為、市谷ニ行ク。

チヨト面会ス。

六藝　易、礼、書、詩、楽、春秋

易ハ天地陰陽、四時五行ヲアラハス。
　変ニ長ズ、易ニヨッテ〔造〕化ヲイフ。

礼ハ人倫ヲ経紀ス。　行ニ長ズ。
　礼ニヨッテ人ヲ節〔制〕スル。

書ハ先王ノ事ヲ記ス。　政ニ長ズ。
　書ニヨッテ〔政〕事ヲイフ。

詩ハ山川渓谷禽獣草木牝牡雌雄ヲ記ス。
　諷ニ長ズ。

楽ハ立ツ所以テ楽シム。　和ニ長ズ。
　苦楽ニ依テ和ヲ発スル。

春秋ハ是非ヲ弁□ル。　治人ニ長ズ。
　春秋ニヨリテ義ヲイフ。

十四日　連絡ノ為、市谷ニ行ク。

大石一郎、飯沼中将、野田、額田〔坦〕中将ト面会ス。

十八日　連絡ノ為、市谷ニ行ク。

チヨト面会ス。内山中将ノ公判、本日ヨリ開廷。

1)　新聞ニ依レバ、米国ハ対日講和条約予備会議ノ為、対日戦ニ参加シタル十一国ニ、八月十九日開催ノ招請ヲ発シ、英国ハ八月二十九日、濠州カンベラニ全英帝国ノ対日条約態度ノ決定ノ会議ヲ開クニ付、延期ヲ申込ミ、ソハ大国ニテ決定スベキ態度ヲ変ヘズ、既ニ反対ヲ表明シタリトイフ。我国ハ大喜ビナルガ中々纏マラザルベク、又、成立シタリトテ何レ碌ナコトハアルベキ筈モナカルベシ。

2)　梅津ノ言ニ依レバ小磯内閣ノトキ膠〔繆〕斌ヲ重慶工作ニ利用スルコト、ナリタルガ、寧ロ繆斌ノ方ヨリモチカケタルモノニシテ、初メ石原莞爾ヲ使ヒタルガ、石原ハ野人ナレバ仕方ナシトテ緒方竹虎〔内閣書記官長〔国務相兼情報局総裁〕〕ニ紹介シ、緒方ガ面白カラント利用シタルモノニテ、重光外務大臣ニハ秘密ニシタル為、重光ガ臍ヲ曲ゲ、陛下ニ知ラヌ由ヲ奏上シタル為、小磯ハ前例ナキ烈シキ御言葉ニテ御叱リヲ受ケ、コレガ辞職ノ最大原因トナリタルモノナリト。

二十二日　連絡ノ為、市谷ニ行ク。

五郎、作野秀一氏ト面会ス。

一昨二十日ヨリ土用入トナルモ天気ハハッキリセザレド蒸熱甚ダシ。

繆斌問題ニ関シ重光、小磯対立、小磯ハ重光、米内ニハ同意ヲ求メタルニ、今更知ラヌトハ怪シカラントカ、二人ニ怒リアル由ナリ。ラザラス氏ハ飛バッチリヲ警戒シアリ。

二十五日　連絡ノ為、市谷ニ行ク。

俊八ト面会ス。ラザラス氏、頭部湿疹ノ為、数日入院スル由。

土用ニ入リテヨリ連日湿熱続キ、苦暑云ハン方ナシ。

二十六日　本日ハ第六十八回、獄中第二回ノ誕辰ナリ。想ヘバ昭和十五年、一家団欒ノ裡ニ誕辰ヲ迎ヘタルヨリコノカタ支那ニ於テ、帰レハ廣島ニ於テ、チヨ病中ニ淋シク誕辰ヲ迎ヘ、引続キ拘禁ノ身トナリ、ハヤ獄中第二回、一杯ノ酒サヘナキ誕辰ヲ迎フ。顧ミテ憮然タリ。前途暗澹、来ル年ノ誕辰トヤ如何ナルラム。一ニ神慮ニ従フノミ。

二十九日　連絡ノ為、市谷ニ行ク。ラザラス氏快癒退院シ来ル。

本年夏期ハ気温低ク作物ヲ憂ヘタルニ近来ハ連日九十度ヲ越ユル炎暑ニシテ、昨日ノ如キ東京ハ最高三五ニ上リタリトイフ。一滴ノ雨ナク苦熱甚ダシ。

八月

一日　連絡ノ為、市谷ニ行ク。

俊八、麻生重一氏ヲ伴ヒ面会ニ来ル。

カズ子、本日午前十時女児分娩ノ由、コレニテ孫ハ二人トナル。六三郎ノ請ニ任セ千栄子ト命名スル様申送ル。

四日（242）　六週間ノ休廷ノ后、本日開廷。本日ヨリ愈々太平洋段階ニ入リ、先ツ高橋義次（島田）弁護人、冒頭陳述ヲナシ、次デ、ローガン弁護人、経済事情ノ一般陳述ヲナシ書証ヲ提出シタルモ殆ンド却下セラレ、次デ岡田菊三郎少将ヲ証人トシテ召喚、戦備ニ関スル証言ヲナス。

五日（243）　昨日ニ引続キ岡田少将ノ供述書朗読、終リテ経済ニ関スル諸書証ノ提出、次デ商工省ニアリテ鋼鉄事務ニ携ハリタル足立泰雄、次デ海軍大佐岡本（崎）文勲（海軍省重油関係者）出廷、証言ヲナシ、引続キ書証提出。

六日（244）ローガン弁護人ヨリ経済諸法律提出ニ関スル大臣政府委員等ノ議会速記録ヲ提出。元農林次官蓮〔荷《はす》〕見安証人トシテ出廷、米穀事情ヲ証言。午后ハ米国ノ禁輸、武器禁輸（我国ニ対シ）、支那ノ援助等ニ関スル米国側資料ニ依ル我国ガ経済圧迫ニヨリ立タザルベカラザル情況ニ立至リシ書証ヲ提出シタルモ、凡テ却下セラル。

七日（245）ローガン弁護人ヨリ米国ノ経済封鎖ニ関スル我抗議、米国ノ回答等、沢山ノ書証ヲ提出シタルモ殆ンド却下セラル。彼ノ痛キ処ヲ衝クニヨルカ。

植村甲午郎（企画院次長）証人トシテ出廷、企画院ノ機構ニ関シ供述、次デ外務省通商局長水野伊太郎証人トシテ出廷、リーベルトノ証言ニ対シ我国ノ経済事情ニ関スル尨大ナル供述書ヲ提出シタルモ関連性ナシト一蹴セラレ退廷ス。

午后、久振リニテ相当ノ降雨アリ、蘇生ノ思ヒアリ。

八日（246）引続キ、ローガン弁護人ヨリ経済（米国ノ禁輸ニ関スル）書証ノ提出。元バタビヤ総領事石沢豊証人トシテ出廷、蘭印トノ経済交渉（小林一三ニヨル）ニ関スル証言ヲナシ、カーヨリ二、三反対訊問。元商工次官椎名悦三郎出廷、我国所要生ゴムニ関スル証言ヲナス。

十一日（247）引続キ、ローガン弁護人ヨリ経済圧迫ニ関スル書証提出。石橋湛山証人トシテ出廷、尨大ナル産業ニ関スル証言ハ関聯性ナシトテ却下、財政ニ関スル事項ノミ採択。尚、米海軍当局ノ対日戦備ニ関スル数多ノ証言ハ殆ンド却下トナル。昨年十二月頃ヨリ帰米シアリタルキーナン主席検事帰来、法廷ニ顔ヲ出ス。作野秀一ト面会ス。


　二十代で急進的にならぬ輩は感性を欠いている。

四十代で保守的にならぬ輩は知性をかいている。

玉の宮居は荒れ果て丶　雨さへ霰さへいと凌げけるを。
民のかまどの賑ひは　立つ煙にぞあらはれにける。

十二日（248）本日ハ終日ローガン弁護人ヨリ米国ノ対日戦争準備、軍隊ノ移動、対支援助等ニ関スル、真珠湾議会調査委員会ノ報告ヨリ抜萃シタル書証提出ニ終リタルモ、大部分却下セラレ、採択セラレタルモノハ一、三通ノミナリ。

チヨ、五郎ト面会ス。

連日九十四、五度ノ大暑ニ苦熱云フバカリナシ

十三日（249） 本日午前ローガン弁護人ノ書証提出ヲ終リ、引続キ、ブレークニー弁護人ヨリ太平洋戦争外交段階ノ冒頭陳述、我統帥部ノ横暴ヲ述べアリ。杉山、永野アラバ誠ニ気ノ毒ナリトイフべク、外務側ノ責任回避歴然タリ。ソレヨリ、野村、ハルノ外交々渉ニ関スル書証ノ提出アリ。

十四日（250） 昨年ノ八月十四日ハ米国ノ日本ニ対スル戦勝紀念日ナリトテ休廷シタルガ、今年ハ休廷セズ。ソノ何ノ故ナルカヲ知ラズ、

本日ハ、ブレークニー弁護人ヨリ豊田（貞次郎）、野村間ノ日米交渉ニ関スル往復電報、近衛日記ヨリ近衛内閣辞職ノ原因等ニ関スル書証ノ提出アリ。山本熊市（一）（開戦当時、欧米局長）ヲ証人トシテ出廷セシメ、供述セシメントシタルニ我統帥部ニ対スル批難アリ、島《ママ》田、岡、鈴木、賀屋ノ弁護人ヨリ反対ノ申出アリ。検事ヨリモ提出反対アリ。裁判長ハ一般段階ニテ不適当ナリトテ検事ノ反対採択ヲ宣ス。ソロ〳〵醜キ責任塗リ合ヒノ場面ヲ呈シ来ル、情ナキカナ。

十五日（251） 一揉ニ揉ンダル山本熊市（一）ノ供述書モ反対ノ部分ヲ読マヌコトニシテ事ナク妥協。本日ハ終日山本熊市（一）ノ供述書朗読ニ暮ラス。主トシテ東京、華府間ノ開戦前ノ外交電報ノ往復ヲ証拠トシテ挙ゲツ、供述ナシアリ。

本日ハ終戦記念日ナリ、Scap ヨリ五億ニ対スル回転賃金ヲ許サレ、又、本日ヨリ貿易再開許可サレタリトテ世ノ中ハ有頂天ナリ。

板垣ノ言

平沼内閣辞職ノ空気濃厚トナルヤ三長官会議ヲ開キ多田ヲ推薦スルコト、シ、特使ヲ満洲ニ派遣シタルガ、到着前阿部大将ニ大命降下、阿部大将ハ参内ノ帰途、陸相官邸ニ立ヨリ、後任陸相ハ梅津カ畑ヲ推薦セラレタシトノコトニ、再ビ三長官会議ヲ開キ畑ニ決定シタルモノナリ（教育総監ハ西尾大将）。

十八日（252） 前回ニ引続キ、ブレークニー弁護人ヨリ山本供述書朗読、終テ二、三弁護人側ヨリ直接訊問アリ、終テタブナー検事ヨリ反対訊問アリ。一旦供述書ヨリ削除シタル真珠湾奇襲ニ関スル軍令部側意向ヲ陳述

シ、被告側ニ対シ不利ナル形勢トナレリ。次デ加瀬俊一（大使館参事官）出廷、米大統領ヨリ陛下ニ対スル親電ノ供述ヲナシ、タブナーヨリ反対訊問。次デ内大臣秘書官長タリシ松平康昌出廷、上記親電ニ関スル供述ヲナス。

十九日（253）前日ニ引続キブレークニー弁護人ヨリ書証提出。亀山一二（電信課長）証人トシテ出廷、開戦直前ノ外務省電信関係、特ニ在米大使館トノ電報往復ニ就キ証言、次デ結城司郎次（外務省米国局第一課長タリ、来栖大使ニ随行、開戦当時、米国大使館ニアリ）出廷、第十四次ノ最後電報当時ノ大使館ノ怠慢振リヲ証言。引続キ米国陸軍大佐ブラトン、証人トシテ出廷、検事ヨリ抗議アリタルモ採択、日本ガ開戦ノ意志アルコトヲ傍受電報ニヨリ承知、海陸軍ガ準備シタルコトヲ証言ス。午后、検事側ヨリ山本熊市（一）ヲ再喚問、昨日問題トナラザリシ開戦偽瞞ニツキタブナーヨリ反対訊問、山本大ニ苦境ニ立ツ。

ワーレン弁護人ヨリ個人段階ニ関シ時間短縮処置ノ発言アリ。キーナンモ同意シタルモ、裁判長ハ決定ヲ保留ス。

二十日（254）昨日ニ引続キタブナー検事ノ山本ニ対スル反対訊問。

午后ハ開戦直前ニ於ケル米側戦争予期ニ関スル最高幹部ノ予測ノ書証ノ提出アリ。本日ヲ以テ外交段階ヲ終ル

二十一日（255）本日ヨリ海軍段階ニ入リ、ブラナン（島田《ママ》（永野）担当）冒頭陳述、次デ、沢本（頼雄）海軍大将（海軍軍令、軍政機構）、清水光美中将（人事関係）、矢野（志加三）中将（教育）証人トシテ出廷。一旦、証人トシテ出廷シタル榎本重治（海軍参事官）出廷、国際法ヲ教育シタル状況ヲ供述セントシタルモ却下セラル。次デ南洋委任統治諸島ニ軍事設備ナカリシ証人トシテ元南洋庁長官林寿夫、近藤俊（駿）介以下十人以上出廷。証人次ノ如シ。

吉田栄三（海軍大佐）、小原潤一（南洋興発社員）、武川仁三郎（南洋貿易社員）、鈴木　英（海軍中佐）、後藤譲（海軍技師）、岩崎浅七（海軍技師（手））、若松誠（南洋興発社員）。

二十二日（256）昨日ニ引続キ証人若松ノ供述及反対訊問ノ後、野村直邦海軍大将証人トシテ出廷、潜水艦戦ニ

関シ証言。タブナーヨリ反対訊問。次デ昨日出廷シタル吉田海軍大佐証人トシテ出廷、１９４１年十二月七日調ニ於ケル日米両海軍ニ於ケル海軍力ノ比較表ニ関シ証言、ロビンソン海軍大佐（検事）ヨリ反対訊問。

今日、榎本重治証人トシテ出廷、華府会議ニ於ケル尨大ナル書証ヲ提出シタルモ却下セラル。

二十五日（257）　前回ニ引続キ　ロビンソン検事ノ吉田大佐ニ対スル反対訊問ヲ終リ、次デ近藤信竹海軍大将出廷、海軍々備、作戦計画等ニ就キ証言、カー検事反対訊問。

引続キ三戸〔代〕辰吉海軍大佐、淵田美津雄海軍大佐、源田実海軍大佐出廷、真珠湾攻撃ニ関スル作戦及技術（爆撃）上ノ件ニ就キ証言、反対訊問ナシ。

七日ニ一寸雨アリタルノミ、一滴ノ雨ナク、連日。30ヲ越ユル暑熱ナリ。

二十六日（258）　午前、草鹿龍之介（中将、第一航空艦隊参謀長）証人トシテ出廷、真珠湾空襲ノ証言、其他二、三書証ノ提出アリテ海軍小部門ヲ終リ、午后ヨリ陸軍小部門ニ入ル。

先ヅ、ブリュエット（東條）弁護人ヨリ簡単ナル冒頭陳述アリ。直ニ仏印進駐ニ入リ、沢田〔茂〕中将証人トシテ出廷。近藤大将再ビ出廷、海南島攻略ノ証言（沢田ニハタブナーヨリ反対訊問）。阿部辰〔勝〕雄（中将、当時海軍省軍務局長）仏印進駐ノ証言。寺井〔邦三〕（少将〔大佐〕）、鈴木重雄〔山本親雄〕（大佐〔少将〕）証人トシテ出廷、河内付近誤爆、滇越鉄道ノ爆撃ニツキ証言ス。

俊八ト面会ス。

午前一度却下サレタル榎本重治ノ供述書ヲ訂正、出廷。倫敦軍縮会議ニ関スル証言ヲナス。

二十七日（259）　午前、外務省文書課佐藤武五郎出廷、書類ニ関スル証言ヲナシ、タブナーヨリ反対訊問。次デ三戸〔代〕海軍大佐再出廷、仏印〔南部〕進駐ニ関シ証言、カーヨリ反対訊問。次デ西浦進（軍備）、吉永義尊（対南方兵器）、吉田洞介（大阪財務局長、軍票）、日笠賢（中佐、大本営参謀）証人トシテ出廷。次デ田中新一、対米作戦計画及準備ニ関シ出廷証言。

午后及夕刻、久振リニテ不十分ナガラ俄雨アリ。

二十八日（260）　昨日ニ引続キ田中ノ供述、反対訊問ナシ。

復員省文書課長美山〔要蔵〕大佐出廷、書類ノ保管ニ

就キ証言。海軍大佐阿金一夫、同山本善雄出廷、上海米英艦攻撃ニ関シ証言、次デ二、三書証提出ノ后、陸軍部門ヲ終リ、俘虜部門ニ入リ、フリーマン弁護人〔佐藤〕冒頭陳述ヲナシ、俘虜ニ関スル条約等ノ書証提出ノ后、条約局長山〔松〕本俊一証人トシテ出廷ス。本日、飯村穣中将出廷、総力戦研究所ニ関シ証言。

二十九日（261）山〔松〕本俊一ニ対スルタブナーノ反対訊問ヲ終リ、外務省條約局第二課長タリシ工藤忠夫、南方軍参謀石井正美少将（寺内ノ訓示）、東京俘虜収容所長鈴木董〔薫〕二大佐（東條陸相ノ訓示、其他収容所ノ状況）、情報局事務官山崎茂（訓示ニ関シ）、相次デ出廷、証言ヲナシ、ソレ〔ニ対スル〕反対訊問アリ。本日ノ証人ハ有利ナラザルモノ多カリシ。

俊八ト面会ス。

内山裁判終リ、内山中将ハ重労三十年、大田原ハ死刑トハ、其重キニ一驚スルガ何カ原因アリト覚ユ。国武ハ三年ナリ。

山家集の歌

ながらへて　つひにすむべき都かは

この世はよしや　とてもかくても

九月

一日　本日ハ米国ノ労働日ナリトテ総司令部ノ命ニヨリ休廷ス。コノ労働日トカイフハ、九月第一ノ月曜日ナリトカ。昨年ハ二日ナリシ。

二日（262）山本親雄出廷、潜水艦ニ関スル証言ニ対スルロビンソン検事ノ反対訊問。次デ富岡親行〔定俊〕（海軍少将、潜水艦戦）、大河〔川〕内傳七（南西艦隊司令長官、マニラ残虐ニ関スル件）、大橋辰雄〔龍男〕（少将、リオデヂャネイロ丸ニ関スル件）、有田〔馬〕玄（海軍軍医大佐、俘虜ノ給養、医薬ニ関スル件）、山本義〔善〕雄（海軍俘虜ニ関スル件）、高田利種（海軍俘虜ニ関スル件）相次デ出廷、証言ヲナス。

三日（263）今朝、ロバーツ弁護人ヨリ大海令書証提出后、フリーマン弁護人〔佐藤〕再ビ陸軍段階ニ入リ、杉田〔一次〕大佐（山下軍参謀、シンガポール中国人虐殺）、稲田〔正純〕中将（南方軍総参謀副長、泰緬鉄道ニ関シ）証言。モード検事ヨリ反対訊問。近藤錠〔壌〕太郎（神奈川県知事、俘虜ノ取扱ニ関シ）出廷証言。次デ、師団参謀一戸〔公哉〕大佐軍紀ニ関シ証言。次デ沢田中将再度出廷、上海進駐、俘虜待遇ニ関シ証言シタル処、突然タブナーヨリ、ドリットル飛行士処刑問題ヲ反対訊問、全ク用意ナキ処ヲツカレ、ラザラス再反訊、奮戦大ニ努メタルガ、全ク予期セザル処トテ大ニアワテタリ。

午后ハ菰田〔康二〕中将（百四師団長）、岡田芳政（第二十三軍参謀）、小屋迫〔要〕少佐、米山〔米鹿〕少将、井上〔鈴木貞次〕中将、相次デ出廷、広東暴虐ニ関シ証言、何レモ反対訊問ナシ。次デ豊島房太郎中将（長沙作戦）、黒田重徳中将（五原作戦）ニ於テ暴虐ニ関シ証言、何レモ反訊ナシ、次デ、第三十八師団参謀長阿部〔芳光〕少将、香港作戦ニ関シ証言中閉廷トナル。

四日 (264)　本日、阿部少将ノ供述書ヲ訂正提出、反訊ナシ、続テ下田千代士中佐（第二十三軍参謀）広東暴虐事件ニ関シ証言、反対訊問ナシ。次デ緬甸方面ニ移リ、櫻井徳太郎、市〔一〕田〔次郎〕少将（緬方面軍参謀副長）、吉田権八（緬〔15〕軍参謀長）、池尻敏之（緬甸方面軍副官）、同方面ノ軍紀問題等ニ関シ証言。尚、宮津久長出廷シタルニ重複ナリトテ退廷セシメラル。書証提出ノ后、古思三郎（スマトラ軍政関係）出廷、供述書朗読。休廷トナル。

俊八、昨日ノ沢田証言ニ驚キ面会ニ来ル。

本日、満航〔満州飛行機〕理事長岡田〔部〕栄一（俘虜ヲ使用セザリシコト）証言ヲナス。

五日 (265)　昨日ニ引続キ古思ノ供述、モーネン検事ノ反訊。次デ西浦進出廷、捕虜取扱業務系統ニツキ証言、モーネン反訊、次デ安田常雄〔男〕（軍医大佐、南方軍々医部員、医薬ニ関シ）出廷証言、昨日出廷シタルモ、児玉久蔵（陸軍省兵務課長、軍紀教育ニ関シ）供述書ヲ改訂シテ再出廷シタル小林周二郎〔修治郎〕（第十四方面軍参謀）マニラノ捕虜ニ関シ供述、ソレ〴〵反訊アリ。

午后ハ先日釈放トナリタル村田省蔵、証人トシテ出廷、マニラノ状況ニ関シ供述、タブナーノ反訊。俘虜等残虐行為トナリテヨリ検事ハ事毎ニ反訊ヲナシ、判事モ大ニ注意シアル様ニ見受ケラル。

裁判長、次ノ決定ヲナス。1) 被告ハ弁護人ト打合セ証人台ニ立ツコトヲ得　2) 訊問書ノ使用ハ其時ノ模様ヲ見テ決定ス　3) 被告ハ弁護人ト同席スルノ必要ナシ。

八日 (266)　渡辺保〔安〕次（海軍大佐、海軍総監部員、船舶補給状況ニ関シ）、久保田万〔篤〕次郎（満洲工作機械会

社長、俘虜使用状況ニ関シ）、小田島〔董〕大佐（俘虜情報局高級部員、俘虜取扱ニ関シ、モーネン中佐反訊）、大山文雄（過般ノ証言ニ関スル訂正）等、相次デ出廷証言。其他、若干書証提出、其内ニドリ〔ツ〕トル処刑問題ニ関シ憲兵隊調書、参謀総長処刑命令等アリ。江山〔吉江〕誠一（陸軍省人事局課員）出廷シタルモ供述書却下セラレ退廷。

九日（267）若干書証提出ノ后、俘虜ノ部門ヲ終リ、カンニングハム弁護人ヨリ三国協定ニ関スル補遺書証ノ提出。斎藤良衛出廷、供述書ニヨリ松岡ガ独リニテ三国協定ヲ結ビタル経緯ヲ述ブ、次デブラナンヨリニミツ米海軍大将ノ訊問書（無警告潜水艦戦ニ関シ）ヲ書証トシテ提出シタルモ却下、終リ、ブリュエット弁護人ヨリ二、三書証ノ提出（行賞ニ関シ）。引続キ、曩ニ整理提出ヲ命ゼラレタル中国共産党ニ関スル書証及証人波多野再出廷シタルモ、カーノ反対ノ為、供述書却下セラレ退廷。中国共産党ニ関シテハ余程触ル、コトヲ嫌フト見ユ。対ソノ気兼ガ終リ、支那段階ニテ整理ヲ命ゼラレタル馬場〔鯱〕ノ阿片ニ関スル供述書ノミヲ、ウイリヤム（星野）朗読、

（十日ヨリ個人段階開始）

十日（268）昨日ニ引続キブレークニー弁護人ヨリノモンハン国境地図ノ提出アリ。フリーマン弁護人ヨリ熱河省ニ於ケル残虐ノ反証提出。次デ、ロバート弁護人ヨリ中国ノ治外法権ニ関スル米国外交文書ノ有力ナル証拠ノ提出アリタルモ却下セラル。今頃提出スルトハ弁護側ノ怠慢ト云ハザルヲ得ズ。

キーナン主席検事ヨリ個人段階ニ於ケル共同謀議及経過事項ニ関スル以外ノ証言書証ハ提出セザル様ニトノ動議アリ。次デ愈々個人ノ段階ニ入リＡＢＣ順ニテ荒木大将ニ関スルモノヨリ開始、弁護人マクマナスヨリ冒頭陳述、次デ荒木式ノ四十六頁トカノ尨大ナル供述書朗読、大将、証人台ニ立ツ。

十一日（269）荒木供述書ノ残部ノ朗読ヲ終リ、書証ヲ荒木ヲシテ識別セシメ提出シタルモ大部却下セラル。コ、ニ於テ予定ヲ変更、反対訊問ニ移リ、カー担当。昨日、主席検察官ヨリノ動議ニ対シ、ローガンヨリ反対ノ動議アリ、裁判長ハ多数ニヨルトテ次ノ如ク決定。

1)　一般段階ニテ個人段階ニ提出スベシト指示サレ

タルモノハ提出スルコトヲ得。

2）同一ノモノヲ二人以上ニテ提出ノ要ナシ。

3）一般段階ニテ却下サレタルモノハ再提出スルヲ得ズ。

十二日（270）本日ハ、カーノ荒木ニ対スル反対訊問、問フモノモ、答フルモノモ、ノラリクラリトシテ、中々要領ヲ得ズ。

親は他国に子は島原に　桜花かや散々に

十五日（271）午前中、反対訊問ヲ終リ、次デ書証ノ提出アリタルモ、一般的ノモノナリトテ大部却下。次デ証人ノ出廷トナリ、真崎老猶ノモーニング着用。有田〔八郎〕、石渡〔荘太郎〕等出廷証言。其他二、三人出タレドモ、人格証明的ノモノナリトテ却下、退廷セシメラル。颱風通過、豪雨トナリ北関東大洪水、被害甚大ナリト。

十六日（272）諸書証ノ提出アリタルモ殆ンド全部却下、証人モ二十四人トイフ大量〔ナル〕モ、殆ント却下セラレ、本日荒木ノ段階ヲ終リ、土肥原ノ段階ニ入ル。本日午后ハ法廷ニ出デズ、ラザラス、神崎両氏ト種々打合セヲナス。

十七日（273）本日ハ土肥原段階ニテ証人相次デ出廷、証言ヲナス。証人ノ内ニハ柴山、矢崎勘十、服部大佐等アリ。

十八日（274）午前土肥原段階ヲ終リ、本人ガ証人台ニ立タヌコトヨリ検事ワーレン、裁判長ノ間ニ一場ノ議論アリ。次デ橋本段階ニ入リ、ハリス弁護人ヨリ証書及三人ノ証人ノ喚問アリ。次デ橋本ノ供述書ヲ林弁護人朗読、タブナー検事ヨリ反対訊問。

本日珍ラシクモ畑嫂及賢二ト面会ス。

十九日（275）昨日ニ引続キ橋本ニ対スル反対訊問ノ后、一、二再直接訊問アリ。

愈々余ノ段階ニ入リ、先ヅ、ラザラス弁護人ヨリ相当長文ノ冒頭陳述アリ。次デ直ニ宇垣大将証人トシテ出廷、供述書ノ大部分ハ否決セラレ、支那トノ和平工作ノコトノミ朗読〔神崎担当〕、次デ宮野正年少将証人トシテ出廷、神崎供述書朗読、続テサットン検事反対訊問、宮野ガ上海沢田裁判ニ於ケル頗不利ナル証拠ヲ提出サレ形勢頗不利ナリキ。前后二時間ニ近キ反対訊問ノ后、漸ク終リ、米内光政大将証人トシテ出廷、ラザラス氏朗読、サミット検事ヨリ反訊、半バニシテ閉廷トナル。

二十二日(276)　本日、米内大将ニ対スル反対訊問ヲ継続ス。サットン検事ハキーナン検事ノ援助ヲ常ニ受ケ、米内モ稍タヂ〳〵ノ観アリタリ、続テ有田八郎証人トシテ出廷、キーナン検事ヨリ一般外交問題ヨリ遂ニ九国條約ニ亘リ広汎ナル反対訊問アリ。次ニ野田中将出廷シタルモ、次デ、及川海軍大将、海相時代、後宮中将ノ撤兵進言ニ関スル証言、供述書ノ英訳ニ誤訳アリトテ后廻ハシトシ、飯沼守中将出廷、武藤軍務局長就任経過ニツキ証言、サットン検事ヨリ一、二ノ反対訊問アリ、次ニ沢田中将出廷、余ノ陸相辞任ノ経緯ニツキ証言、肝心ノ覚書ノ処ハ書類証明ナシトテ却下トナル。

二十三日(277)　沢田中将ニ対シ武藤弁護人ヨリ二、三直接訊問、反対訊問ナシ。次デ田中隆吉証人トシテ出廷、重要ナル証言ヲナサントシタルニ、キーナン主席検事ノ猛烈ナル反対ニ遭ヒ供述書ノ大部分ヲ削ラレ、再調製ヲナスコト、ナリ、ドリットル事件ノ供述書ハ採択。キーナンヨリ反対訊問。参謀総長以下、参謀本部側ノ責任ナルコトハ明瞭トナレリ。最後マデ余ガ証人台ニ立ツベキヤ否ヤハ問題ナリシガ、ラザラス氏ヨリ証人ニ立タザルコトヲ述べ、余ノ段階ヲ終レリ。但、野田ノ供述書及覚書ノ証明書、田中ノ供述書ハ金曜日ニ提出スルコト、ナル。午前ニテ余ノ段階ヲ終リ、星野ノ段階ニ入リ、数名ノ証人(内ニ石渡アリ)ノ出廷、証書ノ提出アリ。

二十四日(278)　昨日ニ引続キ証人出廷。星野立タズ。コレニテ星野ノ段階ヲ終リ、平沼段階ニ入リ冒頭陳述ナク、ワーレン弁護人ヨリ書証ノ提出、証人ノ喚問アリ。平沼内閣時代一方ニテ独ト和平交渉ヲナシアルニ、一方米大使館書記官ドーマント対米交渉ナシアリタル書証出ヅ。午后、岡田啓介大将証人トシテ出廷、日米開戦、東條内閣更迭、鈴木内閣成立、ポツダム宣言受諾等ニ関スル供述ヲナシ、キーナン主席検事ヨリ反対訊問中、閉廷。

チヨト面会ス。

二十五日(279)　昨日ニ引続キ、キーナンノ岡田啓介大将ニ対スル反対訊問、終テ清瀬ヨリ反対訊問、老獪狸、相変ラズ、ノラリクラリノ答解ヲナス。次デ、平沼ノ親戚ナリト称スル女性、証人台ニ立チ、婦人証人ノ嚆矢ナリ。下ラナキ証言ナルモ流石女トテ無事通過トハサテモサナラデハト感ゼラル。平沼立タズ、コレニテ平沼段階ヲ終リ、ワーレン例ノ如ク又々問題ヲ起シ、ゴタ〳〵ス。午后ヨリ廣田段階ニ入リ、尨大ナル冒頭陳述ヲ、臨時スミスニ代リタル山岡弁護人ヨリ朗読、書証ノ提出ニ入ル。

二十六日（280） 開廷、直ニ余ノ立証残部ニ入リ、先ツ野田中将証人トシテ出廷、東條中将陸相推薦ノ事由ヲ述ベ、武藤弁護人ヨリ二、三直接訊問、次デ、サットン検事ヨリ反対訊問、終テ閑院宮殿下覚書ニ関スル復員局及神崎ノ証拠提出アリタルモ、遂ニ採用サレズ、朗読ヲ禁ゼラレ、次デ前回ニ再調製ヲ命ゼラレタル田中ノ供述書ハ全部承認サレ、一、二サットンノ反訊アリ。コレニテ余ノ段階ハ全部終リ、廣田ノ書証提出トナリ、最后ニ桑島主計証人トシテ出廷、反対訊問中、閉廷トナル。

俊八、六三郎、心配シ傍聴ニ来リ面会ス。

二十九日（281） 本日ハ桑島ニ対スル反対訊問、二、三日本人弁護人ノ再直接訊問ニ終止ス、桑島ノ証言、往々、陸軍ニ対スル攻撃トナル。

三十日（282） 本日ハ支那事変前後ノ廣田関係ノ書証ノ提出、次田大三郎〔内務官僚〕、井野碩哉〔農林官僚〕ナドノ出廷証言アリ。堀内謙介〔外交官〕出廷、支那事変勃発当時ニ於ケル証言中閉廷トナル。今夜ハ中秋ノ明月ノ由ナルモ曇ナリ。而モ獄窓ヨリ望ムベカラズ、無慚ナリトイフベシ。

十月

一日（283） 採択サレタル書証ノ読マレザル部分ガ証拠タルベシトキーナン検事ノ発言アリ。之ニ対シローガン其他ノ論議アリ、裁判長ヨリ、昨年七月ノ決定ハ変更ノ意志ナシ、最終論告及弁論ニテ之ヲ採用スルハ差支ナシトノ裁定アリタルモ、未ダ明白ヲ欠キ、尚、論議アリタルモ打切リ、カーノ堀内謙介ニ対スル反対訊問ニ入リ、堀内能ク戦フ。

二日（284） 終日殆ンド堀内ノ反対訊問ニ終リ、カー検事ヨリ十三年一月十一日ノ御前会議、其他閣議等ノ数多ノ書類ヲツキツケ辛辣極リナシ。書類中ニハ余等ノ全ク知ラザルモノ多ク、陸軍ノミ悪者トセラレアルガ、コレニテ閣議ニテ決定シタルモノナルコト明瞭トナレリ。次デ日高信六郎〔外交官〕、岡本季正〔外交官〕等、証人トシテ出廷。

三日　(285)　書証ノ提出、石射猪太郎〔東亜局長、南京事件〕、有田八郎〔米内々閣ニ於ケル廣田ガ参議タリシ証言〕等、証人トシテ出廷。米内ハ病気ノ為、出廷セズ、供述書ノミ朗読。廣田ハ証人台ニ立タズ、今日ヲ以テ廣田ノ段階ヲ終ル。

六日　(286)　本日ハ板垣段階ニ入ル、マツタイス弁護人、冒頭陳述朗読。次デ山田弁護人、満洲段階ノ書証提出、証人召喚等アリタルモ一般段階ニ入ルモノナリト大部却下。坂〔阪〕埜支那段階ヲ受持チ書証提出。証人ニ山脇〔正隆〕大将召喚、倪検事ヨリ反対訊問。俊八ト面会ス。

七日　(287)　支那段階ニテ沢田中将又々証人ニ立チ、次デ俘虜段階ニ入リ、幕僚等、相次デ出廷証言、コレニテ証人ノ喚問ヲ終リ、板垣証人台ニ立チ、マッタイス弁護人供述書ヲ朗読中、閉廷トナル。

八日　(288)　開廷間モナク板垣ノ冒頭陳述ヲ終リ、二、三弁護人ヨリ追加訊問ノ後、倪検事ノ反対訊問ニ入ル。新聞ニ依レバ、ソ、ユーゴー、ブルガリヤ、ハンガリー等ノ共産党ハ今後国際共産党ヲ組織シ、米英ニ対抗スル態度ヲ明ニセリ。インターハ1943年解消シタルモノナルガ、コヽニ再編成ヲナシタルモノナリ。米ソ、遂ニ妥協ノ余地ナキニ至リタルモノト見ユ。

九日　(289)　板垣ニ対スル倪検事ノ反対訊問ニ終始ス。チヨ、カズ子ト千栄子ヲ伴ヒ面会ニ来ル。千栄子ハ六三郎ノ乳児ノ時トソックリナリ。

十日　(290)　午后、板垣ノ段階ヲ終リ、賀屋段階ニ移リ、レヴィンノ冒頭陳述、次デ証人〔塩野、石渡等〕書証ノ提出アリ。北支開発ニ関スルモノハ凡テ却下トナル。

十三日　(291)　本日ハ多数証人〔結城豊太郎〔日銀総裁〕、明石照男〔銀行家〕、内田信也、津島寿一等〕ノ出廷、供述書朗読アリタルモ、何レモ反訊ナシ。終テ賀屋、証人台ニ立チ、ワーリー検事ヨリ反対訊問。

十四日　(292)　朝ノ内、賀屋ノ反訊ヲ終リ、木戸段階ニ入リ、冒頭陳述ナク、直ニ木戸、証人台ニ立チ、尨大三百九十頁ニ亘ル供述書ヲローガン朗読。始終、木戸ガ軍国主義ト戦ヒタリトイフ陳疏ナリ。

十五日　(293)　昨日ニ引続キ木戸供述書ノ朗読ニ終始ス。

十六日　(294)　午后、漸ク供述書ノ陳述ヲ終リ、追加訊問

ニ入リ、ファーネス（重光）弁護人訊問。木戸ノ供述書ハ各方面ニ反響強ク、読売紙ノ川柳ノ一ツ二ツ、

あの頃は唖だったと木戸シヤベリ

ワシはハトと云ヒ通し

十七日（295） 昨日ニ引続キ、ファーネス、岡本（南）、ラザラス、ブルックス、カニングハム、清瀬、太田（板垣）等ノ追加訊問ノ後、キーナン主席検事ヨリ反対訊問。ラザラス氏ハ対軍部トイフガ、コノ軍部ノ内ニハ畑ヲ含ムヤトノ前ニ、木戸ハ含マズトイフ簡単ナル回答アリタリ。

作野秀一ト面会ス。

今年ハ暑サ殊ノ外烈シカリシガ急ニ寒クナリ、数日来恰モ十一月ノ気候ニシテ、本夜ヨリ暖房ヲナストイフ始末ナリ。

今日ハ神嘗祭ナリトイフニ国旗ハ一本モ見エズ、昨年ハマダ一、二本ヲ見受ケタルガ、国民ノ思想モ愈々廃頽シタルカ。

十八日 本日、東側ノ個室ニ移転ス。

二十日（296） 終日、木戸ノ反対訊問ニ終始ス。阿部内閣ノ余ノ陸軍大臣、米内内閣ノ辞職又々問題トナル。

二十一日（297） 本日モ木戸ノ反対訊問ニ終始ス。

二十二日（298） 本日モ終日木戸ノ反対訊問。第一次近衛内閣ノ支那事変、平沼内閣ノ三国協約、米内内閣ノ倒潰等相次デ雑然タル訊問ナリ。コノ数日陰鬱ナル、冷寒ニシテ、秋晴ナシ。

二十三日（299） 本日漸ク木戸ノ反訊ヲ終リ、証人喚問ニ入ル。牧野伯、供述書ハ却下、次デ本人ヲ出廷セシムルコトナク、二、三証人ノ供述書朗読アリ。本日、木戸ノ反訊ヲ終リ、ラザラス氏ヨリ米内々閣陸相辞任ニ関シ、余ガ主導的立場ニアラザリシ陳述ヲ得。

今日久振リニテ好晴トナリ、チヨト面会ス、戦前二銭ノ納豆ガ十円トナリ、豆腐一打ガ数十円トカ、ドコマデ物価高トナル末世ナルカ。留守宅モドウシテ生キテ行クカ誠ニ不思議トイフノ外ナシ。

二十四日（300） 開廷早々木戸段階ニ於ケル尚証人十数人ノ残部ハ却下、或ハ読マザルコト、ナリ、法廷ハ一時面クライ、ソ聯ノ証人モ間ニ合ハズ。直ニ木村段階ニ移ルコト、ナリ、ハワード弁護人冒頭陳述朗読、次デ書証提出、証人喚問トナル。証人ノ内ニハ川原（直一）

陸軍省高級副官、三木〔良英〕医務局長、本多政材中将、田中信雄〔男〕中将等アリ（モーネン中佐検事）。

二十七日（301）前回ニ引続キ、川原元高級副官ニ対スルモーネンノ反訊、次デ柴山中将、田中〔忠勝〕秘書官ノ反訊デ木村ノ段階ヲ終リ、曩キニ供述書ノミニテ証人出廷セザリシソ聯検察側証人ノ反訊ヲ行フコト、ナリ、本日ハ元満洲国総務長官武部六蔵証人トシテ出廷、ブレークニー少佐ヨリ反対訊問ヲナス。

二十八日（302）昨日ニ引続キ武部六蔵ニ対スルブレークニーノ訊問、終リテイハノフ大佐ヨリ二、三再訊問アリ。終テ元関東軍暗号班長松浦九州男少佐出廷、ブレークニーヨリ反訊、両人トモソ聯側ニ圧迫サレタル跡歴然タリ。

二十九日（303）本日引続キ松浦少佐ヲ反対訊問、次デ関東軍第三軍司令官村上啓作中将証人トシテ出廷、ブレークニー少佐及ブリュエット弁護人ヨリ反対訊問、主トシテ総力戦研究所長ニ関スル事項ナリ。

三十日（304）昨日ニ引続キ村上中将ニ対スル　イワノフ大佐ノ反対訊問、次デ張鼓峯事件当時、国境警備隊分隊長タリ、今ハ少佐トナレルバタルシン証人トシテ出廷、ファーネス弁護人ヨリ反対訊問。

三十一日（305）昨日ニ引続キ　バタルシン少佐ニ対スル反対訊問。終テ同ジク当時張鼓峯国境守備隊ニアリシ蘇人少佐出廷、ファーネス弁護人ヨリ反対訊問。コレニテソ聯検事側ノ証人出廷ヲ終リ、小磯ノ段階ニ入リ、直ニ本人、証人台ニ立チ、ブルックス弁護人、供述書ノ朗読ニ入ル。

高木八尺著　現代米国ノ研究

1）米国独立條約　1783年
人口約三百万、八割　英国系、スコッチアイリッシュ、一割七分、独人一割、其他、仏国新教徒、和蘭人、現在人口、約一億三千万。

2）民主々義トイフ語ハ様々ノ意義ニ用ヒラレシモ之ヲ厳格ニ狭ク解釈シテ主権在民主義トイフ意味ニ於テモ米国ハ民主々義（デモクラシー）ノ国ナリ。

3）米国ノ石油、世界産額ノ63％、鉄鋼ハ四割。

4）1820―1920年ノ百年間ニ米国ニ来タ外国移住民三千三百万、今日、米国人口ノ白人中約3分ノ1ハ所謂外国系ノ白人、Foreign White Stock ナリ。

5）従来ハ只管個人ノ権利ト能力ノ伸張発達トイフ事ヲ中心ノ要請トシテ発展シ来ッタ米国ノデモクラシーガ、茲ニ国民一般ノ福祉ニ、個人ノ権利ニ対スル優位ヲ認メ、真ノ自由ノ為ニハ国家ハ積極的行動ヲ敢テシテ干渉、規律ヲ行フ任務ヲ負フトノ観念ニ醒メ、新ニ此目標――個人ヲ優先スル団体一般ノ利益ノ為ニ行動スル国家ノ任務――ニ向ケ針路ヲ向ケタルナリ。

（革新主義　Progressivism）

此主義ハ二十世紀ノ初頭、初代ルーズベルト大統領及ウイルソン大統領ニヨリ発展シ、第一次世界大戦ニヨリ頓挫シタルガ、１９３０年代以来再ビ採用セラレタリ。

6）米国々民性ノ特徴

米国民ノ性格ニ於ケル理想主義ノ強調ト、而シテ常ニ之ニ随伴シ、常ニマツワリ伴フ現実主義ノ追求――之ヲ換言スレバ二重ノ指導目標、目的ノ両様性――ノ存スルコトナリ。即其行動ニ物心両面ノ推進力ノアルコトガ認メラル。

7）米国民ハアングロサクソンニモアラズ、アイリシュニモアラズ、ヤンキーノ名ヲ以テ呼ブベキ新シキ性格ノ民族ガ国ヲナシタルモノナリ。

8）典型的アメリカ人トハ全心ヲ以テ祖国ノ制度ヲ信ジ、又ソノ諸制度ノ根抵《ママ》ニ存スル諸主義ヲ忠実ニ信奉スル人、ソノ私的及公的生活ヲ営ムニ健全ナル主義ノ導ニヨル人ナリ。

9）ニューデイルノ語（復興計画）

Square Deal ト New Freedom トノ満足ナル結合ヲ表スモノナリ。

10）National Industrial Recovery Act = NIRA　産業復興法

11）ニューデイルハ資本主義的並ニプロレタリヤノ独裁制ヲ双ナガラニ斥ケ、集合主義的民主政ノ指針ニ従ッタモノト云フベキデアロウ。

12）米大統領ノ執行権限（憲法ニ規定セル）

1）法律ノ執行　2）官吏ノ任命

3）国際関係ノ担当　4）陸海軍ノ統帥

5）恩赦

13）１９３４年十月、米ノ金保有高百七十億（即、世界総額ノ六割五分）。

14) 昭和十三年十月六日、米ノ対日通牒（在支米国民ノ権益擁護ノ問題ヲ中心トシテ門戸開放維持ノ根本問題ニ触ル）、十二月下旬、米大使ノ来訪、十二月三十一日対日通牒ノ手交（米国民ノ蒙ル権益侵害ノ抗議）、英国ノ対日通牒、十四年一月十四日。

15) 紐育大新聞ノ極東ヨリ来ル真ニ重要性アル情報ノ取扱ヒ不十分。（十三年十二月二十二日ノ近衛声明ハ、二十三日ノ紐育タイムスノ第八頁ニ、第一次汪精衛声明ノ如キハ十二月三十一日ノ同紙ニ軽ク扱ハル）

16) 十三年三月十七日、十四年二月十三日、八月十六日ノハル声明、グルー大使、十四年五月中旬帰国、十月帰任、十月十九日声明。

17) 十四年九月十六日成立
義務的軍事訓練法（21—35才）全国適令（約千六百五十万）登録ハ十月十六日ヨリ行ハレタ。

陸軍兵員トシテ先ヅ八万人ハ十一月ヨリ召集。

18) 八月二十七日制定　国防軍法
之ニヨリ正規軍、護国軍（合計約五十一万三千）ヲ中核トスル百二十万ノ編成ニ第一段トテ実行。（西半球ノ防衛ニハ少クトモ三百万ヲ要スベシトイフ）
・国防費　百二十五億弗

19) 十五年六月二十九日夕早クモ、有田外相ノ放送ハ極東モンロー主義又ハ日本ノモンロー主義ノ見出シノ下ニ紐育新聞詳報ス。七月五日ノハルノ声明（モンロー主義）。同日、ロ大統領（ローズベルト大統領）。

20) 十五年七月半　英国ビルマルート閉鎖受諾
〃　七月下旬　ハヴァナ会議

21) 十五年十月八日　極東在住一万六千ノ米国民ニ対シ引揚勧告
中旬　其実行ノ為ニ空船ノ回航
十月十二日　デートンニ於ケルロ大統領ノ演説、緩和政策ノ放棄、独裁主義諸国ト戦フ自由ナル国民ノ援助、英国及蒋政府援助強化ノ決意ヲ高唱
十月二十六日　ナショナル、プレス、クラブニ於ケルハルノ演説

22）十月十八日　英国ビルマルートノ再開ヲ我国ニ
通告
23）１９４２年度（４１年七月―４２年６月）予算
総予算　170億弗
陸海軍費　夫々65億、35億
以上、其他ノ国防費ヲ加ヘ―軍事費合
計百八億ドル（62％）
ソレ以外ノ准軍事費　67億弗
陸軍ハ最新型装備ヲ有スル百四十万常備軍建設
海軍ノ目標、両洋艦隊ノ建設　350万
屯海軍力
十六年度現在米軍兵力
33個半師（i27、キ2.5、機甲兵団其他戦車大隊五）
軍拡目標　機甲部隊10、戦車六、七千、飛行機１
８０００
24）十六年四月十日　グリーンランド占領
四月二十五日　中立哨戒水域ノ拡大
七月七日　アイスランド進駐、北大西洋哨戒ノ実
施
大西洋上、英米首脳会談
八月十四日、八ヶ条ノ平和目的ナル共同宣言
九月十一日、大統領ノ放送演説
防衛水域ニ於ケル発砲戦争ノ声明
十一月十三日、中立法訂正
（米国商船ノ武装禁止条項ノ廃止及其交戦国諸港立入
リ許可）
25）蘭、仏印問題ハ支那問題ト異ナリ、東南アジア
ノ問題ハ英米ニトリテハ領土的戦略的関心ヲモ
加重シテ一層深刻ナル利害関係ヲ有スルモノナ
リ。
26）１９３８年発飛行機及部品輸出制限
１９４１年二月、ガソリン及棉花ノ輸出制限
〃　六月中旬、石油輸出許可制強化ニ関スル
ハルノ宣明
〃　七月二十六日　日本資産凍結
英国、日本資産凍結、１９１１年日英通商條約ノ
廃棄、１９３４年日印通商協定及１９３７年日本
ビルマ協定廃棄
蘭印ハ１９４０年十一月十二日ノ日蘭印協定ニヨ
リ新規ニ毎年１８０万屯ノ石油獲得権ハ七月二十

八日停止ノ旨通告
27)　ビアード博士意見
事実ニ於テ九国條約ニハ殆ンド或ハ全ク実績ハナカッタ。

ソレハ事務的外観ヲ装ヒツ、真ノ精神ハ寧ロ傳教的デアッテ計算的デハナカッタ。

十一月

三日（306）　今日ハ快晴。明治節トイフニ途上一本ノ国旗ダニナシ。

朝ノ内、小磯供述書ノ朗読ヲ終リ、一、二直接訊問ノ后、検事フヰクサー大佐ノ反対訊問ニ入ル、ソ側ヨリワザ〳〵東京ニ召致シタルソ人証人ノ喚問ヲ要求シタルモ、弁護人側ニテ反対訊問ノ意志ナシトテ裁判長モ出廷不要ヲ決定シタルモ、ソ側執拗ニ主張シ、未決定トナル。

俊八、輝子ヲ伴ヒ面会ニ来ル。家計ノ為、家内ニテ袋ハリノ内職ヲナストカ、情ナキ次第ナルモ、敗戦ノ悲境トテ致方モナシ。

四日（307）　本日漸ク小磯ニ対スルフィクサー大佐ノ反対訊問ヲ終ル。

五日（308）　小磯ニ対スル二、三、弁護人ノ追加訊問ノ后、証人ノ召喚ヲナシ田中武雄（小磯内閣書記官長）供述中、閉廷。

六日（309）　午前、小磯段階ヲ終リ、ソ聯検事側ノ強引成立シ、ブダーリンヲ証人トシテ喚問、裁判長ヨリ若干訊問アリ。
次デ松井段階ニ入リ、マッタイス冒頭陳述、次デ書証及証人ノ喚問アリ（中沢〔三夫〕、飯沼〔守〕等）、松井ハ昨日ヨリ入院出廷セズ。

七日（310）　本日モ昨日ニ引続キ証人（下中弥三郎、中谷武世）等ノ喚問、書証ノ提出アリ。本日ヲ以テ松井ノ段階ヲ終ル、松井ハ尚入院、欠席中ナリ。

チヨト面会ス。

ウエッブ裁判長濠州首相ヨリノ電報ニヨリ、本春以来、高等法院判事定員五名ノ処、常ニ病気等ニテ四名ニ過ギズ、重要決定ノ為、是非出席ヲ要求セラレ、来十二日ヨリ来月二十日頃マデ欠席ストノ声明アリ。カンニングハム弁護人欠席不当ノ動議ヲナシ、法廷一時論戦アリ。

十日（311） 開廷、マッカーサー元帥ノ命令ナリトテ、ウエッブ不在中、裁判長トシテ米国クレーマー少将ヲ任命ノ旨、朗読アリ。クレーマー少将、裁判長席ニ就キ、ブレーク〔ニ〕ー少佐ヨリ、過般タブナーヨリソ聯ノ出廷セザル証人ノ供述書モ有効ナリトノ陳述、ソ検事ノ陳述等ヲ駁スル陳述アリ。裁判長ヨリ考慮スベキ決定アリ。本日、松井モ依然欠席ナレバ、直ニ南大将ノ段階ニ入リ、ブルックスヨリ書証提出、証人ノ喚問アリ（武田寿、片倉、河辺等）、二、三 ウルウォース大佐検事ヨリ反対訊問アリ。幣原ハ病気、証人出廷不能ナリトテ病床ニテ反対訊問ヲナスコトニ決定。

ウエッブハ本日出発、帰国シタリト。

十一日 本日ハ第一次欧洲大戦休戦記念日ナリ。米国ハ休日ナリトテ休廷ス。米国ノ権力下ニアリテハ天長節、紀元節、明治節モ一顧ノ価値ナキモノナリ。

蚊帳の手を一つはづして月見かな 千代女

世の中は蝉の抜けがら何を泣く

怒濤岩をかむ我を神かと朧の夜 虚子

身にしみる風や障子に指のあと

十二日（312） 午前、第一段階ニ南段階ヲ終リ、次デ武藤〔章〕ノ段階ニ入リ、コール弁護人冒頭陳述朗読、終テ書証、証人（西浦、岩畔、山本熊一）出廷、軍務局長ノ職責、野村大使ノ援助ノ為、米国派遣等ノ陳述アリ。比島検事ロベッツ反対訊問。山本訊問半バニシテ閉廷。

十三日（313） 書証、証人ノ召喚アリ、終テ武藤証人台ニ立チ、供述書朗読、弁護人側（ブラナン、フリーマン、穂積等）ヨリ二、三ノ追加訊問アリ。

十四日（314） 昨日ニ引続キ穂積ヨリ若干ノ追加訊問アリタル后、比律賓ロベッツ検事ヨリ反対訊問ニ移ル。米内内閣倒潰ニ関シ二、三ノ反対訊問アリ。午后二時半頃ニ至リ ロベッツ身体ノ具合悪シク、コノ上反対訊問ヲ継続シ難シトノコトニ、タブナーヨリ岡〔敬純〕ノ段階ニ入ランコトヲ請願シタルガ、裁判長ハ月曜日マデ休廷ヲ宣シ、三時閉廷ス。

数日来急ニ寒クナリ、十三日朝ノ如キ東京ハ０〔零〕下四度ナリシトイフ。燃料ナキ厳寒ノ冬、敗戦モ亦苦シキカナ。

十七日（315） ロペス検事ニ代リ、イングリッシュ検事、武藤ノ反対訊問、又々米内内閣倒潰問題出テ武藤詳細ニ当時ノ事情ヲ陳述ス。次デ反対訊問ノ後、武藤ノ反訊ヲ終リ、コール弁護人ヨリ二、三追加訊問アリ。コレニテ武藤ノ段階ヲ終リ岡ノ段階ニ入リ、ロバーツ弁護人冒頭陳述ノ朗読、次デ証人（保科〔善四郎〕海軍中将、柴〔勝男〕海軍大佐）ノ召喚アリ。ロビンソン海軍大佐検事ノ反対訊問アリ。

十八日（316）　昨日ニ引続キ柴大佐ノ反対訊問。引続キ及川、野村両大将、高田〔利種〕少将等ノ証人出廷、ロビンソン大佐ヨリ反対訊問、二、三、書証提出ノ后、岡証人台ニ立チ、ロバート弁護人供述書提出。ブレークニー、ローガン、ブラナン弁護人ヨリ追加直接訊問ノ后、コール検事ノ反対訊問トナル。

十九日（317）　昨日ニ引続キ岡ニ対スル反対訊問、岡凡テヲ否定シ、特ニ米国トノ開戦直前ノ事情ニ就テハ漸ク被告間ノ対立ヲ見ル。午后反対訊問ヲ終リ、コレニテ岡ノ段階ヲ終リ、過般十一日、南段階ニテ幣原証人トシテ出廷ノ処、病気ノ為、ノースクロフト判事ヲ長トスル委員ノ報告書ニ関シ、カー検事ト、ブルックス弁護人トノ間ニ種々論議アリ。

二十日（318）　昨日ノ幣原訊問報告書ニ関シ検事カートト、ワーレン、ブルックス弁護人ノ論争ノ后、弁護人ノ抗議却下セラレ、全文ヲ朗読ス。

二十一日（319）　開廷。武藤段階ニ於ケル石井〔秋穂〕大佐（元軍務課員、目下小幡病院入院中）ノ口供々述書ヲ朗読。コレニテ武藤段階ヲ終リ、大島〔浩〕段階ニ入リ、カンニングハム弁護人ヨリ冒頭陳述ナク、二、三書証提出。次デ証人（若松〔只一〕中将、宇佐美珍彦〔外交官〕、笠原中将、河辺中将）出廷、タブナー検事ヨリ反対訊問アリ。

チヨト面会ス。生計愈々逼迫、心痛至極ナルモ如何トモ致方ナシ、噫。

二十四日（320）　河辺ニ対スル反対訊問ノ後、松井段階ノ残余ニ移リ、松井証人台ニ立チ、マッタイス弁護人供述書ヲ朗読、直ニノーラン代将ヨリ反対訊問ニ入ル、残虐行為ニ対スル軍司令官ノ責任ノ追及頗急ナリ檻房ニ金網ヲツケラル。囚人ノ感愈々深シ。檻内ノ羊カ。

二十五日（321）　午前中、松井ハ反対訊問ヲ終リ、再ビ大島ノ段階ニ復シ、書証ノ提出、証人ノ出廷（駐独海軍武官横井〔忠雄〕少将）ノ后、大島証人台ニ立チ、カンニングハム供述書ヲ朗読中閉廷トナル。

二十六日 (322) 午前、大島ノ供述書朗読ヲ終リ、タブナー検事ノ反対訊問ニ入ル。

二十七日 今日ハ Thanks giving day トテ1700何年カニ英ピュリタンガ、メーフラーワー号ニテ米新大陸ニ上陸シタル日ナリトテ、米国ハ休日ノ由ニテ、総司令部ノ命令ニテ休廷ス。万事米国本位ナリ。

二十八日 (323) 本日ハ大島ノ反対訊問ニ終始ス。

十二月

一日 (324) 本日モ大島ニ対スル　タブナー検事ノ反対訊問ニ終始ス。

二日 (325) 本日午后、大島ニ対スル反対訊問ヲ終リ、若干書証ノ提出アリ。若干明日ニ持越シ閉廷。

三日 (326) 開廷間モナク大島段階ヲ終リ、佐藤〔賢了〕段階ニ入リ、フリーマン担当弁護人ヨリ簡単ナル冒頭陳述アリ。書証及数人証人ノ喚問、濠モーネン中佐ノ反対訊問ノ後、佐藤証人台ニ立タズ、コレニテ佐藤ノ段階ヲ終リ、午后第二段階ヨリ重光段階ニ入リ、ファーネス担当弁護人ヨリ書証提出。

後拾遺集　前大僧正隆辨の歌

七十の年ふるまゝに鈴鹿川
老の浪よる影ぞかなしき

四日 (327) 昨日ニ引続キ重光段階ニ於テ書証ノ提出アリ。証人ノ喚問モナク、本人モ証人台ニ立タズ、午后早々ニ彼ノ段階ヲ終リ、島田《ママ》〔繁太郎〕段階ニ入リ、ブラナン担当弁護人ヨリ簡単ナル冒頭陳述ノ后、及川大将証人トシテ出廷、キーナン主席検事ヨリ反対訊問。

五日 (328) 本日ハ島田《ママ》段階ニ於テ、証人数人（沢本大将等）出廷、ロビンソン検事ヨリ反対訊問、午前之ヲ終リ、島田証人台ニ立チ、ブラナン供述書朗読、ロビンソン検事反対訊問ニ入ル。

チヨト面会ス。

八日 (329) 午后、島田《ママ》ノ反対訊問ヲ終リ、ブレークニー、ローガン、ブラナンヨリ追加訊問アリ。

今日ハ十二月八日、アリシ日ノ詔勅喚発ノ日ナリ。コノ日、法廷ニ詔勅問題トナル。皮肉千万ト申スベシ。

九日 (330) ブラナンノ追加訊問ヲ以テ島田《ママ》段階ヲ終リ、白鳥〔敏夫〕段階ニ入リ、コードル担任弁護人ノ簡単ナル冒頭陳述ノ后、書証ヲ提出、証人（宇垣大将）召喚、サンダスキー検事ヨリ反対訊問アリ。

十日（331）証人（斎藤良衛、有馬頼寧等）ノ供述、書証提出ノ后、午后白鳥証人台ニ立チ、供述書ヲコードル弁護人朗読、終テ、サンダスキー検事ヨリ反対訊問。

十一日（332）本日午后、白鳥ニ対スル検事ノ反対訊問ヲ終リ、若干コードル弁護人ヨリ追加訊問アリテ閉廷、朝ノ内、南担当岡本弁護人ヨリ二、三ノ直接訊問アリ。

十二日（333）朝ノ内、白鳥ニ対シ、ブルックス弁護人ヨリ追加訊問アリ、コレニテ白鳥段階ヲ終リ、鈴木〔貞一〕段階ニ入リ、高柳弁護人ヨリ簡単ナル冒頭陳述アリ。若干証人（井上三郎、東久邇宮等）ノ供述書ノミノ朗読アリ（レヴィンヨリ、但、本人ハ出廷セズ）。終テ鈴木証人台ニ立チ、レヴィン供述書朗読。終テノーラン検事ヨリ反対訊問。

五郎、久振リニテ面会ニ来ル。近頃ハ銀座ノダンスホールニ唯一変エタルバンドニヨリ出演シタル由、学校モ終戦后ハ碌ニ授業モナク、ダンスホールノ演奏トハ実ニ情ケナキコトナガラ、敗戦ニヨル家計ノ不如意ヨリ黙認スル外ナシ。只管素行ノ乱レザルヲ祈願スルノミ。

今日ハ入獄以来満二年トナレリ。顧ミテ憮然惆悵スルノミ。昨日カクテアリキ、今日モ亦カクテアリナン。明日ハ如何ナルベキ。

馬上五十年　当麾百万軍
功名似一夢　囚衣秋風寒

十四日（334）午后、鈴木ノ反対訊問ヲ終リ、弁護人ヨリ二、三追加訊問アリ。コレニテ鈴木段階ヲ終リ、東郷〔茂徳〕段階ニ入リ、ブレークニー担任弁護人冒頭陳述、書証提出ノ時、キーナン主席検事ヨリ時間節約ノ為、東條内閣外務大臣時代以前ハ切捨ノ動議アリタルガ却下セラル。

色々ノ評判アリタルウエッブ裁判長帰任、本日ヨリ出廷ス。

十六日（335）本日ハ終日証人ノ供述書朗読。出廷セルモノト、セザルモノトアリ。相次グ証人ニ弁護本位トテ他被告ニ不利ナル供述ヲナスモノ少ナカラズ。検事ハ反対訊問ヲナサヾルニ被告弁護人ニテ反訊ヲナス奇現象アリ。法廷ノ泥仕合漸ク醜シ。証人ハ笠原中将モ出テタルモ大部ハ外務省系ノモノナリ。

裁判長、次ノ決定ヲ述ブ。

1．個人段階終レバ証拠提出。

2．次デ検事ノ論告。

3．次デ弁護側ノ弁論。

4．其后検事側ニテ回答ヲナスコトヲ得。

野田謙吾中将ト面会ス。

十七日（336）　昨夜寒気殊ニ甚シカリシガ朝起キテ見レバ雪ナリ。獄庭一面ニ白シ。二、三寸ニシテ止ム。本年冬ノ初雪ナリ。

本日ハ証人多数ノ供述書朗読アリ。鈴木貫太郎、岡田啓介、迫水久常外多数外務省官吏ノモノナルガ商工政務次官、社会党吉富〔富吉栄二〕代議士ダケハキーナン反対訊問ヲナシ、低能振リヲ発揮ス。今ノ政治家ノ低級ナルニ驚カサレ、カヽル手合ガ政治ヲナスナリ、旨ク行ク筈ナシ。

午后、東郷証人台ニ立チ供述書朗読中閉廷トナル。

十八日（337）　午后漸ク尨大ナル東郷ノ供述書ヲ終リ、ローガン直ニ反対訊問ニ入リ、木戸ノ為ニ弁護。コヽニ忽チ醜キ対立ヲ露呈ス。国際裁判ナリトイフニ醜悪ナリトイフベシ。

十九日（338）　昨日ニ引続キ、ローガン、ブラナン（島田《ママ》）、ロバート（岡）弁護人ノ反対訊問アリ。何レモ暴露ニ終リ醜体ヲ露呈ス。午后キーナン主席検察官ノ反対訊問ニ移リ、ルーズベルト大統領ノ陛下ニ送致シタル親電ニ関シ突込ミタル質問アリ、法廷頗緊張ス。

チヨト面会ス。

二十二日（339）　終日東郷ニキーナン主席検事ノ反対訊問ニ終リ、依然十二月八日未明ノ大統領親電ニ関スル追及急ナリ。

コヽ二、三日来、寒気烈シク0〔零〕下六度内外ナリ。

二十三日（340）　昨日ニ引続キ、キーナン主席検事ノ反対訊問ニ終ル。

六三郎、五郎ト面会ス。

二十四日（341）　本日モ東郷ニ対スル　キーナンノ反対訊問ニ終ル。

本日ハクリスマスイブトテ半日休廷。午后既決ニテ組織シタルバンドノコンサート演奏アリ。久方ニテ音楽ニ接シタルモ、演奏スルモノハ胸中悶々ノ情ヲセメテ音楽ニマギレシメントスルモノナリ。何トナク哀愁ヲ帯ブ。聞クモノモ亦獄中ノモノナリ。胸底又哀愁ナクンバアラザルモノナリ。

二十五日　クリスマストテ休廷ナリ。市中デハクリスマスニテ大ナル賑ヒナル由。米国ニ迎合スル日本人ノ卑屈ナル心情ハ、終戦以来事毎ニ現ハレ来リタルガ、近来愈々甚ダシクナレル模様ナリ。

二十六日（342）　本日午前、漸ク東郷ニ対スル　キーナンノ反対訊問ヲ終リ、二、三弁護人ヨリ追加訊問アリ。コレニテ東郷段階ヲ終リ、東條段階ニ入リ、清瀬冒頭陳述ヲナシ、次デ東條直ニ証人台ニ立チ、ブリュエット担当弁護人供述書ノ朗読ヲ開始ス。

二十九日（343）　ブリュエット弁護人ノ供述書朗読ニ終始ス。木戸供述書ニ次デ二百何頁ノ大冊ナレバ今日ハ漸ク半バナリ。

チヨト面会ス。

三十日（344）　本日午后、漸ク供述書ノ朗読ヲ終リ、后、ブリュエット、ローガン、ハワード、其他藤井（星野）、宗宮（岡）弁護人等ヨリ追加訊問アリ。ブリュエットハ、ドリットル飛行士ノ死刑ニ就キ杉山ガ内奏シタル有無ヲ問ヒタルガ、東條ハ蓮沼（蕃）ニモ問ヒタルガ、其事実ナシト答解セリ。

三十一日（345）　昨日ニ引続キ、ローガンノ反対訊問続ケ、ブラナンノ反対訊問ノ後、キーナン主席検事立チ反対訊問ヲナスモ、中途或ハフィリー検事ヲシテ反対訊問ヲナサシムルヤモ知レズトノ提議アリ。弁護側ニテモ異議ナシトノコトナリシガ、判事多数ノ反対ニテ却下、キーナンニテ全部ヲナスコト、ナリ、反対訊問開始。午前中ニテ午后ハ休廷トナル。

コ、ニ三度、巣鴨獄中ニ歳晩ヲ迎フ。来年ハ愈々古稀ナリトイフニ獄中一人前ノ年越モ出来ズ。二丈獄房裡ニ淋シキ歳晩ヲ迎フルトハ誠ニ皮肉ナル運命ナルカナ。

夜半、偶々眠覚ムレバ恰モ正子《ショウシ》ニテ、刑務所ノ汽笛鳴リ獄番ノ米兵ドモ歌ヲ唄フヤラ、ハッピーニューイヤーヲ叫ブヤラ頗陽気ナリキ。米兵ハ皆二十才前后ノ子供ノミナレバ頗呑気ナリ。

一体米兵ハ大部分応揚ニ悪気ナキモノ多シ。物質ニ恵マレアル為ナルベシ。

千曲川旅情の歌

一、小諸なる古城のほとり　雲白く遊子悲しむ
緑なすはこべは萠えず　若草も藉くによしなし
しろがねの衾の岡辺　日に溶けし淡雪流る
あたゝかき光はあれど　野に満つる香も知らず
浅くのみ春は霞みて　麦の色わづかに青し

旅人の群はいくつか 畠中の道を急ぎぬ
暮れ行けば浅間も見えず 歌哀し佐久の草笛
千曲川いざよふ波の 岸近き宿にのぼりつ
濁り酒濁れる飲みて 草枕しばし慰む

二、昨日またかくてありけり 今日もまたかくてあり
なむ
この命なにを齷齪《あくせく》 明日をのみ思ひわづらふ
いくたびか栄枯の夢の 消え残る谷に下りて
河波のいざよふ見れば 砂まじり水巻き帰る
嗚呼古城なにを語り 岸の波なにをか答ふ
過し世を静かに思へ 百年もきのふのごとし
千曲川柳霞みて 春浅く水流れたり
たゞひとり岩をめぐりて この岸に愁いを繋ぐ

一、戦争とは二ヶ以上の国家的共同体が公権に指導される軍の首領にひきゐられ、一方の交戦国体の意志を他に強制する目的をもってなさるゝ争なり。
一、フォッシュ　戦争の上に平和あり。
一、祖国トハ特殊ナ偶然ナ諸性質ノ綜合ノ上ニ基シ、地理的限界ト最小限度ノ制度ニヨッテ表現サレル集団的生活意欲ナリ。

昭和二十三年

一月

一日 本年ノ元旦ハ午前中ハ快晴ナリシガ、午后ハ半晴トナル。寒気中々強キ様ナリ。
今日元日ハ新年トテ法廷モ休廷ス。コヽニ恨多キ二十二年ヲ送リ、明日ヲモ測リ知レザル二十三年ヲ迎フ。日本国ノ前途如何ニナリ行クモノヤラ。既ニ屠蘇ナキ正月ヲ迎フルコト三度、本年モ雑煮等、一通リノ朝食ナリ。浮世離レタル獄中ニ無聊ノ新年ヲ迎フ。感慨年ト共ニ新ナリ。

二日 (346) 本日ハ、キーナンノ反対訊問ニ終始ス。米内内閣ノ倒潰又々問題トナリ、余ガ東條ヲ内奏シタルコトニツキ東條ニ訊問ノ矢ヲ向ケタリ。
戦争中ノ残虐行為モ残虐性ニヨルヨリハ寧ロ恐レニ原因スルコトハ、心理学者ノ等シク認ムル処ナリ。
藪　入
上　朝浅草を立ちいで丶　かの深川を望むかな

片衿冷しわれは今　こひしき家に帰るなり
籠の雀のけふ一日　いとまたまはる藪入や
思ふま丶なる吾身こそ　空飛ぶ鳥に似たりけれ
大川端を来し見れば　帯は浅黄の染模様
うしろ姿の小走りも　うれしきわれに同じ身か
柳の並樹暗くして　墨田の岸のふかみどり
漁り船の艪の音は　静かに波にひゞくかな
白帆をわたる風は来て　蘋ノ井筒の香を拂ひ
花あつまれる深草は　われに添ひつ丶流れけり
潮わきかへる品川の　沖のかなたに行く水や
思ひは同じかはしもの　わがなつかしの深川の宿

下

その名ばかりの鮨つけし　やがて一日も暮れにけり
いとまごひして見かへれば　蚊遣に薄き母の影
あゆみは重し憩ひつ丶　岸辺を行きて吾宿の
今のありさま忍ぶにも　忍ぶにあまる宿世かな
家をこころに浮ぶれば　夢も冷き古簀子《スノコ》
西日に悲しき土壁の　まばら朽ちたる裏住居
南の廂傾きて　垣に短かき草箒
破れし戸に倚る夏菊の　人に苦を語り顔
風吹くあした雨の夜半　すこしは世をも知りそめて
むかしのま丶の身ならねど　か丶る思ひは今ぞ知る
身を世を思いなげきつ丶　流れに添ふてあゆめばや
今の心のさみしさに　似るものもなき眺めかな
夕日さながら昼のごとく　岸の柳にうつろひて
汐みちくれば水禽の　影ほのかなり隅田川
茶舟を下す船人の　声あちこちに聞えけり
水をながめてた丶ずめば　深川あたり迷ふ夕雲

五日（347）　本日ハ東條ニ対スルキーナン主席検察官ノ反訊ニ終始ス。

六日（348）　本日午后速ク、漸クキーナンノ反対訊問ヲ終リ、裁判長ヨリ種々訊問アリ。続テ、ブレークニーノ反対訊問アリ。

元日以来好晴続キ、気候モ比較的温暖ナリ。

七日（349）　開廷直ニ再ビ裁判長ヨリ二、三訊問アリ。ブリュエット弁護人ヨリ若干追加訊問ノ后ニハ、コ、数日世間ノ人気ヲ博シタル東條段階ヲ終リ、梅津〔美治郎〕段階ニ入リ、ブレークニー弁護人ヨリ書証及証人〔西尾〔寿造〕大将、武居〔清太郎〕大佐ハ出廷〕供述書提出。ソ聯スミルノフ検事ヨリ反対訊問。

八日（350）昨日ニ引続キ武居大佐ノ反対訊問ノ后、尚数人証人ノ供述アリ（下村定大将、井上〔忠男〕少〔中〕佐等）、午前中ニテ梅津ノ段階ヲ終ル（本人証人台ニ立タズ）、午后ヨリ一般段階太平洋戦争ノ経済項目（ローガン担当）ノ証拠書類提出。次デ荒木、廣田ノ追加証拠提出アリ。裁判長、次ノ如キ決定ヲナス。

1）個人段階ニテ却下シタル証拠ハ再提出スルヲ得ズ。

2）人性証明ハ不利ナル事項ナキ限リナスヲ得ズ。

九日（351）本日ハ島《ママ》田再ビ証人台ニ立チ、先般ノ東郷証言ノ脅威ニ対スル弁明ヲナシ、東郷ヲ攻撃シ、醜キ場面ヲ呈シ、情ナキ心地セラル。次デハワード弁護人、星野ノ為ニ二、三書証ヲ補充トシテ提出。次デ大島階段《ママ》ノ補充ニ入リ、先般ノ東郷証言ニ関スル小島〔秀雄〕少将（独海軍武官）、伍堂卓雄証人台ニ立チ証言、ブレークニー弁護人及タバナー検事ヨリ反対訊問アリ。コレニテ個人段階ノ補充立証ヲ終ル。

十二日（352）本日ハ、ブレークニー担当、蘇聯段階ノ検事側証拠ニ対スル反証ヲナシ、数名ノ証人（内、片倉、小尾〔哲三〕、大越出廷）供述書朗読、イワノフ検事ヨリ反対訊問アリ。コレニテ被告側全部ノ段階ヲ終リ、カー検事ヨリ、コレヨリ反駁段階ニ入ルベキ陳述アリ。弁護側ヨリ、ファーネス、カンニングハム、ローレン、ローガン、レヴィン等、相次デ反駁段階ヲ実施スベキコトニ反対シ、種々法理論ノ陳述アリ。彼等ハ、コレラ法理論ニハ興味アルモノト見エ、論戦中々盛ンナリ。裁判長決定ヲ与フルコトナク閉廷トナル。

十三日（353）開廷、裁判長次ノ如ク決定。

反駁証拠ハ受理スル、但之ガ決定ハ情況ニ依ル。

コ、ニ於テ、カー検事ヨリ日支事変当初ニ於ケル公文書的ノ書証提出、全部受理セラル。主トシテ廣田ニ関スルモノナリ、次デ倪検事ヨリ書証提出（板垣ニ関スルモノ）。

チヨト面会ス。

十四日（354）開廷、倪検事ノ提出セル反証ニ関シ、弁護側ヨリ多クノ抗議アリ。裁判長ハ一時休廷ヲ宣シ、次ノ如キ決定ヲナス。

証拠力アリ、関係アル反証ハ之ヲ採ル

弁護側ハ更ニ之ガ反証ヲ、書類ヲ以テ其都度許可ヲ得テ提出スルコトヲ得裁判長ハ反駁段階ニアラズ検事側ノ立証段階トナリタルコトヲ認メ、検事ハ書類ヲ整理スルコト、ナルベシト述ベタリ。倪検事側ヨリ引続キ板垣ニ関スル満洲事件、支那事変ニ関スル公文書的ノモノヲ提出ス。採否相半ス。

十五日（355）本日ハ倪検事ヨリ板垣、大島ニ関係アル三国同盟反駁書証ヲ提出。次デ、イングリッシュ検事ヨリ武藤ニ関スル反駁書類提出。内ニ米内々閣辞職ニツキ、余ニ関スル十五年七月十七日読売新聞記事ヲ提出シタルモ、ラザラス氏ヨリ抗議、書類ハ却下セラル。終テ、コール海軍中佐検事ヨリ岡ニ関スル書証提出。次デ、カー検事ヨリ原田、西園寺日記ヲ証拠トシテ提出。原田ノ主治医タリシ村山及原田ノ口述ヲ筆記シタル近衛秀麿〔近衛文麿の弟〕夫人泰子証人トシテ出廷、ローガン弁護人ヨリ反対訊問中、閉廷トナル。

提一燈行暗夜　忽恐暗夜只頼一燈
（佐藤一斎）

十六日（356）問題トナリアル原田日記ハ、ローガン弁護人一般抗議ヲナシタルモ却下セラル。裁判長ハ前回反駁段階ニテナシタル決定ニ準拠スベシトテ、カー検事ヨリ昭和五年ノ分ヨリ暦日ヲ追フテ逐次提出、若干却下セラレタルモ大体ハ採択スル方針ノ如ク見ユ。

本日ハ朝ノ内、昨日ノ近衛秀麿夫人泰子ニ対スルカーノ追加訊問アリ。

昨今ノ形勢ニテハ何時マデ続クヤラ分ラズ。一方、今日ノ英字新聞ニ依レバ、キーナン主席検事ハA′〔準A級〕残部全員ヲ釈放スル様申請シタリト報ズ。

十七日　午前、昨臘ノ音楽団ノ郷土音楽演奏アリ。久シ振リニ暫ラク憂サヲ忘レタル心地セラレタリ。

十九日（357）本日モカー検事ヨリ原田日記書証ノ提出〔支那事変当初ノ分〕。

二十日（358）本日モカー検事ヨリ平沼内閣総辞職直前ニ至ル昭和十四年八月頃マデノ原田日記ヨリ書証提出、一々弁護側ヨリノ抗議アリタルモ、大部分採択セラル。

二十一日（359）午前ヲ以テ原田日記ヨリスル書証ノ提出ヲ終ル。十五年七月ノ須磨事件ハ却下セラレ、武藤ガ石渡ヲ訪問シタル処ハ採択セラレ、吉田海軍大臣ノ、余ト米内トノ会談ナリトイフ談話ハ却下セラル、ラザラス氏ノ努力ハ感謝ノ外ナシ。ソレヨリ、タブナー検事ヨリ大島ニ関スル反駁書証ノ提出アリ、全部採択セラレ、中途ニテ閉廷トナル。

久振リニテ俊八ト面会ス。元旦、別府ヨリ帰リ、尓来腸ヲ病シアリタリト。


二十二日（360）　午前、大島ニ対スル反駁証拠提出ヲ終リ、白鳥ニ対スル反駁証拠ヲサンダスキー検事ヨリ提出。次デ余ノ反駁証拠ヲサットン検事ヨリ提出。米内ノ訊問調書、第七十五議会予算案委員会ニ於ケル余ノ答弁二通、ドーリットル飛行士拷問ニ関スル上海裁判陳述書、宮野ノ上海裁判陳述、総計五通ヲ提出、ラザラス氏ヨリ反対シタルモ、悉ク却下採択セラル。終テ東郷ニ対スル反駁書類提出。


二十三日（361）　本日ハロビンソン検事ヨリ主トシテ島田ニ対スル海軍関係反駁書類ノ提出アリ。二世ニテ潜水艦A8ニ乗組ミアリタリトイフ中原二郎証人トシテ出廷、印度洋ニ於ケル潜水艦ノ残虐行為ヲ証言ス。次デ、モーネン濠検事ヨリ捕虜待遇ニ関スル二、三反駁提出。次デウールフォース検事ヨリ同ジク捕虜関係反駁提出。引続キ仏オネト検事ヨリ仏印進駐ニ関スル主トシテ東條ニ対スル反駁書提出。

チヨ、昨日ノコト新聞ニ出テタリトテ心配、面会ニ来ル。貧スレバ食物ノコト、テ、家内円ク行カヌトテ訴ヘアリタリ。


二十六日（362）　昨夜雪降リ、本朝止ム。

本日ハ、ワシリエフソ聯検事ヨリ反駁書証提出。日露戦争宣戦詔勅ヨリ西比利亜出兵ニ至ルマデ其他クダラナキ書類ノミニテ、大分却下セラレタルモ、ソノ内ニテ採択セラレタルモノ少ナカラズ。ソ聯ニ対スル遠慮カ。ソ聯側、中々執拗ナリ。神田正種中将（ハルビン特務機関長トシテ）及ソ陸軍少将グレベンニク（張鼓峯国境守備隊長）証人トシテ出廷ス。


二十七日（363）　午前中、ソ少将ニ対スルフハーネスノ反対訊問ヲ終リ、検事ヨリ、ノモンハン国境地図ノ証書提出アリ。次デ当時ノモンハン戦闘ニ参加シタリトイフソ聯少佐エラストウイッチ、証人トシテ出廷、ブレークニーヨリ反対訊問中閉廷。

作野秀一ト面会ス。

　四庫（経、史、子（老子、荘子、墨子、韓非子等）集）

二十八日（364）　昨日ニ引続キ　ソ少佐ニ対スルブレークニーノ反対訊問、次デ東京独大使館附武官補佐官中佐フホン・ペータースドルフ証人トシテ出廷、東條トノ会談ニツキ証言、カンニンハム弁護人ヨリ反対訊問。検事側ノ反駁段階ニテ意外ノ証拠提出アリタル為、之ニ対抗スル為、弁護人側ヨリ準備トシテ一週間乃至十日休廷ノ要求アリ。キーナン主席検事ヨリ其必要ナキ旨抗議アリ。裁判長ハ決定ヲ保留ス。

元第六十四師団長船引正之中将ノ息ト称スル人来訪。中将ハ現在上海ニテ戦犯裁判ニ附セラレアリ、64Dカ軍紀厳正ナリシ証明書ヲ呉レトノコトニ与ヘタリ。

二十九日（365）　昨日ニ引続キ独中佐ノ反対訊問、露探タリシゾルゲトオハトノ関係ヲ訊問スルカンニングハム弁護人ノ訊問ニ対シ、ソ、ワシリエフ検事、一々反対事項漸ク深刻トナリタル為、裁判長ハ一時休廷、会議ノ上再開。コノ問題ハ日独ノ協同動作ニ関スル事項以外ハ質問ヲ禁ズト封ジ去レリ。

次デ、ソ検事ヨリ戦時中ノ重光ノ議会演説ヲ提出シタルモ却下セラレ、次デ昨日言語問題ニテ審議延期トナリタル外蒙少佐チョコドントイフ蒙古人、証人台ニ立チ供述。ブレークニー弁護人ヨリ反対訊問中閉廷。

三十日（366）　本日午前中、外蒙少佐チョコドンノ反対訊問終了。コレニテ検事ノリバットルヲ終リ、反リバットルニ入ル。弁護人側ヨリ一週間ノ休廷ヲ申請シタルモ裁判長ヨリ、裁判官ノ何人モ休廷ニハ同意セズ、行ヅマルマデ行クベシト裁決アリ。キーナン検事ヨリ、反リバットルニ異議アリタルモ、裁判長ハ、重要性アリ証拠ガアルモノハ採ルベシト判決。アルハベット順ニヨリ荒木ヨリ開始、書証提出一通ダケ採択。次デ余ノ段階ニ入リ、ラザラス氏ヨリ米内訊問書ノ抜萃ヲ提出シタルモ却下。次デ沢田裁判書類中ヨリ畑〔逸郎〕少佐、伊藤〔章信〕法務部長ノ陳述ヲ提出シタルモ却下。次デ下村中将ノ供述ハ採択セラレ、中途ニシテ閉廷トナル。

盛衰各時有り　身を立つる早からざるに苦しむ
人生金石に非ず　豈能く長く寿考ならん
奄然として物に随て化す　栄名以て宝と為ん
生年百に満たず　常に千才の夢を懐く
人生幾何ぞ　譬へば朝霞の如し　去日の多きに苦しむ
渇しても盗泉の水を飲まず　熱けれども悪木の陰に息はず
悪木豈枝なからむ　志士苦心多し

宇宙抑も何ぞ悠たる　人生百に至る少なし
一去永滅して黄泉に入る　人生苦多く歓楽少なし
意気の敷腴する盛年に有り
功名竹帛我が事に非ず　存亡貴賤皇天に附す
啼枯湘水竹　哭壊杞梁城
天亡遭憤戦　日蹙値愁兵
直虹朝映塁　長星夜落営　楚歌恨曲饒
南風死声多　眼前一杯酒　唯論身后名

敗戦回顧

我大日本帝国はこゝに三千年建国の神聖を誇りながら、今次未曾有の敗戦を喫し無条件降伏といふ世界史上にも其例稀なる屈辱を被むるに至れり。大東亜戦争開始以来、人は皆天佑神助を期待したりしに、天我国に幸せず天佑神助は却て敵側にありて惨敗又起つ能はざるに至れり。要するに今次大戦は神意に叛したるか、敵を知ること浅薄にして無暴の戦争なりしか、人の和を欠きたるか、独の如き国体を異にする成上り邦家と同盟して其力を過信したるか、一億民衆の協力一致足らざりしか、其原因は頗複雑多岐なりと云はざるべからず。

惨敗は厳然たる事実なり。今更悔ゆるも詮なし。今や我国は全然武装なき等外国となれり。果して何れの方向に再起を図るべきか。敗戦以来我国は全く無気力となり奴隷根性となり、毅然として立ちなほるの気魄なし、嘆すべきかな。さすれば我国民は過去は過去となし、こゝに敗戦の因て来るべき処を深刻仔細に検討して、改むべきは速かに改め、守るべきは守り、以て再起の資となさざるべからず。

一　陸軍の責任

1、大戦間軍部に阿諛し其燈〔提〕灯持となりたるものまで、敗戦と共に猛然反噬《ゼイ》し牙を現はし国民も亦軍部に欺まされたりとなし、軍部特に軍閥を攻撃して剰す処なし。然り而して特に軍部就中満洲事変を契機として一部中堅特に中央部にある少壮軍人が計画的に策動して一種の風を作り、世間の一部が之に迎合して之を助長し所謂下剋上の悪習を作り、爾来之を以て遂に日本の政治を指導するに至り、延て大東亜戦争に突入したる其責任は決して軽しとせず、即思想上の一大原因をなしたるものと云ふべし。唯此所謂軍閥と称する一部隊への行動思想を以て五百万陸軍々人を律することは甚以て気の毒千万とも迷惑千万とも云ふべし。

2、明治維新以来陸軍の建設の歴史浅く、日清日露両戦役の戦勝により領土拡張せられたる為之に要する兵力の増加に逐はれ装備之に伴はず、而も貧乏国の常として絶へず予算に束縛せられて常に列強より数歩遅れたる装備を以て戦はざるべからざるの状況にありき。今次の大戦は此例に洩れず。装備の劣弱は遂に此惨敗を惹起したるものなり。此責任は軍政軍令両省両者固より、代々の内閣の負はざるべからざる処なり。

国軍の兵器装備が劣勢なりし原因は又陸軍技術の劣悪に帰せざるべからず。而して陸軍技術の劣悪は技術方面に権威者少なく、加之一生此方面に没頭して、専心技術の進歩に任ずべき制度もない。従て技術者としては技術専門家よりは技術方面の事務家のみ多く、又技術と用兵の調和を指導すべき軍政軍令方面の当局者の技術眼頗幼稚にして何等の卓見なくして技術者を指導し、技術者尚之に盲従して、一家の見識を有するもの少なかりしことは、我陸軍技術の発達進歩を阻碍したること蓋し尠少にあらざるべし。

参謀将校の技術眼は頗低劣にして何等の識見を有せず。由来我陸軍の技術教育は幼年学校より陸軍大学校に至るまで技術教育を軽視したり。これ又元来我国一般教育に於て技術教育を忘れ、従て技術者を軽視したるに原因せずんばあらず。

敗戦後の我国は、こゝに一大猛省以て全面的に技術教育を振興せざるべからざるなり。我陸軍兵器装備には一定の確立せる方針なし。固より作戦計画と一致すべきものなるも、装備の方針が常に動揺し技術者は適従する処を知らざりしは事実なり（野砲の一例）。

又我陸軍の兵器行政方面が経理方面に比し人材乏しきと一致結束しあらざりしことは、兵器装備の遅れたる一大原因なり（これ亦兵器方面人事制度の欠陥に原因す）。

要は兵器技術方面に於て明治陸軍建設当初に於て出発を誤り、当局の面倒足らず、技術官は能力識見未だ以て十分ならざるに、特殊方面に立籠り部外者を拒否し、軍政軍令方面の当局者又一知半解の見を以て之が指導を誤り、而も軍令方面に兵器装備に関する一定の方針なく、為に兵力と兵器装備と一致せず、兵器装備は常に兵力に追随せず。旧式装備を以て遂に本大戦に突入せるなり。大戦開始後此欠点の一部を目認し矯正是努めたるも固より一日の能くするべ〔き〕にあらず、遂に兵器に於て惨敗を喫するに至れり。□ひべきかな。

陸軍兵器装備の貧弱なる原因として欧米の如く民間兵器会社の挙ぐべきものなく（これ即明治陸軍建設以来官立造兵廠のみに依り民間兵器会社を培養せざりし罪なり）、又我国教育界が技術者を軽視し基礎技術の研究に費用を与へざりし罪なり。大戦以来我国の技術は長足の進歩をなしたるも、人手即頭脳の集合力足らず。我国技術は明治初年開国進取の為欧米の文化を吸収するに急なるの余り、其基礎の研究吸収を粗略にして直に其成果を取入れたる為其基礎方面に於て著しく遅れたるなり。

特に製造力不十分にして（是即民間会社貧弱の為なり）、常に敵側に数歩を輸したり。今次の惨敗がＢ29及原子爆弾に原因する処蓋し少なからざる事に思を致せば自ら釈然たるものあるべし。技術方面に関する敵側の認識頗不十分なりしことは又敗戦の一原因なり。

尚茲に見落すべからざることは技術に関し陸海軍が各其分野を固守隠蔽して能力経費あらゆる方面に於て巨大の損失を来しあることなり。此傾向は寧ろ海軍側に於て著しく、独り技術方面のみならず統帥に於ても政治に於ても始終対立し、大戦末期まで渾然融合せざること敗戦の非常に大なる原因なりしなり。今更悔ゆるも及ばざることなるも、此責任は勿論陸軍がともすれば主動とならんことを恐れたる海軍当面の危惧ありしならんも、海軍当局特に合同を拒否したる其主《ママ》脳部の責任を問はざるを得ず。

兵器装備に於て前述の如く貧弱なるに加へて経費方面に於ては準備周到、兵器劣悪なるに比すべくもあらず。終戦当時に於て銃剣小銃の不足莫大なる数に上りたるに比し、衣類方面に於て尚余裕綽々たるものありしは畢竟するに制度特に人の問題にして経理部が伝統的に優秀者多く而も能く一致団結したると、軍令方面が兵器の如くなまじ指導干渉をなすことなく全て特殊の分野として経理部に一任し、経理部も亦其御手の物として経費を使用緩急宜しきを得たるに起因せずんばあらざるなり。

3、前述の如く我陸軍々備が常に量の必要に逐はれ、国家経費の関係上、質の改良進歩に手の廻り兼たる為、勢ひ国家の教育訓練上の重点を精神教育に置かざるべからざるは自然の要求なり。而して此方法は我国民の国体観に基く先天的素質の優秀なるに能く一致して精神教育に一大進歩発展を促し、精神の点に於ては恐らく世界第一なりしならん。此忠良なる国軍を以てし、優秀なる装備を有したりしならんには、それこそ今次の如き惨敗は被らざりしならんと思はる。

さはれ独り此精神教育のみならず総じて国軍の教育訓練が近年著しく型式外観的に堕したる嫌なきか特に此傾向は陸軍幼年学校、予科士官学校、陸軍士官学校等将校教育を実施すべき根本機構に於て然らざりしか。前後二回の教育総監として余の責任又決して軽しとせざるなり。而して此型式的将校教育が直に一般軍隊に反映し特に戦役長期に亘り幹部候補生出身将校等教育の周到ならず、短期速成の必要あり愈々型式教育を主としたるものが下級幹部の大部を占め、戦斗も漸く型式に堕し臨機応変独断専行の妙を失ひたることは看過すべからざる処なり。又一には支那事変にて素質装備劣等なる支那軍に対する戦勝が誤れる安易感を与へて素質装備優秀なる米英軍に対し同一戦法を以て臨みたる処に一大過誤ありしことを否むべからず。

満洲事変以来軍一般の風潮となしたる下剋上の思想が将校補充学校の中隊長、区隊長等より自然将校生徒に影響して、其結果は直に五、一五事件に現はれたるが、少なくとも将校生徒の精神教育を頗偏狭因〔隠〕微のものとなし、遂には一種の神がかりのものとなり、徒に型式外観にとらはれ将校生徒が往時の如き明朗闊達の気風を喪失したることは争ふべからざる処にして、国軍の精神教育が不徹底なりし一証左は、敗戦后国軍の崩壊に際して随處に之を発見したる処なりとす。乍併これは戦争長期となり国民の道徳観が逐次著しく低下したるに原因し、軍隊も亦一大影響を受けたるは明かにして軍隊教育特に精神教育の基礎が如何に薄弱なりしかも遺憾なく発揮したる次第なり。

4、　統帥部が如何なる理由にして開戦に決心せしかは余の知らざる処なるも、かくも敵の綜合戦力判断を誤りたることは否定すべからざる処なるべし。敵の工業力を過低に見積り、国内事情の複雑多岐を我に有利に判断し、特に米陸軍の真価を至当に判断せざりし等、過誤は決して少なからざるべし。余の如きも第一次欧州大戦の米陸軍の御手並より見て大したことはあらざるべしと誤断したる一人にして欧州大戦後米軍が装備に於て如何に一大進歩をなし学問的に研究を遂げ、特に其航空勢力に於て、我が独仏蘇等欧州に於ける調査研究に急にして米軍のものを粗にしある間に米軍が其至大なる工業力に物を云はせて非常なる進歩発達をなしたることを看過したる罪は如何にするも弁解の余地なき処なるべし。

由来陸軍の在外公館武官、諜報武官等が其駐在国の政治諜報に重きを置き軍事諜報を軽視したるは国軍の通弊なり。特に此傾向は支那駐屯武官に多く政客との交際利用に趨り肝心の軍事諜報を忘れたるは其結果を今次支那事変に於て見るを得べし。恐らく米国あたりに対しても同様なりしなるべし。

日米開戦当時に於ける参謀本部の作戦計画は之を知らず。唯推測するに高々比島、ジャバ、ボルネオ、シンガポールを攻略するを以て第一の作戦限界としたるにあらざるや。此作戦目標も之が達成に至るまでの経緯に深き検討を経ありたるにあらざりしや。然るに緒戦に於て意外に順調に発展したる為、急遽ニューギニヤ、ソロモン列島まで手を拡げたるにあらざるか。

昭和十八年五月杉山参謀総長が支那を視察したる際会談、今後の作戦を問ひたる際、濠洲に向ふか印度に向ふか目下検討中なりとの答解にして偶々アッツ島喪失の報告に接し匆〔倉〕惶とし帰京したる皮肉の一場面ありしが、之を以て見ても統帥部に於て作戦指導に成案を有せざりしことを推察し得べく、濠を衝くにしても印度に進出するにしても、実施するならば疾風迅雷的に敵に息をつくの間を与へざる如くせざるべからざるに、荏苒日を空くする間遂に敵に立直る余裕を与へたることは返すがえすも残念至極と云はざるべからず。

余の見を以てすれば比島、ジャバ、スマトラ、ボルネオ、馬来半島を攻略せば、此地域の確保を根本の方針となし、此等地域の物資の取得、及之が戦力化に努力を集中して以て長期戦の準備完成を図るを可なりしと信ず。折角此等物質特に石油を取得しながら之を戦力化すべき補給路を確保するを得ず、遂には敵の交通破壊を受けて敗戦の惨苦を喫するに至りたるなり。

要するに統帥部は緒戦の戦勝に酔い、あまりに手を拡げ過ぎ之を確保するの方法を講ぜず補給線を喪失したる為、独り戦争必需物資を獲得補給するを得ざりしのみならず貴重なる兵力資材を至る処にばらまき其重点なく敵の反攻に遭い兵力の転用終結をなすを得ず、徒に犬死に終らしめたるは返すがえすも無念至極と云ふの外なし。

二　海軍の責任

海軍の作戦準備及対米作戦の構想に就ては余は全く門外漢なれば今更之を批難攻撃するの資格なきも、海軍は由来対米作戦一点張りにて兵力と言ひ装備と言ひ特に猛訓練と云ひ、余等は全幅の期待を寄せたるに、本次戦争に於て徹底的の敗戦を吃〔喫〕したる其原因に就ては多々あるべし。其作戦指導方針に於て余が参謀本部課長より第一部長に於て常に陸海協同作戦の研究に没頭したる当時に於ては、海軍主力は南西諸島に位置し一部を以て比島作戦に協力し有力なる一部を以て敵海軍の索敵及漸減作戦を行ひ、我近海に接近するを待て一挙に輸嬴を決せんとする構想にして、其後如何に変化せしやは知らざるも陸軍と同じくシンガポール、ジャバ、比島の線を占領したる後の作戦指導に関しては確たる成算を有せず。緒戦の有利なりしに眩惑して成算なき拡張戦略を採りたるにあらざるやを疑ふ。

海軍の製艦方針が大艦巨砲主義に存したることは、米英を対照〔象〕とする以上諒解し得る処なるも、我国工業の能力及国力よりして到底米英と競争する能はざるは自明の理なれば、南方の補給源と内地との補給線を確保する為、軽艦艇に相当の力を用ひ、特に敵の遊撃に対抗する為、我も亦潜水艦と航空兵力に全力を傾注するの必要あるにあらざりしか。実に今次大戦に於ては先ず我主力艦を喪失したる后は一瀉千里の全滅の悲運に向ひたるにあらずや。由来陸海軍の対立分取が今次敗戦の大原因たりしことは明瞭なる事実なり。

代々の陸海軍大臣は予算の分取りに保身をやつし、海軍が陸軍に比し人員も遥かに小にして、たとへ高価なる軍艦を作るにせよ凡ての点に於て経費が陸軍に比し非常に裕にして到底比較すべくもあらず。独り経費の点に於てのみならず常に陸軍を御先棒にたてて働かせ其結果よければ直に之に便乗するを例としあるなり。例之満洲事変の如き初めは陸軍の御勝手にといふ態度を採りながら、成功したりと見るや逸早く割込みに成功したる如き、其他此の如き例は実に枚挙に遑あらざるなり。而して結果思はしからずと見れば宣伝是努め凡ての責任を陸軍に転嫁したり。今次の戦争の如き先づ海軍を以て戦はざるべからざること明瞭の事実にして、海軍さへ到底戦争出来ずと云へば勃発すべき筈なきに、主脳《ママ》部の態度頗不明瞭にして首相一任と言ふ如き極めて狡猾なる態度をとり、悲惨なる敗戦の結果となるや、開戦の責陸軍にありと宣伝是努むるが如き、其心情唾棄すべく武士の風上にも置けぬ代物なりと云ふべし。

敗戦直前頽勢挽回の為、陸軍側よりせめて陸海軍統帥部の合一を企図し遂に聖慮を煩はす迠に至りたるに、米内海相一個の考か或ひは部内の意見を代表せるや分明せざるも、海相の反対の為遂に成立せざりしが如き、又航空機の生産に依然陸海軍の分取競争止まず。遂に航空機に於て常に敵に数籌を輸し、遂に惨敗の悲運に遭遇したる如き、返す返すも無念至極と云ふの外なし。

三　陸海軍統帥部の責任

今次大戦に於て開戦に決する前後の経緯特に陸海軍協同作戦が如何なる程度まで慎重に討議せられたるやは、余は全く門外漢なれば之を知らず。唯余の知る処にては、海軍々令部に於ては総長、次長、海軍省にては大臣、次官位の処までは開戦に必ずしも同意しあらざりしにあらずや。敗戦後余が直接蓮沼侍従武官長より聞きたる処にては、開戦前伏見宮軍令部総長御前にて日米開戦するも到底勝算なきことを言上せしが、其後再び御前にて前言を翻へされ交戦可能なることを言上したる為、陛下より前言と違ふ旨を難詰せられ、爾来伏見宮は陛下の御機嫌を損したりとのことなり。

開戦前島〔嶋〕田大将が海相として開戦を首相に一任したる如き、海軍上層部は大体非開戦論者なるに部長、局長位の処に今が米国を叩く好機なりとして開戦説を強硬に主張し、海相も遂に板挟みとなりて首相に一任したるものにあらざるか、果して然りとせば無責任至極にして、日米開戦は先づ海軍を以て開かるべきことは万人の認むる処なるに、海軍が全責任を採らず総理一任と云ふが如きは頗以て了解に苦しむ処なり。

余が支那より帰来後、昭和二十年二月頃なりしか東條大将を其私宅に訪問したる時、東條大将は熟々開戦当時は勿論開戦后と雖、特に参謀総長を兼任したる時すら遂に海軍の実力に関しては遂に一回も説明を聞かされたることなしと述懐せしが、果して那辺に真意の存するやは不明なるも、之にては到底徹底せる陸海協同作戦は困難なるべし。其後戦役の進捗に伴ひ如何なる程度まで協同作戦の申合せを可能とせしやは知らざるも、緒戦に於て戦局有利に進展したる時、一挙直に濠洲を衝くべきや或は印度に進出すべきやに関し陸海軍統帥部の意見一致せず荏苒遂に好機を逸し徒らに占領地域の分割等末梢に拘泥し、又サイパン島の防備の如き該地陸軍守備隊司令官は聯合艦隊司令長官の指揮下にありたるに、其防備に関し海軍側より徹底的に要求する処あらず。敗戦后豊田聯合艦隊司令長官後の軍令部総長が、サイパンは陸軍が難攻不落なりとの報告に信頼せりとか、余が検閲せんとしたるも多忙の為遂に実行出来ざりしが、サイパンの喪失が実に戦敗の原因なりと臆面もなく米記者に語りたる如き頗無責任の言にして、要するに太平洋作戦に関し大本営は固より出先陸海軍高級司令部に於て緊要なる協同動作に欠けたることは、開戦当初の緊密なりしに反して頗弛緩しありたるものと見るべく、是も亦緒戦の戦勝に反しガダルカナル以降反攻に遭ひ作戦常に思はしからざりしに端を発したるものと見るべし。

支那方面に於ては作戦の主体が陸軍にして海軍は一部の少数小艦艇を以てする協同作戦なりし為、別に対立等はなく能く協同の実を挙げ、特に常に必要としたる機雷掃除等には献身的努力を払はれたるには深く感謝しありたる処なり。唯支那に於ける軍需物資の取得に於ては、陸海軍別に我利我利の奮闘を必要とし、又常に海軍の高価取得の為、海軍に獲得せらるゝこと多かりしなり。

余が昭和二十年四月第二総軍司令官となり後には根拠地防衛等海軍の陸上兵力は所在陸軍司令官の指揮下に入る如く中央にて陸海協定成り、鎮守府司令長官は陸上防備に関し余の指揮下に入りたるも、所在軍司令官の指揮下には入るを欲せず表面と実際とは趣を異にしたる点少なからず、現地に於ては指揮の系統に於て頗分明を欠き、又指揮が十分行はれざりし例、決して少しとせざりしなり。

戦争末期戦局漸く思はしからざりしに至り世論漸く陸海軍の不統一を鳴らし、陸軍の発意にてせめて統帥部だけ合同は出来ずとも同一場所にて執務する位にしては如何との儀を持出したるも、遂に海軍の反対に遇いて実現せず。海軍側の意向としては陸海軍各々御親任あることなれば、現制にて一向差支なきにあらずやとの説明なりしも、大本営が陸軍に牛耳らるゝを恐れたるに起因することは是又豊田大将の米記者に語りたる処にて推知し得べし。

戦後米国にては陸海空軍合同して国防省となすの議論起りたるも、海軍側の反対にて実現中々困難なりと伝へらる、東西軌を一にするか。陸海軍航空を合同して空軍となすの議論は多年の懸案たりしが開戦に至るまで遂に実現せず、之れは発達の歴史技術の伝統等複雑なる原因ありしは否定すべからざる処なるも、陸海軍各々其作戦に必要なる飛行機を保持せしめて爆撃機だけにても陸海合同して大本営の直轄となせしならば、如何に人員器材技術を一層有効且つ経済的に使用するを得たらしい。陸海軍各々その持場に立籠りて彼我公開融通せず、技術は固より製作まで各々分離を固守隠蔽して他の瞥見を許さざりしが如き、為に不必要なる労力資材を徒費し猛烈なる分取競争をなし遂に各個に撃破せられるんぬ。嘆すべきかな。

四　陸軍部内の不統一

明治維新の鴻業が所謂薩長土肥等雄藩の支持によりて行はれ、我陸軍の基礎たりし御親兵が主として前記四雄藩の士族を以て編成せられ、従て陸軍の実権が事実上大村益次郎等長藩出身の偉材に依て把握せられたることは蓋し自然の帰趨なり。

而して我海軍が其発達の歴史よりして薩藩の牛耳る処となり、後年の長の陸軍、薩の海軍を見るに至りたるなり。加ふるに陸軍は山縣元帥等の中心人物ありて明治天皇の御親〔信〕任厚く軍事は固より政治にまで発言するに至り、明治の晩年までは実に我陸軍は長州にあらざれば人にあらざるの有様にして心あるものの切歯憤慨する処ありき。

明治晩年田中義一大将殆んど最後として長の陸軍は漸く凋落の気運を見せ是より先き大分、石川等済々たる多士の長閥打倒は機に触れ折に遭ひて漸く鋒鋩を現はし来り薩も亦之に便乗するの形勢を馴致したれば、陸軍大臣たりし田中義一大将は在任間薩閥の長老上原勇作大将を元帥に奏請したるが、其真意何れに存したりしや余は知る限にあらざるも大島健一中将は之に反対したりと聞けり。

上原大将元帥となるや果然一方の雄となり元帥が参謀総長たりし時代の武藤大将を参謀総長に推薦したる如き一部の上級将校が上原元帥を取巻きたる如き、ここに一種の派閥を構成したるは争ふべからざる処にして、満洲事変前後より五、一五事件続て彼の我陸軍歴史上に一大汚点を印したる二、二六事件に亘る前後十年に近き陸軍の暗黒史に所謂皇道派、統制派と称する対立行動の不快なる一因をなしたるものならんと思はる。当時余は満洲事変前中央を追はれ、派閥抗争の真因は全く之を知らざるも、陸軍中枢部が不統一にして此頃より所謂下剋上の気風を醸成し、満洲事変の如き又二、二六事件の如き、如何に宸襟を悩まし奉りたるやは僅々三ヶ月の余の側近奉仕なるが時々の御言葉を拝し実に恐懼措く能はざりし処なり。

下剋上の弊風と一概に言ふも其間には又一貫せる所謂旧縣出身を一団とせる派閥意識潜在したることは決して之を否定する能はざるなり。余は敢てここに之を言はざるを可とすべし。他日必ず白日の下に曝さるゝ日あるを信ず。又独り在職軍へのみならず在郷軍へ特に将官級がともすれば野に在りて陸軍の方針施設を支持するの挙に出でず却て之を非議誹謗するものがなからざりしことは誠に慨嘆すべきことにして、在郷将官の行動に就ては慊らざるもの多し。

之に反し海軍は巧に陸軍に便乗したるの挙に出でたりと雖、始終其統制を保持し醜を外間に現はさず敗戦の日まで結束を固くしたる其御手際に至りては到底陸軍の比にあらず感嘆の外なきなり。是畢竟岡田大将を始め海軍の長老が能く部内中枢を取纏めたるに起因するものなるべく、之に反し陸軍が長老宇垣大将を兎角疎外し、宇垣大将も亦岡田大将の如く進退時に公明ならざりし点あるに帰〔起〕因すべきも、宇垣大将の如き長老を尊重扶持するの雅量に欠けたることは之を否定すべからざるなり。其外海軍在郷将官が種々の国体会合を利用して始終中枢に協力したる如き到底陸軍の真似の出来ざる処なりしなり。

要するに満洲事変前後より陸軍は人の和を欠き部内の不統一より遂に下剋上の風を馴致し、遂に大東亜戦争に突入したるものにして、長老たる余は兎角中央に居るの時機少なく微力遂に及ばざりしも此の如き風を馴致したる責任は大なりと云はざるを得ず。陸軍中堅上層の人々が中々政権欲強く、口と腹と違い、口に蜜を唱えて剣を蔵し、己の権力を確保するに急にして、上長の言を用いず態度謙虚を欠き、中堅将校又兎角己れが己れがの慢心強く協力一致渾然として国難に処するの忠誠心に於て十全ならざりしもの、少くも今次敗戦の一因たるものと信ず。

羅馬の倒る丶能く一日のなし能ふ処にあらず、多年積弊の致す処なり。貴ぶべきは人の和なるかな。新日本は先づ人の和を以て発足せざるべからず。

五　陸軍幕僚の教育の不備

近年に於ける幕僚能力の低下は顕著にして特に毎年師団長、参謀長会議に於て高調せられたる処なりき。満洲事変以来陸軍部内に温醸せられたる下剋上の風は、不知不識の間に全軍に浸潤し所謂己の能力を知ることなくして廉価なる増長慢に駆られ、而も自己の責任を完遂するの勇気なきのみならず甚だしきは自己の責任の何物たるを解せず、徒に上官を誹謗するの悪風を馴致したりき。

然ども幕僚能力の低下は又一には陸軍大学校教育の積年の余弊の致す処なりしことは否定するを得ざる処にして、我陸軍大学校が普のメッケルにより基礎づけられ戦略戦術の教育に重点を置きたる為、成程兵器装備の進歩著しからざる特に航空兵力なき当時に於ては、用兵の術特に速戦即決の統帥が最必要なりしなるべし。此の如く大学校の教育が専らナポレオン戦、普仏戦の教訓を基礎とし所謂観念戦術に堕し、兵力の配備、攻撃方向等を矢釜しく論争し、戦闘指導、大にしては会戦指導等に関し研究に力を用ゆることなく、統帥に必要欠くべからざる補給、通信等には全く触れざりし教育は最近まで続けられ、支那事変以来幕僚には之等の智識全くなく遂に此点に於て欠陥を暴露し補給通信の全く動かざりしことは今次戦役に於て余の痛感したる処にして、相当改善に努力したるも部隊能力の不振と相俟て遂に改善を見るに至らずして敗戦となれり。殷鑑遠からず第一次欧州大戦に於て莫大なる弾薬を使用し所謂物量と質にある戦闘に関しても研鑽十分ならず。独軍最□□の失敗に覚醒することなく依然観念戦術に趨り物量の利用を疎外したるは即ち今次大戦失敗の一原因にして、支那大陸に於ては尚多少統帥の余地ありしとは言へ支那軍の素質装備の不良も亦我軍勝利の原因なり。太平洋島嶼戦に於ては毫も統帥の余地なく、全く物量と質に依頼するの外なきに、元来貧弱なる作戦準備を到る処に分散して遂に重点なく折角訓練良好なる兵員を以てするも施す余地なく、遂に物量と質の優秀なる米軍の前に一たまりもなく崩壊し去りたるなり。

この点に於ては米軍は第一次世界大戦の仏軍の経験を能く消化し科学的組織的に戦闘を計画し実施したるなり。余、嘗て沖縄に於て鹵獲したる米軍某師団の上陸計画を一覧したることあり、実に茫〔膨〕大なる一冊子にして微に入り細に亘り計画せられありたるは驚嘆に値すべく、或は此の如き詳細なる計画は一度蹉跌すれば実施不可能となるの虞なきにあらざるも、幕僚並に各級指揮官の素質低下する戦時下に於ては杜撰にして大綱のみを示せる計画は蹉跌するや収拾すべからざるに至るべきも、詳細なる時は之を補綴修正すること新に計画立案するより容易なるべきこと固より明けん。我国の統帥は戦時下に於ても十年一日の如く戦闘法は大本営に於て機を失せず研究し全軍に普及せしめたるも、常に対応処置に堕し新機軸に出でず、受身に終始したるなり。新兵器に於ても然り。彌縫糊塗を是事としたるなり。

又航空兵力の用法に於ても一般幕僚の之に関する智識は皆無とも称すべく、軍以上の司令部に所謂航空主任参謀あるも、これも全部に行渡らず、元来航空は急に膨張したる為素質優良ならず。唯飛行機性能を比較的能く承知しあるに止まり、戦術特に戦略上の用法に於ては多くは了解しあらず。又飛行団、飛行師団、飛行軍に於ても戦闘員の技術優秀なるに幕僚が御粗末にして隷下部隊の能力を十分発揮せしむる能はず、隷下部隊をして常に不平を鳴らさしめたるもの其例頗多し。

兵站通信に於ては其程度更に一層劣等なり。宣伝報道に於ては全く其人なく、素質劣等なるも其道に携はりありしと云ふだけにして此重大なる任務に服せしめ、米英側と到底太刀打出来ず、重慶側にさへ数歩を輸したりしなり。本戦争にては報道宣伝にても確かに米英側に敗を取れり。

要するに本戦争に於ては組織的技術的統率に於て敵側に破れたるものにして此原因は上は大本営より下は下級部隊に至るまで計画者指揮官が物的質と量に綿密周到なる計画等に疎く所謂観念的に客観的に物事を計画指導したる結果、万事科学的事務的なる米側に数歩を輸したるものにして、畢竟我国上下一貫する科学的事務的教育の不備を暴露したるものと云ふべし。

又陸軍大学校に於ける教育が上述の如く戦術戦略に重く事務的の参謀服務学に軽かりし為、少壮幕僚がともすれば事務を厭ひ戦術に携はるを好むの傾向を生じあるは明かにして、参謀は一の事務家なるべき本分を忘れたるもの多かりしなり。

今や我国軍なし、今にして参謀の養成を云為するの必要なきも一事が万事なり。我国将来の教育は学校と言はず社会と言はず一層事務能率的に教育を刷新するの要あり。之が為には科学的に組織的に物事を観察処理するの習慣を養成教育するの必要最大なりといふべし。

わ

や

ゆ

よ

み

む

め

も

ふ

ひ

に

ぬ

ね

の

は

ち

せ

そ

た

し

す

さ

く

け

こ

き

か

え

お

う

索　引

元帥《げんすい》畑《はた》俊六《しゅんろく》回顧録《かいころく》

平成二十一年六月二十三日 印刷
平成二十一年七月 一日 発行

編者 軍《ぐん》事《じ》史《し》学《がっ》会《かい》
代表者 高橋久志

監修 伊《い》藤《とう》隆《たかし》
原《はら》剛《たけし》

発行所 錦正社

発行者 中藤政文

〒一六二―〇〇四一
東京都新宿区早稲田鶴巻町五四四―六
電話 〇三（五二六一）二八九一
FAX 〇三（五二六一）二八九二
URL http://www.kinseisha.jp/

印刷所 ㈱平河工業社
製本所 ㈱ブロケード

ISBN978-4-7646-0329-5